근대 중국의 토비 세계

서 남 동 양 학 술 총 서

근대 중국의 토비 세계

하남의 토비·홍창회·군벌을 중심으로

손 승 회 지음

창비

21세기에 다시 쓴 간행사

서남 동양학술총서 30호 돌파를 계기로 우리는 작년, 기왕의 편집위원회를 서남포럼으로 개편했다. 학술사업 10년의 성과를 바탕으로 이제 새로운 토론, 새로운 실천이 요구되는 시점이라고 판단했기 때문이다.

알다시피 우리의 동아시아론은 동아시아의 발칸, 한반도에 평화체제를 구축하고자 하는 비원(悲願)에 기초한다. 4강의 이해가 한반도의 분단선을 따라 날카롭게 교착하는 이 아슬한 상황을 근본적으로 해결하는 방책은 그 분쟁의 근원, 분단을 평화적으로 해소하는 데 있다. 민족 내부의 문제이면서 동시에 국제적 문제이기도 한 한반도 분단체제의 극복이라는 이 난제를 제대로 해결하기 위해서는 우선 서구주의와 민족주의, 이 두 경사 속에서 침묵하는 동아시아를 호출하는 일, 즉 동아시아를 하나의 사유단위로 설정하는 사고의 변혁이 종요롭다. 동양학술총서는 바로 이 염원에 기초하여 기획되었다.

10년의 축적 속에 동아시아론은 이제 담론의 차원을 넘어 하나의 학(學)으로 이동할 거점을 확보했다. 우리의 충정적 발신에 호응한 나라 안팎의 지식인들에게 깊은 감사를 표하는 한편, 이 돈독한 토의의 발전이 또한 동아시아 각 나라 또는 민족들 사이의 상호연관성의 심화가 생활세계의 차원으로까지 진전된 덕에 크게 힘입고 있음에 괄목한다. 그리고 이러한 변화가 6·15남북합의(2000)로 상징되듯이 남북관계의 결정적 이정표 건설을 추동했음을 겸허히 수용한다. 바야흐로 우리는 분쟁과 갈등으로 얼룩진 20세기의 동아시아로부터 탈각하여 21세기, 평화와 공치(共治)의 동아시아를 꿈꿀 그 입구에 도착한 것이다. 아직도 길은 멀다. 하강하는 제국들의 초조와 부활하는 제국들의 미망이 교착하는 동아시아, 그곳에는 발칸적 요소들이 곳곳에 숨어 있다. 남과 북이 통일시대의 진전과정에서 함께 새로워질 수 있다면, 그리고 그 바탕에서 주변 4강을 성심으로 달랠 수 있다면 무서운 희망이 비관을 무찌를 것이다.

동양학술총서사업은 새로운 토론공동체 서남포럼의 든든한 학적 기반이다. 총서사업의 새 돛을 올리면서 대륙과 바다 사이에 지중해의 사상과 꿈이 문명의 새벽처럼 동트기를 희망한다. 우리의 오랜 꿈이 실현될 길을 찾는 이 공동의 작업에 뜻있는 분들의 동참과 편달을 바라 마지않는 바이다.

丙戌 元旦
서남포럼운영위원회
www.seonamforum.net

새로운 세계를 위한 과거로의 여행

본서는 필자의 박사논문 「민초(民初)[1912~1928년] 하남(河南) 토비(土匪)·홍창회(紅槍會) 연구」(2001년 7월)와 학위취득 이후 새로이 작성된 여러 편의 관련 논문으로 구성되었다. 이렇듯 여러 논문들을 재구성한 것이기에 본래의 박사논문 체제와 많이 달라졌고 또 개별논지나 서술체계의 일관성에서도 이러저러한 문제점이 나타날 수 있을 것 같다. 하지만 본서 전체를 관통하는 필자의 기본적인 문제의식은 이들보다 훨씬 전에 작성된 석사논문에 대강 그려져 있다. 필자는 1996년 석사논문 서론에서 다음과 같이 서술한 바 있다. "(현대 중국)인민은 단순히 군벌(軍閥)과 국민당·공산당 양당의 두 세력에 의해 분할 통치되어 타율적으로 수탈당하거나 아니면 혁명에 동원되었을 뿐인가. 다시 말해 '지역'인민은 군벌과 국·공이란 '이질'적 외부세력의 침투에 의해 '중앙'에 편입되어가는 비주체적 존재에 불과했는가." 혁명기 중국의 기층운동을 통해 확립되어가는 지역인민의 자율적 지향을 검토함으로써 위의 질문에 답하려 했던 것이 필자의 첫번째 논문이었던 것이다. 돌이켜 생각해보면 실증적이고 엄격한 학문 훈련의 장이어야 할 석사논문의 문제의식이라 하기에는 지나치게 거칠고 정치적이며 목적론적인 가설이라

인정하지 않을 수 없을 것 같다. 이와같은 자세로 학위과정에 임했기에 나타
난 필연적 결과였겠지만 필자는 4년을 꼬박 채운 뒤 37세가 되어서야 비로
소 석사학위를 받을 수 있었다.

'지역'과 '중앙'이라는 중국사 연구에 익숙한 주제로 포장되었지만, '인
민' '혁명' '공산당' '주체성' '자율성' '수탈' '군벌' '동원' 등의 표현에서
이미 시사되고 있듯이 필자의 학문적 출발은 암울했던 1980년대의 한국 현
실과 그 극복을 위한 노력이라는 시대상이 고스란히 반영되어 있다. 아마도
이 부분은 필자뿐만 아니라 1970~80년대에 연구를 시작한 한국의 중국현
대사 연구자 상당수가 공유하는 한국적 특징이라 할 것이다. 그러나 필자의
경우는 혁명과 건설의 동원형식보다는 동원의 대상이 바라보는 혁명과 건
설, 즉 동원의 '실재'와 그 과정이 더 중요했다.

필자 개인적 경험에 비추어볼 때 이것은 민중에 대한 무원칙한 애정에서
비롯된 것이었는지도 모른다. 아니, 더 정확하게는 주류사회 또는 엘리뜨에
대한 이유 없는 반감 때문일 것이다. 여기의 엘리뜨에는 사회의 지배집단뿐
만 아니라 거기에 도전하는 혁명가 엘리뜨까지도 포함된다. 그렇기 때문에
본서는 당시 중국사회의 비주류인 하층농민, 주술가, 유민(流民), 권법수련
자, 약장사, 패잔병, 도망병, 행의(行醫), 거지, 건달, 무뢰(無賴), 연극인, 숯
구이, 보부상 등과 그들을 중심으로 형성된 토비·비밀결사 등에 관심을 기
울이면서 동시에 그들을 건설 내지는 그 대척점에 위치한 혁명에 동원하려
는 중앙엘리뜨의 노력과 그에 대한 지역의 반응에 주목하였던 것이다.

이러한 필자의 문제의식이 본서에서 충분히 해명되었는지 확신할 수 없지
만, 혁명이란 용어가 더이상 흥분을 주지도 않고 또 정당성을 보장받지도 못
하고 있는 현재의 상황에서, 본서에 수록된 일련의 논문들을 통해 필자가 추
구하고자 했던 문제의식은 여전히 의미가 있다고 스스로 인정하고 싶다. 그
것은 아마도 학문적 성취 여부를 떠나 젊은 시절 필자 개인이 겪었던 역정
과 한계 그리고 '좌절' 때문인지도 모르겠다.

하지만 민중을 위해 무엇인가 복무할 생각일랑 일찌감치 접어버리고 평생을 비주류로 살겠다던, 그러면서 '막차인생'을 즐기던 필자도 이제는 점차 사회의 주류적 엘리뜨에 속하기에 이르렀다. 몸도 마음도 생각까지도 그렇게 되었다. 컴퓨터 자판 앞에서는 과격하기 이를 데 없지만, 현실의 권력과 자본 앞에서 스스로 무너지며 그 편에 서서 만족하고 있는 그런 '변절자'가 되어버린 것이다. 그래도 그나마 이렇게 역사적 사실과 이름없는 인물들을 찾아다니며 지난날 방황하던 필자의 모습을 되돌아볼 수 있는 것이 역사하는 즐거움이라 한다면 지나친 사치일까?

본서는 독자에게 조금은 낯선 근대중국의 약탈집단인 토비와 방어집단인 홍창회 그리고 청말민초(淸末民初) 지역군사화(militarization)의 결과물인 군벌 등 삼자를 다룬다. 특히 본서는 이 삼자의 활동이 왜 하남에서 두드러졌는지, 그리고 이 삼자의 상호 인과관계와 그들이 만들어놓은 사회상이 어떠했는지 살핀다. 더 나아가 이 조직 내부의 운영원리, 문화, 사상 그리고 이들 세계와 중앙 국가권력 내지는 혁명세력과의 관계는 어떠했는지 검토하게 될 것이다.

그런데 이상의 과정에서 무엇보다 중요한 것은 관련 자료의 습득과 활용이라는 문제일 것이다. 자료작성의 주체가 아니라는 문제로부터, 그리고 그 자료의 엉성함 때문에 이 기층민중을 말하게 하는 작업은 너무도 힘든 일이기 마련이다. 사실 지난한 작업의 과정에서 필자는 세련되게 정리된 자료집이나 권위있는 사료들을 이용할 수 있는 연구자들을—그것도 관심을 공유할 수 있는 많은 동료를 지닌 연구자들을 부러워한 게 한두 번이 아니다. 게다가 연구에 필수적이라 할 수 있는 현지조사 역시 이러저러한 이유 때문에 충실하게 이루어지지도 못했다. 심지어 아직 외국인에 대한 배타성이 강하게 남아 있던 하남성 도서관에서는 며칠 동안 힘들게 복사했던 자료들을 전부 빼앗긴 적도 있었다. 그렇기 때문에 나름대로 새로운 자료를 많이 찾았고, 또 기층민중의 입장을 반영하기 위해 애써 그들과 대화를 나눴다고 자위하지만 필자 스스로도 만족스럽지 못한 부분이 여전히 많이 남아 있는 것 같다. 많은 은사님에게서 그토록 많이 지적당한 학문적 엄밀성과 실증성의 부족 역시 여전히 충분히 해결되지 않았고, 논리적 허점이나 체제의 완정성도 허술한 부분이 많은 것 같다. 무책임한 얘기지만 이 모두에 대한 보충은 다음의 연구로 미루고자 하는데, 만주마적(滿洲馬賊)에 대한 검토에서 좀더 구체적인 연구의 진척을 볼 수 있기를 기대해본다.

본서가 나오기까지 참으로 많은 분들의 도움을 받았다. 만학이기도 하지만 역사학도의 기본인 박람강기(博覽强記)와는 거리가 있는 필자이고 보면 혼자만의 힘으로는 결코 이 정도의 정리마저도 불가능했을 것이다. 먼저 고민두기 선생님은 복학 이후 갈 곳 몰라 방황하는 필자를 학문의 길로 이끌어주셨고 신념으로서의 역사로부터 '탈색'하는 데 심대한 영향을 미쳤다. 선생님은 지금도 필자의 연구실 사진 속에서 못난 제자를 지켜보고 계신다. 박사논문의 지도교수인 이성규 선생님은 세심한 정성과 큰 열정으로 논문을 지도해주셨을 뿐만 아니라 평소의 생활에서 학자로서의 모범을 보여주셨다. 아직도 가까이하기 어려운 선생님이지만 필자에게는 또 한 분의 사표로서 영원히 자리할 것이다. 김형종 선생님은 본서에 가장 직접적인 영향을 끼친 스승일 것이다. 선생님의 총천연색 수정지시가 적나라하게 드러나 있는 박사논문 초고를, 비록 당시에는 선생님의 빈정거림과 비난에 얼굴이 화끈거렸지만 지금도 필자는 자랑스럽고 소중하게 보관하고 있다. 이밖에도 오금성, 유인선, 김용덕, 박한제, 김호동 등 서울대 동양사학과의 여러 선생님들은 총 23년에 걸친 필자의 긴 대학생활에서 항상 엄격하고도 따뜻한 지도와 관심을 아끼지 않으셨다. 오늘 필자의 학문적 성취가 조금 있기라도 한다면 그것은 모두 과분할 정도의 사랑을 베풀어준 이 은사님들 덕분일 것이다. 새로운 환경에 빠르게 적응하고 안정적인 연구와 교육활동을 정말 즐겁고 마음 편하게 할 수 있도록 도와주신 최익주, 권오중, 이정희 등 영남대 사학과 선생님들과 주변의 동료 선생님들께도 진심으로 감사드린다. 아울러 이들 모두와 또하나의 새로운 '세계'를 함께 이뤄 나가기를 바란다. 마지막으로 때늦은 연구에 분초를 다툰다는 이유로 지금껏 소홀히한 아내 김경숙과 두 아들 재우, 재완에게 미안함과 함께 고마움을 전하고 싶다. 특히 아내의 무서운 채근과 따뜻한 격려가 없었다면 본서는 빛을 보지 못했을 것이다.

순수했던 과거만큼이나 고민했던 과거가 아름답다. 다시 돌아갈 수 없는 과거지만 필자의 과거를 역사에 새기고픈 마음으로 이 글을 쓴다. 훗날 이 책을 볼 때마다 한국의 현실을 중국사 연구를 통해 고민했던 필자의 모습이 조금이라도 떠올려지기를 바란다.

2008년 2월
영남대 연구실에서 손승회

서론

　1980년대 이래 중국 근현대사 연구에서는 실사구시(實事求是) 혹은 역사주의의 기치 아래 1949년 중화인민공화국 성립의 필연성을 설명하려는 이른바 '혁명사관(革命史觀)'의 퇴조가 두드러지고 그 대신 연구대상, 분석시각, 방법론 등에서 가히 백가쟁명(百家爭鳴)의 상황이 연출되고 있다. 그 가운데에서도 '혁명사관'의 퇴조는 특히 '민국사관(民國史觀)'의 등장과 맞물려 이루어졌고 그 결과 북경정부와 남경정부는 과거 단순한 혁명의 대상에서 자립적·주체적·정통적 존재로까지 부각되기 시작하였다.[1] 근자에 특히 일본학계에서 주목을 끌고 있는 '국민국가론(國民國家論)' 역시 이러한 '민국사관'의 입장에서 중국 근현대사를 설명하려는 한 시도라 할 수 있다. '국민국가론'은 중국의 20세기를 내셔널리즘에 기반을 두고 독립, 민주, 평

---

1) 이러한 경향의 대표적 연구로는 金世昊 「湖南軍閥統治의 展開와 崩壞一聯省自治時期 (1920~1926)를 중심으로」, 서울대대학원 박사학위논문 1996; 姜明喜 「'模範省'의 虛와 實一民國時期 山西省政府의 政治改革과 經濟建設」, 서울대대학원 박사학위논문 1995; 塚本元 『中國における國家建設の施み一湖南 1919~1921』, 東京大學出版會 1994; Paul K. T. Sih, *The Strenuous Decade: China's Nation-Building Efforts, 1927~1937*, St. John's University, 1970; A. N. Young, *China's Nation-Building Efforts, 1927~1937: The Financial and Economic Record* (Hoover Institution Press, Stanford 1971) 등 참조.

화, 통일, 부강을 지향하는 다양한 정론과 실천이 서로 경쟁하면서 추진되는 시기로 파악함으로써 청조, 군벌정부, 국민정부, (심지어) 공산당 등 각 정치 세력의 차이를 뛰어넘어 중국 근현대사를 통일적으로 해석하는 거시적 역사 이해와 전망이 가능할 수 있게 하였다.[2]

그러나 국가건설이라는 동일한 목적을 추구하는 북경정부와 남경정부가 본질적으로 이질적이지 않다는 '국민국가론'적 시각은 법통(法統)의 문제, 대중운동의 발전, 삼민주의(三民主義)의 비(非)자본주의 지향 등의 측면에서 양자가 질적 차이를 보인다는 정치사적 검토를 통해서 비판받을 수 있고, 동시에 지나치게 정치사 편향이거나 목적론적 해석으로 흐를 소지가 있다는 지적도 있다.[3] 북경정부와 남경정부 양자의 질적 차이를 인정할 경우 특별히 관심을 끄는 것은 후자의 성립을 이끌어낸 국민혁명운동이라 할 수 있다. 1980년대 이후 국내 중국 현대사 연구자들 사이에서 가장 커다란 주목을 받고 있는 국민혁명운동 연구는 국민당과 공산당 주도의 반제국주의·반군벌 투쟁이라는 편협한 시각을 벗어나 국민당 좌파, 상공인 계층, 학생, 각계의 자율적 운동을 강조하여 공산당사 혹은 국민당사로 인식되어왔던 현대사에 대한 편향적 이해를 극복함으로써, 실증적 연구를 통해 폭넓게 역사를 이해할 수 있게 하였다.[4]

2) 橫山英·曾田三郞 編 『中國の近代化と政治的統合』(溪水社 1992); 橫山英 『中國近代化と地方政治』(勁草書房 1985); 歷史學硏究會 編 『國民國家を問う』(靑木書店 1994); 西村成雄 『中國ナショナリズムと民主主義──20世紀中國政治史の新たな視界』(硏文出版 1991); 西村成雄 「20世紀中國を通底する『國民國家の倫理』ナショナリズムと社會主義」, 『歷史評論』 515, 1993.

3) 이상의 비판에 대해서는 閔斗基 「中華民國史と中國現代史」, 『近きに在りて』 15, 1989 참조. 이스트만 역시 군벌 통치시기의 국가건설 주장에 대해 비판적으로 평가하였다(Lloyd Eastman, "State Building and the Revolutionary Transformation of Rural Society in North China," *Modern China*, 16-2, April 1990).

4) 국민혁명운동에 관한 대표적 연구로는 閔斗基 『中國初期革命運動의 硏究』(서울대학교출판부 1997); 閔斗基 『中國國民革命의 分析的 硏究』(知識産業社 1985); 閔斗基 編 『中國國

그러나 이상과 같은 '국민국가론'과 '국민혁명론'은 공히 정치사 편향의 역사서술로 치우치는 경향이 강했고, 그 결과 국·공 양당 중심의 연구라는 편향성을 극복할 수 있었지만, 혁명가와 그밖에 상공인, 정치지도자 등 소수 엘리뜨 중심의 연구라는 또다른 편향성을 드러낼 수 있었다. '국민국가론'의 입장에 설 경우 국민국가 건설을 위해 중앙권력의 지역침투에 부심하고 있던 북경정부나 남경정부에게 대중은 단순히 '건설을 위한' 동원의 대상으로 비춰질 수 있었으며, '국민혁명론'에 따를 경우에도 대중은 국민당과 공산당을 포함하는 다양한 정치세력에게 '혁명을 위한' 동원의 대상으로 전락할 소지가 많았다.

이렇게 볼 때 새로운 시각으로서 사회사적 접근은 소수 정치엘리뜨 중심의 기존 현대사 연구를 보충하고, 동시에 대중의 내부 분석을 통해 그들을 단순히 '혁명의 주체'로 예단하거나 '동원의 객체'로 간과하는 등의 문제점을 해소하는 데 기여하는 바가 적지 않을 것으로 생각된다. 하지만 적어도 국내나 구미의 대체적 연구동향을 검토해볼 때 사회사 연구 역시 상해(上海), 북경(北京) 등 대도시를 중심으로 지역적으로 편중되거나, 노동자 혹은 지역엘리뜨 등에 초점을 맞추는 등 계층적으로 편중되었다는 문제점을 완전하게 극복할 수는 없었던 것 같다.[5]

필자는 이상과 같은 기본적인 문제의식에서 근대 중국의 토비(土匪)와 홍창회(紅槍會)에 주목하였다. 둘 다 일반에게 그다지 많이 알려져 있지 않은 용어로 판단되기 때문에 먼저 그 의미와 연구의의 등에 대해 살펴보도록 하겠다. 중국 최초의 본격적 토비연구자라 할 수 있는 하서아(何西亞)는 도비(盜匪)라는 용어를 사용하면서 "타인이 소유한 재물을 소유자의 동의 없이

民革命 指導者의 思想과 行動』(知識産業社 1988); 閔斗基 編『中國國民革命運動의 構造分析』(知識産業社 1990) 등 참조.
5) 기존 사회사 연구현황에 대해서는 田寅甲「國民革命時期 上海 勞動運動 研究」(서울大學校大學院 東洋史學科 博士學位論文 1998) 3~5면에 보이는 연구사 정리 참고

강제로 겁탈하거나 훔치는 자로서 규모가 비교적 크면 도(盜), 적으면 적(賊)"이라 하였고 "비(匪)는 비인(非人)을 가리키는 용어로 그 행동거지를 일반인이 감히 행할 수 없는 자"로 규정하였다. 또한 그에 따르면 청초까지의 겁란(劫亂)이 발생했을 때 도(盜), 구(寇), 적(賊), 난민(亂民) 등의 용어를 사용하여 비(匪)가 많이 등장하지 않았으나 가경(嘉慶) 연간 백련교(白蓮敎)의 난 발생 이후 유지(諭旨)에 교비(敎匪), 회비(會匪)라는 형식으로 자주 등장하게 되면서 도비(盜匪)라는 합성어가 만들어졌다고 주장하였다.[6] 본서에서 사용하는 토비(土匪)란 하서아의 도비와 동일한 의미이나, 앞에 '토(土)'자를 부가하여 '본지(本地)의 비(匪)'라는 의미를 강조하고자 한다. 토착성이란 측면에서 볼 때 토비는 이곳저곳을 떠돌아다니는 유구(流寇)나 군대와의 관련성 속에서 지역에서 유리된 토비군대[兵匪]와는 구별되는 존재이다. 한편 개별 강도나 절도범 모두를 토비로 규정할 수 없기 때문에 토비 정의에는 규모의 문제가 포함된다. 이 점과 관련하여 청대의 법률은 강도(强盜)와 강탈(强奪)을 구별하고 있다. 전자는 '폭력적 약탈'을 의미하고, 후자는 '참가자의 규모가 10명 이하이고 무장이 수반되지 않은 단순한 약탈'을 지칭하였다.[7] 10명이란 기준이 절대적인 것은 아니지만 청대의 규정을 고려하여 토비란 '폭력 혹은 위협을 통해 타인의 재산을 약탈함으로써 삶을 영위하는 적어도 10명 이상의 조직된 폭력집단'이라고 규정하고자 한다.[8]

---

6) 何西亞『中國盜匪問題之研究』(泰東圖書局 1925) 2~3면. 이밖에도 匪의 합성어로는 粤匪, 夷匪, 拳匪, 會匪, 敎匪, 兵匪, 官匪, 梟匪, 煙匪, 胡匪, 山匪, 共匪, 赤匪, 蔣匪 등 다양한 용례가 있다. 따라서 匪라는 용어가 지니는 다의적 성격과 함께 政敵에 대한 모멸적 표현이라는 점에서 다분히 정치적 성격을 공유하고 있음에 주의해야 할 것이다. 이와 관련하여 토비의 정의에 대한 다양한 견해에 대해서는 汪遠忠·池子華「中國近代土匪史研究述評」,『學術界(合肥)』, 1998. 2; 黃中業「論盜賊」,『歷史學』, 1979년 1卷 4期 참조.

7) R. G. Tiedemann, "The Persistence of Banditry: Incidents in Border Districts of the North China Plain," *Modern China*, vol.8 no.4, 1982, 396면.

8) 蔡少卿은 토비를 ① 농업사회의 주기적 기근과 엄중한 天災, 전쟁 등의 직접 산물로서 굶어죽지 않기 위해 무장결집하여 행동하는 자, ② 국가의 법률로 금지된 행동을 하는 자, ③

이러한 토비는 중국의 단순한 사회문제라기보다는 불가피한 하나의 현실이며 동시에 중요한 사회현상이기도 하였다. 이것은 토비의 수가 많았다거나[9] 중국 전체에 걸쳐 광범하게 분포하였다는 피상적 사실에서 비롯된 것만은 아니었다. 오히려 토비가 자신의 무장력과 근거지를 기반으로 '지역정치무대'(local arena) 내의 중요한 세력으로 부상하면서 관과 토비가 지역을 나눠 통치하는 이른바 '관비분치(官匪分治)'의 형국을 형성하거나, 민국사회의 균열을 심화시키고 그 위기의 정도를 표현했기 때문이었다. 지역사회에 뿌리를 내리고자 하는 군벌·국민당·공산당 등 중앙의 각 정치세력이 이 토비들에 각별한 관심을 기울였던 것도 이러한 배경에서 이루어졌다. 또한 토비란 몰락한 지역 하층민의 보편화된 생존수단 가운데 하나이면서 동시에 각 계층 및 한 국가의 정치·사회·경제·문화 등의 상황과 밀접히 관계되어 있기 때문에, 그에 관한 연구는 당시 사회모순의 정도와 하층민의 대응양태를 밝혀줄 수 있을 것이다. 요컨대 토비란 중국 근대사회 연구의 중요한 테마라 할 수 있다.

토비 연구는 홉스보움(Eric J. Hobsbawm)의 '녹림(綠林, social bandit)' 개념을 둘러싸고 본격적으로 전개되었다. 그는 '녹림'이란 자본주의 발달 이전

행동이 비록 현실에 대한 반항이며 객관적으로 반사회성을 지녔지만, 명확한 정치목적을 지니지 않은 자, ④ 생산에서 이탈하여 폭력적 약탈과 인질납치 등을 주요 생활근거로 삼는 자로 정의하면서, 그 활동지역에 따라 山匪, 馬賊, 響馬, 邊界土匪, 海盜, 湖匪 등으로 성질에 따라 俠盜, 積匪, 兵匪, 會匪, 教匪, 梟匪, 煙匪 등으로 조합방식이나 활동규모에 따라 임시적 토비, 반영구적 토비, 토비군대 등으로 구분하였다. 蔡少卿『民國時期的土匪』(中國人民大學出版社 1993) 2~8면.

9) 민국시기 토비의 수에 대해서는 중국 전체 2천만, 1930년대 초 山東 1백만, 四川 150만에 달한다는 지적이 있고, 1928년 河北의 경우는 인구의 20%가 토비였다고 한다. 모두 정확한 수치라 할 수 없겠지만 토비의 만연현상을 드러내는 데에는 큰 무리가 없다. 蔡少卿, 같은 책 1면; 福本勝淸『中國革命を驅け拔けたアウトローたち―土匪と流氓の世界』(中央公論社 1998) 20면; 로이드 E. 이스트만, 이승휘 옮김『중국사회의 지속과 변화(1550~1949)』(돌베개 1999) 306~307면.

농업사회의 일반적 현상으로서 농민의 수호자이며 정의로운 영웅이었음을 주장하였다.[10] 이에 대해 블록(Anton Blok)은 그가 현실과 신화를 구별하지 못한다고 비판하면서 토비의 지속적 발전은 농민의 지지를 통해서가 아니라 지역엘리뜨 덕분이었으며, 농민과 토비의 사회적 관계를 부정하여 농민이 아닌 지역엘리뜨가 토비의 수혜자라고 반박하였다.[11] 따라서 그는 토비·농민·통치자 삼자 상호간의 의존과 이용관계에 주목했다. 토비와 혁명의 관계문제에 대해서 두 사람의 견해는 일치하는 면이 없지 않으나, 홉스보움이 전망이나 조직원리의 차이 때문에 양자의 결합을 부정한 반면 블록은 농민과 토비의 부조화에서 본질적인 이유를 찾고 있다. 이밖에도 오혜방(吳蕙芳)과 안토니(Robert J. Antony)는 각각 1923년 산동(山東)의 임성사건(臨城事件)을 일으킨 토비와 19세기 초 체포된 광동(廣東) 토비의 성격, 농민과의 관계, 구성, 출신, 나이, 혼인 여부 등을 실증적으로 검토하여 홉스보움의 주장을 반박하였다.[12]

빌링슬리(Phil Billingsley)는 이상의 연구를 토대로 본격적인 토비 연구를 진행하였다. 그는 홉스보움이 제시한 '녹림'의 존재와 성격을 둘러싼 논쟁 어느 한편에 서기보다는 복잡하고 모순적인 토비의 양면성에 대해 천착하면서 특수한 자연·사회 환경에 처한 인간의 이성적 행위로서 그들의 행위를

---

10) Eric J. Hobsbawm, *Primitive Rebels: Studies in Archaic Forms of Social Movement in the Nineteenth and Twentieth Centuries* (New York 1965); Eric J. Hobsbawm, Bandits, New York 1969(이수영 옮김 『밴디트-의적의 역사』, 민음사 2004); Eirc J. Hobsbawm, *Peasant Wars in the Twentieth Century* (New York 1969).

11) Anton Blok, A., "The Peasant and the Brigand: Social Banditry Reconsidered," *Comparative Studies in Society and History* (vol.14 no.4, 1972). 반면 프리드만은 양자의 환상, 꿈, 행위 등의 공통성을 통해 결합을 강조하였다(Edward Friedman, *Backward Toward Revolution* (Univ. of California Press: Berkely 1974).

12) 吳蕙芳 「'社會盜匪活動'的再商榷 — 以臨城劫車案爲中心之探討」, 『近代史研究』, 1994-4; Robert J. Antony, "Peasants, Hero, and Brigands: The Problem of Social Banditry in Early Nineteenth-Century South China," *Modern China*, 15-2, 1989).

22

이해하고자 하였다.[13] 이후 그에게 자극받은 연구자들은 토비의 정의, 분류
방식, 생성 원인, 내부 구조, 정치성, 혁명세력과의 관계 등 다양한 분야에
대한 연구를 진행하고 있다.[14] 특히 백랑(白朗)은 민국 초기 대표적 토비로
크게 주목받아왔다. 중국의 경우 주로 성격규명의 문제에 집중되었는데 토
비라는 본래 성격 이외에 농민봉기 집단, 그리고 신해혁명과의 관련성 속에
서 부르주아적 집단으로 묘사되기도 하였다.[15] 문화대혁명 시기까지 중국에
서는 백랑을 농민봉기의 최후 지도자로 이해하였는데, 이는 1930년 이후 공
산당이 '녹림'의 존재를 부정하고 농촌무장세력의 지도자를 농민봉기의 지
도자와 혁명군에 의해 제거될 토비로 구분했기 때문이었다.[16] 반면 구미학
계는 홉스보움의 영향을 받아 백랑을 전통 중국에서의 '녹림'의 실례로 상정
하였다.[17] 빌링슬리의 영향을 받은 이마이 순(今井駿)은 백랑의 난을 토비반
란으로 규정하고 그 내부의 조직실태를 중심으로 백랑집단을 분석하였고,
시마모또 노부꼬(嶋本信子)는 백랑의 난의 배경, 경과 그리고 혁명과의 관계
등에 관한 실증적 연구를 진행하였다.[18]

---

13) Phil Billingsley, "Bandits, Bosses, Bare Sticks: Beneath the Surface of Local Control in
Early Republican China," *Modern China*, vol.7 no.3, 1981; Phil Billingsley, *Banditry in
China* Stanford University Press, Stanford, California, 1988(李文昌 譯 『中國의 土匪文化』,
一潮閣 1996).

14) 주로 중국 쪽의 연구이지만 汪遠忠·池子華 「中國近代土匪史硏究述評」, 『學術界(合肥)』,
1998-2는 토비에 관한 연구사 정리로서 참고할 만하다.

15) 來新夏 「談民國初年白狼領導的農民起義」, 『史學月刊』, 1957-6; 黃克昌 「白狼起義性質
與作用的硏究」, 『學術月刊』, 1958-3; 王宗虞 「試論白狼起義的性質」, 『史學月刊』, 1964-
12; 杜春和 「關於白狼起義幾個問題」, 『近代史硏究』, 1981-1; 黃廣廓 「白狼起義的性質」,
『史學月刊』, 1982-4; 王善中 「如何理解白狼起義」, 『中州學刊』, 1982-2; 周源 「白狼起義
與反帝運動」, 『近代史硏究』, 1984-4; 白水 「白狼起義與革命黨人關係述論」, 『史學月刊』,
1986-1.

16) 福本勝淸, 앞의 책 32~34면 참조.

17) Elizabeth J. Perry, "Social Banditry Revisited: The Case of Bai Lang a Chinese Brigand,"
Modern China, vol.9 no.3, 1983.

이상을 통해 토비와 관련된 연구가 이미 상당히 진행되었음을 확인할 수 있지만 그런데도 여전히 해결해야 할 여러 문제가 남아 있다. 예컨대 왜 민국시기 화북에 그렇게 많은 토비가 존재하였는가, 군벌 통치시기의 독특한 토비인 토비군대〔兵匪〕는 어떻게 등장하였는가, 토비와 지역민과의 관계는 어떠했는가, 토비 만연의 한 배경을 이루는 정부의 치안대책의 실상은 어떠했는가, 토비 내부의 일상생활과 문화, 특히 그들의 은어〔黑話〕는 어떠했는가, 토비와 지역엘리뜨 혹은 혁명세력과의 관계는 어떠했는가, 토비에 대한 혁명세력의 인식과 혁명에 대한 토비의 인식은 각각 어떻게 변화했으며 혁명적 동원의 과정의 실상은 어떠했는가 등의 문제에 대해 더욱 깊이있는 검토가 필요할 것이다.[19]

그런데 이상의 문제들에 접근하기 위해서는 사료의 발굴이 필수라고 할 수 있다. 사실 토비에 관련된 사료들은 대개 왜곡으로 점철된 관변 측의 기록이거나 억압받은 민중들에 의해 신화화된 '녹림'의 모습일 뿐이었다. 그렇기 때문에 기존의 연구자들은 경험자의 회고록을 이용한 경우가 있었지만, 회고의 신빙성 문제 이외에도 시기적·지역적 한계 역시 노정시킬 수 있다. 그렇다고 '비(匪)'란 용어 자체가 지니는 의미의 다의성과 정치적 성격 등을 고려한다면 관변 사료를 무비판적으로 받아들일 수도 없을 것이다. 이러한 사료의 곤란을 최근 민국시기에 출판된 각종『지방지(地方志)』를 통해 보충한 연구가 발표되었다.[20] 그러나 지방지가 포괄하는 시기적 범위가 지나치

---

18) 今井駿「白狼の亂について一考察 ─ 白狼集團の組織的實態について」,『人文論集(靜岡大學)』41, 1992; 嶋本信子「白朗の亂にみる辛亥革命と華北民衆(上)」, 青年中國硏究者會議 編『中國民衆反亂の世界』, 汲古書院 1983(第2刷); 嶋本信子「白朗の亂(一)」, 中國民衆史硏究會『老百姓の世界 ─ 中國民衆史』第4號, 1986; 嶋本信子「白朗の亂(三) ─ 河南の第二革命と白朗」,『史論』第43集, 1990.

19) 蔡少卿, 汪遠忠, 池子華 역시 농민의 離村과 토비 문제, 토비와 농촌사회의 변천, 토비와 향촌 豪紳政權, 중국과 외국 토비의 비교, 전통 토비와 근대 토비의 비교 등을 과제로 제시하였다. 蔡少卿, 앞의 책 1면; 汪遠忠·池子華, 앞의 글.

게 넓고 모든 현에서 편찬된 것이 아니기 때문에 적어도 근대 하남 전체에 그로부터 얻은 결론을 일반화시키기에는 무리가 따른다.[21]

그렇기 때문에 다양한 토비 관련 당안(檔案)자료나 민국 초기의 신문사료의 이용이 절실히 요구된다. 그밖에도 새로이 공간된 서유위(徐有威) 주편(主編), 『양표여방비(洋票與綁匪)— 외국인안중적민국사회(外國人眼中的民國社會)』(上海古籍出版社 1998)는 20세기 초 인질이었던 외국인 25명의 경험담을 소개하고 있으며, 『근대중국토비실록(近代中國土匪實錄)』(群衆出版社 1992) 역시 아주 중요한 토비 보고서로 평가할 만하다. 비록 이 대부분이 회고록의 한계를 포함하기는 하지만 당시 토비의 조직, 생활, 문화 등 그 내부의 모습을 상당부분 밝혀줄 것으로 기대되며 이미 편자들에 의해 일부 작업이 진행중에 있다.[22] 이밖에 이제까지 학계에서 거의 이용되지 않았지만 마이크로필름 상태로 거의 완벽하게 보존되어 있는 개봉(開封) 『하성일보(河聲日報)』(1912. 12. 20~1920. 6. 13)는 그동안 가려져 있었던 1910년대 하남의 치안상황을 밝힐 수 있는 구체적 근거를 제공해줄 것이다.[23]

---

20) 대표인 것으로 吳蕙芳 『民初直魯豫盜匪之硏究(1912~1928)』(臺灣學生書局 1990)을 들 수 있다.

21) 吳蕙芳의 경우 또한 하남 108개 현 가운데 41개 현의 地方志를 이용할 수밖에 없었다.

22) Xu Youwei, Phil Billingsley, "When Worlds Collide: Chinese Bandits and Their 'Foreign Tickets'", *Modern China*, vol.26 no.1, 2000; Phil Billingsley and Xu Youwei, "'In Perils in the Wilderness': Chinese Bandis and Chinese Society Through the Eyes of 'Foreign Tickets'," 『桃山學院大學人間科學』 no.12, 1997; Phil Billingsley and Xu Youwei, "'In the Grip of Bandits, Yet in the Hands of God': Western Missionaries Meet Chinese Outlaws," 『桃山學院大學人文科學』 no.18, 1998.

23) 신문은 성원 대부분 청말의 立憲派나 지주·신사로 구성된 統一黨 하남지부(지부장—王印川)에 의해 1912년 12월 20일 開封에서 창간되었다. 이후 1913년 11월 통일당 하남 지부가 共和·民主黨과 함께 進步黨 하남 지부를 결성하면서 당시 하남 督軍 張鎭芳을 명예 이사장에 임명했던 점이나 이후 王印川이 省長을 역임한 사실(1920. 3. 4~1920. 7. 3) 등을 통해 1910년대 국민당 기관지 『(開封)自由報』가 張鎭芳·趙倜 정권 통치하에서 폐간되었던 것과 달리 1920년 6월 13일까지 장수할 수 있었던 이유를 알 수 있다. 이상 『河聲

다음 필자가 주목한 것은 토비의 대척점에 있는 홍창회[24]이다. 홍창회란 토비방어를 위해 "총칼을 맞고도 죽지 않는다(刀槍不入)"는 주술을 신봉하는 자위조직을 가리킨다.[25] 자위집단으로서 홍창회는 독특한 종교적 주술 때문에 백련교 혹은 의화단(義和團)의 후예로 지목되면서 남방 회당계(會黨系)의 청·홍방(靑·紅幇)과 대비되는 북방 교문계(敎門系)의 대표적 비밀결사로 규정되기도 하였다.[26] 또한 홍창회가 수백만의 무장세력을 기반으로

日報』에 대한 설명은 王天奬 等編 『河南近代大事記(1840~1949年)』(河南人民出版社 1990) 336, 344, 373, 375면; 陳傳海·徐有禮 『河南現代史』(河南大學出版社 1992) 29~36면 등 참조.

24) 홍창회는 지역에 따라 홍창회 이외에 黃槍會, 藍槍會, 白槍會, 綠槍會, 黑槍會, 大刀會, 小刀會, 五色槍會, 聯莊會, 紅旗會, 黑旗會, 靑旗會, 黃旗會, 五旗會, 五帶子會, 鐵板會, 黃沙會, 天門會, 仁義會, 硬肚會, 一心會, 白極會 등의 다양한 명칭이 있다(沈寂·董長卿·甘振虎『中國秘密社會』, 上海書店 1993, 279면). 또한 엘리자베쓰 페리(Elizabeth J. Perry)는 홍창회와 비슷한 42개의 조직에 대해 명칭, 활동지역, 근거자료 등을 제시하였다(Elizabeth J. Perry, *Rebels and Revolutionaries in North China*, 1845~1945 (Stanford University Press 1981) 269~73면). 또한 向雲龍은 1927년에 이미 18개의 관련 조직의 명칭을 소개하였다(向雲龍「紅槍會的起源及其善後」,『東方雜誌』24-21(1928. 11. 10) 36~37면). 후술하겠지만 1926년 7월 공산당이「對于紅槍會運動決議案」에서 홍창회, 홍창회운동이란 용어를 사용했지만 1년 뒤인 1927년 8월 30일의「河南農運報告」이후에는 槍會, 槍會運動으로 명칭을 바꾼 것은 위와 같은 사정 때문이었던 것으로 판단된다. 그러나 본 연구에서는 당시 홍창회가 다른 것들을 대표하는 호칭으로 사용되었다는 점을 고려하여 위의 것들을 통칭하여 紅槍會라 할 것이며, 특별히 홍창회 내부의 구분이 필요할 때와 붉은 술이 달린 창을 지닌 홍창회를 의미할 때는 '紅槍會'로 표시하고자 한다.

25) 기존 홍창회에 관한 연구사 정리는 馬場毅「會堂·敎門」, 辛亥革命硏究會 編『中國近代史硏究入門』(汲古書院 1992) 339~41면; 申仲銘「外國和臺灣的"紅槍會"硏究」,『近代史硏究』1982-3; 三谷孝「現代中國秘密結社硏究の課題」,『一橋論叢』, 101-4, 1989, 573~78면; Elizabeth Perry, "The Red Spears Reconsidered: An Introduction," by Tai Hsuan-chih(translated by Ronald Suleski), *The Red Spears, 1916~1949* (Ann Arbor Center for Chinese Studies, The Univ. of Michigan 1985) 7~21면 등을 참조.

26) 홍창회의 자위집단적 성격을 강조한 연구로는 Elizabeth J. Perry, *op. cit*; 戴玄之『紅槍會』(食貨出版社 1973); 王天奬「也談本世紀20年代的槍會運動」,『近代史硏究』, 1997-5; 三谷孝「國民革命時期の北方農民運動──河南紅槍會の動向を中心して」, 野澤豊 編『中國

'화북 정국의 균형추'[27)의 역할을 담당했던 시기는 국민혁명기와 거의 중첩되기 때문에 그에 대한 연구는 기존 비밀결사 연구의 시기, 지역적 확대와 심화는 물론 비밀결사와 혁명세력과의 관계양상을 실체적으로 밝혀줄 것이다.[28)

그런데 토비·홍창회의 등장과 발전은 군벌통치의 전개와 밀접히 관련된 것으로 생각된다. 왜냐하면 토비나 홍창회 모두는 군벌통치와 수탈 강화에 따라 생존의 위기에 내몰린 하층민이 취한 대응책의 일환으로 볼 수 있기 때문이다. 이밖에도 군벌 통치시기 사회의 '군사화(軍事化, militarization)',[29)

國民革命史の研究』(青木書店 1974); 山本秀夫「農民運動から農民戰爭へ」, 『中國の農村革命』(東洋經濟新報社 1975) 등이 있다. 반면 路遙『山東民間秘密教門』(當代中國出版社 2000) 470~540면; 馬場毅「紅槍會運動序說」, 『中國民衆叛亂の世界』(汲古書院 1974); 馬場毅「紅槍會──その思想と組織」, 『社會經濟史學』 42-1, 1976; Prasenjit Duara, *Culture, Power, and the State, Rural North China, 1900~1942* (Stanford Univ. Press 1988) 119~32면; 邵雍『中國會道門』(上海人民出版社 1997); 朱金瑞「槍會運動述義」, 『許昌師專學報(社會科學版)』, 14-4, 1995 등은 홍창회의 종교적·비밀결사적 특징을 강조한다. 한편 회당·교문에 의한 비밀결사 구분과 그 특징에 대한 전체적인 검토에 대해서는 박상수『중국혁명과 비밀결사』, 제1부 제1장「중화민국시기의 비밀결사」(심산 2006) 참조. 하지만 회당·교문의 엄격한 구분에 반대하여 이스트만은 민국시기 비밀결사에 이 둘의 성격을 공유하는 '자위결사'의 범주를 정하고 홍창회를 여기에 포함시켰다(로이드 이스트만, 앞의 책 301~306면). 장 셰노(Jean Chesneaux)도 홍창회를 양자의 중간적 존재로 규정하였다. Jean Chesneaux, "Secret Societies in China's Historical Evolution," Jean Chesneaux ed., *Popular Movement and Secret Society in China, 1840~1950* (Stanford University Press 1972) 3~4면. 三谷孝는 홍창회가 토착적 요소와 유동적 요소, 정통과 이단, 자위조직과 종교 주술적 조직, 대중조직과 비밀결사 등 상호이질적 요소의 결합에 의해 형성된 것으로 파악하였다. 三谷孝「紅槍會の鄕村結合」, 『シリーズ世界史へ問い: 社會的 結合』(岩波書店 1989) 132면.

27) 홍창회에 대한 이러한 평가는 Elizabeth J. Perry, *Rebels and Revolutionaries in North China, 1845~1945* (Stanford University Press, Stanford, California 1980) 174면 참조

28) 중국혁명과 비밀결사에 대한 전면적 검토와 그에 대한 필자의 논평에 대해서는 박상수『중국혁명과 비밀결사』(심산 2006); 손승회「서평」, 『중국근현대사연구』 2006-4 참조

29) '군사화'의 개념 Philip A. Kuhn, *Rebellion and Its Enemies in Late Imperial China:*

군벌의 치안대책, 토비군대의 등장, 토비가 군대로 편입, 홍창회와 군벌 간의 대립 등은 토비·홍창회·군벌 삼자 상호간의 긴밀한 관계를 추측케 한다. 따라서 토비·홍창회의 성립과 발전을 이해하는 데에는 군벌통치의 실상을 검토하는 것이 필수라고 할 수 있다.

지금까지 살펴본 토비·홍창회·군벌에 대한 연구의 필요성을 바탕으로 필자는 다음과 같은 몇가지 이유에서 하남이란 구체적 지역을 연구대상으로 삼고자 한다. 20세기 초 경한(京漢), 농해(隴海) 철로의 부설에 따라 정치·경제·군사적 가치가 더욱 증가한 하남은 군벌혼전시기 동서, 남북 전장의 중심에 항상 위치하였다. 따라서 군인수가 타지에 비해 많거나, 군사적 권위와 권한이 민간의 그것보다 우월하다는 의미에서 '군인 세계(軍人世界)'가 하남을 중심으로 펼쳐지게 될 것임을 예상하는 것은 그리 어렵지 않다.[30] 그러므로 군벌통치의 구체적 실상 내지는 지역사회의 '군사화' 현상을 살피고자 할 경우 하남에 주목할 필요가 있다.[31]

토비 또한 군대와 마찬가지로 중국의 일상적인 문제이기는 하지만 많은 토비 연구자들은 특히 민국시기 하남을 대표적인 '토비 세계(土匪世界)'로 주목하였다. 사실 토비를 양적으로 파악한다는 것은 거의 불가능한 일이기 때문에 그 수치는 개략적일 수밖에 없겠지만, 1924년 하서아의 조사에 따르면 하남에는 집단수 52개, 총 인원 5만1천명의 토비가 존재하여 전국 최고

Militarization and Social Structure, 1796~1864 (Cambridge, Eng, 1970) 13~15면 참조. 그것은 군벌통치의 강화에 따라 경제·행정·심리·문화 등의 사회 전 분야에 걸쳐 군사적 역할과 기능이 민간의 것을 압도해나가는 과정을 설명한다.

30) 예컨대 1925년 하남 주둔 군인수는 20만3천명으로 四川 25만명에 이어 전국 2위를 기록하고 있다. 군인수와 그 증가에 대한 구체적 분석은 제2부 제2장에서 후술할 예정이다. 한편 '軍人世界'라는 표현은 당시 언론이 하남사회를 지칭하는 상투어 가운데 하나이다. 「豫西人民絶食」, 『天津大公報』, 1927. 5. 9.

31) 淸末民初의 하남서부 지역군사화 현상에 대해서는 伍德昌 「國家建構與人力資源控制 — 以1900~1916年豫西南的軍事發展爲例」, 香港中文大學歷史學部哲學碩士論文 1995 참조.

를 기록하고 있다. 물론 이것은 대표적 토비만을 계산했기 때문에 실제 토비 수는 훨씬 많았을 것이다. 하서아에 따르면 하남의 토비수는 조사 전체의 45%에 해당하며 1923년의 하남 주둔군대수와 맞먹는 규모였다.[32] 또한 화북의 지방지를 토대로 토비문제를 검토한 오혜방은 1912~1928년 사이 하남, 하북, 산동 가운데 하남에서 토비가 가장 많이 발생했다고 주장하였고, 민국시기 토비에 관한 본격적인 연구를 시작한 빌링슬리나 채소경(蔡少卿) 역시 하남을 중요한 '토비 세계'로 주목하였다.[33]

따라서 군벌과 토비에 대항하는 자위조직 홍창회의 활동이 가장 활발했다는 의미에서 '홍창회 세계(紅槍會世界)'가 하남을 중심으로 출현하였다는 사실 또한 결코 우연히 아닐 것이다. 모두 과장된 수치겠지만 전성기 홍창회 회원수는 하남(140~150만), 안휘, 산동, 하북 등 3성을 합해 3백만 이상에 이르렀다거나, 1927년 초 하남서부에만 1백만을 헤아렸고 하남 전체에는 심지어 7, 8백만에 이른다는 주장까지 있다.[34] 1927년 무한정부(武漢政府)의 제2차 북벌시기 국민혁명군 총정치부 주임 등연달(鄧演達) 역시 "하남의 유일한 농민문제는 홍창회 문제다"라고 지적할 정도였다.[35]

결국 민국 초기 토비·홍창회·군벌 삼자의 활동이 가장 두드러진 지역으로 하남을 설정하는 데에는 큰 무리가 따르지 않는다고 할 수 있다. 필자의 일차적 목적은 이러한 삼다(三多)현상이 왜 하남에서 현저했으며, 삼자의 상호 인과관계, 그들이 만들어놓은 사회상, 그 내부 조직과 사상, 운영원리 등은 무엇인지, 그리고 그들과 중앙 국가권력 내지 혁명세력과의 관계는 어

---

32) 何西亞『中國盜匪問題之研究』(泰東圖書局 1925) 77~100면.

33) 吳蕙芳『民初直魯豫盜匪之研究(1912~1928)』(學生書局 1990); Phil Billingsley=1988(이하 2개 이상의 연구가 존재할 경우 인용할 때 이렇게 표시한다), 40~69면; 蔡少卿, 앞의 책 121~76면.

34) 我愉「紅槍會之內容」,『國聞週報』4-28(1927), 1면;「豫省最近之情況」,『申報』, 1927. 1. 17;「河南慰勞士兵大會近況」,『漢口民國日報』, 1927. 5. 5.

35) 鄧演達「土地問題的各方面」,『中國農民』第2集 第2卷 第1期(1927. 6) 4면.

떠했는지 등의 문제에 대해 살펴보려는 것이다.[36] 이 과정에서 필자는 토비·홍창회·군벌의 두드러진 활동으로 인해 '토비 세계' '홍창회 세계' '군인 세계' 등으로 칭해진 하남사회를 총칭하여 토비 세계로 규정하고자 한다.[37]

36) 개설적인 연구지만 필자와 비슷한 문제의식에서 이루어진 연구로는 長野朗『支那兵·土匪·紅槍會』(坂上書院 1938) 참조. 또한 최근 福本勝淸은 무뢰·토비·홍창회 등 민국시대 범법자들의 세계를 묘사하였는데, 그의 문제의식 역시 스스로 명확히 밝히지 않았지만 본고와 비슷하다고 판단된다(福本勝淸, 앞의 책).

37) '토비 세계' '홍창회 세계' '군인 세계' 등은 당시 사료에 자주 등장하는 용어인데, 필자는 이 삼자로 이루어진 하남사회를 총칭하여 ' '가 없는 土匪世界로 칭하고, 토비만을 중심으로 삼을 경우는 '토비 세계'로 구별하고자 한다.

제1부

토비 세계의 성립배경

1920년대 군벌혼전의 심화와 그 결과 나타나는 '토비 세계' '홍창회 세계' '군인 세계'로 이루어진 하남사회를 총칭하여 토비 세계라 규정할 때 제1부은 그 형성배경에 대한 검토이다. 이전부터 하남 내에는 많은 토비·비밀결사가 출몰하였다. 경제적 낙후와 빈번한 자연재해의 발발 등은 물론 이 성행의 중요 원인이지만 그밖에도 정치·치안·행정·사회·문화적 요인들에 대해서도 역시 살펴봐야 할 것이다. 그 가운데 특히 신해혁명은 2천년 동안 유지되어왔던 기존의 정치·사회·문화 구조가 일시에 무너질지도 모른다는 기대와 우려를 동시에 가져왔고 하남에서도 예외는 아니었다. 그런데 하남에서는 신군(新軍)이나 혁명파* 등의 세력이 여타의 지역에 비해 상대적으로 미약하였기 때문에 토비나 비밀결사 같은 기존 민간 무장집단의 중요성이 더욱 부각될 수 있었다. 그렇다면 일단 1910년대 하남 내의 토비·비밀결사의 성행을 신해혁명과 관련지어 이해하는 것은 큰 무리는 아닐 듯싶다.

그러나 1910년대의 토비·비밀결사의 성행을 1920년대 이후의 그것과 동일한 수준에서 이해할 수는 없을 것 같다. 왜냐하면 신해혁명 이후의 정국은 1920년대의 군벌혼전기와 비교할 때 상대적으로 안정되었고, 하남의 경우도 신해혁명과 백랑(白朗)의 난 이후 지역의 정치·군사적 실권자로 새롭게 등장한 조척(趙倜)이 안정적인 통치권력을 유지하였으며, 그 결과 지역 내의 치안행정 역시 일정정도 유지되었던 것으로 판단되기 때문이다. 따라서 제1부에서는 신해혁명을 계기로 1910년대 하남에 등장하게 된 토비·비밀결사의 성격과 그 만연 과정, 그리고 그들과 국가권력 또는 혁명파 간의 관계양상을 밝힘으로써 이후 토비 세계를 이해하는 데 도움을 얻고자 한다.

---

* 여기서 혁명파란 "청조의 붕괴를 가져온 일련의 혁명운동에서 1911년 10월 이전까지 청조의 타도를 주장하고 그것을 행동화하였거나 1911년 10월 이후 청조를 부인하는 군사행동에 동조, 참여한 사람을 지칭한다." 따라서 1911~1912년 손문(孫文) 일파의 움직임을 혁명의 주류로 파악하는 혁명파의 개념 규정은 아니다. 이상 혁명파의 개념 정의에 대해서는 閔斗基「民國革命論」,『講座中國史 6』(지식산업사 1989) 105~107면 참조.

I. 토비와 변경

1. 철로의 부설과 지역경제의 변화

일반적으로 하남은 중국 내에서 토비의 활동이 가장 두드러진 지역 가운데 하나였다고 지적되어왔다. 하지만 구체적으로 언제부터 그리고 왜 이러한 토비 만연현상이 하남에서 두드러졌는지에 대해서는 분명하지 않다. 더구나 하남 전체에서 동일한 빈도로 토비가 등장했다거나 그 규모가 지역과 무관하게 동일했을 것으로 생각되지 않는다. 그렇다면 토비와 그들의 활동무대인 변경지역의 특성 사이에 어느정도 상관관계가 있을 것으로 예상되는데 이하에서는 먼저 토비 성행의 배경을 검토하는 차원에서 하남 내의 경제적·지역적 편차[1]를 검토해보겠다.

19세기 말 근대화의 진전과 함께 중국 곳곳에 철도가 부설되었지만, 특히 하남에는 1906년 4월 무승관(武勝關)에서 백장(柏莊)에 이르는 남북 543킬로미터의 경한철로(京漢鐵路)가 건설되었고, 1909년에는 개봉(開封)에서 낙

---

1) 오도릭 우 역시 하남 내의 명확한 생태적 차이를 강조한 바 있다. Odoric Y. K. Wou, *Mobilizing the Masses: Building Revolution in Henan* (Stanford University Press 1994) 14면.

양(洛陽)에 이르는 동서 183킬로미터의 변락철로(汴洛鐵路, 이후 농해철로隴海鐵路로 확대)가 각각 완성되었다.[2] 정주(鄭州)를 교점으로 한 십자형 철로 부설의 결과 하남은 이전과 달리 철로를 중심으로 한 지역적 구분을 이루게 되었다.[3]

지역사회에 대한 철로의 영향은 다방면에 걸쳐 나타났지만 그 가운데 경제적 변화를 먼저 살펴볼 수 있을 것 같다. 철로는 상품경제의 발전, 공업의 발전, 도시의 발전, 행정체계의 발전 등을 통해 해당지역의 발전에 크게 기여했지만,[4] 동시에 그외 지역의 경제적 몰락과 함께 이전 경제 중심의 이동 현상도 야기할 수 있었다. 왜냐하면 상당부분 철로가 기존 경제 중심지를 관통하기도 하지만 이 둘이 반드시 일치했다고 볼 수는 없기 때문이다. 특히 철로 부설 이전 전통시대 지역의 경제 중심이 주로 하천을 중심으로 이루어졌다면[5] 부설 이후 지역경제의 주도권을 둘러싼 철로와 하천과의 경쟁은 당

---

2) 초기 개봉-낙양을 연결한 변락철로는 계속 확장되어, 1932년 楊集鎭(夏邑縣)에서 豫靈鑛 (靈寶縣)까지를 잇는 동서 613킬로미터의 농해철로로 완성되었다. 이밖에 英國福公司는 1904년 하남북부 淸化鑛에서 道口鑛까지를 연결하는 도청철로를 개통하였다. 이상 袁中金 「河南近代鐵路建設與經濟發展」, 『史學月刊』, 1993-4; 李占才 主編 『中國鐵路史』(汕頭大學出版社 1994) 참조.

3) 明淸시대까지 하남은 일반적으로 동부 평원, 서부 산지, 남양(南陽) 盆地 등으로 3분되었다. 馬雪芹 『明淸河南農業地理』(紅葉文化出版 1997) 16~22면 참조.

4) 철로의 건설에 따른 하남 경제변화에 관해서는 何漢威 『京漢鐵路初期 史略』(中文大學出版社 1977) 153~205면; 張瑞德 『平漢鐵路與華北的經濟發展(1905~1937)』(中央研究院近代史研究所) 59~137면; Odoric Y. K. Wou, "Development, Underdevelopment and Degeneration: The Introduction of Rail Transport into Honan", *Asian Profile*, 12~33, 1984, 223~25면; 沈松僑 「經濟作物與近代河南農村經濟, 1906~1937─以棉花與菸草爲中心」, 『近代中國農村經濟史論文集』(中央研究院近代史研究所 1989) 등 참조.

5) 스키너는 중국을 여덟 개의 대구역(macro region)으로 구분하고 그 내부를 최고 양질의 토지, 최대의 인구, 교통의 요충지, 자본의 투자 등에서 초점이 된 하천유역의 중핵(core)과 생산, 부, 인구 등이 줄어들고 정치적으로 불안정한 주변(periphery)으로 나누었는데, 이 경우 중핵·주변의 구분 기준은 하천이었다. G. William Skinner, "Regional Urbanization in Nineteenth-Century China," "Cities and the Hierarchy of Local Systems," Edited by G.

연하였다. 전통적으로 하남에는 표1에서 보이는 바와 같은 대표적인 수계(水系)가 존재하였다.

이 가운데 황하(黃河)는 맹진(孟津)을 기준으로 평균 기울기가 0.065%에서 0.018%로 급격히 완만해지면서 황토의 퇴적에 의해 천정천(天井川)이 되어 하운이 곤란했기 때문에, 철로의 유력한 경쟁상대에서 제외해도 무방할 것 같다. 그러나 위하(衛河)와 장하(漳河)의 경우는 사정이 달랐다. 둘은 하북(河北)의 관도(館陶) 부근에서 합류하여 위운하(衛運河)를 따라 산동의 임청(臨淸)에 이르고, 다시 남운하(南運河)를 따라 천진(天津)과 해하(海河)로 연결되었다. 그 가운데 위하는 수량이 풍부하고 진흙과 모래가 적어 하남 내에서 하운에 가장 적합한 하천으로 평가받았으며,[6] 영국복공사(英國福公司)가 1904년 심양현(沁陽縣) 청화진(淸化鎭)에서 위하의 하구 활현(滑縣) 도구진(道口鎭)까지 150킬로미터의 도청(道淸)철로를 부설한 것도 위하와 운하를 이용하여 석탄을 편리하게 운반하기 위함이었다. 따라서 당연한 일이지만 청말까지 위하의 중요 하구인 활현, 특히 도구진은 교역의 중심지로 발전을 거듭하였다. 그리고 기하(淇河)와 위하가 만나는 접점이자 과거 육운에서 조운으로 전환되는 교통의 요지 준현(浚縣) 기문진(淇門鎭)에는 경한철로 개통 이전 1천여 호가 거주하였으며, 양곡상에 의해 수집된 소맥(小麥)은 위하를 통해 도구진, 급현(汲縣), 천진 등지로 팔려나갔다. 또한 도구진에서 천진까지의 640킬로미터는 운하로 연결되었고, 수량이 풍부할 경우 급현을 거쳐 신향(新鄕)까지 120킬로미터를 거슬러올라갈 수 있었기 때문에, '과거' 장로염(長盧鹽)이 하남에 유입될 때나 천진으로의 양곡 운반은 모두 이 노선을 따랐다.[7] 1920년대의 관찰자 오세훈(吳世勳)이 말하는 '과거'가 정확히 어느 싯점을 가리키는지 분명하지 않지만, 경한철로 개통 이후 장로염의 운송이

William Skinner, *The City in Late Imperial China* (Stanford University Press 1977).

6) 吳世勳 『分省地誌: 河南』(中華書局 1927) 229면.

7) 같은 책 230~31면 참조.

기존 하운에서 철로운송으로 교체되어 운송비가 격감함에 따라 경쟁상대였던 회북염(淮北鹽)에 가격경쟁 면에서 우위를 점하게 되었다는 지적[8]을 고려하면 적어도 철로가 부설된 1906년 이전임은 분명하다. 그런데 장로염과 회북염의 경쟁에서도 예상되는 것이지만, 왕래하던 선박이 하루 수천 척에 이르렀을 정도로 번창했던 이 지역들이 1920년대에 돌연 쇠퇴하였다는 것인데, 왜 이러한 현상이 발생하게 되었는지 오세훈의 설명을 좀더 살펴보도록 하자.

도구진은 진내에 매우 견고한 성채가 설치되었고 서쪽으로 위하에 접해 과거 범선 왕래가 극성하며 큰 선박들이 다수 정박하였다. 장로염은 도구진에서 작은 선박으로 나뉘어 서남의 여러 현으로 보내지거나, 마차를 이용하여 진교역(陳橋驛)을 거쳐 다시 황하 이남으로 전해졌다. 북경과 천진으로 가는 소맥, 잡량(雜糧) 역시 이곳에 모여 출발하니, 도구진은 수륙교통의 중심지이며 상업의 극성지역이라 칭해질 만하였다. 하지만 경한철로가 개통된 이후 도구진의 상업은 나날이 쇠퇴하여 비록 도청철로가 건설되었지만 여전히 원상을 회복하지 못하였다.[9]

즉 광서(光緒) 연간만 해도 도구진이 속한 활현에는 10개 이상의 전당포와 수십 개의 전장(錢莊), 그리고 곡물, 소금, 의류, 면화, 석탄, 석유, 주류, 식초 등을 취급하는 다양한 상점이 즐비했지만, 경한철로 개통 이후 상황은 일변하여 전당포는 문을 닫고 사염과 함께 담배, 주류, 면화, 곡물 등을 취급하는 몇몇 상점과 고리대업만이 명맥을 유지할 뿐이었다.[10]

---

8) 何漢威, 앞의 책 194~205면. 그에 따르면 경한철로를 따라 長盧鹽을 천진에서 여남, 광산, 주마점 등 총 792킬로미터를 운반하는 데에는 每擔당 2.5元이 소요된 반면 淮北鹽을 산지에서 동일 지점까지 운반하는 데에는 비록 더 짧은 거리인데도 每擔당 2.74元이 들게 되어, 1920년까지는 하남에서 淮北鹽은 완전히 자취를 감추게 되었다.
9) 吳世勳, 앞의 책 231~32면.

위하 이외에 회하(淮河) 역시 철로와 경쟁관계에 놓이게 되었다. 방산(方山), 복우산(伏牛山) 이동, 동백산(桐柏山), 대별산(大別山) 이북 그리고 황하 이남의 광대한 지역을 굽이쳐 흐르는 회하는 북쪽은 지류가 크게 발달한 반면 남쪽은 하장이 짧은 비대칭의 수계를 형성하였다. 회하의 북쪽 최대 지류 영하(潁河)는 그 주류가 숭산(嵩山)의 서남쪽에서 발원하여 주가구진(周家口鎭)에 이르고, 영하의 북원(北源) 가로하(賈魯河) 역시 밀현(密縣) 성수욕(聖水峪)에서 시작하여 장갈(長葛), 부구(扶溝), 서화(西華)를 거쳐 주가구진에 다다르며, 남원(南源) 사하(沙河)도 노산(魯山) 마달령(摩達嶺)에서 시작하여 평정산(平頂山)을 돌아 탑하(漯河)를 거쳐 같은 곳으로 흘러들어왔다. 이렇 듯 주가구진에서 합쳐진 영하는 다시 심구(沈丘)를 지나 안휘(安徽)로 들어 가 많은 지류와 만나 정양관(正陽關) 부근에서 비로소 회하로 유입되었다. 회하의 수계를 이렇게 정리할 수 있다면 당연히 회하 북단 수로의 요충지 주가구진에 주목해볼 필요가 있다. 더구나 회하는 수량이 풍부하여 하남 수계 가운데 앞서의 위하와 함께 가장 하운에 유리하다고 지적되었다.[11] 그렇다면 하운을 이용한 주가구진의 경제적 번영을 충분히 예상할 수 있다. 그러나 철로의 부설은 주가구진의 경제적 운명 또한 변화시켰는데 다시 오세훈의 설명을 살펴보도록 하자.

주가구는 여러 하천이 합류하는 지점으로 그로부터 사하와 회하가 연결되고, 회하 역시 운하를 통해 양자강으로 이어지는 등 수로가 크게 발달했기 때문에 선박과 수레가 폭주하였다. 따라서 과거 상업이 극성하여 강남의 설탕과 제지 등 잡화 및 차의 수입이 가장 많이 이루어졌다. 차상(茶商) 가운데 십여

10) 『滑縣志』, 「事業」, 1932, 32~33면. 이하 地方志는 특기하지 않는 한 모두 中國方志叢書(成文出版社 1970) 가운데의 민국시기 지방지를 이용하였다.
11) 회하에 대한 설명은 常劍嶠·朱友文·商華豊 編 『河南省地理』(河南敎育出版社 1985) 88~90면; 王幼僑 『河南方輿人文志畧』(北南西北書局 1932) 25면; 吳世勳, 앞의 책 9~11면 참조.

곳의 쟈스민 화원(花園)은 차를 가공하였고, 산서 상인의 표호(票號)와 은장(銀莊)의 환어음은 여러 성에서 유통되었다. 하지만 서쪽에 경한철로, 동쪽에 진포(津浦)철로, 북쪽에 농해철로가 각각 건립됨에 따라 상업 업무는 점차 다른 곳으로 이동해버리고 시장은 나날이 불황에 빠져들어 갔다. 예컨대 차 교역은 80~90%의 격감을 보여 현재 쟈스민 화원은 단지 한두 곳만이 존재할 뿐이다. 더구나 최근 토비가 등장하여 은행업무가 중단되었기 때문에 불황은 더욱 심해졌다.[12]

이에 더해 가로하를 통해 주가구진에서 주선진(朱仙鎭)으로 거슬러올라가는 수로는 1920년대에 막혀버렸고, 영하를 따라 임영(臨潁) 소상교(小商橋)를 거쳐 번성진(繁城鎭)에 이르는 길 또한 수심이 얕아 운행이 곤란하게 되었다.[13] 또한 운송조건도 문제였다. 수량과 풍향에 영향을 받겠지만 대략 주가구진에서 정양관으로 하행할 경우 소요시간은 8일, 운임 5만 근당 25~50원, 상행할 때에는 10일, 40~60원이 각각 필요하였다.[14] 그렇다면 주가구진에서 서쪽으로 56킬로미터 떨어진 언성(鄢城)으로 수로를 이용하고 다시 그곳에서 경한철로 이용, 물류를 유통시키는 것이 더욱 경제적이었을 것이다. 후자의 경우 정확한 비용을 확인할 수는 없지만 소요시간이 2~4일밖에 걸리지 않았기 때문이다. 결국 주가구진은 육운과 수운을 연결시키는 보조 역할에 만족해야 했고 그 대신 철로와 수운의 중심지로서 언성이 새롭게 주목받게 되었다.[15]

---

12) 吳世勳, 앞의 책 201~202면; 王幼僑, 앞의 책 139면 참조.
13) 같은 책 201면. 그러나 철로 건립 초기인 1913년경만 해도 상황은 괜찮았던 같다. 기존 하운과 철도가 결합하여 상업의 외연적 확대를 가져왔다는 조사보고를 통해 이 점을 확인할 수 있다. 東亞同文會 編『支那省別全志』第8卷 하남성(東亞同文會 1918) 66~68면.
14) 東亞同文會, 같은 책 307~309면.
15) 이밖에도 진포로와 농해철로의 개통에 따라 주가구진 대신 蚌埠, 鄭州, 歸德, 許昌, 駐馬店 등이 번창하게 되었다. 白眉初『中華民國省區全誌, 河南省誌』(世界書局 1925) 32~33면.

주가구진이 그나마 명맥을 유지할 수 있었던 것은 경한철로에 근접하였기 때문이라 할 수 있겠지만, 변화된 경제상황에 적응하지 못한 현이나 보조 시장은 경우가 달랐다. 주가구진과 주선진을 잇는 수로 우측에 위치한 기현(杞縣)과 태강(太康)은 청말 "금기현(金杞縣), 은태강(銀太康)"[16]이라 일컬을 정도로 부유한 곳이었으나, 1920년대에 들어 평범한 농업지대로 변했고,[17] 주가구진의 보조시장이라 할 만한 소요진(逍遙鎭)과 노와진(老渦鎭) 등도 한때 교역선이 가득 차고 날마다 장이 설 정도로 번성했으나 경한철로 건설 이후 몰락하고 말았다.[18] 특히 가로하가 관통하는 수운의 요지였던 주선진은 개봉으로 향하는 물자유통의 중요한 통로로서 청대 중국 4대진(大鎭) 가운데 하나로 평가될 정도였지만, 철로 건립 이후 그 효용을 다하고 쇠락하였다.[19]

서남의 한수(漢水) 수계인 당하(唐河)와 백하(白河) 주변 역시 동일한 운명을 겪었다. 복우산맥 가운데의 칠봉산(七峰山)과 관산파(關山坡)에서 각각 시작된 당하와 백하는 방성(方城), 사기(社旗), 당하, 신야(新野)와 남소(南召), 남양(南陽), 신야 등을 각각 경유하여 호북(湖北)에서 만나 양번(襄樊), 한구(漢口)까지 이어졌다. 이 지역들 가운데 가장 주목을 끄는 곳은 당하가 통과하는 사기진인데 청말 다음과 같은 발전을 보였다.

사기진은 남양현 북동 90킬로미터에 위치한다. 그곳에서부터 북쪽으로는 개봉과 낙양을 거쳐 산동, 산서, 몽골에 다다를 수 있고, 남쪽으로는 당하, 양번을 통해 호북, 호남, 귀주, 광동에 이를 수 있다. 해운이 도입되기 이전 남북간의 교역은 하운 이외에 다른 방법이 없었다. 비록 한수, 단강(丹江), 백하가 남쪽으로 강호(江湖)에 연결된다고 해도 서북쪽은 산맥으로 막혀 육운이 불편

---

16) 瀟湘「河南紅槍會被吳佩孚軍隊屠殺之慘狀」,『嚮導』158(1926. 6), 1545면.
17) 白眉初, 앞의 책 44면.
18) Odoric Y. K. Wou, "Development, Underdevelopment and Degeneration: the Introduction of Rail Transport into Honan," *Asian Profile*, 12–3, 1984, 221면.
19) 白眉初, 앞의 책 26~27면, 142~43; 吳世勳, 앞의 책 201면.

하였다. 따라서 전국의 서부 교역품은 사가진에 모이게 되었다. 북부의 몽골, 러시아, 산동, 섬서 등지의 낙타와 말, 수레 모두는 개봉, 낙양을 거쳐 이곳에 이르러 배로 옮겨져 남부로 이동했다. 또한 광동, 광서, 운남, 귀주의 물건은 주강(珠江)으로부터 광서를 거쳐 호북으로 거슬러올라오고, 사천의 물품은 양 자강을 따라 내려오며, 강서의 것들은 감강(贛江)을 통해 올라와 결국엔 모두 한구로 모여들었다. 이후 이들 상품들은 한수를 통해 양번을 거쳐 당하를 거슬 러올라 사가진에서 거래되었다.[20]

그러나 1920년대에 들어 상류원과 물길이 진흙으로 막혀 사가진 이하 40 킬로미터에 걸쳐 수운이 불가능하게 되자 교역품은 점차 당하 북쪽의 원담 진(源潭鎭)에 집결되기 시작하였고, 이곳에서의 수운도 경한철로와의 경쟁에 서 뒤떨어지게 됨에 따라[21] 전국 최고의 번성을 자랑하던 사기진은 쇠락하 고 말았다.[22]

이상 살펴본 대로 청말민초 하남 내의 철도와 하천 사이에는 공존보다는 경제의 주도권을 둘러싼 경쟁관계가 두드러졌다. 운송능력에 있어 경한철로 에 비해 위하, 회하, 당하 등의 경쟁력이 떨어지게 됨에 따라 각각의 중심지 인 도구진, 주가구진, 주선진, 사가진 등은 몰락하고 대신 철로 주변의 정주, 귀덕(歸德), 허창(許昌), 주마점(駐馬店) 등이 새로이 발전하였다.

한편 하남 서남부에는 노씨(盧氏) 서남에서 의양(宜陽) 동으로 이어지는 웅이산맥(熊耳山脈)과 그곳에서 남동쪽으로 남양분지의 동북 경계에까지 다 다르는 복우산맥이 발달되어 있다. 복우산맥은 길이 약 4백 킬로미터에 이 르는 하남 최대 규모의 산맥으로 평균 고도가 1천에서 1천5백 미터이며 2천 미터 이상을 넘는 높은 봉우리도 다수 존재하였다. 이 산맥들과 철로가 관통

---

20) 白眉初, 앞의 책 101면. 또한 사가진이 위치한 남양분지는 '南襄夾道'라 하여 전통시대
　　남북의 유일한 교통로라는 평가까지 받았다(馬雪芹, 앞의 책 8면).
21) 白眉初, 같은 책 101면.
22) 같은 책 142~43면.

하는 지역 사이에 위치한 낙령(洛寧)과 비양(泌陽) 등을 연결하는 산악지대
는 전통적인 미발달지역이었다. 예컨대 1910년대의 의양은 총 경지면적이 7
천여 무(畝)에 불과하였으며, 낙령 역시 낙하에 인접했지만 평지가 극히 부
족하여 계단식 농법을 채택하고 주민의 다수가 동굴생활을 하였다. 수공업
의 분야도 마찬가지여서 같은 시기 낙령에서는 고작해야 대나무 가공업 정
도가 발달했고 노씨에서도 극히 적은 규모의 대장간과 목공소가 존재할 뿐
이었다.[23] 물론 복우산맥 내에도 낙남(洛南)―노씨―숭현(嵩縣)―이양(伊
陽)―노산(魯山)―남소―남양―철우묘(鐵牛廟)를 잇는 320킬로미터의 교
통로가 연결되고, 섬서(陝西) 상남(商南)과 호북 균현(均縣), 하남 석천(淅川),
낙령(洛寧) 등을 연결하는 남북 160킬로미터의 교통로가 발달하여 활발한
교역이 가능하였다. 예컨대 낙하를 통해 낙양과 연결된 낙령은 성 교계지역
에 위치한 지리적 이점을 살려 청초까지 산서(山西), 섬서 상인이 자주 왕래
하였다. 그러나 이곳 역시 청 중기 이후 쇠퇴하기 시작하여 태평천국군(太平
天國軍)에 의해 파괴된 이후에는 다시 회복하지 못하였다.[24]

결국 전체적으로 볼 때 근대 이후의 하남은 철로의 부설에 따라 그 주변
의 발달지역과 과거의 중심지에서 몰락한 쇠퇴지역 그리고 전통적인 미발달
지역인 낙후지역 등의 지역차를 보이게 되었다.[25] 이 가운데 쇠퇴지역이나

---

23) 東亞同文會, 앞의 책 459~62, 525~26면.
24) 白眉初, 앞의 책 156~58면. 그러나 낙령 가운데 특히 王范鎭은 洛河에 인접한 서부 교
    통의 요지로 현성을 능가할 정도의 발전을 보였다. 林傳甲『大中華河南省地理志』(商務印
    書館 1920) 245면.
25) 여기서 발달지역, 쇠퇴지역, 낙후지역 등의 표현은 오도릭 우가 사용한 development,
    degeneration, underdevelopment의 번역어에 해당한다(Odoric Y. K. Wou=1984, 221면).
    하남 내의 철로 도입에 따른 경제 변화에 대한 설명은 오도릭 우 이외에 Phil Billingsley,
    Bandits in Republican China (Stanford University Press 1988) 41~45면; Xin Zhang, *Social
    Transformation in Modern China: The State and Local Elites in Henan, 1900~1937*
    (Cambridge University Press 2000) 22~28면 등 참조. 이밖에 철로 부설에 따른 東三省의
    경제변화에 대한 분석은 塚瀬進「中國近代東北地域における農業發展と鐵道」,『社會經濟

낙후지역은 지역의 경제적 요인 때문에 토비출몰이 두드러지는 변경이 될 가능성이 높았다.[26]

2. 철로의 군사적 기능

1910년대의 군벌정부는 철로로 대규모의 군대와 군수물자를 수송함으로써 지역을 효과적으로 장악할 수 있었다. 특히 하남을 남북으로 관통하는 경한철로는 1916년 당시 기관차 129량과 객차 2,867량을 보유함으로써 연간 인원 269만명과 물자 3,320만톤을 수송하였는데,[27] 이 수치로 계산해보면 이 철로를 장악한 군벌은 대략 22만명의 병력과 군수물자 277만톤을 한 달 안에 철로 연변의 작전지역에 집결시킬 수 있었다. 실제로 경한철로와 경봉(京奉)철로를 중심으로 범한 군사물자 수송이 이루어졌음은 민국시기 국유철로 일반과 경한철로 및 경봉철로의 객차 운송량 가운데 군운(軍運)이 차지한 비율을 조사한 표2에서 확인할 수 있다.

표를 통해 보면 전체 국유철로 가운데 경한철로와 경봉철로의 군사적 기능이 상대적으로 높았음을 알 수 있다. 표가 가리키는 시기는 주로 1920년

史學』, 58-3, 1992; 塚瀬進 『中國近代東北經濟史硏究 ― 鐵道敷設と中國東北經濟の變化』 (東方書店 1993) 참조.

26) 지역간의 경제적 차이를 이해하기 위해서는 토지 소유관계, 조세부담, 이농현상, 수공업의 발달 등 다양한 변수를 종합적으로 검토할 필요가 있겠지만 생략하였다. 이에 대해서는 行政院農村復興委員會 編 『河南省農村調査』(商務印書館 1934); 張錫昌 「河南農村經濟調査」, 『中國農村』 1-2, 1934; 王天奬 「近代河南農村的高利貸」, 『近代史硏究』, 1995-2; 王天奬 「民國時期河南的地權分配」, 『中州學刊』, 1993-5; 王天奬 「晩淸時期河南地權分配蠡測」, 『史學月刊』, 1993-6; 從翰香 主編 『近代冀魯豫鄕村』(中國社會科學出版社 1995); 鄭起東 「近代華北的攤派(1840~1937)」, 『近代史硏究』, 1994-2; 沈松僑 「經濟作物與近代河南農村經濟」, 『近代中國農村經濟史論文集』(中央硏究院近代史硏究所 1989) 등 참조.

27) 「民國五年國有鐵路各路總況」, 『東方雜誌』 15-1(1918) 165~66면.

대이지만 1910년대의 상황도 크게 다르지 않았을 것 같은데, 오히려 전쟁의 범위, 동원병력과 사상자수, 전쟁의 발생건수에서는 상대적으로 1910년대가 정치군사적으로 더욱 안정되었다고 할 수 있다.[28] 그렇다면 1910년대에 걸쳐 철로는 직접적 전쟁목적보다는 광범한 치안유지수단으로 사용될 가능성이 많았으며 철로에 의한 대규모의 군대이동이 가능한 이상 경한철로 주변의 발달지역은 토비의 출몰위협에 그만큼 적게 노출되었다고 할 수 있을 것이다.

또한 하남에 있어 철로 주변을 중심으로 한 군대의 주둔과 군인모집은 철로의 군사적 효용성을 증대시킴과 동시에 직접 혹은 간접적으로 지역치안문제와 관련되었다. 군대주둔에 따른 치안유지의 직접적 효과에 대해서는 따로 언급할 필요가 없을 정도로 당연하겠지만 군인모집의 경우는 좀더 추가적인 설명이 필요할 것 같다. 표3은 1910년대 후반 하남에서 실시된 모병상황을 지역, 주체, 규모를 중심으로 정리한 것이다.

1916년 이전 주요 모병지역이 하락도(河洛道; 낙녕洛寗, 숭현, 노씨, 노산, 겹현郟縣, 보풍寶豊, 이양, 임여臨汝, 섬현陝縣, 문향閿鄕, 영보靈寶)와 하북도(河北道; 수무修武, 임현林縣, 심양沁陽, 안양安陽, 탕음湯陰, 활현, 위휘衛輝, 초작焦作, 획가獲嘉, 연진延津, 장원長垣, 봉구封邱)를 중심으로 이루어졌다는 사실[29]과 표3을 비교해보면 1910년대 후반 주요 모병지역이 변화하였음을 알 수 있다. 하북도 소속 현 내에서는 군인모집이 계속 이루어졌지만, 하락도, 즉 낙양 이서 혹은 이남의 서부 일대에서는 거의 없었다. 반면 표에 자주 등장하는 모병지역인 정주, 낙양, 개봉, 확산, 허창, 신양, 탕음, 언성, 공현, 주마점, 안양, 상구

---

28) 근대 이후 변화된 군사전술과 철로와의 밀접한 관련성, 1916년부터 1928년까지의 주요 전쟁에 동원된 병력수, 전쟁의 범위, 사상자수에 대한 통계적 분석에 대해서는 Hsi-sheng Ch'i, *Warlord Politics in China, 1916~1928* (Stanford University Press 1976) 128~32, 137~38면 표7-9 참조.

29) 「推廣徵兵區域」, 『河聲日報』, 1916. 3. 5.

등은 경한철로와 농해철로가 직접 관통하는 현이었다. 또한 나머지 현들도 청대의 행정구역상 창덕부(彰德府), 귀덕부(歸德府)에 해당하는 북부와 동부 지역으로 철로에 아주 근접한 곳에 위치하였다. 북경정부가 하남 내 교통의 편리함을 고려하여 징모국(徵募局)을 설치하라고 명령한 것[30]도 효율적인 병사의 선발, 훈련, 배치를 위함이었다. 서부지역이나 청대 남양부(南陽府)를 중심으로 한 서남부지역에서 군인모집이 거의 이루어지지 않는 것은 철로교통의 불편함 때문이라 할 수 있다.

만약 토비나 군인이 몰락 또는 몰락의 위협에 처한 하층민의 입장에서 볼 때 특별한 가치에 대한 고려보다는 생존을 위한 단순한 선택대상의 문제로 등장하게 된다면 광범한 군인모집은 그만큼 해당지역에서 토비로 충원될 인자들을 감소시키는 요인으로 작용할 수 있을 것이다. 그렇다면 성당국은 철로 주변 지역대상으로 군대 등을 동원한 직접적 치안유지활동이 용이할 것이고, 또 이와 함께 이 지역들에서 광범한 군대모집을 통해 토비로 전환될 가능성이 높은 몰락농민을 군대로 흡수함으로써 토비로 인한 혼란을 미연에 방지할 수 있는 이중적 효과를 얻을 수 있었다. 반면 상대적으로 이러한 기회가 적은 쇠퇴지역이나 낙후지역은 반대 현상이 발생할 가능성이 높았다.

3. 변경의 획정

앞서 지적하였듯이 경제적 관점에서 볼 때 토비의 출몰현상이 두드러질 가능성이 높은 변경에는 서부 낙령에서 비양에 이르는 전통적 낙후지역과 백하와 당하 주변의 쇠퇴지역이 포함될 수 있다. 이곳은 표4에서 보이는 청

---

30)「士兵徵募槪況」, 『陸軍行政紀要』(張俠・孫寶銘・陳長河 編 『北洋陸軍史料』, 天津人民出版社 1987, 189면에서 재인용).

말민초의 행정구역과 대체로 일치하였다.

이하에서는 하남 내의 총 108개 현 가운데 위의 표에 등장하는 서부와 남부의 27현을 변경에 포함시키고 하락도 소속 14개 현을 낙후지역(A군), 나머지 여양도(汝陽道) 소속 13개 현을 쇠퇴지역(B군)으로 구분하도록 하겠다. 이 가운데 철로 주변지역인 영보, 문향, 섬주(陝州)와 민지(澠池), 신안(新安) 등이 변경 A군에 포함된 것은 농해철로의 지지부진한 부설 사정과 관련이 있다. 농해철로는 1909년 12월 변락철로가 개통된 이후 6년 만인 1915년 6월에 섬주와 민지의 중간지점인 관음당(觀音堂)에까지 확장되었고 섬주까지는 1925년, 다시 영보까지는 1927년에 비로소 개통되었다.[31] 따라서 1910년대 말에서 1920년대까지 지역사회에 미친 철로의 경제적 영향을 고려해볼 때 낙양 이서 철로 부근은 낙후지역에 포함시킬 수 있을 것 같다.

반면 이 지역들 이외에 발달지역에 소속된 현으로는 일단 철로가 관통하는 현을 포함시키는 것이 안전할 것이다. 그렇다면 경한철로 위의 정현, 신정, 장갈, 허창, 임영, 언성, 서평, 수평, 확산 그리고 농해철로상의 형양(榮陽), 사수(汜水), 공현(鞏縣), 언사(偃師), 낙양 등 14현이 여기에 포함된다. 이밖에 철로와 인접한 지역인 우현(禹縣, 허창역에서 36킬로미터), 밀현(정주역에서 36킬로미터), 양성(襄城, 허창역에서 36킬로미터), 등봉(登封, 언사역에서 36킬로미터) 등 역시 철로에서 비교적 가까운 곳에 위치했기 때문에 발달지역인 C군에 포함시킬 수 있을 것 같다.[32]

한편 북부지역은 철로가 부설되기 이전부터 발달한 전통적인 선진지역이었다. 여기에 도청철로와 경한철로가 교차함에 따라 광공업 역시 크게 발전하였다. 이 구역들에는 안양, 탕음, 급현, 신향, 기현(淇縣), 획가, 수무, 심양, 휘현(輝縣) 등 철로 주변 9개 현들이 포함될 수 있다(D군). 하지만 같은 지역에 위치하였지만 활현 등 몰락지역은 이 구분에서 제외하였다.

---

31) 李占才 主編『中國鐵路史』(汕頭大學出版社 1994) 184~85면.
32) 각 현과 철로와의 거리에 대해서는 王幼僑, 앞의 책 42~51면 참조.

마지막으로 살펴볼 구역은 청대 귀덕부에 소속된 상구(商丘), 영릉(寧陵), 영성(永城), 녹읍(鹿邑), 우성(虞城), 하읍(夏邑), 고성(考城), 자성(柘城), 휴현(睢縣) 등 9현이다(E군). 후술하듯 인구밀도나 증가율, 남녀 성비, 취학율, 성도(省都)나 철로와의 거리 등 여러 수치를 보고 판단하건대 낙후된 지역으로서 토비의 출몰이 잦은 변경에 포함될 만한 곳은 아니었다. 하지만 이곳은 행정의 공백이 상대적으로 쉽게 나타날 수 있는 성 교계지역에 위치하였다. 본래 3개 내지 2개 이상의 성이나 현이 인접한 지역의 경우 관할 책임소재의 모호함으로 인해 치안행정의 공백이 나타날 가능성이 컸다. 현급의 교계지역은 발달지역 내에서도 존재할 수 있었다. 예컨대 허창 동북의 허전(許田), 유천(洧川)의 노만(魯灣)과 유합집(劉合集), 장갈의 석고진(石固鎭), 심양의 임천촌(林泉村), 정현(鄭縣)의 허청량사(許清凉寺), 진류(陳留) · 개봉 · 난봉(蘭封) 3현 공동 관할의 곡흥집(曲興集), 서화 · 무양 · 언성 3현 교계의 삼장(三張), 흑주(黑朱), 노왕파(老王坡), 개봉 남쪽의 이채(李寨), 등현(鄧縣)의 위집(韋集) 등 교계지역은 비교적 발달한 선진지역에 속했지만 소속의 모호함 때문에 토비의 출몰이 잦았다.[33]

성 사이의 교계지역 역시 동일한 행정치안상의 문제를 지녔다. 예컨대 호남 · 귀주 · 광서 · 사천 4성 교계의 상서지구, 섬서 · 호북 · 하남 3성 교계의 하남 서남부지구, 강소(江蘇) · 절강(浙江) · 안휘 3성 교계의 태호(太湖)지구, 복건(福建) · 강서(江西) · 광동(廣東) 3성 교계의 복건 서부지구 등이 있다.[34]

---

33) 이밖에 토비가 자주 출몰하는 저명한 현 교계지역으로 汝陽 · 노산 · 보풍 3현 인접의 魯山縣 青條嶺 낭랑산과 杞縣, 진류, 通許 3현 인접의 杞縣 沙窩社 · 白塔寺 등이 있었으며, 영성 서북 45리 會亭集 역시 하읍 · 상구 · 영성 3현의 교계지역에 위치하였다(「著名匪首魏老三被獲之喜」, 『河聲日報』, 1915. 1. 28; 「抓獲烟犯二則」, 『河聲日報』, 1915. 8. 8; 「土匪盤踞之所聞」, 『河聲日報』, 1919. 9. 13). 또한 민국 초기 저명한 토비였던 백랑집단의 주요 구성원 역시 보풍 이서, 임여 이남, 노산 이북의 교계지역 출신이었다(開封師院歷史系 · 河南歷史研究所 · 白狼起義調査組 「白朗起義調査報告」, 『開封師範學報』 5, 1960, 87면. 이하 「白朗起義調査報告」로 약칭.

하남성의 경우 섬서, 산서, 산동, 안휘, 호북 등 여러 성으로 둘러싸여 곳곳에 성 교계지역이 펼쳐져 있었다. 이 가운데 본문의 E군에 속하는 지역은 산동(山東)의 서남부, 안휘 북부, 강소 북부 등과 함께 4성 교계지역을 이루면서 행정적으로는 서로 분리되었지만 지리적으로나 경제적으로 하나의 단위로 취급되어왔다.[35] 게다가 교계지역이란 지정학적 특수성에서 비롯되는 치안행정상의 곤란함이 부가되면서 이곳을 하나의 행정단위로 통합하자는 이른바 건성론(建省論)이 청말부터[36] 1923년 임성사건(臨城事件) 직후까지 토비에 대한 근본적 대책으로 제기되었다.[37]

이상 민국 초기의 하남 108현 전체를 포괄하는 것은 아니지만 철로의 도입에 따른 변화와 전통적 특성을 고려하여 하남을 표5와 같이 구분할 수 있다. 그렇다면 이 가운데 A군, B군, E군에 속하는 지역이 토비의 상습적 출몰지역인 변경이 될 것이다. 이하에서는 위의 구분에 의거해 변경이 지닌 특징에 대해 살펴보도록 하자.

---

34) 譚屬春「近代中國的匪患問題初探」,『求索』, 1994-4, 128면.
35) 이러한 시각의 대표적인 연구로 Elizabeth J. Perry, *Rebels and Revolutionaries in North China, 1845~1945* (Stanford University Press 1980); 鄒逸麟 主編『黃淮海平原歷史地理』(安徽教育出版社 1997) 등이 있다.
36) 청말 건성론의 제기와 강소인 陸潤庠 등의 반대론 그리고 江淮省의 설치와 취소 등에 대해서는 「政務處奏光緖二十年十一月初八日軍機處鈔交前署兩江總督端方代奏修撰張謇條陳徐州宜建行省一摺」,「陸潤庠等奏」, 朱壽朋 撰『光緖朝東華錄』(中華書局 1958) 5282~83, 5288~89면 등 참조.
37) 1923년 5월 4성 교계지역에서 발생한 임성사건 직후 제기된 건성론에 대해서는 「臨城事件之善後策―河淮間別立新省」,『申報』, 1923. 5. 20; 張世毅「治匪芻議」,『申報』, 1923. 5. 23 등 참고.

4. 변경의 특징

앞서 설명에서도 분명히 드러나듯 변경은 경제적 낙후성을 주요한 특징으로 하였다. 이러한 낙후성은 주로 인위적인 경제활동의 결과지만 자연재해와 같은 불가항력적인 측면도 있었다. 전통적으로 중국 내에서 가뭄과 홍수 등의 자연재해가 가장 빈발했던 하남이지만[38] 표6에서 확인되듯 지역에 따라 그 발생빈도를 달리하였다.

표6를 정리해보면 1813년부터 1936년까지 발생한 총 60회의 재해조사 가운데 서부에서 발생한 건수가 34회로 북부 25회, 동부 22회, 남부 20회, 당하, 백하, 단하지역 22회보다 많다는 사실을 알 수 있다. 우리의 구분과 반드시 일치하지는 않지만 표에 나타난 서부와 당하, 백하, 단하 등 유역은 대체로 A군과 B군에 각각 상응한다. 따라서 A군의 경제적 낙후현상은 자연 재해에 의해 촉발된 청말 이래의 전통적 특징이라고도 볼 수 있다.

인구문제를 통해서도 지역차는 드러난다. 표7은 앞서의 지역 구분방식을 기준으로 지역의 인구를 비교한 것이다. 표 7, 8, 9 모두 1930년대 초반의 조사보고를 바탕으로 했다는 면에서 민국 초기의 지역상황을 그대로 반영하지는 못하지만 동 시기 체계적인 인구조사가 부재한 상황에서 부득이하게 참고하고자 한다. 표에 등장하는 인구밀도와 인구증감 등의 비교를 통해 우선 낙후지역, 쇠퇴지역(A군과 B군)과 발달지역(C군과 D군) 간의 차이를 확인할 수 있다. 또한 지역간 문화적 차이와 관련하여 남녀간 성비의 지역차가 주목된다. 즉 낙후지역과 쇠퇴지역에서는 대체로 남성이 여성에 비해 다수를 점하고 있다. 특히 B군의 남녀 성비를 남자를 기준으로 산출해보면 평균 73.85%로서 1935년 전체 평균 87.42%, 1912년부터 1936년까지 전체 평균

---

38) 쓰可楨의 통계에 따르면 한대-청대에 걸쳐 하남은 수재와 한재의 발생횟수에 있어 161 건, 144건으로 각각 전국 최고를 기록하고 있다. 쓰可楨 『中國歷史上氣候之變化』, 張建民·宋儉 『災害歷史學』(湖南人民出版社 1998) 88~90면에서 재인용.

85%[39]에 미치지 못하며, 더구나 C군 91.02%, D군 93.03%에 비해서는 현저하게 떨어지고 있음을 알 수 있다. 또한 이것은 하병체(何柄棣)가 산출한 1776년부터 1850년까지 광동, 안휘, 강서, 절강, 호북의 성비 78.26%[40]보다 낮은 수치로서 1935년이라는 조사싯점까지를 고려한다면 B군 여성의 수적 열세는 더욱 두드러진다고 할 것이다. 이 점에 착안하여 B군에 대한 1935년도 연령별 성비를 좀더 상세히 분석한 것이 표8이다.

표8은 B군 가운데 연령별 성비자료가 없는 신야, 비양, 방성 등 3현을 제외한 10현에 대한 1935년 조사로부터 작성한 것이다. 위의 성비대로라면 평균 남성 1백명당 여성 75명밖에 존재하지 않는 것으로, 10~30대 결혼적령기 남성의 경우 대략 24% 정도가 결혼상대를 구할 수 없는 상태였음을 추정할 수 있다. 과연 실제로도 그러한지 확인하기 위해 B군 소속 현 가운데 자료가 갖춰진 9개 현의 혼인 개황을 살펴본 것이 표9이다.

표9에 따르면 남양 등 9현 남성의 미혼율은 21.7%를 나타내고 있다. 이 현들에는 홀아비를 포함하여 배우자가 없는 남성이 남성 전체 가운데 34.2%인 547,252명에 이르고 있었다. 반면 여성의 미혼율은 14.2%로서 상대적으로 낮은 수치를 보이고 있는데, 이는 남녀 성비의 불균형을 반영한 것으로 이해된다. 이 미혼남성 혹은 홀아비 등은 전쟁이나 자연재해로 인해 정상적 경제생활이 곤란한 싯점에 도달할 경우, 특히 근대적 산업이 미발달한 서부에서 광범한 실업자 층을 형성할 여지가 많았다. 이들이 군인 또는 자위집단의 단원이 되거나 토비로 충당되는 것은 충분히 예상할 수 있다.

그런데 성비 균형의 파괴가 가져올 정치·사회적 파장과 함께 고려해야 할 문제는 남성의 과잉현상을 낳은 사회문화적 배경이라 할 수 있다. 끊임없이 행정당국이 금지했는데도 전통 중국에서는 장차 있게 될 지참금의 부담과

---

39)「民國元年以來河南省戶口統計」, 河南省統計學會 編 『民國時期河南省統計資料』上卷(河南人民出版社 1986) 140면.
40) 何柄棣 지음, 정철웅 옮김 『중국의 인구』(책세상 1994) 79~80면.

부양가족 증가에 따른 경제적 어려움, 강력한 남아선호사상 등이 결합되어 여아에 대한 광범한 영아살해가 이루어졌다.[41] 이러한 현상은 전통적인 낙후지역을 중심으로 잔존할 가능성이 높았고 남녀간 균형잡힌 성비의 파괴는 그 결과였다. 특히 표8에서도 드러나듯 B군 지역의 0세에서 10세 아동 남녀 성비가 평균에 크게 밑도는 71%라는 사실은 여아 영아살해에 대한 더욱 직접적인 증거라 할 수 있다. 이밖에도 지역별 취학률과 식자율[42] 그리고 해외유학생수[43] 등을 비교해보아도 변경의 문화적 낙후성을 확인할 수 있다.

반드시 경제적·문화적 낙후성과 관련된 것은 아니지만 변경의 특징을 잘 보여주는 다음과 같은 설명이 있다.

> (하남)인민의 성품은 질박하고 강직하며 신체는 강건하다. 불굴의 기개와 의를 존중하고 무협을 숭상하는 기풍은 여러 산간벽지에서 찾을 수 있다. 서부의 숭현, 등봉, 임여, 노산, 이양, 보풍, 겹현, 남부의 구(舊)남양부 소속, 동부의 영성, 하읍, 녹읍, 자성 일대, 북부의 활현, 준현(濬縣), 임현, 내황(內黃), 임장(臨漳) 등지의 인민은 순수하고 용감하기로 특히 유명하다. 따라서 덕으로 감화시키면 다스리기 쉽고, 힘으로 위협하면 난을 일으킬 수 있다.[44]

인용에서 지적하는 '불굴의 기개와 의를 존중하고 무협을 숭상하는 기풍',

---

41) 何柄棣, 앞의 책 81~84면. 또한 1933년의 조사에 따르면 서남부 당하, 등현, 남소 일대에서는 딸의 결혼부담금을 걱정한 가정에서 광범한 영아살해가 자행되었다. 行政院農村復興委員會 編『河南省農村調査』(商務印書館 1934) 116면.

42) 취학률은 王幼僑, 앞의 책 228~34면, 식자율은 河南省統計學會 編「識者與不識者人數」 12~14면 각각 참조.

43) 청말 민국시기 국비 및 자비 해외유학생 총 1,031명 가운데 A군 소속 13현 출신은 45명에 불과한 반면 D군의 10개 현 출신은 84명으로 현저한 차이를 보였다. 이상 牛中家「淸末至民國河南省出國留學生名錄」,『河南文史資料』 37, 1991, 141~71면; 牛中家「淸末至民國河南省出國留學生名錄」,『河南文史資料』 39, 1991, 174~98면 참조.

44) 王幼僑, 앞의 책 105면.

즉 무풍(武風)문화의 발전은 전통시대 과거 합격자의 구성에도 영향을 끼쳤다. 특히 진평(鎭平), 등현, 남양 등지에서는 낙양이나 성도 개봉에 인접한 상부(祥符), 북부의 심양 등과 달리 진사(進士), 거인(擧人)에 비하여 무진사(武進士), 무거인(武擧人)의 합격비율이 월등하게 높은 수치를 보여주었다. 예컨대 옹정(雍正)—건륭(乾隆) 연간 등현에서는 진사, 거인 등 문과 합격자가 1명도 나오지 못했지만 같은 시기 무진사 3명, 무거인 11명이 배출되었다.[45] 또한 1930년대 초반 상황을 묘사한 것이지만 서부 임여, 이양, 의양, 낙령, 등봉 일대에는 "민풍(民風)이 강한(强悍)하여 항상 무기를 갖고 계투(械鬪)를 벌인다"거나 "농촌의 젊은이가 서로 만나면 각자 무기를 꺼내 겨루다 의기투합하면 술잔을 돌려 사귀는 기풍을 보였다"[46]고 지적되었다. 이러한 현상은 이 지역들 내에서 문인과 인문교양보다는 무인과 무예를 숭상한 결과라 할 수 있는데, 이러한 상무주의에 대한 존숭에 따라 지역의 젊은이들은 군인이 되는 데 적극적이었고, 합법과 비합법을 가리지 않고 자신의 무술과 용기를 과시하려 하였으며 무력 자체가 하나의 권력과 권위의 상징으로 용인될 수 있는 분위기가 형성되기 쉬웠다.[47]

전통적 무풍 강성지역으로 인용에서 지적하는 서부의 숭현, 등봉, 임여,

---

45) 「選擧志」, 道光 『續河南通志』, 卷51-53, 1826; 「科貢」, 『洛寧縣志』, 卷3, 1917, 45~56면; 「選擧表」, 光緖 『鎭平縣志』, 卷5, 1876, 6~22면; 伍德昌 「國家建設與人力資源控制─以 1900~1916年豫書南的軍事發展爲例」, 香港中文大學歷史學部哲學碩士論文 1995, 39~41 면; 沈松僑 「地方精英與國家權力─民國時期的宛西自治, 1930~1943」, 『中央硏究院近代史 硏究所集刊』 21(1992. 6), 392면 등 참조.

46) 行政院農村復興委員會 編, 앞의 책 90면; 王怡柯 『農村自衛硏究』(河南村治學院同學會 1932) 104면.

47) 호남 서부 역시 이러한 무풍문화의 현저한 발달을 보인 대표적 지역이었고 동시에 토비의 극성지역이기도 했다. 蔡少卿 『民國時期的土匪』(中國人民大學出版社 1993) 188~200 면; 福本勝淸 『中國革命を驅け拔けたアウトロ─たち─土匪と流氓の世界』(中央公論社 1998) 114~18면; 金世昊 「湖南軍閥의 鄕村統治의 實相」, 閔斗基 編 『中國近現代史上의 湖南省』(知識産業社 1995).

노산, 이양, 보풍, 겹현(A군), 남부의 구남양부 소속(B군), 영성, 하읍, 녹읍, 자성 일대(이상 E군)는 이미 살펴본 변경과 거의 일치하고 있으며, 북부의 활현, 준현, 임현, 내황, 임장 등은 D군의 발달지역과 구별되는 쇠퇴지역 혹은 산악지대인 변경에 속했다.

이상의 내용을 정리하면 다음과 같다. 청말까지 하남은 지역마다 지리적 조건에 따라 다양한 경제 중심과 연결되어 있었다. 특히 천진으로 연결되는 위하, 강남(江南)으로 통하는 영하, 그리고 한구로 이어지는 백하 등을 이용한 수운의 발달에 따라 이러한 경향은 더욱 두드러졌다. 위하의 중심지 도구진, 영하의 중심지 주가구진(또한 그 지류인 가로하의 중심지 주선진), 백하 지류 당하의 중심지 사가진 등은 각각 하남의 북부, 남동부, 남서부의 큰 진이면서 수륙 운송의 중심지로서 경제적 번성을 구가하였다. 그러나 철로 부설의 결과 경제적 지형은 크게 변화하였다. 남북 물류유통을 철로가 담당함에 따라 이들이 지녔던 이전의 영화는 사라져 갔던 것이다. 경한철로와 도청철로가 교차함에 따라 위하유역의 수운은 쇠락하였고, 가로하와 당하의 수로가 막혀 주선진은 폐허로 전락하였으며, 사가진과 주가구 역시 과거의 영화를 찾지 못한 채 단지 철로운송을 보조하는 정도의 역할만을 수행할 뿐이었다. 반면 정주, 언성, 허창, 주마점 등 철로 주변지역의 현저한 경제적 발달은 이 쇠퇴지역들과 좋은 대조를 이루었다.

이밖에 전통적인 미발달지역을 포함한다면 근현대 하남의 경제지형을 대략 발달지역, 쇠퇴지역, 낙후지역으로 구분할 수 있는데, 이 가운데 쇠퇴지역과 낙후지역을 만성적 토비 출몰지역, 즉 변경에 먼저 포함시킬 수 있다. 발달지역을 변경에 포함시킬 수 없는 이유는 경제적 조건 이외에 철로의 치안·군사적 효용성에서 물론 찾을 수 있겠지만, 그와 함께 철로 주변지역을 중심으로 이루어진 군인모집으로 인해 토비로 충원될 수도 있는 하층민 다수가 군대로 흡수되었던 사정에서도 이해할 수 있다.

변경 내에서는 경제적 낙후성을 쉽게 확인할 수 있지만 그밖에도 독특한 문화현상이 나타났다. 예컨대 정상적인 남녀 성비의 파괴, 여아에 대한 광범한 영아살해, 낮은 취학율과 식자율 등의 현상이 나타나며, 무풍문화가 크게 성행하였다. 모두 상대적인 것이기는 하지만 이러한 문화적 낙후성 내지는 무풍문화의 존재는 불법적인 무장 토비집단을 만연하게 만드는 좋은 토양으로 작용할 수 있었다.

한편 경제적 조건만 따른다면 발달지역에 속할 만한 몇몇 지역 역시 변경의 범주에 넣을 수 있다. 현급 내지는 성급의 교계지역이 그러한 곳인데, 특히 동부의 청대 귀덕부 소속 9개 현(E군)이 대표적인 토비 출몰지역이었다. 동부를 포함한 4성 교계지역을 대상으로 청말민초에 다양한 건성론이 제기된 것은 바로 교계지역에서 나타나는 치안행정상의 곤란함을 극복하려는 제도적 노력의 일환이었다.

결국 변경이란 경제적 낙후와 문화적 낙후 그리고 치안행정의 곤란 등 다양한 요소가 복합적으로 작용하여 형성된 토비의 발호가 예상되는 지역이라 할 수 있다. 대체적으로 볼 때 서부(A, B군)는 이 세 요소들을 모두 공유한다는 의미에서 청말민초 하남의 대표적 변경으로 손색이 없을 테지만, 동부(E군) 역시 무풍문화와 성 교계지역이라는 지정학적 요인으로 변경에 포함시킬 수 있다. 그러나 이러한 지역적 구분이 절대적인 것이 아님은 물론이다. 오히려 발달지역 내 교계지역 역시 토비의 극성지역이 될 수 있으며, 반대로 쇠퇴지역이나 낙후지역 내에서도 현정부나 주둔군의 노력에 의해 얼마든지 효과적인 치안유지가 가능할 수 있기 때문이다.

II. 신해혁명기 토비·비밀결사의 성행

1. 신해혁명과 토비의 증가

과거부터 하남 내에는 많은 토비가 등장하였다. 하지만 동치(同治)시기 염군(捻軍)이 진압된 이후 40여 년 동안 안정을 유지해오던 하남이 전국에서 토비의 폐해가 가장 심한 성으로 주목받게 된 계기는 의화단(義和團)사건 때문인 것으로 지적되고 있다. 예컨대 1909년 시어사(侍御使) 진선동(陳善同)은 이전 토양이 척박하고 물산(物産)이 부족하며 상공업이 발달하지 않아 약탈사건이 자주 발생하였지만 그다지 염려할 수준은 아니었던 하남이지만, "의화단사건 이후 물가가 크게 등귀하여 생활이 날로 어려워짐에 따라 유민이 더욱 증가하니, 부자는 가난해지고 가난한 자는 토비가 되어 10명에서 1백명씩 무리를 지었다"고 상주하고 있다.[48] 이어 진선동은 이 토비들의 대표

---

48) 陳善同「奏請查辦河南盜案摺」(1909. 12. 4), 『陳侍御奏稿』, 近代中國史料叢刊 第28輯, 卷1, 文海出版社 4~6면 참조. 이밖에도 『河南官報』를 통해서도 의화단을 계기로 한 하남 내의 토비 급증현상을 살필 수 있다. 『河南官報』20, 宣統 2년(王天獎 等編 『河南辛亥革命史事長編』上·下卷, 河南人民出版社 1986, 355면에서 재인용. 이하 『史事長編』으로 약칭. 또한 이하 『河南官報』의 인용은 모두 이에 따랐으며 특별히 주기하지 않는다).

적인 출몰지역으로 남양부와 하남부 등을 거론하면서, 특히 인질사건이 남양과 낙양일대에서 성행하여 '납우독(拉牛犢)' '납노건(拉老犍)' '청관음(請觀音)' '도초관(倒醋罐)' '시표자(撕票子)' 등 인질 관련 은어가 생겨났다고 파악하였다.

진선동의 조사에는 비록 토비사건 가운데 해결되지 않은 것만을 다룬 것이지만 청말 하남 토비와 관련된 구체적 상황을 짐작케 하는 내용이 포함되어 있다. 그 가운데 하나는 사건 발생지역이 남양, 노씨, 낙양, 영령(永寧, 낙령), 유주(裕州, 방성), 숭현, 비양, 엽현(葉縣), 당현(唐縣) 등 서부와 신양(信陽), 나산(羅山) 등 남부에 집중되었다는 사실이다. 이것은 1907년 순무(巡撫) 장인준(張人駿)이 토비의 극성에 대비하여 반포한 포고문에서 하남부와 여주(汝州) 소속 지방에 재래무기로 무장한 토비가 자주 출몰하였는데도 신사(紳士)들은 보복을 두려워하여 신고하지 않았다고 지적한 데에서도 알 수 있다.[49] 또한 1911년 순무 보분(寶棻)의 상주 가운데에도 "인질납치의 경향은 하남부의 낙양, 숭현, 영령이 많고, 남양부의 내향(內鄉), 유주, 등주(鄧州)에서 심하며 여주 소속의 노산, 보풍 역시 적지 않다" 하여 서부일대에 토비가 극성했음을 지적하였다.[50] 이상 진선동, 장인준, 보분, 서가(徐珂) 등의 지적을 통해 하남 가운데에서도 청말 서부가 토비의 집중적 발호지역이었으며, 그 규모는 1백여 명 이하였고, 인질가격은 2, 3천원 정도에서 결정되었다는 사실 등을 확인할 수 있다.

상황은 신해혁명 직전인 1910년부터 1911년에 이르러 더욱 악화되었던 것 같다. 몇가지 근거를 들어보면 먼저 토비의 대규모 출몰지역으로 서부 이

---

49) 「撫院張諭禁匪徒結黨擾害鄉里告示」, 『河南官報』 27, 光緒 32年.
50) 「寶棻覆陳河南會黨情形籌辦淸鄉摺」(宣統3年3月5日) 中國第二歷史檔案館 編 『中華民國史檔案資料滙編』 第1輯(江蘇古籍出版社 1991) 80면. 徐珂 역시 光緒 시기 서부의 토비 발호현상을 강조하면서 낙양의 張黑子, 여주의 董萬川, 南陽의 王八老虎 등을 소개하였다. 「豫西刀匪之多」, 徐珂 編撰 『淸稗類鈔』 11, 中華書局 1996(第2版), 5323면.

외에 동부 특히 귀덕부 소속 현들이 거론되고 있음을 지적할 수 있다. 예컨 대 1911년 8월경 동부 자성, 영성, 하읍 일대에 서양의 신식무기로 무장한 토비 수백명이 등장하여 군대와 대항하며 살상을 자행한 사건이 발생하였 다.[51] 또한 1910년 신임 순무 보분은 당시 하남의 토비가 전국에서 가장 극 성하다고 평가하면서 약탈, 인질납치 이외에 관리를 살해하고 사적인 복수 를 일삼으며 관병에 공공연히 대항하였음을 지적하였다.[52] 1911년 4월의 상 주문에 따르면 토비는 과거 약탈물의 분배를 목적으로 소규모의 실업 유민 이 향촌을 중심으로 야간에 칼 등 재래식 무기로 무장하였던 데 반해, 이제 는 상인, 혁명파, 관부 등과 결탁하면서 신식무기로 무장, 대낮에 도시까지 약탈하는 조직으로까지 발전하였다.

한편 신해혁명은 하남 하층민에게 큰 반향을 일으켰다. 일부의 주장대로 태평천국, 염군, 의화단 등에 이어 그들에게 '천년왕국의 해방의 순간'을 제 공했다[53]고까지는 할 수 없겠지만, 기존의 질서와 권력, 가치관 등이 무너질 지도 모른다는 우려 혹은 기대감을 증폭시켰다. 게다가 무창(武昌)봉기와 그 에 이은 섬서, 산서 등 하남을 둘러싼 성들의 독립은 하남 내에 주둔하고 있 던 군대배치에 커다란 동요를 가져왔다. 혁명 직전 하남 내에는 신군(新軍) 1협(協, 총 5,956명), 순방대(巡防隊) 40영(營, 총 10,696명) 등이 주둔하고 있었 다.[54] 그러나 무창봉기에 따른 군사적 긴장에 의해 하남성정부는 육군 보병

---

51) 「河南匪警」, 『民立報』, 1911. 8. 5; 「開封通信」, 『民立報』, 1911. 8. 9.

52) 「通飭各屬整頓捕務札」, 『河南官報』 30, 宣統2年.

53) 嶋本信子 「白朗の亂にみる辛亥革命と華北民衆(上)」, 靑年中國硏究者會議 編 『中國民衆 反亂の世界』, 汲古書院 1983(第2刷), 12면.

54) 청말민초 하남 육군 편제와 그 변화에 대해서는 「河南陸軍編制」(『陸軍統計簡明報告書』), 張俠·孫寶銘·陳長河 編 『北洋陸軍史料(1912~1916)』(天津人民出版社 1987) 174~76면. 하남 내의 치안유지는 주로 이들의 몫이었다. 예컨대 1906년 汝州, 伊陽 인의회 반란진압, 1910년 심구, 녹읍, 주가구, 유주, 엽현, 수무복공사매광 등지로 출동 등은 육군과 주둔 巡防隊 의 협력을 통한 치안유지활동이었다. 「軍事」, 『東方雜誌』 3-4, 1906, 79면; 「河南巡撫寶棻奏 摺」(1911. 11. 26), 中國史學會主 編 『辛亥革命(7)』(上海人民出版社 1957) 370~71면. 이하

1영을 호북 섭구(灄口)에, 보병 1영, 기마병 2영, 포병 1대(隊) 등을 무승관에, 또 보병 2영, 기마병 1대, 포대를 섬서 동관(潼關)에 각각 파견하였고, 각 지역의 순방대는 양번 섭주 및 지역의 교량, 철로 등 요충지 방어를 위해 재배치되었다.[55] 이상의 조치는 청조의 입장에서 볼 때 혁명의 확산을 저지하기 위한 것이지만, 일시에 지나치게 많은 병력을 이동·재배치하여 지역치안의 공백이 발생할 수 있었다. 예컨대 무창봉기 이후 하남의 군대가 호북 접경 무승관과 개봉 등지를 집중적으로 방어하는 틈을 이용하여 서부 여주, 낙령 일대에 토비가 급증했다.[56] 이밖에도 혁명적 혼란에 따른 하층민의 몰락, 주둔군의 약탈, 패잔병과 도망병의 급증, 혁명파와의 결합 등을 계기로 토비가 급증하였다.

신해혁명 직후인 1912년 5월까지의 토비 동향을 당시 신문보도를 근거해 정리해보면 다음과 같다.[57]

① 개봉부: 소속 14현에는 평소 토비가 발생하지 않았지만 1911년 겨울 이후 토비가 발호하고 성내의 토비군대〔兵匪〕약탈이 하루에도 두세 차례 발생하였는데 유천(洧川), 신정(新鄭) 일대가 특히 심하였다. 그러나 이 지역의 토비는 밤에 모이고 낮에는 흩어지고 무기 또한 칼과 창에 불과하며, 대규모의 집단을 이뤄 한낮에 약탈을 자행하지 않기 때문에 적절히 대처하면 어렵지 않게 정돈할 수 있을 것이다.

② 귀덕부: 부성(府城) 서쪽 현의 상황은 개봉 일대와 유사하지만 동쪽의 우성, 영성, 하읍 등은 산동의 조주(曹州), 강소의 서주(徐州), 안휘의 박주(亳州)

『辛亥革命』으로 약칭.

55) 「河南巡撫寶棻奏摺」(1911. 11. 26), 『辛亥革命(7)』, 370~71면; 「張錫元關于在劉家廟反撲武漢戰敗情形報告」(1911. 10. 15), 中國第二歷史檔案館 編 『中華民國史檔案資料滙編』 第1輯(江蘇古籍出版社 1991) 180면.

56) 「汝洛剿匪祥情」, 『國民新報』(漢口), 1912. 4. 23(『史事長編』 下卷, 293면에서 재인용).

57) 「河南遍地是崔苻」, 『國民新報』(漢口), 1912. 5. 5-7(『史事長編』 下卷, 286~89면에서 재인용).

등과 인접하여 토비가 자주 출몰하였다. 평소에도 치안을 유지하기 어려운 지역이라 알려져 있었지만 최근에는 더욱 심해졌다. 토비두목 왕금니(王金妮), 두금산(竇金山), 방삼걸(龐三杰) 등이 이끄는 무리는 각각 2, 3천 규모였고, 이동할 때 부녀자를 수십 대의 큰 수레에 태워 대동하였다. 토비는 이달 초 우성을 포위했고 영성을 지난 겨울부터 90여 일 동안 유린하여 폐허로 만들었기 때문에 성 동쪽 주민은 농사를 포기한 채 모두 도주한 상태이다. 하읍 현지사 무점괴(武占魁)가 1백여 명의 토비를 사살하였지만 대규모의 병력으로 진압하지 않는 한 이곳의 토비문제는 해결하지 못할 것이다.

③ 진주(陳州): 1911년 겨울 민군(民軍)을 사칭한 자들이 안휘 영주(潁州)를 점령했을 때 그 영향으로 신채(新蔡)는 토비에 의해 두 차례 포위당하고 태강, 부구(扶溝) 등지에서는 황비(黃匪)가 창궐하였다. 이밖에 토비군대가 각 현을 약탈하였지만 현재는 평정을 되찾았다. 그러나 다시 무리를 지어 약탈할 것이라는 소문이 있다.

④ 광주(光州): 이곳은 안휘의 영산(英山), 곽산(霍山), 호북의 마성(麻城), 황안(黃安) 등에 근접하였다. 1911년 대규모 병력이 주둔한 결과 토비는 일시 자취를 감추었으나 민군이 고시(固始)를 점령한 이후 토비는 광주 남성(南城)을 탈취하고 패잔병과 도망병의 약탈이 계속되었으며 민군을 사칭한 토비의 보복이 잇달았다. 또한 근자에는 대규모 토비가 상성(商城)일대를 중심으로 대낮에도 약탈을 자행하였다.

⑤ 여녕부(汝寧府): 신양, 확산(確山) 등 일대에서 1911년 북양군의 소요가 발생하자 주민은 도주하였다. 이들은 패잔병, 도망병 등이 약탈을 자행했기 때문에 봄농사를 지을 수 없었고, 굶주린 자들은 도처에 산재하여 3~5명이 무리를 지어 약탈로 생계를 꾸려야 했다. 근자에 군대가 물러나자 지역주민이 귀환하여 점차 옛 모습을 찾기 시작했다.

⑥ 남양부: 현재는 분용군(奮勇軍)이 점령중이다. 서쪽의 진평, 내향에서는 왕천종(王天縱)에 의해 현지사가 임명되고, 남쪽의 신야, 등주는 호북군(湖北軍)이 압박하여 성에서 파견하는 각 관리는 유주(裕州)에 머물 뿐 부임하지 못하였다. 진평, 내향 등의 토비가 민군을 칭하고 보복 살인과 가혹하게 세금을 징수하자 향촌민은 모두 채(寨)를 닫고 항거하였다. 남양 성내는 평온하지만

민군에게 매월 1천원을 공급해야 하며 동북의 각 향에서는 주둔군과 토비가 도처에서 소요를 일으키고 약탈하였다. 석천에서는 1911년 조목(趙牧)이 단련(團練)을 통해 잘 대처하여 1911년 12월에서 1912년 3월까지 토비사건이 한 건도 발생하지 않았고, 그가 떠난 뒤 민군, 호북군이 도착하였다. 향촌에서는 1912년 봄 강호회비(江湖會匪)가 준동하여 말과 무기를 약탈하고 가혹하게 세금을 징수했으나 방화, 살인 등을 자행하지는 않았다.

⑦ 여주: 소속 1주 4현 모두 토비에게 유린당하였다. 진초홍(秦椒紅), 이홍모(李紅毛) 등 대소 수십 간(杆), 간마다 많으면 1천여 명, 적어도 수십명에서 1백명에 이르렀다. 현재 토벌계획이 결정되어 대규모 병력이 노산일대에 집결하여 전투를 시작하였다. 그러나 토비의 규모가 크고 모이고 흩어지기를 반복하며 험준한 산악지형에 익숙했기 때문에 객병(客兵)이 제대로 토벌하지 못한다.

⑧ 하남부: 낙양 동쪽의 언사 공현과 북쪽의 맹진 등에는 단지 소규모의 토비만 존재하지만 남쪽의 의양, 영녕(永寧), 숭현 등의 상황은 여주와 유사하다. 이전 대규모 토비 가운데 하나는 1천여 명이 무리를 지어 낙양 남쪽 위가촌(魏家村)을 공격하여 130여 가를 파괴 약탈하였지만 대규모의 주둔군대는 지리에 생소하여 관망만 할 뿐이었다. 또한 낙양 성내에는 병사의 횡포가 심하였다.

⑨ 섬주: 섬주 소속 가운데 노씨만이 현성이 파괴되지 않고 나머지 섬주, 영보, 문향 등은 1911년 겨울 동, 서군에 의해 유린당하였다. 1911년 봄 유민이 돌아왔으나 의지할 집이 없고 양식가격도 등귀하였다. 대규모 토비 역시 약탈할 만한 것이 없음을 알고 거들떠보지 않았다. 지역의 하층민은 굶주림과 추위 때문에 오로지 약탈로만 생활할 뿐이었다. 보리를 아직 파종하지 못했고 춘경도 실시하지 않았으니, 조속히 구휼에 나서지 않으면 대란이 일어날지 모른다.

⑩ 위휘부: 위휘부 소속 전체는 대체적으로 평온하다. 단지 활현은 하북 개주(開州)와 인접하여 개주 대토비 이이홍(李二紅)이 2, 3천명의 무리를 이끌고 가끔 공격하였다. 한번은 활현 경계의 상항촌(上杭村)에서 수십 가를 약탈하다 단련의 공격을 받고 물러나면서 복수를 맹세하여 인근 주민을 불안에 떨게 하였다.

이상의 내용과 청말 토비의 정형과 비교해보면 몇가지 변화와 함께 그 특징을 확인할 수 있다.

첫째, 토비 분포의 확대이다. 앞서 살펴보았듯이 청말까지 하남 내의 토비 출몰지역은 주로 하남서부와 하남동부 귀덕부 일대였으며 하남의 동남부지역과 특히 하남북부 일대는 대체로 평온하였다. 그러나 신해혁명을 거치면서 토비 출몰지역은 하남 전 지역으로 확대되었다. 하남북부의 위휘부 일대나 성도 개봉을 제외하고, 이전에 상대적으로 평온했던 개봉부, 진주부, 광주부, 여녕부, 남양부 등지에서도 토비가 자주 등장하였다. 특히 산동, 강소, 안휘, 호북, 하북 등과의 접경지역인 귀덕부 일대에서 토비가 더욱 많이 출몰하였음도 확인할 수 있다.

둘째, 신해혁명의 직·간접적 영향이다. 혁명의 진행과정에서 민군과 또 민군임을 자처한 토비, 그리고 이 민군들에 대항하기 위한 대규모 군대의 이동과 주둔 등 때문에 지역사회는 그 영향을 받았다. 구체적으로 패잔병과 도망병 등을 포함하는 토비군대〔兵匪〕의 등장과 지역수탈, 민군의 영향에 따른 토비의 발흥과 약탈, 민군(혹은 민군을 사칭한 토비)의 수탈 등 이전과 성격을 달리하는 사회불안요인이 급증하였다.

셋째, 토비의 규모가 이전 시기와 비교되지 않을 정도로 커졌다. 귀덕부 토비두목 왕금니, 두금산, 방삼걸 등은 각각 2, 3천의 무리를 이끌었으며, 여주부에는 진초홍, 이홍모 등을 토비두목으로 하는 수십 간의 무리가 존재하는데, 각 간마다 많으면 1천여 명에 이른다는 지적을 통해 보면 전체 규모를 짐작할 수 있다. 이러한 실력을 배경으로 하남 토비들은 보풍, 영녕 현지사의 귀경길을 막거나 노산일대에서 관병 1백여 명을 부상시키고 대포를 빼앗는 전과를 올릴 수 있었으며, 신채, 우성, 영성 등지에서는 현성까지 포위하기에 이르렀다. 토비 가운데 진평, 내향 등의 현지사까지를 임명했던 왕천종의 세력은 특히 주목할 만하다. 넷째, 혼란을 틈타 각종 비밀결사〔會匪〕가 등장하였다. 1911년 봄 치안공백을 이용하여 등장하여 말과 무기를 약탈하고 가혹하게 조세를 징수한 석천 강호회비와 '가민군(假民軍)'의 영주 점령에 영향을 받아 태강, 부구 등지에서 등장한 황비가 그 예라 할 것이다.

인용문 가운데에서도 등장하지만 이 시기 급부상한 토비 가운데에는 '중주대협(中州大俠)'이라는 왕천종이 있었다. 신해혁명 이전 하남서부 일대의 토비들은 숭현의 왕천종을 정점으로 이미 대규모의 세력을 형성하고 있었다.[58] 하지만 신해혁명의 발발과 혁명군의 등장은 왕천종의 세력확대를 가속화시키는 중요한 계기로 작용하였다. 청조의 입장에서 볼 때 혁명정부를 붕괴시키고 혁명의 전국적 확산을 막기 위해서라도 하남을 지속적으로 장악하는 것이 필수적이었지만, 혁명세력의 입장에서도 호북 군정부를 보위하기 위해서 또한 혁명을 전국적으로 확대하기 위해서라도 하남의 독립, 즉 혁명은 필수적이었다.

그런데 무창봉기 직후 개봉 내에서 무혈혁명 기도가 좌절되자 하남혁명파는 토비와 비밀결사를 동원하여 개봉으로 진격하는 방식으로 혁명계획을 변경하였다. 이러한 상황에서 하남서부에서 독립무장세력을 이끌고 있던 토비에 대해 혁명파가 관심을 기울인 것은 당연하였다. 그 가운데 왕천종에 대한 합작은 동맹회 회원 오창주(吳滄洲)와 유춘인(劉春仁)이 맡아 진행하였다. 구체적으로 오창주 등은 이전부터 토비와 긴밀한 관계를 맺어온 발공(拔貢) 석우건(石又鶱)을 통해 관노구(關老九)와 왕천종의 대립 사실 등 이 집단들 내부 사정을 사전에 숙지하고, 토비은어〔黑話〕를 익히는 등 토비문화에 친숙해지려고 노력했다. 또한 토비 관노구 노모(老母)의 주선으로 관제상(關帝像) 앞에서 분향(焚香), 황표(黃表) 소각, 삽혈(揷血), 삼궤구고(三跪九叩) 등

---

58) 신해혁명 이전 王天縱 집단의 발전과 내부 구조 및 개인사에 대해서는 「王天縱小史」, 『民立報』, 1912. 5. 10, 11, 12; 佚名 「王天縱」, 『辛亥革命(7)』, 367~70면; 『最近官紳履歷彙錄』 第1集, 1920. 7(출판지, 출판사 불명, 아시아문제연구소 소장본) 104면; 張鈁 「中州大俠王天縱」, 『近代中國土匪實錄』 下卷(群衆出版社 1992) 223~39면. 이하 『近代中國土匪實錄』으로 약칭; 張修齋 「回憶辛亥革命前後豫西點滴情況」, 『辛亥革命回憶錄(5)』 文史資料出版社 1981(第2版), 373면 등 참조.

의 의식을 통해 감옥곤(憨玉琨), 장치공(張治公) 등과 의형제를 맺기까지 하였다. 혁명파의 입장에서는 토비를 동원하기 위해서 그들의 문화에 충실할 수밖에 없었고, 토비의 입장에서는 자신들의 방식으로 합작을 추진하고자 하였음을 짐작할 수 있다.[59]

이제 혁명세력에 유인된 왕천종 등은 그들의 혁명전략에 따라 1911년 10월 그동안 근거지로 삼아왔던 숭현 탕산(碭山)에서 내려와 낙양, 문향, 영보, 섬주, 관음당, 형관(荊關), 내향, 진평, 남양 등지에서 대규모의 청조 반대투쟁을 전개하였다.[60] 당시 한 조사에 따르면 그의 부대는 이미 총 2만명까지 이르렀다고 하는데,[61] 으레 토비의 숫자를 축소 보고하게 마련인 관부에서도 규모를 기마병 3, 4백을 포함해 보병 1만여 명으로 파악하고 있을 정도였다.[62] 이는 혁명 직전 하남 내의 정규군대 1만6천여 명에 비견되는 수치로서 단지 몇달 전 탕산 산중에서 수천에 불과하던 규모와 비교하면 실로 엄청난 발전을 보이고 있음을 확인할 수 있다. 기존 토비 이외에 새롭게 증가된 부분은 퇴직병, 귀순투항자, 재력가 등도 있지만 대부분 하남서부일대에 산재하고 있었던 토비였다.

왕천종의 세력확대와 하남서부 지역의 혁명적 혼란상은 여타 토비들에게도 동일한 발전의 길을 제공했다. 당시 하남서부에서 왕천종에 견줄 만한 토비두목으로는 섬주의 나노호(羅老虎), 여주의 송천주(宋天柱) 등이 있었는데 이 수하들에는 왕천종과 마찬가지로 각각 3, 40고(股, 股마다 1, 2백에서 3~5백명)의 토비가 편성되었다. 이 가운데 송천주는 왕천종에 호응하여 여주, 노산, 보풍 등 세 곳에서 토비 3천여 명을 결집시켜 온현(溫縣)을 공격하였다.

59) 吳滄洲「河南的兩次軍事行動」, 『辛亥革命回憶錄(5)』 358~61면.
60) 구체적인 경과에 대해서는 「王天縱小史」, 『民立報』, 1912. 5. 11~12 참조.
61) 王天縱集團의 구체적 군대 편제에 대해서는 「王天縱起義軍之調査」, 『齊魯公報』 辛亥年 11月 27日(林能士 編 『辛亥時期北方的革命活動』, 正中書局 1993, 437면에서 재인용) 참조.
62) 「宣統三年十月十一日河南巡撫寶棻致內閣軍諮府陸軍部電」, 『辛亥革命(7)』, 374면.

나노호 역시 섬주에서 2천5백명을 이끌고 약탈하다 섬서 민군유격대(民軍游擊隊)로 개편되어 섬주, 온현, 맹현(孟縣), 수무, 제원(濟源) 등을 연이어 점령하고 8만명에 이르는 대부대를 형성한 것으로 알려졌다.[63] 보도의 주체가 혁명파의 기관지『민립보(民立報)』였기 때문에 혁명상황을 과장했을 것이라는 혐의가 없지 않지만, 신해혁명을 계기로 토비의 활동이 폭발적으로 증가한 것은 틀림없다.

2. 비밀결사와 신해혁명

청말 하남에는 비밀결사 역시 토비와 마찬가지로 성행하였다. 북방의 백련교(白蓮敎)와 의화단이 강한 영향을 미쳤으며, 또 태평천국군이 북상함에 따라 그와 함께 남방의 회당(會黨)이 유입된 바 있었던 하남에서 비밀결사의 활약상을 확인하는 것은 그다지 어렵지 않다. 표10은 의화단사건에서 신해혁명 직전까지 하남에 등장한 비밀결사의 활동상황을 정리한 것이다. 표를 통해 보면 가로회(哥老會), 재원회(在園會), 대도회(大刀會), 소도회(小刀會), 인의회(仁義會), 미륵회(彌勒會), 용화회(龍華會), 영웅회(英雄會), 황도회(黃道會), 쌍룡회(雙龍會), 장모교(長毛敎), 백련교, 의화권(義和拳) 등 다양한 비밀결사가 청말 하남 각지에 출몰한 것을 알 수 있다. 하지만 그 가운데 성당국자는 특히 재원회와 인의회를 대표적인 비밀결사로 지목하였다.[64] 그렇다면 무창봉기 이후 혁명파가 토비와 함께 이들에게 주목한 것은 아주 자연스러운 일이라 할 수 있다.

혁명파와 비밀결사 양측의 관계를 살펴보기 위해 먼저 표11을 통해 1911

---

63)「河洛健兒革命紀」,『民立報』, 1911. 12. 29.
64)『河南官報』2, 光緖 33年;「勸誡會匪韻示」,『漢口中西報』光緖 32年 10月 15日(이상 모두『史事長編』上卷, 379면에서 재인용) 참조.

년 11월 3일로 계획되었던 개봉봉기의 실패에 따라 처형된 11명의 이력을 검토해보도록 하자. 표에 등장하는 11명 가운데 8명이 인의회[65]와 관련되어 있다는 점에서 비록 미수에 그치기는 했지만 11월의 개봉봉기가 인의회를 주축으로 계획된 것이 틀림없다. 더 구체적으로 보면 장종서(張鍾瑞), 왕천걸(王天傑), 서진천(徐振泉) 등은 무창봉기 이후 여원홍(黎元洪)과 협의를 거쳐 귀덕부 일대의 인의회와 결합하여 반란을 준비하거나 그들과 폭넓은 교우관계를 유지하였다. 이 과정에서 혁명파가 수행했던 역할은 이간공(李幹公)의 예에서 확인되듯이 주로 선전활동이며 그 수준도 청조에 반대하는 정도였다.[66] 그러나 혁명파의 입장에서 볼 때 이 정도의 활동조차도 쉽게 이루어졌던 것은 아닌 것 같다. 예컨대 동맹회원 이심매(李心梅)는 무창봉기 이후 하남동부 일대의 인의회 조직활동을 소개하면서 그 조직들에 접근하기란 쉬운 일이 아니어서 지방 명망인사의 소개가 있고 나서야 비로소 가능했으며, 여러차례 접촉한 이후에야 그들이 혁명참가에 동의하였지만 다른 사람의 지휘를 받으려 하지 않고 독자적 조직을 유지하려고 고집하였다고 전하였다. 결국 이심매 등은 인내심을 발휘하여 난봉과 고성 일대의 인의회를 기반으로 한 혁명군 결사대를 조직하는 데 성공하였다. 그 구성을 보면 총 5백명을 1·2대로 구분하고, 그 내에 전, 후, 좌, 우, 중의 소대를 두었는데 대대장은 제성일(齊性一), 오백평(吳伯平) 등 혁명파가 담당하였지만, 부대장과 각 소대장은 인의회 내부에서 선발하였다.[67] 결사대는 내부 구성을 통해 보면 그것이 인의회와 혁명파 양자간 절충의 산물임을 알 수 있다.

　더욱 효과적인 결합방법으로 혁명파가 직접 인의회에 가입하든가, 아니면

---

65) 仁義會에 대해서는 徐其愉「籌備開封起義及失敗經過」, 『辛亥革命回憶錄(8)』 227면; 『西平縣志』 卷38, 8~9면(『史事長編』 上卷, 372면에서 재인용); 張振之 『革命與宗教』(民智書局 1929) 132면; 『敎務敎案檔』 7(『史事長編』 上卷, 374~76면에서 재인용); 「宗敎」, 『東方雜誌』 3-7, 1906, 34~35면 등 참조.

66) 『河南辛亥革命十一烈士殉難傳略』, 1929(林能士 編, 앞의 책 429~35면에서 재인용).

67) 徐其愉「籌備開封起事及失敗經過」, 『辛亥革命回憶錄(8)』, 1982, 227~29면.

혁명파가 직접 인의회를 조직하는 경우도 존재하였다. 표11에 따르면 전자는 최덕취(崔德聚), 후자는 왕몽란(王夢蘭)을 들 수 있다. 이 가운데 동맹회원 최덕취는 25세에 인의회에 가입하여 반청혁명을 주장하였으며, 무창봉기 이후 하남 공립 법정학교(法政學校)에 혁명조직이 건립되자 인의회 수백명을 가입시켰다. 또한 동맹회원 왕몽란, 유아청(劉莪靑), 장두원(張斗垣), 이개경(李慨卿), 장설정(張雪亭) 등은 1911년 봄 난봉, 고성 등 각 현에 인의회를 건립하여 수개월 사이에 5, 6천명을 규합했으며, 향촌에서 비밀리에 조직을 확대하였다. 그리고 11월 3일의 거사일에 맞춰 2천명을 선발하고 무기를 마련하는 등 적극적인 활동을 전개하였다.

양자관계의 마지막 패턴은 인의회가 자발적으로 혁명에 참여하는 방식이다. 표11에 등장하는 단붕언(單鵬彦), 장득성(張得成) 등이 여기에 해당된다. 단붕언은 무슬림이었지만 개봉에서 인의회가 발달하고 반청 분위기가 고양되자 가입하여 회구(會區) 분부(分部) 두목이 된 이후, 왕경선(王庚先) 등이 법정학교에 혁명조직을 설립하자 5백명의 무리를 참여시키고 스스로 우두머리가 되었다. 인의회의 중요인물이었던 장득성 역시 신해혁명이 발발하자 동맹회원 이간공의 소개로 혁명군 암살단에 가입하였으며, 인의회 회원 20명을 규합하여 11월 3일에 맞춰 순무 제요림(齊耀琳) 등 청 관리암살을 모의하였다.

하지만 개봉봉기는 사전에 기밀이 누설되어 실패로 돌아가고 말았다. 성 당국은 사건과 관련하여 4백여 명을 체포하여 장종서 등 11명을 처형하였으며, 서홍록(徐洪祿), 풍광재(馮廣才), 왕반명(王盤銘), 주유병(周維屛) 등 1백여 명에 대해 사형선고를 내리는 등 대대적인 탄압을 가하였다.[68] 이러한 탄압에 따라 인의회는 이전 비밀결사들이 그러했듯이 다시 한번 지하로 숨거나, 아니면 이름을 바꾼 채 활동을 지속할 수밖에 없었다. 하지만 이 과정에

---

68) 張蓋臣 「辛亥河南革命之失敗」, 『開國五十年文獻』 第2編 第5冊(林能士 編, 앞의 책 421~22면에서 재인용); 「北方民黨苦節」, 『民立報』, 1911. 12. 28 참조.

서 혁명파와 결합한 인의회는 성도 개봉에서 반란을 주도할 정도로 큰 세력을 형성하였으며, 이후 전개될 비밀결사의 발전과 관련하여 의미있는 전사(前史)를 이루어냈다고 할 수 있다.

개봉봉기의 중심이 인의회였다면 낙양, 신향봉기의 중심에는 재원회[69]가 있었다. 1911년 10월 11일 순무 보분은 하남부의 보고에 의거하여 숭현 의양 등지에서 가해지는 왕천종의 위협 이외에 낙양 남쪽 4킬로미터 떨어진 곳에도 '비(匪)' 1만여 명이 분포하고 있음을 밝히고 있다.[70] 또한 1911년 10월 15일 변락로국(汴洛路局)은 하남부 서남일대에 '도비(刀匪)'와 '회비(會匪)'가 아주 많아 철로 인근 지방이 불안하다고 하면서 대규모의 병력파견을 요청하였다.[71] 앞에서 등장하는 '비(匪)'와 '회비'는 발생시기와 지역을 고려해볼 때 동일한 조직을 지칭하며 동시에 왕천종 집단과도 구별되는 것으로 보인다. 이 '회비'들이 신해혁명 전후 낙양일대에 분포했던 재원회였음이 밝혀진 것은 1960년대 이루어진 회고를 통해서였다.[72] 같은 시기 하남북부 신향에서도 재원회는 활발하게 활동하였는데 낙양재원회와 조직적 관계는 확인할 수 없지만 명칭과 활동시기 등을 고려하여 함께 살펴보려고 한다.[73]

---

69) 清末 在園會에 대해서는 袁世凱 「査復河朔會匪情形摺」, 『養壽園奏議輯要』 卷31(『史事長編』 上卷, 367～69면에서 재인용); 『淸實錄』 卷534, 8면; 「軍事」, 『東方雜誌』 1-11, 1904, 425면; 「河北會黨聚衆詳志」, 『天津大公報』, 1904. 10. 20; 「大事記」, 『重修正陽縣志』 卷3, 1936, 47면; 「軍事」, 『東方雜誌』 1-9, 光緖 30年, 370면; 「河南巡撫林紹年奏懷慶拿獲在園會頭目摺(光緖 34年 4月 15日), 中國第一歷史檔案館 編 『辛亥革命前民十年間民變檔案史料』(中華書局 1985) 221～22면. 이하 『民變檔案史料』로 약칭; 「錫良遺稿』 卷1, 220～21면, 「拿獲彌勒敎匪分別懲辦摺」, 『劉坤一全集・奏疏』 卷36, 「前署上蔡縣許令芳拿獲會匪請獎片」, 『河南官報』 27, 光緖34年(이상 모두 『史事長編』 上卷, 364～66면에서 재인용); 「紀彌勒會」, 『天津大公報』, 1902. 6. 26; 「河南巡撫林紹年奏上蔡縣拿獲彌陀敎頭目片」, 『民變檔案史料』 116, 223～24면 참조.

70) 「宣統三年十月十一日河南巡撫實棻致內閣軍諮府陸軍部電」, 『辛亥革命(7)』, 374면.

71) 「宣統三年十月十五日汴洛路局發電」, 『辛亥革命(7)』, 377면.

72) 楊依平 「略論"在園"活動」, 『辛亥革命回憶錄(5)』, 375～81면.

73) 政協新鄕市委員會 「新鄕"在園"農民擧義」, 『辛亥革命回憶錄(5)』, 382～84면.

이 조직들의 발의자는 농민 출신 남대정(南大定, 낙양)과 행의(行醫)였던 조룡안(趙龍安, 신향) 등이었다. 낙양재원회의 경우 70%가 농민으로 구성되었지만 이밖에 상인이나 신사의 참여도 두드러져 이천(伊川), 맹진, 낙성(洛城) 등지에서는 장자량(張子良, 수재秀才), 왕북방(王北方, 거인), 김병광(金炳光, 수재) 등 신사가 조직을 장악하였다. 입회의식은 기존 비밀결사와 유사하였다. 대가(大哥)는 지정된 날짜에 게첩(揭帖)을 돌려 회중(會衆)을 불러 모은 상태에서 기존 회원의 소개로 가입한 신입회원에 대해 효행이나 형제간의 화목증진 등 전통적 가족윤리에 관한 것이거나 '포타불평(抱打不平)' '타부제빈(打富濟貧)' '반만흥한(反滿興漢)'과 같은 전통 회당의 종지를 전수하였다. 이어 홍기(紅旗), 남기(藍旗), 강구(江口), 요만(拗滿) 등의 순서로 접납어(接納語)를 읽고 입회비 308전을 내게 한 뒤 명부에 이름을 등재함으로써 의식을 마쳤다.[74] 낙양재원회의 경우 입회 후 회원들은 정기집회(매월 3, 6, 9 혹은 2, 5, 8일)에서 주로 무공을 학습하였는데, 특히 '배도(排刀)'와 '배창(排槍)', 즉 칼과 총을 맞고도 상처받지 않기 위한 훈련에 열중하였다. 점차 재원회 조직이 확대되고 엄밀해짐에 따라 화신사(火神社), 관공사(關公社), 재원(在園) 등 조직 내 분파가 생겨났다. 조직 내외의 구분도 엄격하여 재원회 회원은 서로 대화할 때 그들만의 독특한 은어를 사용하였으며 행동 하나하나에 암호가 존재하였다.

재원회가 발전을 거듭하자 인의회의 경우와 마찬가지로 혁명파의 참여가 두드러졌다. 낙양재원회 지도자 남대정은 이미 재원회를 조직하기 이전부터 동맹회원인 이천 수재 형창어(邢滄漁) 등과 교류하였지만 허진황(許振黃), 왕

---

74) 이상은 신향재원회의 입회의식을 설명한 것이다. 접납어를 좀더 구체적으로 살펴보면 남기로 정해진 자의 경우는 "藍旗飄飄空中矗, 大哥命我在桃園, 今日兄弟來結拜, 怕的空子往里鑽"이고, 강구는 "江口得令往前走, 大哥命我把山口, 今日兄弟來結拜, 怕的空子往里游"였으며 함께하는 宣讀은 "高高山上一棵槐, 挂金牌, 挂銀牌, 大哥接我上山來"였다. 이상 政協 新鄉市委員會「新鄉'在園'農民擧義」, 『辛亥革命回憶錄(5)』, 382~83면 참조.

서형(王書馨), 요북진(姚北辰) 등 혁명파가 본격적으로 각지의 재원회 내에서 활발한 활동을 전개한 것은 무창봉기를 즈음해서였다. 이들은 혁명을 선전하고 청조의 부패와 무능을 폭로하였으며 동시에 농촌의 명절을 이용하여 각종 오락활동을 조직하고 그 속에서 관을 풍자함으로써 혁명의식을 제고시켰다. 그 결과 낙양에서는 조직의 명칭조차 대외적으로는 재원회였지만 내부적으로는 복한군(復漢軍)으로 정해질 정도였다.

혁명파가 하남서부에서 목표로 삼은 것은 앞서 소개한 대표적 토비 왕천종과 대표적 비밀결사 재원회를 낙양 남쪽 관림(關林)에 집결시켜 낙양을 공격 함락시키는 것이었다. 비록 계획은 청조의 탄압에 의해 실패로 돌아갔지만, 혁명파의 노력에 의해 토비와 비밀결사의 결합이 이루어질 수 있었던 중요한 계기였다고 할 수 있다. 더욱이 하남 내의 신군을 통한 혁명이 좌절된 마당에 혁명파로서는 비밀결사와 토비의 군사적 동원을 제외하고는 하남혁명을 위한 다른 대안은 없었을 것이다. 그러나 이러한 혁명파에 의한 토비·비밀결사의 결합이 반드시 순조롭게 진행된 것은 아니었다. 예컨대 평상시 서로 충돌해왔던 하남동부 고성일대의 토비와 인의회는 혁명파의 노력에 의해 혁명군으로 개편될 예정이었지만 인의회 쪽이 토비와 같이할 수 없다고 버티는 바람에 합작이 무산되기도 하였다.[75] 하지만 혁명파의 주도에 의해 신해혁명기를 즈음하여 토비·비밀결사가 더욱 활발하게 활동한 것은 분명했다.

---

75) 徐其愉 「籌備開封起事及失敗經過」, 『辛亥革命回憶錄(8)』, 228면.

3. 토비·비밀결사와 '제2혁명'

　신해혁명 이후 등장한 새로운 공화정부는 산적한 문제에 직면하였다. 그 가운데 우선 과제는 당연히 혁명과정에서 발생했던 혼란을 극복하고 사회를 안정시키는 일이었을 것이다. 하남을 예로 한다면 비록 청조에서 독립을 쟁취하여 혁명정부를 구성하지는 못했지만, 이미 살펴보았듯이 혁명파가 적극적으로 토비·비밀결사와 결합하여 혁명운동을 전개한 결과 양자는 전에 없는 발전을 보였다. 또한 혁명진압을 위한 군대의 증가와 그에 따른 제반 문제 역시 성당국으로서 해결해야 할 과제였으며, 혁명과정에서 동요되거나 붕괴된 지방의 치안조직 등도 시급히 재건하거나 개편해야 했다. 그렇다면 성당국은 이상의 과제를 얼마만큼 효과적으로 처리하였으며, 반대로 혁명에 참여했던 토비·비밀결사 등은 당국의 조치를 어떻게 받아들였는가.

　혁명 이후의 정부는 토비·비밀결사를 엄격히 금지하였다.[76] 하남 역시 예외는 아니었는데 이하에서는 먼저 신해혁명 과정에서 '중주대협'이자 '혁명의 건아'로 각광받았던 왕천종에 대한 처리과정을 통해 이 점을 살펴보자. 먼저 원세개(袁世凱)는 1912년 그를 경사계사장(京師稽査長)에 임명하고, 1914년에는 건충(建忠)이란 이름을 하사하기까지 하였다.[77] 원세개에 대한 이와같은 충성과 그에 따른 왕천종의 개인적 출세는 다른 한편으로 혁명에

---

76) 신해혁명 직후 전국적 차원에서 전개된 비밀결사 탄압과정에 대해서는 周育民 邵雍『中國幇會史』(上海人民出版社 1993) 420~36면 참조. 또한 북경정부의 토비·비밀결사에 대한 금지조치에 대해서는 「嚴禁哥老會令」, 「通飭嚴禁秘密結社文」, 「通飭解散秘密結社集會文」, 章伯鋒·李宗一 主編『北洋軍閥』 第2卷(1912~1928), 武漢出版社 1989, 535~36, 540, 1360, 1369면; 「淸鄕取締規則」, 「懲治盜匪法」, 「懲治盜匪法施行令」, 이상 모두『中華民國史檔案資料滙編』 第3輯, 政治(1), 江蘇古籍出版社 1991, 319~21, 325면 참조.
77)『最近官紳履歷彙錄』第1集(1920. 7), 104면; 「王天縱呈段祺瑞報告」(1913. 8. 23), 杜春和 編『白郎起義』, 中華民國史資料叢稿(中國社會科學出版社 1980) 61면. 이하『白郎起義』로 약칭.

대한 배반을 의미할 수도 있었다. 왜냐하면 어제의 '혁명건아' 왕천종은 원세개를 대신해 과거 자신의 동료였던 하남서부 토비를 토벌하겠다고 나섰기 때문이었다. 1912년 6월 10일 원세개, 풍국장(馮國璋), 단기서(段祺瑞) 등 북양 군벌 영수와의 회견에서 이전 자신의 행위를 속죄하는 의미에서 지방 평정에 대한 각오와 방법을 제안하였으며, 필요하다면 자신의 과거 부대를 집결시켜 제거함으로써 국가에 보은하겠다고 하였다.[78] 이러한 배경에서 원세개가 왕천종을 하(河, 하남부)·섬(陝, 섬주)·여남(汝南) 토비초판사령(土匪剿辦司令)에 임명하여 하남서부 일대에 파견한다는 소문이 전해지자 그 지역 토비는 활동을 일시 중지하기도 하였다.[79]

그런데 왕천종을 제외한 나머지 토비두목과 부하의 운명은 어떻게 되었을까? 이와 관련하여 잠시 진숭군(鎭嵩軍)의 건립과정을 먼저 살펴보도록 하자. 낙양봉기가 실패로 끝난 이후 참여했던 토비와 재원회 회원 1만여 명은 영보일대에서 섬군동로대도독(陝軍東路大都督) 장방(張鈁)과 연합하여 청조에 대항하다 남북의화(南北議和)의 성립소식을 접하게 되었다. 이때 낙양봉기를 주도했지만 남북의화 이후 하남성 초대 성의회 의장이 된 양원무(楊源懋)는 독군(督軍) 장진방(張鎭芳)과 협의하여 이 하남서부 일대의 무장집단을 진숭군으로 조직하기로 결정하였다. 유진화(劉鎭華)를 총사령 겸 하(河, 하남부)·섬(陝, 섬주)·여(汝, 여주)도(道) 도대(道臺)에 임명하고, 그 아래에 4로(路)를 두어 시운승(柴雲陞)을 제1로사령에, 장치공을 제2로사령에, 감옥곤을 제3로사령에 각각 임명하고, 기타 토비에 협조했던 형창어, 석우건, 장아산(蔣我山), 단송도(段松濤), 왕서형, 요북진 등을 진숭군의 막료와 군직에 충당하였다.[80] 조직구성을 살펴보면 진숭군이란 토비두목들을 지휘관으로

---

78) 「王天縱之謁見總統」, 『順天時報』, 1912. 6. 12.

79) 「剿辦豫西匪徒」, 『順天時報』, 1912. 6. 29.

80) 楊依平 「略論"在園"活動」, 『辛亥革命回憶錄(5)』, 380면; 『民立報』, 1912. 8. 15; 尹文堂 「鎭嵩軍始末」, 『河南文史資料』 2, 1979, 85면.

삼고 이전 혁명파의 지휘하에 있었던 예섬연군(豫陝聯軍)과 하남서부 토비 등을 정규군화한 것임을 알 수 있다. 그러나 왕천종 휘하의 토비가 모두 진숭군으로 개편된 것 같지 않은데, 감옥곤, 장치공, 시운숭 등 각로 사령에 임명된 인물들이 왕천종의 동부계가 아닌 서부계였다는 점에서 이러한 추측이 가능하다. 왕천종이 진숭군의 지휘자로 남지 않고 경사총계사(京師總稽查)라는 직책을 맡아 하남서부를 떠난 것도 양 계파 사이의 갈등 때문인지도 모르겠다. 여하간 진숭군은 1912년 동부계의 일원인 이영괴(李永魁)를 무자비하게 탄압함으로써 하남서부 왕천종의 근거를 제거함과 동시에 과거의 동료였던 관노구의 원수를 갚았다.[81] 진숭군의 일차적 목적은 그 명칭에서 분명하게 드러나듯 신해혁명을 통해 정치·군사적으로 성장한 숭현일대의 토비를 진압하는 데 있었기 때문에, 그 활동이 단순한 군대로의 개편에 머물지 않았다. 이 점은 귀순 이후 왕천종의 행동에서도 충분히 예상할 수 있지만, 진숭군 역시 주로 숭현 등 하남서부 출신 토비로 구성되었으므로 누구보다도 현지 사정에 밝았기 때문에 원세개를 대신해 토비진압에 효과적으로 나설 수 있었다.[82]

반면 왕천종과 진숭군의 배반은 다른 각도에서 보면 군대개편을 통한 합법적인 신분획득이라는 기대를 다른 토비들에게 제공하는 계기로 작용할 수 있었다. 1912년 10월 대규모의 토비두목 체포는 이러한 배경에서 이해될 수 있다. 하남남부 토비토벌 사령관 왕육수(王毓秀)는 "대규모 토비의 두목인 두기빈(杜起賓), 악동인(岳東仁), 상건복(常建福), 설금표(薛金標), 장응조(張應朝), 곽의덕(郭義德), 설삼(薛三), 고금보(高金保) 등을 계략을 써 체포해 처형하였고 그 무리 수명을 체포하였다"고 보고하였는데,[83] 여기서 계략이란

---

81) 「鎭嵩軍擒斬僞天王縱紀」, 『民立報』, 1913. 1. 27. 동부계와 서부계 등 왕천종 집단 내의 대립에 대해서는 王天從 「劉鎭華將軍與辛亥革命」, 『中原文獻』 3-9, 1971, 9~10면 참조.
82) 「河南鎭嵩軍剿匪」, 『順天時報』, 1912. 12. 15; 「鎭嵩軍擒斬僞天王縱紀」, 『民立報』, 1913. 1. 27.

토비세력이 강성해져 토벌이 어렵다고 판단한 왕육수가 군대개편을 미끼로 토비두목을 유인하여 체포한 사실을 일컫는다.[84] 그런데 이 처형된 토비두목 13명 가운데에는 1912년 당시 여주(보풍, 겹현, 노산), 무양(舞陽) 일대의 토비두목이 다수 포함되었다는 사실[85]에서 이번 계략이 하남서부 토비에 대한 대대적인 유인작전이었음을 알 수 있다. 이렇게 토비두목들이 순순히 정부의 유인에 응한 것은 이전 동일 지역에서 이루어진 왕천종의 투항과 진숭군의 조직화라는 전례가 있었기 때문일 것이다.[86]

이어 토비두목이 제거된 이후 여주일대 토비에 대한 대대적인 토벌이 잇따랐는데 다음의 기사는 노산 토비토벌 상황을 잘 보여준다.

> 각 군대는 토비 소굴을 공격하고 각 향사(鄕社)에 명하여 단련을 만들게 하였다. 토비를 체포할 경우 현성으로 압송하는데, 육군은 서쪽에 주둔하고 현경비대는 동쪽에 주둔하였다. 서쪽에서 압송된 토비는 육군이 심판하고 동쪽에서 온 토비에 대해서는 현지사가 심판하였는데 매일 처형자가 많을 경우 2, 30명에 이르고 적어도 십수명에 이르렀다. 육군이 죽이지 않으면 현지사가 죽이고 현지사가 죽이지 않으면 육군이 반드시 죽였던 것이다.[87]

당시 언론은 여(汝)·낙(洛) 일대의 토비와 혁명파가 결합하여 혁명에 참가하였으나 남북의화와 함께 공화가 성립된 뒤 어디에도 소속되지 못하자 1912년 4월 노산, 겹현, 여주, 이양, 숭현, 의양, 영녕, 엽현 등 하남서부 일

---

83) 「張鑌芳雷震春致袁世凱陸軍部電」(1912. 10. 23), 『白郎起義』, 7면.

84) 당시 언론에서는 그의 보고에 등장하는 토비두목 이외에 李留逄, 郭一德, 張金業, 楚金聲, 蘇占魁 등을 포함시키고 있다. 「王標統計殲魯匪特誌」, 『順天時報』, 1912. 10. 31.

85) 「王汝桂探報」(1912. 5. 22), 『白郎起義』, 3면; 「王賡熙條陳」, 『白郎起義』, 7면.

86) 「剿除魯匪近況」, 『順天時報』, 1912. 7. 26; 「汝魯匪患慘狀」, 『順天時報』, 1912. 10. 1; 「魯匪組織軍隊先聲」, 『順天時報』, 1912. 10. 8 참조.

87) 「豫省痛剿土匪之成績」, 『順天時報』, 1912. 12. 5.

대를 재차 약탈했음을 지적하였다.[88] 그렇다면 이번 노산에서 처형된 토비 가운데 상당수는 신해혁명에 참여했던 토비일 가능성이 높다. 이들은 주로 개인적 출세를 목적으로 하거나 단순히 청조 반대의 명분에 입각하여 혁명에 참가했기 때문에, 공화의 의미가 무엇인지 제대로 알 수 없었고 상황의 변화에 따라서는 쉽게 약탈집단으로 재차 전환될 수 있었다. 하지만 이들이 비록 약탈을 자행하지만 이미 혁명에 참가한 바 있었고 다수 민군의 명의를 내세웠기 때문에 성당국으로서도 처리에 골머리를 앓을 수밖에 없었다. 한 예로 토비 쪽의 거부와 원세개의 강경 입장 때문에 진숭군과 같은 형태로 조직되지는 못했지만, 과거의 혁명파 웅찬초(熊贊楚) 등은 번사(藩司) 왕조동(王祖同)과 상의하여 이들에게 자금 2천원을 제공하면서 군대로 개편할 것을 제안하였다. 하지만 성당국은 원세개의 지시에 따라 군대 1표(標)를 허창에서 여주로 파견하고 동시에 낙양 주둔 북양군 1표를 협공시켰는데, 이러한 강경입장은 과거 혁명에 가담한 토비에 대한 견제와 토비·비밀결사의 정규군대 개편에 따른 재정부담 가중 등의 문제에서 비롯된 것이었다.[89]

이상 원세개 정부는 하남 신해혁명의 한 주체였던 하남서부 토비의 일부를 진숭군으로 개편하여 토비를 진압하는 데 앞장세우거나 왕천종의 예에서와 같이 토비두목에게 관직을 수여하여 토비대중에게서 분리시키거나, 아니면 서부일대 여주의 경우나 숭현 이영괴에서와 같이 대대적 토벌을 단행함으로써 결과적으로 혁명에 대한 토비의 기대를 저버렸다. 게다가 새로운 민국이 개시되었는데도 도독(都督) 장진방의 억압적 통치와 현지사의 부패, 과도한 세금부담, 형벌의 남용 등이 여전히 계속되었으며, 오히려 부패의 정도가 청조 때보다 심하다는 지적도 있었다.[90] 새로운 공화체제에 대한 실망,

---

88) 「汝洛剿匪詳情」, 『國民新報』(漢口), 1912. 4. 23(『史事長編』 下卷, 293면에서 재인용).
89) 같은 글.
90) 이상 民初 하남의 정치의 부패상에 대해서는 『自由報』, 1912. 10. 31, 8. 25, 1913. 4. 9; 『民立報』, 1912. 7. 23; 『大中民報』, 1912. 4. 17~21, 6. 29, 7. 16; 『時事豫報』, 1912.

토비진압에 대한 분노, 정규군대로의 개편 좌절에서 오는 허탈감과 개편된 다른 토비와 비교하여 비롯된 원망 등이 복합적으로 작용하게 될 경우, 토비는 어쩔 수 없이 지역을 약탈하거나 당국에 대한 더욱 비타협적인 투쟁의 길로 나서야만 했다. 혁명에 참여했던 토비·비밀결사의 당시 심정을 잘 대변한 것이 『민립보』에 실린 다음의 글이다.

신해혁명의 과정에서 가장 희생이 컸던 단체로서 회당만한 것이 없다. 남쪽으로 광동, 호남에서 북쪽의 연운(燕雲)까지 거리 만리에 이르지만 회당의 운동목표는 일치하여 전제를 전복하는 것이었다. … 그러나 금일 회당이 처해 있는 시위를 살펴볼 때 그 누가 스스로 거리낌없이 혁명의 원훈자(元勳者)라고 자부하며 흥분에 휩싸일 수 있는가. 부모, 형제, 처자 모두 살해당했고 가옥과 농토 모두 파괴 약탈당했다. 인생은 아침이슬과 같아 덧없으니 어찌 기대를 걸만하겠나마는, 가장 공정한 여론에 의지하여 최고의 대우로써 그 뜻을 위로해야 할 것이다. … 금일 같이 혁명을 하고 또 같은 (공화)국인인데 누구는 화려한 수레를 타고 다니는 천하의 영웅이 되어 있고, 누구는 토비가 되어 먹을 것을 찾아 헤매고 온갖 고초를 다 겪으면서 비명에 죽는가. 오호라! 토비여! 토비여! 지사여! 지사여! 과거의 토비가 오늘의 지사이고 어제의 지사가 오늘의 토비가 되니 중화민국은 과연 법률도 의식도 없단 말인가. 어찌 어그러짐이 이 지경에까지 이르고 말았는가.[91]

필자 비풍(悲風)은 하남에서 토비가 가장 극성한 지역을 4, 5일 동안에 걸쳐 실제로 조사한 것을 토대로 토비·비밀결사란 '혁명지사의 변상(變相)'이며 '(민국)창조의 원훈(元勳)'이라고 단정하면서 혁명 이후 관과 함께 '혁명의 열광자(熱狂者)'들은 모두 이들을 '기민(棄民)'과 '앙민(殃民)'으로 대하

---

3. 20, 1913. 11. 16;『民約報』, 1912. 4. 25, 5. 1. 이상 신문들은 모두『史事長編』下卷, 282~86면에서 재인용.

91) 「嵩雲芒雨─革黨乎, 土匪乎, 會黨乎」,『民立報』, 1912. 5. 2.

니, 이는 남부 중국보다 훨씬 많이 희생당한 하남의 토비·비밀결사에 대해
공화의 댓가치고는 너무 참담한 것이며 토사구팽(兎死狗烹)과 다름없는 것
이라 하였다. 따라서 그는 질서유지를 명분으로 해산하지 않은 비밀결사에
게 토비반란의 죄를 덮어씌워 무자비한 탄압으로 일관하는 성당국의 태도를
'상심병광주의(喪心病狂主義)'라 공격하면서 동시에 재원회 및 토비와의 합
작을 통해 낙양봉기를 주도했으며, 이후 초대 성의회 의장에 선출되었지만
토비·비밀결사의 희생을 방관한 양원무와 같은 인물을 '혁명의 열광자'로
비판하였다. 결국 그는 하남서부 일대의 토비·비밀결사에 대해 일부 약탈
행위가 없는 것은 아니지만 대다수는 우매한 무리이므로 적절하게 지도받아
모두 구제해야 한다고 주장하였다. 동시에 혁명파가 소집한 이들에 대해서
는 당연히 혁명파가 책임을 져야 하니, 비밀결사를 이용해 성공한 자들이 그
방법을 강구해 처리해야 한다고 강조하였다.[92]

결국 혁명에 참가한 일반토비에 대한 탄압과 혁명 이후 정국 대처과정에
서 불거진 사회모순의 심화는 하남의 하층민을 또다른 혁명으로 추동시켰
고, 이때 하층민이 취할 수 있는 손쉬운 방법은 다시금 토비·비밀결사에
가입하여 혁명파와 결합하는 것이었다. 이들과 마찬가지로 손문(孫文) 일파
역시 원세개에 배반당했기 때문에 양자의 결합은 모두에게 필요한 상황이었
다. 더구나 혁명적 혼란에 따라 해산병과 신식무기가 민간에 광범하게 분포
되었던 당시의 상황 역시 새로운 무장집단의 등장에 유리한 조건을 제공해
주었다.

'제2혁명'[93]은 토비의 증폭 이외에 신해혁명의 또다른 주체인 비밀결사의
동향에도 커다란 영향을 미쳤다. 전(前) 인의회 회수(會首) 소순경(蕭順卿)은

---

92) 같은 글.
93) '제2혁명'은 단지 孫文 일파를 중심으로 한 원세개 반대 봉기 이상의 의미를 지니지 않
　는다는 의미에서 혁명이라 할 수 있는지 회의적이라는 지적에 대해서는 金衡鍾「辛亥革命
　의 展開」,『講座中國史』6, 知識産業社 1990(제2쇄), 171면 참조.

'제2혁명'이 발발하자 회비 곽옥정(郭玉亭), 채무옥(蔡茂玉), 이재(李才), 유순림(劉順林), 유태(劉泰), 우순(牛純) 등과 함께 모반하여 '남군'에 호응하였으며, 손문, 황흥(黃興)의 군대가 도달하기를 기다려 활현 인의회비(仁義會匪) 강서기(康書祺)와 결합하고 하남북부 일대의 군대와 토비 3천명을 동원하여 활현 점령을 기도하였다.[94] 사건을 주도했던 소순경이 국민당원 신분이었음을 고려해보면 이 사건은 인의회·토비·혁명파 삼자의 결합에 의해 시도된 것이라 할 수 있다. 당시 하남 내에는 조생(刁生), 열감(劣監), 두역(蠹役), 악서(惡書) 및 인의회, 재원회까지도 국민당을 간판으로 내걸고 활동하고 있었다는 도독 장진방의 지적[95]에서 판단하건대 비밀결사의 성원 가운데 일부는 소순경 예에서와 같이 혁명 이후 합법적인 정당 내에서 활동하였음을 알 수 있다.[96]

또한 신해혁명에 적극 참여했던 고성인의회는 공화체제가 성립되자 스스로 혁명가를 자칭하며 횡포를 부리다가 현지사 기지(紀墀)에 의해 해산당한 바 있었다. 그러나 이들은 새로이 성립된 국민당 현지부에 가입하였고, 지부장 양세무(楊世武)가 송교인(宋敎仁) 암살사건을 계기로 반란을 도모함에 따라 인의회가 재차 준동하기에 이르렀다.[97] 이밖에 개봉일대의 인의회는 아마도 예상되는 탄압을 피하기 위해서이겠지만 충의당(忠義堂)과 회삼원(會三圓) 등의 이름을 내걸고 활동을 지속하다가 '제2혁명'이 발발하자 그에 호응

---

94) 「警備戒嚴司令處宣布罪狀一」, 『時事豫報』, 1914. 1. 11(『史事長編』 下卷, 368~69면에서 재인용).

95) 『時事豫報』, 1913. 8. 1(『史事長編』 下卷, 357면에서 재인용).

96) 혁명파의 일각에서는 비밀결사를 근대적 정당조직으로 변화시키려는 노력도 보였다. 한 예로 여원홍은 1912년 양자강 유역 및 사천, 귀주, 운남 등지의 비밀결사에 대하여 1만명 당 대표 1명을 선출하여 총 1만명을 武漢에 집결, 同胞社를 결성하려 하였다. 中國第二歷史檔案館 編 『民國幇會要錄』(檔案出版社 1993) 273면.

97) 「仁義會自行取消之預聞」, 『自由報』, 1913. 4. 1; 「考城仁義會復萌」, 『時事豫報』, 1913. 5. 11(이상 모두 『史事長編』 下卷, 375면에서 재인용); 「考城縣會匪蠢動」, 『河聲日報』, 1913. 5. 11.

하여 개봉, 난봉 일대의 하층민과 함께 반란을 준비하였다. 비록 발각되어 실패로 끝났지만 충의당 개봉 총수령(總首領) 곽옥정, 수령 채무옥, 회삼원 각로수령(各路首領) 진회원(陳會元) 등 29명이나 처형당했다는 사실에서 당시 반란조직의 규모를 짐작할 수 있다.[98]

하남북부 재원회도 재등장하였다. 21성재원회총괴(省在園會總魁)를 자칭한 이전충(李傳忠)은 강서기(康書奇), 왕정곤(王定坤) 등과 함께 활현, 준현 일대에서 무리를 규합하여, 1913년 8월 15일 반란을 모의했다. 사전에 정보를 입수한 활현, 준현 현지사(縣知事)가 수망사(守望社)와 함께 이들을 체포함으로써 실패하고 말았지만 도독, 통령(統領) 등 직책명이나 2천명에 이르는 조직의 규모, 이전충에 대한 1천5백원이라는 거금의 현상금, 21성재원회 총괴라는 거창한 호칭 등을 종합해볼 때 '제2혁명'기 하남북부 일대에 재원회의세력이 여전하였음은 분명했다.[99]

마지막으로 동일 시기 비밀결사의 혁명참가는 피수산(皮秀山)의 예에서 찾을 수 있다. 1913년 3월 하남서부 일대에서 수천의 무리를 규합한 피수산 집단은 내부에 다수의 대동민당원(大同民黨員)을 포함하였는데, 이들은 '제2혁명' 이후 토비두목 정만송(丁萬松), 묘심법(苗心法) 등과 연락하고 손문, 황흥 등에게서 무기와 보급품 등을 지원받아 토비 백랑과 함께 1914년 2월 임영, 양성, 겹현, 주가구, 정현 등을 거쳐 개봉을 공격하기로 모의하였다. 이 계획이 어느 수준까지 진전되었는지 확인할 수 없지만 다시 한번 혁명파·토비·비밀결사 삼자의 결합이 시도되었음을 알 수 있다.[100]

비밀결사와 혁명파와의 구체적 관련 여부 그리고 결합 정도 등의 문제에 대해서는 자료의 부족으로 인해 더이상 명확히 알 수는 없다. 하지만 적어도

---

98) 『時事豫報』, 1913. 10. 10(『史事長編』 下卷, 375~76면에서 재인용).

99) 「槍斃在園會二十一省總匪魁」, 『河聲日報』, 1913. 12. 8.

100) 「警備戒嚴司令處宣布罪狀二」, 『時事豫報』, 1914. 1. 11(『史事長編』 下卷, 369~70면에서 재인용).

'제2혁명'이란 정국변화가 이 토비·비밀결사 들이 다시 발흥하는 데 큰 영향을 미쳤다고 결론짓는 데에는 큰 무리가 없을 것이다. 더욱이 하남의 인의회, 재원회, 소도회, 그리고 섬서, 감숙(甘肅)의 가로회 가운데 백랑집단에 투신한 자가 아주 많았다는 지적[101]과, 무양의 대도회, 호북 해호회(海湖會), 천하군영회(天下群英會), 광산(光山)의 소도회, 섬서 감숙의 가로회, 양자강 중하류의 청방(靑帮)·홍방(紅帮) 등은 모두 백랑과 직·간접적으로 연결되었다는 보도[102]를 통해 보면 신해혁명 이후 백랑과 같은 토비와 결합한 비밀결사가 다수 존재하였음을 짐작할 수 있다. 이들까지 포함시킨다면 '제2혁명'을 계기로 한 토비·비밀결사의 증폭과 그들의 결합현상은 더욱 분명해진다고 할 것이다.

4. 백랑(白朗)과 '제2혁명'

1913년 3월 송교인의 암살과 그해 6월 국민당계(國民黨系) 3도독(강서의 이열균李烈鈞, 광동의 호한민胡漢民, 안휘의 백문울柏文蔚)의 면직은 그때까지 소극적이었던 손문, 황흥 등으로 하여금 '제2혁명'을 추동하도록 만들었으며, 같은 해 7월 강서, 안휘, 복건, 광동, 호남(湖南) 등은 잇따라 독립을 선언하였다. 반면 1912년 3월 23일 하남 도독에 임명된 장진방은 새로운 북경정부의 통치체제를 확립하기 위해 적극적인 노력을 경주하고 있었다. 하지만 그는 새시대에 걸맞지 않게 청조의 구 관료를 다수 임명하고 변발을 허용하였으며 복식, 문서 격식 등에서 구례를 따르는 등 복고적 통치로 일관하였다. 또

---

101)「西安狼訊談」, 『時報』, 1914. 6. 19; 蔡少卿 『民國時期的土匪』(中國人民大學出版社 1993) 9~10, 154~55면.

102)「白狼竄擾舞陽警耗」, 『順天時報』, 1913. 11. 11;「白狼竄擾豫頸之近情」, 『順天時報』, 1913. 11. 9;「段祺瑞致梁國棟電」, 1914. 1. 14(『白朗起義』, 79면에서 재인용).

한 국민당 하남지부 기관지 『자유보(自由報)』를 폐지하고 새로 구성된 성의회와 현 의사회 등을 습격하고 선거를 방해함으로써 공화의 상징인 입법기관을 무력화시키고, 급기야 국민당을 해산하였다.[103] 이러한 배경에서 국민당 하남지부 등 하남 내의 혁명파는 1913년 4월 13일 개봉에서 군중 8천여 명이 참여한 가운데 송교인 추모대회를 개최하는 등 '제2혁명'에 적극 참여하기 시작하였다. 표12은 1913년 하남성 당국에 의해 반란죄의 명목으로 체포된 자들의 진술을 통해 작성한 것으로 하남의 '제2혁명'의 전개양상을 잘 보여준다.

표12에 등장하는 49명은 모두 '제2혁명'과 관련하여 체포·처형된 자들이다. 그 활동을 종합해보면 혁명파가 개봉 화약고 폭파, 황하교(黃河橋) 파괴, 신채 독립 등을 기도하여 '북군'의 남하를 저지하거나 하남 독립을 위한 군사작전을 추진한 것을 알 수 있다. 그렇기 때문에 표에 등장하는 활동가 49명 대부분은 비밀결사 이외에 토비나 군대와 결합을 시도하였던 것인데, 이 점은 이전 신해혁명 과정에서 보여주었던 혁명파의 활동방식과 일맥상통한 것이었다. 하지만 특이한 것은 18명이라는 적지 않은 수의 활동가가 토비와 연락을 주된 임무로 삼고 있고, 그중에서도 9명이 백랑을 대상으로 하고 있다는 점이다.

그렇다면 먼저 왜 백랑이 혁명파의 주목을 끌게 되었는지 그 이유에 대해 살펴볼 필요가 있을 것 같다. 하남서부 보풍현 대유촌(大劉村) 출신인 백랑(1873~1914년)[104]은 1911년 신해혁명 직후 2, 30명이라는 소규모 토비집단

---

103) 1912년부터 1913년까지 장진방의 통치에 대해서는 陳傳海·徐有禮 編著 『河南現代史』 (河南大學出版社 1992) 32~36면 참조.

104) 백랑은 출신, 경력 심지어 이름에 대해서도 자료마다 큰 차이를 보이고 있다(백랑 개인 신상에 관한 다양한 주장에 대한 정리는 來新夏「談民國初年白領導的農民起義」,『史學月刊』 1957-6; 嶋本信子=1983, 56~59면 참조). 하지만 開封師院歷史科와 河南歷史研究所가 공동으로 작성한「白朗起義調査報告」는 1959년 11월 백랑의 딸, 호위병, 친지 등 85명과의 인터뷰 등 광범한 조사를 토대로 이루어진 것으로 참고할 만하다(「白朗起義調査報告」;

을 이끌었지만, 1912년 5월경 70명(연발총 36정 소유),[105] 그리고 1913년 봄에는 6백명,[106] 여름에는 2, 3천까지 규모를 확대하면서[107] 보풍, 우현, 겹현, 비양, 당현 등 하남서부 일대에서 활발하게 활동하였다. 이들의 주된 활동무대가 하남서부였던 것은 백랑집단이 주로 하남서부 출신의 토비로 구성되었기 때문이다.[108] 약탈로 살아가는 백랑집단에게 무기, 특히 연발총은 아주 중요하였다.[109] 이와같은 상황에서 무기지원을 전제로 한 다른 세력과의 연합은 충분한 가능성을 지녔다고 할 수 있으며, 또 역으로 백랑과 같은 대규모의 군사집단에 혁명파가 관심을 기울인 것도 당연한 일이었다.

그러면 1913년 '제2혁명'의 발발이라는 상황변화는 하남서부 지역을 진전하던 백랑집단에게 어떠한 영향을 미쳤는가. 이 점과 관련하여 세력확대 과정에서 보여준 관군과의 충돌 이외에 명확한 정치적 입장을 드러내지 않았던 백랑이 신해혁명 이후 등장한 새로운 공화체제에 반기를 들었다는 지적에 먼저 주목하고 싶다. 예컨대 1913년 5월 호북 수현(隨縣)을 공격할 때 백랑은 '대청신국서원대총통(大淸新國鋤袁大總統)'의 명의로 「보대청신해지구(報大淸辛亥之仇)」라는 격문을 반포하였다.[110] 격문의 내용과 호칭을 통해

「白朗起義調査簡記」, 『史學月刊』, 1960-1. 이하 「白朗起義調査簡記」로 약칭.

105) 「王汝桂探報」, 1912. 5. 22(『白朗起義』, 3면에서 재인용).

106) 「白朗起義調査簡記」, 21면.

107) 「王天佑條陳」, 1913. 8. 10(『白朗起義』, 27면에서 재인용); 杜春和 「關於白朗起義幾個問題」, 『近代史硏究』 1, 1981, 293면.

108) 이 점은 1913년 백랑집단의 중요인물의 籍貫을 통해 확인할 수 있다. 「中華革命黨委派人員住址及回國人員姓名錄·白朗部分重要人物」, 「中華革命黨史料」(『史事長編』 下卷, 373~74면에서 재인용).

109) 그들이 보풍 姚店鋪, 魯山 張官領, 보풍 縣官 張禮堂, 郟縣 孫集, 당현 등을 공격한 이유도 주로 연발총의 획득과 관련이 있었다. 더욱이 백랑은 "무기를 휴대하지 않고 항복하는 해산병은 받지 않는다"는 포고까지 발포하였다(程玉鳳 「白狼史話(5)」, 『中原文獻』 10-6, 1978, 27면). 또한 민국 초기 등봉 呂店 토비 張保成 역시 가입을 원하는 자에게 무기를 요구하였다(姚淸修 「呂店匪患紀略」, 『近代中國土匪實錄』 下卷 22면).

110) 「隨縣土匪敗竄之餘焰」, 『時報』, 1913. 5. 14; 「湖北隨縣匪亂之詳報」, 『申報』, 1913. 5.

그가 청조를 옹호한다는 의미에서 공화체제 반대라는 정치적 입장을 분명히 하였음을 알 수 있다. 또한 당시 한 언론보도에 따르면 모 정치세력의 사주를 받은 백랑이 청조 회복을 주장·선동하였으며, 당현에서는 변발을 제거한 자들을 특히 많이 살해했다고 한다.[111] 비록 현 정치체제에 대한 소박한 저항의식의 발로로 반드시 현실적인 것이라고는 할 수 없지만 청조의 부활이 주장되고 있음에 주목할 필요가 있다. 또한 단발 자체가 공화의 한 상징이었음을 고려해볼 때 단발한 자들을 살해한 것은 공화체제의 반대를 의미한다고 할 수 있다.[112] 이상에서 드러나는 백랑의 정치적 입장은 당연히 혁명파의 그것과 차별적이었다고 할 수 있는데, 그렇다면 '제2혁명' 시기 양자의 합작은 어떻게 설명될 수 있는가.

청조 회복 주장과 혁명파의 주장 사이에는 황제체제와 공화체제라는 명확한 대립점이 존재하지만 다른 한편으로 1913년 하남에서는 "원세개 반대"라는 공통분모가 있었다. 생존의 위기와 토벌의 위협에 처해 있는 토비가 명확한 정치적 입장을 지녔다고 할 수 없기 때문에 지원을 위해 누구와도 협력할 수 있다고 이해하기보다는[113] 하남서부 토비의 반(反)원세개 의식에서 혁명파와 타협배경을 찾는 것이 더욱 설득력이 있을 것 같다. 백랑의 단발자살해 역시 단순히 공화를 반대한다기보다는 원세개의 사이비 공화제에 대한 상징적 반대의 의미가 있는 것으로 해석되기도 한다.[114]

6;「隨縣匪亂之猖獗」,『民立報』, 1913. 5. 6.

111)「豫匪白狼之歷史及現狀」,『順天時報』, 1913. 6. 30.

112) 공화체제 성립 이후 단발 강요와 그에 대한 일반민중 및 순방영 등 구 군대의 반발에 대해서는 閔斗基『辛亥革命史』(민음사 1994) 284~87면 참조. 또한 신해혁명 이후 하남 당국의 빈번한 단발령에 대해서는「禹州知事諭飭剪髮之嚴厲」, 1912. 12. 29;「請看鄠城之剪髮戲」, 1913. 1. 15;「禹州剪髮之笑柄」, 1913. 3. 27;「獲嘉知事之提倡剪髮熱」, 1913. 5. 12;「倡辦剪髮」, 1913. 7. 13(이상 모두『河聲日報』) 참조.

113) 李文昌 譯『中國의 土匪文化』(一潮閣 1996) 82~86면.

114) 민국 초기 단발한 자 살해에 대한 이와같은 해석에 대해서는 嶋本信子=1983, 36~37면; 嶋本信子=1986, 49~50면 참조. 그녀는 "복고적 민속 전통이 민중혁명의 과정에서 폐

그런데 백랑의 이러한 변화는 과연 얼마만큼 철저하게 이루어졌는가. 환언하면 그들은 혁명파와 얼마만큼 철저하게 결합했는가. 이 점에 대해 답하기 위해 '중화민국무한토원사령대도독백(中華民國撫漢討袁司令大都督白)'이란 명의로 반포된 그의 고시(告示)를 검토해보도록 하자.

만주 왕조의 운명은 다하였고 역적 원세개가 (천)명을 거스르고 권력을 장악하였다.
우리나라에는 현재 국새가 없는데 국세를 거둬 무엇 하랴.
역적 원세개는 홀로 가민국(假民國)을 수립, 장악하여 이름을 날리고 있다.
우리 군이 도달한 사방의 백성들은 결코 도망가지 말라.
현재 중주(中州)에 진주(眞主)가 있으니 그 웅대함이 천신(天神)과 같다.
대한(大漢)계축년 고시(告示)[115]

'중화민국무한토원사령대도독백(中華民國撫漢討袁司令大都督白)'이란 백랑의 명의와 계축년(癸丑年)이란 발표싯점을 고려해보면 1913년 '제2혁명'을 전후한 시기 백랑의 정치적 입장을 이해할 수 있다. 고시 내에서 백랑은 원세개를 '가민국을 장악한 역적'으로 격렬하게 비난하면서 중화민국을 내세웠지만 동시에 '(천)명' '진주' '옥새' 등 전통적 왕조관념을 탈각하지 못한 표현들을 그대로 사용하고 있다. 외부에 공포하는 공식 문건에서조차 원세개 반대의 정치적 준거틀로써 공화정과 왕정이 뒤섞여 있는 것이다. 더구나 정확한 싯점은 확인할 수 없지만 대략 1913년 말 이후 어느 때인가 백랑은 왜 혁명을 해야 하고 왜 원세개에 반대해야 하는가에 대해 "원세개는 대청의 관원으로서 대청의 황위를 찬탈한 소인이므로 절대 좌시할 수 없다"라

기되어야 할 구사회에 결부된 이데올로기밖에 되지 않는가"라고 의문을 제시하면서 "'假共和'의 본질이 민중에 의해 감성적으로 깨닫게 되고, 해방된 민중의 새로운 나라가 그들의 상상력에 의거하여 '大淸新國'으로 칭해졌다"고 해석하였다.
115) 「用"中華民國撫漢討袁司令大都督白"名義發布之告示」, 『白朗起義』, 223면.

고 설명하고 있다.[116] 이 역시 전통관념의 속박에서 크게 벗어나지 못한 것이기는 하지만 일반 하층민의 시각에서 본다면 '나라를 훔친 대도'로서의 원세개는 마땅히 제거해야 할 대상으로 등장할 수 있었다.

그러나 백랑은 1914년 3월 15일 '중원부한군대도독(中原扶漢軍大都督)' 명의로 포고[117]를 반포하여 겉으로는 공화의 간판을 내걸었지만 실제로는 전제에 힘쓰는 원세개를 비난하였으며, 그해 4월 하순의 포고[118]에서는 전제정치, 제제(帝制)의 야망, 인사의 불공정, 암살, 매수, 울란바토르와 서장(西藏) 등 영토의 상실, 종사당(宗社黨) 방임 등을 열거하여 구체적으로 원세개를 공격하였다. 동시에 만주족보다 심하고 또한 여후(呂后), 왕망(王莽) 등의 통치보다도 더한 폭정을 휘두른 원세개를 타도하기 위해 일개의 필부라도 떨쳐 일어나야 한다고 호소하였다. 이 가운데 후자는 그가 왜 원세개 반대투쟁에 나섰는가를 분명하게 설명한 것이지만 토비 백랑이나 혹은 적어도 일반토비대중의 입장에서 본다면 지나치게 정치적·추상적인 내용이거나 궁벽진 하남의 토비에게는 생소한 중앙정치 혹은 외교 관련 문제를 담고 있다고 할 수 있다.

따라서 변화된 포고문은 백랑의 것이라기보다는 적어도 혁명파 지식인이 직접 작성했던가, 아니면 그들의 영향하에 작성된 것으로 봐야 할 것이다. 이와같은 백랑집단과 혁명파와의 결합은 이미 살펴본 표12 가운데 등장하는 유백두(劉伯斗), 양체예(楊體銳), 염작림(閻作霖), 진소계(陳少溪), 염자고(閻子固), 장용부(張蓉芙), 유진해(劉振海), 조동산(趙銅山) 등 일군의 혁명파들의 활동을 통해 충분히 예상할 수 있다. 하지만 백랑에 대한 혁명파의 관

---

116) 「白朗起義調査報告」,『開封師範學院學報』 5, 1960, 91면.

117) 「用"中原扶漢軍大都督白"名義發布之布告」,『白郎起義』, 223~24면 참조. 포고의 발표 싯점에 대해서는『白郎起義』, 223~24면 주3 참조

118) 「用"中原扶漢軍大都督白"名義發布之布告」,『白郎起義』, 225면 참조. 포고의 발표싯점은 포고 가운데 "秦嶺을 넘었다"는 내용에서 추정한 것이다.

심은 1913년 7월 20일 백랑에게 보내는 황흥의 편지에서 더욱 분명히 드러난다.

> 귀하가 호북, 하남 사이에서 의거를 일으킨 이래 도처에 풍미하니 호객(豪客)이 경복(敬服)하고 지사가 호응합니다. 장래 중원을 소탕하고 원흉을 모두 박멸할 테니, 귀하의 위대한 공적은 후세에까지 이어질 것입니다. … 현재 원세개군은 대병력으로 길을 나눠 남하하여 내지가 공허해졌으니 그 허를 틈타 바로 공격하면 반드시 승리를 얻을 수 있습니다. 귀하께서는 호북, 하남 교계 지역을 점령한 뒤 기회를 봐 진격하면 하남을 차지할 수 있을 것입니다. 또 철도를 다수 파괴하여 저들의 진로를 막는다면 그 공적은 실로 적지 않을 것입니다. … 우리는 귀하가 필요로 하는 보급품과 무기를 모두 지원할 수는 없기 때문에 말먹이와 식량 등은 민간에서 얻어야만 할 것입니다. 그러나 도의상 반드시 함부로 취해서는 안됩니다. … 나의 편지를 휴대한 염윤창(閻潤蒼), 하환삼(夏煥三) 둘이 귀하를 찾아갈 것이니 회견하여 향후의 일을 처리하시기 바랍니다.[119]

편지의 내용에서 우선 백랑에 대한 혁명파의 적극적인 접근의지를 확인할 수 있다. 그의 행동을 '의거'로 추켜세우면서 '호객과 지사의 호응' 그리고 '불후의 공적'을 예상하였다. 토비 백랑에 대한 혁명파의 이러한 태도는 1912년 12월 이후 혁명파 기관지 『민립보』가 왕천종을 이전 '대도(大盜)'

---

119) 「補紀黃興貽白狼書」(1913. 7. 20), 『天津大公報』, 1913. 8. 21. 거의 동일한 내용을 소개하고 있는 1913년 8월 5일자 『時事豫報』에는 편지의 원건이 영인되어 있는데, 그에 따르면 편지의 상단부에 '黃白二匪通信', 우측에 '叛黨實据', 좌측에 '內亂鐵證' 등 치안당국의 것으로 보이는 표시가 부가되어 있으며, 편지의 정면에는 '白永丞先生收'와 '江蘇討袁軍總司令部緘'이란 글자가 보이고, 뒷면에는 '江蘇討袁軍總司令部關防'이란 印章이 찍혀 있었다(『時事豫報』에 실린 편지의 原件과 그에 대한 설명은 『史事長編』 下卷, 370~71면 참조). 황흥의 편지에 등장하는 永丞은 西台와 함께 白朗의 字를 칭하며(「白朗小傳」, 『順天時報』, 1914. 2. 15), 편지를 휴대한 염윤창이란 표11에 등장하는 염작림과 동일한 인물이었다. 따라서 이상의 사실에서 편지의 진위에 대해서는 의심의 여지는 없어 보인다.

혹은 '대구(大寇)'로 칭하다가 '혁명의 건아(健兒)'라고 추켜세웠던 예[120]를 연상시키는데, '제2혁명기'로 들어서자 이전의 토비 백랑은 『민립보』에서 '규율이 엄정하며 토비적 약탈을 하지 않는 반원군(反袁軍)의 지도자'로 새롭게 등장하였다.[121] 그러나 아직까지 혁명파의 태도변화가 양자간의 정치적 이념이 일치했기 때문이라고 단정할 수 없는데, 혁명파의 입장에서 볼 때 토비나 비밀결사의 정치적 태도는 그렇게 중요한 문제가 아니었기 때문이었다. 이 점은 1913년 양자강 하류 일대에서 공화제를 반대하고 명의 후예를 보좌하여 한인의 천하 회복을 주장하는 구룡산회(九龍山會)와 황흥이 결합했던 예[122]에서 잘 나타난다. 혁명파의 입장에서는 상대방이 복명파(復明派)든 혹은 입헌파(立憲派)든 관계없이 원세개 반대라는 일차적 공동목표를 위해서는 충분히 결합할 만하였다. 따라서 혁명파가 왕천종에 이어 하남서부에서 활약하고 있던 토비와 결합하고자 했던 것은 그 성격에 관계없이 역사적으로나 당시 혁명파의 성격에서 볼 때 그다지 어색한 일이 아니었다. 비록 황흥의 편지에서 불가피한 토비적 수탈에 대한 엄격한 제한을 권고하기는 하였지만, 편지의 중심내용이 더 시급한 군사적 협력에 두어졌음은 물론이었다.

백랑과 혁명파의 직접적인 결합시기는 백랑에 의한 일련의 하남서부 공격에 자극받아 1913년 6월 20일 제출된 의회의원들의 질문내용에서 유추할 수 있다. 한 의원은 "백비(白匪)가 위인(偉人)의 명의를 빌려 무리를 불러 모아 그 세력이 점차 커지고 있으며 그들에게 신식무기가 매우 많아 쓰려져도

---

120) 「中原大盜演秋操」, 『民立報』, 1911. 10. 2; 「河洛健兒革命紀」, 『民立報』, 1911. 12. 29. 『民立報』의 이러한 변화는 신해혁명 전의 기사 「中原盜賊之風雲」(1911. 7. 10), 「中原遍地走龍蛇」(1911. 8. 14), 「王天縱大鬧中原(一)」(1911. 9. 9) 등과 이후의 기사 「王天縱眞英雄也」(1912. 3. 19), 「王天縱成功身退」(1912. 5. 11) 등을 비교해도 확인할 수 있다.
121) 「漢口特電」, 『民立報』, 1913. 7. 18.
122) 양자 결합에 대해서는 회수 李楚江 「蔣雁致大總統及陸軍總長密電」(1913. 10. 7), 『中華民國史檔案資料彙編』 第3輯, 政治(2), 江蘇古籍出版社 1991, 954~55면 참조.

다시 일어나니 그 내부에 혹 다른 곳에서 지원이 있는 것은 아닌가"[123]라고 질문하였다. 여기서 '위인'이란 바로 손문, 황흥 등을 지칭할 것이고, 또 외부에서 신식무기 공급 사실까지 염두에 둔다면 대체로 백랑은 당현, 우현 등을 공격한 1913년 6월을 전후하여 혁명파와 구체적으로 관련을 맺었던 것 같다. 아울러 앞서 황흥이 요구하는 구체적 군사협력 내용이 하남과 호북 교계지역 장악, 경한철로 공격, 그리고 궁극적으로는 하남 장악이었다면 이러한 요구는 1913년 6월 이후 백랑이 보여준 실제의 행로와 일치하고 있다. 특히 '북군의 명맥'인 경한철로 공격은 앞서 표12에서 등장하는 웅사죽(熊嗣鸞) 등이 기도했던 황하 천교폭파 시도와 동일한 목적을 지닌 것으로서 '제2혁명'을 일으킨 남방 각 성 진압을 위해 남하하는 북양군을 저지하기 위해 계획된 것이었다. 황흥의 편지에 따르면 자신들의 의도에 부응한 댓가로 혁명파가 백랑에게 제시한 조건은 보급품과 무기의 제공과 같은 군사적 지원이었다. 당시 언론은 이와 관련하여 황흥이 백랑에게 하남 도독직을 제안하고 신식무기와 현은(現銀) 2만량을 제공했다거나[124] 상해 국민당이 퇴역 군인을 초모하여 백랑에게 보내려 한다고 보도하고 있다.[125]

양자 결합의 결과 다수의 혁명파 인사가 백랑집단 내에서 활약하였는데 각종 당안 자료에는 유승렬(劉承烈), 능월(凌鉞), 진지평(陳芷平), 추영성(鄒永成), 유회석(劉懷錫), 유천맹(劉天猛), 장락정(張樂亭), 유천악(劉天樂), 우화경(于華慶), 맹참모(孟參謀), 양후(洋猴) 등이 등장한다.[126] 이들은 이전 토비

---

123)「質問豫匪猖獗事宜書」,『衆議院決議案彙編』(『史事長編』下卷, 297면에서 재인용).

124)「白狼攻郿之自退」,『順天時報』, 1913. 8. 17.

125) 좀더 구체적으로 상해 국민당은 大隊長 이상의 군 경험자를 월급 1백원, 가족수당 1백원의 조건으로 招募하였는데 이미 5천여 원을 사용하였다고 알려졌다.「通令査緝白朗機關」,『申報』, 1914. 4. 12.

126) 今井駿「白狼の亂について一考察 — 白狼集團の組織的實態について」,『人文論集(靜岡大學)』41, 1992, 87면. 이밖에 혁명파로 분류될 만한 인사로는 남사, 북사(이상 慕壽祺「甘寧靑史略」,『白朗起義』, 348면), 孫浩, 熊嗣鸞, 沈某(「白朗起義調査報告」, 86, 90면), 陸文

왕천종과 결합을 추진했던 동맹회원(同盟會員) 오창주의 예에서와 같이 토비문화에 친숙하려 노력했을 것이고, 다른 한편으로는 백랑집단을 구성하였던 일반토비와 달리 혁명적 시야와 경험, 군사적 지식 등을 갖추고 있기 때문에 조직의 핵심 브레인 역할을 수행할 수 있었다. 그렇기 때문에 심지어 "백랑집단에서 실권을 장악한 자는 전동맹회원이지 백랑이 아니며 그는 단지 허수아비로서 사람들을 동원하는 도구로 이용될 뿐이다"라는 지적도 있을 정도였다.[127] 반면 백랑 측의 입장에서도 이들은 아주 유용했다. 손문, 황흥 등 '위인'의 명의를 이용하여 자신들의 약탈행위를 합리화하고, 세력을 확대하는 데 커다란 도움을 얻을 수 있었던 것은 물론이고, 혁명파가 수행한 핵심 참모 역할이나 무기구매 과정 등에서 보여준 역할[128] 등에서 특히 그러했다.

혁명파와의 결합과 해산병 및 주둔군대의 투항[129]에 따라 세력이 비약적으로 발전한 백랑[130]은 1913년 12월 '토비의 고향' 또는 근거지라 할 수 있는 하남서부를 떠나 하남남부, 안휘, 호북, 섬서, 감숙 등을 전전하다 1914년 자신의 고향 보풍에서 최후를 맞는다. 그런데 이전까지 보여주었던 방식

禔, 李白茅, 楊芳州, 吳士仁, 吳虛子, 劉生(이상 程玉鳳 「白朗史話(5)」, 『中原文獻』 10-6, 1978, 33면) 등이 있다.

127) 佚名 「白狼猖獗記」, 『白朗起義』, 365면.

128) 예컨대 혁명파와의 결합 이후 백랑은 國民黨員 劉天樂, 우화경 등을 일본에 파견하여 손문, 황흥을 매개로 快槍 3천 정과 실탄을 구매하여 한구 劉家廟를 통해 하남으로 밀반입을 시도하였다. 「王天縱致段祺瑞報告」(1913. 10. 1), 『白朗起義』, 228면.

129) 黃廣廊 「有關白朗起義的一些資料」, 『史學月刊』 1, 1960, 25면; 「中國大事記」, 『東方雜誌』 10-10, 1914, 33면; 「防剿聲中之中原狼訊」, 『申報』, 1914. 3. 3.

130) 예컨대 劉榮棠 등 하남 衆議院 의원들이 1913년 6월 28일 연명으로 제출한 질의서에 따르면 백랑집단은 원래 소유했던 연발총 1천 정 이외에 당현에서 5, 6정, 源潭 2, 30정, 郭集寮 4, 50정, 古城寨 3백 정, 우현, 長葛 수백 정을 각각 획득하여 총 2, 3천 정에 이르고 대포 6문, 규모 6, 7천에 이르는 대부대로 성장하였다. 「質問河南都督張鎭芳縱匪殃民掩敗爲功書」, 『衆議院決議案彙編』(『史事長編』 下卷, 299면에서 재인용).

과 다른 위의 기동전술을 어떻게 이해해야 할 것인가. 단순히 토벌군대에 쫓긴 나머지 불가피하게 선택한 전술이었는가. 그것이 아니라 만약 이러한 행로가 혁명파와 밀접한 관련 속에 결정된 것이라면 백랑집단의 혁명참여의 정도는 어느 수준까지 이루어졌는가. 이러한 의문점과 관련하여 1914년 4월 감숙 임담(臨潭)에서 향후 진로를 둘러싸고 토비 일반과 백랑 그리고 혁명파 사이에서 전개된 논쟁은 많은 시사점을 제공해준다고 판단되기 때문에 좀 길지만 이 부분을 정리해보도록 하자.

(백랑은) 임담 현서를 빌어 군사회의를 개최하였다. 18대 수령(首領) 송노년(宋老年), 이홍빈(李鴻賓) 등은 중간에 앉고 남사(南士)는 좌측에, 북사(北士)는 우측에, (백白)낭당(狼黨)은 문밖에 각각 위치하였다. 백랑이 먼저 발언하였다. "우리들은 현재 이도 저도 할 수 없는 진퇴양난의 어려움에 봉착했으니 중론에 따라 나갈 바를 결정하겠다." 마의(馬醫) 서거인(徐居仁)이 먼저 나서 헌책하여 말하였다. "듣건대 청(淸) 단군왕(端郡王) 재의(載漪)가 감주(甘州)에 있다고 하니 그를 주군으로 추대하고 선통(宣統) 연호를 계속 사용하여 반원세력(反袁勢力)을 규합하자." 하지만 이 의견에 찬성하는 사람은 없었다. 다음 독안룡(獨眼龍) 백할자(白瞎子)가 큰소리로 말하였다. "큰 형님에게 황포(黃袍)를 입혀드리도록 하자. 일이 성공하면 명(明) 홍무제(洪武帝)가 될 것이고 실패해도 태평천국을 이룩할 수 있을 것이다." 낭당은 이를 듣고 반수가 박수를 치며 찬성하였다. 그러나 남사, 북사 등은 아무도 이에 대응하지 않았다. 마지막으로 참모(參謀) 오사인(吳士仁), 양방주(楊芳洲) 등이 헌책하였다. "조주(洮州)로부터 송반(松潘) 대도(大道)를 따라가면 사천성(四川省)으로 들어가면 처음의 뜻을 이룰 수 있다. 사천은 본래 천연 요새로서 근거지로 삼을 만한 곳이다. 또한 성을 취하고는 바로 포기하는 지금까지의 전술은 바람직한 것이 되지 못한다. 이후 만약 큰 성을 점령하면 엄중하게 방어하여 사람과 말 모두 휴식을 취하도록 하고 군사력을 키우며 조용히 때를 기다려야 할 것이다. 어찌 이런 식으로 분주히 돌아다니는가." 남사, 북사 모두는 박수를 치며 찬성하였지만, 낭당(狼黨), 낭도(狼徒)는 모두 조용하였다. 양방주는 다시 말하였다. "존귀한

신분이 되어 고향으로 돌아가자, 초패왕(楚覇王)도 결국엔 자살하고 말았다." 백랑은 그 말이 옳다고 생각하였으나, 문밖의 낭도는 크게 소동을 일으키며 사천으로 가는 것에 반대하였다. 그들은 감숙으로 진입한 이후 연도에서 약탈을 자행하여 각각의 주머니를 채웠기 때문에 귀향하여 부자가 되기를 바랐기 때문이었다. 백랑도 어쩌지 못하고 농서(隴西)로부터 천수(天水), 청수(清水) 등을 거쳐 섬서로 진입하였다.[131]

논쟁은 표면적으로는 향후의 행선지를 둘러싸고 전개되었지만, 배후에는 백랑집단을 구성한 각 세력간의 노선갈등이 개재되어 있었다고 할 수 있다. 즉 서거인으로 대표되는 복벽파(復辟派), 백할자의 왕정파(王政派), 그리고 오사인, 양방주 등의 혁명파가 각기 자신의 정치적 입장을 개진한 것이었다. 이 가운데 우선 복벽파의 주장이 여전히 백랑집단 내에 남아 있었다는 점이 주목된다. 비록 토비 일반의 호응을 얻지 못했지만 백랑집단이 혁명파와 결합한 이후 거의 1년여가 지난 1914년 4월의 싯점에 그러한 복고적 주장이 공공연히 제기되고 있음은 양자결합이 지니는 한계의 한 단면을 보여주는 것으로 판단된다. 이러한 추측은 백랑을 황제로 추대하자는 왕정파의 주장과 이에 대한 '낭당'과 '낭도'의 열렬한 호응으로 더욱 분명해진다. 청조의 부활을 대신한 한족 왕조의 부활이란 면에서, 또한 백랑과 함께 출세할 수 있다는 가능성에서 토비 일반은 이 제안을 크게 반겼던 것이다. 이 점은 과거 왕천종 집단 내의 일반토비들이 혁명파의 선전활동에 대한 반응과 유사하였다. 즉 유춘인이 청조의 수탈과 혁명의 대의에 대해 설명하자 왕천종의 부하들 모두가 환호하며 기뻐하였지만, 그들이 즐거워한 원인은 공화의 성립이라는 혁명의 참된 의미를 이해했기 때문은 아니었다. 당시 현장에서 터져 나온 말들 가운데에는 "먼저 낙양의 지부(知府)를 살해하고 다시 하남의

---

131) 慕壽祺 「甘寧靑史略」, 『白郎起義』, 348~49면; 비슷한 내용이 程玉鳳 「白朗史話」(第6回), 『中原文獻』 10-7, 1978, 31~32면에도 소개되어 있다.

순무를 죽이며, 북경의 황제를 쫓아내어 손문이 천하를 차지하고 우리 모두 관리가 된다면 그 누구도 감히 우리를 토비라 말하지 않을 것이다" "왕천종이 도독이 되면 우리도 출세할 수 있을 것이다" 등이 있었다.[132] 결국 토비대중이 바라본 공화혁명이란 단지 자신들의 세속적 출세를 위한 수단에 불과할 뿐이었다.

반면 백랑집단 내의 혁명파 오사인, 양방주 등이 사천으로 갈 것을 주장한 배경에는 '제2혁명' 실패 이후 새로운 근거지 확보라는 혁명전술적 고려가 포함되어 있었다. 백랑이 1913년 12월 하남 내의 활동을 끝내고 안휘를 목표로 한 것도 양자강을 건너 남방 혁명파와 연계를 확보하기 위한 것으로도 이해할 수 있다. 그러나 손문, 황흥 등 혁명지도자는 이미 일본으로 망명하고 양자강 유역 역시 원세개에 의해 장악되자 백랑은 다시 호북 노하구(老河口)로 되돌아왔고, 이때 손문이 파견했다는 심모(沈某)는 백랑의 참모로서 그에게 사천으로 직행할 것이 아니라 섬서, 감숙 등을 거쳐 서북에서 사천으로 들어갈 것을 건의했던 것이다.[133] 이와같이 사천행은 혁명근거지의 확보라는 전국적 차원의 계획에서 입안된 것이었지만 위의 임담에서와 마찬가지로 노하구에서도 역시 그에 대한 격렬한 반대가 있었다. 많은 일반토비는 고향을 멀리 떠나기를 원하지 않았으며, 많은 토비두목들 역시 불만을 표시하였다. 특히 송노년, 이홍빈 등은 백랑에게 "서북에 도착하면 한 발의 총도 발사하지 않겠다. 누구든 총을 쏘면 제대로 죽지 못할 것이니 대포로 머리를 날려버리겠다"라고 욕을 퍼붓기까지 하였으며, 결국 서북으로의 진격작전 선봉에 백랑이 직접 나서야 했다.[134]

---

132) 吳滄洲, 앞의 글 358~61면.

133) 1913년 말부터 백랑의 호위를 담당했던 劉紹武의 회고에 따르면 심모는 나이 40여 세 정도에 항상 흑색 제복에 軍帽를 착용하고 백랑집단의 진로 결정에 강력한 영향력을 행사했으며, 이동 도중 몇차례 포고문을 작성했던 인물이다. 「白朗起義調査報告」, 90~91면.

134) 「白朗起義調査簡記」, 21~22면; 「白朗起義調査報告」, 86~87면.

이렇게 백랑은 감숙까지 무리를 끌고 올 수 있었지만, 임담에서 다시 불만이 붉거져 나온 것이었다. 백랑은 여전히 혁명파 인사라 할 수 있는 남사, 북사 등과 함께 오사인, 양방주 등의 주장에 찬성하였지만 '낭도' '낭당' 등으로 지칭된 일반토비의 반대를 극복하지 못하고 고향 하남서부로 귀향해야만 했다. 이 과정은 백랑 지도력의 한계를 보여주는 예이지만 더욱 중요한 것은 혁명파와 토비집단과의 결합이 지닌 취약성을 단적으로 드러내었다는 사실이다. 혁명파 심모가 무슨 혁명을 할 것인지, 어떻게 혁명할 것인지에 대해 강구하지 않고 단지 "혁명을 하려거든 남방의 손문을 찾아 대오를 편제하고 무기를 발급받아 다시 북벌에 나서야 한다"[135]라고 한 데에서도 이 혁명파들의 태도를 읽을 수 있다. 이러한 군사적인 결합에 백랑은 쉽게 동의할 수 있을지 모르지만, 손문의 의도에 따라 고향을 떠나 분명하지도 않은 정치적 목적에 동원되고 있었던 토비대중까지 이에 적극적으로 동참했을지는 회의적이다. 혁명가 심모가 작성했던 포고문 몇종의 내용을 백랑의 호위병이었던 유소무(劉紹武)조차 이해하지 못했다는 사실은 당시 토비대중이나 일반대중에 미친 이 혁명파들의 영향력 정도가 어떠했는지를 가늠하게 한다.[136]

지금까지 신해혁명기 하남 토비·비밀결사에 대해 살펴보았는데 내용을 정리하면 다음과 같다. 신해혁명은 기존의 질서권력 가치관 등이 무너질지도 모른다는 기대와 우려를 증폭시켰으며, 하남 내에서는 구체적으로 성정부의 동요와 군대배치의 이동을 가져왔다. 하남은 본래 '만로(滿虜)의 인후(咽喉)'로서 청조의 조명을 유지하는 데 필수 존재였지만, 혁명세력의 입장에서 볼 때는 반대로 호북 군정부를 보위하고 동시에 혁명을 전국적으로 확대하기 위해서 반드시 쟁취해야 할 대상이었다. 따라서 무창봉기에 이은 개봉을 중심으로 한 무혈혁명 기도가 좌절된 이후 혁명파는 이미 세력을 떨치

---

135) 「白朗起義調查報告」, 91면.
136) 같은 글 91면.

고 있었던 토비·비밀결사 등 무장세력의 동원에 부심하였다.

왕천종은 혁명적 분위기에 편승하여 성장한 대표적 토비였다. 혁명 전 하남서부 일대에서 이미 상당한 세력을 형성한 왕천종이었지만 신해혁명에 참여함으로써 세력을 더욱 확대하였으며 이러한 왕천종의 발전과 하남 내의 혁명적 혼란상은 다른 토비들에게도 동일한 출세의 길을 제공하였다. 하남 신해혁명의 또다른 주체는 인의회와 재원회로 대표되는 비밀결사였다. 이 역시 혁명파들과의 결합을 통해 신해혁명에 적극적으로 참여하였고 그를 계기로 하남동부와 하남북부 등 철로 주변지역을 중심으로 큰 세력을 떨치게 되었다. 즉 토비·비밀결사에게 신해혁명으로 촉발된 정치시회의 위기는 곧 발전의 기회였던 것이다.

그러나 신해혁명에 참여했던 토비·비밀결사에게 돌아온 것은 기대했던 출세의 길이 아니었다. 비록 왕천종이나 진숭군의 예에서와 같이 개인적으로 출세하거나 정규군대 개편을 통해 안정적 생활을 보장받은 토비가 없었던 것은 아니지만, 대부분의 토비와 비밀결사는 정부의 탄압에 직면해야 했다. 게다가 장진방의 새로운 공화정부는 이전의 혁명파를 억압하는 등 '사이비 공화'의 실상을 드러내었다. 결국 토비·비밀결사라는 조직을 통해 혁명에 참가했던 하남 하층민은 다시 한번 혁명파와 결합하여 '제2혁명'에 나서야만 했다.

혁명세력이 강력한 무장력과 조직력을 소유한 토비 동원에 관심을 기울인 것은 당연한 것이었다. 특히 백랑은 1910년대 전반기 화북을 종횡하면서 '제2혁명'을 주도했던 대표적인 토비로서 크게 주목받았다. 상당수의 혁명파 인사가 백랑과 직·간접적으로 연결되었고, 그 결과 백랑은 공화주의를 표방하면서 '제2혁명'에 적극적으로 참가하였다. 토비 왕천종이 한때 혁명세력에 의해 '혁명의 건아'로 추켜세워졌던 것과 마찬가지로 백랑 역시 '반원(세개)군의 지도자'로 높이 평가되었던 것도 이러한 배경에서 이해될 수 있다. 하지만 이 결합들이 갖는 한계는 왕천종의 예에서와 같이 백랑의 무리 대부분이 혁명적 대의에 따르기보다는 청조의 복벽(復辟) 혹은 백랑의 황제 추대, 아니면 약탈 이후 개인적 출세 등을 희구하였다는 데에서 단적으로 드러난다. 이것은 혁명파의 피상적 선전활동이나 백랑을 중심으로 한 소수 상층부와 군사합작이 갖는 한계임과 동시에 일반토비대중에게 비춰진 공화혁명의 실상이었다고 할 수 있다. 그렇다면 신해혁명이 과연 진정한 의미의 혁명이었는가라는 본질적 질문에 대한 해답 역시 혁명에 참여했던 토비·비밀결사의 주체성에서 찾아야 할 것이다.

III. 1910년대 하남 치안조직의 성립과 성격

1. 경찰조직의 성립과 '개혁'

치안조직은 피지배층에 대한 통치계급의 폭력적 통제와 억압의 수단으로 기능한다. 이는 기존의 통치질서를 안정적으로 보장한다는 조직 본래의 목적을 고려한다면 당연하다. 하지만 치안조직은 동시에 사회의 공동번영을 위해서 피지배층에 대한 계몽, 지도, 안무, 봉사 기능을 수행하고 아울러 지배층에 대한 일정의 제재와 구속을 실행하기도 한다. 이와같은 치안조직의 이중적 기능[137]은 상호모순적인 것이지만, 근대 국민국가 건설시기 사회에 대한 국가권력의 침투와 동원이라는 목적을 위해서는 통일될 수 있다. 그렇다면 이러한 근대 치안조직과 제도는 어떻게 갖추어져 가고 그 조직의 성격 그리고 그에 대한 지역사회의 반응은 어떠한가.

이하에서는 청말 민국 초기 하남을 중심으로 이 문제에 구체적으로 접근해보고자 한다. 이러한 작업은 하남 근대 치안조직 건립과정에 대한 최초의 실체적 검토가 될 것으로 기대되지만, 그와 함께 민국 초기 국가건설의 실상

---

137) 朱紹侯 主編 『古代中國治安制度史』(河南大學出版社 1994) 1~2면.

을 둘러싼 문제에 좀더 세밀하게 접근할 수 있다는 데에서도 그 의미를 찾을 수 있을 것 같다. 물론 하남이라는 사례연구의 결과가 동 시기 중국 전체로 일반화될 수는 없다. 하지만 하남은 민국 초기 토비 혹은 그를 방어하기 위한 자위집단(예컨대 홍창회) 등의 활동이 가장 활발했던 지역 가운데 하나였기 때문에, 치안문제는 하남의 중요한 정치·사회적 현안이었다. 게다가 이하에서 중요한 분석대상으로 삼고 있는 하남 개봉에서 발행된 『하성일보(河聲日報)』(1912. 12. 20~1920. 6. 13)는 마이크로필름 상태지만 거의 완벽한 상태로 보존되어 활용할 수 있기 때문에, 민국 초기의 지방치안 상황을 단순한 중앙의 명령이나 정책에 근거해서가 아니라 구체적 실행과정에서 파악할 수 있게 해준다.

하남경찰은 중앙의 경찰제도 성립과 변화에 조응하였다.[138] 녹영(綠營), 보갑(保甲), 단련 등 기존 치안조직이 제 기능을 발휘하지 못하는 상황에서 1904년 하남 순무 진기룡(陳夔龍)은 개봉보갑국(開封保甲局)을 순경총국(巡警總局)으로 개조(改組)하였고, 1906년 순무 장인준은 하남순경학당(河南巡警學堂)을 설치하였다. 이로부터 하남에서 근대 경찰조직이 정식으로 출범하였다. 1909년 7월 순경도(巡警道) 장무희(蔣楙熙)는 순경총국을 경무공소(警務公所)로, 하남순경학당을 고등순경학당(高等巡警學堂) 및 부설 교련소로 각각 개조하면서 순경의 확충과 자질 확보에 노력하였다. 이러한 노력에 따라 1910년까지 석천, 허주(許州), 정주, 섬주, 광주, 여주, 회영(淮寧), 상구, 안양, 급현, 하내(河內), 낙양, 남양, 여양(汝陽) 등 1청(廳) 5직예주(直隸州) 8현(縣)에, 그리고 주가구(朱家口), 마시가(馬市街), 도구(道口) 등 3개의 큰

---

138) 북경정부의 치안조직 관계 법령과 조직변화에 대해서는 「劃一現行地方警察官廳組織令」(1913. 1. 8), 『東方雜誌』 9-8; 「地方警察廳官制」(1914. 8. 29), 『東方雜誌』 11-4; 「縣警察所官制」(1914. 8. 29), 『東方雜誌』 11-4; 韓廷龍·蘇亦工 等著 『中國近代警察史』(上), 社會科學文獻出版社 2000, 402~407면; 錢實甫 『北洋政府時期的政治制度』(中華書局 1984) 241~42, 312~14면 등 참조.

진(鎭)에 경찰이 각각 설치되었다.[139] 1916년 하남성정부는 성도를 관할하는 경찰청과 성 전체의 경찰업무를 총괄하는 경무처를 설치함으로써 위로는 경무처에서 아래로는 현 경찰소(순경총국→경찰사무소→경찰소로 명칭 변경)에 이르는 조직체계를 갖추기에 이르렀다.[140]

초기 현 경찰조직 운영에서 중요한 문제는 경찰의 독자성 확보에 있었다. 단순화시키면 경찰소장을 현지사가 겸직할 것인가 아니면 전임으로 둘 것인가에 주목할 필요가 있다. 기현의 경우 현지사 양수번(楊樹藩)은 1914년 9월 경찰을 축소 정리하면서 전임소장을 취소하고 자신이 겸임하고 별도의 경좌(警佐) 1명을 두었다.[141] 또한 1915년 정현지사(鄭縣知事) 주해육(周海陸) 역시 전임소장을 면직시키고 경찰소장을 겸임하며 휘하에 경좌를 지휘하였다.[142] 이상의 조치는 '현지사에 의한 경찰장악'이라 할 수 있다. 그것이 비록 직권을 통일하고 비용을 절약하려는 의도였다[143]고는 하나 경찰의 입장에서는 조직의 축소이며 동시에 일반행정과 치안행정의 구분이 모호해진다는 측면에서 경찰행정의 후퇴라 할 수 있다. 그렇기 때문에 북경정부 내무부는 1916년 6월 현지사의 경찰소장 겸임 금지명령을 내렸다. 이상에서 현 경찰소의 핵심 인물로 소장과 함께 현지사를 대신해 경찰을 지휘한 경좌가 주목된다.

따라서 지방치안의 구체적 실상을 검토하기 위해서 『하성일보』에 등장하는 경좌 관련 기사를 살펴보았다. 그 결과 1917년 하남 전체에 걸쳐 전면적

---

139) 또한 1910년 순무 吳重憙의 보고에 따르면 하남 전체 107개 廳, 州, 縣 가운데 90여 곳에 교련소가 성립되었다. 이상 하남 경찰조직의 건립과정에 대해서는 王家儉 「淸末民初 我國警察制度現代化的歷程(1901~1916)」, 『歷史學報』 10(1982) 334면 참조.

140) 「警務處設立先聲」, 『河聲日報』, 1915. 10. 26.

141) 「警務視察員到杞」(1917. 6. 15); 「現今杞縣之警察」(1915. 3. 29); 「警佐稱職」(1916. 6. 18), 이상 모두 『河聲日報』.

142) 「縣知事接收警察所」, 『河聲日報』, 1915. 3. 11.

143) 「現今杞縣之警察」, 『河聲日報』, 1915. 3. 29.

인 경좌 교체 사실을 확인할 수 있다. 교체사유는 '이직' '개봉으로 전근' '귀향' 등 일반적 경우 이외에 상당부분 '인지불의(人地不宜)에 따른 사직' '현지사 요구' '자격미달' '고발' 등이었다. 특히 후자의 경우와 관련하여 이 시기『하성일보』에는 경좌 부패기사가 아주 많이 등장한다. 이 가운데 대표적 사례로 판단되는 몇가지만 살펴보도록 하자. 수무 경좌 남청수(藍晴壽)는 경찰 경비조달을 명분으로 기존 도재세(屠宰稅), 아세(牙稅) 이외에 추가로 세금을 거둬 사복을 채웠고,[144] 경비대장을 겸임했던 식현(息縣) 경좌는 경찰에게 도박과 아편흡식을 종용하였으며,[145] 정현 경좌 주모(周某)는 혐의자를 임의로 처벌하였고,[146] 신양 남구(南區) 경좌 하전(何傳)은 도박장을 개설하고 돈을 뜯으면서 지무연(地畝捐) 징수를 핑계로 주민에 대한 수탈을 자행하였다.[147] 또한 경좌의 뇌물수취에 따라 유민, 무뢰, 건달 등이 경찰로 충당되었으며, 경비곤란에 따라 무기와 장비가 제대로 갖춰지지 못했다.[148] 이러다 보니 경좌의 악행에 대한 지역주민의 고발이 잇따랐다.『하성일보』에 등장하는 보도내용을 통해 경좌의 혐의사실을 구분해보면 과도한 세금부과,[149] 강간,[150] 무단향곡(武斷鄉曲),[151] 벌금(또는 공금) 침탈,[152] 도박 또는 아편흡식,[153] 직권남용,[154] 민간재산 수탈,[155] 남벌(濫罰),[156] 뇌물,[157] 기타 불법행

---

144)「警佐紛紛被控」,『河聲日報』, 1916. 8. 18.

145)「縱容烟賭之某警佐」,『河聲日報』, 1916. 9. 17.

146)「警佐濫刑被查」,『河聲日報』, 1916. 9. 20.

147)「警佐被控」,『河聲日報』, 1916. 11. 3.

148)「警佐何昏瞶若是耶」(1916. 10. 12);「整頓警務辦法」(1917. 3. 5);「商丘警政之廢弛」 (1918. 5. 16), 이상 모두『河聲日報』.

149)「警佐被控」,『河聲日報』, 1916. 12. 9.

150)「警佐被控」,『河聲日報』, 1916. 12. 12.

151)「警佐藉禁擾民」,『河聲日報』, 1917. 2. 11.

152)「取締警佐罰款」(1917. 2. 15);「警佐被控」(1917. 4. 8);「寶豊警佐被控」(1919. 2. 13); 「侵呑捐款被控告」(1919. 3. 26);「何警佐撤退消息」(1919. 9. 7);「劉警佐懇請調差」(1919. 9. 17), 이상 모두『河聲日報』.

위[158] 등 일일이 열거할 수 없을 정도로 많다.

경좌를 중심으로 한 경찰행정의 문제 이외에 경찰조직과 기타 치안조직과의 구분이 모호한 것도 당시 해결해야 할 문제였다. 이를테면 1916년 황천(潢川)의 경우 경찰조직과 보위단(保衛團)이 혼합되어 권한이 불분명한 상태였고,[159] 임영현 경좌 초동풍(焦桐風)이 부임하였지만 경찰이 이미 경비대에 편입되어 취임이 거부당한 적도 있었으며,[160] 연진현에서와 같이 경찰과 보위단이 대립[161]하거나 형양에서와 같이 경찰과 경비대가 충돌하는 일이 벌어지기도 했다.[162]

민국 초기 향진경찰 역시 현성경찰의 성립과 보조를 맞추어 건립되었다.[163] 이 현급 이하 경찰조직들의 운영실태를 밝혀줄 만한 사료가 그다지

153)「滑縣警佐被控」(1917. 3. 1);「潢川警佐之被控」(1918. 12. 3);「何警佐撤退消息」(1919. 9. 7), 이상 모두『河聲日報』.

154)「各縣警界之花絮」(1917. 3. 5);「湯陰警佐被控」(1917. 3. 18);「警佐消息一撮」(1917. 4. 1);「密縣警佐被控」(1917. 6. 10);「警佐被控」(1917. 7. 19);「警佐被査未復」(1917. 8. 4);「漯河警佐被控」(1917. 8. 20);「漯河警佐又被控」(1917. 10. 4);「警佐被控」(1918. 5. 14);「延津縣團警之衝突」(1918. 9. 24), 모두『河聲日報』.

155)「警佐被査」(1917. 3. 24);「警佐被控」(1917. 11. 14), 모두『河聲日報』.

156)「警佐被控」(1917. 3. 31).「警佐消息一束」(1917. 3. 31);「警佐被控詳誌」(1917. 4. 21);「兩縣警佐之被控」(1917. 5. 28);「警佐位置岌岌」(1917. 10. 2);「派査被控警佐」(1918. 6. 9);「劉警佐違法苛罰」(1918. 9. 28), 이상 모두『河聲日報』.

157)「修武警佐被控」,『河聲日報』, 1917. 7. 7.

158)「警佐被控」(1917. 3. 25):「警界人員升沉誌」(1917. 3. 8);「警界消息彙聞」(1917. 3. 10);「警佐被控」(1917. 3. 29);「警佐花絮錄」(1917. 4. 4);「警佐被控」(1917. 9. 10);「警佐彙誌」(1917. 9. 16);「警佐二次被控」(1917. 9. 23);「上蔡警佐被控」(1918. 6. 7);「新鄕警佐被控」(1918. 6. 24);「鎭平縣警佐被控」(1918. 11. 1);「息縣警佐被控」(1919. 3. 5);「尉氏任警佐被控」(1919. 3. 6);「警佐被控」(1919. 6. 18), 이상 모두『河聲日報』.

159)「弋陽鎭巡警復活」,『河聲日報』, 1916. 10. 15.

160)「焦警佐復行履新」,『河聲日報』, 1917. 3. 18. 비슷한 예가 상성현에서도 발견된다(「警佐委定」,『河聲日報』, 1917. 5. 16).

161)「延津縣團警之衝突」,『河聲日報』, 1918. 9. 24.

162)「警備隊滋事風潮」,『河聲日報』, 1916. 12. 30.

많지 않기 때문에 구체적 실상을 밝히기는 곤란하다. 하지만 다음에 소개하는 신양 향진경찰에 관한 설명은 민국 초기 지방경찰의 현실을 적절하게 보여주고 있다.

신양 향진경찰은 청말 경찰이 조직된 이래 1933년까지 유림(柳林), 명항(明港), 장태관(長台關), 중산포(中山鋪), 오가점(吳家店), 서쌍하(西雙河), 청석포(青石鋪), 담가하(譚家河), 오리점(五里店), 양류하(楊柳河), 유하(游河), 평창관(平昌關), 풍하향(馮河鄉), 용정(龍井) 등지에 분소(의 형태)로 설립되었다. 모두(별도의) 기금 없이 벌금으로 경비를 충당하였기 때문에 지역민은 이들을 큰 좀벌레로 여겼다. 한때는 운영되다가 또다른 때는 문을 닫아 현재 남아 있는 곳은 몇몇 지역에 불과하다. 경찰 정원과 경비 모두 특별히 정해진 바가 없었다. 분소장 가운데 의욕이 있는 자는 모두 재정 부족 때문에 제대로 일을 처리할 수 없었고, 품행이 나쁜 자는 지역을 장악하고 경비조달을 핑계로 사기를 쳤다. 또한 송사를 접수하면서 경찰권이 민사·형사 사건에 미칠 수 있는지 여부에 관계없이 과도하게 벌금을 부가하면 심지어 한 사건에 수천백금(數千百金)을 갈취한 적도 있었다. 이후 시간이 경과함에 따라 주민들이 서로 경계하여 그 계략에 말려들지 않아 다시 불량배, 건달 등을 종용하여 문제를 도발하고 그를 이용하여 이익을 챙겼다. 또한 지방의 토호열신(土豪劣紳)이 그들의 앞잡이가 되어 기세를 떨치고 폐해를 일으키니 사람들은 모두 경찰을 하나의 해악이며 조속히 제거해야 할 존재로 생각하였다. 결국 주민들은 수탈을 일삼아 공분을 일으키는 경찰분소의 취소를 요구하기에 이르렀다.[164]

불량배, 건달, '토호열신' 등과 결탁하여 각종 부정을 저지르고 있던 이 향진경찰들을 지역민들은 '큰 좀벌레'로 여겨 조직의 취소까지 요구했다는

163) 예컨대 태강현과 許昌縣 鄕鎭警察의 구체적 경과에 대해서는 「太康縣警務發達」(1915. 4. 5); 「倡辦四鄕警察」(1917. 7. 18); 「倡辦田野警察」(1917. 12. 15) 등 참고. 이상 모두 『河聲日報』.

164) 「民政1」, 『重修信陽縣志』, 2면.

내용이다. 하남남부의 중심지인 신양의 향진경찰이 이 정도라고 할 때 그보다 낙후된 지역의 상황도 충분히 예상할 수 있을 것 같다. 성당국의 입장에서 볼 때 이러한 향진경찰의 부패는 이미 살펴본 현성경찰의 부패와 함께 시급히 해결해야 할 과제였다.

1916년 경무처(警務處)의 신설은 경찰개혁의 중요한 계기였던 것으로 보인다. 경무처장 왕효문(王效文)은 경비와 인원 부족 때문에 경찰업무가 유명무실하며, 특히 경찰학교 졸업자가 아닌 자들을 경찰에 충당하여 경찰업무의 부패가 발생한다고 비판하였다.[165] 이에 경무처는 과거 경좌에 대부분 '가인(家人)' '현지사의 친지' 등 부적격자가 임명되었던 폐단을 시정하여, 경사 지방경찰 전습소, 고등경찰학교 등을 졸업하거나 이전에 경찰업무에 종사한 경험이 있는 인물 가운데 적임자를 선발하여 경좌에 임명하기로 하였다.[166]

또한 경무처는 1917년 경찰행정 부패에 대해 철저히 진상을 조사할 필요성을 인정하여 특별히 중앙경찰 전습소 졸업생 마준명(馬濬明)을 하남북부에 파견하여 조사시켰으며,[167] 1917년 4월 하남고등순경학교 졸업생 이정휘(李霆輝)와 이조(李釗)를 각각 하남동부, 하남서부 경무시사원(警務視査員)에, 전 하남 행정공서 승심원(承審員) 백곤(白堃)을 하남남부 경무시사원에 각각 임명하여 소속 현의 경찰부패를 조사하게 하였다.[168] 1917년 이후 경좌의 대거 교체는 이상의 결과라 할 수 있다.

경무처의 건립과 경좌에 대한 인사권 장악을 통한 경찰개혁은 일반행정에

---

165)「整頓全省警務」,『河聲日報』, 1916. 1. 26.

166)「呈請聲中之某縣警佐」,『河聲日報』, 1917. 2. 13.

167)「警界消息彙聞」,『河聲日報』, 1917. 3. 10;「警察處遣員被查」,『河聲日報』, 1917. 3. 28.

168)「警界消息彙聞」(1917.3.10);「警察處遣員被查」(1917. 3. 28);「又委警務視査員」(1917. 4. 15);「再誌委派視察員」(1917. 4. 16);「派員密査警佐」(1917. 4. 29);「派員視査警政」(1917. 9. 10);「派員視査警務」(1918. 5. 2), 이상 모두『河聲日報』.

서 경찰업무 독립이라는 문제와도 관련이 깊었다. 1917년 경무처장 정소운(丁少雲)은 경찰부패의 원인 가운데 하나를 현지사가 경찰소장을 겸임하면서 경찰업무를 함부로 장악하는 데 있다고 보았다.[169] 성의회도 경찰조직이 기능을 제대로 발휘하지 못한 이유를 현지사가 경찰의 장을 겸임하여 간섭하기 때문이라 판단하면서 각 현 경좌가 경찰의 장이 되어 전적으로 경찰업무를 책임져야 한다고 성장에 건의하였다.[170] 이러한 경찰의 독립은 1916년 이후 북경정부의 방침이었지만 그동안 하남에서 제대로 이행되지 않았기 때문에 새로이 문제로 대두된 것이었다.

이러한 노력의 결과 적어도 1919년부터 경좌는 현지사에서 독립되고 경무처에 직속되어 현 경찰업무를 전담하였으며, 월급도 성 재정에서 충당되어 독립성을 보장받았다.[171] 이밖에 1917년 이후 경무처를 중심으로 이루어진 향진 경찰개혁 조치까지 포함한다면[172] 비록 제도적 차원이었지만 하남 성 차원에서 추구되었던 경찰조직 개혁은 경무처를 중심으로 지방 경찰업무의 전문화 · 통일화의 방향으로 진행되었고, 그 중심에는 경좌와 경관의 자질 제고 문제가 있었다고 할 수 있다. 그러나 경찰조직이 정비된 1919년 이후에도 뇌물사취, 부정행위, 가혹한 벌금 등의 죄명으로 경찰소장에 대한 고발이 잇따르며,[173] 또한 성당국이 경찰정돈을 계속해서 명령하고 있다는 사

---

169) 「改組各縣警察預聞」(1917. 4. 20); 「各縣有設警務署之風說」(1918. 9. 16); 「馬處長整頓警佐」(1918. 11. 13); 「整頓警務消息」(1919. 6. 27), 이상 모두 『河聲日報』.

170) 「警佐仍改爲所長」, 『河聲日報』, 1918. 11. 28.

171) 「公安」, 『淮陽縣志』, 民政上, 273~24면; 「警察」, 『重修信陽縣志』, 民政一, 1936, 357면.

172) 1917년 경무처는 「鄕鎭警察制條例草案」, 1918년 「推廣鄕鎭警察規程」 등의 제정과 실시를 통해 향진경찰 조직 완성에 노력하였다(「徵求鄕鎭警察意見」, 『河聲日報』, 1917. 3. 13; 「擬推廣鄕鎭警察」, 『河聲日報』, 1918. 7. 22). 또한 1919년 경무처장 龍敏修는 경찰소장과 分所 巡官에 대해 각각 本縣, 本區 출신이 아닌 자로 임명하는 회피제를 시행하였다(「警察官回避辦法」, 『河聲日報』, 1919. 10. 30).

173) 「兩縣警察長被控」(1919. 12. 13); 「淅川警察所被控」(1920. 2. 17); 「警長將被撤査」

실[174)]을 통해 보면 역으로 경무처를 중심으로 한 성 중앙의 경찰조직 정돈 노력이 얼마나 큰 효과를 발휘했는지, 그리고 경좌와 경관의 자질이 얼마만 큼 개선되었는지 회의적이라 할 수 있다.

2. 현경비대의 성립과 기능

경찰의 활동은 직접적인 치안유지활동 이외에 호구조사, 방역, 도로정비, 소방활동 등 다양한 비폭력적 분야에 걸쳐 전개되었다. 따라서 토비나 여타 무장사건에 대비하는 것을 주된 임무로 하는 별도의 무장경찰이 필요하였다.

1914년 겨울 하남 성정부는 각 현에 경비의 지역 자체 해결을 원칙으로 현경비대를 건립하라고 명령하였다.[175)] 이에 따라 1915년 2월 신양현지사 (信陽縣知事) 적춘소(翟春昭)는 1백여 명 규모의 현경비대를 조직하였다. 경 비대는 대장(隊長) 1명, 분대장(分隊長) 1명, 방대장(幇隊長) 1명, 고원(雇員) 2명, 십장(什長) 8명, 정병(正兵) 66명, 호병(號兵) 4명, 호병(護兵) 2명, 화부 (火夫) 8명, 마대(馬隊) 12명 등 총 105명으로 구성되었다. 설립경비는 신사 들에서 모집하였고, 일반경비 월 8백여 관(串)은 염연(鹽捐)에서 지출하려 하 였으나 여의치 않자 공관국(公款局) 내의 낙동(洛潼)철로 출자금 1만2천관에 서 충당하였다.[176)] 또한 1915년 2월 1일까지 자금부족 때문에 경비대를 조 직하지 못한 정현지사 주해육(周海六)은 공관국 신동(紳董)과 협의하여 자치 경비를 이용하고 기존의 정집대(偵緝隊)를 주축으로 경비대 조직에 착수하

(1920. 5. 14); 「警長違法被控告」(1920. 5. 30), 이상 모두 『河聲日報』.

174) 「取締警佐」(1917. 8. 7); 「整頓警務先聲」(1919. 6. 1); 「飭令整頓各縣警察」(1919. 6. 21); 「嚴禁警佐苛罰」(1919. 7. 18); 「整頓警察之訓令」(1919. 9. 14), 이상 모두 『河聲日報』.

175) 「嚴申編練警備隊之本意」, 『河聲日報』, 1914. 12. 26.

176) 「兵事一」, 『重修信陽縣志』 19, 1936, 799면.

였다.[177] 경비문제로 곤란을 겪고 있었던 섬현정집대 60명 역시 경비대로 개편되었으며, 정집대장은 경비대장으로 보직이 변경되었다.[178] 경비대가 새로운 경비조달을 통해 기존의 정집대를 개조한 것에 불과하다는 평가[179]는 이러한 배경에서 나온 것이었다. 후술하게 될 보위단에서 경비대로 개조된 경우도 나타났다. 한 예로 1916년 동백현지사(桐柏縣知事) 이계장(李繼璋)은 전임 진옥윤(陳玉潤), 유문면(劉文冕) 등이 경비부족 때문에 포기한 경비대를 설립하기 위해 각 구의 비용분담을 전제로 보위단 가운데 70명을 선발 성립시켰다.[180]

이상을 통해 보면 경비대는 정집대, 보위단, 청향국(淸鄕局) 등 기존 치안조직과 밀접히 관련을 지닌 전문적인 무장조직임을 알 수 있다. 게다가 경좌가 경비대장을 겸임하는 경우나[181] 경찰의 일부가 경비대로 편입되었다는 사실[182]에서 본다면 경비대는 일반경찰과도 밀접한 관련을 지닌 무장경찰의 일종이라고 할 수 있다.

경찰이 현성 내의 치안유지에 주력했다면 경비대의 목적은 주로 토비방어와 토벌에 있었다. 고시현 「경비대 복무 규칙」[183]의 포상과 장려 모두 토비대책과 관련되어 있다는 사실에서도 이는 명확하다고 할 수 있다. 토비대책이란 목표달성과 밀접한 관련을 지닌 것이지만 경비대 규모는 지역마다 또 시기마다 차이를 보였다. 경한철로의 요충지로서 토비방어의 중요거점 가운데 하나였던 허창현에서는 현지사 온소량(溫紹樑)이 토비 장봉(張峯)이 출몰

177) 「警備隊卽日成立」, 『河聲日報』, 1915. 2. 3; 「警備隊成立後之餘聞」, 『河聲日報』, 1915. 2. 22.
178) 「改編警備隊」, 『河聲日報』, 1915. 4. 18; 「慰留警備隊長」, 『河聲日報』, 1916. 4. 20.
179) 「飭縣警隊分防」, 『河聲日報』, 1916. 6. 9.
180) 「警備隊成立先聲」, 『河聲日報』, 1916. 7. 6.
181) 「慰留警備隊長」, 『河聲日報』, 1916. 4. 20.
182) 「改編警備隊」, 『河聲日報』, 1915. 5. 11; 「焦警佐復行履新」, 『河聲日報』, 1917. 3. 18.
183) 「注重警備之一斑」, 『河聲日報』, 1915. 11. 11.

한 이후인 1915년 경비대를 1천5백명까지 확충한 적이 있었다. 하지만 이후 3, 4백명으로 축소되었다가, 1916년 유달리 토비가 많이 출몰하는 겨울에 5백명을 추가로 모집하였다.[184] 이같은 '동방(冬防)' 이외에도 변경 혹은 성(현) 교계지역에 현경비대의 확충이 이루어졌다.[185]

1916년 성장 전문열(田文烈)은 각 현의 경비대가 위와 같이 통일되지 않아 복잡하다고 판단하여 ① 규모(대현 120명, 중현 1백명, 소현 80명으로 정하여 이유 없이 증감할 수 없게 한다), ② 계통(현서에 사령부를 설치하고 수장을 현지사가 겸임하여 별도의 임원을 두지 않음으로써 경비의 절약과 권한을 통일시킨다), ③ 조직(각 현이 스스로 해산병이나 퇴직 장병을 선발해 보충한다), ④ 경비(군을 위한 지출항목이 아닌 별도의 충당방법을 강구한다) 등의 정돈방향을 제시하였다.[186] 이번 지시는 앞서의 「경비대 복무 규칙」에서와 마찬가지로 현지사의 권한을 강조하고 있다. 현지사가 지휘관할 혹은 포상이나 징계를 통해 경비대를 완전히 장악할 수 있도록 규정하였다. 게다가 현지사가 경좌를 통해 경찰을 장악하고 후술하듯 보위단까지 실질적으로 통제하에 두고 있었다는 사실까지 고려한다면 현지사가 1910년대 지방치안의 중추적 역할을 담당했다고 할 수 있을 것이다.

그러나 이상은 경비대의 실태를 반영하기보다는 경비대라는 제도와 형식을 어떻게 완비해갈 것인가라는 성당국의 의지와 희망이 반영된 측면이 강하다고 할 수 있다. 물론 이 과정 역시 상당부분 현실을 반영하기는 했겠지만, 앞서 살펴본 경찰행정의 문제점과 동일하게 제도를 운영하는 담당자의

---

184) 「添招警備隊」, 『河聲日報』, 1916. 10. 16.
185) 「添募勇隊」(1916. 3. 7); 「潢川縣添募警隊」(1916. 8. 15); 「添招警備隊」(1916. 11. 13); 「添招警備隊」(1916. 11. 18); 「添募警備隊勇」(1916. 11. 21); 「添募警備隊勇」(1916. 9. 1), 이상 모두 『河聲日報』.
186) 「警備隊劃一辦法」(1916. 8. 3); 「警備隊劃一辦法」(1915. 5. 12); 「劃一警備隊新法」(1917. 1. 5). 이밖에도 주둔군대와의 역할구분에 관한 규정도 마련되었다(「慎重警隊編制」(1916. 11. 18); 「注重各縣防務」(1916. 11. 26), 이상 모두 『河聲日報』).

부패는 제도의 내실화를 통한 조직발전을 저해하는 요인으로 작용할 수 있었다. 그렇다면 민국 초기 하남 치안상황을 제대로 이해하기 위해서는 경비대의 운영실태에 대한 검토가 보충되어야 할 필요가 있다.

당시 언론보도를 통해 보면 경비대의 범법행위 또한 다수 발생하였음을 알 수 있다. 도박, 살인, 약탈, 간음, 아편굴 운영 등 경비대장의 개인적 범법행위[187] 이외에도 학생구타, 학교 기물파괴, 지역약탈, 보위단과의 충돌과 살상 등의 예[188]에서 보여주듯 경비대원의 자질도 문제점으로 지적될 수 있었다. 그렇기 때문에 성장은 경비대를 조직할 때 청말의 단용(團勇)을 그대로 이용하지 말도록 하고 토비나 토착 부랑배 무리가 섞여 들어오는 것을 엄격히 금지하였으며, 또 새로 모집된 대원의 성명, 나이, 적관 등을 조사하여 자세히 보고하라고 각 현에 지시하였다.[189]

그러나 몇몇 범법행위에도 1914년 성립 이후 현경비대는 토비대응을 위한 전문적인 무장집단이었으며, 또 그 때문에 효과적인 토비 토벌활동을 수행하였다. 현지사를 정점으로 경찰, 경비대 그리고 보위단이 완비될 경우의 지역의 치안유지능력은 크게 향상될 수 있었다. 이러한 배경에서 당국은 1916년 "청사장기(靑紗帳起)"[190]와 호법전쟁(護法戰爭)의 시기를 맞이하여 각 현에 토비 대응에 특별히 힘쓰라고 지시하면서, 당시 현마다 대체로 순경 3, 40명, 경비대 20명, 보위단 2백명 전체 3백명 정도의 무장역량을 갖추고

---

187) 「隊長蠻橫」(1917. 5. 5); 「隊長知法犯法」(1916. 8. 9); 「警長受賄縱賭」(1916. 8. 16), 이상 모두 『河聲日報』.

188) 「警備反致援民」(1916. 1. 12); 「警備隊行搶駭聞」(1916. 3. 24); 「警備保衛之大戰鬪」(1918. 4. 23), 이상 모두 『河聲日報』.

189) 「愼重警隊編制」, 『河聲日報』, 1916. 11. 18; 「編制警備隊之愼重」, 『河聲日報』, 1918. 5. 31.

190) "靑紗帳起"란 고량이 6월부터 8월 중순까지 최대 3미터까지 자라 토비의 훌륭한 은폐물이 되는 상황을 가리킨다. 이에 대해서는 夏兆瑞 「靑紗帳起憶中原」, 『中原文獻』 10-7, 1978; 李祥亭 「又是高粱成熟時」, 『中原文獻』 8-8, 1976 참조.

있었기 때문에 충분한 훈련을 거치면 소규모 토비에 대해서는 충분히 대비할 수 있을 것이라 지적하였다.[191] 이렇게 볼 때 비록 현경비대가 재무구조의 취약성, 현지사에 대한 종속성, 범법행위, 경찰과 군대 간의 관계설정 등여러 문제점을 지녔지만 보위단과 함께 현 내의 치안유지에 큰 역할을 수행했다고 할 수 있을 것이다.

3. 민단(民團)에서 보위단(保衛團)으로

일반적으로 현 경찰이나 경비대는 현성이나 향촌의 중요지역에 설치되었기 때문에 지역치안 유지를 위해서는 현 전체를 포괄하면서 경찰의 기능을 보충할 수 있는 또다른 조직이 필요하게 되었다. 하지만 이러한 조직은 지역주민에는 전혀 새로운 것이 아니었다. 청말민초 하남에는 향단(鄕團), 단련, 수망사, 연장회(聯莊會) 등 다양한 자위집단[192]이 존재하였기 때문이다. 하지만 1914년 5월 20일 북경정부는 「지방보위단 조례(條例)」(이하 「조례」)[193]를 반포하여 보위단 조직을 적극적으로 추진하였다. 그 취지는 지역 무장조직을 제도적으로 보장함으로써 지역의 분권적 경향을 체제화 내지는 제도화하려는 의도와, 중앙집권화의 일환으로 전개된 지역에 대한 권력침투의 한 형태라는 양 측면에서 이해될 수 있다.[194] 그렇다면 하남의 경우 이러한 상호모순적인 내용을 담고 있는 보위단의 건립은 어떻게 진행되었으며, 그에 대

---

191)「飭知剿匪要着」,『河聲日報』, 1916. 6. 1.

192) 청말 이래 지역 자위집단의 명칭은 매우 다양한데 이하에서는 이들을 총칭하여 민단으로 하고자 한다.

193)「中國大事記」,『東方雜誌』, 11-1, 7~9면.

194) 영은 보위단의 건립은 행정적 통제의 강화에 더 큰 목적을 두고 있었다고 평가하였다. Ernest P. Young, *The Presidency of Yuan Shih-k'ai: Liberalism and Dictatorship in Early Republican China* (Ann Arbor: Univ. of Michigan Press 1977) 206~207면.

한 지역엘리뜨의 반응은 어떠했는가.[195]

민국 이후 수망사가 조직되어 있던 신양현은 1914년 현 전체를 81구(區)로 나누고 구마다 단정(團丁) 8명에서 10명을 선발하여 보위단을 조직하였다. 이때 급여는 각 구에서 스스로 충당하였으며 무기는 기존 향촌에 존재했던 재래무기를 사용하였다.[196] 1915년 정현 보위단의 경우는 이와 다른 경로인 자치(自治)→수망(사)→청향(국)→보위단 순으로 개조되었다.[197] 같은 해 기현 청향총국(淸鄕總局)도 보위단으로 개조되었다.[198] 안양현의 민단은 1916년 보위단으로 바뀌었다.[199] 결국 청말 하남 각지에 존재했던 향단, 단련, 연장회 등 지방 무장조직은 민국시기에 이르러 수망사, 청향국, 민단(民團) 등의 이름으로 남아 있다가 「조례」가 발표된 1914년부터 1916년까지 대부분 보위단으로 정리되고 있음을 알 수 있다.

그렇다면 새로이 건립된 보위단은 이전 민단과 단순히 명칭상의 차이만을 보여주는 것인가 다른 성격의 조직인가. 이 문제와 관련하여 먼저 청향국에서 보위단으로 개조되는 과정을 좀더 천착해보자.

청향국이 개조된 가장 큰 이유는 조직 자체의 임시적 성격 때문인 것으로

---

195) 쇼파(R. Keith Schoppa)는 절강성의 예를 들어 이러한 원세개의 의도가 지역엘리뜨의 협조를 가져오는 데 실패했다고 주장하였다(R. Keith Schoppa, "Politics and Society in Chekiang, 1907~1927: Elite Power, Social Control, and the Making of a Province," Ph. D. dissertation, University of Michigan, 1975). 또한 맥코드(Edward A. McCord)는 1914년 원세개의 보위단 조직 시도는 궁극적으로는 실패했지만 이후 남경정부 시기의 그것과 유사한 광범한 국가건설(state-building) 노력의 한 징표로 이해하였다(Edward A. McCord, "Militia and Local Militarization in Late Qing and Early Republican China," *Modern China*, vol.14 no.2, 1988, 171~72면; Edward A. McCord, "Local Militia and State Power in Nationalist China," *Modern China*, vol.25 no.2, 1999, 121~22면).

196) 「民政1」, 『重修信陽縣志』 8, 1936, 377면; 「保衛團之怪現狀」, 『河聲日報』, 1915. 9. 19.

197) 「保衛團長易人」, 『河聲日報』, 1915. 6. 29.

198) 「杞縣保衛團成立」, 『河聲日報』, 1915. 1. 19.

199) 「兵防志」, 「鄕團」, 『續安陽縣志』 9, 1933, 1394면.

보인다. 봉구현의 예를 들어보면 1914년 봄 현에 토비가 극성하자 당국은 청향을 통해 방비에 주력하라고 명한 바 있었다. 그러나 1915년 지방이 이미 평정되자 현지사는 청향국은 임시기관이므로 당연히 취소되어야 한다고 하면서 대신 상설기관으로 보위단을 조직하였다. 이로써 경비절감과 함께 안정적인 지방보위가 이루어질 수 있게 되었다고 평가되었다.[200] 또한 문향현 일대의 보위단의 건립과정은 그 조직의 특징과 기원을 잘 밝혀주고 있다. 진숭군 통령 유진화는 1915년 가을 문향현 문저진(閩底鎭)에 대규모 토비의 약탈이 잇따르자 영보, 문향, 노씨 3현에 대한 토비토벌과 함께 청향을 실시하여 청향 총국 세 곳과 분국 열 곳을 설치하였다.[201] 그러나 1916년 봄 순안사(巡按使)에서 '임시적 방법'인 청향 대신 '상설의 보위단'을 건립하라고 명령을 받은 문향현지사(閩鄕縣知事) 공번창(孔繁昌)은 신사와 상의하여 청향 분국을 취소하여 경비를 절약함과 동시에 동사가(董社街), 법왕사(法王寺), 양평진(陽平鎭) 3총국과 달자영(達紫營) 1분국을 보위단으로 개조하여 신사로 하여금 통할하게 하였다.[202]

결국 보위단은 기존 임시적 청향국과 대비되는 것으로 토비 대응을 위한 더욱 근본적 조치로서의 상설조직을 지향했음을 알 수 있다. 더구나 이전 민단이 국가권력의 보증 아래 성립 운영되기는 하였지만 보위단은 「조례」에 의한 규정에서 드러나듯 원세개 정권의 지방통치책의 일환으로 추진되는 전국적·전성적 차원의 통일적 법정기관이었다는 점에서 차별적이었다.

민단을 다시 건립해달라는 신동의 요구와 하남성 당국이 보여준 대응은 양자의 성격적 차이를 잘 드러낸다. 1915년 보위단이 하남 각 현에서 대대적으로 건립되고 있는 상황에서 여러곳의 신동이 당국에 민단을 다시 설치하겠다고 요구하였다. 하지만 이에 대해 당국은 먼저 보위단의 건립목적이

---

200) 「淸鄕局改組保衛團」, 『河聲日報』, 1915. 4. 10.
201) 「淸鄕布置之近聞」, 『河聲日報』, 1916. 1. 9.
202) 「整頓保衛團辦法」, 『河聲日報』, 1916. 5. 30.

"지방의 치안을 유지하고 토비를 조사·체포하는 데 있음"을 지적한 뒤 "각지의 민단을 모두 취소하라고 이미 지시한 마당에 왜 다시 그것을 설치하겠는가"라고 반문하면서 "각지에 원래 설치되어 있던 향단, 상단, 민단을 모두 지방보위단으로 개조하고", 이미 선출된 단장(團長), 단동(團董), 총리대(總理隊) 등의 이름도 「조례」에 맞게 통일시켜 "각 처의 지방관이 통제 관할 처리하는 데 용이하게 하고 방해받지 않도록 해야 한다"고 하였다.[203]

구체적으로 회양현(淮陽縣) 단련조직 요구는 다음과 같이 거절당하였다. 1916년 토비가 지역에 출몰하였지만 제대로 방비하지 못하자, 신사 조립선(趙立善)은 여러 신상(紳商)들과 함께 단련을 조직하여 토비 걱정을 없애기로 결정하였다. 국가주도에 의해 조직되었던 보위단과 달리 지역신사가 주동적으로 자위집단을 건립하겠다는 것이었다. 비록 단련이나 보위단 등 명칭의 차이는 큰 의미를 지니는 것은 아니지만 누가 조직발의와 운영의 주도권을 지니는가는 중요한 문제라 할 수 있을 것이다. 이 점과 관련하여 당시 위의 사실을 보도한 신문은 단련의 비용 마련방법으로 양연은(糧捐銀) 1량(兩)마다 6백문(文)을 부가로 징수하여 단련경비로 사용하겠다는 신사의 주장에 대해 당국이 신세에 대한 가중한 부담이란 이유를 들어 허락하지 않을 수도 있다는 회의적 전망을 하고 있음이 주목된다.[204] 결국 예상대로 조립선 등의 요구는 거절당했는데 당시 성장의 논리는 지역주민이 부담스러울 것이라는 사실 이외에 이미 현에 경찰 1백명과 보위단 2백명이 존재하여 잘 정돈하면 지역을 방어할 수 있다고 판단했기 때문이었다.[205]

이상 당국의 주장을 통해 보면 이번 보위단의 설치가 명목상의 획일화와 함께 지방관을 통한 기존 지역 자위집단 혹은 그에 권력기반을 둔 지역엘리뜨에 대한 통제강화로 이어질 가능성이 높아 보인다.

203) 「民團不准復設」, 『河聲日報』, 1915. 2. 11.
204) 「縣紳籌設團練自衛」, 『河聲日報』, 1916. 7. 21; 「招募團丁人」, 『河聲日報』, 1916. 11. 16.
205) 「加捐募勇被駁」, 『河聲日報』, 1916. 8. 14.

한편 보갑은 성격과 조직 면에서 단련과는 구별되었다. 보갑이 순수한 향촌조직으로 국가통치에 소속되는 기층단위라면 단련은 각 지역에 임시적으로 성립된 민병조직으로 자위를 목적으로 하는 보조병력이라 할 수 있다. 또한 보갑의 우두머리 다수가 각급의 국가기관에 직속하였다면 단련은 관청의 감독을 받기는 하지만 지역의 신사가 지도하였다. 그런데 「조례」에서 분명히 명시되어 있듯이 보위단 설립의 중요한 목적 가운데 하나는 호(戶)→패(牌)→갑(甲)→보(保)→분단(分團)→단(團)의 편제(제7조)와 호구조사 및 등기(제11조)였다. 즉 상술한 보갑제적 기능의 확립이었던 것이다. 그렇기 때문에 이번 보위단의 건립은 보갑제 폐지 이후 토비방어의 책임이 경찰에게 그리고 그 다음에는 경비대에게 넘어갔지만 앞날이 우려되어 과거의 제도, 즉 보갑이 회복된 것으로 평가되기도 하였다.[206]

보위단의 보갑제적 기능에 대해서는 단편적이지만, 고시현 지사 계옥호(桂玉壺)가 1915년 '동방'시기를 맞이하여 당국의 명에 따라 「보위단 시행세칙」을 반포하여 촌장(村莊)을 상호연락하고 호구를 조사하여 보갑을 성립시킴으로써 "우병어농(寓兵於農)"의 옛 뜻을 이어갔다는 사실에서 확인할 수 있다.[207] 따라서 보위단은 단순한 지역방어 이외에 지역에 대한 효과적인 통제의 수단으로 작용할 수 있었다. 그리고 통제의 정점에는 현지사가 있었다.

그렇지만 이렇게 제도적으로 보장된 현 권력기관의 강화가 실제로 지역사회에서 그만큼의 권력을 인정받거나 근거를 확보했다고 단정지을 수는 없을 것이다. 그것은 이미 다양한 메커니즘을 통해 지역 내에서 권위를 확립하고 있었던 지역엘리뜨의 대응을 고려해야 하기 때문이다. 환언하면 보위단의 설립과 운영에서 확인되는 중앙권력의 지역 장악, 통제의 의도는 기존 지역

---

206) 「恢復保甲制度」, 『河聲日報』, 1915. 4. 16.
207) 「保衛團極力進行」, 『河聲日報』, 1915. 12. 29; 「保衛團辦有起色」, 『河聲日報』, 1916. 3. 23.

무장을 장악하고 있던 지역엘리뜨의 이해와 대립할 수 있었다. 이러한 대립의 한 양상은 민단의 재건을 요구한 지역엘리뜨와 그에 대해 보위단을 강조하는 당국의 태도에서 이미 살펴보았다.

그러나 국가(권력)와 지역(엘리뜨) 양자를 이렇게 적대적으로만 볼 수 있을까? 사실 토비에 대한 지역 자위라는 대의를 앞에 두고 양자가 대립할 이유는 크지 않았고, 그렇기 때문에 기존 민단은 개조명령에도 불구하고 잔존할 수 있었을지도 모른다. 보위단 개조명령 이후 섬현의 서구(西區) 보위단 단총(團總)은 청향국총(淸鄕局總)의 지위까지 획득하자 더욱 의기양양해졌다거나, 보위단의 부패상황을 서술하는 내용 가운데 일부지만 신양현 위남촌(衛南村) 보위단 단총 번숭선(樊崇善)이 수망사를 파괴했다는 기사내용[208]을 통해 간접적으로나마 양자의 병존 사실을 추측할 수 있다. 직접적인 예도 있는데 신동의 주도에 의해 1916년 다시 건립된 정양(正陽) 수망사가 그것이다.[209] 1917년 영성에서도 토비에 대항하여 신동이 주도하여 향단을 설치하였다.[210]

이상에서 알 수 있듯이 지역엘리뜨가 주도하고 있던 민단은 당국에 의해 추진중이었던 보위단과는 서로 구별되는 것이었는데도 엄연히 존재하거나 새로이 조직되고 있었다. 더욱이 경비대와 보위단의 조직을 촉구하면서도 당국은 청향국, 수망사가 비록 법정기관이 아니지만, 청향을 시도하고 무리를 이끌며 토비를 토벌하고 지방을 보위한다는 면에서 이익이 많기 때문에 지방의 경찰, 보위단과 비슷한 성질을 지닌 것으로 판단하였다. 그렇기 때문에 과거 보갑 규약을 참조하고 청향장장(淸鄕獎章)을 제정하여 장려해야 한다고 주장하기도 했다.[211] 이렇듯 1914년 보위단 설립명령에도 여전히 민단

---

208) 「團總見機而作」, 『河聲日報』, 1916. 1. 18; 「保衛團之怪現狀」, 『河聲日報』, 1915. 9. 19.
209) 「擬設守望社」, 『河聲日報』, 1916. 9. 4.
210) 「永城籌辦鄕團」, 『河聲日報』, 1917. 8. 29.
211) 「規定淸鄕獎章」, 『河聲日報』, 1916. 12. 22; 「規定淸鄕獎章」, 『河聲日報』, 1917. 2. 10.

이 존재하고 있거나 권장되었다는 사실은 양자가 '관독민판(官督民辦)' 혹은 '관독신판(官督紳辦)'이라는 공통성을 지니면서 지역방위라는 공통의 이해에 기반하고 있었기 때문이었다. 하지만 그렇다고 양자의 차별성이 부정되는 것은 아니다. 당국의 의지대로 전체적인 지역방위와 권력집중의 중심이 보위단에 있었다면 민단은 보위단을 보조하는 수준에서 종속적으로 허용되었다는 정도로 이해해야 할 것이다.

한편 보위단의 순기능은 여러 부분에서 확인할 수 있다. 그러나 계속되는 정돈명령에서 역으로 추론할 수 있는 것은 보위단의 부패현상이라 할 수 있을 것이다. 우선 보위단에 대해 이전 민단에 비해 현지사가 더욱 강력한 통제력을 행사할 수 있다는 사실에서 발생되는 문제점을 꼽을 수 있다. 예컨대 낙양현지사 증병장(曾炳章, 강소 상숙인)은 본지인(本地人)이 임명되어왔던 보위단 단총에 자신의 측근인 고림(顧琳, 섭서인)을 건구(乾區) 단총에, 동정계(童廷棨, 강소인)를 태구(兌區) 단총에 각각 임명하였고 그들의 수탈을 비호하였다.[212] 또한 등현지사 최문(崔雯)은 교육비와 경찰비를 전용하여 수백명의 무뢰로서 보위단을 조직하였다. 이들은 현지사의 사적 이익을 위한 호위병에 불과하여 토비방어나 토벌에 나서지 않았고 구장 역시 임의로 단원을 모집하여 지역수탈을 자행하였다.[213]

보위단을 직접 지휘한 단총의 잘못은 바로 조직의 부패로 이어질 수 있었다. 예컨대 1916년 광산현 남향(南鄕) 채하리(寨河里) 보위단장 서정리(徐廷厘)는 지역민 수탈에 앞장서는 등 각종 악행을 일삼았다. 이것이 가능했던 것은 '향곡(鄕曲)' '간호(奸豪)'에 불과했던 그가 보위단장의 명의와 그를 통해 지방의 무장력을 장악했기 때문이었다.[214] 이밖에도 단장은 공금침탈,[215]

212) 「洛陽知事近聞錄」, 『河聲日報』, 1916. 9. 4.
213) 「鄧縣區長之氣燄」, 『河聲日報』, 1916. 8. 25.
214) 「保衛團之殃民」, 『河聲日報』, 1916. 3. 8.
215) 「團總易人」, 『河聲日報』, 1916. 9. 26; 「派員密査保衛團」, 『河聲日報』, 1917. 8. 10.

불법적 세금부과,[216] 사사로운 공당(公堂) 건립,[217] 강간,[218] 약탈,[219] 등을 자행했다. 심지어는 토비토벌을 담당해야 할 보위단 단장이 토비와 결탁하거나 토비 출신으로 단정을 구성하기도 하였다.[220]

보위단 부패의 결과 1917년 안양에서는 지역수탈의 반은 토비에 의해 자행되고, 나머지 반은 보위단에 의해 이루어졌다고 지적될 정도였다.[221] 결국 심구현 지역엘리뜨의 경우는 보위단 단장의 부패와 건달, 유민 등으로 구성된 단용의 폐해로 인해 보위단 정비를 요구하기에 이르렀다.[222]

그렇다면 이러한 보위단의 부패를 어떻게 이해해야 할 것인가. 이 문제와 관련하여 신양현 보위단 성립과정을 다룬 홍미로운 기사가 있다. 신해혁명이 발생하여 지방이 불안해지자 현지사는 27촌마다 하나의 청향국을 건립하였다. 이때 신수(紳首)가 그 국장을 맡았고 청향국용(淸鄕局勇)은 각각 수십 명 이상을 두었다. 1914년 북경정부가 반포한 「지방보위단장정」에 따라 청향국이 보위단으로 개조되었던 사실은 이미 살펴본 대로다. 그런데 보위단으로 개조됨에 따라 이전 신수에 대신하여 촌민에 의해 선발된 단장이 새로이 등장하게 되었다는 점에 주목할 필요가 있다. 본래 단장은 앞서의 「조례」에 따르면 현지사에 의해 하향식으로 임명되는 것으로 규정되어 있었으나

---

216) 「派員密査保衛團」, 『河聲日報』, 1917. 6. 3; 「保衛局長被控」, 『河聲日報』, 1917. 4. 16.

217) 「保衛團長被控」(1917. 5. 14); 「保衛團作福作威」(1916. 10. 18); 「團長被控」(1916. 12. 24); 「保衛團長被控」(1916. 11. 30), 이상 모두 『河聲日報』.

218) 「團總被控之査辦」, 『河聲日報』, 1917. 1. 31.

219) 「團長判處徒刑」, 『河聲日報』, 1917. 6. 12; 「保衛團之作威作福」, 『河聲日報』, 1916. 10. 17.

220) 「團長縱勇殃民」(1916. 10. 13); 「臨漳巨匪被獲」(1916. 11. 16); 「保衛團縱勇殃民」(1916. 12. 29); 「遣散保衛團之原因」(1916. 7. 27); 「團總之生涯不惡」(1916. 9. 17); 「保衛團丁成竿匪」(1916. 8. 26); 「團丁通匪」(1916. 9. 19), 이상 모두 『河聲日報』.

221) 「團勇爲匪」, 『河聲日報』, 1917. 3. 28.

222) 「縣知事整頓保衛團」, 『河聲日報』, 1916. 3. 14.

(제8조) 신양현에서는 상향식으로 선출되었던 것이다. 하지만 이러한 형식을 통해 지역주민의 의사가 제대로 반영되기는커녕 대부분 무뢰, 불량배 등의 무리가 이전 신수가 맡았던 국장(局長)을 대체하여 새로운 권력가로 등장하였던 것이다. 예컨대 현 남쪽 위남촌(衛南村)의 지보(地保) 번숭선은 무뢰에 불과했지만 단장이 되어 온갖 악행을 일삼았으며, 결국 지역신상에게서 고발당하기에 이르렀다.[223]

신양현의 상황을 일반화할 수 있을지는 자료 부족 때문에 분명하지 않다. 그러나 보위단이 지역통제의 수단을 강화하려는 의도에서 비롯된 것이고 성립·운영 과정에서 기존 민단을 주도하던 지역엘리뜨와 갈등을 일으킬 수 있었음을 염두에 둔다면 민단에서와 같이 기존 지역엘리뜨의 전면적인 적극적 참여를 보장할 수 없을 것이다. 그리고 그 틈새를 비집고 무뢰, 불량배, 유민, 건달 등이 새로운 '반(反)엘리뜨'(counter elite)로 등장할 소지가 더욱 확대되었다고 볼 수 있으며 보위단의 부패란 이러한 결과의 한 형태로 이해할 수 있을 것 같다.

이상 살펴본 것은 보위단의 부패를 단적으로 보여주는 것이지만 다른 한 편으로는 그러한 결과를 가능케 하는 객관적 근거 혹은 물적 토대로서 보위단이 기능한다는 사실도 잘 드러내고 있다. 즉 지역의 권력기관으로 보위단을 상정할 수 있을 것이며, 그렇기 때문에 그것의 장악을 둘러싼 지역 내의 권력투쟁이 일어나게 마련이었다. 1916년 심구 연지집(蓮池集) 보위단 부단장 고(高)씨는 신임단장 임용에 대해 당국에 취소를 요청한 적이 있었다. 이유는 단장이 이전 수망사 사장을 역임하면서 서리와 결탁하여 송사를 독점, 향민을 수탈한 자였고, 보위단 단장에 임명된 이후 더욱 커진 권세를 이용하여 지역주민을 괴롭힐 것이기 때문이었다.[224] 그렇다면 이번 보위단의 단장,

---

223) 「保衛團之怪現狀」, 『河聲日報』, 1915. 9. 19; 「保衛團不日取消」, 『河聲日報』, 1915. 12. 4.
224) 「保衛團長惡劣之一斑」, 『河聲日報』, 1916. 10. 4; 「保衛團貪財害命」, 『河聲日報』,

부단장의 대립을 조직장악을 위한 양인의 권력투쟁으로 이해할 수 있지 않을까? 하지만 이것이 진정한 지역의 여론을 반영하려는 부단장의 충정으로도 이해할 수 있기 때문에 또다른 예를 찾아봐야 할 것 같다.

1916년 성립한 안양현 의회 주비처 의원들은 안양성 의회의원과 공무를 둘러싸고 서로 대립하였다. 성의회 의원 사모(謝某)는 1914년 안양현 자치가 취소될 때 보위단 이사(理事)에게 운동하여 단총에 임명되었지만 이후 3년 동안 재직하면서 별 성과를 보여주지 못하였던 인물이었다. 따라서 현 의회는 보위단 업무를 현 의회에 귀속시킨다고 결정하였다. 그러자 사씨(謝氏)는 반대하였으며 또다시 현 의회가 보위단의 위법 사실에 대해 성장에게 폭로하자 사씨(謝氏)를 동정한 성(城) 의회의원들은 전체 회의를 소집하여 보위단을 성(城) 의회가 관할하기로 결정하였다. 그 결과 양 의회의 대립이 가속화된 것은 물론이었다.[225] 이상을 지역 무장조직 장악을 둘러싼 엘리뜨 집단 사이의 갈등이라고 봐도 큰 무리는 없을 것 같다. 그러나 이와같은 갈등 또한 개인적 친분관계에 의한 것이라고 그 의미를 축소할 수 있을 것 같다. 따라서 또다른 예를 신양현에서 찾아보고자 한다.

1914년 보위단 개조 명령 이후 신양현 삼관묘(三官廟) 단총 하동신(何動臣)은 단 내의 일체의 사무를 적절하게 처리하여 지역주민의 인정을 받았다. 하지만 조환신(曹煥新)이란 자가 근처 칭구만(稱勾灣)에 새로운 보위단을 건립하고 스스로 단총이 되어 지역주민에게 이중의 부담을 주게 됨에 따라 양자는 서로 대립하기에 이르렀으며, 현지사는 지역민의 반대여론에 따라 둘 다 취소하기로 결정하였다.[226] 이러한 신양현의 예는 앞서의 심구현이나 안양현의 예보다 보위단으로 대표되는 지역 무장조직 장악을 둘러싼 지역엘리

1916. 10. 9.

225) 「縣城兩議會接辦保衛團之爭執」, 『河聲日報』, 1916. 11. 5.

226) 「保衛團之怪現狀」, 『河聲日報』, 1915. 9. 19; 「保衛團不日取消」, 『河聲日報』, 1915. 12. 4.

뜨 사이의 갈등을 잘 보여준다고 할 수 있을 것이다.

이상에서 보았듯이 청말민초 하남성 당국은 중앙정부의 명령에 의거하여 도시와 현성 등을 중심으로 경찰과 현경비대를 그리고 일반 향촌에는 보위단을 각각 건립하였다. 대표적 근대 치안조직 가운데 하나인 경찰은 설치 초기 일반행정과 경찰행정의 미분리, 그리고 경찰행정을 실질적으로 책임지고 있던 경좌의 부패 등의 문제점을 드러내었다. 하지만 1916년 하남성 경무처의 건립에 따라 이루어진 경좌의 대규모 교체현상에서 드러나듯 경찰독립과 경찰인력의 자질향상과 임명방법의 개선 등 '개혁'의 움직임이 나타났다. 그러나 경무처를 중심으로 지방 경찰업무의 전문화·통일화라는 제도저·형식적 '개혁' 조치가 실질적인 효과를 얻기 위해서는 경좌와 경관의 자질 제고라는 근본적인 문제해결이 전제되어야 했다.

경찰이 도시와 현성을 중심으로 직접적인 치안유지활동 이외에 호구조사, 소방 등 다양한 비폭력적 분야의 업무에 주력했다면 토비나 다른 대규모 무장사건에 대비하는 것을 주된 임무로 하는 또다른 치안조직이 필요하였다. 현성을 중심으로 활동한 것이 현경비대라면 보위단은 향촌을 무대로 활동하였다. 경비대는 현지사의 지휘 아래 토비방어와 토비토벌을 주된 목적으로 삼는 무장경찰이었다. 보위단 역시 유사한 성격의 무장 치안조직이지만 이전의 수망사, 청향국, 단련, 민단 등과 같이 지역엘리뜨가 주도하는 임시조직과는 구별되었다. 또한 보위단은 토비방어 조직이라는 성격 이외에 현지사를 매개로 지방을 통제화·체제화·통일화시키기 위한 중앙의 의도가 반영된 전국적 차원의 법정기관이라는 특징도 지니고 있었다. 결국 원세개 정권은 보위단을 통해 지방에 산재한 지역엘리뜨 주도의 다양한 무장조직을 제도화하고 통제함으로써 지방사회에 대한 중앙권력의 하향침투를 이루고자 했다. 궁극적으로 본다면 이러한 의도는 보위단뿐만 아니라 경찰, 현경비대, 순집대(巡緝隊) 등 청말민초 하남의 모든 치안조직 건립과정에서 확인할 수 있을 것이다.

하지만 현지사를 중심으로 한 지역 치안조직의 확립, 즉 권력의 하향 침투과정이 가져온 결과가 국가권력 측의 본래 의도와 반드시 일치하는 것은 아니었다. 물론 경비대, 보위단 등이 보여준 효과적 토비 대응 때문에 1910년대 후반 하남은 비교적 안정된 치안상황을 유지할 수 있었다. 그러나 경찰의 '개혁'과정에서 잘 드러나듯 경좌, 경관 등 치안조직 담당자의 자질문제는 기구와 제도의 형식적 확충보다도 중요한 본질적인 문제라 할 수 있다. 새로운 치안조직이 확립되어가는 과정에서 기존 지주·신사 중심의 지역엘리뜨를 대신해 무뢰, 불량배, 유맹, 건달 등이 치안조직을 장악함으로써 새로운 '반(反)엘리뜨'(counter elite)로 등장할 수 있었다. 게다가 치안조직의 장악을 둘러싼 이들 사이의 권력투쟁 역시 불가피했다.

결국 청말민초 하남의 치안조직은 제도와 기구의 완비라는 형식적·공식적 분야에서 상당한 성과를 보였지만, 근대적 치안조직의 확대와 권력의 하향 침투과정은 조직 내의 새로운 인자의 등장에 따라 부패와 조직장악을 둘러싼 권력투쟁의 조짐을 보이기도 했다. 치안조직에 대한 지역주민의 수많은 비판과 소송 및 취소 요구는 당시 이들에 대한 지역사회의 반응양상을 잘 드러내준다고 할 수 있다.[227]

---

227) 적어도 청말민초 하남의 치안조직을 구체적 대상으로 살펴볼 때 이 시기 중국은 '혁명사관'에 따른 '군벌의 부패, 혼란상'으로 충분히 묘사될 수 없고, '국민국가론'에 따른 '국가건설의 시기'로 일반화되기도 어려울 것 같다. 따라서 이같은 결론은 학계 일각에서 제기되는 '國家內捲化'(State Involution)—즉 정부의 공식구조와 비공식구조가 동시에 성장하게 되어 지방에 대한 국가의 통제능력은 한계에 봉착할 수밖에 없고, 국가권력의 성장은 지방의 무정부상태와 동시적으로 진행되는 '발전 없는 성장'—과정을 구체적으로 보여준다고도 할 수 있을 것 같다. '국가내권화'에 대해서는 Prasenjit Duara, *Culture, Power, and the State, Rural North China, 1900~1942*, Stanford University Press Stanford, California, 1988; Prasenjit Duara, "State—Involution: A Study of Local finances in North China, 1911~1935," *Comparative Studies in Society and History 29*, no.1. 1987 참조.

IV. 1910년대 후반 하남 치안조직의 운영

1. 토비에 대한 현상대책〔治標策〕의 실시

앞서 우리는 청말민초 하남을 구체적 대상으로 하여 국가건설의 한 지표라할 수 있는 치안조직의 확립과정과 변화 그리고 그 의미에 대해 살펴보았다.그에 따르면 하남성 당국은 경찰, 현경비대, 보위단 등의 현급 치안조직을확충하고 또 개혁함으로써 지방에 대한 중앙권력의 하향침투를 꾀하였다. 물론 이와같은 공식적·형식적 체계의 확충이 그대로 중앙(성)권력의 지역 장악으로 귀결되었다고 할 수는 없었지만 적어도 토비를 상대로 한 비교적 효율적인 대응을 예상케 한다. 하지만 치안조직 운영의 실상이나 씨스템에 대한 구체적 검토 없이 이러한 결론에 쉽게 동의할 수 없을 것 같다. 더구나성급 혹은 현급 이하의 치안조직과 그 운영의 실상에 관한 기존의 연구가거의 이루어지지 않은 상황에서 그 지역에 대해 지방 군벌통치가 제대로 이루어지지 않았을 것이라 예단하는 것도 올바른 자세로 판단되지 않는다.

따라서 이하에서는 크게는 민국 초기의 국가건설 문제에 대한 실체적 이해에 접근하기 위한 한 방편으로, 지방 군벌통치의 실상을 하남 치안조직의운영이라는 측면에서 살펴보고자 한다. 좀더 구체적으로는 하남 치안조직을 군대 중심의 '군정(軍政)치안'과 현지사 중심의 '민정(民政)치안' 조직으로 구분하고, 당시 주된 치안활동의 대상이었던 토비대책과 관련해서는 그에 대한 현상대책 [治標策]과 근본대책 [治本策] 양자로 구분하여 살펴보려 한다. 양자의 구분은 그 기준이 불분명하지만 토비토벌과 직접 관련된 활동을 전자에, 이를 뒷받침해주는 행정·제도·법률적 조치를 후자에 포함시켰다.[228]

토비의 출몰에 따른 치안조직이 취할 수 있는 방법으로 먼저 떠오르는 것은 토비토벌이었다. 1910년대 하남에서는 군대를 비롯하여 보위단, 경찰, 경비대, 순집대 등 다수의 치안조직이 토비 토벌활동에 참여하였다. 토벌이 이루어지는 구체적 경과를 살펴보면 다음과 같다.

먼저 토비가 출몰하면 일차적으로 피해자 혹은 지역의 신사(紳士), 지보, 경좌 등은 현서나 주둔군대에 신고하였으며, 특히 주선진 등 성도 개봉 주변 지역 가운데 토비가 자주 출몰하던 곳은 경무처나 지방검찰청 등에 사건을 직접 접수시켰다. 물론 보복이 두려워 고발하지 않고 피해를 감수한 예도 있고, 지역주민 스스로 토벌에 나서 성과를 올린 적도 없는 것은 아니지만, 아직까지는 그다지 일반적인 현상은 아니었던 것 같다. 또한 당시에는 현지사가 상급기관이나 군대에 파병을 요청한 예도 많이 발견되는데, 이 경우는 대개 토비의 규모가 현이 감당할 수 없을 정도로 큰 경우에 해당하였다. 이밖에도 치안당국이 신고 없이 스스로 사건을 인지하고 토벌에 나선 예도 많았다. 특히 겨울철 특별 '방비시기 [冬防]'나 여름철 고량이 자라 토비의 훌륭한 은폐물로 이용되는 "청사장기"의 시기 그리고 호법전쟁이나 장훈(張勳)

---

228) 참고적으로 河北 남부 광평현 현지사 任傳藻는 1922~1923년의 토비대책을 '治標法'과 '治本法'으로 구분하였다. 순경 정리, 보위단 창설, 경비대 확충, 민단 정리, 토비토벌, 아편 판매 엄금 등은 전자에 포함시켰고, 청향의 실시, 敎養院의 설립, 아편중독 치료소, 범죄자 고용 공장 조직 등은 후자에 포함시켰다. 任傳藻 輯『治匪紀畧』(沈雲龍 主編『近代中國史料叢刊』 55, 文海出版社).

의 복벽 등의 혼란시기에는 자연히 토비가 크게 발호하기 때문에 이에 대비하기 위한 예방적 토비대책이 이루어졌다.

이렇게 사건이 접수 또는 인지되면 다음 단계에서는 상황에 걸맞은 치안조직이 동원되게 마련인데, 당시 하남의 치안조직으로는 군대, 보위단, 정집대, 경찰, 경비대, 보안단(保安團), 유집대(游緝隊), 철로경찰(鐵路警察), 밀탐(密探), 사법정탐(司法偵探), 수망사, 순집대, 사법경찰(司法警察) 등이 활동하였다. 이 조직들은 단독작전이나 합동작전 등을 수행하였다.

1910년대 전반 하남 당국의 적극적 토벌의 대상은 당시 화북일대를 풍미했던 백랑의 잔당이었다. 왜냐하면 백랑의 영향력은 사후에도 계속되었고, 그를 추종하는 무리를 근절시키지 않고서는 하남의 토비문제를 효과적으로 해결할 수 없을 것이라는 우려가 여전했기 때문이다. 하남서부 일대의 토비발호와 당국의 대응은 이러한 정황을 잘 나타낸다. 이 일대에서는 1910년대 전반 진초홍, 백랑, 이홍빈(李鴻濱), 송노년, 정만송 등 대규모의 토비집단이 잇달아 등장하였다. 이러한 경향은 백랑, 이홍빈 등이 죽은 이후에도 계속되었는데 특히 송노년 등은 탄압을 피해 일시 도주한 뒤 주변지역의 토비들과 재차 연합을 시도하였다. 그러나 원세개의 군대개편 명령에 호응하여 허창, 양성 일대의 토비두목 송일안(宋一眼), 왕취성(王聚星), 장노오(張老五) 등과 과거 백랑집단의 선봉을 맡았던 오곽자(吳藿子), 여남(汝南)의 토비두목 정보성(丁保成), 천복(天福), 유삼(劉三), 비도(飛刀), 진구(陳九), 한상(韓祥) 등은 투항하여 무기를 반납하고 고향으로 돌아가거나 군대로 개편되어 그의 기대를 저버렸다. 이렇듯 백랑 사후 당국의 토벌과 군대개편에 의해 토비소요가 진정되는 것 같았지만 노산, 보풍, 임여, 숭현 및 남소, 진평 등 하남서부 혹은 서남부 현 교계 또는 산악지역을 중심으로 백랑의 무리는 여전히 활약을 계속하였다. 성당국으로서는 시급히 해결해야 할 과제였다. 의군(毅軍) 통령 정방정(丁芳亭), 마손재(馬遜齋) 등은 수백명의 무리를 거느린 토비 위노삼(魏老三), 왕쇄(王鎖) 등에 대해 군대와 민단을 동원해 공격하여 노산 낭랑산

(娘娘山)의 폐광을 30일 동안 포위한 끝에 섬멸시켰고, 남소 현지사, 순방영(巡防營) 유영장(劉營長), 신사(紳士) 이송봉(李松峯) 등은 통령 전작림(田作霖)과 함께 진평 서북 산중의 토비를 유인, 협공하여 5천6백명을 사살하였다. 이로써 1915년에 이르면 하남서부 지역에 출몰하는 백랑의 잔당을 일망타진했다는 평가를 받았다.229)

치안당국은 백랑 잔여무리 이외의 소규모 토비에 대해서는 밀고자를 고용·매수하거나 현상금을 내거는 등 다양한 방법을 사용하여 체포하거나 사살·격퇴시켰고 인질들을 구출하며 무기 등을 노획하였다. 이 토벌활동의 구체적 내용은 후술하게 될 표15 <1910년대 후반 토비상황>을 토대로 작성한 표13에 잘 나타난다.

표의 내용을 제대로 이해하기 위해서는 약간의 보충설명이 필요할 것 같다. 먼저 '군정치안'은 중앙파견 혹은 주둔군대를 중심으로 이루어진 토벌활동을 가리키며, '민정치안'은 경찰, 경비대, 보위단, 순집대 등 주로 현지사를 중심으로 한 토비 치안대책과 활동을 의미한다. '합동작전'은 양 조직의 합동작전을 의미하고 '해결'이란 사료에 '체포' '압송' '격퇴' '사살' 등 구체적인 전과를 보인 사례만 포함시키고 이외의 불명확한 것과 '치안조직의 파견' 등과 같이 결과를 알 수 없는 사례는 제외시켰다. 이 표에 근거해본다면 1910년대 후반(1915~1920년) 하남 치안조직에 의한 토벌활동 상황은 전체적으로 '군정치안'의 우위 속에 '민정치안' 조직이 실질적으로 기능하고 있음을 확인할 수 있으며 비록 연차적으로 '해결비율'의 수준이 떨어지기는 하지

---

229) 「汝魯一代土匪肅淸之近報」, 『河聲日報』, 1915. 1. 22; 「豫西統報肅淸之詳情」(南陽), 『河聲日報』, 1915. 1. 26; 「著名匪首魏老三被獲之喜」, 『河聲日報』, 1915. 1. 28. 또한 이홍빈의 체포 사실은 「著名杆頭被獲」, 『河聲日報』, 1915. 7. 28; 「著匪被獲再誌」, 『河聲日報』, 1915. 7. 29 참조 그리고 백랑의 잔여무리 任天射, 黃二成의 처형 사실에 대해서는 「杆匪授首之快聞」, 『河聲日報』, 1915. 8. 29 참고 백랑의 부하였던 曹麻子 역시 백랑 사후 무리를 이끌고 무양, 임여 일대에서 출몰하다 주둔군대에 의해 체포되어 처형되었다(「徐營長擒獲巨匪」, 『河聲日報』, 1917. 1. 6).

만 토비사건의 상당부분이 치안조직 활동에 의해 해결되었음을 알 수 있다. 더욱이 '치안조직의 파견' 등 모호한 부분까지 '해결'에 포함한다면 그 비율은 더 올라갈 것이다.[230) 또한 양 조직의 유기적 협력과 역할분담의 경우 대규모 토비가 출몰했을 때는 '군정치안' 조직 혹은 양 조직의 합동작전이 주를 이루었으며, 소규모의 토비일 경우 '민정치안' 조직이 담당하는 방식으로 이루어지는 것이 자연스러웠다.

토벌활동 결과 체포된 토비 가운데 많은 수가 처형되었지만, 처형이 임의로 행해졌던 것은 아닌 것 같다. 치안당국은 체포된 토비를 현서나 군대 혹은 개봉까지 압송하여 현서, 지방검찰청, 계엄사령부 등에서 신문하였다. 원칙적으로 사형은 이러한 신문을 통해 범행이 인정된 뒤 비로소 집행되었다.[231) 이 경우 토비에 대한 처벌은 주로 1914년 11월 17일 공포된 「징치도비법(懲治盜匪法)」에 의거했다. 예컨대 1918년 지방심판청(地方審判廳) 청장은 군대에 의해 체포·압송된 토비 고이성(高二成)에 대해 신문을 통해 범죄사실을 인정받은 뒤 「징치도비법」 제3조 제1항에 의거하여 사형을 결정하고, 성장의 허락을 받아 형을 집행하였다.[232) 고이성 이외에도 「징치도비법」에 의거해 처형된 토비의 예는 『하성일보』에 아주 많이 등장한다.[233) 이 법

---

230) 표에는 포함되지 않았지만, 1910년대 후반 『河聲日報』에는 토비토벌 성과와 관련된 수많은 치하 광고가 등장한다. 이는 당시 치안조직의 효과적인 토비 대처상황을 웅변해준다고 할 수 있다. 물론 광고의 내용을 액면 그대로 받아들일 수는 없겠지만, 그 내용이 일반보도보다 훨씬 상세하기 때문에 사건의 전말을 이해하는 데 큰 도움이 된다.

231) 「鎭守使剿匪之輒聞」, 『河聲日報』, 1915. 5. 30; 「槍斃杆匪之快聞」, 『河聲日報』, 1915. 8. 1. 이외에도 『河聲日報』에는 위의 절차에 따라 처형된 토비의 예가 일일이 열거할 수 없을 정도로 많다. 또한 처형 후 일반인에게 시위하기 위해 梟首되는 예도 많았다.

232) 「匪徒飮彈記」, 『河聲日報』, 1916. 8. 14.

233) 『河聲日報』, 1915. 4. 19/1915. 8. 13/1915. 9. 13/1915. 9. 16/1916. 10. 26/1916. 11. 4/1916. 11. 7/1916. 12. 14/1916. 12. 27/1917. 1. 14/1917. 12. 18/1919. 6. 7/1919. 6. 15/1920. 2. 10/1920. 6. 4 등 참조. 또한 당시 보도에 보이는 "依法處刑" "按法懲辦" "正法" 역시 「懲治盜匪法」에 따른 사형집행을 의미한다고 볼 수 있다.

은 강도와 토비에 대한 처벌을 규정하고 있는데 그 가운데 토비에 대해서는 제4조에 "공공의 안녕을 위협할 의도로 폭발물을 제조, 보관 혹은 휴대한 자"(1항), "무리를 규합하여 공공기관의 무기, 탄약, 선박, 화폐, 양식 및 기타 군수품을 약탈하거나 혹은 공공연하게 도시, 성채 및 기타 군용 토지를 점거한 자"(2항), "인질을 잡고 몸값을 강요하는 자"(3항) 등으로 정의하였다.[234] 그리고 법은 위의 토비에 대해 총살형을 규정하였다(제6조).

비록 「징치도비법」 내에 형률의 일부 조항이 포함되어 있지만,[235] 당국은 체포된 토비에 대해 형률을 적용하기도 하였다. 언능현(鄢陵縣) 현지사는 무리를 지어 약탈, 방화, 살인을 저지른 토비 배합(裴合), 양해원(梁海元) 등을 현경비대를 동원해 체포하여 신문을 거쳐 혐의를 확인한 뒤 「징치도비법」에 의거하여 사형에 처하려 하였다. 그러나 보고를 받은 고등심판청(高等審判廳)은 그 가운데 장서언(張書彦), 마흑(馬黑), 여원(呂元) 등 3명이 비록 공범이지만 죄질이 경미하므로 「징치도비법」이 아닌 형률에 의거해 별도에 처리하도록 하였다.[236] 이는 「징치도비법」이 토비에 대해 일반 형률에 비해 더욱 가혹한 처벌을 규정한 특별법이었음을 보여준다. 특히 일체의 인질범에 대해 사형이란 극형에 처하기로 한 것(4조 3항)은 당시 토비 발호상황 내지는 인질사건의 심각성을 역으로 잘 보여준다고 할 수 있다.

그런데 이 법에 따르면 해당 심판청(審判廳) 혹은 사법사무를 겸하는 현지사가 체포된 토비에 대해 일차 신문하여 죄를 확인한 뒤 고등심판청 청장 혹은 사법주비처(司法籌備處) 처장을 통해 순안사에게 보고하고 이후 허락을 받아 형을 집행하도록 규정하였다(제5조). 북경정부로서는 토비의 심각성 때문에 특별법을 제정·시행한 것이지만 일종의 삼심제(三審制)를 채택하여

---

234) 「懲治盜匪法」 전문은 「法令」, 『東方雜誌』 12-1(1915. 1. 1) 1~2면 참조.
235) 예컨대 刑律 186조, 187조, 170조 제2항, 373조, 374조, 376조 등은 「懲治盜匪法」 3조에 포함되었다.
236) 「嚴懲盜犯」, 『河聲日報』, 1916. 12. 15.

처형에 신중을 기하고자 하였음을 알 수 있다. 하남성 당국 역시 이러한 입법 취지에 따라 멀리 개봉까지 체포된 토비를 압송하여 처리하였다. 예컨대 1915년 초 엽현 경찰유집대(警察游輯隊) 교련관(教鍊官) 우한정(牛漢亭)은 휘하에 토비두목 최영신(崔永申), 팽오점(彭五點), 담모호(譚暮呼) 10여 명(이들은 휘하에 각각 30~50명의 부하를 둠)을 이끌고 곳곳을 약탈한 토비 총 두목 손청길(孫淸吉)을 체포하여 개봉 경비 계엄사령부로 압송하여 처벌하였다.[237]

현지사→고등 심판청(혹은 사법 주비처)→순안사(혹은 성장) 등으로 이어지는 '민정치안' 계통의 토비사건 사후처리는 형식에 불과하다고도 할 수도 있지만, 치안당국이 체포된 토비의 처형 등의 문제에 대해 신중하게 접근했음을 보여주고 있다. 하지만 중앙 파견군대나 지방 주둔군대에 의한 '군정치안' 계통의 토비사건 사후처리는 좀더 편의적이었던 것 같다. 물론 여기에도 법률적 근거는 있었다. 심판청이나 현지사의 소재지와 1백리 이상 떨어졌거나 교통이 불편할 경우 그리고 긴박한 상황에 한하여 고급 군관이 토비를 신판(訊判)할 수 있고 상부에 보고한 뒤 직할 군대의 최고급 장관의 비준을 얻어 사형을 집행할 수 있도록 한「징치도비법」제7조, 제8조의 규정이 그 것이다. 하남동부 일대에 주둔한 제1혼성려(混成旅) 비보(備補) 제4영이 토비두목 주보(朱葆), 전수림(田樹林), 전옥림(田玉林), 이춘수(李春秀) 등 6명을 체포한 뒤 사령부로 압송하고 그곳에서 신문하여 독군의 허락을 경유, 처형한 것[238]은 하나의 예이다. 이와같은 처형절차는 군사작전을 수행하고 따라

---

237)「游緝隊辦獲土匪總司令」,『河聲日報』, 1915. 3. 1. 이밖에도 체포된 토비를 개봉으로 압송하여 처리한 예에 대해서는『河聲日報』, 1916. 11. 5/1916. 11. 22/1917. 2. 10/1917. 2. 12/1917. 2. 27/1917. 4. 10/1917. 5. 13/1917. 8. 13/1917. 9. 7/1917. 11. 6/1918. 2. 8/1918. 6. 4/1918. 9. 1/1918. 10. 5/1918. 10. 25/1918. 11. 11/1919. 2. 22/1919. 8. 10/1920. 4. 3 등의 기사에서 확인된다.

238)「備補營拿獲匪犯」,『河聲日報』, 1916. 12. 29. 무양 주둔 河南 陸軍 第1混成旅 2營 馬隊 3連이 밀정을 통해 비양, 방성 일대에서 출몰하던 토비 李西庚을 체포한 뒤 여단 본부를 통해 독군에게 보고하고 처형한 것도 같은 예이다(「巨匪伏誅」,『河聲日報』, 1917. 2.

서 중앙의 명에 따라 주둔지를 옮겨야 하는 유동적인 군대의 입장에서는 불가피한 측면이 없지 않지만, '민정치안'의 책임자인 현지사에게도 동일한 편의성이 보장되었다.

1914년 12월 6일 공포된 「징치도비법시행령」의 규정이 그것이다.[239] 현지사는 고급 군관과 마찬가지로 "관할지역의 안녕질서에 위해가 가해질 우려가 있거나 기타 필요한 사정이 있을 때 범죄 사실을 발췌하여 전보로 순안사 혹은 도통(都統)에 보고하고 비준을 받아 즉시 처형할 수 있다"(제1조)고 하였다. 더욱이 「징치도비법시행령」 제4조에 따르면 현행범의 경우 치안책임자는 상부에서의 비준 절차 없이 즉결 처분할 수 있었다. 1910년대 후반 하남 토비대책의 실행과정에서 현지 처형이 자주 등장하는 것은 이 때문인 것으로 판단된다. 진숭군이 숭현, 낙양 토비두목 이오퇴(李五堆)를 현지 처형한 것, 임장현 현지사가 토비 안란(安蘭)을 현지 처형한 것, 방성현 현지사 전패(田沛)가 군대에 의해 체포되어 압송된 토비 이취(李聚)를 현지 처형한 사실[240] 등은 그 예라 할 것이다. 특히 개봉에서 멀리 떨어진 지역인 경우 해당지역에서 처형이 더욱 쉽게 용인되었던 것 같다. 예컨대 비양, 방성, 무양 일대의 토비 양진종(楊振宗) 등이 군에 의해 체포되었을 때 독군은 현지 처형을 함으로써 지역방비의 소홀함을 면하라고 명하였다.[241] 또한 하남 북부지역에서 약탈, 인질 등을 자행하다 내황 주둔군대에 의해 체포된 토비 오천성(吳天成)에 대해서도 성당국은 그의 악행이 확인된 이상 개봉으로 압

---

21).

239) 「懲治盜匪法施行令」의 전문은 『東方雜誌』 12-1(1915. 1. 1), 「法令」, 6면 참조.

240) 「鎭嵩軍擒捕巨匪」, 『河聲日報』, 1916. 8. 13; 「銃斃要犯」(臨漳), 『河聲日報』, 1915. 8. 11; 「拿獲著匪」, 『河聲日報』, 1916. 11. 6. 이밖에도 석천 토비 李勞五, 章麻柱 등도 현지사에 의해 현지에서 처형당하였고(「要犯正法快聞」(淅川), 『河聲日報』, 1915. 8. 14), 고성의 李來도 현지사에 의해 현지에서 처형되었으며(「巨匪正法之快聞」(考城), 『河聲日報』, 1915. 8. 16), 등봉 李德成도 동일하였다(「巨匪自投羅網」(登封), 『河聲日報』, 1915. 10. 1).

241) 「鎗斃大批匪徒」, 『河聲日報』, 1917. 3. 1.

송할 것 없이 현지에서 처형하여 번잡함을 면하라고 명령하였다.[242]

이상의 현지 처형은 체포→신문→혐의 인정→상부의 비준이라는 법적 절차를 대체로 준수하였으며, 경비의 낭비를 줄이고 지역방어의 소홀함을 면하여 번거로움을 피할 수 있는 조치였지만, 체포된 토비를 개봉까지 압송하여 처리했던 예와 비교해본다면 토비에 대한 더욱 충분하면서 공정한 조사와 신문 등 사후처리가 보장되기 어려울 수 있다는 문제점도 내포되어 있었다. 더욱이 「징치도비법시행령」 제4조에 나타난 대로 현행범에 대한 즉결처분까지 고려한다면 절차상의 문제에 따른 억울한 누명의 가능성이 열려 있었다고 할 것이다.

성당국은 구체적 토벌활동과 관련하여 치안조직에 대한 포상과 함께 징계를 내렸다. 그 가운데 포상과 관련하여 성당국은 주로 현지사나 주둔군대 지휘관의 추천을 받아 1등, 2등, 3등 장상(獎狀) 혹은 "기공(記功)", 상금 등을 결정하였다.[243] 반대로 성당국은 제대로 토비에 대처하지 못할 경우 특히 '민정치안'을 책임진 현지사를 상대로 문책을 가했다. 먼저 1917년 7월 확산 현지사에 내린 "기과(記過) 1차(次)"의 예가 있다. 이는 현 경내에 출몰하여 약탈과 살상을 자행한 토비 10여 명에 대해 제대로 대처하지 못했기 때문에 취해진 조치였다.[244] 다음 단계는 "기대과(記大過) 1차"였다. 1916년 11월경 토비두목 교육마자(喬六麻子, 교삼왕喬三王) 등 3백여 명에 대한 무능

---

242) 「槍斃巨匪之指令」, 『河聲日報』, 1919. 9. 27.
243) 1910년 후반 『河聲日報』에 나타난 토비대책과 관련된 포상에 대해서는 1915. 6. 5/1915. 7. 10/1916. 12. 9/1916. 12. 27/1917. 1. 10/1917. 2. 15/1917. 3. 5/1917. 5. 28/1917. 6. 1/1917. 9. 20/1918. 2. 27/1918. 3. 5/1918. 5. 24/1918. 5. 26/1918. 6. 13/1918. 6. 17/1918. 9. 13/1918. 9. 18/1918. 10. 15/1918. 10. 22/1918. 11. 19/1919. 1. 1/1919. 1. 19/1919. 2. 19/1919. 2. 20/1919. 2. 27/1919. 5. 29/1919. 6. 14/1919. 6. 15/1919. 7. 5/1919. 8. 5/ 1919. 8. 7/1919. 8. 10/1919. 8. 12/1919. 9. 7/1919. 9. 20/1919. 9. 24/1919. 9. 28/1919. 10. 1/1919. 10. 26/1920. 2. 15/1920. 3. 31/1920. 5. 9 등 참조
244) 「知事記過」, 『河聲日報』, 1917. 7. 26. 또한 1919년 西平縣 현지사에 대한 "記過 1次"의 징계 역시 같은 이유에서 이루어진 것이다(「各縣刧案彙誌」, 『河聲日報』, 1919. 6. 15).

력한 대응 때문에 현지사에게 "기대과 1차"를 가한 것이 그 예이다.[245] 여기서 "기과"와 "기대과"의 차이는 북경정부가 1915년 5월 제정 공포한 「현지사판리명도안한기급징장잠행법규(縣知事辦理命盜案限期及懲獎暫行法規)」 제8조—제11조에 의거해보면 토비 폐해 정도의 차이와 함께 토비 관련 사건의 처리 시한 위반 여부와도 관련되어 있음을 알 수 있다. 특히 1919년 7월 제원 현지사가 당국에게서 "기대과 1차"의 징계에 처해진 것은 토비에 의한 상해와 약탈 이외에 관련 사건이 연이어 발생했다는 것이 그 근거로 작용하였다. 즉 위의 법규 제11조에 해당하였다.[246] "기과"와 "기대과"의 징계에도 토비 관련 사건을 처리하지 못할 경우 현지사는 교체될 수 있었다. 1916년 진평현 현지사(縣知事)가 동계수(董啓綏)에서 운복홍(惲福鴻)으로 경질된 것은 바로 이 때문이었다.[247]

이상 ① 토비의 출몰과 신고 및 사건의 인지, ② 치안조직의 토비토벌, ③ 사후처리, ④ 포상과 징계 등 4단계로 구분해 1910년대 하남 치안조직의 토비 처리과정을 살펴보았다. 그 결과 신고 또는 사전 인지에 의한 예방적 토비토벌, '민정치안' 조직과 '군정치안' 조직의 역할분담과 합동작전, 토비에 대한 체계적 사법처리, 토벌활동의 결과에 대한 포상과 징계의 실시 등 토비에 대처하는 치안조직의 운영씨스템이 제대로 갖추어져 있음을 확인할 수 있다. 물론 현지 처형과 같은 절차상의 무리수가 없는 것은 아니었지만, 위

---

245) 「柘城匪氣未息」, 『河聲日報』, 1916. 11. 21. "記大過 1次"의 또다른 예는 「方城縣匪徒凶惡」, 『河聲日報』, 1919. 5. 16; 「知事燃犀錄」, 『河聲日報』, 1916. 9. 3 참조

246) 총 28조 가운데 관련된 조항만 간략히 소개하면 다음과 같다. 제8조: 관할 경내의 命盜案을 2개월 내에 처리하지 못하면 "記過 1次", 4개월이면 "記過 2次", 8개월이면 "記大過 1次", 1年이면 "記大過 2次", 1년 4개월이면 「縣知事懲戒條例」 제8조에 따라 징계한다. 제11조: 5일 내에 重盜案이 연이어 세 차례 발생한데도 체포하지 못하면 사건에 따른 "記過" 이외에 재차 "記大過 2次"하고, 1개월 내에 체포토록 한다. 이상 「辦理命盜案限期懲獎法」, 『河聲日報』, 1915. 6. 1. 참조

247) 「鎮平縣匪氣未息」, 『河聲日報』, 1916. 10. 28.

에서 보여준 치안조직의 효율적 운영이란 측면을 고려해볼 때 동 시기 토비의 규모나 출몰회수 등에도 영향을 주었을 것임을 예상할 수 있다.[248]

치안당국의 입장에서 볼 때 토벌은 토비발호에 대한 대표적인 현상타개책이라 할 만하였다. 하지만 토벌에 따른 치안조직의 인적·물적 피해는 피할 수 없었다. 따라서 토비의 규모가 커지고 무장 토비의 군사적 가치가 증가하는 민국 초기 군벌대립의 정치상황에서 직접적 군사충돌이 동반되는 토벌과 함께 토비발호에 대한 평화적 현상대책도 강구될 필요가 있었다. 토비의 군대개편은 군사적 충돌의 위험 부담 없이 토비의 발호를 진정시키고 동시에 그들의 무장력을 이용하여 군대의 군사력을 증가시키거나 여타의 군대 혹은 토비에 대처하는 다방면의 효과를 기할 수 있는 또하나의 현상대책이었다. 토비의 입장에서 본다면 합법적 신분을 획득함으로써 안정적인 생활을 영위할 가능성을 보장해주는 길이기도 했다. 하지만 위에서 살핀 바대로 치안조직이 체계적으로 운영되고 있었다면 굳이 토비를 군대로 개편할 필요가 있었을까?

1916년 장봉, 팽노이(彭老二)에 대한 군대 개편과정을 통해 이 부분에 대해 검토해보도록 하자. 이 둘은 3백여 명의 무리를 이끌고 허창, 통허(通許), 위씨(尉氏), 유천 일대에서 약탈과 소요를 일으킨 유명한 토비집단이었다. '민정치안' 조직은 물론 '군정치안' 조직 역시 제대로 대처할 수 없자 의군은 장갈에서 이들을 군대로 받아들였다.[249] 그들은 3백여 명의 규모나 수개 현을 세력범위로 하였다는 점에서 당시로서는 상당한 군사적 실력을 갖춘 예외적 존재였기 때문에 군대로 개편되었다고 볼 수 있다. 하지만 이 경우 토비두목 둘을 제외한 나머지 무리는 해산됨으로써 토비에 대한 불완전한 군대개편이었음에 주목할 필요가 있다. 또한 예외가 없는 것은 아니지만,[250]

---

248) 이 문제에 대해서는 다음 5장 참고
249) 「收撫巨匪」, 1916. 11. 16.
250) 白郎 잔당에 대한 개편의 예에 대해서는 「汝魯一帶土匪肅淸之近報」, 『河聲日報』,

백랑의 난이 진정된 1915년 이후 토비 현상대책으로서의 군대개편이 단행된 예는 그다지 많아 보이지 않는다.

이 시기 성당국 역시 토비의 군대개편 자체에 대해 전체적으로 신중한 태도를 보였다. 이러한 태도는 1917년 안양현의 예에서도 드러나듯이 군대개편 이후에도 토비가 여전히 약탈을 지속함으로써 토비와 군대가 구분되지 않을 정도의 소요를 7, 8차례나 일으켰기 때문에 나타났다.[251] 당시 언론은 변화된 정책을 '토비대응의 새로운 정책'이라 하면서 군당국이 이후 유명 토비에 대해 영원히 개편정책을 추진하지 않기로 했다고 보도하였다.[252] 1917년 '토비 대응의 새로운 정책'이란 대규모 토비에 대한 군대 개편정책에서 적극적 토벌의 정책적 전환을 의미하는 것이었다. 1918년 5월 27일 우현에서 토비두목 하진화(何振華) 등 6, 70명과 주둔 순집영(巡緝營)이 접전을 벌일 때 순집영장(巡緝營長) 양충덕(楊忠德)은 비록 토비 측이 군대개편을 원하였지만 철저한 토벌을 계속하여 부두목 고귀종(高貴從) 등 4~5명을 생포하고 하진화 등 15~16명을 사살하는 전과를 올렸다. 이는 적극적 토비토벌정책의 실례라 할 만한 것이었다.[253] 사실 앞서 지적한 대로 치안조직의 효율적 작동이 보장된다면 불법집단인 토비를 굳이 군대개편을 통해 합법 집단으로 전환시킬 필요가 없었고 1910년대 후반의 경우 토비를 이용해 군사력을 증진시켜야 할 절박함도 그 전후와 상대적으로 비교해볼 때 그다지 크지 않았다.

1915. 1. 22;「豫西統報肅清之詳情」(南陽),『河聲日報』, 1915. 1. 26;「著名匪首魏老三被獲之喜」,『河聲日報』, 1915. 1. 28 등 참조.

251)「收撫土匪之愼重」,『河聲日報』, 1915. 3. 22. 허창, 우현, 장갈, 양성 일대에서 약탈과 살인을 자행하다 의군에 의해 군대로 개편되었던 토비 海太來 역시 1917년 다시 禹縣, 허창 일대에 출몰하여 인질과 약탈을 일삼았다.「巨匪被獲」,『河聲日報』, 1917. 5. 13.

252)「治匪之新政策」,『河聲日報』, 1917. 4. 13.

253)「巡緝營熱心剿匪」,『河聲日報』, 1918. 6. 3.

2. 토비에 대한 근본대책〔治本策〕의 실행

(1) 무기대책

국가의 무기통제는 토비의 무장 근거를 제거함으로써 그들의 발호를 근원적으로 제거할 근본대책 가운데 하나라고 할 수 있다.[254] 무기 특히 신식 연발총에 대한 토비의 집착은 거의 물신숭배에 가까웠고 약탈 이후의 분배 때에도 소지한 총기의 수에 따라 분배량을 정할 정도였다. 즉 토비집단이 약탈물을 분배할 경우 주식회사의 이익분배와 같은 원리를 적용하였는데, 집단 내의 개인적 지위와 역할을 반영한 '인고(人股)'와 소유의 총기수인 '창고(槍股)'에 비례하여 이윤을 나누었다.[255] 따라서 토비의 무기 구매욕구는 매우 높았는데 휴대한 무기의 수에 따라 토비집단 내의 지위가 결정되거나 무기를 소지하지 않는 자는 토비집단 가입이 거부당하기까지 하였다.[256] 이러한 상황에서 당국이 토비에게 흘러들어갈지도 모를 무기에 대해 엄격한 단속을

---

254) 16세기 중반 이후 오토만 제국의 예이기는 하지만 이날씨크(H. Inalcik)는 제국 내의 토비의 만연현상을 민간 내의 무기 머스켓의 유포와 관련지어 설명하고 이것이 제국의 지방 분권화를 촉발시켰다고 이해하였다(H. Inalcik, "The Socio—Political Effects of the Diffusion of Firearms in the Middle East," Michael Adas, *Technology and European Overseas Enterprise: Diffusion, Adaption and Adoption* (Great Britain, Variorum 1996) 23~45면. 이와 관련하여 토비 만연의 측면에서 중국과 대비되는 오토만 제국의 토비상황과 제국의 중앙집권화 문제를 다룬 연구로는 Karen Barkey, *Bandits and Bureaucrats: The Ottoman Route to State Centralization* (Cornell University Press 1994) 참조.

255) 蔡少卿 主編 『民國時期的土匪』(中國人民大學出版社 1993) 70면. 이외에도 長野朗 또한 토비조직을 일종의 주식회사와 같은 형태로 이해하였다(長野朗 『支那兵·土匪·紅槍會』, 坂上書院 1938).

256) 程玉鳳 「白狼史話」, 『中原文獻』 10-6, 1978, 27면; 姚清修 「呂店匪患紀略」, 河北文史 資料編輯部 編 『近代中國土匪實錄』 下卷(群衆出版社 1993) 22면; 苗培明 「淸末民初的洛寧綠林人物」, 『近代中國土匪實錄』 下卷(群衆出版社 1993) 209면.

실시한 것은 당연한 일이었다.

정확한 통계라 할 수는 없겠지만 1927년 하남 민단국의 조사에 따르면 당시 민간 각지에 흩어져 있는 무기는 대포 520문, 박격포 6백문, 신식총 50만정, 구식총 10여 만정에 이르렀으며, 1927년 이후 전쟁으로 인해 그 수가 더욱 증가했다고 한다.[257] 이것은 1927년을 전후한 상황을 언급한 것이지만 본래 하남은 수백년 동안 중국의 대표적 '무기고'로서 전쟁으로 인해 유실된 무기가 도처에 산재한 곳으로 유명하였다.[258] 더욱이 토비에게서 노획한 품목 가운데 연발총 등이 다수 포함되어 있다는 사실에게서도 1910년대 후반 이미 신식 무기 다수가 민간에 유포되어 있었음을 알 수 있다. 특히 하남북부 안양, 탕음, 임장, 임현 일대에서는 칼과 재래식 총인 토포(土砲) 등으로 무장하여 연발총을 소지한 관병만 만나면 바로 도주했던 다른 지역의 토비와 달리 다수가 연발총 등 신식 무기를 갖추고 있었다. 이 무기들은 대개 신해혁명의 와중에 하북 개주, 대명(大名) 등지에서 흘러들어온 도망병에 의해 유포된 것이었다. 위하를 통해 천진에서 들어오는 무기 역시 하남북부지역의 토비근절을 어렵게 만드는 중요한 요인 가운데 하나였다.[259]

그렇기 때문에 당국은 무기 유포를 통제하는 조치와 함께 이미 산재된 무기를 회수하는 노력을 기울였다. 백랑의 난과 그에 따른 혼란과 무질서 때문에 하남 곳곳의 부호와 신상 등은 자신들의 생명과 재산을 보호하기 위해 수백 정에서 수천 정에 이르는 무기를 사적으로 구매하여 민단을 조직하였다. 이러한 상황에서 하남 독군 조척은 1915년 이미 백랑의 난이 진압되어 지방은 안정을 되찾았고, 보위단이 지방치안을 효과적으로 담당할 수 있기 때문에 이전과 같은 개인무장은 불필요하며, 또한 민간에 은닉된 무기 일부가 토비로 흘러들어가는 폐단이 발생한다고 판단하였다. 따라서 그는 민간

257) 王怡柯 『農村自衛研究』(河南村治學院同學會 1932) 169~70면.
258) 「調査廢舊槍械」, 『河聲日報』, 1917. 10. 14.
259) 「范道尹治匪嘉猷」, 『河聲日報』, 1915. 1. 31.

에 유포된 모든 무기에 대해 유상으로 매입할 것과 사사로운 무기매매에 대해 엄격히 금지할 것 등을 명령하였다.[260]

하지만 이러한 금령으로 무기밀매가 근절된 것 같지는 않다. 예컨대 임기를 마친 방성 염무국장(鹽務局長) 서모(舒某)가 염무국의 총기 12정을 열신(劣紳) 가모(賈某)를 통해 당장(唐庄)의 이영청(李英淸)에 판매하였고, 1916년 10월 중순 수망사 조직을 사칭한 토비 장모(張某)가 이 무기를 구매하려다 군에 의해 체포된 사건이 발생하였다. 게다가 현성 내의 사이(謝二), 장창(張昌) 등은 토비 장모(張某)의 자금 2천원을 맡아 무기구매를 전담하고 있다는 사실도 조사결과 밝혀졌다.[261] 또다른 예를 들어보자. 석천의 서평(西坪)은 현성에서 80킬로미터 떨어진 산악지대에 위치하고 섬서, 호북 접경지역이어서 치안이 제대로 이뤄지지 않는 토비의 일상적 출몰지역이었다. 1915년 그곳의 유력가인 방혼(方欣)은 아들 방래(方徠)를 시켜 섬서에서 무기를 다량 밀수하려다 이웃 장만리(張萬里)의 고발에 따라 출동한 형자관(荊紫關) 주둔 군대에 의해 체포되었다.[262] 이 부자의 무기밀수의 목적이 토비를 상대로 한 판매에 있었는지 토비에 대항하기 위한 것인지 분명하지 않지만 체포 이후 측근들이 토비와 결탁하여 그들의 석방에 노력했다는 사실로 판단해보건대 그 목적이 전자에 있었을 것으로 추측할 수 있다. 방씨 부자의 예 이외에도 토비에 대한 무기 밀매사건은 당시 언론에 다수 등장하였다.[263] 결국 연이은 금지령의 존재는 역으로 그만큼 무기밀매가 성행하였음을 반증하는 것이기도 했다.

당국은 한편으로 무기밀매를 엄격히 통제하였지만, 이미 존재하는 무장토

---

260) 「取締民間私賣槍械」, 『河聲日報』, 1915. 2. 8.

261) 「縣民通匪之駭聞」, 『河聲日報』, 1916. 10. 31.

262) 「私販槍砲被獲」(淅川), 『河聲日報』, 1915. 2. 22; 「私販槍砲被獲續誌」, 『河聲日報』, 1915. 2. 24.

263) 「通匪案之確訊」, 『河聲日報』, 1917. 2. 2; 「私運子彈被獲」, 『河聲日報』, 1917. 12. 3.

비를 상대하기 위해서는 기존 치안조직의 무장을 강화할 필요도 있었다. 1915년 성당국은 이러한 문제를 해결하기 위해 총신을 다른 사람 어깨 위에 올려놓고 사용하는 구식 화승총인 대창(擡槍) 제조를 허락하였다. 그 총은 가격이 비교적 염가이고 주조가 용이하였다. 그러나 총기제작의 주체를 보위단으로 한정하였으며, 주조방법에 관한 세부규정을 명시하여 사적인 제조, 유포 등에 따른 폐단을 미연에 방지하도록 하였다.[264]

성당국이 지방무장을 강화하기 위해 취한 또다른 조치는 표14에서 보이는 바와 같이 현서에 직접 무기를 판매하는 것이었다.[265] 표14는 1915년 3월경 독서(督署) 군무과(軍務課)에서 무기를 구입하고 제때에 대금을 완납하지 않은 현에 대한 독촉명령을 정리한 것이기 때문에 당시 지방치안조직의 무기현황을 전면적으로 보여주고 있지는 않다. 하지만 1917년 초에도 독군 조척이 천진에서 신식 연발총을 대량으로 구매하여 군대에 나누어 지급하고 나머지를 토비가 특히 많이 출몰하는 하남서부와 하남남부의 각 현서에 지급했다는 사실을 고려하면 당시 독서와 현서 사이에 토비에 대항하기 위한 무기지급과 거래가 이루어지고 있었음을 알 수 있다.[266]

표에서 보면 독서에서 현으로 공급된 무기의 종류로는 10발모젤, 단발모젤, 79단통창(單筒槍), 단발마창(馬槍), 이의쾌창(利意快槍), 촌전식창(村田式槍), 소구경창(小口徑槍), 30년식창(年式槍), 양대간창(洋擡杆槍), 7발마창 등 다양한 신식무기가 포함되어 있었다. 그리고 이러한 신식무기는 대개 천진이나 한구 아니면 하남 공현의 병기공장에서 구입한 것[267]으로 신식 연발총으로 무장한 토비에 대항하기 위한 불가피한 조치였다. 이상 지역방위를 위해 절박하게 필요하여 군당국이 현서에 무기를 판매·공급하고 있다는 사실

---

264) 「飭各縣鑄造擡槍」, 『河聲日報』, 1915. 1. 31; 「飭造擡槍」, 『河聲日報』, 1915. 4. 29.
265) 「催繳槍彈價值」, 『河聲日報』, 1915. 3. 30.
266) 「新式快槍將行到豫」, 『河聲日報』, 1917. 2. 1.
267) 「購辦新鎗彈」, 『河聲日報』, 1918. 2. 22; 「兵工廠解運槍彈」, 『河聲日報』, 1918. 3. 1.

과 함께 판매된 무기수량 등에 대해 독서가 정확히 파악하고 있다는 사실 등을 확인할 수 있다.

독서와 현서 사이의 무기매매라는 독특한 형식을 이해하기 위해서는 당시 하남 치안상황을 먼저 살펴봐야 할 것 같다. 본래 현서의 무기수요를 충족시켜야 할 하남군 당국은 자체의 무기부족 때문에 그 요구에 제대로 부응할 수 없었다. 그렇다고 민단이 외국기업에게서 직접 무기를 구매하는 것에 대해서는 중앙의 육군부가 금지하고 있었다. 결국 토비에 대항하기 위한 지방 무장의 필요성을 절감한 하남당국은 현서에서 필요한 무기의 총수를 정해 외국기업에서 구매하여 육군부의 허락하에 현에 재분배하여 사용하게 하였던 것이다. 약간의 융통성을 발휘한 것이지만 육군부의 규정에 어긋난 것도 아니고 현서에서 독자적으로 구매하는 방식에 비해 절차나 가격 면에서 유리하였다.[268] 아울러 성당국은 이 과정에서 현서로 유입되는 무기를 정확하게 파악할 수 있었다.

성당국은 현으로 새로이 유입되는 무기 이외에 기존 현 내의 무기관리에도 성당국은 주의를 기울였다. 특히 성당국은 현경비대의 무기에 대해서는 병기 보존법에 따른 경비대장과 현지사의 정기 관리보고, 수령 무기에 대한 현지사의 책임, 무기사용에 대한 엄격한 제한 등을 특별히 규정하였다.[269] 이러한 규정은 적어도 현지사의 직접적 통제하에 있던 현경비대의 경우에는 그나마 현실적이었을 것 같다. 그러나 청말 이래 각지에 존재하고 있던 민단 무기에 대해 당국은 정확한 지식을 갖고 있지 못했던 것 같다. 그렇기 때문에 민단의 무기유입으로 토비가 더욱 창궐한다고 판단한 성당국은 현서에 민단의 무기를 상세히 조사하라고 명령하였다. 하지만 이러한 명령에도 확실한 숫자를 파악할 수 없게 되자 다시 명령하여 모든 민단의 무기에 'XX

---

268) 「變通購置軍械法」, 『河聲日報』, 1917. 2. 5; 「變通購置軍械法」, 『河聲日報』, 1918. 7. 27.

269) 「保存槍械辦法」, 『河聲日報』, 1917. 7. 10.

134

현 민단'이란 낙인을 찍도록 하고 이후 낙인이 없는 것을 불법무기로 간주하여 소지자를 처벌하도록 하였다.[270] 이밖에도 당국은 계속해서 현 소속 경찰, 경비대, 상단, 민단 등이 소유한 무기의 종류, 수량 등에 대해 조사하도록 지시하였다.[271]

이러한 당국의 무기통제가 큰 실효를 거두지 못했음은 무기 정돈명령이 계속되고 있었다는 사실이나 체포된 토비에게서 노획한 다수의 신식무기 등을 통해 짐작할 수 있다. 그러나 적어도 1910년대 말까지 당국은 무기통제에 대한 정책적 의지를 갖고 그것을 구체적으로 실천하였다고 할 수 있을 것이다. 또한 토비의 발호와 무기의 민간확산은 서로 밀접한 관련이 있음을 다시 한번 확인할 수 있다. 따라서 1920년대의 군벌혼전과 그에 따른 패잔병, 도방병, 반란병 등의 급증은 민간사회에 대해 신식무기를 급속하게 전파시키는 새로운 계기가 될 것이고, 동시에 그로 인한 지역사회 내의 커다란 파장을 예상할 수 있다.

(2) 청향(淸鄕)과 채보(寨堡)의 수축, 정리

일반적으로 청향(淸鄕)은 군대에 의한 일체의 토비 대응활동을 가리키거나 1930년대 국민당에 의한 공산당 토벌을 지칭한다.[272] 그러나 앞서 하북

---

270) 「槍枝烙印之申示」, 『河聲日報』, 1916. 11. 21. 歸德鎭守使 寶德全 역시 무기에 대해 낙인을 찍었지만 이후 토비에게 유입될 것을 걱정하여 다시 白保元 등을 우성, 하읍 일대에 파견하여 검사·보고하도록 하였다(「委派員檢察槍械」, 『河聲日報』, 1918. 5. 17).

271) 「淸理軍械之通飭」, 『河聲日報』, 1917. 8. 11; 「調査廢舊槍械」, 『河聲日報』, 1917. 10. 14; 「警處長注重軍械」, 『河聲日報』, 1916. 3. 5; 「派員調査槍械」, 『河聲日報』, 1918. 3. 6; 「將軍愼重軍火」, 『河聲日報』, 1916. 1. 26.

272) 예컨대 金世昊는 청향을 국민당 우파의 공산당 소탕이란 정치적 선입견을 배제한 순수한 의미에서의 군대의 토비토벌 및 개편 활동으로 규정하고 있다. 金世昊 「湖南軍閥의 鄕村統治의 實相─陳渠珍의 湘西十縣聯合鄕自治(1921~1925)를 中心으로」, 閔斗基 編 『中國近現代史上의 湖南省: 鄕村社會構造로부터의 接近』(지식산업사 1995) 237면.

광평현(廣平縣) 현지사 임전조(任傳藻)가 청향을 토비 근본대책의 한 가지로 거론하고 있는 데에서도 짐작할 수 있듯이 그것은 직접적 토비 토벌활동과는 성격을 달리하는 것으로 이해될 수 있다. 특히 1918년 6월 하남성 당국이 북경정부에서 접수한 「청향조례(清鄕條例)」의 내용을 살펴보면 관과 신사의 연락방법, 군과 경찰의 연합방법, 조사와 규제에 관한 법, 흩어진 토비 체포방법, 이재민 정착법, 세금감면법, 구제자금 마련방법, 그리고 다양한 금령과 혼란예방책 등이 포함되어 있어 청향의 범위가 아주 광범함을 알 수 있다.[273] 그러나 위의 「청향조례」 내용은 매우 소략하여 청향의 구체적 내용과 의미를 파악하기 곤란하다. 이와 관련하여 임전조의 『치비기략(治匪紀畧)』에 등장하는 「청향판사세칙(清鄕辦事細則)」에 주목할 필요가 있다. 하북 광평현의 사례기는 하지만 지역적으로 하남, 산동과 인접하고 시기적으로도 1922년의 상황을 보여주고 있으며, 단순한 지침이 아니라 구체적 실천을 통해 현실적 효과를 인정받은 예이기 때문에 1910년대 후반 하남의 청향 상황을 이해하는 데 큰 도움이 될 것으로 판단된다.[274]

「청향판사세칙」에 따르면 청향을 실행하기 위해 현지사는 먼저 현 내의 인민을 가(家)→패(牌, 패장牌長)→촌(村, 촌정村正·부副)→구(區, 구장區長), 사(社, 사장社長)→현(縣, 현지사縣知事)라는 행정적 위계를 설정하고 그를 기초로 호구를 조사하여 순차적으로 보고해야 했다(제1항). 그 목적은 단순한 호구조사에만 그치지 않고 조사과정에서 토비 은거지나 정탐자 등을 발견하여 현서 혹은 경찰, 보위단 등에 신고·체포하기 위함이었다(제2항, 제3항). 그리고 호구조사를 할 때 정호(正戶), 부호(附戶) 및 남, 여, 대인, 소인, 연령, 용모, 가족수, 출가인수 등에 대해 상세히 보고하고 경찰, 보위단은 이에 근거하여 조사를 진행하도록 규정하였다(제13항). 이는 객호(客戶)에 관한 특별한 관리규정으로서 토비 등장을 미연에 방지하려는 청향 본래의 목적에 충

---

273) 「擬定清鄕之條例」, 『河聲日報』, 1918. 6. 30.
274) 任傳藻 『治匪紀畧』(沈雲龍 主編 『近代中國史料叢刊』55, 文海出版社), 66~71면.

실한 조항이라 할 수 있다.

자연재해 혹은 농촌경제의 위기 등으로 생성된 유민이 토비의 주요한 근원이 된다는 사실은 이미 밝혀진 바 있는데,[275] 현 내에 유입된 유민에 대한 잦은 출경조치는 이같은 우려에서 비롯된 것이다. 규정에 따르면 성내에 거주하는 객호에 대해서는 방주(房主), 점주(店主)가 책임을 져야 했고, 거주지가 없이 비어 있는 사묘(寺廟)나 움집에 사는 자들에 대해서는 관할경찰, 보위단 혹은 주위 사람들이 감시의 책임을 져야 했고, 분명한 거주목적과 보증인이 있는 경우 문패를 발급하여 차별을 두도록 하였다. 만약 이들이 금지물품을 소유할 경우 현서로 보내 처리하고, 의심스런 행동을 취할 때는 바로 출경조치를 취하도록 하였다(제5항, 제6항). 이와같은 지역주민의 편제와 호구조사 및 감시는 청대의 보갑제와 비슷하다고 할 수 있다. 그렇기 때문에 청향의 기원을 보갑에서 구하기도 하였다.[276]

민국 초 청향은 민간의 무기에 대해 특히 주의를 기울였다. 구체적인 방법은 각 지역의 공용 무기와 자위를 위해 부호, 신사 등이 개인적으로 구매한 모든 무기에 대해 구입한 경로와 소유 이유 등을 조사하고 낙인을 찍어 표시하며 이외의 무기소유를 금지하였다. 또한 자위를 위한 개인소유 무기 가운데 토비로 유입될 위험성이 많은 것은 공공기관에서 수매하도록 하였다(제8항, 제9항, 제15항). 민국시기에 이르러 신식무기가 민간에 광범하게 유포됨에 따라 보갑제가 확대 적용된 것이라 할 수 있으며, 또 이미 살펴본 무기통제정책의 연장선에서도 이해될 수 있다. 그밖에도 포상 및 처벌(제10항, 제

---

275) 陸軍部檔案 자료를 근거로 작성된 민국 초 토비 來源 통계를 보면 총 1,186명의 토비 가운데 이전 직업이 游蕩無業, 즉 유민인 경우가 894명을 차지하여 75.4%의 비율을 보이고 있다(蔡少卿, 앞의 책 46~48면).

276) 「淸鄕」, 『信陽縣志』民政1, 375면에 따르면 보갑의 編査에 기원을 둔 1931년 청향의 임무에는 호구조사, 보갑 조직, 무기 낙인작업, 토비조사 등이 있다고 하였다. 또한 청향의 규정을 과거 보갑의 것을 참조하여 만들기도 했다(「規程淸鄕獎章」, 『河聲日報』, 1916. 12. 22).

11항, 제12항)에 관한 규정도 있다. 결국「청향판사세칙」을 통해 본 광평현 청향은 구체적으로 인구 및 무기의 통제를 통해 토비발호에 따른 혼란을 사전에 예방하려는 차원에서 이루어진 것이라 할 수 있다. 이 점은 1916년 하남 순안사 전문열이 지방치안을 위해 청향을 강조하면서 호구조사일람표를 작성하고 현 내의 토비 은닉 여부를 확인하라고 지시한 의도와 서로 부합한다.[277]

그런데 1915년 하남성 당국은 백랑 이후 계속된 혼란이 군경에 의해 어느정도 진정되었다고 판단하면서 토비에 의해 유린된 지역에 대해 청향을 통해 후속조치에 만반을 기하라고 명령하였다. 특히「청향판법간명(清鄉辦法簡明)」을 만들고 남로청향독판(南路清鄉督辦)에 도윤(道尹) 도형희(陶炯熙), 서로청향독판(西路清鄉督辦)에 도윤 정작(鄭焯), 동로청향독판(東路清鄉督辦)에 대리하락도윤(代理河洛道尹) 정학(丁鶮), 북로청향독판(北路清鄉督辦)에 하북도윤(河北道尹) 범수명(范壽銘) 등을 각각 임명하였다.[278] 또한 1918년 여름 독군 조척은 하남 내로 침입한 산동, 안휘 토비가 군대에 의해 모두 격퇴되었다고 판단하면서 지방은 바로 청향을 실시하여 토비의 재발을 방지하도록 지시한 바 있다.[279] 군에 의한 청향 조치도 있었다. 낙양, 임여 소속의 백사(白沙), 수채(水寨), 대안(大安), 내부(內埠), 범촌(范村) 등은 고질적인 토비 출몰지구였지만 1918년 육군 제3여단이 토비토벌에 나선 이후 평정을 되찾았다. 하지만 여단장 임요무(任耀武)는 민단의 무기가 많고 단원의 자질이 문제가 되자 참모 장정조(張鼎朝) 등과 상의하여「청향조례」를 제정하고 지방의 신사에게 처리하도록 하였다. 조례의 구체적 항목을 확인할 수 없지

---

277)「整頓清鄉之計劃」,『河聲日報』, 1916. 4. 20;「整頓清鄉之通飭」,『河聲日報』, 1916. 5. 10.

278)「分道清鄉之近聞」,『河聲日報』, 1915. 1. 13. 또한 조척과 전문열은 이 청향독판에게 별도의 권한을 부여하여 청향을 책임지도록 하였다(「清鄉督辦權限之裏面」,『河聲日報』, 1915. 1. 22).

279)「趙督軍整頓清鄉」,『河聲日報』, 1918. 7. 15.

만 호구 및 무기 조사를 주된 목표로 삼았다는 보도내용을 참고하면 이번 청향을 토비토벌 이후 사후조치로 이해할 수 있을 것 같다.[280]

그렇다면 청향이란 단순히 토비를 예방하는 사전조치일 뿐만 아니라 토비 유린지역에 대한 사후조치까지를 포함하게 되어 직접적인 토비토벌이나 군대개편 등 직접적이고 현상적인 토비대책과는 구별되었다. 예컨대 현지사가 직접적인 토비토벌에 주력하느라 청향을 겸하지 못하자, 1916년 여름 광산의 예에서 보는 바와 같이 성장은 특별히 심가신(沈家新)을 파견하여 청향사무를 전담케 하였다. 당시 광산에는 '회비(會匪)'가 출몰하여 선후(善後) 조치가 필요한 상황이었다.[281] 또한 1916년 겨울 성장 전문열은 유민이나 해산병이 추위와 굶주림 때문에 토비의 길로 나설 것을 염려하여 특별히 '동방'과 함께 청향을 실시하도록 명령하였다.[282] 겨울이란 특별한 싯점에 급증하는 토비를 막는다는 의미의 '동방'과 청향이 결합됨으로써 그 예방적 특징을 잘 보여주고 있다.

청향의 또다른 특징은 그것이 사전예방이든 사후조치든 간에 토비의 출몰을 전제로 한 한시적 조치라는 점에서 찾을 수 있다. 물론 토비 현상대책으로서의 토벌정책과 비교해보면 더욱 근본적인 조치라고도 할 수 있겠지만, 행정의 일관성이라는 측면에서 보면 지나치게 자주 실시되고, 또 그 결과가 흐지부지되는 경우가 많았다. 이 점은 청향을 전적으로 담당하는 청향위원 (혹은 독판督辦)이나 청향국의 존재방식을 통해서 살펴볼 수 있을 것 같다. 먼저 1914년 설립된 이후 1915년 여름에 이르기까지 청향업무를 수행한 상구 청향국은 그 업무가 이미 종료되었는데도 취소되지 않자 불필요하게 공금을 낭비한다고 비난받았다. 이 예는 청향(국)이 토비를 상대로 한 임시조치 또는 조직이었음을 시사한다.[283] 1915년 밀현 청향국 또한 그 효용을 다하자

---

280) 「認眞擧辦淸鄕」, 『河聲日報』, 1915. 1. 26.
281) 「淸鄕委員來光」, 『河聲日報』, 1916. 7. 17.
282) 「又有擧辦淸鄕之說」, 『河聲日報』, 1916. 11. 28.

지역주민의 반대에 봉착해 조만간 취소될 운명에 처해졌다.[284] 1917년 후보도윤(候補道尹) 손영재(孫瑩縡)와 경탐장(警探長) 사량벽(史良璧) 등 5명은 청향 실시를 위해 하남남부의 수평(遂平), 부구, 언성 일대로 파견되었다. 물론 이들은 청향을 통해 토비의 근원을 제거할 임무를 지닌 관리였지만 특별히 파견된 임시 임원이이라는 성격이 강했다.[285] 왜냐하면 이들은 1918년 초 신야, 석천, 내향, 남양, 동백(桐柏), 등현, 차원(沘源) 등지의 청향을 담당하기 위해 재차 파견되었기 때문이다.[286] 1917년 9월경 토비가 창궐하자 청향위원으로서 우성, 하읍, 상구, 녹읍, 자성 등지로 파견된 후보지사(候補知事) 왕경전(王鏡銓)이 조사를 마치자 바로 개봉으로 돌아갔다는 사실에서도 청향 임무의 임시적 성격을 확인할 수 있다.[287]

한편 남양진수사(南陽鎭守使) 오경동(吳慶桐)이 호북과 사천에 인접한 석천에 토비가 은닉하기 쉽다고 판단하여 부관을 파견하여 청향을 실시한 예에서 알 수 있듯이,[288] 군인도 청향 추진의 주체에 포함될 수 있었다. 그러나 이 경우도 앞서 낙양, 임여 청향의 예에서와 같이 지역의 신사를 통해 이루어졌을 것이고, 또 나머지 대부분 지역의 경우 후보지사, 후보도윤 등이 해당지역의 현지사와 함께 청향을 실시했으며, 그 목적이 달성되는 대로 청향 자체가 중지되었다. 이러한 의미에서 청향이란 군대에 의한 직접적·무력적 현상대책과 대비되는 민간 치안조직 중심의 간접적·예방적 또는 사후적인

---

283) 「清鄉局將行取銷」, 『河聲日報』, 1915. 8. 22.

284) 「清鄉局不日取消」(密縣), 『河聲日報』, 1915. 8. 31.

285) 「委查清鄉之續誌」, 『河聲日報』, 1917. 7. 24.

286) 「趙兼省長注意清鄉」, 『河聲日報』, 1918. 1. 17; 「清鄉員出發確信」, 『河聲日報』, 1918. 1. 20; 「委派豫南清鄉專員」, 『河聲日報』, 1918. 1. 28.

287) 「豫東又派清鄉員」, 『河聲日報』, 1917. 9. 24; 「調查清鄉員返汴」, 『河聲日報』, 1917. 10. 9. 이밖에도 토비에 대비한 임시적 청향 실시에 관한 예에 대해서는 「委員調查清鄉」, 『河聲日報』, 1917. 12. 17; 「委定清鄉委員」, 『河聲日報』, 1918. 12. 6; 「趙督軍之弛盜策」, 『河聲日報』, 1917. 12. 21 등 참조.

288) 「委派員調查清鄉」, 『河聲日報』, 1918. 6. 1.

근본대책이라 할 수 있다.

1910년대 후반 성당국은 안정적인 치안유지를 위해서 무기를 통제하고 청향을 실시하는 것 이외에도 다양한 조치를 취했다. 물론 가장 근본적 대책은 토비의 발호를 야기하는 경제적 곤란과 정치적 무질서를 제거하는 것이겠지만 이미 존재하는 토비에 효율적·안정적으로 대응하는 방식으로 지역의 방어체계를 갖추는 것이 특히 필요했다. 채보(寨堡)의 수축과 정비는 이러한 의미에서 볼 때 중요한 의의를 지닌다고 할 수 있다. 채보란 일반적으로 토비 혹은 외적을 막기 위해 신사 혹은 종족이 중심이 되어 건립한 자위수단의 하나라고 할 수 있다.[289] 비록 복건에서와 같은 대규모는 아니지만 하남 내에도 많은 채보가 건립되었다. 한 예로 하남서부 홍창회의 중심 현이기도 한 형양에는 명청시대 이래 다수의 채보가 건립되어왔다. 구체적으로 명 숭정(崇禎)시기 1개, 함풍(咸豊)시기 38개, 동치(同治)시기 20개, 선통시기 1개 등 총 69개소의 채보가 창건 혹은 중건되었는데 이 가운데 상당수는 토비가 더욱 극성한 민국시기에까지 존속되었다.[290]

민국시기의 혼란기에도 채보의 건립은 계속되었는데 구체적으로 지방지를 통해 채보를 다수 확인할 수 있다.[291] 또한 민국 초기 낙양 대둔촌(大屯村)에 중건된 동서 6백 미터에 이르는 채보에 보이는 채문(寨門), 채장(寨墙), 타장(垛墙), 곤목(滾木), 철사(鐵絲), 채태(寨台), 채호(寨濠) 등의 모습이나,[292]

---

289) 특히 종족이 주도하는 자위활동의 일환으로 건립된 명청시대의 복건 채보에 대해서는 元廷植「淸代福建社會 研究─淸前·中期 閩南社會의 變化와 宗族活動」(서울대학교대학원 동양사학과 박사학위논문 1996) 44~52면 참조. 그에 따르면 지역에 따라 堡, 寨, 寨圍, 土堡, 土樓, 土圍, 土壘 등 다양한 명칭이 있지만 이하에서는 하남에 더욱 많이 등장하는 채보로 통일하겠다.

290)「建置志」,『續滎陽縣志』卷3, 1924, 13~18면.

291)「建置」,『正陽縣志』卷1, 1936, 52~55면.

292) 대둔촌 채보의 상세한 모습에 대해서는 李文修「大屯村築寨防匪窩匪及其他」,『近代中國土匪實錄』下卷(群衆出版社 1993) 183~84면 참조.

무한정부(武漢政府)의 제2차 북벌에 참가했던 등연달(鄧演達)이 하남의 특이
현상으로 거의 모든 촌락에 분포하고 있던 촌보(村堡)를 지적하고 있다는 사
실[293] 등을 통해 민국시기 하남 내의 활발한 채보 건립상황을 엿볼 수 있
다.[294] 또한 하남남부의 대표적 치안 중심지 신양에는 명말부터 1934년까지
창건(486개), 중건(85개) 등 총 571개소의 채보가 건립되었다. 그 가운데
1912년부터 1934년까지의 혼란기에만도 창건(348개), 중건(76개) 등 총 424
개소의 채보가 건립되어 전체 가운데 74%를 차지하고 있다.[295] 양적인 차원
에서만이 아니라 실질적으로 채보는 지역방위에 유효하였다. 예컨대 1920년
대 초반 상채(上蔡)의 경우 토비에 대항하기 위해 채보에 의지하였는데 이
채보들이 포괄하는 범위는 작은 것은 10여 촌, 큰 것은 2, 30여 촌을 포괄할
정도였다.[296]

지주·신사가 자위를 위한 채보 건립에 적극적으로 참여한 것은 자연스
러운 현상이었다. 예컨대 위에 살핀 형양 채보 건립에 주도적으로 참여했던
총 99명 가운데 신분이 불명확한 14명을 제외한 85명 중에는 감생(監生) 26
명, 생원(生員) 7명, 무생(武生) 6명, 공생(貢生) 6명, 부생(附生) 4명, 증생(增
生) 3명, 후선교유(候選敎諭) 3명, 전교유(前敎諭) 2명, 거인 2명, 늠생(廩生)
2명, 세공(歲貢) 2명, 진사 2명 등이 포함되었다.[297] 또한 녹읍 북쪽 마포집
(馬舗集)의 축성 신축에는 해당 수사(首事) 녹모(鹿某)와 신상이 현서와의 협
조 속에 토지 다과에 따른 비용분담의 원칙을 지켜 추진하였다.[298] 산악지대

293) 「鄧演達在湖北省農協擴大會上的演說」, 『晨報』, 1927. 7. 9.
294) 이밖에 하남의 채보 건립에 대해서는 行政院農村復興委員會 編 『河南省農村調査』(商
    務印書館 1934) 101면; 「建置」, 『氾水縣志』 卷2, 1928, 33면 등 참조.
295) 「建設二」, 『信陽縣志』 卷6, 3~19면; 沈松僑 「地方精英與國家權力—民國時期的宛西自
    治, 1930~1943」, 『中央研究院近代史研究所集刊』 21(1992. 6), 385~87면.
296) 「宗教」, 『重修上蔡縣志』 卷2, 地理志, 1944, 陳傳海 等編 『河南紅槍會資料選編』, 河南
    史志資料 6, 河南人民出版社 1984, 66면에서 재인용. 이하 『紅槍會資料選編』으로 약칭.
297) 「建置志」, 『續滎陽縣志』 卷3, 1924, 13~18면 참조.

이며 섬서, 사천과 인접한 지역으로 이미 백랑에 의해 세 차례나 유린당한 경험이 있었던 석천 서평의 경우 1915년 부호들이 토비방어를 위해 전부(田賦) 1석(石)마다 전(錢) 5백문(文)을 추가로 부담하고 신사 이경헌(李敬軒), 유화정(劉化亭) 등을 추대하여 축성에 나섰다.[299] 이밖에 노산에서도 현지사와 신상의 협조 아래 채보 축성이 이루어졌다.[300] 이상의 예들을 통해 지주·신사들이 청말민초의 혼란기에 채보의 건립과 보수를 통해 향촌 치안유지활동에 적극적으로 나섰고, 비록 자위의 일환이지만 이 일이 현서와 협조 관계에서 추진되었음을 알 수 있다.

현지사는 특히 현성의 정비에 더욱 적극적으로 참여하였다. 섬현 현지사는 수년 동안의 혼란 때문에 방치되어온 성채를 수리하여 1915년 4월 완료하였다.[301] 또한 임영 현지사 진준(陳俊)은 해자가 파괴되어 토비가 자주 출몰하자 신사와 상의하여 보수하였고, 수사 설찬리(薛燦離), 묘췌문(苗萃文), 이석작(李錫爵), 진응지(陳凝之) 등 축성과정의 공로자에 대해서는 상부에 보고하여 1등으로 포상하였다.[302] 기현 현지사 주종택(周宗澤) 역시 해자 보수를 요청하는 신동의 건의를 받아들여 이들과 함께 적극적으로 수리에 나섰는데 1만명 이상의 인원을 동원한 결과 '50년 만의 거사'로 평가되었다.[303]

지역 주둔군대 또한 적극적으로 채보 건립에 나서고 있다. 예컨대 1915년 의군 좌익(左翼) 마대(馬隊) 마통령(馬統領)은 채보를 건립함으로써 노산, 보

298) 「築城鑿池」(鹿邑), 『河聲日報』, 1915. 5. 16.
299) 「築城自衛」(淅川), 『河聲日報』, 1915. 3. 18; 「築城自衛續誌」(淅川), 『河聲日報』, 1915. 5. 20.
300) 「築城鑿池」(魯山), 『河聲日報』, 1914. 1. 7.
301) 「興築濠城石壩」(陝縣), 『河聲日報』, 1915. 4. 9.
302) 「修鑿城濠之大成功」, 『河聲日報』, 1915. 1. 10. 또한 상구 현지사 孫相宸은 현성 보호를 위해 신상 등의 동의하에 현성 주위에 보호벽을 건립하였다(「四關建築保衛門」(商丘), 『河聲日報』, 1915. 7. 18).
303) 「提倡補修城壕」, 『河聲日報』, 1916. 1. 6; 「城濠開工有期」, 『河聲日報』, 1916. 2. 17; 「城濠開工將竣事」, 『河聲日報』, 1916. 3. 15.

풍, 임여 3현 토비를 근원적으로 제거하고자 하였다. 4월 3일 마통령은 현지 조사를 거쳐 노산 북서 10리 차구(叉口)에 채보 한 곳, 북서 35리 낭장(郎庄)에 한 곳, 보풍현 남서 35리 노범점(老范店)에 한 곳, 남서 40리 낭랑산 입구 한장(韓庄)에 한 곳, 임여현 여점(廬店)에 한 곳 등 모두 다섯 곳의 채보를 설립하기로 하였다. 현지 주둔군대의 요청을 타당하다고 판단한 성당국은 하락도윤(河洛道尹)을 통해 위의 3현 현지사에게 명령하여 현지 부대와 협조하여 채보를 건립하도록 하였다.[304]

이상의 예를 통해 보면 '민정치안'을 책임지고 있는 현지사와 '군정치안' 조직인 주둔군대 모두 채보나 현성, 해자 등의 수축, 유지, 보수에 노력을 기울였으며, 해당지역의 지주·신사들은 비용분담의 원칙 아래 이 사업에 적극 동참하고 있음을 알 수 있다. 이 사업들은 토비 발호의 증거일 뿐만 아니라 단순한 수세적 방어에서 적극적 공세로 전환하기 위한 안정적·근본적 대책 가운데 하나라 할 수 있다.

이상 1910년대 하남의 일간신문 『하성일보』를 주된 분석대상으로 하여 검토한 결과 하남성 당국은 주둔군대 이외에 경찰, 현경비대, 보위단, 순집대 등의 조직을 새롭게 건립하거나 정비·확충함으로써 적어도 형식적 측면에서 현급, 그리고 그 이하의 치안조직이 갖추어졌음을 확인할 수 있었다. 그리고 이 치안조직들은 토비에 대한 현상대책과 근본대책을 통해 토비발호에 대응하였다.

좀더 구체적으로 보면 토비 관련 대표적 현상대책으로는 토벌과 군대개편이 있었다. 이 가운데 토벌과정은 신고 또는 사전인지에 의한 예방적 토벌, '민정치안' 조직과 '군정치안' 조직의 역할분담과 합동작전, 토비에 대한 체계적 사법처리, 토벌활동의 결과에 대한 포상과 징계의 실시 등으로 이루어졌다. 이는 치안조직 운영의 씨스템이 상당히 효율적이고 안정적으로 운영

---

304) 「築寨籌防之先聲」(內務), 『河聲日報』, 1915. 4. 27.

되었음을 확인시켜준다. 이러한 배경에서 1910년대 후반 토비에 대한 대규모 군대개편은 신중하게 이루어졌다. 토비의 무장이 절실하게 필요한 것도 아니고 기존 치안조직이 제대로 기능하고 있는 한 불법 폭력집단인 토비에 대한 군대개편의 필요가 그다지 절실하지 않았던 것이다.

토비 관련 근본대책으로 무기의 통제와 청향 그리고 채보의 수축과 정비 등을 살펴보았다. 1910년대 후반 하남 치안당국은 무기 밀매금지에 의해 민간무기의 유포를 통제하고 이미 산재된 무기회수에 노력하는 한편 치안조직의 무장 강화와 통제에 주력하였다. 인구 및 무기의 통제를 통해 토비 발호를 억제하려는 청향 역시 군대나 치안조직에 의한 직접적이고 무력적인 현상대책 및 활동과 대비되는 더욱 근본적인 토비대책이었다. 민국 초기 하남 도처에서 진행된 채보의 건립과 정비는 토비의 등장과 발호를 증명해주는 것이지만 다른 한편으로는 그들에 대한 적극적 공세를 준비하기 위한 치안당국의 근본적인 대책 가운데 하나였다. '민정치안'의 책임자인 현지사와 '군정치안' 조직인 주둔군대 모두 채보, 현성, 해자 등의 수축과 정비에 노력하였고 지역의 지주·신사 역시 여기에 동참하였다.

이렇게 본다면 1910년대 후반 하남의 치안상황은 후술하는 바와 같이 이미 토비 세계로 변모한 1920년대 하남의 그것과 차이를 보인다고 할 수 있다. 또한 치안조직의 확충과 운영을 통해 지역을 장악하려는 중앙(성)권력의 노력이 다분히 공식적·형식적인 측면이 강하고 1910년대 후반 하남이라는 한정적 예에 불과하기는 하지만 의식적으로 추진되고 있었고 그 성과 역시 인정할 수 있다면 동 시기의 하남사회를 '군벌통치에 의한 혼란과 무질서 그리고 부패'라는 부정적인 모습만으로 묘사될 수는 없을 것이다.

V. 1910년대 후반 하남 토비에 대한 통계적 분석

1. 관련 자료의 검토

이하 민국 초기 하남 토비 일상활동에 대한 통계적 분석을 시작하기에 앞서 대상시기, 자료와 관련하여 몇가지 전제하고자 한다. 먼저 저명한 토비 백랑이 활동했던 1911~1914년의 시기는 제외해도 무방할 것 같다. 왜냐하면 이미 살펴본 대로 백랑의 난은 신해혁명이라는 특수상황을 배경으로 일어난 것이며, 그로 인해 촉발된 하남 토비의 활동이 민국 초기의 정황을 대표한다고 보기 곤란하기 때문이다. 또한 군벌혼전이 더욱 극심해진 1920년대 이후의 상황은 별도의 고찰이 필요할 것 같고, 또 구체적 자료로서 적극 검토하게 될 『하성일보』(1912. 12. 20~1920. 6. 13)가 1920년에 폐간되는 관계로 일단 분석의 대상시기의 하한을 1920년으로 잡을 필요가 있을 것 같다. 이 신문은 시기적으로 1910년대 전체를 포괄하며 지역적으로도 하남 전체를 대상으로 하기 때문에 1910년대 하남 치안상황을 이해하는 데 중요한 근거자료가 될 수 있다. 이하 소개하는 표15의 내용은 모두 『하성일보』에 보도된 토비 관련 기사를 사건 발생지역, 규모, 활동 정형, 당국의 대응, 보도 싯점 등을 중심으로 정리한 것이다.

표의 내용을 본격적으로 검토하기에 앞서 신문 보도내용의 엉성함 때문에 표가 지니는 한계에 대해 먼저 지적하지 않을 수 없다.

먼저 '이름'은 대부분 토비두목 이름으로 표시하였으나 그것이 불분명한 경우 혹은 여러 명의 토비두목 이름이 나열된 경우 기사내용 가운데 처음 등장하는 토비의 이름을 적시했다. 혹 이름이 거명되지 않은 사례 가운데 상당수는 두목이 체포되지 않은 예일 수 있기 때문에 당국이 제대로 대처하지 못한 사건으로 봐도 큰 무리는 아닐 것이다.

둘째, '지역'은 보도에 나타난 대로 현 이하의 좁은 지역에 주목해야 하지만 편의상 현으로 표시했고 출몰지역, 활동지역, 체포지역 혹은 교전지역 등의 구별 없이 관련된 현을 모두 표시하였다. 따라서 그다지 정확하다고는 볼 수 없겠지만 관련 기사가 체계적으로 작성되지 않기 때문에 부득이하게 택할 수밖에 없었다. 하지만 활동지역을 더욱 광역적인 구분으로 나눠 분석하려 하기 때문에 큰 문제는 없을 것으로 보인다. 여기서 말하는 광역적인 지역구분이란 제1장의 구분에 따른 것으로 전통적인 미발달지역(낙후지역: A군), 철로 부설 이후의 쇠퇴지역(B군), 철로 주변의 발달지역(C군), 전통적 발달지역(D군), 동부의 교계지역(E군)을 가리킨다.

셋째, '규모'는 서론에서 정의했듯이 10명 이상을 원칙으로 하였다. 그러나 기사의 내용을 통해 상당한 규모를 지닌 토비로 추정될 수 있는 경우도 포함시켰다.

넷째, '토비 활동상황' 내용 가운데 기사에 등장하는 '소요' '반거(盤據)' '유린' '불법행위' 등과 관계된 부분은 막연하기 때문에 각각 제외하고, 토비의 대표적 행동이라 할 수 있는 '살상' '약탈' '인질' '방화' 등 4개 항목으로 국한시켜 살펴보았다.

다섯째, 당국의 대응이란 항목에 있어서는 현지사를 중심으로 한 '민정치안' 활동과 군대 중심의 토비 토벌활동, 즉 '군정치안'을 기준으로 간략하게 표시하였다. 마지막으로 활동시기의 문제인데, 기사의 내용만으로는 사건발생의 정확한 싯점을 확인하기 곤란하기 때문에 사건의 보도일자를 표시하여 발생싯점을 대략적으로 추정하도록 하였다. 결국 그 규모나 발생지역 또는 활동범위에 있어 극히 유동적이며 동시에 구체적 정형을 설명해줄 수 있는 믿을 만한 자료가 부족하기 때문에, 이하에서 진행하게 될 토비 관련 검토는 많은 한계에도 불가피하게 앞서 제시한 불완전한 표에 의거할 수밖에 없다고 판단된다.

2. 토비 활동의 여러 양상들

(1) 출몰지역

표에 나타난 총 445건의 활동지역을 이미 제시한 기준에 따라 구분해 살펴본 것이 표16이다.[305] 표를 통해 발달지역(C·D군)에 비해 변경지역에서 상대적으로 자주 토비가 출몰하고 있음을 분명히 확인할 수 있다. 즉 B군이나 E군은 현수로는 각각 13개, 9개에 불과하지만 토비 발생건수는 88건, 68건을 기록하여 1현당 7, 8건의 발생빈도수를 보여주고 있다. 특히 E군에 속하는 상구에서는 5년 동안 총 23건의 토비 발생이 보도되고 있다. 이러한 사실을 통해 진수사서(鎭守使署)가 왜 상구에 설치되었는지를 이해할 수 있지만, 동시에 여전히 토비가 자주 출몰했다는 사실에 주목해야 할 것이다. 반면 C·D군의 발달지구에서는 토비의 출몰이 상대적으로 적었는데, 특히 북부의 D군에서는 토비의 발생빈도가 2.0을 나타내며 그 가운데에서도 급

---

305) 발생지역이 군 경계에 걸쳐 있는 경우도 있지만 소수에 불과하여 무시하였다. 또한 성 도로서 다른 현과 형평이 어긋날 정도로 잦은 토비 관련 기사가 등장하는 개봉의 28건을 제외한 총 417건을 기준으로 하면 전체 평균 빈도수는 3.90으로 A군보다 약간 낮은 수치를 보인다.

현, 휘현, 획가 등에서는 단 한 건의 토비 발생도 보고되지 않았다. 이상을 종합하면 철로 주변의 북부는 적어도 1910년대 후반까지는 토비가 그다지 자주 출몰하지 않는 '절대적 안전지대'였다고 할 수 있으며,[306] 나머지 발달지역은 '상대적 안전지대'이며, 서부와 동부의 변경지역은 만성적 토비 출몰지대라 할 수 있을 것이다.

(2) 규모

토비의 규모를 수치로 나타낸다는 것은 구성의 복잡성 내지는 유동성 때문에 지극히 곤란한 일이지만 신문보도를 통해 구체적으로 확인할 수 있는 사례를 중심으로 도표화하면 표17과 같다.

표17을 통해 우선 1910년대 후반 하남 토비의 규모는 대부분 1백명 미만의 소규모였음을 알 수 있다. 즉 규모가 파악된 350건의 사례 가운데 267건이 이 부류에 해당된다. 여기에 10명 미만의 무리로 이루어진 경우와 구체적 수치로 파악되지 않은 사례 중 상당부분은 규모가 그다지 크지 않았을 것임을 상정한다면 1910년대 후반 하남 토비가 상당히 작은 규모였다고 간주하는 것은 큰 무리가 아닐 것이다. 게다가 1백명 미만이라 해도 10명에서 수십명 사이가 대부분이었다. 이렇듯 소규모 토비의 광범한 존재는 현지사를 중심으로 한 치안유지활동이 효율적으로 기능할 수 있게 하는 결정적 요인이라 할 수 있을 것이다. 다시 말해 현지사를 중심으로 한 경찰, 경비대, 보위단 혹은 순집대 등 현급 지방치안조직의 효율적 대응은 상대 토비와 밀접히 관련되었던 것이다. 물론 역으로 효과적 치안활동이 토비의 대규모 발전을 막았다고도 볼 수 있을 것이다. 특히 표17에서 드러나듯 1백명에서 499명 규모의 토비가 전체에서 차지하는 비율이 점차 줄어들고 있다는 사실

---

306) 그러나 북부 내 위하의 대표적 중심지로서 경한철로 개통 이후 쇠락했던 활현은 민국시기 토비의 극성지역이었다. 「大事記事」, 『滑縣誌』 卷20, 1932, 8~12면.

역시 효과적 치안활동을 짐작하게 한다.

그러나 비록 적은 예이지만 1백명 이상 대규모의 토비가 존재하였음을 무시할 수 없다. 이들의 성격을 살펴보기 위해 다시 한번 이 사례 83건을 정리한 것이 표18이다. 표18에 따르면 토비 관련 사례 전체 445건 가운데 변경지역(A·B·E군)에서 발생한 경우가 221건(47.4%)인 데 반해, 1백명 이상의 대규모 토비의 동일 지역 발생건수는 조사대상 83건 가운데 4 5건(54.2%)을 차지하고 있음을 알 수 있다. 전자의 통계에는 1백명 이상의 토비집단이 포함되었기 때문에 이 부분을 제외하고 다시 계산한다면 발생비율의 격차는 더욱 벌어질 것이다. 요컨대 변경지역을 중심으로 대규모 토비가 더욱 많이 분포하였다는 것이다. 철로 주변지역인 C군의 경우 전체 15.1%에서 8.4%로 대규모 토비의 발생비율이 떨어지고 있는 사실 역시 철로 주변이 '상대적 안전지대'임을 입증해준다. 그렇다면 통계에서 확인되는 한 변경지역이란 대규모 토비의 다발적 발생지역이라고 규정할 수 있을 것이다. 특히 변경지역에는 다른 성에서 토비가 대규모로 유입되는 경우도 많았다.

(3) 출몰싯점

토비의 출몰싯점을 살펴보기 위해 보도싯점을 기준으로 표를 정리해보면 표19와 같다.

표19에서 보이는 월별 통계는 보도일자를 기준으로 했기 때문에 토비의 출몰싯점을 정확하게 반영할 수 없다고 할 때 그보다는 계절별 통계가 오류의 정도를 줄일 수 있을 것 같다. 따라서 북방지역임을 고려하여 2월~4월, 5월~7월, 8월~10월, 11월~1월을 각각 봄, 여름, 가을, 겨울로 정하여 토비 출몰횟수를 계산한 것이 '합계 ③'이다.[307] 대체적으로 가을과 겨울이 토

---

307) 이 수치는 1920년도 통계가 완전하지 않기 때문에 그것을 제외한 '합계②'를 합산한 것

비의 극성시기임을 보여주고 있는데, 먼저 농한기인 겨울이 여기에 포함된 데에는 이론의 여지가 없을 것 같다. 이 점은 당시 치안당국이 수없이 되풀이하는 겨울철 특별 방비인 '동방' 지시를 통해 역으로 확인될 수 있다. 그러나 여름부터 가을까지의 잦은 토비 출몰현상은 또다른 요인에서 찾아야 할 것이다. 그러한 관심에서 이 시기의 토비 관련 사료를 살펴보면 "청사장기"라는 표현이 주목을 끈다. 예컨대 "비원(당하)의 토비는 …… 현재 여름 청사장기의 시기를 맞이하여 더욱 창궐한다"[308]거나 "기현 와강사(瓦岡社)는 성에서 60리 떨어져 태강과 인접한 지역으로, 최근 청사장기의 계절을 맞아 대규모 토비가 발호하였으며"[309] "(개봉) 남문 밖에 청사장기 때문에 불시에 약탈사건이 발생"[310]하고, 또한 오랫동안 토비의 출몰지역이었던 상구의 경우 "해마다 청사장기의 시기에 토비가 더욱 창궐한다"[311]고 지적되었다.

여기서 "청사장기"란 홍수와 한발에 강하고 식량과 땔감으로도 적합하여 화북 평원에 널리 재배되는 고량이 6월부터 8월 중순까지 최대 3미터까지 자라 훌륭한 토비의 은폐물이 되는 상황을 가리키는데, 동 시기 토비 발호는 다분히 이와같은 환경의 산물이라 할 수 있다.[312] 그렇기 때문에 신채의 경우 순집대는 약탈하던 토비 20명 가운데 4명을 체포하였지만 만약 "청사장기"가 아니었으면 일망타진할 수 있었을 것이며,[313] 역으로 남양 서쪽의 저

이다.

308) 「陳統領治匪堪欽」, 『河聲日報』, 1916. 10. 2.

309) 「土匪抗敵警隊記」, 『河聲日報』, 1917. 8. 9.

310) 「宏威軍拿獲匪犯」, 『河聲日報』, 1917. 8. 9.

311) 「皂役通串匪數」, 『河聲日報』, 1919. 7. 30.

312) 하남 일대의 "青紗帳起" 현상에 대해서는 夏兆瑞 「青紗帳起憶中原」, 『中原文獻』, 10-7, 1978; 李祥亭 「又是高梁成熟時」, 『中原文獻』, 8-8, 1976 참조.

313) 「巡緝隊奮勇追匪」, 『河聲日報』, 1919. 7. 10. 新蔡 "青紗帳起"로 인한 토비 발호의 또 다른 예는 「警隊長厲慶得人」, 『河聲日報』, 1915. 8. 20 참조.

명한 토비 단청산(段靑山) 등에 대하여 전로순방통령(前路巡防統領) 전작림은 성공적으로 토벌을 수행하였는데, 이는 당시 가을 추수가 끝나 숨을 곳이 없었기 때문에 가능했다고 지적되었다.[314] 이상은 하남 토비에 있어 고량의 중요성을 잘 지적한 것으로, "청사장기"의 계절인 여름과 가을 사이가 겨울에 이어 대표적 토비 출몰시기라 간주할 수 있는 근거를 제시한다.[315] 또한 계절 변화에 따른 토비 출몰주기가 존재한다는 사실 자체는 이 시기까지 전업적 토비 이외에 광범한 계절적 토비가 존재하고 있었음을 입증해주며, 이들은 소규모 반농·반토비 집단일 가능성이 아주 높다.[316]

한편 하남 토비 발생의 임시적 성격을 고려할 때 서부 농민이 농한기인 겨울에 부업으로 택했던 당장(蹚匠)이란 존재에 주목할 필요가 있다. 당장이란 임시 석공이나 산간 제전(梯田) 개간 인부를 지칭하는데 이들이 주로 맡은 일은 산 중턱에 도랑과 석벽을 조성하여 계곡물에 토지가 유실되는 것을 방지하는 것이었다. 해마다 겨울에서 다음해 봄 보리 파종 때까지 약 4개월 동안 산지 주변 하층민이 이 일에 종사하는데, 이들은 작업의 성격상 당장반(蹚匠班)이란 조직을 만들어 공동작업을 하였다. 이때 일반적으로 위엄과 신용을 갖춘 간두(杆頭)는 작업을 청부 맡은 뒤 30세 이하의 청년 남성〔杆子〕을

---

314) 「段靑山被捕之快聞」, 『河聲日報』, 1916. 10. 28.

315) 빌링스리 또한 화북 토비 등장의 계절적 주기 검토를 통해 동일한 결론에 이르고 있다(빌링슬리, 앞의 책 35~38면). 한편 吳蕙芳은 하북에서는 여름→가을→겨울→봄, 산동성에서는 가을→여름→봄→겨울, 하남성에서는 가을→여름→봄→겨울 등의 순서로 각각 토비가 극성했다고 주장하였다. 그러나 적어도 토비가 겨울에 가장 적게 활동한다는 그녀의 주장에 동의할 수 없다. 그녀의 이러한 결론은 지방지라는 완전하지 못한 사료에서 오는 불가피한 오류라고 생각된다(吳蕙芳, 앞의 책 327~41면).

316) 이러한 계절적 임시 토비는 자연재해에 의해 촉발되기도 하였다. 이에 대해서는 별도의 설명을 요하지 않지만, 1920년대 말부터 30년대 초까지 수감된 토비와의 면담과 실제 조사를 통해 토비 발생원인과 가정, 사회 배경 등을 조사한 嚴景耀가 소개한 한 현지사의 설명은 특히 당시 재해에 따른 토비의 만연현상을 잘 설명해주고 있다. 嚴景耀 著, 吳楨 譯 『中國的犯罪問題與社會變遷的關係』(北京大學出版社 1986) 89~90면.

중심으로 인원을 선발하여 그들을 지휘하였다. 청말민초 노산의 경우 이 당장에 종사한 자가 수만명에 이른다는 지적까지를 통해 보면[317] 농한기 상수의 서부 농촌 젊은이들이 지역에서 유리된 채 간두의 지휘 아래 조직적 집체적 노동을 통해 생계를 유지하고 있었음을 알 수 있다. 이들은 비록 농촌 출신이지만 상호간 의형제를 맺고, 간자(杆子)의 지휘를 받는 등 그 내부에 일정한 조직체계를 갖추었다는 면에서 산만한 일반농민들과 차이를 보였다. 그렇다면 상황의 변화에 따라서는 이 당장조직들이 토비로 쉽게 전환될 수 있었을 텐데, 이러한 사실은 하남에서 토비 혹은 토비가 되는 것을 '간자' 또는 '기간자(起杆子)'라 칭했으며, 백랑과 같은 토비를 서부에서는 '당장(蹚將)'이라 하거나 '당(蹚)'이 '토비가 되다'라는 의미의 방언으로 굳어졌다는 사실에서 이해할 수 있다.[318]

(4) 토비 인질가격

표15를 통해서는 잘 드러나지는 않았지만, 이 시기 토비는 그 성격에 있어 전후 시기와 약간의 차이를 보인다는 주장이 있다. 예컨대 1930년대 하남의 청향 업무에 종사한 장방의 지적에 따르면 청말 토비는 대부분 산지에 집결하여 간음과 살인을 경계하고 단지 원수에게만 위해를 가하거나 부자들

---

317) 이상 서부의 蹚匠과 계곡물을 이용한 관개의 중요성에 관한 설명은 「白朗起義調査報告」, 73면; 馬雪芹 『明淸河南農業地理』(洪葉文化出版 1997) 150~51면 참조.

318) 이상 「白朗起義調査報告」, 73, 77~80, 81~82면 참조. 또한 조사보고에 따르면 당장은 이미 1877년 보풍 西山 기민 폭동에 이미 적극 참여하고 있으며 光緒 末의 저명한 서부 당장으로는 申白毛, 黨中義, 劉家賓, 丘汝林 등이 있었다. 한편 서부 당장과 토비의 관계는 明 후반기 광동 礦盜(礦賊)와 廣賊의 관계를 연상시킨다는 측면에서 하남만의 독특한 현상은 아니라 할 수 있다. 이에 대해서는 吳金成 「入關初 淸朝權力의 浸透와 地域社會 ― 廣東 東・北部地方을 中心으로」, 『東洋史學研究』 第54輯, 1996, 42~50면; 吳金成 「王朝交替期의 地域社會 支配層의 存在形態 ― 明末淸初의 福建社會를 中心으로」, 서울大學校 東洋史學研究室 編 『近世 東아시아의 國家와 社會』(知識産業社 1998) 382~85면 참조.

에게 '명편(名片, 경고장)'을 보내 위협하여 식량을 빼앗았으며, 인질을 납치
할 경우 부녀자는 그 대상에서 제외하고 절대 과도한 '시표(撕票, 인질살해)'
나 무리한 요구를 하지 않았다. '쾌표(快票, 여성인질)'나 '쾌상쾌(快上快, 연발
총)'와 같은 새로운 은어가 등장했지만 가난한 자나 일반양민을 해치지 않았
고 고향에서 멀리 떨어져 활동하면서 토비임을 공공연히 드러내지 않았다.
1916년 무렵까지 이러한 경향은 크게 바뀌지 않았으니 "약탈하되 간음하지
않았고, 방화하였으나 살인하지 않아 빈한한 자와 중간층은 그래도 살 만하
였다"는 상황이었다. 즉 장방은 친소관계, 남녀노소, 천리(天理), 법, 인정을
막론하고 약탈, 간음, 방화, 살해 등을 자행하는 1920년대의 토비와 이른바
임협(任俠)의 성격이 남아 있던 이전의 토비를 구분했던 것이다.[319]

　　장방이 지적한 바의 차이를 구체적으로 입증하기 위한 한 방법으로 인질
가격의 변동문제를 상정할 수 있을 것 같다. 인질가격을 통해 토비가 공격하
는 대상의 신분을 짐작할 수 있기 때문이다. 본래 토비의 인질은 그 댓가를
지불할 수 있는 경제적 여유가 있는 자가 선택되거나 재산의 다과에 따라
인질가격이 추후에 결정되게 마련이었다. 1910년대 후반의 경우 가격은 표
20에 잘 나타나 있다.[320] 비록 이 수치가 토비에 의한 요구금액인지 합의금
액인지 불분명하고,[321] 인질의 숫자를 확인할 수 없는 경우가 많고, 또 인질

319) 이상 張鈁「河南全省淸鄕總報告·宣傳」, 11면(王天獎「民國時期河南"土匪"略論」, 『商
　　丘師專學報』(社會科學版) 1988-4, 3면에서 재인용). 內山雅生 역시 1910년대와 군벌 통치시
　　기 산동 토비의 성격을 차별적으로 이해하였다(內山雅生「民國初期の民衆運動―山東省の
　　場合」, 野澤豊·田中正俊 編 『講座中國近現代史3』, 東京大學出版會 1978, 212~19면).
320) 표의 인질가격은 모두 『河聲日報』에서 인용한 것으로 숫자는 신문의 보도날짜를 의미
　　한다. 기사의 제목은 편의상 제외하였다. 현금 이외에 토비는 인질의 댓가로 아편, 연발총,
　　말 등을 요구하기도 하였다.
321) 인질가격은 의례 흥정이 있게 마련인데 일례로 토비에 의해 요구되었던 2천백원(『河聲
　　日報』, 1919. 9. 13), 1천원(1919. 2. 19)은 1천5백원, 3백원에 각각 해결되었다. 그러나
　　1918년 상구 馬牧集 토비는 원래 인질의 댓가로 2만원을 요구했으나 1만원만을 받자 인질
　　가운데 아버지는 석방하고 그 아들은 살해하는 경우도 있었다(『河聲日報』, 1918. 5. 15).

사건을 모두 포괄하지 않는다는 한계를 지니지만, 적어도 1910년대 후반 하남의 인질가격은 많게는 3만원에서 5만원에, 적어도 수백원에서 수천원에 이르고 있었음은 분명하다. 이 시기 토비의 인질이 주로 경제적으로 부유한 계층을 대상으로 제한적으로 이루어졌다고 할 수 있는 것이다. 이 점은 1920년대 이후의 상황과 차이를 보인다. 즉 하남 토비는 "종전 단지 부호만을 납치하였지만, (이제 1923년에 이르자) 빈부를 가리지 않고 만나는 사람 누구나 인질로 삼았다."[322] 심지어 인질의 급증에 이은 가격의 하락에 따라 1927년의 한 낙양 토비는 "신발 한 켤레 아니면 담배 한 개비만 얻을 수 있다면 부자나 가난한 자 모두를 납치할 것"이라 공언하였다.[323] 또한 산동의 예이지만 1917년 6만원에 이른 인질가격이 1920년대에 들어 인질사건의 급증에 따라 3백원, 1백원, 10원까지 떨어지고, 심지어 달걀 1백개에도 인질에 대한 타협이 이루어졌다.[324] 이상 1920년대 토비가 보여준 무차별적 인질납치와 부호들의 도주, 빈민 인질납치, 그리고 그에 따른 인질가격의 하락현상은 1910년대 후반의 상황과 좋은 대조를 이룬다고 할 것이다.

결국 1910년대 후반 하남 토비는 변경지역을 중심으로 활동을 전개함으로써 아직까지 국지적 성격을 완전히 벗어나지 않았고, 출몰시기 역시 "청사장기"의 여름부터 가을 혹은 겨울 농한기에 집중됨으로써 다분히 한시적 성격을 띠었으며, 규모에서도 대체로 1백명 미만의 소규모 집단을 형성하였다. 또한 부호를 대상으로 하는 제한적 약탈을 자행하는 등 임협 내지는 '녹림(綠林)'의 성격을 완전히 상실하지 않았다. 이상 토비의 국지적 · 계절적 · 한시적 · 소규모적 성격을 통해 볼 때 1910년대 후반 하남의 상황은 토비의 전면

322) 「河南鄧縣匪禍之慘狀」, 『時報』, 1923. 9. 1.

323) 『時報』, 1927. 7. 31(蔡少卿, 앞의 책 68면에서 재인용).

324) 「綠林遍地之齊魯」, 『時報』, 1917. 9. 11; 「山東土匪預變軍之狀況」, 『時報』, 1917. 9. 14; 「河南鄧縣匪禍之慘狀」, 『時報』, 1923. 9. 1. 이밖에도 老洋人의 서양인 인질사건 이외에 1925년 기현 현지사 인질사건은 동 시기 토비의 무차별적 인질납치 상황을 잘 보여준다 (「豫省之紛亂現象」, 『時報』, 1925. 7. 22).

적 등장을 의미하는 1920년대의 '토비 세계'와는 아직까지 거리가 있었다고 할 수 있다. 환언하면 신해혁명을 거치면서 발전을 거듭했던 하남의 토비는 백랑의 난이 진압된 이후 세력이 점차 약화되면서 비록 만성적이고 지속적인 발전을 보여주기는 했지만, 혁명의 격동기 때만큼 활발한 활동을 보여준 것은 아니었다. 이러한 사실은 이미 살펴본 대로 1910년대 후반 비교적 효율적으로 이루어졌던 치안유지활동을 통해 역으로 증명된다.

한편 근대 중국의 대표적 중앙신문 가운데 하나라 할 수 있는 상해『신보(申報)』에 등장한 토비 관련 기사를 『신보색인(申報索引)』(1919~1928)을 통해 하남을 중심으로 정리한 것이 표21이다.[325] 표21 내의 '총수'란『신보색인』에 등장하는 토비 관련 기사 총수를, '하남'은 그 가운데 하남에서 발생한 것만을 표시한 것이다. 완전하다고는 할 수 없지만, 표를 통해 전 중국적 현상인 토비활동이 1920년대 초반(1922~1923) 하남에서 폭발적 증가현상을 나타내고 있거나 적어도 같은 시기 하남이 토비와 관련하여 전국적인 관심의 대상이었음을 명확히 알 수 있다.

그렇다면 1920년대 하남은 1910년대 후반과 달리 왜 이렇게 토비가 급증하였으며, 또한 1920년대 하남의 토비는 지금까지 살펴본 1910년대 후반의 토비와 어떠한 점에서 차이를 보이는가. 만약 차이가 있다면 그 계기는 무엇인가. 시기적으로 볼 때 이상의 과정은 아무래도 1920년대 본격화된 하남 군벌통치의 전개과정과 맞물려 전개되었을 것 같은데 이 점에 대해서는 제2부에서 다루도록 하겠다.

---

325)『申報索引』編輯委員會 編『申報索引』(上海書店 1987~1991).

VI. 소결

청말민초 전국 최고의 토비 증가현상을 보여준 지역 가운데 하나인 하남은 내부적으로 토비의 발생빈도와 규모 면에서 상당한 지역차를 보여주었다. 예컨대 하남서부, 하남동부, 하남북부의 일부(활현 등), 청대 남양부에 해당하는 하남 서남부 등지에서 심각한 토비의 폐해가 발생하였지만, 철로 주변이나 하남북부의 발달지역에서는 상대적으로 적게 토비가 출몰하였다. 전자의 지역에 토비가 집중적으로 출몰한 이유는 우선 하남서부 산악지대의 예에서와 같이 오랜 기간 동안 경제적으로 낙후했던 데에서 찾을 수 있지만, 그밖에도 4성 교계 혹은 지역 내에서 나타나는 치안행정의 곤란함, 또는 무풍문화의 발달, 그리고 경제 중심의 이동에 따른 지역경제의 몰락 등의 요인에서도 설명될 수 있었다. 또한 철로 주변지역을 중심으로 한 군대의 주둔, 대규모 군대모집의 진행 및 치안행정 체계의 발달은 해당지역 토비의 등장을 직·간접적으로 억제하는 효과를 발휘하였다.

한편 민국시기 하남 토비·비밀결사의 급속한 증가를 설명하는 데 정치적 요인을 빼놓을 수 없다. 특히 신해혁명은 기존의 질서, 권력, 가치관 등이 무너질지도 모른다는 기대와 우려를 증폭시켰으며, 하남 내에서는 구체적으로 성정부의 동요와 군대 배치의 이동을 가져왔다. 하남은 본래 '만로(滿虜)

의 인후'로서 청조의 조명을 유지하는 데 필수적 존재였지만, 혁명세력의 입장에서 볼 때는 반대로 호북 군정부를 보위하고 동시에 혁명을 전국적으로 확대하기 위해서 반드시 쟁취해야 할 대상이었다. 따라서 무창봉기에 이어 개봉을 중심으로 한 무혈혁명 기도가 좌절된 이후 혁명파는 이미 세력을 떨치고 있었던 토비와 비밀결사 등 무장세력의 동원에 부심하였다.

왕천종은 이러한 혁명적 분위기에 편승하여 성장한 대표적 토비였다. 혁명 전 하남서부 일대에서 이미 상당한 세력을 형성한 왕천종였지만 신해혁명에 참여함으로써 세력을 더욱 확대하였으며, 이러한 왕천종의 발전과 하남 내의 혁명적 혼란상은 다른 토비들에게도 동일한 출세의 길을 제공하였다. 하남 신해혁명의 또다른 주체는 인의회와 재원회로 대표되는 비밀결사였다. 이들 역시 혁명파와의 결합을 통해 신해혁명에 적극적으로 참여하였고 그를 계기로 하남동부와 북부 등 철로 주변지역을 중심으로 큰 세력을 떨치게 되었다. 즉 토비·비밀결사에게 신해혁명으로 촉발된 정치·사회의 위기는 곧 발전의 기회였던 것이다.

그러나 신해혁명에 참여했던 토비·비밀결사에게 돌아온 것은 반드시 기대했던 바와 같지 않았다. 비록 왕천종이나 진숭군의 예에서와 같이 개인적으로 출세하거나 정규군대 개편을 통해 안정적인 생활을 보장받은 토비가 없었던 것은 아니지만, 대부분의 토비와 비밀결사는 성당국의 탄압에 직면해야 했다. 게다가 장진방의 새로운 공화정부는 이전의 혁명파를 억압하는 등 사이비 공화의 실상을 폭로하였다. 결국 토비·비밀결사라는 조직을 통해 혁명에 참가했던 하남의 하층민은 다시 한번 '혁명파'와 결합하여 또다른 '혁명'에 나서야만 했는데, 백랑의 난은 토비·비밀결사 그리고 '혁명파'가 결합하여 일으킨 대표적인 원세개 반대투쟁, 즉 하남의 '제2혁명'이었다.

'제2혁명'은 신해혁명과 달리 군 내부의 분열, 상인·신사의 비협조 그리고 전반적인 안정 희구 분위기 등의 요인에 의해 실패했으며, 홀로 분전하던 백랑집단 역시 화북일대를 전전하다 좌절하고 말았다. 그러나 백랑의 출현

158

을 계기로 '제2의 백랑' '제3의 백랑'이 계속 하남서부 지역에 출몰함으로써 토비의 장기 지속현상이 촉발되었다. 그렇지만 백랑의 난이 진압된 이후인 1915년에서 1920년까지 하남은 이전 신해혁명 시기나 이후 군벌통치가 본격적으로 전개된 때에 비해 상대적이지만 안정되었다. 특히 1914년 8월 조척정권의 수립 이후 치안조직의 정비와 적극적인 토비 토벌활동을 통해 치안상황은 점차 호전되었는데 이러한 사실은 동 시기에 발생한 토비사건을 분석함으로써 확인할 수 있다. 즉 『하성일보』에 등장한 총 445건의 토비 출몰기사를 분석해보면 1910년대 후반 하남 토비는 국지적·계절적·한시적·소규모, '녹림'적 성격을 지녔다고 할 수 있으며, 이러한 의미에서 1910년대 후반의 상황은 토비의 전면적 등장을 보여주는 1920년대 이후와 구별되었다.

제2부

1920년대 군벌혼전의 심화와 토비 세계의 성립

하남은 중국의 중앙에 위치하여 예로부터 군사전략가가 서로가 얻으려고 다투는 지역이었고, 경한(京漢)·농해(隴海) 철로가 교차 부설됨에 따라 더욱 중시되었다. 왜냐하면 하남을 얻으면 동서·남북 종횡으로 진출할 수 있었고, 반대로 잃게 되면 복심(腹心)의 우환을 남겨 자신의 지반을 확고하게 장악할 수 없기 때문이었다.* 따라서 하남은 신해혁명 시기 청조의 남진을 위한 교두보였고, 1920년대 직환전쟁(直皖戰爭), 제1·2차 직봉전쟁(直奉戰爭) 등 대규모 전쟁의 영향권 내에 있었으며, 1930년 중원대전(中原大戰)의 직접적인 피해지역이었다. 이와같은 군사적 중요성에도 불구하고 하남에는 원세개(袁世凱)가 자신의 심복인 조척(趙倜)을 통해 비교적 안정적으로 통치한 1910년 후반을 제외하면 1920년대 전시기에 걸쳐 강력한 토착군벌이 등장하지 않았다. 예컨대 유진화(劉鎭華)의 진숭군(鎭嵩軍)이나 번종수(樊鍾秀)의 건국예군(建國豫軍) 등의 세력은 오패부(吳佩孚)의 직예파군(直隸派軍)이나 풍옥상(馮玉祥)의 국민군(國民軍)에 비해 크게 미약하여 이들은 중앙 대군벌에 의지한 채 불안정한 지방 소군벌로서의 독립성 정도밖에 유지할 수 없었다. 따라서 이들에게 전성 차원의 독자적 권력기구의 형성이나 전국적 국가건설의 전망을 기대하기란 곤란했다. 오히려 상당부분 토비나 유민 등으로 급조되어 미래에 대한 전망을 결여한 토착군벌과 지역에 대한 최소한의 관심조차 기울일 필요가 없었던 객군(客軍), 그리고 분열된 중국의 통일을 지향하면서 언제든지 개별지역을 희생할 준비가 되어 있는 대군벌(大軍閥) 등은 1920년대 군벌 혼전시기를 맞이하여 주둔군을 증대시키고 군비를 확대하여 지역재정의 악화를 초래할 수 있었다.

이러한 상황에서 토비 세계의 형성과 관련하여 현지사를 중심으로 하는 기존 치안유지활동에 대해 군벌통치가 끼친 영향에 주목해볼 필요가 있다. 즉 군벌통치의 전개에 따른 지역치안체제의 변화가 토비의 발전에 어떠한

---

* 「河南平民大會自衛宣言書」, 『申報』, 1920. 6. 22.

영향을 끼쳤는가에 대한 검토를 통해 1920년대 토비 세계 형성과정의 일단을 이해하려는 것이다. 아울러 군벌통치 혹은 군벌혼전의 직접적 결과물이고 기존 토비와는 성격을 달리하는 이 시기의 독특한 존재인 토비군대〔兵匪〕에 대해 더욱 깊은 관심을 기울일 필요가 있을 것이다.

토비의 만연현상은 홍창회 발전과 연결되었다. 왜냐하면 홍창회가 토비에 반대하는 자위집단으로 성립하였기 때문이었다. 그런데 홍창회를 민단과 같은 지주·신사 주도의 자위집단으로 이해할 수만은 없을 것 같다. 이미 살펴보았듯이 청말민초 하남에는 홍창회의 등장 이전에 이미 다양한 비밀결사가 분포하고 있었기 때문에 홍창회와 이 비밀결사들과의 관련성에도 주목해야 할 것이다. 또한 하남홍창회의 폭발적 증가를 가져온 요인으로서 그것과 기존 지역조직과의 결합, 효과적인 토비 토벌활동의 전개 등을 살펴보고, 왜 토비에 대항하기 위한 조직이었던 홍창회가 군벌에 대항하게 되는지에 대해 검토해보고자 한다. 이상의 과정에서 특히 관심을 기울일 것은 홍창회와 국민혁명과의 결합계기 및 양자의 합작과 대립 등 복잡한 문제를 설명해줄 홍창회운동의 내적 설명논리가 될 것이다.

2부의 내용을 이렇게 예상했을 때 논의의 출발점은 하남이 본격적으로 중앙군벌혼전에 휘말리게 되면서 전국적 정치의 중심으로 등장하게 된 계기에서 찾을 수 있을 것이다. 따라서 이하에서 1914년 백랑(白朗)의 난이 진압된 이후 1920년까지 비교적 안정적으로 하남을 통치하고 있었던 조척을 독군직(督軍職)에서 교체해야 한다는 독군교체파동에 대한 서술부터 시작하고자 한다.

I. 1920년대 초 독군(督軍) 교체파동의 전개

1. 독군교체파동의 발단과 의미

1914년 1월 원세개는 백랑집단을 제대로 토벌하지 못한 하남 도독 장진방(張鎭芳)을 해임시키고 육군총장(陸軍總長) 단기서(段祺瑞)를 하남 도독에 임명하여 백랑 토벌 임무를 맡겼다.[1] 그뒤를 이은 조척의 출세 역시 백랑에 의해 촉발된 측면이 크다. 1914년 1월 26일 독판예남초비사의(督辦豫南剿匪事宜)에 임명되어 백랑 토벌에 참여했던 조척은 그해 8월 백랑이 진압된 뒤 의군익장(毅軍翼長), 하남 호군사(護軍使)에서 하남 독리(督理, 1916년 7월 이후 독군으로 호칭됨)가 되었다. 이렇듯 백랑의 난이라는 전국적 사건을 계기로 하남의 군정 책임자로 등장한 조척이 이후 중앙정치에 적극적으로 참여하게 된 것은 중앙정계와의 개인적 관계 이외에도 수도 북경의 울타리로서 하남

---

1) 이하 1910년대 하남 軍政 장관의 변화와 연대기적인 사실에 대해서는 특별히 주기하지 않는 한 王天奬 主編 『河南省大事記』(中州古籍出版社 1993); 錢實甫 編 『北洋政府職官年表』(華東師範大學出版社 1991); 王天奬 等編 『河南近代大事記』(1840~1949) 河南人民出版社 1990; 郭廷以 編著 『中華民國史事日誌』 1(1912~1925), 中央研究院近代史研究所 1979 등 참조

이 차지하고 있던 지정학적 특수성을 통해서도 볼 때 자연스러웠다.

1915년 9월 그는 13성(省) 장관과 연합하여 원세개의 제제(帝制)를 청원하였고, 그해 12월 12일 원세개의 제제가 결정되자 변화된 정치상황에 대응하기 위해 재빠르게 대응하였다. 먼저 조척은 학교 교과서 내의 '공화'라는 글자는 모두 제거하고, 하남 내의 모든 공문의 '민국'을 '홍헌(洪憲)'으로 바꾸도록 하였다.[2] 한걸음 더 나아가 조척은 1915년 12월 운남(雲南)의 당계요(唐繼堯) 등이 제제에 반발하여 독립을 선언하고 호국군(護國軍)을 조직한 것에 대해 다음과 같이 비난하였다. "당계요, 임가징(任可澄) 등이 다시 공화의 명의를 이용하는 것은 윗사람을 업신여기고 난을 일으키기 위함이니 이는 바로 공화가 끼치는 해독이 아주 심각하다는 사실을 더더욱 충분히 증명해주는 것이다. 따라서 (공화란) 절대 중국에 다시는 존재해서는 안되는 것으로 반드시 깨끗이 없애버려 그 뿌리를 제거해야 한다"[3]고 강조하였다.

그러나 이렇게 공화 반대의 입장을 분명히했던 조척은 1917년 6월 장훈(張勳)의 복벽(復辟)이 발생하자 성장 전문열(田文烈)과 함께 진수사(鎭守使), 도윤(道尹)들에게 복벽 반대의 입장을 명확히하면서 군민에게 공화유지를 천명하였다.[4] 이어 장훈 토벌을 통전하고 예동(豫東)진수사 보덕전(寶德全)을 예동총사령(豫東總司令)에 임명하면서 관할지역의 철로 노선을 엄밀히 경계하게 함으로써 서주(徐州)에 주둔중이던 장훈 정무군(定武軍)의 북상을 사전에 막도록 하였다. 또한 조척은 7월 10일 개봉(開封), 정현(鄭縣), 신양(信陽), 창덕(彰德), 귀덕(歸德) 등 중요지역에 계엄을 선포하고 서점풍(徐占風)을 계엄총사령(戒嚴總司令)에, 근운악(靳雲鶚)을 신양계엄사령(信陽戒嚴司令)

---

2) 또한 정치권 내에서 '민국'이란 단어는 이미 폐물이 되었다고 보도되었다. 「河南當局示文用洪憲年號」, 『申報』, 1916. 3. 17.

3) 「趙倜田文烈反對雲南獨立通電之一」, 『申報』, 1916. 1. 1; 「趙倜田文烈反對雲南獨立通電之二」, 『申報』, 1916. 1. 3. 조척의 이러한 보수적 태도는 孔教를 헌법 조문에 넣자는 주장에서도 다시 한번 확인된다(「趙倜田文烈主張孔教入憲案」, 『長沙大公報』, 1917. 2. 13).

4) 「趙倜等取消獨立通電」, 『長沙大公報』, 1917. 6. 24.

에, 범락전(范樂田)을 창덕계엄사령(彰德戒嚴司令)에, 악헌왕(岳憲王)을 창덕계엄부사령(彰德戒嚴副司令)에, 시득귀(柴得貴)를 개봉계엄사령(開封戒嚴司令)에, 보덕전을 귀덕계엄사령(歸德戒嚴司令)에 각각 임명하였다. 그리고 여장(旅長) 성신(成愼)에게는 직접 군대를 이끌고 장훈을 토벌하도록 하였다.

그러나 조척은 처음부터 장훈에 대한 반대입장을 명확히했던 것은 아니었다. 예컨대 1916년 원세개 사망 이후 하남을 포함한 북방 측의 단결을 위해 네 차례에 걸쳐 개최된 서주회의(徐州會議)에서 장훈은 국회, 총통부와 대립관계에 있었던 단기서를 지원하는 입장을 취하했으며, 단기서 역시 장훈의 복벽을 유도하여 총통 여원홍(黎元洪)을 축출할 계획이 있었다고 볼 수도 있다. 때문에 논자에 따라서는 서주회의에 참여하였던 조척을 복벽의 적극 지지자로 규정하기도 하였다.[5] 그러나 서주회의가 단순히 복벽을 위해서뿐만 아니라 남방 측의 세력확대에 대한 단기서를 중심으로 한 북방 측의 공동대응이란 각도에서 이해될 수 있다면 이상과 같은 이해는 조척의 입장을 지나치게 단순화시킨 것이라 할 수 있다. 오히려 조척의 입장은 공화나 복벽에 대해 분명한 태도를 보이는 것이 아니라 당시 군사적 실권자인 단기서의 입장을 추종하는 것 그 자체라 하는 편이 더 사실에 근접할 것이다. 이러한 조척의 태도는 1917년 5월 단기서의 면직에 반발하여 북경정부와 관계 단절을 선언하면서 안휘파(安徽派)와 함께 총통 여원홍의 하야를 촉구했을 때에 잘 나타난다.[6]

그러나 안휘파에 대항하는 직예파의 등장이라는 정국의 변화는 북경의 울

5) 陳傳海·徐有禮 編著 『河南現代史』(河南大學出版社 1992) 39~40면. 이밖에 총통 黎元洪과 총리 段祺瑞의 갈등('府院之爭') 및 張勳의 復辟과 段祺瑞의 북경정부 장악과정에 대해서는 曾毓雋「黎段矛盾與府院衝突」, 杜春和 等編『北洋軍閥史料選輯』上冊(中國社會科學出版社 1981) 260~65면; 朴埈洙「「臨時約法」體制와 段祺瑞軍閥政權(1916~1920)」(高麗大學校大學院 史學科 博士學位論文 1995. 6) 75~90면 참조.
6) 「各省獨立風潮三誌」, 『長沙大公報』, 1917. 6. 5; 「各省脫離關係之影響」, 『申報』, 1917. 6. 2.

타리인 하남을 책임지고 있던 조척에게 새로운 선택을 강요하였다. 무력통일론 대 평화통일론이라는 남북통일 방법상의 문제와 서수쟁(徐樹錚)을 통한 단기서의 외몽골 진출문제 등을 둘러싸고 사사건건 대립하고 있었던 단기서의 안휘파와 조곤(曹錕), 오패부의 직예파(直隷派), 그리고 장작림(張作霖)의 봉천파(奉天派) 사이에서 조척은 초기에는 명확한 입장을 취하지 않았다. 이러한 조척의 관망적인 태도에 결정적인 영향을 미친 사건은 1919년 가을부터 계속된 오패부의 북상 움직임이었다. 본래 단기서의 무력 통일정책을 위한 주력군으로 참여한 오패부는 남하하여 1918년 3월 26일 호남 장사(長沙)까지 점령하였으나, 안휘파와의 갈등으로 인하여 주전파에서 주화파로 입장을 선회함으로써 그의 정책을 사실상 좌절시킨 바 있었다.[7] 따라서 단기서는 오패부의 북상이 호남에서의 남북 세력균형을 파괴하고 북경정부에 대한 위협으로 작용할 것이라 염려한 나머지 그를 막으려는 여러 조치를 강구하였다. 1920년 2월 23일 장강상유총사령(長江上游總司令) 오광신(吳光新)의 하남 독군 임명은 그 가운데 하나였다.[8]

단기서는 조척이 과거 복벽을 추진하던 장훈에 대한 토벌과정에서 자신에게 협조하였지만, 그의 관할하에 있던 굉위군(宏威軍, 이전 의군毅軍)이 강계제(姜桂題)의 구회군(舊淮軍) 계통으로 안휘파 소속이 아니었고, 또 군사력도 그다지 강하지 못하기 때문에 자신의 명에 따라 오패부군의 북상을 저지할 수 없을 것으로 판단하였다.[9] 따라서 그는 자신의 처남이며 안휘파의 '4대 금강(四大金剛: 서수쟁, 근운붕靳雲鵬, 부량좌傅良佐, 오광신)' 가운데 한 사람인 오광신을 독군에 임명하여 하남을 완전하게 안휘파의 수중에 넣어 호남에서

---

7) 段祺瑞의 무력통일론과 그 좌절과정에 대해서는 朴埈洙, 앞의 글 90~106면; 陶菊隱『督軍團傳』(上海書店出版社 1998) 142~50면; 陶菊隱『北洋軍閥統治時期史話』4(生活・讀書・新知三聯書店 1978) 124~54면 참조. 이하『北洋軍閥統治時期史話』로 약칭.

8) 郭廷以, 앞의 책 484면.

9) 陶菊隱『北洋軍閥統治時期史話』5(生活・讀書・新知三聯書店 1978) 131~32면.

의 오패부 북상을 저지하려 하였던 것이다. 결국 직예파와 안휘파 간의 대립은 1914년 이후 7년 동안 독군으로서 비교적 안정적인 지위를 유지해왔던 조척에게, 그리고 안휘파의 세력확대에 예민하게 반응하던 하남 내외의 각 세력에게 커다란 충격을 주어 이른바 독군교체파동을 일으키게 되었다. 하남을 장악하려는 단기서의 의지는 독군교체 이외에 1917년 이후 조척이 겸직하고 있었던 성장에 안복계(安福系) 중의원(衆議院) 비서장 왕인천(王印川)을 임명하려는 데에서도 확인할 수 있다.

단기서의 입장에서 볼 때 안휘파의 적계(嫡系)가 아닌 조척[10]이 북경정부 중앙의 명령을 충실히 실행할지 회의적이었다고도 볼 수 있다. 예컨대 예북통령(豫北統領) 전작림(田作霖)이 단기서 정부의 명령에 따라 병력을 감축하자 조척은 그의 지휘권을 빼앗은 적이 있었다. 그런데 독군교체파동은 조척이 성장을 겸직한 이후 그의 동생 조걸(趙傑)이 현지사의 임명에 관여하여 매관매직을 일삼았기 때문에 발생하였다는 지적이 있다.[11] 그러나 후술하듯 하남 내에 조척 교체에 대한 광범한 반대가 있었던 것을 고려한다면 오히려 섬서(陝西), 강서(江西) 등을 자신의 기반으로 삼으려다가 실패한 오광신이 단기서의 의도와 지원에 의해 신양으로 진출하면서 독군교체파동을 촉발시킨 것으로 이해된다.[12]

독군직을 7년 동안 유지하면서 실질적으로 하남을 자신의 기반으로 장악해왔던 조척이 오광신의 도전에 무력하게 굴복하지는 않았다. 한 예로 조척

---

10) 기본적으로 趙倜은 단기서의 嫡係가 아니라는 지적에 대해서는 「旅滬豫人開會反對吳王督長河南」, 『申報』, 1920. 2. 25; 「北京通信」, 『申報』, 1920. 3. 2 참조.

11) 「北京通信」, 『申報』, 1920. 3. 2.

12) 趙倜의 입장을 대변한 구의회 의원 王杰의 말에 따르면 段祺瑞의 최초 계획은 오패부를 湖北 독군, 張敬堯에게 하남 독군, 趙倜에게 熱河 독군에 순차적으로 임명하는 것이었다. 하지만 趙倜이 이를 반대하였기 때문에 吳光新이 하남으로 진출하게 되었다. 「黎天才密電 (1920. 3. 25), 中國第二歷史檔案館 編 『直皖戰爭』(江蘇人民出版社 1980) 77~78면. 이하 『直皖戰爭』으로 약칭.

은 1919년 가을 이미 군 지휘관들과 함께 자신이 타지로 전출당할 경우 바로 공동으로 항거할 것을 결정하고, 다른 한편으로는 조걸을 통해 북경정부 중앙에 뇌물을 상납하여 위기를 면하려 했다.[13] 그러나 독군교체의 명령이 떨어지자 바로 조걸, 상득승(常得勝) 등의 부대를 경한철로 남단에 집중시켜 오광신 군대에 대한 저항태세를 갖추었다.[14] 조척은 군대 전체를 셋으로 나누어 제1로사령관(第1路司令官)에 하남 제1혼성려단장(第1路司令官) 성신을, 제2로사령관에 귀덕진수사(歸德鎭守使) 겸 의군통령(毅軍統領) 보덕전을, 제3로사령관에 굉위군 통령(統領)이자 자신의 동생 조걸을 각각 임명했다.[15]

그러나 당시 북경정부를 장악하고 있었던 안휘파에 대해 하남 1개 성으로 대항하는 것은 불가능했기 때문에, 조척은 반안휘파(反安徽派) 전선에 적극적으로 가담하였다. 당시는 이미 직예파와 안휘파 간의 갈등이 점점 심화되어가는 상황이었다. 특히 직예파 총통(總統) 풍국장(馮國璋)과 단기서 간의 대립, 풍국장의 지시에 의한 범국장(范國璋), 왕여현(王汝賢)의 1917년 11월 호남 전선이탈, 그리고 전술한 오패부의 북상과 남방측과의 동맹노력, 변방군(邊防軍, 이전 참전군參戰軍)을 이끌고 외몽골로 진출하려는 '서북왕(西北王)' 서수쟁과 '동북왕(東北王)' 장작림 간의 대립, 장강삼독(長江三督)과 서수쟁 간의 갈등 등은 마침내 반안휘파 직예파·봉천파연합 [반환직봉연합(反皖直奉聯合)]으로 귀결되었다. 구체적인 형태는 먼저 1919년 가을 직예, 강소, 호북, 강서 4성과 장작림 세력하의 봉천(奉天), 길림(吉林), 흑룡강(黑龍江) 3성이 결합한 반안휘파 7성동맹 [반환7성동맹(反皖七省同盟)]이었다.[16] 이어 1920년 2월 이제까지 직예파와 안휘파 간의 갈등에 초연했던 조척이

---

13) 「北京通信」, 『申報』, 1920. 3. 2.
14) 毅軍翼長 常德盛 등 군인들의 조척 지지표명과 군사행동에 대해서는 「岑春萱密電(1920. 2. 27); 「常德盛等反對更易豫督幷請姜桂題暫主豫政密電」(1920. 2. 28), 『直皖戰爭』, 71~73면 참조.
15) 「王天縱密電」(1920. 3. 26), 『直皖戰爭』, 1980, 78~79면.
16) 이상 反皖七省同盟의 성립과정에 대해서는 『北洋軍閥統治時期史話』 5, 128~31면.

여기에 가담함으로써 반안휘파 8성동맹이 성립되기에 이르렀다.[17] 이것은 일종의 공수동맹의 성격[18]을 띠고 있었다. 하남이라는 1개 성밖에 장악하고 있지 못한 지방(소)군벌인 조척의 입장에서 보면 안휘파, 직예파, 봉천파 등 중앙(대)군벌간의 혼전이 벌어지는 현실에서 생존하기 위한 불가피한 선택이었을 것이다. 조척이 직예파로 점차 접근하게 됨에 따라 조곤은 직예, 산동, 안휘, 강소, 호북, 강서 외에 하남을 포함한 7성연방을 제안하였다. 이에 호응하여 하남의 오경동(吳慶桐)은 산동의 당천희(唐天喜), 안휘의 사준옥(史俊玉), 호북의 장련승(張聯陞) 등과 함께 사령관으로 파견되었다.[19] 이로써 반환8성동맹은 하남의 독군교체파동에 적극적으로 개입할 수 있는 기틀을 마련하였다.[20]

이번 독군교체파동에 대한 여론의 동향은 군사적 공수동맹과 못지않게 중요했다. 조척에 대한 직예파의 입장은 직예파와 안휘파 간의 갈등구조에서 바라볼 때 분명하였다. 특히 조곤은 총통 서세창(徐世昌)에게 다음과 같이 자신의 입장을 명확히 밝혔다. "종전(1918년 3월—인용자) 호남전(湖南戰) 이후 단기서는 호남 독군의 지위를 장경요(張敬堯)에게 맡김으로써 호남 독군교체파동을 일으켜 아직 그 충격이 가시지 않았는데, 최근 다시 자신의 친척(오광신—인용자)을 위해 질서가 잘 유지되어온 하남을 전장으로 내몰려 하니 어찌 천하의 인심을 얻을 수 있겠는가"라고 반문하면서 만약 오광신과 조척이 서로 대립할 경우 당연히 조척을 지원하겠다고 하였다.[21] 호남 독군교체

---

17) 郭廷以, 앞의 책 484면;「豫督問題」,『申報』, 1920. 3. 2.

18) 孟恩遠, 張樹元 등이 파직당했을 때 直隷派 督軍들이나 盧永祥 등 督軍團이 집단적으로 항의하는 등 공동보조를 취하였다.「北京通信」,『申報』, 1920. 3. 2.

19)「七省聯防之司令」,『長沙大公報』, 1920. 3. 2.

20)「專電」(1920. 3. 3),『申報』, 1920. 3. 5.

21)「北京通信」,『申報』, 1920. 3. 2. 이밖에도 독군교체에 대한 조곤의 반대입장은「豫督去留問題」,『申報』, 1920. 2. 28;「豫督去留問題」,『長沙大公報』, 1920. 3. 1 등을 통해서도 확인할 수 있다.

파동에 이은 하남의 독군교체파동이 단기서의 세력확대의 일환이기 때문에 전쟁을 불사해서라도 막겠다는 강력한 의지의 표시로 이해된다.

이번 사태에 대한 오패부의 입장도 분명하였다. 오패부는 "지방관리는 일가(一家)의 개인재산이 아니고, 정권은 일계(一系)의 영업이 아니다"라고 전제하면서 현정부가 자신에게 복종하면 존속시키고 거역하면 제거하는 등 이전 청조나 원세개도 감히 하지 못하던 일을 서슴없이 자행한다고 보았다. 그러면서 오패부는 "전국이 넓기 때문에 일계가 모두 장악할 수 없으며, 지방관리가 다수이어서 일당(一黨)이 모두 장악할 수 없으며, 대중의 수가 너무 많아 일인(一人)이 모두 강제로 부릴 수는 없다"고 주장하였다.[22] 여기서 오패부가 말하는 '일계' '일당' '일인'은 각각 안휘파, 안복계, 단기서를 지칭하는 것이 분명하다. 그의 주장대로라면 이번 독군교체파동의 핵심 원인은 안휘파의 권력독점 의도에서 비롯된 것이 된다. 일종의 세력분점을 요구하는 것인데, 그것이 받아들여지지 않을 경우 오패부 역시 전쟁의 위험성을 경고하였다.

앞서 조곤의 주장에서도 보이지만 독군교체파동이 일어나기 전 조척통치하의 하남은 비교적 큰 혼란 없이 안정을 유지했던 것으로 보인다. 그렇기 때문에 독군교체파동의 와중에서 하남자치촉진회(河南自治促進會) 등 24개 단체는 이전 7년 동안 이루어진 조척의 업적을 높이 평가하면서 독군교체에 반대하였다.[23] 또한 하남 국민대회위원회는 「경고(警告)」와 「국민대회위원회포고(國民大會委員會布告)」라는 전단을 통해 안휘파의 하남 장악을 반대

---

22) 「吳佩孚反對吳光新督豫」, 『長沙大公報』, 1920. 3. 4; 「吳佩孚對易汴督問題之憤慨」, 『申報』, 1920. 3. 3. 이밖에도 오패부의 독군교체 반대주장은 「專電」, 『申報』, 1920. 2. 26; 郭廷以, 앞의 책 484면 등 참조

23) 「河南自治促進會等保趙電」, 『天津大公報』, 1920. 3. 2. 또한 이 보도에 따르면 하남의 대표들은 북경정부에 독군교체 반대 청원운동을 전개했으나 무시당했다고 한다. 이밖에도 독군교체 반대여론에 대해서는 「河南豫政籌進會等反對更易豫督電」(1920. 2), 『直皖戰爭』, 68~70면; 「汴垣雜訊」, 『申報』, 1920. 3. 8 참조

하며 오광신과 왕인천 반대를 위한 국민대회 개최를 촉구하였다. 이렇게 하남 대중이 이들을 반대한 이유 가운데 하나는 그동안 유지되었던 하남 내의 평화가 깨지고 그 틈을 이용해 토비가 극성할지 모른다는 두려움 때문이었다. 또한 이와 함께 하남여호각계연합회(河南旅滬各界聯合會)의 주장에서 드러나듯이 오광신과 왕인천이 독군과 성장에 각각 임명될 경우 그들이 하남이 아니라 안휘파를 위해 충성할 것이라 경계했기 때문이었다.[24] 또한 독군교체 문제가 하남의 존망과 관계된 중요한 문제라고 판단한 하남 성의회 의원들은 오광신의 퇴출을 결의하였다.[25]

이렇게 각계의 반대가 잇따르는 상황에서 북경정부 국무회의는 1920년 2월 26일 하남 독군에 오광신을, 성장에 왕인천을 각각 임명할 것을 의결하고 총통에게 승인을 요청하였다. 그러나 1918년 10월 안복계 국회에 의해 총통에 선출된 서세창은 왕인천의 성장 임명만을 인정하고 독군교체에는 동의하지 않았다. 이러한 서세창의 입장은 먼저 스스로 하남 급현(汲縣) 출신이기 때문에 하남 내의 여론동향을 무시할 수 없다는 개인적 사정에서 이해할 수 있을 것 같다. 또한 이미 지적하였듯이 조곤과 오패부는 조척을 지원하며 전쟁도 불사하겠다는 의지를 분명히하고 있는 상황에서 오광신의 신양진출과 독군교체는 필연적으로 전쟁을 야기할 수 있는 상황이었다. 따라서 서세창은 "내가 총통으로서가 아니라 하남 거신(巨紳)의 자격으로서 결코 하남지방에 전쟁이 발생하지 않도록 할 텐데, 이번의 독군교체는 반동을 촉발시키므로 나는 절대 받아들이지 않을 것이다"[26]라고 자신의 입장을 분명히

---

24) 「汴省軍民拒吳王之消息」, 『申報』, 1920. 3. 5; 「旅滬豫人開會反對吳王督長河南」, 『申報』, 1920. 2. 25; 「河南旅督風潮之近訊」, 『申報』, 1920. 3. 6.

25) 「河南省議會請將吳光新部調出豫境電」(1920. 2. 12), 『直皖戰爭』; 「河南省議會反對更易豫督并請令吳光新部撤出豫境電」(1920. 2~3), 『直皖戰爭』, 66~68면; 「河南易督風潮之近訊」, 『申報』, 1920. 3. 6; 「各通信社電」, 『申報』, 1920. 3. 4.

26) 「北京通信」, 『申報』, 1920. 3. 2. 또한 직예파의 지원을 확인한 조척으로서는 1920년 3월 3일 특별계엄령을 반포하고 중앙정부와의 관계의 관계를 끊으려 하는 등 강경한 태도를

밝혔다.

이러한 총통 서세창과 단기서의 중간에서 입장이 곤란해진 사람은 총리 근운붕이었다. 서세창의 반대의사를 전달받은 단기서는 근운붕을 향해 "당신이 이렇게 쓸모가 없는데 어떻게 총리 노릇을 할 수 있겠는가"라며 면박을 주었다. 사실 근운붕의 총리직 임명은 사실상 단기서에 의한 것이고, 수차례에 걸친 안복계의 내각붕괴 시도 역시 단기서가 중재하여 무마시킨 바 있었다. 따라서 근운붕의 입장에서는 단기서에게 상당한 정치적 빚을 지고 있었던 셈이지만 그렇다고 총통의 결정에 대항할 수도 없는 상황이었다. 결국 그가 택한 결정은 2월 27일 총리 사직을 통해 총통에 대하여 항의하면서 동시에 단기서에 대해서는 사과의 뜻을 표하는 것이었다. 근운붕이 사직을 결심할 당시 조곤은 다시 한번 그에게 "조척을 제거하고 오광신을 등용하는 것은 북양 군벌의 해체를 의미하므로 절대 실행할 수 없다" 못박았다. 따라서 당시 정국은 "총통이 양보하지 않으면 총리가 사직할 것이고, 또 총통이 양보하면 또다른 문제를 면하기 어려울 것이므로 전도를 예측하기 어렵다"고 전망되었다.[27] 여기서 '또다른 문제'가 조곤 등 직예파의 반발을 지칭함은 물론이다.

1920년 2월 29일 서세창의 만류로 이틀 만에 근운붕은 사직을 철회하였다. 하지만 이번에는 하남의 독군교체 문제를 제대로 해결하지 못한 근운붕에 불만을 지닌 안복계가 내각 붕괴를 시도하였다. 구체적으로 안복계는 당시 교착상태였던 남북평화회의 북측 대표이며 안복계의 중심인물인 왕읍당(王揖唐)을 귀환시켰다. 또한 같은 안휘파이면서 외몽골 진출문제 등을 둘러

보이고 있어 그만큼 전쟁의 가능성은 높았다(「專電」, 『申報』, 1920. 3. 4).

27) 「北京通信」, 『申報』, 1920. 3. 2. 한편 郭廷以, 앞의 책 485면에 따르면 근운붕의 사직 원인을 단기서가 독군교체 문제에 대해 양보하지 않았던 데에서 찾고 있는데, 지적하였듯이 이와 함께 서세창의 태도도 고려해야 할 것이다. 또한 근운붕은 단기서의 면박에 화가 나서 사직한 것이라는 지적(『北洋軍閥統治時期史話』 5, 133면)은 사태를 너무 단순하게 이해한 것으로 보인다.

싸고 근운붕과 대립관계에 있었던 서수쟁은 새로운 주수모(周樹模) 내각에 동의하면서 스스로 육군총장의 직을 맡겠다고 나섰다. 3월 3일 안복계 3총장인 재정총장 이사호(李思浩), 교통총장 증육준(曾毓雋), 사법총장 주심상(朱深相) 등은 국무회의에 출석하지 않았고 4일에는 사표를 제출하여 근운붕 내각의 붕괴를 재촉하였다.[28] 근운붕 내각을 유지하도록 노력한 쪽은 조곤, 장작림 등 반환8성동맹 측이었다. 또한 이미 근운붕의 사직을 만류한 바 있었던 서세창 역시 내각 유지를 주장하였다. 그들이 이러한 태도를 취한 이유는 근운붕과 서수쟁의 대립을 이용하여 안휘파를 견제하려 하였기 때문이었다.[29] 결국 단기서는 안복계 세 총장의 사직 취소를 지시하고 이들은 3월 16일 각의에 출석하였다.

근운붕 내각이 유지됨에 따라 내각붕괴 파동을 야기했던 하남의 독군교체 파동 역시 해결의 실마리를 찾아갔다. 총통 서세창이 독군교체에 반대하고 있는 상황에서 단기서 측은 첫째, 조척을 교체하지 않고 대신 동생 조걸을 처벌하며, 둘째, 왕인천을 성장으로 맞이하고, 셋째, 오광신 부대 가운데 2개 여단을 하남 내에 주둔시킨다는 타협안을 제시하였다.[30] 그러나 이 조건은 지위보장의 측면에서 조척에게 유리한 점이 없지 않았지만, 오광신 부대를 하남 내에 주둔시킨다는 단서조항은 그가 받아들이기 쉽지 않았을 것이다. 이 점은 조척이 조곤을 통해 북경정부에 전달한 조건──첫째, 이미 출동한

---

28) 근운붕의 사직, 번복과정과 안복계의 근운붕 내각붕괴 기도에 대해서는 「靳雲鵬辭職問題之形勢」, 『申報』, 1920. 3. 5; 『北洋軍閥統治時期史話』 5, 133면; 郭廷以, 앞의 책 485~86면; Andrew J. Nathan, *Peking Politics, 1918~1923, Factionalism and Failure of Constitutionalism* (Berkeley and Los Angeles, California: University of California Press 1976) 168~70면 참조.

29) 조곤, 장작림 및 反皖八省同盟의 근운붕 지지 통전에 대해서는 『申報』, 1919. 9. 29; 『申報』, 1920. 2. 25; 『申報』, 1920. 3. 6; 『申報』, 1920. 3. 10; 『申報』, 1920. 3. 15; 郭廷以, 앞의 책 487면 참조.

30) 「專電」(1920. 3. 4), 『申報』, 1920. 3. 5.

군대는 원래 주둔지로 철수하고 동시에 오광신 부대는 하남을 떠나며, 둘째, 기왕의 잘못을 문책하지 않고, 셋째, 군 경비의 부족분을 중앙정부가 지급하며, 넷째, 이번 계기로 진수사를 교체하지 않는다[31] ─과 비교해보면 쉽게 이해할 수 있을 것이다. 그러나 정부 측에서 반응을 보이지 않자 조척은 다시 군무회판(軍務會辦)을 설치하지 않고, 하남에서의 병력 축소문제는 잠시 논의를 미루며, 객군은 모두 철수할 것 등 세 가지 조건을 정부에게 직접 제출하였다.[32] 촛점은 여전히 조척의 군권 장악에 맞춰져 있음을 알 수 있다.

그런데 조척은 당시 정주(鄭州)와 신양 일대에 주둔중인 오광신 군대에 대항하여 변락(汴洛)·도청(道淸)·경한철로 주변의 주둔군을 북경정부의 허락 없이 개봉, 정주 등에 집중시키고 산동 인접지역의 군을 하남 내부로 이동시켰다.[33] 이는 협상을 통한 평화적인 해결과 함께 진행된 일종의 무력시위라 할 수 있다. 그러나 하남과 산동 경계에 주둔하던 군대가 오광신의 하남 진주 때문에 위해 주둔지를 이탈하자 변경지역의 토비가 크게 발생하였고, 그에 따라 산동 독군 전중옥(田中玉)은 주둔군의 회군을 요청하였다.[34] 여기에 더해 북경정부의 명령까지 받게 되자 조척은 군대를 되돌릴 수밖에 없었다.[35] 이후 조척은 난관을 타개하기 위해 급히 오패부에게 협조를 요청하였다. 오패부는 3월 1일 이미 부관 임성계(林星階)를 하남 성의회에 파견하여 단기서 정부를 비난하면서 지원을 약속하고 조걸과 함께 오광신에 대한 공동대응을 협의한 바 있었다. 따라서 군대의 복귀 요구명령을 받은 조척이 다시 상의를 해오자 3월 5일 오패부는 호남남부에 주둔중인 육군 제3사단을 북상시키기로 결정하였다. 조곤 또한 오패부의 북상을 적극 지지하여

---

31) 「豫督撤煥問題之京訊」, 『申報』, 1920. 3. 6; 「豫督問題形勢仍險惡」, 『申報』, 1920. 3. 10.

32) 「豫潮仍無平息希望」, 『申報』, 1920. 3. 11.

33) 「豫督問題形勢仍險惡」, 『申報』, 1920. 3. 10.

34) 「專電」(1920. 3. 5), 『申報』, 1920. 3. 6.

35) 「豫督問題形勢仍險惡」, 『申報』, 1920. 3. 10.

북경정부의 허락 여부와 관계없이 추진할 것임을 명확히하였다. 이렇게 직예파와 조척이 단결하자 북경정부로서도 양보할 수밖에 없었다. 오광신 군대의 호북 회군은 그 구체적 조치 가운데 하나였다.[36]

이 시기 조척과 직예파 간의 협조관계는 또다른 측면에서 확인할 수 있다. 조척은 오패부에 호응하여 산동 주권문제에 대한 일본과의 직접 교섭을 반대하였다. 1920년 3월 4일 조척은 "공화국에서는 국민을 주체로 삼아야 하며 외교는 여론의 추이를 따라야 한다"[37]고 천명하였다. 이것은 국민의 힘에 의거해 정부에 대적하겠다는 의지의 표시로써 조척이 독군교체 문제로 불거진 불만을 산동 주권문제와 결합시켜 안휘파 정부를 압박한 것이었다.[38]

이제 조척에게 마지막으로 남은 것은 안휘파인 왕인천의 하남 성장 임명에 대해 어떻게 대처할 것인가 하는 문제였다. 3월 8일 왕인천은 부임하였지만, 하남 국민대회와 하남 성의회는 거부의 태도를 분명히하였다. 특히 하남 국민대회의 3월 7일자 전보에는 "왕인천이 (개봉에) 도착하는 날이 바로 하남인에 의해 죽임을 당하는 날이 될 것이다"라는 표현이 있을 정도였다.[39] 3월 7일 수만명이 참가한 가운데 제5차 하남 국민대회가 개최되었다. 이 대회의 의제는 산동 주권문제, 독군교체 문제 이외에 성장에 관한 것이었다. 대회 후 채택된 결의안 6개 가운데 주목되는 부분은 왕인천의 성장 임명 반대와 함께 그들이 내세운 논리였다. 즉 "하남의 성장은 하남인이 함께 선발한다"라는 대목이다.[40] 단순한 왕인천 성장 임용 반대운동에서 더 나아가 성

36)「豫潮仍無平息希望」,『申報』, 1920. 3. 11.
37)「豫督問題形勢仍險惡」,『申報』, 1920. 3. 10; 郭廷以, 앞의 책 486면.
38)『北洋軍閥統治時期史話』 5, 133면.
39)「王印川出京後之豫事觀」,『申報』, 1920. 3. 12.
40) 이러한 주장은 후술하게 될 "하남인에 의한 하남통치"의 한 정형이라 할 수 있을 것이다. 이밖에 산동문제에 관한 직접 교섭반대, 오광신 반대 등의 결의가 있었다. 또한 이상 결의가 북경정부에 의해 받아들여지지 않을 경우 동맹휴학, 동맹파업, 동맹철시, 납세거부 등 실력행사를 단행할 것임을 분명히하였다. 이상「紀河南國民大會詳情」,『申報』, 1920. 3.

장을 하남인이 직접 선출하겠다는 적극적인 자치의 움직임까지 보였다. 이미 지적했듯이 하남인들은 비하남인 혹은 안휘파가 독군 혹은 성장을 장악할 경우 하남의 지역 이익이 훼손당할 수 있을 것으로 판단했기 때문이었다.

그런데 비등해진 여론을 등에 업고 안휘파에 대항하고 있던 조척은 왕인천의 성장 임명 건에 대해서는 좀더 신중한 태도를 취했다. 독군교체 풍조가 처음 발생했을 때 그의 성장 취임에 반대하였던 조척은 돌연 입장을 바꿔 그를 환영하였다. 그 이유는 조척에게 그의 임명을 받아들이자는 주변의 설득논리에 잘 나타난다. 첫째, "군정과 민정의 분리는 일반인이 가장 바라는 바로서 만약 그것을 실행하지 않는다면 장차 다른 사람에게 구실을 주게 되니 차라리 이번을 계기로 실시하여 혼란을 미연에 방지하는 것이 낫다." 둘째, "왕인천은 본래 서생 출신으로 경력이 보잘것없어 이용할 만하며, 하남인이기 때문에 외성인(外省人)보다는 나을 것이다" 등이었다.[41] 마지막으로 하남 성의회 부의장 왕수옥(王樹玉)을 포함한 의원 65명이 북경정부에 연명으로 왕인천의 성장 임명을 촉구하였던 점[42]도 조척의 태도변화에 영향을 끼쳤을 것이다. 1917년 12월 4일부터 하남의 민정과 군정을 동시에 장악해 오고 있었던 조척의 입장에서 본다면 왕인천을 성장으로 받아들임으로써 군정과 민정의 분리라는 명분을 내세울 수 있었다. 또한 앞서 국민대회의 결의안 가운데 보이는 "하남인에 의한 하남 성장의 선발"까지는 아니더라도 "하남인에 의한 하남통치 [예인치예(豫人治豫)]"라는 초보단계의 자치를 이룰 수 있었다."

그러나 안휘파 왕인천에 대한 조척의 태도변화는 독군교체파동의 과정에

13 참조

41) 「開封通信」, 『申報』, 1920. 3. 25. 조척을 설득한 자는 왕인천 부임 전 조척과 협상했다고 보도된 唐天喜라는 인물이었던 것으로 추측된다(「王印川出京後之豫事觀」, 『申報』, 1920. 3. 12). 또한 초기 조척의 강경한 반대입장에 대해서는 「專電」(1920. 3. 8~9), 『申報』, 1920. 3. 10 참조.

42) 「王樹玉等請令豫省長王印川剋日回任電」(1920. 7. 26), 『直皖戰爭』, 249~50면.

서 안휘파를 공격하면서 그를 지원해준 오패부의 불만을 야기할 수 있었다. 또한 오패부는 조척에게 자신의 군대가 북상하여 정주를 통과할 때 70만원을 위로비 명목으로 요구하였지만, 조척은 20만원만을 제공하겠으며 하차하지 말고 바로 통과할 것을 요구하였다.[43] 오패부의 군대가 자신의 관할지역에 주둔할 것을 미연에 방지하려는 조척의 의도가 엿보이지만 반대로 조척에 대한 오패부의 태도에도 영향을 미칠 수 있는 행동이었다. 그렇다면 하남의 독군교체파동이 어느정도 일단락된 이후 이번에는 하남이라는 기반을 둘러싸고 조척과 오패부의 갈등이 발생할 가능성이 점증하고 있다고 할 수 있다.

2. 조척(趙倜)정권의 몰락과 군벌 각축전의 전개

1920년 6월 8일 오패부는 형양(衡陽)→장사→한구(漢口)를 거쳐 정주에 도착하였다. 북상하는 오패부군에 위협을 느낀 단기서는 이미 5월 17일 비밀 군사회의를 개최하여 스스로 천섬초비총사령(川陝剿匪總司令)이 되어 변방군 제1·3사단을 이끌고 섬서로 출발하기로 하였다. 겉으로는 섬남민군(陝南民軍)과 천전정국군(川滇靖國軍) 토벌에 나선다고 했지만 실은 정주와 경한철로를 장악하여 조척정권을 붕괴시키고 북상하려는 오패부군을 저지할 목적이었다. 오패부가 계속 북상을 감행할 경우 단기서가 염두에 둔 전장은 하남 평원이었다. 이유는 북경을 전쟁의 피해에서 보호할 수 있고, 산동, 안휘 등 주변지역 안휘파 군벌의 지원을 쉽게 받을 수 있었기 때문이었다. 비록 봉천군(奉天軍)이 수도방위를 핑계로 북경 진출을 노렸기 때문에 위의 계획은 무위로 끝나고 말았지만 독군교체파동 이후 전략적 요충지로서 하남의

---

43)「開封通信」,『申報』, 1920. 3. 25.

중요성이 여전히 계속되고 있음을 알 수 있다.

1920년 7월 14일 직예파·봉천파 대 안휘파 간의 전쟁[직환전쟁直皖戰爭]이 발발하였다. 대규모 전투는 주로 직예에서 전개되었지만, 이미 직예파로 기운 조척 또한 통전 혹은 후방의 군사작전을 통해 적극적으로 전쟁에 참여하여 안휘파와의 전쟁 승리에 일조하였다.[44] 그러나 전쟁에 승리한 뒤 조척에게 돌아온 것은 직노예순열부사(直魯豫巡閱副使) 오패부라는 부담이었다. 그가 낙양(洛陽)을 선택하여 직노예순열부사서(直魯豫巡閱副使署)를 건립한 까닭은 일차적으로 그곳이 경한·농해철로를 통한 교통과 물자유통의 중심지였기 때문이다. 게다가 낙양은 군사적 요충지로서 일찍이 원세개가 최후의 방어지역으로 택한 곳이기도 했다. 순열부사서(巡閱副使署)는 비록 명목적으로는 군사기구에 불과하지만 그 구조와 충원인원 등을 살펴보면 조척의 독서(督署)를 능가하는 또하나의 정부, 즉 '태상황정부(太上皇政府)'라 할 만하였다.[45] 이밖에 오패부는 기존의 육군 제3사 이외에 제30사, 제23사, 제24사, 제25사, 제7사 제8혼성려(混成旅) 등을 확충하여 군사력을 강화하였고, 1920년 11월 호남에서 북상하여 신양에 주둔하고 있던 풍옥상의 제16혼성려도 그 휘하에 소속시켰다.

북경 중앙정부를 무대로 전국적인 규모의 세력을 확보하고 동시에 하남 내에서도 점차 세력을 키워가고 있던 오패부와 7년에 걸쳐 하남을 장악하고

---

44) 조척은 1920년 7월 12일, 7월 19일 각각 안휘파를 공격하는 통전을 발표하였고, 趙傑 부대와 湖北 王占元 부대는 합동으로 7월 20일 信陽에 주둔중인 吳光新 부대의 趙雲龍 여단을 해산시켰다. 또한 조척은 오패부의 旅長 董政局 부대와 함께 洛陽의 안휘파 邊防軍 2개 여단을 포위·해산시켰다. 이상의 내용은 「趙倜宣布反皖附直通電」(1920. 7. 19), 『直皖戰爭』, 149~50면; 郭廷以, 앞의 책 511, 513~14면; 王天獎 主編 『河南省大事記』(中州古籍出版社 1993) 375면. 이하 『河南省大事記』로 약칭; 『北洋軍閥統治時期史話』 5, 152~53, 162~67면; 陳傳海, 앞의 책 50면 참조.

45) 趙恒惕 等 『吳佩孚先生集』, 沈雲龍主 編 『近代中國史料叢刊』 第68輯, 文海出版社 311~12면.

있던 지방(小)군벌 조적 사이에 비록 이전 안휘파를 상대로 한 합작과 협력이 존재하였지만 하남이란 기반을 둘러싸고 어쩔 수 없는 대립이 생겨날 수밖에 없었다. 성신의 병변(兵變)은 이러한 배경에서 이해할 수 있다. 성신은 본래 의군의 적계가 아니기 때문에 자주 조걸과 대립하였다. 성신은 하남육군제1사(河南陸軍第一師) 사장(師長)에서 면직되자 풍옥상 군대와 하남북부의 직예파 군대가 사전에 모의하여 1921년 4월 조척에 대해 병변을 일으켰다. 하지만 조척의 요청에 따른 봉천파 장작림의 개입과 섬서 독군직의 양보라는 타협책을 받아들인 조곤, 오패부 측의 배반 때문에 사건은 무위로 돌아가고 성신은 자살하고 말았다. 병변은 실패하였지만 그를 통해 조척과 직예파 사이의 갈등은 더욱 커졌으며, 조척은 자신을 지켜준 봉천파로 자연스럽게 경사되었다.[46] 1922년 제1차 직봉전쟁이 발발하자 조척은 후방에서 봉천파에 호응하여 직예파를 하남에서 몰아내기로 하였다. 그러나 오히려 직예파 군대에 의해 패배함에 따라 8년 동안 유지되어왔던 조척의 하남통치는 막을 내리고 말았다.

1922년 5월 14일 조척을 대신하여 하남 독군에 취임한 풍옥상은 이전 독군교체파동과 직환전쟁, 직봉전쟁 등으로 해이해진 성정(省政)에 대한 획기적인 개혁조치를 취하였다. 전체적인 구상은 취임 직전인 5월 9일 결정한 다음의 「독예시정대강(督豫施政大綱)」에 잘 나타나 있다. ① 전쟁지역의 이재민을 구휼하여 흩어지지 않도록 할 것, ② 조세행정을 정돈하고 불법적인 징수를 금할 것, ③ 호구조사와 청향을 통해 토비의 근원을 제거할 것, ④ 순집대(巡緝隊)를 정돈하여 개편할 것, ⑤ 탐관오리와 건달, 유민 등을 체포하여 일반민을 안정시킬 것, ⑥ 공장을 건설하여 유민을 수용할 것, ⑦ 수로를 정돈하여 교통을 편리하게 할 것, ⑧ 의무교육을 실시하여 계몽에 나설 것, ⑨ 아편, 도박, 매춘을 엄격히 금지할 것, ⑩ 변발과 전족 등의 구습을 없앨

---

46) 이미 1920년 督軍 교체파동 때에도 張作霖은 조척을 지지한 바 있었다. 이에 대해서는 「張作霖主張暫不更易豫督電」(1920. 9. 29), 『直皖戰爭』, 73~74면 참조.

것 등 10개조였다.[47] 후술하듯 조척의 개인 무장조직이라 할 수 있는 ④ 항
순집대(巡緝隊) 정돈을 제외하고는 그다지 특별해 보이지는 않는다. 하지만
개혁은 단순히 구호에 그치지 않고 조척 재산몰수와 탐관오리와 토호열신
처벌, 지방치안의 유지와 상업보호, 교육 및 교통사업의 전개, 풍속개량 등
각 방면에 걸쳐 강도 높게 실행되었다.[48] 특히 독실한 기독교 신자였던 풍옥
상은 풍속개량을 명분으로 당시 하남에 번창하였던 승려와 도사들을 쫓아내
고 불상을 훼손하였으며 사찰, 도관, 사당 등을 학교로 개조하였다. 이러한
조치에 대해 승려와 도사들은 당연히 불만을 품었고, 오패부 또한 이를 일종
의 '적화행위(赤化行爲)'로 간주하였다.[49]

풍옥상의 개혁조치는 그 성공 여부와 관계없이 오패부의 시샘을 사거나
긴장관계를 촉발할 가능성이 충분했다. 왜냐하면 그의 독군 임명과정에서
오패부는 내심 조척을 유임시켜 풍옥상을 견제하려 했으나 풍옥상이 북경정
부의 명령을 어기고 하남을 강제로 점령하여 독군직을 쟁취하였기 때문이었
다. 또한 풍옥상은 개봉에 입성하자마자 하남군무방판(河南軍務幫辦) 보덕
전(寶德全)를 살해하였다. 그는 오패부를 대신해 풍옥상을 감시하고 하남 재
정을 장악하는 사명을 띠고 있었다. 이 사건은 오패부에게 있어 풍옥상의 잠
재적 위험성을 예고해주는 것이라 할 만하였다.[50]

풍옥상의 군대 확충은 이러한 위기감을 더욱 증폭시켰다. 풍옥상은 먼저

47) 「督豫施政大綱」(1922. 5. 9), 中國第二歷史檔案館館藏件, 馮玉祥選集編輯委員會 『馮玉
　　祥選集』上卷(人民出版社 1985) 7면; 馮玉祥 『我的生活』, 黑龍江人民出版社 1983, 366면.
　　이하 『我的生活』로 약칭; 「豫省戰事之始末」(續), 『申報』, 1922. 5. 31.
48) 「馮玉祥抵省後之行動」, 『申報』, 1922. 5. 24; 「馮玉祥治豫之初步」, 『長沙大公報』,
　　1922. 5. 23; 郭緒印·陳興唐 『愛國將軍馮玉祥』(河南人民出版社 1995) 49~51면; 徐有禮,
　　앞의 책 53~54면 참조.
49) 『我的生活』, 364~65면.
50) 『北洋軍閥統治時期史話』 6, 117~19면; James E. Sheridan, *Chinese Warlord, The Career
　　of Feng Yu-hsiang* (Stanford University Press, Stanford, California 1966) 110~12면.

자신의 제16혼성려(이후 제11사로 확대)의 밀린 8, 9개월치 월급을 몰수한 조 척의 재산으로 충당해주었다.[51] 또한 1922년 5월 이후 신병 5개 단을 신규 모집하는 것[52] 이외에 제7혼성려, 제8혼성려, 제25혼성려를 확충하여 하남 을 떠난 1922년 11월까지 1개사, 3개 혼성려 총 병력 2만명 이상의 대규모 군대를 형성하였다.[53] 규모뿐만 아니라 풍옥상 군대는 규율과 훈련 면에서 다른 군벌의 군대에 비하여 탁월하여 당시 중국에서 가장 강한 전투력을 소 유한 것으로 평가되었다.[54] 풍옥상은 독서(督署) 참모장으로 오패부가 추천 한 거경운(車慶雲) 대신에 자신의 측근을 임명했으며 일시불 매월 20만원의 군비 요구 역시 거절하였다.[55] 오패부가 직군총지휘(直軍總指揮), 지노에순 열부사(直魯豫巡閱副使) 등의 직책을 맡는 동안 별다른 출세를 하지 못한 풍 옥상의 입장에서는 스스로의 힘으로 쟁취한 하남을 순순히 넘겨줄 수는 없 는 일이었다. 결국 그는 낙양에 '태상황정부'를 조직하여 하남을 자신의 기 반으로 여기고 있던 오패부와 대립할 수밖에 없는 운명이었다.[56]

한편 조척과의 전투에서 공을 세운 근운악(靳雲鶚)과 호경익(胡景翼)은 각 각 성장과 군무방판(軍務幇辦)에 임명되기를 바랐지만 그 뜻을 이루지 못했 다. 그들은 병력 감축문제에 풍옥상이 개입할 것으로 의심하면서 독군직을 노리는 장복래(張福來)와 동맹을 결성하여 풍옥상 반대운동을 전개하였다.[57]

---

51) 中國第二歷史檔案館 編 『馮玉祥日記』 1(1922. 6. 5), 江蘇古籍出版社 1992, 143면. 이 하 『馮玉祥日記』로 약칭; 『我的生活』, 367면.

52) 「馮玉祥治豫之又一報告」, 『申報』, 1922. 7. 26.

53) 『北洋軍閥統治時期史話』 6, 164면; James E. Sheridan, *op. cit.*, 112면.

54) 松尾洋二는 日本陸軍省의 『密大日記』에 포함된 「北支那軍事調査報告」(1923年 5月)를 토대로 1922년 하남 주둔군의 군기와 군사력을 馮玉祥軍→吳佩孚軍→張福來軍→靳雲鶚軍 →胡景翼軍→馬燦林의 舊河南軍 등으로 서열화하였다. 松尾洋二 「曹錕・吳佩孚集團の興 亡」, 『東洋史研究』 47-1, 1988, 93~94면.

55) 『我的生活』, 368면; 王宗華・劉曼容 『國民軍史』(武漢大學出版社 1996) 6면.

56) 청말 민국 초기 둘은 新軍 管帶, 東三省 주둔, 旅團長, 四川 작전참가 등 비슷한 이력을 소유하였다. 『北洋軍閥統治時期史話』 6, 163면.

182

이러한 상황에서 1922년 10월 31일 풍옥상은 육군검열사(陸軍檢閱使)로의 보직 변경을 명령받았다. 이제 하남은 조척의 몰락 이후 5개월 만에 또다시 독군교체파동을 겪게 되었다. 하남 내의 낙양과 개봉에 각각 (직노예순열부) 사서(使署)와 독(군)서를 설치하여 대립하고 있었던 오패부와 풍옥상의 공존은 처음부터 불가능했을 것이다. 더욱이 중국 통일의 꿈을 지닌 오패부의 입장에서 본다면 그 기초가 될 수 있는 하남에 대한 더 확실한 군사적 통제가 필요했다.

1922년 10월 초 풍옥상이 다른 성으로 전보 발령되고 오패부의 직계인 장복래가 새로운 독군이 될 것이라는 보도가 잇달았다. 하지만 풍옥상이 어디로 또 어떤 직책으로 옮길지는 분명하지 않았다. 10월 5일 풍옥상이 오패부를 방문했을 때 안휘 독군 혹은 열하찰합이수원순열사(熱河察哈爾綏遠巡閱使) 가운데 어느 것을 선택할 것인가에 대한 협의가 있었다고 보도되었다.[58] 그렇다면 육군검열사(陸軍檢閱使)라는 직책이 처음부터 풍옥상에게 제안된 것은 아닌 것 같다. 이미 조곤이 웅병기(熊炳琦)를 통해 제안한 독군교체에 대해 거부의 의사를 표현했던 풍옥상이었지만, 오패부의 동일한 요구에 대해서는 정주(鄭州), 창덕(彰德)의 호경익(胡景翼)·근운악(靳雲鶚) 군의 간섭, 하남 재정의 곤란 등의 이유를 들어 받아들였다. 풍옥상은 개봉으로 돌아온 뒤 외부적으로는 평상 업무를 계속하면서 비밀리에 독군교체를 준비하였다.[59]

풍옥상이 하남 독군에서 물러날 경우 안휘 독군직을 맡을 가능성이 높아 보였다. 우선 그가 안휘성 출신이기 때문이었다. 또한 안휘파(安徽派) 서수

57) 「馮玉祥他調說內幕」, 『天津大公報』, 1922. 10. 24; 『北洋軍閥統治時期史話』 6, 163면.
58) 성장 교체에 관한 협의 역시 방문의 주요 목적으로 추측되었다. 「馮玉祥赴洛之推測」, 『申報』, 1922. 10. 12.
59) 독군교체의 구체적 대비책으로 교체결정에 대한 절대복종, 중앙에 대한 조척 재산처분 보고, 재직기간 내의 재정운영 공개 등 5개항이 결정되었다. 「馮玉祥赴洛後之態度」, 『申報』, 1922. 10. 13; 「馮玉祥赴洛之推測」, 『申報』, 1922. 10. 12.

쟁(徐樹錚)이 복건(福建)에서 정변을 일으키자, 봉천파와 안휘파 모두 연결될 가능성이 높았고, 조척과도 비밀동맹을 맺고 있던 안휘 독군 장문생(張文生)이 호응할 태세였기 때문에, 오패부의 입장으로서도 풍옥상을 안휘 독군에 임명하여 사태를 정돈할 필요가 있었다. 게다가 풍옥상을 열하찰합이수원순열사(熱河察哈爾綏遠巡閱使)로 임명할 경우 불필요하게 봉천파를 자극하게 될 것이라는 점도 고려될 수 있었다.[60] 그러나 풍옥상과 오패부의 이와같은 거래는 당연히 안휘 독군 장문생과 환남진수사(皖南鎭守使) 마연갑(馬聯甲)의 강력한 반발을 불러일으켰다. 특히 마연갑은 보정(保定)의 조곤을 설득하여 10월 7일 독리안휘군무선후사의(督理安徽軍務善後事宜)의 직책을 맡음에 따라 안휘의 군권을 장악하게 되었다.[61]

안휘 독군 취임이 좌절된 풍옥상은 오패부의 압박, 장복래를 축으로 하는 반풍소삼각동맹(反馮小三角同盟)의 적의, 그리고 하남 내의 반대여론[62] 등을 직면하게 되었다. 그렇다고 변경지역인 열하찰합이수원순열사(熱河察哈爾綏遠巡閱使)를 택할 수도 없었고,[63] 다시 하남 독군직을 계속하겠다고 할 수도 없는 노릇이었다. 결국 풍옥상은 마지막으로 조곤에게 매달릴 수밖에 없었다. 보정으로 찾아온 풍옥상에게 조곤은 우선 깊은 위로를 표하였다. 이미 당시는 "풍옥상이 하남에는 다시 머물 수 없고 변경은 또 가고 싶지 않아 (북경) 북원(北苑)으로 옮긴다는 소리가 점차 커져 가는 상황이었다."[64] 이러한 상황에서 조곤의 한 측근은 풍옥상에게 다음과 같이 설득하였다. 직봉전쟁(直奉戰爭) 이후 양측 군대 모두 주둔하지 않은 북경의 북원(北苑)지역에

---

60)「馮玉祥赴洛之推測」,『申報』, 1922. 10. 12;『北洋軍閥統治時期史話』6, 161면.

61)「北京通信」,『申報』, 1922. 10. 4; 郭廷以, 앞의 책 675면.

62)「驅馮通電」,『天津大公報』, 1922. 10. 15;「高炳畢鏗等平擊馮玉祥」,『天津大公報』, 1922. 10. 17.

63) 熱河察哈爾綏遠巡閱使 임명에 대한 馮玉祥 측의 반발에 대해서는「馮玉祥他調說之內幕」,『天津大公報』, 1922. 10. 24 참조

64)「北京通信」,『申報』, 1922. 10. 30.

는 단지 육군 제9사가 주둔하고 있었다. 하지만 그 부대는 순수한 직예파 군대가 아니고 또 전투력도 그다지 높지 않아 유사시에 의지할 만하지 못하였다. 따라서 그의 주장에 따르면 풍옥상 군대가 그곳으로 옮길 경우 수도권을 보위하는 핵심 지점을 장악하는 셈이 된다는 것이었다. 또한 당시 산동 독군 전중옥(田中玉)과 성장 웅병기(熊炳琦)는 서로 대립하고 있었기 때문에 그 틈을 노려 산동까지도 노려볼 만하였다. 이에 대해 풍옥상은 크게 만족하여 북원으로 이동하기로 결심하고 하남으로 돌아가 준비에 착수하였다.[65]

여기서 말하는 이동은 앞서 언급한 바 있는 육군검열사의 취직을 의미하는 것이다. 하지만 육군검열사는 본래 불필요한 명예직으로 이전 열하도통(熱河都統) 강계제(姜桂題)가 봉천파의 견제를 받을 때 임명되어 말년을 보낸 한직이기도 했다. 풍옥상이 처음에 반발한 것은 어쩌면 당연하였다.[66]

그렇다면 그 제안은 누가 한 것인가. 이 부분에 대해서는 이후 회고와 논자에 따라 크게 입장을 달리하고 있다. 먼저 앞서 조곤과의 회합과정에서 드러났듯이 당시 풍옥상의 검열사 임명 소문은 이미 널리 퍼져 있었고, 또 조곤 등이 검열사 취직에 크게 반발하고 있던 풍옥상을 위로하고 있다는 사실에서 그 제안이 전적으로 조곤 측에서 나왔을 것 같지는 않다. 하지만 논자에 따라서는 오패부가 아니라 조곤이 풍옥상을 검열사로 전임시켰으며, 그것은 오패부계의 왕총혜(王寵惠) 내각을 붕괴시키려는 주도면밀한 계획하에 이루어진 군사쿠데타의 일환으로 이해하기도 한다.[67] 그러나 이러한 주장은 조곤 측의 계략을 지나치게 확대해석한 결과로 보인다. 왜냐하면 당시 한 보

---

65) 당시 馮玉祥의 부하 가족 가운데 이미 북경으로 이동한 자가 있었다고 지적되었다(「北京通信」, 『申報』, 1922. 10. 30). 또한 保定 측은 풍옥상에게 "1개 사, 3개 혼성려의 병력으로 하남을 어렵게 지키며 남의 눈치를 보고 있으니 차라리 군대를 이끌고 북상하는 편이 오히려 장래가 있을 것이다"라며 그의 북상을 재촉하였다(「馮玉祥交卸之經過」, 『申報』, 1922. 11. 9).

66) 『北洋軍閥統治時期史話』 6, 164면.

67) 松尾洋二, 앞의 글 97~105면.

도에 따르면 "모(某) 방면에서 전보시키려 할 때 풍옥상은 처음엔 난색을 표명했으나 보정 측의 진지한 권고에 따라 마음을 비로소 정했다"[68]고 했기 때문이다. 여기서 '모 방면'은 오패부를, '보정 측의 진지한 권고'는 앞서 설명한 조곤 측의 제안을 의미하는 것으로 이해해도 무방할 것이다.

더욱이 당시 언론은 직접적으로 풍옥상의 보직 변경은 오패부에 의한 것으로 그는 이미 풍옥상을 검열사(檢閱使)에, 장복래(張福來)를 독군에, 이탁장(李卓長)을 성장에, 호경익(胡景翼)을 군무방판(軍務幇辦)에 각각 임명하려 하였으며, 또한 검열사 임명안이 정부 각의를 통과하고서 4, 5일 동안 발표되지 않자 거듭 재촉하였음을 보도하였다.[69] 이와 관련하여 풍옥상은 "오패부가 보정파 고은홍(高恩洪)을 통해 총통 여원홍(黎元洪)에게 제안하였고, 1922년 10월 31일 북경정부는 강압적인 분위기에서 육군검열사로 전보발령을 결정하였다"고 회고하고 있다.[70]

결국 이번 풍옥상의 보직 변경은 평소 갈등관계를 빚고 있었던 독군을 자신의 측근으로 교체함으로써 하남에 대한 지분을 확실히 챙기려는 오패부와, 독군교체파동을 이용하여 자신 휘하에 더욱 강력한 군사력을 배치하려는 조곤, 그리고 하남, 안휘, 열하(熱河), 찰합이(察哈爾), 수원(綏遠) 등 그 어느 곳에도 정착할 수 없기 때문에 다른 곳에서 훗날을 도모해야 해야 하는 지역(소)군벌 풍옥상, 이 세 사람의 동상이몽에서 이루어진 갈등의 미봉이었던 것이다.

그런데 이번 독군교체파동은 대외적 파장만큼이나 대내적으로 강한 영향을 미쳤던 것 같다. 성장교체파동은 그 대표적인 예라 할 수 있다. 독군교체의 소문이 만연하던 1922년 10월 22일, 북경 거주 하남인 마길장(馬吉樟), 진수성(秦樹聲), 요문유(姚文瑜) 등은 하남에서 상경한 24개 단체 대표 손보

68)「馮玉祥交卸之經過」,『申報』, 1922. 11. 9.

69)「北京通信」,『申報』, 1922. 10. 30.

70)『我的生活』, 369면.

태(孫保泰) 등과 함께 동향대회를 개최하였다. 대회에서 참석자들은 최근의 독군, 성장 문제를 토론하고 풍정원(馮征遠) 등 24명을 대표로 선발하여 북경정부에 다음과 같이 청원하였다. ① 도독직 폐지, ② 이탁장(李卓長)의 성장 취임반대, 대신 하남에서 추천한 5명 가운데 총통이 1명을 선택할 것, ③ 보정의 조곤과 낙양의 오패부는 "하남인에 의한 하남통치 [예인치예(豫人治豫)]"의 의지를 밝힐 것, ④ 성장 장봉태(張鳳台)의 사직 촉구 등이었다.[71]

이러한 흐름은 당시에 광범하게 진행되었던 독군직 폐지운동 혹은 연성자치운동(聯省自治運動)[72]과 무관하다고 할 수 없겠지만, 더 직접적으로는 독군교체파동에 의해 촉발된 측면이 크다고 할 수 있다. 본래 독군과 성장의 교체는 서로 연동되어 진행될 수밖에 없었다. 하지만 1922년 9월 산동 성장에 웅병기(熊炳琦)가 임명되었다는 사실 또한 풍옥상의 도독 교체와 무관하게 성장 교체 파동을 자극했다. 이전 오패부는 보정과 웅병기에 대항하기 위해 자신의 부하인 제24사 사장 장복래(張福來)를 하남 성장에 임명하려다 장봉태(張鳳台)를 지지하는 풍옥상에 의해 좌절당한 바가 있었다.[73] 이제 오패부는 풍옥상의 독군교체 시점을 이용해 다시 한번 자신의 심복인 양호사서참모장(兩湖使署參謀長) 이탁장을 성장에 임명하려 함으로써 성장 교체파동을 촉발시켰다.

그런데 앞서의 청원에는 도독직 폐지가 포함되어 있다. 그동안 독군이 군정과 민정의 분리원칙에 따라 임명된 성장의 부임을 거부하거나 성장을 자신의 부하 정도로밖에 인정하지 않는 등의 폐단이 있었기 때문에 이를 극복하기 위해서는 독군 자체를 없애자는 논리였다.[74] 그렇다면 이들의 주장은

71) 「豫人運動撤省長」, 『申報』, 1922. 10. 25.
72) 聯省自治運動에 대한 설명과 그에 대한 연구사 정리에 대해서는 김세호 「軍閥統治와 聯省自治」, 서울대학교동양사연구실 편 『강좌 중국사』 7(지식산업사 1991) 참조.
73) 『北洋軍閥統治時期史話』 6, 163면.
74) 「旅京豫人之廢督易長運動」, 『申報』, 1922. 10. 26.

독군직 폐지를 전제로 "하남인에 의한 하남통치"의 원칙에 입각한 새로운 성장 선출로 요약될 수 있을 것이다. 이밖에도 11월 5일 하남 성의회 의원 가운데 한 사람은 총리 왕총혜(王寵惠)에게 다른 지역의 성장은 모두 본성인 으로 임명되는데 어떻게 하남에는 이제신(李濟臣), 조옥가(趙玉珂) 등 비하남 인(非河南人)이 성장의 물망에 오르느냐고 따지기도 하였다.[75] 또한 북경정 부가 풍옥상의 북상 이후 독군직을 없애는 대신 장복래를 독리하남군무선후 사의(督理河南軍務善後事宜)라는 직책을 신설, 임명함으로써 독군직 폐지운 동이 실질적으로 실패하게 됨에 따라 성장 교체문제는 더욱 중요한 문제로 대두되었다.

이때도 "하남인에 의한 하남통치"가 성장 인선의 기준으로 제시되었다. 하지만 여기서 "하남인에 의한 하남통치"란 단순히 하남인이면 모두 문제가 없는 것은 아니었다. 장봉태와 같이 "하남인에 의한 재앙"이 아니라 "현자 에 의한 하남통치"를 의미하였다. 그 때문에 당시 한편으로는 하남인 장봉태 의 성장퇴진이, 다른 한편으로는 하남인이 아닌 이제신(李濟臣), 조옥가(趙玉 珂) 등의 성장 임명반대가 강조되었던 것이다. 당시 하남인들이 "하남인에 의한 하남통치"를 강조했던 이유는 이전 안휘파 왕인천(王印川)의 성장 임명 을 반대했던 논리와도 서로 일맥상통하였다. 비록 그가 하남인이기는 하지 만 안휘파의 이익에 봉사할 것이라는 경계심이 작용했던 것이다. 예컨대 1922년 10월 26일 북경 동향 회의에서 선출된 강정화(康定華), 서만년(徐萬 年) 등 대표단 7명은 오패부를 접견한 자리에서 "본래 하남에는 인재가 부 족한데 만약 외성인(外省人)이 성장이 된다면 반드시 다수의 비하남인(非河 南人)을 중용할 것이기 때문에 하남의 인재는 더욱 사라질 것"이라고 호소 하였다.[76] 그러나 이와같은 하남인의 바람에도 불구하고 12월 12일 북경정 부는 오패부의 건의를 받아들여 그의 참모장인 이제신(李濟臣)을 하남 성장

75) 「國內專電」,『申報』, 1922. 11. 6.
76) 「豫代表之保洛請願談」,『申報』, 1922. 11. 10.

에 임명하였다. 이로써 하남인의 독군직 폐지운동에 이어 성장 교체운동마저 좌절당하고 말았다.

그런데 "하남인에 의한 하남통치"를 적극 주장한 자 가운데 공부비서(公府秘書) 마길장(馬吉樟)이나 청사관편찬(靑史館編纂) 진수성(秦樹聲) 이외에도 중의원(衆議院) 의원 유기요(劉奇瑤), 원내관(袁乃寬) 등 하남 성장 물망에 오른 자들이 포함되어 있어 이 운동의 순수성이 의심받을 수도 있었다.[77] 이들은 비록 성장이 되기 위해 서로 경쟁관계에 있었지만 모두 하남인으로서 "하남인에 의한 하남통치"라는 목표에는 일치했기 때문이다. 또한 운동의 방식이 대중성을 담보하지 못한 소수 대표의 청원운동이란 형식상의 문제를 극복하지 못했다는 지적을 받을 수도 있다. 그러나 독군·성장 교체파동을 즈음한 "하남인에 의한 하남통치" 운동은 성 단위의 지역이해를 대변하는 활동으로써, 이후 객군(客軍)의 수탈과 국민2군 등에 의한 하남지배가 지속될 경우 그들에 대항하는 하나의 대중적 선전구호로 정착될 수 있는 하나의 계기를 마련해주었다고 평가될 수 있을 것이다.[78]

이상 두 차례에 걸친 하남의 독군교체파동에 대한 검토는 다음과 같이 정리될 수 있다. 먼저 제1차 독군교체파동은 중앙(대)군벌 안휘파·직예파·봉천파 3자가 대립한 결과 발생한 것이므로, 그 파장은 단순히 하남 내에 국한되지 않고 근운붕(靳雲鵬) 내각의 사직과 붕괴라는 중앙 정치파동에까지 이어졌다. 이러한 상황에서 지역(소)군벌인 조척이 독군직을 유지하기 위해서는 중앙정계와 긴밀한 관련을 맺어야 했고, 그 구체적 형태가 8성동맹이었다. 동시에 이 과정은 이전 친안휘파(親安徽派)의 정치적 태도를 보였던 조척이 점차 직예파로 접근하는 계기이기도 했다.

---

77) 같은 글.

78) 연성 자치운동이 그 추동력을 상실한 1920년대 후반 하남에서는 紅槍會나 군벌 樊鍾秀 등이 자신의 지역통치 정당성을 추구하는 과정에서 공공연히 "하남인에 의한 하남통치"를 내세웠던 것은 좋은 예라 할 것이다. 이에 대해서는 후술한다.

하지만 오패부의 북상으로 촉발된 하남의 독군교체파동은 역으로 오패부의 낙양 주둔으로 귀결됨으로써 하남에 대한 직예파, 특히 오패부의 영향력을 강화시켰다. 이로써 하남을 둘러싼 조척과 직예파 간의 갈등이 예견되었다. 한편 근운봉 내각의 존속과 조척의 독군직 유지는 단기서의 안휘파에 대한 8성동맹의 승리이자 총통 서세창과 총리 근운봉의 승리이며, 동시에 서세창(徐世昌) 대 단기서, 근운봉 대 단기서, 그리고 결국에는 직예파 대 안휘파 간의 갈등을 심화시켰다. 이는 다른 한편으로 직예파와 봉천파의 연합을 촉진시켜 직환전쟁(直皖戰爭)의 한 배경을 이루었다고 할 수 있다. 그렇다면 하남은 이제 더이상 중앙(대)군벌 혼전의 무풍지대일 수 없었고, 오히려 그 한복판에 위치하게 됨으로써 이전과 같은 상대적 안정기를 지속할 수 없게 되었다. 조척 역시 이 혼전의 와중에 휘말려 들어갈 수밖에 없었다.

제2차 독군교체파동의 조짐은 1차 파동을 거치면서 이미 잉태되어 있었다. 조척과 직예파, 그리고 풍옥상과의 갈등이라는 제2차 교체파동을 통해 먼저 하남에 대한 오패부의 확실한 장악 사실을 확인할 수 있다. 오패부는 자신의 심복인 장복래(張福來)와 이제신(李濟臣)을 각각 하남의 독리(督理)와 성장(省長)에 임명함으로써 명실상부하게 하남의 군정과 민정을 장악하였고, 직노예순열부사서(直魯豫巡閱副使署)가 설치된 낙양을 중심으로 북경정부를 정치적으로 조정하고, 기타 군벌과 서구의 열강과 긴밀한 관계를 맺는 등 전성시대를 구가하였다. 둘째, 조곤, 오패부 그리고 풍옥상 등 직예파 내부의 갈등이 더욱 첨예화되었다. 그 결과 하남 독군교체파동은 하남 내의 문제로 그치지 않고 왕총혜(王寵惠) 내각 붕괴의 근인(近因)이 되며 동시에 1924년 북경정변의 원인(遠因)으로 작용하였다. 즉 하남은 군벌이 대립하고 있던 북방정국의 추이를 가늠케 하는 핵심 지역 가운데 한곳으로 급부상하였던 것이다. 마지막으로 독군·성장 교체파동을 거치면서 하남 내에 "하남인에 의한 하남통치"라는 자치주장이 더욱 확산되는 계기를 마련하였다.

이상 본문에서는 민국 초기(1914~1922) 하남을 배경으로 등장, 몰락했던 두 지역(소)군벌에 대해 살펴보았다. 그 가운데 조척은 자신의 권력을 유지하기 위해 안휘파→직예파→봉천파 등 중앙(대)군벌 사이에서 연합의 상대를 찾아 전전하다 몰락한 지역(소)군벌의 전형을 잘 보여주었다. 하지만 그에 이은 풍옥상은 독군직을 쟁취하였고, 중앙(대)군벌 오패부와 대항하면서 하남을 배경으로 중앙무대로 발돋움할 계기를 마련하였다. 비록 둘 다 민국 초기 하남을 지역적 배경으로 활동하였지만 그들의 운명은 전혀 다른 방향으로 전개되었던 것이다.

II. 군벌수탈의 강화

1. 주둔군의 증가

앞에서 우리는 1914년부터 1922년까지 하남을 실질적으로 장악하고 있었던 두 군벌 조척과 풍옥상을 사례로 그들의 성장과 몰락 그리고 중앙정계와 밀접히 관련을 맺어가는 과정을 검토함으로써 민국 초기 지역(소)군벌의 존재양태에 대해 살펴보았다. 이러한 정치적 격변은 1920년대 후반까지 계속되었는데 이하에서는 이와 맞물려 전개된 군벌의 지역수탈 실상에 대해 구체적으로 검토하고자 한다.

조척의 군대확충에 따라 하남에서는 1912년 2만1천5백명[79]에서 1915년 12월 3만4천6백명,[80] 1918년 2월 3만6천8백명[81]으로 주둔군수가 점차 증가하기 시작했다. 계속하여 1919년이 되면 백랑의 난과 같은 특별한 시기를

---

79) 張俠, 孫寶銘, 陳長河 編『北洋陸軍史料(1912~1916)』, 天津人民出版社 1987, 32면. 이하 『北洋陸軍史料』로 약칭. 이밖에 1910년대 하남 군대의 확충과정에 대한 상세한 소개는 劉永之, 王全營「民國年間河南兵災戰禍資料選編(草稿)」,『河南地方徵文資料選』第4輯, 1983, 24~25면 참조. 이하『河南兵災戰禍資料選編』으로 약칭.

80)「內外時報」,『東方雜誌』13-5(1916. 5), 4면.

81)「內外時報」,『東方雜誌』15-5(1918. 5), 183면.

제외하고는 1910년대 전반에 걸쳐 4만을 넘지 않던 주둔군대의 수가 4만4
천명으로 증가하였다.[82] 하지만 주둔군대의 증가상황은 군벌혼전이 본격화
된 1920년대에 들어서면 더욱 두드러졌다.

1922년 풍옥상은 자신의 11사(師)를 1사 3려(旅)로, 호경익의 섬군(陝軍)
을 1사 2려로, 근운악의 제8혼성려를 제14사로 각각 확대하였고,[83] 호경익,
근운악 등은 직봉전쟁(直奉戰爭) 이후 병력 감축의 목소리가 높았는데도 조
척 부대의 패잔병과 토비를 군대로 개편하였다.[84] 풍옥상에 의해 확충된 1
사 3려는 그가 육군검열사 임명됨에 따라 하남을 떠났지만, 그 대신 새롭게
독군의 지위에 오른 장복래(張福來)가 통치한 1923년 3월경 하남 내에는 5
만5천명의 군대가 주둔하였다.[85] 이어 1924년에는 주둔군의 수가 6만7천5
백명에 이르고,[86] 제2차 직봉전쟁 발발 이후 또다시 증가하였다. 이러한 군
대의 증가추세는 1924년 10월 북경정변과 호경익의 하남장악, 그리고 호
(胡, 경익景翼) · 감(憨, 옥곤玉琨)전쟁의 발발이라는 일련의 군사적 격변기
를 겪으면서 더욱 가파르게 진행되었다. 특히 1925년 4월 호경익의 사후 독
판(督辦)에 오른 악유준(岳維峻)은 군을 5개사, 12개 혼성려, 2개 기병려(騎
兵旅), 10개 보충단(補充團)으로 확충하였고, 그해 여름 전체 11개사, 18개
혼성려, 2개 기병려, 1개 기병단, 2개 포병단, 6개 보병단, 12개 보충단, 총
인원 20여 만명으로 확대 개편하였다. 국민2군이 처음 하남에 진입할 당시
인 1924년 말 병력 4만에 불과했던 것과 비교하면 실로 괄목할 만한 성장을
보인 것이었다.[87] 더욱이 미진제(米振際)의 의군과 번종수의 건국예군 그리

82)「南北兵興後各省區兵力一覽表」,『東方雜誌』16-4(1919. 4), 171면.
83)「豫代表來京請願裁兵─附呈河南各師旅團現在兵費數目表一紙」,『申報』, 1922. 9. 1.
84)「河南人民反對增加軍費」,『申報』, 1922. 7. 18.
85)『第1回中國年鑑』(商務印書館 1924) 388면.
86) 丁文江『民國軍事近紀』, 29~31면(『河南兵災戰禍資料選編』26면에서 재인용).
87) 이상의 내용은 文直公『最近三十年中國軍事史』(『河南兵災戰禍資料選編』, 27~29면에서
　　재인용) 참조.

고 하남에 주둔한 국민3군까지 포함하면 1925년 하남 내 주둔군대의 수는 이보다 훨씬 많았을 것이다.[88]

1926년 3월 오패부는 악유준의 국민2군을 몰아내고 재차 하남을 장악하였는데 이 오패부 휘하 군대 총수들은 자료에 따라 적게는 20만에서 많게는 30만까지 이르렀다고 지적되어[89] 정확한 수치를 확인할 수는 없지만, 1926년에서 1927년 사이 하남 내에 얼마나 많은 군대가 주둔하고 있었는지를 극명하게 보여주는 예가 있어 소개하면 다음과 같다.

정주일대에 도대체 사령부가 얼마만큼 존재하는지 아마 오패부 자신도 모를 것이다. 모토적연군총사령(某討賊聯軍總司令), 부사령(副司令), 모사사령부(某師司令部), 모군사령부(某軍司令部), 후방유수사령부(後方留守司令部), 계엄사령부(戒嚴司令部), 경비사령부(警備司令部), 호로군사령(護路軍司令) 등 유사한 명목의 것들은 일일이 열거할 수 없을 정도로 많다. 심지어 1연(連) 1배(排)조차도 민가나 상점을 점거하여 모모사령부(某某司令部)의 명령서를 붙이게되니 큰 상점이나 창고 혹은 철로국마다 사령부의 간판을 내걸지 않은 것이 없었다.[90]

정주에는 사령부 이외에도 아편흡식자, 거지 등이 많아 소위 '삼다주의(三多主義)'란 말이 유행할 정도였다고 하니, 비록 국민당 기관지『한구민국일보(漢口民國日報)』의 과장이 없다 할 수 없겠지만 경한·농해 철로의 교차점으로서 군벌혼전기의 군사적 전략지역인 정주의 상황을 짐작하게 한다. 또한 1927년 초 국민혁명군과 오패부의 군대가 대립하는 접점의 위치에 있

---

88) 그렇기 때문에 국민2군 통치시기에는 28만에까지 이른다고 주장하기도 했다. 阮嘯仙「全國農民運動形勢及其在國民革命的地位」(1926. 8. 19),『阮嘯仙文集』(廣東人民出版社 1984) 288면;「河南農民狀況報告」,『漢口民國日報』, 1927. 3. 19.

89) 阮嘯仙, 같은 책 289면;「河南農民狀況報告」,『漢口民國日報』, 1927. 3. 19.

90)「吳賊治下之鄭州」,『漢口國民日報』, 1927. 1. 16.

었던 하남남부의 중심지 신양에도 특별히 많은 군대가 주둔했는데, 전유근(田維勤), 근운악, 위익삼(魏益三) 부대 등 10만이 넘는 군대가 각지에 주둔함으로써 모든 상점과 민가에 군인이 없는 곳이 없다고 보도될 정도였다.[91]

이상 1912년에서 1927년에 걸친 하남 주둔군의 증가상황을 살펴보았는데 그것을 간략하게 도표화한 것이 표22이고, 같은 시기 하남을 제외한 중국 전체 군대의 증가상황을 나타낸 것이 표23[92]이다. 양 표를 비교해보면 1925년을 기준으로 하남은 사천(四川, 25만)과 함께 전국 최대의 군대(20~28만)를 소유하고 있으며, 1919년에서 1925년 사이를 기준으로 할 때 하북(河北, 474%)과 함께 전국 최고의 증가율(455~636%)을 보이고 있음을 알 수 있다. 이러한 하남의 군대 급증현상은 1924년의 북경정변, 그에 따른 국민2군의 하남 진입과 오패부의 퇴출, 호·감전쟁 등 일련의 전쟁 때문이었다. 이렇게 급증한 군대는 하남의 각 방면에 걸쳐 심대한 영향을 끼쳤을 것인데, 그 가운데 먼저 재정부담의 정도와 그에 대한 군벌정부의 대응에 대해 살펴보도록 하자.

2. 군비 지출의 증가와 성 재정의 악화

늘어나는 군대에 비례하여 군비가 증가하는 것은 당연하지만 얼마만큼의 군비가 증가했는지를 확인하기 위해 1916년부터 1926년까지 예산수입의 변

---

91) 「河南大戰已經開始」, 『漢口民國日報』, 1927. 2. 17; 「兵事1」, 『信陽縣志』, 1933, 13면.
92) 陳志讓(박준수 옮김) 『軍紳政權』(고려원 1993) 116~17면. 1912년의 수치는 『北洋陸軍史料』, 32~33면에 따랐다. 陳志讓의 통계에 따르면 하남의 경우 1923년(5만5천명), 1925년(20만3천명)으로 필자가 확인한 바와 일치하지만 1923~1924년(3만4천명)으로 크게 차이를 보이고, 또 1919년의 수치를 밝히고 있지 않다. 또한 표의 증가율은 1919년을 기준으로 1925년까지의 증감을 나타내며 기준 연도의 수치를 확인할 수 없을 경우 전후 연도를 사용했다.

화와 함께 군비의 증가상황을 정리한 것이 표24[93)]이다.

자료의 한계 때문에 당시의 상황이 정확하게 반영되었다고 볼 수는 없겠지만, 그래도 다음 몇가지 사실을 확인할 수 있다. 첫째, 대체로 하남의 군비가 연 1천만원을 넘고 다시 2천만원에서 3천만원으로 폭발적으로 증가하는 시기는 하남이 본격적으로 군벌혼전에 개입하여 군대수가 급증하는 1923년부터 1926년까지였다. 이러한 경향을 더욱 분명하게 보여주기 위해 1922년과 1926년 하남 주둔군대의 경비를 비교해본 것이 표25[94)]이다. 표25 가운데 보이는 1922년 월 82만원의 군비조차도 당시 하남 재정에 큰 부담이었던 것 같다. 이 때문에 장기황(張其煌) 등 하남 공민대표는 당시 연 수입이 1천50만원인데 반해 군비가 이미 1천만원에 이르며, 또한 이 수치가 조척이 통치하던 1920년 군비 3백만원에 비해 크게 웃도는 것으로서 기존의 부채 1천4백만원을 더욱 증가시킬 것이라 북경정부에 하소연했다.

구체적으로 당시 하남의 상황을 소개하면 먼저 조척의 군대는 해산되기는커녕 더욱 확충되어 무기 3천 정에 불과한 상덕성(常德盛)의 부대는 1개 사단으로 개편되었고, 각각 1천 정, 7백 정의 무기밖에 없었던 임흠(林鑫)의 부대와 마찬림(馬燦林)의 부대는 1개 혼성려로 편성되었다. 본래 중앙군에 속한 풍옥상의 제11사 역시 보급품 전체를 하남에서 충당하면서 6개 단(團)의 군을 새롭게 충원하였다. 이밖에도 위의 대표단은 이치운(李治雲), 마지민(馬志敏), 정향령(丁香玲), 원보황(袁步黃) 등의 부대도 혼성려 혹은 혼성단으로 확충하면서 오패부에서 군비지급을 인정받았지만 명목에 불과한 것이라 지적하면서 당시 상황에서 볼 때 2개 사단에 대한 연 군비 360만원 이상

93) 諸靑來「近十年全國財政觀」,『東方雜誌』, 25~23, 20면. ( )는 吳世勳『河南』(中華書局 1927) 61~62면; < >는 賈士毅『民國續財政史』第1編(商務印書館 1932. 11) 138면; 〔 〕는「豫省財政之紊亂」,『時報』, 1926. 6. 20. 단 이 수치는 직할 부대에 한함; { }는「豫代表來京請願裁兵」,『申報』, 1922. 9. 1 참조.
94)「豫代表來京請願裁兵」,『申報』, 1922. 9. 1;「豫人所負各軍餉項槪數」,『申報』, 1924. 1. 5;「豫省財政之紊亂」,『時報』, 1926. 6. 20.

은 부담할 수 없다고 주장하였다.[95] 그렇다면 1922년에 비해 1926년 두 배 가깝게 증가한 군비에 대한 하남인의 부담 정도를 충분히 짐작할 수 있다. 더욱이 1926년 수치가 오패부의 직할 군대의 군비에 국한되었다는 사실까지 고려한다면 당시 군비의 총 지출은 더욱 컸을 것이다.

둘째, 하남의 군비 급증현상은 수입 가운데 군비가 차지하는 비율에 그대로 반영되어 1916년 52%, 1919년 49%, 1922년 75%, 1923년 113%, 1926년 180%를 각각 나타내고 있다. 이러한 현상은 하남 이외의 지역과 비교할 경우 더욱 두드러진다고 할 수 있다. 예컨대 성정부의 총 지출 가운데 군비가 차지하는 비율이 하남 84%(1923년), 사천 88%(1922년), 하북 49%(1923년), 산동 59%(1923년), 산서(山西) 80%(1923년), 강소 41%(1923년), 안휘 41%(1923년), 강서 53%(1923년), 강서 78%(1925년), 호북 94%(1923년) 등을 기록하여, 1923년으로 국한할 경우 하남은 호북 다음으로 군비의 비율이 높다.[96] 오패부가 1925년 12월 18일 한구 상회(商會)의 연설에서 1925년 하남의 군비가 1924년 하북, 산동, 하남 3성의 총액을 초과한다고 지적한 것도 이상의 사정을 반영하고 있다.[97] 군비에 대한 이같은 과도한 지출이 행정·재정·사법·교육·실업 등 기타 경비 부족으로 이어질 것임은 자명하였다. 이상 살펴본 대로 군대의 수나 증가율에서 전국 최고일 뿐만 아니라 성정부 재정에서 군비가 차지하는 비율 또한 높다는 사실은 하남의 군사적 중요성과 함께 군사집단이 차지하는 강력한 영향력을 반증한다.

셋째, 표24에 따르면 1922년부터 성의 수입으로는 군비조차도 충당하지 못하는 상황에 빠져들 수 있음을 알 수 있다. 따라서 성정부로서는 재정적자를 보전해야 할 다양한 방법을 강구해야 했는데, 우선 1926년 오패부 치하

95) 「豫代表來京請願裁兵」, 『申報』, 1922. 9. 1; 「豫人所負各軍餉項槪數」, 『申報』, 1924. 1. 5; 「開封通信」, 『申報』, 1922. 7. 18.
96) 翰笙 「中國農民負擔的賦稅」, 『東方雜誌』 25-19, 1928, 9~10면.
97) 같은 책 10면.

에서 이루어진 1년 동안의 수입현황을 검토함으로써 이 문제에 접근해보도록 하자.

표26[98]의 1926년 수입현황을 검토해보면 군벌정권은 군비의 증가에 따른 재정적자를 보충하기 위해 전부(田賦), 정조(丁漕), 계세(契稅), 이금(釐金), 잡세(雜稅) 등의 정상적인 조세수입(15%)을 통해서가 아니라 무분별한 초표(鈔票)와 동원표(銅元票)의 남발(54%), 그리고 1927년, 1928년, 1929년 전부·정조 예징(豫徵, 19%) 및 기타 지·연특세(紙·烟特稅, 4%)와 같은 임시적이고 불법적인 방법에 의지하고 있음을 알 수 있다. 게다가 인력과 차량에 대한 자의적 징발과 주둔비 부담 등 각 지역에서 주둔군대별로 독자직으로 이루어진 1억원 이상의 비용까지 포함시킨다면 성 재정구조의 왜곡상은 더욱 심각할 것이다. 이러한 1920년대 군벌 통치시기 성 재정의 특징은 1916년의 하남 재정과 비교[99]하거나 민국시기 하남 전부 부가된 각종 부가세의 비중을 나타낸 표27을 통해 분명히 드러난다.[100]

표27을 통해 화북지역 가운데 하남에서 민국시기 거의 전 시기에 걸쳐 부가세의 비중이 높다는 사실과 이러한 현상이 특히 1923년과 1931년 군벌전쟁이 극심했던 시기에 두드러졌음을 알 수 있다. 이는 동 시기 하남 재정구조의 왜곡상을 그대로 반영하는 것이다.

그러나 "군벌의 말로는 전쟁의 실패에 있는 것이 아니라 재원의 고갈에

---

98) 守愚「直系餘孼對河南民衆之剝削」(1926. 12. 29), 『嚮導』 第186期(1927. 1), 1987면.

99) 1916년 예산은 전부, 화물세, 正·雜各稅, 正·雜各捐, 官業收入, 잡수입 등 총 10,795,149원의 정상 수입을 근거로 마련되었다. 賈士毅『民國財政史』附錄, 上海書店 民國叢書 第2編 38, 129~35면.

100) 표의 수치는 징수목표액을 나타낸 것이고, 從翰香 主編『近代冀魯豫鄕村』(中國社會科學出版社 1995) 486~95면에 등장하는 표5-3 표5-7 표5-8 표5-9 표5-10으로부터 작성했다. 민국시기 전부 부가세의 급증현상은 청말과 비교하면 더욱 두드러진다. 太康, 輝縣 등지의 구체적인 전부 부가세 수치에 대해서는 『中國農耕資料三種(一)』(學海出版社 1971) 315~36면 참조.

있다"[101]라는 지적에서도 분명히 드러나듯 군벌에게도 안정적인 재정기반의 확충은 중요한 문제였다. 그렇다면 과연 군벌정부는 과도한 군비부담에 따른 재정난 타개를 위해 어떠한 노력을 경주하였는지 1920년대 재정상황을 좀더 자세히 살펴보도록 하자.

1921년 조척통치 말기 이미 급증한 군용지출에 따라 예천관전국(豫泉官錢局)이 태환 중지의 상태에 빠지고 초표의 가치가 액면가의 7할에서 4할로 급속하게 하락한 바 있었다. 신상에서의 모금이나 중국·교통 은행에 대한 차관요청 등 몰락해가는 조척정권이 취했던 재정정책[102]이 큰 효과를 발휘하기를 기대하기 곤란했을 테지만, 풍옥상이 새로이 등장하자 상황은 일변하였다. 먼저 예천관전국의 초표가 액수에 관계없이 모두 태환되었고, 1918년의 지방공채 가격 역시 상승하였다.[103] 그러나 1919년 이래 계속된 부채 증가는 성 재정을 압박하였다. 1919년 7백만원 정도였던 성의 부채가 전쟁으로 인한 수입부족과 과도한 군비지출에 따라 해마다 3백만원씩 증가하였으며, 1922년 풍옥상 재임시기에 다시 2백만원이 추가되어 장복래 집권 이후인 1923년 초에는 총 1천6백만원에 이르렀다.[104]

이러한 상황에서 군벌정부가 택한 방식은 먼저 새로운 세원을 개발하는 것이었다. 예컨대 재정청장 유자청(劉子靑)은 1923년 1월 오패부와 협의하여 도재세전국(屠宰稅專局)과 금연국(禁煙局) 등을 신설하기로 했다.[105] 하지만 이미 청말 이래 다양한 종류의 잡세가 부과되어온 하남에서[106] 또다시 신세를 부과하는 것은 여의치 않았는데, 한 예로 성의회 의원을 중심으로 한 신세 납세 거부운동이 전개되었다.[107] 재정난 타개의 군벌의 또다른 대안은

101) 「豫省金融之險狀」, 『時報』, 1926. 7. 11.
102) 「河南民窮財盡」, 『上海民國日報』, 1921. 9. 17.
103) 「豫省財政與軍餉」, 『申報』, 1923. 2. 25; 「豫省財政之最近情形」, 『申報』, 1923. 1. 29.
104) 「河南財政困難」, 『上海民國日報』, 1923. 3. 10.
105) 같은 글.
106) 당시 하남에서 징수되는 다양한 명목의 雜捐에 대해서는 『第1會中國年鑑』 583면 참조.

새로운 은행을 건립하는 것이었다. 1904년 설립된 예천관전국은 하남 최초의 관영은행으로서 예금, 대출, 송금 업무 이외에 성 금고의 역할, 예초(豫鈔, 동원권銅元券, 은표銀票, 은원표銀元票 등) 발행을 담당하였다. 그러나 1910년대 후반부터 이미 그 신용이 하락하였고,[108] 민국 초기 하남 내에 유통되던 화폐 또한 지나치게 복잡하였다.[109] 따라서 하남을 장악한 오패부나 장복래 등은 효과적으로 통제할 수 있는 새로운 금융기관을 설립할 필요가 있었고, 그에 따라 재정청장 유자청은 1923년 7월 17일 자본금 5백만원의 하남성은행을 설립하였다.[110] 시장은 기존 예천관전국의 신용하락과 성정부의 보증 때문에 성은행이 발행한 새로운 초표에 대해 비교적 신뢰를 보였고, 개봉을 중심으로 북경과 호북을 잇는 화폐유통망이 형성되기에 이르자 성정부는 성 내에서 다른 성의 지폐사용을 막을 수 있을 것이라 기대하였다.[111]

비록 은행 설립 초기 유자청은 새로운 초표의 남발을 적극적으로 억제하여 이전 예초의 전철을 밟지 않겠다고 선언하였지만, 군비 등 당면한 수요에 직면한 군벌정부에게 신용을 얻고 있던 초표의 발행은 재정난 타개의 매력적인 수단이었을 것이다. 특히 1924년 북경정변에 따라 새로이 하남 독판에 부임한 호경익은 이전 성은행 관리처 총리였던 오패부 측근 도적복(陶積福) 대신 자신의 고문 은여려(殷汝驪)를 성은행 총리에 임명하고, 오패부가 없애려고 모아둔 성은행 초표 1천만원을 유통시켜 그 가치를 크게 떨어뜨렸다.

---

107) 「紙烟稅的徵收」, 『申報』, 1923. 7. 27; 「汴省開辦紙烟特稅」, 『申報』, 1923. 6. 29; 「省議會通告拒納紙烟稅」, 『申報』, 1923. 8. 8.

108) 豫泉官錢局의 신용하락에 대해서는 「金融恐慌之因果」, 『晨報』, 1917. 4. 3; 「將設河南銀行」, 『河聲日報』, 1918. 1. 1; 「現洋陡漲之原因」, 『新中州報』, 1918. 1. 15; 「收現」, 『新中州報』, 1918. 1. 17; 「貧民叩輶之呼吁」, 『新中州報』, 1918. 1. 21; 「豫泉局吸收現款」, 『新中州報』, 1919. 1. 15; 「金融之紊亂」, 『申報』, 1921. 5. 7 등 참조.

109) 「河南幣制與滙兌事業」, 『申報』, 1919. 9. 18; 「河南金融之現狀」, 『申報』, 1921. 4. 8.

110) 河南省銀行의 자본금 조달방법과 新鈔票 유통촉진책에 대해서는 「河南省銀行開幕後之金融」, 『天津大公報』, 1923. 7. 30 참조.

111) 「五色繽紛之河南省銀行鈔票」, 『天津大公報』, 1923. 12. 4.

또한 호경익의 뒤를 이은 악유준은 군수처장(軍需處長) 두음정(杜蔭庭)을 성
은행 총리에 임명한 뒤 은행에서 7백만원을 대출하고 상환하지 않았고,[112]
은행 내 2백만장의 동자표(銅子票)를 현양(現洋)으로 교환함으로써 금융공황
을 야기하였다.[113]

그러나 1926년 초 오패부계의 근운악, 구영걸(寇英傑) 등이 하남에 진입
함에 따라 인심이 안정되고 금융시장 또한 다시 활기를 띠게 되었다. 예초
1원(元)이 850문(文)에서 일거에 1,600문으로 상승하고 현양 1원이 4,430문
에서 3,850문으로 하락한 것은 당시 오패부에 대한 시장의 기대를 반영한
것이라 할 만하였다.[114] 이러한 분위기에서 악유준의 국민2군을 대신한 구
영걸의 성정부는 새로운 재정안정책을 마련하였다. 1926년 4월 5일 재정청
장 곡탁신(曲卓新)은 개봉에서 재정회의를 개최하여 ① 군비항목 규정, ②
군수과의 군비장악, ③ 성 재정의 통일, ④ 지출정지, ⑤ 1927년 전부 예징,
⑥ 군에 의한 현지사와 징수 국장 임의 임용 금지, ⑦ 부동산 등기세 징수,
⑧ 예초 정리 등을 결정하였다.[115]

그러나 대책은 자체 내에 여러 한계점을 내포하고 있었다. 우선 1927년의
예징은 이미 이루어진 상태였기 때문에 1928년의 예징으로 귀결될 수밖에
없었고,[116] 부동산 등기세의 경우 총 750만원 가운데 미수된 510만원을 조
세균등의 원칙에 따라 징수하고자 한 것이었으나, 그에 대한 반발은 이전 악
유준의 하남통치 실패의 주요 원인이기도 하였다. 또한 재정회의에서 성 재

---

112) 王竹亭 「解放前的河南省銀行」, 『河南文史資料』 第1輯, 185면.
113) 이때 現洋의 가치는 1元에 3,500文에서 4,430文으로 급등하고, 豫鈔는 1元에 1,600文
　　에서 850文으로 하락하였다. 「豫省金融近況」, 『時報』, 1926. 3. 25.
114) 「豫省金融近況」, 『時報』, 1926. 3. 25.
115) 「羅掘俱窮之豫財政」, 『時報』, 1926. 4. 6.
116) 더욱이 1927년 하남남부에 대해 靳雲鶚는 1930년도 田賦 預徵을 군법으로 실시하도록
　　하였고, 이미 완료된 지역에 대해서는 1931년 예징을 지시하였다. 「靳雲鶚以軍法借徵丁糧」,
　　『晨報』, 1927. 3. 16.

정의 통일을 강조한 것은 역으로 성 중앙과 지방재정이 분리되어 있는 현실을 반영한 것이라 할 수 있다. 전부만을 예로 들면 1926년 6월 당시 하남서부 지역은 주둔군인 장치공(張治公), 유진화, 번종수(樊鐘秀) 부대가, 허창이남 지역은 호북군이, 하남북부는 근운악, 전유근 부대가 각각 수입을 나누어 차지했기 때문에, 재정청은 단지 의군 주둔지역과 개봉 부근 일부 현의 수입만을 직접 관할할 뿐이었다.[117]

이러한 상황에서 표28[118]에서 드러나듯이 1926년 4월 1천3백만원부터 1천백만원의 은원표와 2천1백만원부터 2천2백만원의 동원표 등 이전과 비교하여 더욱 늘어나 예초의 발행은 군벌혼전에 따른 성 재정위기를 티개하기 위한 불가피한 조치였을 것이다. 이밖에 1926년 성은행은 새로운 동원표 1천만 관(串)을 발행하여 구 동원표와 교환할 것이라 하였으나, 2백만 관을 교환한 뒤 7월 1일 교환중지를 공식적으로 선포하여 결과적으로 동원표의 과잉현상을 야기했으며,[119] 1926년 9월 또다시 천진중미인쇄국(天津中美印刷局)에서 동원표 3천만 관, 한구에서 수백만 관, 천진(天津)에서 동원표 1백만 관을 각각 발행하였다. 그 결과 하남 내에서 유통하는 지폐의 총액을 그 누구도 알 수 없는 지경에 이르게 되었다.[120]

이상 예초의 남발과 함께 공공기관의 현양 선호 그리고 위폐(僞幣)의 통용[121] 등은 표29에서 드러나는 바와 같이 예초의 가치 하락을 부채질하였다. 성정부는 예초 하락에 대해 추첨에 의한 태환과 소각과 같은 극단적 방법을

---

117) 「豫省財政之紊亂」, 『時報』, 1926. 6. 20.
118) 「河南銀行焚燬鈔票」, 『時報』, 1926. 5. 24. 또한 이전 豫鈔 발행에 대해서는 『河南省志, 金融志』(河南省金融志編輯委員會 1989) 74~75면 참조.
119) 「豫省金融之險狀」, 『時報』, 1926. 7. 11.
120) 「汴垣大鬧錢荒」, 『時報』, 1926. 9. 17. 이밖에도 오패부 통치시기 豫鈔의 남발에 대해서는 守愚 「討賊領袖吳佩孚鐵蹄下的河南人民」(1926. 11. 13), 『嚮導』 第179期(1926. 11), 1896면; 「豫南形勢緊扱, 劉鎭華寇英傑逃津」, 『漢口民國日報』, 1927. 2. 12 참조.
121) 「河南銀行焚燬鈔票」, 『時報』, 1926. 5. 24.

202

취하였다. 전자는 국민2군 통치시기인 1925년 12월 성은행 총리 두음정에 의해 시행된 것으로 한 달에 4회, 1회에 4만원의 예초를 추첨을 통해 태환 시키는 방식이었다. 그러나 태환액은 규정대로 해도 한 달에 16만원에 불과 한 것으로 당시 예초 발행총액 1천만원의 1.6%에 불과하였다.[122] 또한 1926 년 4월 현양에 대해 2할까지 하락한 은원표에 대한 대책으로, 6백만원의 공 채 발행을 통해 4할의 가격으로 수매하려다 성의회에 의해 거절당한 바 있 었던[123] 재정청장 곡탁신은 성은행 총리 방서린(方瑞麟) 군벌통치에 대한 재 정의 종속성 그리고 재정의 분열과 지출 초과에 따른 성 재정 붕괴라는 근 본적인 문제를 해결하지 않는 한 이와같은 미봉책만으로는 실효를 거둘 수 없었다. 결국 1926년까지 총 4천만원에 달하는 지폐를 남발한 하남 성은행 이 문을 닫자 그 피해는 고스란히 일반인에게 전가되었다.[124] 예초 가치하락 과 태환 중지에 이은 물가상승으로 인하여 1926년 7월 1일부터 2일까지 개 봉에서는 1천여 명의 빈민이 전상(錢商)과 전점(錢店)을 공격하고 독서와 성 서(省署)로 몰려가 시위를 했는데,[125] 이는 군벌의 왜곡된 재정구조하에서 수탈당한 하층민의 자연스러운 대응 가운데 하나였다.

3. 각지의 병재(兵災)

각지의 주둔군은 성 중앙재정의 파탄으로 인해 군비지원이 곤란한 상황에 서 자의적이고 임의적인 지역수탈을 단행하였다. 지역주민에게는 토비의 약 탈이나 자연재해와 같은 재난으로 비춰졌을 이러한 군에 의한 재난 [병재兵

---

122) 「豫省第一次抽籤兌現」, 『時報』, 1925. 12. 26.

123) 「汴財廳長決意辭職」, 『時報』, 1926. 4. 23.

124) 守愚 「直系餘藥對河南民衆之剝削」(1926. 12. 29 開封通信), 『嚮導』 第186期, 1986면.

125) 「汴垣大鬧錢荒」, 『時報』, 1926. 9. 17.

災)이 어느 특정 시기, 지역에 국한하여 발생한 것은 아니지만 그 대강의 모습을 살펴보기 위해 대표적인 사례들을 정리해보면 표30과 같다.[126]

표30은 민국 초기 하남에서 발생했던 수많은 병재 가운데 극히 일부분만을 보여주는 데 불과하지만 그래도 몇가지 구체적인 양상을 보여주고 있다. 먼저 병재가 발생하는 지역이나 시기를 살펴보면 하남에 큰 영향을 끼친 각종 전쟁과 밀접히 관련되어 있으며, 또 그 때문에 철로를 중심으로 한 전략적 요충지대에서 빈번히 발생하고 있음을 알 수 있다. 이 경우 병재의 주된 양상은 약탈, 물자·인력 징발, 파괴, 사상 등으로 나타났다. 특히 전쟁에 따른 패잔병 혹은 토비군대 [兵匪] 등에게서 이러한 "토비와 군대가 구분되지 않는 현상 [병비불분(兵匪不分)]"의 예를 쉽게 찾아볼 수 있다. 이밖에 군대의 주둔은 경비조달이라는 부담을 지역에 안겼다. 각종 군사경비의 조달이 중앙이 아니라 현지에서 이루어지는 것은 주둔군대의 입장에서 볼 때 군대유지를 위한 불가피한 선택이었을지 모르지만, 지역민의 입장에서 볼 때는 엄연한 병재일 수 있었다. 군대가 주둔하는 어느 곳에서나 이루어졌을 법한 현지 경비조달의 구체적 예는 표30 이외에도 일일이 열거할 수 없을 정도로 많다.[127]

결국 1920년대의 하남 군벌통치는 패잔병, 토비군대 등에 의한 직접적인 약탈과 가혹한 각종 세금부과라는 간접적 수탈이라는 형태로 지역민에게 나타났다. 이에 대한 지역주민의 반응을 단적으로 보여주는 것이 당시 그들 사이에서 유행했던 민가라 할 수 있다.[128]

---

126) 표 가운데의 지방지는 『河南兵災戰禍資料選編』, 36~46면에서 인용.

127) 대표적 예로는 仁靜 「河南盧氏縣人民對軍閥之反抗」, 『嚮導』 第69期, 551~52면;「大事記」, 『續安陽縣志』 卷1, 13면;「慘無人道之劉鎭華軍」, 『漢口民國日報』, 1927. 1. 5;「河南全省武裝農民代表大會宣言」, 『漢口民國日報』, 1927. 3. 24; 守愚 「直系餘蘗對河南民衆之剝削」(1926. 12. 29), 『嚮導』 第186期, 1986~87면 등 참조.

128) 이하 소개하는 1920년대 하남의 민가는 모두 經菴 「河南民歌中的匪災與兵災」, 『民俗』 第110期(1930. 4. 30)에서 인용하였다.

민가(民歌) 1-활현(滑縣)

섬서에서 온 한 무리 원숭이

큰 길, 뒷골목 제멋대로 놀고 있네.

민가 2-민권현(民權縣)

토비한테 인질이 될지언정

모군(某軍)더러 오라 하지 않겠네

토비에게 붙잡히면 돌아올 순 있건만

모군이 온다면 애절한 통곡밖에 더 있겠나.

민가 3-준현(浚縣)

모군은 입만 열면 동향이라 말하지만

토비에게 실탄이나 총만 팔아먹을 뿐

자기들이 황군(皇軍)이라 우쭐댔지만

모두다 족제비[129]일 줄 누가 알았을까?

민가 4-하읍(夏邑)

마음씨 고약한 장경요

병사는 불러 모았으나 먹을 것도 안 챙기고

그저 민간에게 떠넘길 뿐

쌀을 달라, 밀을 달라

계란 달라, 오리알 달라

혁명군이 오게 되면

너희 개자식 모두 죽여버릴걸.

　　민가 1의 "섬서에서 온 한 무리"는 섬서의 국민2군을 지칭하는데, "원숭이"라는 다분히 경멸적인 표현을 사용하여 그들에 대한 하남인의 좋지 않은

---

129) 이것은 당시 군인이 항상 민간인의 닭은 잡아먹었기 때문에 붙은 별명이다.

감정을 드러내고 있다. 여기에는 국민2군의 지역수탈에 대한 반감이 주로 작용했겠지만 그밖에 하남과 섬서 사이의 뿌리 깊은 지역갈등의 요인도 개입되어 있었다. 국민2군은 하남인 입장에서 볼 때 지역적 연고가 없는 객군에 불과했기 때문에 그들의 수탈강도 역시 하남군대보다 심한 것으로 비추어졌으며, 하남인에 대한 국민군 내부의 지역차별[130]이나 언어차이[131] 때문에 양자간의 갈등이 증폭될 소지가 많았다. 그러나 수탈 정도에서는 소속을 불문하고 큰 차이는 없었던 것 같다. 민가 3에 등장하는 '모군'은 동향의 군대지만 그들 역시 토비에게 무기를 팔고 민간의 재물을 약탈하는 "족제비"와 다름없기 때문이다. 민가 4에 보이듯 1926년 가을 하남동부에 주둔했던 장경요군(張敬堯軍)에 대해 주민들이 "개자식"이라 칭했다는 사실에서도 그 반감을 확인할 수 있다.

민가 5-낙양
우리네 닭 잡아먹고
우리네 밥 빼앗아 먹고는
떠날 때는 개자식이라 욕하네
쌀 보내라
밀 보내라 하면서

---

130) 원래 국민군 전체 60만 가운데 陝西 출신 병사는 2, 3만에 불과했으며, 나머지는 河北, 河南, 山東 출신이었다. 그러나 陝西 병사는 나머지를 능멸하였고, 岳維峻 또한 섬서인을 차별적으로 우대하였기 때문에 특히 하남인은 이에 반발하였다. 이러한 지역차별의 결과 1926년 陝·鄂전쟁이 벌어지자 4만명의 국민군 병사가 투항하였다. 神州「國民軍第二軍之失敗」,『嚮導』147期(1926. 3), 1370면.

131) 하남과 섬서 사이의 발음 차이는 양자의 구별을 용이하게 하였는데, 한 예로 홍창회가 패잔병에게 "너는 누구냐"라고 물을 때 대답이 鼻音을 띤 '我'(들리기에 '餓'〔e〕)로 시작되면 바로 죽이고 그가 '我'〔wo〕로 시작하면 단지 무기만 빼앗고 살려주었다. 紫化周「洛陽地區紅槍會興起與消滅」,『河南文史資料』第10輯, 1984, 72~73면;「又有岳被擒李被殺說」, 『長沙大公報』, 1926. 3. 19.

인력 징발하러 여기저기 뒤지니
어린애든 늙은이든 감히 나타날 수 없구나

민가 6-낙양
잿빛 쥐새끼, 잿빛 이리들아!
너희들은 항상 우리네 담장을 뛰어넘고
우리네 양을 잡아먹으며
우리네 낭군을 해친다
너희들은 항상 우리네 옷을 빼앗아 입으며
우리네 조당(祖堂)을 파괴한다
아! 하늘이여 땅이여
우리에게 어디로 가란 말인가.

민가 5, 6은 군대의 구체적 수탈내용과 비참한 지역민의 현실 그리고 그들의 군대에 대한 감정을 잘 표현해준다. 즉 군대의 징발과 수탈을 피해 "어린애든 늙은이든 (도망가) 감히 나타날 수 없"는 농촌의 현실과 "우리에게 어디로 가란 말인가"라고 절규하는 지역주민의 눈에 비춰진 군대의 모습은 "잿빛 쥐새끼" 또는 "잿빛 이리"일 뿐이었다.

민가 7-낙양
국자로 푼 한 주발의 국에는
얼굴이 맑게 비추는데
군대 만두를 달라하고
토비 또한 연발총을 요구하네

민가 8-우현(禹縣)
먹는 것도 아끼고 마실 것도 아껴
남겨둔 재물일랑 결국 토비에게 줘버리지

오늘도 모으고 내일도 모으나
모은 물건일랑 우리네와 상관없지
토비에 약탈당하거나 군대에 기만당하니
가업은 모두 흩어져버리고
동으로 도망가나 서로 피난가나
동분서주하다 보니
집안 식구 한데 모일 수 없으니
한숨소리만 절로 날 뿐

민가 9-안양(安陽)
집안 살림 꾸리기 어렵네 어려워
집에 있지 않고 성안으로 도망친 것은
토비에게 인질되어 돈 뺏길까 두려워서였는데
어렵기는 매한가지
2.5원에 방 빌렸지만
군인 난리치니 또 짐 쌀 수밖에.

민가 7, 8, 9는 군대의 수탈뿐만 아니라 토비와의 군대 결합관계까지도 드러낸다. 민가 7은 자신의 집에서조차 먹을 식량이 충분하지 않지만 토비와 군대 수탈에 고심하는 모습을, 민가 8은 아무리 절약하여 재물을 모아봤자 토비에게 약탈당하고 군에 기만당해 모두 사라지고 가족마저 뿔뿔이 흩어져버리고 마는 괴로움을, 마지막으로 민가 9는 향촌에서 토비에 의한 재난을 피해 성내로 들어가 보았지만 군인의 난리 때문에 그곳마저도 안전하지 않다는 절박한 현실을 잘 보여준다.

이상과 같은 군벌의 지역수탈은 결과적으로 하층민의 몰락을 더욱 부채질함으로써 토비 양산의 한 계기로 작용할 수 있었다. 하지만 앞서 살핀 바대로 지역치안이 제대로 유지되었다면 토비의 발호는 어느정도 억제될 수 있었다. 또한 후술하게 될 홍창회 역시 토비에 대항한 자위조직이라는 본래 성격을 유지할 수 있었을 것이다. 그러나 1920년대 군벌 통치시기의 치안조직은 운영과 기능에서 1910년대 후반과 많은 차이를 보인 것 같은데 이 부분에 대해서는 장을 바꿔 살펴보기로 하자.

III. 1920년대 하남 치안행정의 문란과 토비 세계의 형성

1. 군벌통치와 현지사

하남의 군벌통치가 본격화된 1920년대의 치안상황은 이전과 여러 부분에서 차이를 보였을 것이다. 그렇다면 1920년대의 치안상황은 구체적으로 어떠했는지 먼저 지역치안의 중추인 현지사와 군벌과의 관계 검토를 통해 접근해보도록 하자.

조척정권의 몰락으로 귀결된 1920년대 초의 독군교체파동은 이후에도 계속되었다. 그것은 하남 내부 갈등에서 비롯된 측면도 있겠지만 대개는 수도를 지키는 울타리로서 하남이 처한 지정학적 특성에서 유래하였다. 계속된 전쟁의 결과 1920년에서 1927년 사이 하남의 군정·민정 장관은 표31[132]에서 보여주는 바와 같이 자주 교체되었는데 이러한 현상은 오패부, 풍옥상,

---

132) 錢實甫 編著 黃清根·整理 『北洋政府職官年表』(華東師範大學出版社 1991). [ ]는 중앙정부가 임명하지 않은 인물을 표시하는데, 예컨대 [岳維峻]·[寇英傑]은 오패부가 임명한 사람들이다.

장작림 등 북경정부를 장악한 중앙군벌이 하남에 대해 강력한 영향력을 행사했기 때문에 발생한 것이었다.

이상 성권력의 불안정성은 하위 행정단위로 확산되었다. 예컨대 1920년 7월 부임한 뒤 5개월 만에 성장의 직에서 물러나게 된 왕인천은 떠나기 전 인사명령을 통해 현지사 20명을 일시에 교체하였다.[133] 명확한 이유는 드러나지 않지만, 갑작스런 이번 지시가 성장직 교체와 분리하여 생각하기는 곤란할 것 같다. 1922년 조척정권의 몰락과 함께 후방유정총사령(後方留鄭總司令)에 임명된 근운악 또한 기존 현지사들이 현순집대와 함께 철로를 훼손하는 등 직예파 통치에 반발한 것을 빌미로 삼았지만, 실은 그들이 조척의 심복이었다는 이유로 다수를 교체하였다. 비록 사후적으로 성장 장봉태의 승인을 받았고 조척의 잔여세력을 제거하기 위한 임시적 조치이기는 하였지만, 지역군대가 현지사 임용에 관여하는 선례를 보여준 것이었다. 그렇기 때문에 당시 현지사의 교체를 근운악이 풍옥상과 대적하기 위해 자신의 기반을 확충하기 위한 것이라 의심하는 자도 있었다.[134]

풍옥상 역시 성장의 고유권한인 인사문제에 관여하지 않겠다고 공언하였지만, 오히려 위로는 청(廳), 도(道)의 관리에서 아래로는 현지사, 순관(巡官)에 이르기까지 임의로 교체하여 성장을 무용지물로 만들었다는 비난을 받았다.[135] 하지만 1922년 당시 풍옥상은 명색이 독군이었지만 실제 세력은 개봉 주변에 국한될 뿐이어서 성의 행정은 사분오열된 상황이었다. 오패부는 낙양에, 장복래, 근운악은 정주에, 호경익은 창덕에 각각 주둔하면서 현지사와 징세국장 등을 임의로 교체하였다. 이에 대해 독군 풍옥상은 물론 성장

133) 「王印川赴京後之豫局觀」, 『申報』, 1920. 7. 8.
134) 「趙倜敗後之豫聞」, 『申報』, 1922. 6. 12.
135) 「河南公民電請罷免馮玉祥」, 『天津大公報』, 1922. 10. 17. 풍옥상이 督軍에 부임하자마자 가장 먼저 한 일 가운데 하나는 재정, 경찰 청장 등을 교체함과 동시에 자신의 비서 任右民을 신임 開封 縣知事에 임명한 것이었다(「馮玉祥抵省後之行動」, 『申報』, 1922. 5. 24).

장봉태 역시 승인할 수밖에 없었는데, 육군제3사(陸軍第3師) 서기관(書記官)·군수관(軍需官) 및 양호순열사서(兩湖巡閱使署) 고문(顧問)·자의원(咨議員) 가운데 현지사로 임명된 자가 아주 많았다. 특히 근운악은 정주에서 신양에 이르는 지역의 현지사 20여 명을 임의로 교체하면서 풍옥상이나 장봉태에게 보고조차 하지 않았다.[136] 당시 언론은 이렇듯 적법한 절차를 밟지 않고 임명된 현지사들에 대하여 행정에 대한 경험이 없을 뿐만 아니라 교만하기까지 하다고 비난하였다.[137]

그래도 위에서 소개된 예들은 풍옥상, 근운악 등 각 군벌의 최고장관이 현지사 임명 등 민정에 개입한 예이지만 이후 하남 내의 군벌혼전이 가속화됨에 따라 행정이 더욱 문란해질 경우 주둔군대의 장조차도 현지사를 위시한 지방관을 임의로 교체하였다. 한 예로 1926년 섬·악전쟁(陝·鄂戰爭) 이후 현지사와 징수국장이 도피하자 각 군의 사장과 여장은 임의로 현관리를 임명하였는데, 심지어 일개 단장(團長)과 부관이 지사임명권을 지니기까지 하였다.[138] 전투지역일 경우 관할군대의 변화 때문에 심지어 1현에 3, 4명의 현지사가, 1국에 7, 8명의 국장이 동시에 존재하는 경우까지도 있었다.[139] 이렇듯 이 시기 상황을 더욱 복잡하게 만든 것은 지역에 대한 행정 명령계통이 통일되어 있지 않았다는 사실이었다. 1926년 섬·악전쟁 승리의 결과 오패부는 하남 독리에 구영걸을, 성장에 근운악을 각각 임명했으나, 둘은 상호간의 적대감을 해소하지 못하고 자신들의 세력증대를 위해 국민2군(國民二軍), 홍창회 등 15만의 무장세력을 다투어 개편하였다. 그 결과 독서와 성서 그리고 지역군대의 사장, 여장, 마지막으로 홍창회 등 각 군사세력이 임의로 현지사를 임명함으로써 당시 하남 대부분의 현에서 현지사가 2

136)「直軍奏凱後之豫局」,『申報』, 1922. 6. 1.
137)「昨聞之豫事消息」,『天津大公報』, 1922. 11. 1.
138)「羅掘俱窮之豫財政」,『時報』, 1926. 4. 6.
139)「豫省駐軍爭奪政權」,『申報』, 1926. 5. 6;「豫局混沌之現象」,『時報』, 1926. 4. 13.

명 이상 존재하는 지경에까지 이른다고 지적되었다.[140]

이상 몇몇의 예를 통해 독군교체파동 혹은 군벌혼전에 따른 성 중앙권력의 불안정에 따라 현지사의 잦은 교체현상이 이루어졌다고 할 수 있을 텐데, 이 점을 더욱 정량적으로 분석해본 것이 표32이다.[141] 표 내의 A·B·C·D·E군은 제1부 제1장의 구분대로 하남서부 낙후지역, 하남서부 쇠퇴지역, 철로 주변 발달지역, 하남북부 발달지역, 하남동부 변경지역 등을 각각 가리킨다. 다음 I군은 A·B·C·D·E군에 속한 63개 현에서 1912년에서 1928년 사이 교체된 1,476명 현지사의 연도별 합계와 변동률을 표시한 것이다.[142] II군은 같은 시기 I군을 포함한 111개 현 전체에 관한 통계이다. III군은 오도릭 우가 민국시기에 편찬된 29종의 하남 지방지를 이용하여 산출한 결과를 표시한 것이다.[143]

이 변동률을 꺾은선 그래프로 나타내보면(표33) 3개의 현지사 변동률이 상당히 규칙적으로 변화하고 있음을 보여준다. 특히 I군과 II군의 그래프는 거의 일치한다고 봐도 과언이 아니라고 할 수 있고, 비록 29개 현만을 토하였기 때문에 정확성에는 한계는 있지만 지방지를 이용한 오도릭 우 역시 유사한 결론에 이르고 있다.

이상의 표를 통해 먼저 미세하기는 하지만 낙후·쇠퇴 지역(A군)이 발달지역(C·D군)에서보다 현지사가 자주 바뀌고 있음을 확인할 수 있다. 하지만

---

140) 「靳寇爭權中之豫省現狀」, 『申報』, 1926. 4. 13.

141) 牛中家, 郝玉香, 劉松富 編輯 『民國時期河南省縣長名錄』(鄭州大學 1991). 이 책은 편집자들이 河南省檔案館, 河南公安檔案館, 鄭州市檔案館 등에 소장된 민국시기 河南省政府, 河南省公署, 河南通志館의 당안과 자료를 통해 1912년부터 1948년까지 120개 현에 부임한 총 5,246명의 현지사의 성명, 자, 호, 적관, 근무기간 등을 정리한 것이다.

142) 여기서 변동률은 현지사 수/총 현수×100으로 산출했다. 단 III군의 경우에서와 같이 지사의 변동 사실이 불명확한 경우는 현지사수/(총 현수−불명확한 경우의 수)×100으로 계산했다.

143) Odoric Y. K. Wou, "The District Magistrate Profession in the Early Republican Period: Occupational Recruitment, Training and Mobility," *Modern Asian Studies*, 8, 2(1974), 232~33면.

표33을 통해 더 주목하고 싶은 것은 현지사의 급격한 변동을 보이는 시기가 1912년, 1922년, 그리고 1925～1928년이라는 사실이다. 이때는 모두 신해혁명, 제1차 직봉전쟁, 국민혁명같이 정국이 급변하는 시기로서 독군, 성장 등 하남의 군정, 민정 장관이 바뀌는 시점과 일치한다. 그렇다면 독군교체 풍조와 같은 정치적 불안정과 현지사의 높은 변동률은 서로 밀접한 상관관계를 이루고 있음을 다시 한번 확인할 수 있다. 또한 이미 지적한 대로 군벌 혼전시기 주둔군대에 의한 임의적인 지사임명 역시 변동률 상승을 더욱 부채질하였을 것이다. 그러면 독군과 성장의 교체에 이은 현지사의 잦은 변동은 지역사회에 어떠한 영향을 미쳤을까?

이 물음에 답하기 위해 먼저 누가 어떠한 과정을 거쳐 새로이 현지사에 임명되었는가에 대해 검토해볼 필요가 있을 것 같다. 이 경우 구체적 시기는 오패부가 실질적으로 하남을 장악하고 있었던 1923년을 대상으로 삼고자 한다. 1923년이란 싯점을 택한 것은 일차적으로 오패부의 통치체제가 확립된 이 시기에 군벌과 현지사 사이에 형성된 정형화된 상호관련성을 확인할 수 있을 것으로 판단되기 때문이다. 또한 현지사의 이력을 모아 편집한『하남문직동관록(河南文職同官錄)』(이하『하남동관록(河南同官錄)』) 가운데 1923년의 것이 현존하고 있다는 사실 역시 중요한 선정이유가 된다.

1923년도『하남동관록(河南同官錄)』에 등장하는 69명 현지사의 이력을 검토해보면 크게 두 가지 유형으로 대별할 수 있다. 첫째, 문민 행정가 형의 현지사라 할 수 있는데 대표적 예로 밀현지사(密縣知事) 왕복걸(王福傑)의 중요 이력을 검토해보자.[144]

---

144)『河南同官錄』(1923), 開封: 祥記石印報社印, 48～49면.『河南同官錄』은 미국 콜롬비아 대학 中文圖書館 소장본을 이용하였다. 원본에는 면수와 권수 표시가 되어 있지 않기 때문에, 이하 본문에서 보이는 권수는 그 대학에서 표시한 일련번호를 따랐고 면수는 필자가 앞부터 따져 표기한 것이다. 또한『河南同官錄』에 등장하는 연월일은 모두 음력을 의미한다.

왕복걸: 자(字) 한삼(漢三). 나이 49세. 하남 맹현인(孟縣人). 청말 늠공생(廩
貢生)

1912년 성의회 의원

1913년 하남법정별과(河南法政別科) 졸업. 남양청리적안위원(南陽淸理積案
委員). 서리귀덕지방검찰청검찰장(署理歸德地方檢察廳檢察長) 제3회 지사
시험(知事試驗) 갑등(甲等) 취득

1914년 흑룡강호송간민위원(黑龍江護送墾民委員)

1916년 초원현(招遠縣) 승심원(承審員)

1917년 광요현(廣饒縣) 승심원

1918년 등현(滕縣) 승심원

1920년 운성현지사(鄆城縣知事). 상구(商丘), 영릉(寧陵), 등봉(登封) 등지
파견

1922년 무양(舞陽)에서 금연(禁煙) 조사. 사수(氾水) 파견.

1922년 개봉 도윤에 의해 밀현지사에 임명.

경력을 통해 보면 청말 학교나 민국 초기의 지사시험을 통과하여 전통 학
문과 근대 학문을 겸비한 왕복걸이 근무과정에서 '대공(大功) 2차(次)'를 기
록하는 등 탁월한 성과를 바탕으로 밀현지사에 발탁되었음을 알 수 있다. 이
와같은 문관 형의 지사 임용의 예는 다른 곳에도 찾을 수 있지만,[145] 1923년
당시 이러한 예는 소수라 할 수 있다. 오히려 앞서 근운악의 현지사 임명 사
례에서 예상되듯이 군 출신 혹은 군벌과의 관련된 업무에 종사했던 인물 가
운데에서 현지사로 발탁되는 예가 더욱 일반적이었다고 할 수 있다. 우현 현
지사 팽군언(彭君彦)의 약력을 통해 그 전형적인 예를 찾아보자.[146]

---

145) 예컨대 傅巖은 1913년 일본유학, 1918년 성의회 의원 당선, 1919년 제2회 문관 고등
고시 합격, 외교부 근무 등의 이력을 바탕으로 1922년 7월 蘭封 현지사에 임명되었다(『河南
同官錄』, 1923, 46면). 또한 詹寶模는 1914년 河南教養國會計員 겸 開封平糶總局總稽查,
汝陽道尹公署財政科科長, 教育科科長 등을 역임하다 1920년 代理鄧縣 현지사를 거쳐 1922
년 新野 현지사에 임명되었다(『河南同官錄』, 1923, 91면).

팽군언: 자(字) 달재(達才). 나이 59세. 사천 상양현인(商陽縣人). 청말 부생(附生).

1904년 육군(陸軍) 제3진11표(第3鎭11標) 서기관

1906년 육군 제3진보6협(第3鎭步6協) 서기관

1912년 육군 기병(騎兵) 제1려(第1旅) 군법관(軍法官)

1913년 육군 기병 상위(上尉)

1918년 육군 제3사 서기관

1919년 직노예순열부사공서(直魯豫巡閱副使公署) 비서관(秘書官)

1920년 육군 제24사 정군법관(正軍法官).

1921년 섬서독군공서(陝西督軍公署) 고문(顧問). 힘성홍(咸醒興) 금연국장(禁煙局長).

1922년 양호순열사공서(兩湖巡閱使公署) 고문.

1923년 하남 성장 장봉태에 의해 우현 현지사에 임명.

경력을 통해 보면 청말의 생원(生員) 출신 팽군언은 군경력을 바탕으로 현지사의 지위에 올랐음을 알 수 있다. 비록 성장 장봉태에 의해 임명되었지만 육군 제3사 서기관, 직노예순열부사공서(直魯豫巡閱副使公署) 비서관 등을 역임하였다는 사실에서 임용에 오패부의 영향이 강하게 미쳤을 것임을 추측할 수 있다. 은인(殷仁)의 하읍 현지사 임용이 직노예순열부사 오패부가 독리하남군무사의(督理河南軍務事宜) 장복래에게, 장복래는 다시 하남 성장 장봉태에게 추천함으로써 이루어졌다는 사실[147]은 이러한 추측을 뒷받침한다. 『하남동관록』에는 오패부 이외에도 풍옥상, 근운악, 소요남(蕭耀南), 장복래 등 당시 세력을 떨치고 있었던 군벌의 이름이 현지사로 등장하는 인물들과 관련하여 자주 거론되고 있는데, 현지사로 충원되는 인물들이 이 군벌들 아래에서 담당한 직책의 구체적 명칭으로는 도독부(都督府) 비서(秘書), 경비계

146) 『河南同官錄』(1923年), 47면.
147) 『河南同官錄』(1923年), 57~58면.

엄사령처(警備戒嚴司令處) 심판원(審判員), 독군공서(督軍公署) 고문, 양호순열사(兩湖巡閱使) 고문, 사단(師團) 자의(諮議), 사단 참의(參議), 후방사령(後方司令), 예서진수사(豫西鎭守使) 고문, 하남재로초비사령부(河南在路剿匪司令部) 독찰관(督察官), 육군 제14사단 고문, 초비총사령부(剿匪總司令部) 첩보처(諜報處) 처장(處長), 행영(行營) 집법관(執法官), 하남독군공서(河南督軍公署) 부관(副官), 공서(公署) 자의, 육군 제3사 중급군관(中級軍官) 강당한문교습(講堂漢文敎習), 독리군무공서(督理軍務公署) 집법관 등 매우 다양하였다.[148] 과거의 경력에서뿐만 아니라 현지사에 임명된 이후에도 군무를 겸임하는 경우도 있었다. 그러한 예는 기현(杞縣) 현지사에 임명된 주상(周湘)에서 찾을 수 있는데, 1921년 3월 7일 성장에 의해 지사에 임명된 그에게 독서는 독서군법과(督署軍法課) 과원(課員), 지방순집영사령부(地方巡緝營司令部) 감련관(監練官), 귀덕진수사서(歸德鎭守使署) 집법영무처(執法營務處) 등을 겸직시켰다.[149] 또한 독서는 하음(河陰) 현지사 왕임(王任), 자성(柘城) 현지사 진덕종(秦德琮), 신야(新野) 현지사 첨보모(詹寶模), 무양 현지사 사덕생(沙德生), 식현(息縣) 현지사 고유신(高維新) 등에게는 독서군법과 과원을 겸임시켰다.[150]

이와같이 1923년을 기준으로 볼 때 현지사 다수는 군벌과 관련된 경력을 지녔고, 또 그 결과 군벌의 추천에 의해 임명이 결정되었으며, 임명 이후 다시 군무를 겸직함으로써 직·간접적으로 군벌과 운명을 같이하고 있었다고 할 수 있다. 현지사를 매개로 한 군벌의 지역장악과 군벌을 통한 출세 사실 등을 고려하면 군벌과 현지사 양자의 상호의존성을 확인할 수 있겠지만, 특

---

148) 이상 『河南同官錄』(1923年) 참조.

149) 『河南同官錄』(1923年), 39~40면.

150) 『河南同官錄』(1923年), 53, 56~57, 91~92, 97~98, 115~16면. 이밖에 沘源 현지사 郭縣河, 泌陽 현지사 李洪嶽, 桐柏 현지사 汪忠, 汝南 현지사 王樹玉, 商城 현지사 潘鳴球 역시 督理河南軍務公署 軍法官을 겸직하였다(『河南同官錄』(1923年), 87~89, 100~101, 102~103, 117~18면).

히 전쟁시기 군벌의 수요에 따라 지역의 수탈이 강화될 경우 현지사는 군벌의 단순한 앞잡이로 전락할 소지는 충분했다.[151] 결국 독군·성장 교체에 연동되어 나타나는 잦은 현지사의 교체, 그리고 군벌과 밀접한 경력을 지닌 자들에 의한 현지사 충원과 현지사의 군무겸임 등의 현상은 하남사회에 대해 군벌이 지니는 영향력의 정도를 보여주는 것이며 동시에 군벌통치의 동요에 따른 잦은 교체로 인해 지역사회의 혼란을 야기할 수도 있었다.

2. 치안조직의 변화와 순집대(巡緝隊)

본격적인 군벌통치가 시작된 1920년대 하남의 치안상황은 이전 1910년대 후반과는 여러 측면에서 차이를 보였다. 특히 치안조직의 변화라는 시각에서 볼 때 1918년 조척에 의해 성립되어 활발하게 활동을 전개하다 1922년 풍옥상에 의해 전격적으로 해산당한 순집대는 그 역할이나 활동내용과 시기 등을 고려할 때 주목할 만한데, 이하에서는 이 조직의 성립에서 해산에 이르는 과정과 그 성격에 대해 고찰함으로써 1920년대 초 치안상황을 살펴보고자 한다.

1918년 1월 독군 조척은 도처에 토비가 창궐하자 북경정부의 지시[152]에

---

151) 第14師 師長 靳雲鴞이 鄭州 전투 때에 경비조달에 적극적이었던 信陽 현지사 宋祖鎔에 대하여 특별히 포상을 실시한 것은 단적인 예라 하였다(『河南同官錄』(1923年), 103~104면). 또한 주둔군장이 현지사를 자신의 심복으로 교체한 것도 경비 현지조달을 편하게 하기 위함이었다. 「大事記」, 『汝南縣志』 卷1, 中共河南省委黨史工作委員會 『五四前後的河南社會』, 河南人民出版社 1990, 480면에서 재인용. 이하 『五四前後的河南社會』로 약칭.

152) 북경정부는 지역 방비를 위하여 ① 省內에 警備總司令處를 설치하여 권한을 통일하고, ② 각 현에는 警備隊勇의 수에 따라 3~5縣을 연합하여 1營으로, 그리고 10현을 연합하여 1團을 형성하며, ③ 軍署는 상급 군관을 파견하여 지휘, 훈련, 연락을 담당하라고 명령하였다(「改編各縣警備隊」, 『天津大公報』, 1918. 1. 22; 「改編各縣警備隊」, 『河聲日報』, 1918. 1. 19).

따라 특별히 임현(林縣)·무안(武安)·섭현(涉縣)·기현(淇縣) 연방순집대위원(聯防巡緝隊委員)에 주진동(周振東), 공현(鞏縣)·언사(偃師)·맹현(孟縣)·등봉 연방순집대위원에 공소빈(孔昭彬), 회양(淮陽)·심구(沈丘)·항성(項城)·상수(商水) 현연방순집대위원(縣聯防巡緝隊委員)에 우계림(牛桂林) 등을 각각 임명함으로써 순집대를 건립하기 시작하였다.[153] 전체적으로는 전성을 4로(路)로 나누고 노마다 총사령(總司令) 1명을 두며, 4현을 연합하여 1구(區)로 삼고, 구마다 지역의 공관국이 경비를 담당하여 1영(營) 4백명을 모집함으로써 총 20영을 조직하기로 하였다.[154] 순집대의 순조로운 건립에 따라[155] 성당국은 정영관(正領官), 부영관(副領官), 대관(隊官), 대장(隊長) 등 현급의 주요 직책임명을 마쳤고,[156] 연방순집대(聯防巡緝隊)가 건립된 이후 이를 지도할 수 있는 조직의 필요성이 대두됨에 따라 4개 현에서 7개 현 심지어 10개 현을 통괄하는 통대(統帶)를 설치·임명하였다.[157] 이어 성당국은 1918년 7월경 순집대가 총 40영에 이르게 되자[158] 군서참모장(軍署參謀長) 시문경(時文卿)을 총사령에, 정탐장(偵探長) 사백룡(史伯龍)을 총부사령(總副司令)에 각각 임명함으로써[159] 총사령→통대→영관(領官)→대관→대

---

153)「委派試辦巡緝員」, 『河聲日報』, 1918. 1. 19;「又委試辦巡緝員」, 『河聲日報』, 1918. 1. 25.

154)「趙偶編制聯防巡緝隊」, 『天津大公報』, 1918. 1. 30;「聯防巡緝隊之編制」, 『河聲日報』, 1918. 1. 27.

155)「偃師巡緝隊行將成立」, 『河聲日報』, 1918. 3. 25;「豫西巡緝隊成立」, 『河聲日報』, 1918. 3. 25;「續委巡緝營長」, 『河聲日報』, 1918. 4. 14;「委派試辦巡緝員」, 『河聲日報』, 1918. 4. 14;「視察巡緝員出發」, 『河聲日報』, 1918. 4. 16.

156) 초기에 사용된 營長이란 명칭 대신 縣巡緝隊의 지휘관으로 正領官, 副領官이란 명칭이 사용되었다. 규정상 隊는 3排로 나뉘어 正隊長 1명, 副隊長 3명을 두었다(「營長更名領官」, 『河聲日報』, 1918. 5. 22).

157)「委派巡緝隊統帶」, 『河聲日報』, 1918. 6. 1;「又一巡緝隊領官之委定」, 『河聲日報』, 1918. 6. 24;「馬營長升任統帶」, 『河聲日報』, 1920. 3. 4;「南陽統帶之得人」, 『河聲日報』, 1920. 6. 5.

158)「密查員奉委出發」, 『河聲日報』, 1918. 7. 1.

장으로 이어지는 성 전체의 위계를 완성시켰다.

이상 전성적 규모를 확립한 순집대는 과연 기존의 지역 치안조직이나 군대와 어떠한 관계를 갖고 있으며, 조직의 성격이나 특징은 또 무엇인지 살펴볼 필요가 있는데, 이에 대해서는 순집대가 성립한 직후인 1919년 편집된 관직 이력서 모음인 『하남무직동관록(河南武職同官錄)』(제3권, 제4권), 『하남순집동관록(河南巡緝同官錄)』(제5권, 제6권) 등의 분석을 통해 접근해보겠다.

『하남순집동관록(河南巡緝同官錄)』(제5, 6권)에는 순집대의 최고위직인 통대로서 조걸(여남汝南, 40세)이 등장한다. 1913년 여남정집단방영(汝南偵緝團防營) 방대(幫隊)를 역임한 그는 1915년 정집단방(偵緝團防)이 예여경비영(豫汝警備營)으로 개조되자 관대(管帶) 겸 남로순집대(南路巡緝隊) 총계사(總稽查)가 되었으며, 1917년 10월 자신의 친형인 조적의 명에 따라 여남·상채·확산·신야·서화·수평·신양·나산)·식현·정양 등현 지방순집대(地方巡緝隊) 개편(改編) 정위원(正委員)으로 활약하다가 1918년 7월, 10현 순집대가 성립하자 통대에 임명되었다.[160] 또다른 통대 양국추(梁國樞, 광산인光山人, 50세)는 천진무비원(天津武備院)을 졸업한 뒤 1912년 독련공소1등 명예과원(督練公所一等名譽科員), 도독부2등부관, 1916년 도독부1등부관을 거쳐 1918년 10월 황천(潢川)·광산(光山)·고시(固始)·상성(商城) 4현 지방(地方) 순집영(巡緝營) 통대에 임명되었다.[161] 통대의 출신 경력에서 보면 한 사람은 독군 조적의 동생이며 다른 한 사람은 조적의 부관 출신이었음을 알 수 있다. 더욱이 조걸은 이후 순집대 총사령에까지 승진하였기 때문에 순집대의 건립은 조적의 군사적 기반을 공고히하기 위한 것이라 할 수 있다. 그렇기 때문에 순집대는 겉으로는 지역을 보위한다고 하지만 실제로는 조적의 개인적 군사력을 증진시키기 위한 '조씨(趙氏)의 가병(家兵)'이라 비난받

---

159) 「巡緝隊將設總司令」, 『河聲日報』, 1918. 7. 26.

160) 『河南巡緝同官錄』 卷6, 1919, 1면.

161) 『河南巡緝同官錄』 卷6, 1919, 27~28면.

기도 하였다.[162)

　다음 통대 아래의 직위라 할 수 있는 영관(領官)의 이름, 관할지역, 나이, 적관(籍貫), 경력 등을 정리한 것이 표34이다.[163) 표를 통해 가장 분명히 드러나는 것은 첫째, 1918년을 즈음하여 하남 108개 현 거의 모든 곳에 순집대가 건립되었다는 사실이다.[164) 순집대의 건립이 성정국의 의지대로 아주 통일적으로 추진되었음을 확인할 수 있다. 둘째, 영관에 임명된 인물의 경력을 살펴보면 대부분이 군 출신이거나 군의 밀사원(密査員), 정탐원(偵探員), 군법관(軍法官) 등 군속임을 알 수 있다. 게다가 군인이면서 동시에 영관을 겸직하는 경우도 상당수 존재했다.[165) 동시에 영관 가운데에는 소수이지만 경비대 대장, 보위단 단신(團紳)·단총(團總), 청향국 국장, 경좌 등 기존 치안조직의 중심인물도 포함되어 있다. 그렇다면 순집대와 기존 지역 치안조직과의 밀접한 관련성을 상정할 수 있지 않을까?

---

162)「豫巡緝隊之病民」,『晨報』, 1920. 1. 11.

163) 표 가운데 직책은 모두 領官을 지칭하고 경력은 주로 민국 이후, 특히 영관에 임명되기 직전의 것을 표시했으나 보위단이나 경비대의 경력은 시간에 구애받지 않고 표시하였다. 또한 출전은 모두『河南巡緝同官錄』(1919年)을 나타낸다.

164) 領官이 성립되지 않은 현의 경우에 副領官이 설치되기도 하였다. 예를 들면 당국은 魯山縣地方巡緝隊 副領官에 高文淸(『河南巡緝同官錄』卷6, 79면), 郟縣地方巡緝隊 副領官에 張淮(『河南巡緝同官錄』卷6, 83면), 寶豊縣地方巡緝隊副領官 兼 第1隊隊官에 張錫田(『河南巡緝同官錄』卷6, 85면) 禹縣地方巡緝隊 副領官에 馬有斌(『河南巡緝同官錄』卷5, 31면) 등을 각각 임명하였다. 또한 西平巡緝隊 副領官 張鳳銘의 예에서 보여주듯 副領官은 領官의 직무를 대행하였다(『河南巡緝同官錄』卷6, 9면).

165) 예컨대 通許·郾城·尉氏 巡緝營 領官 張廷瑞는 동시에 육군헌병 少校였으며(『河南巡緝同官錄』卷5, 13면), 潢川地方巡緝營 領官 楊福昌은 육군보병 少校(『河南巡緝同官錄』卷6, 29면) 固始縣巡緝隊 領官 劉世傑은 육군보병 少校(『河南巡緝同官錄』卷6, 39면), 臨汝縣 尤安邦은 육군보병 少校(『河南巡緝同官錄』卷6, 67면), 臨穎·內黃 巡緝營 領官 孫有成은 육군기병 上尉(『河南巡緝同官錄』卷6, 97면), 商丘 領官 井萬璣는 歸德鎭守使署副官(『河南巡緝同官錄』卷5, 33면), 襄城 領官 姬隆春은 육군보병 少校였다(『河南巡緝同官錄』卷5, 105면).

그러나 통대와 영관의 구성분석만으로 그렇게 단정하기에는 아직 근거가 미약한 것 같다. 오히려 이 점을 밝히기 위해서는 영관보다 더 하위계급인 대관과 대장의 이력을 분석해야 할 것이다.

셋째, 영관의 적관에 관한 문제이다. 표에서 적관이 확인되는 영관은 40 명인데, 그 가운데 관할지역과 적관이 일치하는 자는 13명, 약 31%에 달한다. 이것은 1919년 하남 현지사에 대한 회피제(回避制)의 철저한 적용[166]과 대비되는 것이며 동시에 일반군대의 유동성에 대비되는 순집대의 지역 토착적 성격을 보여주는 것이라 추정할 수 있다. 그러나 이 역시 추정에 불과한 것으로, 순집대의 회피제 적용 여부와 그 의미 역시 영관 이하의 단계까지 종합적으로 검토해야 드러날 것이다. 따라서 영관 아래의 조직인 대관의 이력을 분석한 것이 표35이다.

표35를 통해 먼저 영관 이하에 1명에서 4명까지 설치된 대관 역시 다수가 군경력을 소유하고 있음을 알 수 있다. 그러나 이력이 확인되는 총 114 명의 대관 가운데 보위단, 경비대, 수망사, 청향국, 경찰서 등 기존 지역 치안조직 경험자는 53명(46%)을 차지하여 영관의 경우와 큰 차이를 보여주고 있다. 특히 경비대의 경험자 26명, 보위단 14명, 중복 경험 5명을 기록하여 전체 39%를 차지하고 있다. 물론 이들이 이전 군에 소속된 적이 전혀 없었던 것은 아니지만, 이들 중 다수가 이미 해당지역에서 상당기간 치안유지활동에 종사해왔던 인물로 이해해도 큰 무리는 없을 것이다. 또한 표35에서 적관을 확인할 수 있는 122명 가운데 회피제의 적용을 받지 않은 대관은 48 명으로 39%를 차지하여 앞에서 확인한 영관의 비율 31%보다 다소 많아졌으며, 대관 아래에 설치된 대장 가운데 적관을 확인할 수 있는 273명 중 해당 현 출신은 122명, 약 45%로 비중이 더욱 높아지고 있다. 특히 수평의 경우 영관에서 대장까지 16명이 모두 수평인이었고, 상채 순집대의 경우는 총

---

166) 『河南文職同官錄』, 祥記石印報社 1919.

16명 가운데 상채 보위단 관대를 역임한 순집대 제4대 대장 학홍의(郝鴻儀, 남양인南陽人)만을 제외한 15명 모두 상채인(上蔡人)이었다.[167] 또한 표로 정리하지 않았지만 대장 역시 대관과 마찬가지로 군경력자 외에도 다수는 보위단이나 경비대 등 지역 치안조직의 담당자로 활약한 인물로 구성되었다. 이렇게 보위단이나 경비대를 지휘한 인물이 순집대의 영관, 대관, 대장 등의 직을 역임할 수 있었던 것은 기존의 지역 치안조직이 순집대로 변화했기 때문에 가능한 것이었다.[168]

결국 이전 각 현에 존재했던 보위단, 민단, 현경비대, 향진경찰 등 다양한 지역 치안조직을 하나로 통합한 순집대는 이전 지역방어라는 동일한 목적을 지닌 조직들이 분산됨으로써 초래되는 경비와 병력의 낭비를 막기 위해 성립된 것이었다. 조적은 순집대의 전성적 위계설정과 측근에 의한 지휘를 통해 지역 무장조직을 효과적으로 장악하고자 하였다. 그는 다양한 군경력자를 지휘자로 임명하고 여러개의 현을 연합함으로써 전투력을 제고시켜 유동적인 군대를 대신해 지역의 안정적 보위를 책임지게 하였다.

이제 지역치안의 중심은 이전 경비대와 보위단에서 순집대로 전환되었고,[169] 순집대는 당국과 지역민의 기대에 부응하여 토비에 효과적으로 대처하였다.[170] 편성 이후 지역 치안유지에 크게 공헌했다고 칭송받은 황천·광

---

167) 『河南巡緝同官錄』卷6, 1919, 13~14, 3~4면. 西平縣의 경우도 副領官을 제외한 11명 모두가 그 지역 출신이었다(『河南巡緝同官錄』卷6, 1919, 9~11면).

168) 警備隊의 巡緝隊 개편의 예는 「巡緝員另行改派」, 『河聲日報』, 1918. 2. 3; 「巡緝營成立近訊」, 『河聲日報』, 1918. 3. 8; 「取消警備隊名稱」, 『河聲日報』, 1918. 7. 12 등을 참조. 保衛團의 巡緝隊 개편 예는 「又一營長之委定」, 『河聲日報』, 1918. 4. 23; 「開封巡緝隊行將成立」, 『河聲日報』, 1918. 5. 2; 「令各社籌編巡緝」, 『河聲日報』, 1918. 7. 24; 「偵緝營長之委定」, 『河聲日報』, 1918. 4. 10; 「五縣巡隊長出發」, 『河聲日報』, 1918. 5. 17; 「保衛團不准存留」, 『河聲日報』, 1919. 7. 31; 「呈請存留保衛團」, 『河聲日報』, 1920. 1. 8 등 참조.

169) 「趙督軍愼重劫案」, 『河聲日報』, 1919. 6. 19; 「總司令預令邏盜」, 『河聲日報』, 1919. 6. 19.

170) 「委員檢閱巡緝隊」, 『河聲日報』, 1918. 12. 18; 「四縣知事會商剿匪」, 『河聲日報』,

산·고시·상성 순집대 통대 양국추는 다음과 같은 포고문을 반포하였다.

독군은 각 현의 지방 경비대, 보위단, 상단, 전아(田野) 순경 등을 병합 개편하여 경비를 낭비하지 않고 병력을 실제 용도에 맞게 하였다. 또한 대장, 대관, 영관, 감련관(監練官, 현지사가 겸임), 통대 등을 임명하여 서로 독촉하며 지역에서 훈련함으로써 군을 보충하였다. 그 결과 일단 유사시에 육군이 각기 요지에 파견되어도 내지에 대한 방어가 공허해지지 않기 때문에 토비는 발호할 수 없고 근본이 안정되니 외환에 어찌 동요할 수 있겠는가.[171]

포고문의 주체가 순집대 통대였다는 면에서 나소 주관적 평가일 수는 있겠지만 지금까지 살펴본 순집대의 조직과정이나 목적 그리고 효과적 토비 토벌활동 등을 확인시켜준다. 이밖에 『하성일보』에 하남서부 대표로 소개된 장영순(張永純)은 다음과 같이 순집대를 평가하였다.

현재 거국적으로 혼란한 시기에 하남의 토비가 아직 극도로 창궐한 지경에 이르지 않아 섬서보다 심하지 않은 것에 대해 지식인들은 순집대의 공이라 하지 않는 자가 없다. 이 군대는 본방(本方)의 건아로서 본방의 향촌을 보호하고 본지(本地)의 경비로 공급받아 본지의 식용에 익숙하고 지리도 숙지하니 성립 이래 누차에 걸쳐 유명 토비를 포획하였다. 비록 무기의 수준은 정규 육군의

1919. 1. 15;「廣告」,『河聲日報』, 1919. 8. 21;「資遣流氓」,『河聲日報』, 1919. 2. 28;「湯陰周知事剿匪之認眞」,『河聲日報』, 1919. 3. 10;「許昌巡緝隊隊長已獲獎狀」,『河聲日報』, 1919. 5. 22;「安陽巡緝隊保護閭隣眞是幸福記」,『河聲日報』, 1919. 6. 13;「廟溝鎭會哨巡緝」,『河聲日報』, 1919. 6. 23;「誰敎你售賣白丸」,『河聲日報』, 1919. 7. 2;「寶鐵軍盡心防務」,『河聲日報』, 1919. 8. 5;「感頌領官」,『河聲日報』, 1919. 10. 20;「魏領官緝捕勤能」,『河聲日報』, 1919. 11. 26;「巡緝隊官防匪之得力」,『河聲日報』, 1920. 3. 1. 특히 순집대의 구성에서 합동작전이 예가 다수 등장했다(「小史店會哨巡緝」,『河聲日報』, 1920. 1. 10;「十字河會哨巡緝」,『河聲日報』, 1920. 1. 12;「小吳集三縣會哨」,『河聲日報』, 1920. 1. 15).

171)「梁統帶布告同鄕諸父老」,『河聲日報』, 1918. 7. 12.

그것에 미치지 못하지만 토비토벌 실력에 있어서는 그 배가 된다. ··· 또한 대
오를 모집할 때 본지의 신동(紳董)이 보증하고 가족에 문제가 없고 문자도 아
는 자들로 충당하였으니 어찌 시정잡배의 무리라 할 수 있겠는가.[172]

이상은 오광신의 등장에 따른 독군교체 풍조의 와중에서 제기된 조척 비
판에 대한 재비판의 성질을 띤 것이다.[173] 장영순의 주장에서 드러나듯 순집
대는 '본방의 향촌' 방어를 위해 '본지의 경비'에 의해 '본지의 신동'이 보증
한 '본방의 건아'로 구성되어 토비 토벌활동에 효율적으로 나섬으로써 1910
년대 말 지역치안을 유지하는 데 큰 공헌을 했다고 할 수 있다.

하지만 아편 수입판매, 토비결탁, 지역수탈 등 순집대의 폐단이 없었던 것
은 아니며,[174] 조직·운영 면에서 강화된 순집대의 군사적 색채는 토비에 대
응한 군과의 효과적 협조를 용이하게 할 수 있지만, 동시에 성 중앙군벌의
정치적 부침에 따라 지역치안보다는 중앙의 정치투쟁에 휩쓸릴 소지도 다분
하였다. 환언하면 지역의 고유한 치안조직으로서의 순집대는 조걸의 총사령
의 임명에서도 예상되는 일이지만 결과적으로 조척의 사속적 군사집단으로
서 그와 운명을 같이할 수 있었다. 이러한 현상은 1920년대에 들어 하남이
본격적인 군벌의 각축장으로 등장한 시기에 발생하였다. 구체적으로 조걸은

---

172) 「豫省公民代趙督之辦誣書」, 『河聲日報』, 1920. 4. 6.
173) 또한 張永純은 조척이 순집대 경비를 田賦에서 강제로 징수했다는 주장에 대하여 "독
    군은 각지 보위단과 경비대 등이 경비를 낭비하여 의지할 만한 것이 없게 되자 원래 정해
    진 경비로 각 현순집대를 설치하였는데 이는 지방을 보위하기 위함이지 순집대를 위한 것
    이 아니었으며 순집대가 지역군대에 속하면 당연히 지방에서 경비를 충당해야 한다"고 반
    박하였다(「豫省公民代趙督之辦誣書」, 『河聲日報』, 1920. 4. 6). 당시 순집대의 경비는 偃
    師의 경우 地丁 내에 每銀 1兩當 錢8백文을 부가하는 방식으로 마련하였다(「偃師巡緝隊行
    將成立」, 『河聲日報』, 1918. 3. 25).
174) 「某領官被控誌聞」, 『河聲日報』, 1919. 9. 17; 「巡緝隊擾害鄉民」, 『河聲日報』, 1919.
    11. 9; 「王隊長二次被控」, 『河聲日報』, 1919. 12. 13; 「豫巡緝隊之病民」, 『晨報』, 1920. 1.
    11; 「馮玉祥能將兵不能治匪」, 『晨報』, 1922. 6. 28.

전성적 조직과 무장력을 갖추고 있던 순집대를 이용하여 1922년 하남의 권좌에서 물러난 형 조척의 부흥을 시도하였다.[175]

그렇기 때문에 1922년 새롭게 하남을 장악한 풍옥상은 조척의 무장근거가 될 수 있는 순집대에 대해 먼저 각 현지사를 통해 무기를 회수하려 하였다. 그러나 이에 반발한 25개 현의 순집대는 무기를 지닌 채 산으로 도주하였다. 이에 당황한 풍옥상은 순집대를 하남경비대로 개편함으로써 그들을 안심시키려고 하였지만, 순집대 영관은 현지사와 대립하여 19개 현에서 소요를 일으키고 토비, 해산병과 결합하였다.[176] 1922년 6월 풍옥상은 또다시 방침을 바꾸어 순집대를 지방 무장경찰대로 개편하기로 하였다. 기존 순집대의 통대, 영관, 대관 등을 무장경찰대 대대장, 중대장, 분대장으로 충원하여 경무처에 예속시킴으로써 전체적으로는 경무처장의 지휘를 받도록 하고, 현에서는 현지사의 지휘감독을 받도록 하였다. 경비를 원래 있던 항목에서 충당하였다는 점까지 고려한다면 명칭을 제외한 조직·경비·운영 등에서 기존 순집대와 큰 차이를 보이지 않는다고 할 수 있다. 하지만 풍옥상은 새로운 조직의 직무를 토비 토벌활동에 한정시킴으로써 이전 조직의 사적 군대 역할까지 수행했던 폐단을 제거하려 하였던 것이다.[177] 그러나 토비와 패잔병이 이들을 선동하였고 다른 한편으로 순집대의 개편에 따라 지위가 불안해진 기존의 간부와 대원들이 무기를 지닌 채 도주하였기 때문에 토비 이외에 또다른 '신세력'이 등장하는 형국이 전개되었다.[178]

---

175) 「趙偶敗後之豫聞」, 『申報』, 1922. 6. 12.
176) 「馮玉祥能將兵不能治匪」, 『晨報』, 1922. 6. 28.
177) 「河南軍隊最近之調動」, 『申報』, 1922. 6. 12.
178) 「巡緝隊散而爲匪」, 『晨報』, 1922. 6. 28.

3. 군정치안의 전개와 '토비 세계'의 성립

잦은 현지사의 교체과정에서 드러나는 현행정의 불안전성 혹은 군벌에 의한 인사개입 그리고 더 나아가 군벌의 지역수탈 등이 초래한 지역사회의 위기는 여러 측면에서 살필 수 있겠지만, 토비의 발전과 관련해서는 지역치안에 미친 영향에 주목할 필요가 있다. 앞서 순집대라는 하나의 치안조직을 통해 군벌의 영향을 살펴보았다면 이하에서는 민국시기 하남남부 교통의 요지로서 토비·홍창회·군벌의 역동적 관계를 잘 보여준다고 판단되며 하남 108개 현 가운데 현지사의 변동이 가장 잦은 현 가운데 하나였던 신양[179]을 중심으로 1920년대 지역 치안조직의 변화모습을 검토해보자.

민국시기 신양 치안조직은 현급의 현성(縣城)경찰,[180] 무장경찰[181]과 현 이하의 향진(鄕鎭)경찰로 구성되었다. 이들은 현정부의 직접적 책임 아래 지역치안에 대한 일차적 책임을 담당하였다. 그러나 경비로 현의 재정지출 가운데 상당수를 차지했는데도,[182] 이 치안조직들은 고질적인 재정곤란의 문

---

179) 구체적으로 신양에서는 1912년부터 1928년까지 현지사 43명이 교체되어 평균 네 달 보름의 재임기간을 나타내고 있다. 그것도 1920년을 기준으로 나눠보면 1912년부터 1919년까지 17명, 1920년부터 1928년까지 26명이 각각 교체되어 1920년대의 교체율이 상대적으로 높다는 사실도 알 수 있다. 그 가운데 날짜를 확인할 수 있는 최단명 현지사는 陳錫慶으로 1925년 1월 23일에 부임하여 1925년 2월 11일 栗廉芳으로 교체되어 단지 20일 동안만 재임했을 뿐이었다(牛中家 編輯『民國時期河南省縣長名錄』, 鄭州大學 1991, 152면). 현내의 치안유지에 가장 큰 책임을 지고 있었던 현지사가 이렇게 자주 경질되어서는 효율적인 치안행정이 기대될 수 없었다.

180) 縣城 警察組織은 1908년 道署 巡防隊가 60명 규모의 巡警總局으로 개편되면서 시작되었다. 이후 명칭과 조직의 변화과정은 「民政1 警察」,『信陽縣志』, 1936, 1면 참조.

181) 무장경찰은 民國時期 警備隊(1915), 巡緝隊(1918년), 武裝警察隊(1922년)로 변화하였다. 그 개조과정은 「兵事志2」,『信陽縣志』卷19, 1936, 7~8면 참조.

182)「食貨2」,『信陽縣志』권11, 縣地方款之收入支出, 1면에 등장하는 「1924年前信陽縣支出內容」에 따르면 警察局經費는 총 지출(洋 16358元8角)의 77%를 차지하고 武裝警察經費는 총 지출(錢17970串)의 61%를 차지하고 있다.

제를 겪었다. 예를 들어 1918년 현지사 정붕년(程鵬年)과 임조황(林肇煌)에 의해 3대대 24붕(棚) 508명, 월 지출경비 2359관으로 시작된 순집대[183]는 경비문제로 인하여 1921년 총 인원 150명, 월 지출경비 1,250관으로 삭감된 바 있었다.[184] 향진경찰 역시 재정곤란으로 인하여 별도의 예산 없이 벌금으로 경비를 충당할 지경에 처해 있었는데, 이미 지적한 바와 같이 정해진 정원과 경비가 없었으므로 분소소장은 불량배, 건달, '토호열신(土豪劣紳)' 등과 결합하여 지역을 장악하였고, 송사가 발생할 경우 민·형사 사건에 관계없이 과중한 벌금을 부과하여 주민을 수탈한 결과, 경찰은 '큰 좀 벌레'라고 인식되어 오리점(五里店)의 예에서 보이는 바와 같이 신민은 경찰분소의 취소를 요구하기에 이르렀다.[185] 게다가 군대는 경찰조직을 해산, 편입 혹은 무기몰수를 통해 현 치안조직에 직접적 영향을 미쳤는데, 1922년 직봉전쟁 때 군대에 의한 순집대의 해산은 이러한 예라 할 수 있다.[186]

반드시 인과관계나 시기적 선후 관계를 이룬 것은 아니지만, 현당국에 의한 직접적 치안유지가 곤란할 경우 지주·신사가 주도한 민단은 현당국의 치안조직을 대신하여 유용한 지역방위의 수단으로 등장할 수 있었다. 1923년 현성 내에 민단 주비처를 설치하여「판법대강(辦法大綱) 12조」를 정한 바 있었던 현지사 송조영(宋祖鍈)은 자치구역에 따라 전현을 9구로 구분하고, 임시 주비위원 1명을 각 구에 파견하여, 자체적 기금마련과 무기구입을 통해 민단을 성립시켰다. 이러한 조치는 상당한 성과가 있어 현 서북 형가집(邢家集), 왕강(王岡), 고성(古城), 평창관(平昌關), 고량점(高梁店), 오가점(吳

---

183) 「兵事1」,『信陽縣志』, 7면.

184) 당시 수입은 畝捐(年6516串), 包捐(年 9000串), 溮河牌捐(年 2000串), 中山鋪車捐(年 1000串) 總18516串이었으나, 지출경비는 34000餘串에 이르렀다. 이상『信陽縣志』, 兵事1, 800면.

185) 「民政1」,『信陽縣志』, 2면.

186) 「兵事1」,『信陽縣志』卷19, 7면. 이 점은 앞서 지적한 풍옥상의 순집대 해산조치를 반영한다.

228

家店), 산하점(山河店), 풍하촌(馮河村) 일대와 현 동북 오리점, 양하점(洋河店), 고가점(顧家店), 매황점(梅黃店), 구가점(九家店) 등의 민단은 모두 효과적으로 토비를 방어했다.[187] 이와같이 신양 민단은 지역 내에서 경비문제를 해결하고, 토비방어의 역할을 효율적으로 수행함에 따라 발전할 가능성 또한 많았지만, 향촌에 대한 부담의 가중과 적절한 부담의 분배문제라는 고질적 병폐 이외에 군대에 의한 해산과 개편으로 말미암아 그마저도 기능이 약화될 수 있었다. 1925년 겨울 정양, 나산 등에 주둔한 건국예군이 신양 오리점 민단국을 침탈하여 사무원을 체포하고 무기를 압수한 것은 단적인 예라 할 수 있다.[188]

이상 신양의 예를 통해 보면 경찰, 순집대, 민단 등 현 내부의 민정 치안조직은 현지사의 잦은 교체에 따른 행정공백 이외에 재정부족, 군대에 의한 무기몰수 및 편입 등 군벌통치의 강화에 따른 직·간접적 영향에 따라 그 기능이 약화될 수 있었음을 알 수 있다. 이러한 현상은 1920년대 전반에 걸친 대규모 군대주둔과 대대적인 경비징수[189]에서 드러나듯이 신양이 지닌 독특한 군사적 중요성에서 비롯된 것이라 할 수도 있지만, 군벌혼전과 독군 교체파동의 결과 정도의 차이를 두고 하남 내 다른 지역에서도 동일하게 등장할 것이 예상된다. 예컨대 1921년 안양 주둔군은 현 치안조직인 위안영(衛安營)을 개편, 무기를 몰수했고, 1924년 직봉전쟁 때 현경비대원을 군 보충영(補充營)에 편입시킴으로써 현경비대를 해산시켰으며,[190] 같은 시기 여

---

187) 이상 신양 민단에 관한 서술은 「民政1」, 『信陽縣志』, 1~2면.
188) 「兵事1」, 『信陽縣志』卷18, 12면. 또한 뒷 시기의 예이지만 1929년 여름 豫南區長 段春澤이 신양민단군의 무기를 몰수하자 지방무력은 소멸하였으며, 이후 비록 인민자위단, 보안대 등의 조직이 있었지만, 소규모여서 토비방어 기능을 제대로 수행할 수 없었다(「民政1」, 『信陽縣志』, 2면).
189) 1926년 신양 1현에 10만의 군대가 주둔할 정도였으며, 1920년대 전반에 걸쳐 대규모의 경비조달이 이루어졌다. 이에 대해서는 「兵事1」, 『信陽縣志』, 13면; 「食貨2, 差徭」, 『信陽縣志』, 1~2면 참조.

남 주둔 전유근 부대는 민단의 무기를 빼앗고,[191] 1926년 광산 주둔군 12군 장(軍長) 임응기(任應岐) 역시 민단을 포함한 모든 자위집단의 무기를 몰수한 사실[192] 등은 신양 이외의 지역에서도 1920년대에 걸쳐 비슷한 치안상황이 전개되었음을 증명하는 몇가지 예에 불과하다.[193]

이렇듯 군대가 지역 치안조직을 해산시키고 그 무기를 몰수한 것은 자신의 군사력을 증진시킬 수 있는 효과적인 방법이었기 때문이었겠지만, 역으로 군대는 기존 민정 치안조직을 대신하여 지역의 토비에 주도적으로 대응해야 할 의무도 동시에 부여받게 되었다고 할 수 있다. 그러나 1920년대에 들어 군벌수탈의 결과로서 토비의 규모가 이전과 차이를 보이기 시작하였다. 1920년대의 토비의 규모와 약탈상황 및 토비대책에 대해서는 앞서 살펴본 1910년 후반의 것만큼 체계적으로 고찰할 수는 없지만, 하서아(何西亞)의 조사(표36)는 1920년대 전반 토비에 관한 최초의 계통적인 조사라는 점에서 일단 참고할 만하다.

그에 따르면 첫째, 1925년경 하남 경내에 총 52개 집단, 총수 51,100명, 최대 규모 6천명의 토비가 출몰하고 있었음을 알 수 있다. 이러한 하남의 수치는 그가 조사한 다른 지역과 비교해봤을 때 집단수나 총수에서 전국 최고이다.

둘째, 물론 대규모의 것만 조사했겠지만 1910년대의 토비상황과 비교해봐도 그 규모가 현저하게 증가하였음을 알 수 있다. 특히 임여(臨汝)의 장득승(張得勝)은 6천명이라는 대규모 토비집단을 형성하고 있었고, 전체적으로도 평균 1천여 명의 규모를 나타내어 1910년대 후반의 평균보다 훨씬 상회

---

190) 『續安陽縣志』, 卷9, 兵防志 1933, 1392~94면.

191) 「大事記」, 『汝南縣志』 卷1(『五四前後的河南社會』, 480면에서 재인용).

192) 「兵志」, 『光山縣志約稿』, 1936, 3면.

193) 이밖에도 陝軍 第2混成旅 旅長 曹世英은 淯川, 長葛, 禹縣에서 무기 1천여 정을 징발하였는데 이 경우 대상은 주로 민정 치안조직이었을 것이다. 「陝軍禍禹記」, 『晨報』, 1923. 6. 4.

하였다. 이러한 규모확대에 대해 하서아는 1924년의 북경정변과 호·감전쟁의 여파 때문이라 해석하고 있다.

셋째, 토비의 지역적 편중성을 여전히 확인할 수 있는데 하남북부(D군)에서는 한 차례의 토비 출몰사례도 조사되고 있지 않다거나 철로 주변(C군)에서 상대적으로 적게 발견된다는 사실이 이를 입증하며, 1910년대 후반에서와 같이 하남서부(A군)와 하남 서남부(B군), 그리고 과거 귀덕부(歸德府) 소속 하남동부 일부 지역(E군)을 중심으로는 여전히 토비가 극성하고 있다.

그러나 하서아 조사가 지니는 한계는 하남 전체를 대상으로 하였기 때문에 현급의 구체적 정황을 정확하게 이해하기는 곤란하다는 점이다. 이러한 문제점은 1923년경 남양(南陽) 토비에 관한 조사(표37, 표38)로 보강될 수 있다. 표37의 수치가 반드시 정확하다고는 할 수 없고 저명한 토비를 중심으로 조사된 것이겠지만, 토비의 총수가 9,880명, 평균 320명으로 1910년대보다 규모가 월등히 증가하였음을 알 수 있다. 또한 동일한 시기 남양 토비에 의해 자행된 것으로 추정할 수 있는 피해상황을 조사한 표38까지 살펴보면 토비의 심각성을 거듭 확인할 수 있다. 남양은 진수사서(鎭守使署)가 두어졌던 지방치안의 중심지였다는 점, 또한 현성에서 3.2킬로미터밖에 떨어지지 않은 곳에서조차 대규모의 약탈과 살인이 자행되고 있었다는 점 등을 고려한다면 1920년대 다른 현의 상황도 예상할 수 있을 것이다. 하남 서남부 진평(鎭平)의 1920년대·1930년대 초반의 상황은 이러한 짐작이 틀리지 않았음을 증명해주고 있다. 이를 통해 보면 1920년대 후반으로 갈수록 토비의 규모가 더욱 커지고 있으며, 왕태(王泰), 위국주(魏國柱), 위보경(魏寶慶), 왕광두(王光斗), 최이단(崔二旦) 등 토비두목의 이름이 계속 등장하고 있다는 사실 자체가 이들에 대한 토벌활동이 제대로 이루어지지 못했음을 반증해주고 있으며, 토비의 규모확대에 따라 피해의 정도도 1910년대와는 비교되지 않을 정도로 커졌음을 알 수 있다.[194]

규모의 확대 이외에 지역 내 광범한 무기의 유포는 토비의 전투력을 강화시키는 또다른 요인이라 할 수 있었다. 이미 살펴본 바와 같이 하남성은 본래 장기적으로 계속된 전쟁으로 인해 유실된 무기가 도처에 산재한 무기고로서 유명하였다. 1920년대에 들어서도 이러한 추세는 더욱 심각해졌는데, 한 예로 1920년 광서군 총사령 조걸은 토비와 무기를 거래하였기 때문에 낙양에 설치된 그의 사령부는 '토비 무기국'이라고까지 비난받았다.[195] 또한 전성의 무기를 일률적으로 성도에 제출하게 한 풍옥상은 1922년 11월 북상할 때 이를 반환해주었고, 이어 부임한 장복래는 현의 요청에 따라 호북 한양병공창(漢陽兵工廠)에서 보병 총 1만 정을 구매하여 현에 판매함으로써 이윤을 챙겼다.[196] 이 무기들 가운데 상당수가 토비에게 유입되어 그들의 전투력을 강화시켰음을 예상하기란 어렵지 않았다.[197] 더욱이 1920년대에 더욱 빈번해진 군벌혼전과 그에 따른 패잔병, 도망병, 반란병 등이 급증한 사실을 고려하면 이들을 통한 민간 혹은 토비로 직·간접적 무기유입의 추세는 더욱 가속화되었다고 할 것이다.[198] 그렇기 때문에 1923년 초 하남, 산

194) 李騰仙『彭禹廷與鎭平自治』(河南鎭平地方自治建設促進會 1936) 23~28면; 이밖에도 「大事記事」, 『滑縣誌』 卷20, 1932, 8~12면에 수록되어 있는 「土匪紀略」을 통해서는 1910년대와 1920년대 토비의 규모와 약탈상황의 차이를 알 수 있다.
195) 「河南災荒之實地調査」, 『上海民國日報』, 1920. 9. 29.
196) 「河南匪患無肅淸希望」, 『申報』, 1923. 2. 3.
197) 토비의 무기 구매욕구는 아주 높았는데, 특히 洛寧 토비 吉長升은 1920년대 중반 총 1 정, 2정, 5정을 지니고 자신의 토비집단에 가입할 경우 각각 排長, 連長, 營長의 지위를 제공했다(苗培萌「淸末民初의 洛寧綠林人物」, 『中國近代土匪實錄』 下卷, 群衆出版社 1993, 209면). 또한 토비를 위해 무기를 대신 구매해주는 자를 가리켜 '刀客皮'라 하였는데, 이들은 1920년대 초 洛陽 주변에 유실된 무기를 수매하는 데 적극 나서고 있었다. 부호들 역시 자위를 위해 무기수매에 참여함으로써 가격이 급등하는 '買槍風潮'가 발생하기도 하였다(王兼三「回憶洛陽郊匪患」, 『中國近代土匪實錄』 下卷, 26~27면). 한편 당시 하남서부 민간에는 漢陽造, 水蓮竹, 大小金鉤, 帶盖槍, 大十響, 十三推, 一響毛絲, 手槍, 盒子槍, 八音, 左輪, 一響撅, 紅櫻槍, 大刀 등의 무기가 유포되어 있었다(李文修「大屯村築寨防匪窩匪及其他」, 『近代中國土匪實錄』 下卷, 184면).
198) 한 예로 1920년대 중반 洛寧 토비 鄭復禮, 十掌柜의 발전은 패잔병의 무기수매를 통해

232

동, 안휘, 하북 4성 교계지역에 흩어진 무기를 모으면 4, 5개 사단을 무장할
수 있을 정도였다고 알려졌다.[199]

요컨대 군벌통치의 심화에 따른 민정 치안조직의 약화, 토비규모의 확대
와 무장력 강화 등의 상황에서 군대는 1910년대 후반과 달리 토비 토벌활
동의 전면에 등장할 수밖에 없었다. 그렇다면 이러한 1920년대의 군 중심
의 치안유지활동, 즉 군정 치안활동은 어떻게 전개되었고 그 결과는 어떠했
는가.

본래 강력한 군사력을 소유한 군대는 효율적인 치안유지활동을 전개할 수
있었다. 한 예로 1922년 7월 오패부와 풍옥상은 적극적인 토비 토벌계획을
수립하였는데, 전성을 6구로 구분하고 2개월 안에 토벌을 완료하라고 지시
하면서 효과를 높이기 위해 토벌사령관의 책임규정, 토벌비용의 절약, 토비
와 내통한 자에 대한 엄격한 처형, 토벌 후의 무기정리, 지방관의 협조, 동관
진숭군통령(潼關鎭嵩軍統領) 감옥곤(憨玉琨), 양양진수사(襄陽鎭守使) 장련
승, 서주진수사(徐州鎭守使) 진조원(陳調元), 조주진수사(曹州鎭守使) 장요신
(張耀臣) 등 주변 군대의 협조 등을 규정하였다.[200] 이상 오패부, 풍옥상의

<hr>

서 가능했다. 이 가운데 十掌柜는 贓物의 60%를 이자로 받는 조건으로 다른 토비에게 무
기를 대여하기까지 하였다(苗培萌, 앞의 글 209~10, 214~15면). 또한 1923년 臨城事件을
일으킨 토비들은 군대에서 유입한 步槍(快槍), 自來得(盒子砲), 手槍, 三八式步槍(大盒子),
漢陽造赤槍, 馬槍, 夾福槍, 機關槍, 小鋼鋪 등 신식무기를 다수 소유하고 있었는데(吳慧芳
「"社會盜匪活動"的再商榷─以臨城劫車案爲中心之檢討」, 『近代史硏究』, 1994-4, 178~80
면; 吳慧芳 『民初直魯豫盜匪之硏究, 1912~1928』, 學生書局 1990, 219~27면), 이 토비들
과 관병과의 무기거래에 관한 증거는 토비 대표와의 대담이 소개된 「臨城案仍無新發展」,
『申報』, 1923. 6. 8. 참조. 吳慧芳은 민국 초기(1912~1928년) 하남 토비들이 칼이나 창,
곤봉 등 재래식 무기 이외에 新式步槍(快槍), 輕·重 기관총, 四響鋼, 大十響, 馬提尼, 鐵門
墩, 鉛乾墶, 各式槍彈, 短雙筒洋砲, 대포, 揷砲, 各式砲彈 등 신식무기를 다수 소유하였음을
지적하였다(吳蕙芳, 같은 책 219~22면).
199)「第二臨城其在隴海乎」, 『申報』, 1923. 5. 12. 이밖에 극단적인 예이지만 민국 초기 강
소 북부에서는 20만 정의 무기가 민간에 산포되었고, 그 가운데 1/3을 토비가 소유했다는
지적도 있다(吳壽彭「逗留於農村經濟時代的徐海各屬」, 『東方雜誌』, 27-7, 1930. 4, 65면).

조치를 통해 우선 1922년 여름 조척의 몰락과 그에 따른 해산병, 토비의 발호라는 새로운 상황을 맞이하여 군이 중심이 되어 하남의 치안유지활동을 주도적으로 담당하였음을 알 수 있다. 또한 토비 출몰지역을 중심으로 한 국부적 토비대책만으로는 치안유지가 불가능할 정도로 토비의 규모와 활동범위가 광범해짐에 따라 주변 성 또는 군대와의 협동작전이 강조되었음을 확인할 수 있다. 이 가운데 제1구에 대해서는 풍옥상이 토벌에 적극적으로 참여하였는데, 특히 귀덕에서는 고성(考城)과 안휘 등지로 진출하려는 대규모의 토비를 토벌하는 데 성공하였다.[201]

그러나 외적 방어라는 고유의 역할을 지닌 군대는 각 지역의 사정에 얽매이기보다는 중앙의 이해에 따라 작전지·주둔지를 옮겨야 했으며, 군벌간의 대립과 전쟁에 휘말리게 될 경우 안정적이고 효과적인 토비 토벌활동이 곤란하게 될 수 있었다. 이러한 의미에서 본다면 군 중심의 치안유지활동은 상대적으로 불안정했다고 할 수 있다. 앞서의 예를 통해 본다면 본래 예정된 2개월이 지난 1922년 8월, 제1구를 제외한 나머지 5개 구에는 토비가 더욱 창궐하기에 이르렀다.[202] 왜냐하면 토벌에 적극적이었던 독군 풍옥상의 관할지역이 개봉 주변에 불과하였다거나, 보덕전의 살해 이후 각진수사(各鎭守使) 및 장령(將領)들이 그를 경계하고, 호경익과 근운악 역시 서로 연합하여 성정부의 토벌명령에 따르지 않았기 때문이었다.[203] 즉 하남의 정국 분열

---

200) 「吳馮剿匪計劃之詳情」, 『長沙大公報』, 1922. 7. 22.

201) 「馮玉祥已回省」, 『申報』, 1922. 8. 23.

202) 예컨대 洛寧, 宜陽, 鞏縣, 太康, 西華, 新鄭, 襄城, 偃師, 潢川, 光山, 寧陵, 淅川, 桐柏, 孟津 등 10여 현 내의 토비 창궐이 보도되었다(「河南匪勢猖獗」, 『申報』, 1922. 8. 26). 1922년 11월 풍옥상이 하남을 떠난 이후 오패부는 靳雲鶚, 閻治堂, 張福來, 胡景翼 등에게 각각 하남남부, 하남동부, 하남북부, 하남서부의 토비토벌을 재차 맡겼는데, 이것 역시 이전의 토벌활동이 큰 성과를 보이지 않았음을 짐작케 한다(「國內專電」, 『申報』, 1922. 11. 6).

203) 그렇기 때문에 풍옥상은 오패부에게 자신의 11師 이외에 아무도 성정부의 명령을 듣지 않는다고 불평하고 있다(「豫局未可樂觀」, 『申報』, 1922. 7. 28). 또한 남양지역이 '토비 세계'로 변모한 이유로 풍옥상이 寶德全을 살해한 이후 南陽鎭守使를 제대로 통제하지 못했

현상에 따른 필연적 결과였던 것이다. 게다가 이미 서술하였듯이 1922년 11월 풍옥상마저 중앙 정치상황의 변화에 따라 하남을 떠나야 했다.

독군교체 풍조나 주변 군벌과의 전쟁 등 정치적 갈등이 발생할 경우 군벌에게 지역의 치안유지라는 과제는 뒷전으로 밀리게 되고, 그 결과 토비는 발호할 수 있는 좋은 기회를 맞이할 수 있게 되었다. 더욱이 당시 한 신문의 지적대로 하남의 '구군(舊軍)'은 토비와 운명공동체이므로 적극적으로 토벌에 나서지 않았고, 정식군대인 '신군(新軍)' 또한 승리해봤자 큰 영예가 아니고 패하면 수치인 토비와의 대결을 회피하기까지 하였다.[204] 1922~1923년 단계에서 '구군'이란 조척 혹은 조걸 휘하의 군대를, '신군'이란 풍옥상 혹은 오패부의 정예군대를 지칭할 것이다.

그렇다면 이 '구군'들이 토비와 운명공동체가 되었다는 사실은 어떻게 이해해야 할 것인가. 본래 긴박한 전쟁상황에 처해 있던 군벌은 진압작전의 회피 및 손쉬운 평정, 적군으로 편입방지, 군사력의 확보 등 때문에 토비에 대해 적극적인 군대 개편정책을 펴게 마련이었다. 하지만 하남의 경우 토비에 대한 군대개편은 1910년대 후반에 비해 1920년대 초 매우 극성했던 것으로 지적되고 있다.[205] 특히 독군교체 풍조가 한창이던 1920년 궁지에 몰린 조척은 군대개편을 조건으로 토비 1천명 이상을 지휘하는 두목에게는 여장(旅長)을, 3백명 이상은 영장(營長)의 지위를 각각 수여하겠다고 하자, 언사 토비 단홍도(段鴻濤)는 1천여 명의 무리를 모아 여장 위임장을 받는 등 각지에 토비가 극성하였다.[206] 독군교체 풍조를 틈타 조척과 결별한 남양진수사(南

기 때문이라고 지적되기도 한다(「北京通信」, 『申報』, 1922. 10. 30).

204) 「河南各縣邪敎之流行」, 『晨報』, 1923. 2. 15. 더구나 善後의 한 방법으로 시행된 청향이 기율 없는 군대가 담당함으로써 이전 토비보다 그해가 더욱 심하다는 평가를 받기도 하였다(「大擧淸鄕」, 『申報』, 1922. 5. 17).

205) 長野朗 『支那兵・土匪・紅槍會』(坂上書院 1938) 177~81면. 이미 살펴본 바와 같이 1910년대 후반의 경우 토비에 대한 군대개편의 예는 그다지 많이 발견되지 않으며 성당국 역시 신중한 개편과 적극적 토비토벌을 강조하였다.

陽鎮守使) 오경동 역시 오광신과 접촉하면서 토비 개편조건으로 1백명이면 연장(連長), 3백명이면 영장의 직을 제공하였다.[207]

'관간(官杆)'이란 새로운 토비집단도 등장하였다. 1920년 민단 수십 영을 집결하여 오광신에 대항하겠다고 공언함으로써 조걸의 신임을 얻은 숭현(嵩縣)의 한 신사는 토비와 패잔병 1천여 명을 유격대로 개편하고 경비의 현지조달 허락을 요청하였다. 이에 대해 조걸은 손쉽게 무장력을 확대할 수 있을 것이라 판단하여 그를 단장에 임명하고 정식군대와 동일시하였다. 이후 낙양, 낙령, 등봉, 임여 등 10여 현의 토비는 모두 그를 모방하니, 1921년까지 3, 4영 이상의 유격대가 추가로 조직되기에 이르렀다. 그러나 토비 출신인 이들의 경비 현지조달은 바로 지역수탈을 의미하였고, 하남서부 각 현에서는 이들을 관에서 인정한 토비라는 의미에서 '관간(官杆)'이라고 했다.[208]

이 시기 토비의 군대 개편현상이 급증하게 된 것은 직환전쟁과 제1차 직봉전쟁 등 군벌혼전이 증가하고 또 그에 따라 토비의 무장력이 절실하게 요구되었기 때문이거나, 위에서 살핀 바대로 토비규모의 확대에 따른 토벌의 곤란함 때문에 나타났다. 한편 이미 살펴본 대로 왕천종(王天縱)이 출세하였고, 유진화가 숭현 일대에서 진숭군[209]을 모집함으로써 주변 '녹림(綠林)',

---

206) 「河南災荒之實地調査」, 『上海民國日報』, 1920. 9. 29. 하지만 새로이 군대로 개편된 段鴻濤, 孫懷標, 朱寶成 등 천수백명은 偃師 남쪽에서 여전히 약탈을 계속하였다(「豫西兵匪交禍之現狀」, 『天津大公報』, 1920. 12. 3).
207) 「汴省南陽之風鶴頻警」, 『天津大公報』, 1920. 4. 6.
208) 이 '官杆'들이 자주 사용한 방식은 한밤에 甲을 인질로 삼아 乙의 집으로 보내고, 토벌한다는 명목으로 乙의 집을 뒤져 甲을 찾아내고는 乙을 토비와 내통했다는 죄목으로 처벌하고 甲을 석방하면서 거액의 수고비를 받는 것이었다. 「變相的土匪之河南游擊隊」, 『晨報』, 1921. 12. 31.
209) 진숭군의 확대에는 '外隊'의 역할이 크게 기여하였다. 고의적으로 진숭군의 일부를 '外隊'로 활용하여 새로운 토비집단을 형성하고 다시 그들을 군대로 개편하는 방식을 통해 군의 규모를 키웠다. 이러한 진숭군의 악습은 이후 20여 간간 유지되었는데 구체적으로 孫殿英, 王老五, 張得勝 등은 개편된 이후 朱錫川, 王太, 孫石滾 등을 '外隊'로써 이용하였다.

호걸 모두 '민국의 간성'이 되었으며, 그뒤를 이어 조삼마자(趙三麻子), 노양인(老洋人, 원월사령援粵司令), 진수기(陳樹基, 굉위군 군단장軍團長), 첨락아(詹樂亞, 선봉대先鋒隊 단장) 등이 군대로 개편되었다. 급기야 유진화가 섬서 독군·성장의 지위까지 출세하는 상황에 이르면 군대개편이란 토비의 입장에서 보면 출세를 위한 하나의 지름길로 비춰졌다. 따라서 당시 하남의 민요 가운데에는 "관직에 나가려거든 토비두목이 되고, 가마에 타려거든 인질을 취해라"라는 구절이 있었다. 또한 아버지는 아들에게 형은 동생에게 토비가 될 것을 권하는 것이 하나의 관례가 되었으며, 약탈의 정도와 토비의 규모에 따라 토비두목에게 보장되는 군의 계급과 지위가 결정되었다. 후술하듯 노양인이 각지를 약탈하다 군대로 개편된 이후 그를 선망한 남양, 방성(方城), 비양(泌陽) 일대의 장노육(張老六), 노혼왕(老昏王) 등 토비 70여 무리가 연합하여 그를 따르려 하였고, 여주(汝州), 노산(魯山) 등지의 소규모 토비 또한 발호한 것도 바로 이 때문이었다.[210] 이렇듯 토비가 군대로 개편되기를 원한 것은 군대라는 외피를 이용한 합법적 수탈을 보장받기 위함이었다. 이제 이전의 불법적 약탈은 합법적 징발이 되고, 이전의 악명 높은 토비두목은 이제 정규군의 엄연한 여장, 사장으로 그 면모를 일신하기에 이르니 이른바 토비군대 [兵匪] 라는 1920년대 군벌시기에 걸맞은 새로운 유형의 토비가 등장하였던 것이다.

이 시기에는 토비의 군대개편과는 반대로 군대에서 토비로 전환되는 경우도 자주 발생하였다. 전쟁의 패배 혹은 군 감축 등에 따라 흩어진 도망병 혹은 패잔병들 가운데 고향으로 돌아가 안주하여 생업에 종사하는 경우는 그다지 많지 않았다. 군벌 통치시기 군인이란 생존의 위기에 몰린 하층민의 몇 안되는 생계수단 가운데 하나였기 때문에 해산된 이후 이들이 택할 수 있는

王凌雲「兵匪橫行禍豫西」,『中國近代土匪實錄』下卷, 2~4면.

210) 이상의 내용은「河南之匪化教育」,『長沙大公報』, 1923. 5. 19; 長野朗, 앞의 책 177~81면 참조.

선택의 폭이 아주 좁았던 것이다.[211] 기왕에 습득한 무장력으로 손쉽게 택할 수 있는 일이란 이전 합법적 수탈에서 불법적 약탈로 전환이었으니 "(해산병이) 고향으로 돌아가 과거의 생업에 다시 종사한 자는 전체 가운데 1, 2%도 미치지 못했던 것이다."[212] 따라서 1923년 해산병에게 직업을 제공하여 토비로 변모하는 것을 막아야 한다는 주장이 제기되기도 하였다.[213] 군사반란 역시 이러한 토비군대가 등장하는 중요한 요인으로 작용할 수 있었는데, 특히 1922년 7월 10일에서 19일까지의 짧은 시기에 군사반란이 여섯 차례나 집중적으로 발생한 바 있었다. 임현의 순집영, 위휘(衛輝)의 직군(直軍) 제24사95단, 창덕의 섬군 악유준려단(岳維峻旅團), 심양(沁陽) 근운악의 제8혼성려, 우현의 섬군, 장갈(長葛)의 섬서육군(陝西陸軍) 제1사보충려(第1師補充旅) 등이 그 주체였다. 군사반란의 원인으로는 경비조달 문제 혹은 군대개편 이후 보여준 토비의 악습 재발, 조걸의 선동 등 다양하지만 결과적으로 지역에 커다란 폐해를 끼침과 함께 토비군대의 또다른 내원으로 작용했을 것이고, 여섯 곳 가운데 세 곳이 하남북부에 집중되었다는 사실에서 그곳이 더이상 안전지대로서의 지위를 유지할 수 없게 될 것임을 예상할 수 있다.[214] 이러한 상황은 성도 개봉이나 오패부가 주둔하고 있었던 낙양에서도 비슷하였다.[215]

---

211) 1920년 山西 太原에 주둔한 警衛旅 5천명에 대한 陶孟和의 조사에 따르면 병사의 87.3%가 농촌 혹은 일정한 직업이 없는 가정 출신이었고, 농촌 출신 가운데 71.1%는 농업만으로 생계를 유지할 수 없는 상황에 처해 있었다. 「一個軍隊士兵의 調査」, 『社會科學雜誌』, 1930. 6(蔡少卿, 앞의 책 12면에서 재인용).

212) 『時報』, 1918. 5. 21(蔡少卿, 앞의 책 11면에서 재인용).

213) 「兵與匪」, 『東方雜誌』, 20-7(1923. 4).

214) 「河南之兵匪禍」, 『申報』, 1922. 7. 24;「豫省十日中六次兵變」, 『長沙大公報』, 1922. 7. 26.

215) 이 시기 개봉과 그 주변 토비 출몰 사실에 대해서는 「河南之兵匪禍」, 『申報』, 1922. 7. 24;「豫省十日中六次兵變」, 『長沙大公報』, 1922. 7. 27; 陳子美 口述, 李樂山 整理 「豫省八中仲秋遭匪劫」, 『近代中國土匪實錄』 下卷, 180~82면 참조.

이 토비군대들의 폐해는 일일이 열거할 수 없을 정도로 많지만, 1920년대 초에 국한시켜볼 때 이미 1920년 말 낙양, 언사, 공현, 맹진(孟津), 의양(宜陽), 등봉, 낙령, 신안(新安), 민지(澠池), 숭현, 섬현(陝縣), 영보(靈寶), 문향(閿鄕), 노씨(盧氏), 임여, 노산, 겹현(郟縣), 보풍(寶豊), 이양(伊陽) 등 하남서부 거의 전 지역이 토비군대의 피해를 입었다고 지적되고 있다.[216] 자연히 군대와 토비가 결합하는 경우도 발생하였다. 이전 토비군대의 폐해가 그다지 심하지 않았다는 하남남부의 신야에 토비 마운병(馬雲屛)이 근거하기에 이르렀다. 평소 무기가 부족하였기 때문에 1922년 겨울 남양진수사 이치운에 의해 새로이 파견된 영장 주유신(周維信), 연장 왕언룡(王彦龍)과 결탁하여 총기 1정을 인질 1명으로 환산하여 교환하기로 정하였다. 당시 인질가격이 1인당 4, 5백원에서 수천원에 이르렀던 사정을 고려하면 주둔군대의 이익이 얼마나 많을 것이었는지 충분히 예상할 수 있다. 당시 언론은 이러한 토비와 군대 간의 결탁으로 인해 현 전체가 이전과는 구별되는 '토비 세계'로 변모하였음을 지적하였다.[217] 이는 신야 1개 현의 '토비 세계'화 과정이지만 조척의 몰락과 함께 그 휘하의 군대 중 많은 수가 토비로 전환하는 지경에 이르면 그 폐해의 정도가 더욱 확대되었다.

특히 부대원 가운데 8, 90%가 토비 출신으로 구성되었다고 지적된 조걸이 이끄는 굉위군[218]은 중모(中牟)에서 오패부군에 패배한 이후 각지로 흩어

---

216) 「豫西兵匪交禍之現狀」, 『天津大公報』, 1920. 12. 3.

217) 하남남부의 토비가 이렇게 극성하자 오패부, 張福來는 湖北 督軍 蕭耀南을 통해 襄陽 第17混成旅長 張聯陞을 파견하였다. 하지만 포위된 馬雲屛은 周維信에게 6, 7만원 상당의 댓가를 제공한 뒤 도주하였다. 「洛吳脚下兵匪不分」, 『上海民國日報』, 1923. 3. 1.

218) 「河南之匪化教育」, 『長沙大公報』, 1923. 5. 19. 陳志讓 역시 1920년대 대표적 토비군대로서 張作霖의 奉天軍, 張宗昌의 山東軍, 倪嗣沖의 安武軍, 유진화의 진숭군과 함께 조척의 河南軍을 예로 들고 있다(陳志讓 저, 朴埈洙 옮김 『軍紳政權』, 고려원 1993, 104~106면). 이러한 현상은 백랑 소속 토비 가운데 다수가 군대에 편입될 때부터 발생하기 시작하였다(「豫事仍須武力解決之顴訊」, 『申報』, 1922. 5. 16; 「河南事變之外訊」, 『申報』, 1922. 5. 10; 「馮玉祥督豫後之顴訊」, 『申報』, 1922. 5. 18).

져 개봉, 난봉(蘭封), 기현, 위씨(尉氏), 진류(陳留), 상구, 휴현(睢縣), 고성 일
대와 경한철로 주변 10여 현을 약탈하여 그 해악이 하남 전성에 미치게 되
었다.[219] 이들의 운명은 1922년 5월 조곤, 오패부가 이전 백랑의 부하를 다
수 개편한 조척의 부대가 재차 토비로 변화할 것을 경계하여 하남과 함께
산서, 섬서, 안휘, 산동 등 주변 각 성에 주의를 환기시켰다는 사실에서도 충
분히 예상할 수 있다. 당시 한 언론은 이들 때문에 '제2의 백랑의 난'이 발
생하게 될 것이라 경고하였다.[220] 1922년 5월 조척의 몰락에 따라 해산병,
반란병이 토비와 결합하여 토비군대로 등장하였고, 이들에 의해 대규모 약
탈과 살상이 이루어졌으며, 게다가 조처의 통치시기 때보다 토비의 수가 10
배가 증가했다는 당시의 보도[221] 등을 고려해볼 때 위의 경고는 상당한 근거
를 지녔다고 할 것이다.

결국 1910년대 후반 소규모의 토비에 대하여 실행되었던 토벌 위주의 토
비대책은 토비규모의 확대와 군사효용이 증가한 1920년대 초의 군벌혼전
시기에 이르러서는 군대로의 개편을 중심으로 하는 정책으로 변모했다. 이
러한 군대에 의한 개편 위주의 형식적 치안대책은 민정 치안조직의 약화현
상과 서로 연관된 것이지만 다시 토비의 규모확대 및 무장력의 강화현상과
도 어우러져 하남의 치안상황을 더욱 악화시켜갔다. 게다가 조척군대의 몰
락에 따른 해산병, 반란병, 도망병 등과 토비의 결합은 토비군대라는 새로운
형태의 토비집단을 성립시켰고, 그 결과 한 언론의 지적대로 당시 관이 군벌
을 제어하지 못해 군벌이 세력을 떨치는 시기이지만, 곧 군벌이 토비를 제어

---

219) 「宏威軍搶掠開封紀」, 『天津大公報』, 1922. 5. 24;「豫事仍須武力解決之鄂訊」, 『申報』,
    1922. 5. 16;「豫事已告結束」, 『申報』, 1922. 5. 19. 그리고 鄭州 방면에서 흩어진 조결의
    부대는 4천에 불과하지만 지역의 토비와 결합하여 하남의 동부, 남부를 약탈하였고, 그 결
    과 鄭州에서 徐州에 이르는 철로가 단절되었다(「外人所傳趙傑休戰原因」, 『申報』, 1922. 5.
    20).
220) 「河南事變之外訊」, 『申報』, 1922. 5. 10;「馮玉祥督豫後之鄂訊」, 『申報』, 1922. 5. 18.
221) 「不可收拾之汴匪」, 『申報』, 1922. 9. 9;「驅馮通電」, 『天津大公報』, 1922. 10. 15.

하기는커녕 오히려 토비를 제조하게 될 하남은 토비가 판치는 세상, 즉 '토비 세계'가 될 터였다.[222]

222) 「匪之勢力」, 『申報』, 1922. 9. 9; 「李軍遺歸」, 『申報』, 1922. 10. 18.

IV. 토비군대〔兵匪〕와 노양인(老洋人)집단

1. 노양인집단의 성립

1922년 5월 조척의 몰락과 함께 등장한 다양한 토비군대가 촉발시킨 하남의 폐해는 이미 지적하였듯이 이전과는 사뭇 다른 양상을 보였다. 이 토비군대들 가운데 노양인집단이 가장 주목을 끈다.[223] 그들이 보여주었던 약탈의 정도, 범위, 전술 및 오패부와의 관계 등에 관한 검토는 이 시기 하남 군벌통치와 지역치안의 실상을 구체적으로 밝혀줄 것으로 기대되기 때문에 이하에서는 1920년대 초반 그의 행적을 구체적으로 따라가 보고자 한다.

하남서부 임여의 빈한한 농가에서 출생한 노양인(본명 장경張慶)[224]은 1911년 재난과 관의 수탈 때문에 형 장림(張林)과 함께 토비 백랑집단에 참여하였다. 하지만 1914년 장림의 사망과 백랑의 난이 실패하게 되자 고향으로

---

223) 『申報』 색인에 따르면 1922년 가운데 하남 토비와 관련된 기사가 103건에 달하는데 이 가운데 대부분은 老洋人과 관련된 보도이다.

224) 張慶, 張國威, 張國信, 張名盛, 張廷獻 등 다양한 老洋人의 본명에 대해서는(「新雲鶚報告 豫匪近狀」, 『申報』, 1922. 12. 23; 「再紀豫匪老洋人收撫經過」, 『申報』, 1922. 12. 27; 「豫省 匪勢漸退」, 『長沙大公報』, 1922. 12. 29; 빌링스리, 앞의 책 90~91면; 蔡少卿, 앞의 책 167~68면; 蘇遼 『民國匪話錄』(江蘇古籍出版社 1996) 60~61, 69면 등 참조.

돌아왔다. 노양인은 이후 조걸의 굉위군(宏威軍)에 참여하였고, 1922년 굉위군이 하남동부 중모에서 해산될 때 연장의 지위를 이용하여 패잔병을 이끌고 토비와 결합하여 주변을 약탈하기 시작하였다.[225]

새로운 토비군대의 등장과 관련하여 1922년 6월의 노산 현성 파괴는 특히 주목할 만하다. 3, 4천 규모의 토비는 5일 새벽 순집대의 반란을 이용해 노산 현성을 함락하고 5천여 채의 가옥을 불태우고 수백명을 살상한 뒤 인질 3천여 명을 취하였다. 인질 가운데 선교사 부부 2명과 서양 여인 1명 등 서양인 인질 3명이 포함되었으며, 현성을 공격하여 함락시킬 정도의 규모와 전투력을 지녔다는 점에서 이전 토비와 큰 차이를 보였다.[226]

이 토비들은 조척 혹은 조걸의 부하와 관련을 갖고 있었던 것으로 판단된다. 왜냐하면 당시 보도에 의하면 조걸의 부대인 진단(陳段), 황단(黃團), 단영(段營), 이영(李營), 임영(任營), 왕영(王營) 등 총 4천여 명은 하남서부와 남부의 접경지역에서 복우산(伏牛山) 자락의 저명한 토비두목 30여 명 가운데 대표라 할 수 있는 왕노오(王老五)와 결합하여 규모를 1만1천명까지 확대하였으며, 이 가운데 일부가 노산을 약탈했기 때문이다.[227] 또한 사건 이후 오패부에게 보내는 노산 주민의 청원서는 이 약탈이 조걸의 부하와 이명성(李明盛), 장득승, 왕노오 등 2백여 집단이 결합하여 자행한 것으로 지적하였다.[228] 비록 노양인과 이 토비들과의 직접적인 관련성을 입증할 만한 구체적 증거는 없지만, 이 시기 조걸의 부하 노양인 역시 토비와 함께 동일 지역을 약탈중이었고, 이 토비들이 후술하는 바와 같이 서양인 인질 취득과 같은

225) 「白朗起義調查報告」, 98~99면; 蘇遼 「"老洋人"─張慶」, 『近代中國土匪實錄』 下册, 254~55면; 蔡少卿, 앞의 책 167~68면.

226) 「河南魯山之匪劫」, 『申報』, 1922. 6. 22; Anton Lundeen, 「在土匪魔瓜中, 也在上帝手中」 (原題: In the Grip of Bandits and Yet In the Hands of God), 徐有威·〔貝思飛〕 主編 『洋票與綁匪─外國人眼中的民國社會』(上海古籍出版社 1998) 516~17면.

227) 「趙倜敗兵多爲土匪」, 『晨報』, 1922. 7. 26; 「豫局未可樂觀」, 『申報』, 1922. 7. 28.

228) 「豫省十日中六次兵變」, 『長沙大公報』, 1922. 7. 27.

노양인의 독특한 전술을 사용하였으며, 청원서에 등장하는 장득승 또한 이후 노양인과 함께 군대로 개편되어 유격지대장(游擊支隊長)에 임명되었다는 사실 등을 고려할 때 위의 노산 토비는 노양인 등 조걸의 패잔병과 하남서부 토비가 결합한 집단 가운데 일부였던 것으로 이해할 수 있을 것이다.

또한 노산을 약탈했던 3천명의 토비는 1922년 8월 섭현에서 다시 프랑스인 임뇌아(林惱阿, 음역)와 그리스인 미기(米琪, 음역) 2명을 인질로 납치했다.[229] 이상 노양인 등은 군대해산 이후 노산, 섭현, 영보 등 하남서부 일대에서 토비와 결합하여 전투력을 확충한 뒤 서양인 인질 획득이나 현성 공격과 같은 새로운 전술을 구사하며 지역을 전전하였다. 이 과정에서 그는 일개 굉위군 연장의 신분에서 장득승, 이명승(李明勝), 임응기, 최이단, 이노말(李老末), 상건복(常建福), 위봉기(韋鳳岐) 등 30여 집단 7, 8천의 토비를 통솔하는 '노가자(老架子)' '총가간(總架杆)'의 지위에까지 올랐다.[230]

1922년 9월 노양인이 자신의 고향이며 '토비의 요람'인 하남서부를 떠나 동쪽으로 이동한 이유는 분명치 않다. 오패부, 풍옥상의 포위공격을 피해서든 자신의 위세를 과시하기 위한 계획에서 비롯되었든 노양인은 1만여 명의 무리를 이끌고 보풍의 대영촌(大營村)에서부터 노산, 방성, 엽현(葉縣), 무양, 언성(郾城)을 거쳐 하남동부로 진격하였다. 이후 1922년 10월 1차 경한철로 파괴와 역 점령,[231] 상채, 신채(新蔡), 심구, 항성, 부양(阜陽), 고시, 광산, 정양 점령 및 약탈,[232] 2차 경한철로 파괴[233] 등을 자행하였다. 노양인에 대한

229)「河南匪勢猖獗」,『申報』, 1922. 8. 26. 이밖에 陝縣, 靈寶 약탈에 대해서는 「不可收拾之汴匪」,『申報』, 1922. 9. 9;「汴西匪禍之慘狀」,『申報』, 1922. 9. 13 참조.

230) 蔡少卿, 앞의 책 168면; 蘇遼, 앞의 책 62~63면.

231)「豫匪襲攻京漢路情形」,『申報』, 1922. 11. 2;「豫匪竄擾京漢路之外訊」,『申報』, 1922. 11. 4;「國內專電」,『申報』, 1922. 11. 6.

232)「吳佩孚治下之匪禍」,『長沙大公報』, 1922. 11. 11;「豫匪竄擾皖邊」,『申報』, 1922. 11. 7;「豫匪攻陷皖邊續誌」,『申報』, 1922. 11. 8;「豫匪竄皖之軍電一束」,『申報』, 1922. 11. 10;「豫匪退出阜陽後要電」,『申報』, 1922. 11. 12;「阜陽之劫」,『申報』, 1922. 11. 15;「豫

오패부의 공격이 본격화된 싯점도 바로 이때였다. 두 달 사이에 두 차례나 경한철로를 파괴하고 다수의 외국인을 인질로 삼아 외교문제를 야기한 노양인에 대하여 오패부 등이 대규모의 토벌작전을 전개한 것은 당연하였다. 노양인의 세력을 감안하여 하남, 호북, 안휘 3성 합동 토벌작전을 결정한 오패부는 하남으로부터 근운악 사단 2려, 장복래 사단 1려, 호경익 1사, 전유근 1려 등을 집결시키고, 호북과 안휘에서 각각 2려를 출동하도록 지시하였다. 그 결과 심구, 상채, 항성, 여남 등을 수복하고 나산에서는 토비 1천여 명을 살해하는 등 합동작전의 성과가 나타나기 시작하였다.[234]

근운악 등 토벌군대의 공격 이후 확산 근처 천목산(天目山), 청의령(靑衣嶺) 등지에 노양인 등 1만명이 집결하였고, 무양 근처 소상촌(小常村), 옥황점(玉皇店) 등지의 채(寨)에는 장노육 등 3천이 포진하였으며, 또다른 1만명의 무리는 둘로 나뉘어 하나는 고시, 상성, 광산을 거쳐 안휘, 호북으로, 나머지 한 부류는 상채, 상성을 공격한 뒤 서화, 회양으로 진출하였다. 그외에 비양, 남양의 토비 역시 이들과 별도로 지역을 장악함으로써 하남남부 전체가 토비에 의해 점거되는 상황에 이르렀다.[235] 이들 가운데 특히 노양인은 다시 비양, 남양 일대의 토비와 결합하여 고향인 하남서부로 회귀하였다.[236] 경한철로 주변에 흩어진 토비가 노산 등지로 유입될 것이라는 근운악의 염려대로[237] 11월 중순 노산과 비양은 이들에 의해 함락되었고, 하남서부 일대에는 이명승(李鳴勝), 진청운(陳靑雲) 등 4천명(노산 서쪽 마루馬樓, 경집耿集 일

南匪亂之鄂聞」, 『申報』, 1922. 11. 17.

233) 「豫南匪亂之鄂聞」, 『申報』, 1922. 11. 17; 「豫南糜爛情形」, 『申報』, 1922. 11. 25.

234) 「京漢路線竟爲土匪遮斷」, 『長沙大公報』, 1922. 11. 15; 「豫南匪禍與僑漢外人」, 『申報』, 1922. 11. 19.

235) 「豫南匪禍與僑漢外人」, 『申報』, 1922. 11. 19.

236) 「豫匪襲攻京漢路情形」, 『申報』, 1922. 11. 2; 「河南匪禍擴大」, 『申報』, 1922. 11. 9; 「國內專電」, 『申報』, 1922. 11. 16.

237) 「豫南糜爛情形」, 『申報』, 1922. 11. 25.

대), 장득숭, 오대각(吳大脚) 등 3천명(겹현 서쪽), 노양인, 장대마(張大麻) 등 3천명(보풍, 겹현 및 여하汝河 남쪽)이 각각 근거하였다.[238]

이상 1922년 9월에서부터 12월 초 다시 하남서부로 돌아올 때까지 노양인은 원정과정에서 지역에 막대한 폐해를 끼쳤다. 심지어 약탈지역 내 5세 이상 남자는 모두 살해하고, 12~40세의 여성은 모두 납치하였으며, 안휘 부양 현성을 파괴할 때 발생한 불길은 40킬로미터 밖에서 보일 정도였고, 하남동부와 하남남부 수십 현을 약탈하여 백랑 때보다 10배나 더한 피해를 입혔다고 지적되었다.[239]

이러한 파괴와 약탈은 노양인집단이 지닌 독특한 전술에서 비롯된 측면이 크다. 우선 신속한 기동전을 전개함으로써 토벌군대의 대응과 추적을 피할 수 있었는데 토비의 선봉대를 1천여 명의 기마부대로 구성한 것도 이 때문이었다.[240] 현성을 공격하기 전 성내에 무리의 일부를 미리 유입시켜 내응하게 하는 방식도 자주 사용되었다.[241] 둘째, 초토화의 전술을 구사하였다. 현성을 완전히 파괴할 뿐만 아니라 지나는 촌과 진마다 불을 질렀다. 이러한 행위는 자신들의 세력을 과시하기 위한 일종의 시위효과를 지닌 것이기도 했다.[242] 셋째, 현성과 철로를 파괴하고 동시에 오패부 군대를 비롯한 정규군대와 상대할 수 있을 정도로 노양인집단은 세력과 무기 그리고 군사전술

---

238) 「豫軍剿匪之捷電」, 『申報』, 1922. 12. 9.

239) 「河南匪禍擴大」, 『申報』, 1922. 11. 18; 「阜陽遭劫之因果」, 『申報』, 1922. 11. 14. 하남 동부 원정 때 인질로 잡혔던 렝가드(Ledgard)의 회고에 따르면 4, 5천명 규모의 토비는 지나는 소규모 촌장까지 모두 불태웠으니 인질로 있었던 13일 동안 1백여 개의 촌장과 5개의 城鎭을 파괴하였다(黎教師 [Mr. Ledgard] 「橫禍飛來」("A Bolt from the Blue," China's Millions, 1923. 3), 徐有威 · [貝思飛] 主編, 앞의 책 499~500면).

240) 인질 렝가드의 회고에 따르면 노양인집단의 하루 이동거리는 55킬로미터였다고 한다(黎教師 [Mr. Ledgard], 「橫禍飛來」("A Bolt from the Blue," China's Millions, 1923. 3), 徐有威 [貝思飛] 主編, 앞의 책 497면).

241) 「豫南糜爛情形」, 『申報』, 1922. 11. 25.

242) 徐有威 · [貝思飛] 主編, 앞의 책 499~500면.

을 갖추고 있었다. 이것은 노양인집단이 조척의 이전 부대와 지역의 토비가 결합되어 만들어지지 않고서는 불가능한 일이었다. 특히 노양인집단은 안휘 부양의 전안휘독군(前安徽督軍) 예사충(倪嗣沖) 집에서 총기 3천 정, 칠구(七九)실탄 2백여 만 발, 기관총 10정, 대포 수 문 등의 신식무기를 획득, 무장하였다.[243] 넷째, 노양인 등이 취했던 전술 가운데 가장 특징적인 점은 양표(洋票), 즉 서양인을 인질로 삼고 그들을 앞장세워 군대의 추적과 공격을 따돌리는 방식을 취한 점이다. 이 서양인 인질들의 존재는 외교상의 문제를 야기함으로써 사태를 더욱 복잡하게 만들었다. 이밖에도 치안당국의 대처에 보이는 다양한 문제점으로 인해 토비는 더욱 발호하였다. 예컨대 토벌군대의 주력이라 할 수 있는 근운악의 14사는 노양인집단을 두려워한 나머지 단지 형식적으로만 추격할 뿐 철로에서 5, 6리 이상 진격하려 하지 않았다.[244] 또한 토비와 현 보위대의 결탁에 의한 항성의 함락,[245] 예씨(倪氏) 일족에 대한 개인적 종속관계를 노골적으로 드러낸 부양 보위단(保衛團)의 한계,[246] 토비 이명성의 비양, 노산 소요와 신야, 당하(唐河) 내습을 틈탄 주둔군의 약탈[247] 등은 노양인 발호시기 치안당국이 보여준 몇가지 대표적 문제점에 불과하다.

결국 토벌군대의 소극적 태도 혹은 치안당국의 한계는 노양인의 신속하고 잔인한 약탈, 파괴행위와 맞물려 제1차 직봉전쟁 이후 북경정부를 장악한 직예파 군벌, 특히 하남을 자신의 확고한 거점으로 삼고자 했던 오패부에게 커다란 정치적 부담으로 작용하였다. 여기에 더하여 노양인이 서양인을 인질로 활용하여 열강과의 외교문제를 일으키는 지경에 이르자 오패부는 더욱

---

243)「開封通信」,『申報』, 1922. 12. 3.
244)「外人所述豫省匪勢」,『申報』, 1922. 11. 19.
245)「河南匪禍擴大」,『申報』, 1922. 11. 18.
246)「阜陽遭劫之因果」,『申報』, 1922. 11. 14;「阜陽失陷之原因」,『申報』, 1922. 11. 9.
247)「豫匪日益蔓延之鄂聞」,『申報』, 1922. 11. 27.

궁지에 몰리게 되었는데 이하에서는 이 점에 대해 살펴보도록 하겠다.

2. 서양인 인질과 노양인의 군대개편

이미 지적하였듯이 노양인 등은 1922년 6월 9일 노산을 약탈할 때 처음으로 서양인 인질을 취하였고,[248] 이어 1922년 8월 19일 섬현에서 다시 철로 판사원(辦事員) 프랑스인 임뇌아(林惱阿)와 그리스인 미기(米琪) 등을 인질로 잡았다.[249] 1922년 10월 13일 노양인은 하남서부 임여에서 선교활동을 벌이던 미국인 안톤 룬딘(Anton Lundeen) 목사와 포스버그(Forsberg)를 납치하였고,[250] 10월 28일 상수에서 미국인 렌가드를, 10월 30일 심구에서 미국인 소더스트롬(Soderstrom) 등을 각각 인질로 취했다.[251] 그런데 렌가드 부인의 말에 따르면 이 토비들은 자신들이 섬현에서 왔다고 소개하면서 프랑스인에 대해 언급하고 또 프랑스어를 할 줄 아는지 물어봤다고 하는데, 여

---

248) 「河南魯山之匪劫」, 『申報』, 1922. 6. 22.

249) 「河南匪勢猖獗」, 『申報』, 1922. 8. 26; 「汴西匪禍之慘狀」, 『申報』, 1922. 9. 13; 「時事日誌」, 『東方雜誌』, 19-18, 142면. 또한 1922년 9월경 조척의 패잔병과 결합한 토비는 洛陽 근처에서 隴海西路工程使 중국인 인질과 서양인 인질을 납치하여 그 가운데 중국인 王某를 죽여 팔을 잘라 督署로 보내 시위하였다. 이러한 인질사건에 대해 각국 외교단이 적극 나섰음은 물론이다. 예컨대 북경 프랑스 공사는 북경정부에 조회하여 보호를 요청했고, 벨기에 공사 역시 洛陽總工程使와 北京隴海總公所督辦을 통해 소식을 접한 뒤 북경정부에 엄중 항의하였다(「不可收拾之汴匪」, 『申報』, 1922. 9. 9).

250) Anton Lundeen 「在土匪魔瓜中, 也在上帝手中」(原題: In the Grip of Bandits and Yet in the Hands of God, Rock Island, IL: Augustana Book Concern, 1925), 徐有威・〔貝思飛〕主編, 앞의 책 518~25면.

251) Ledgard, "A Bolt from the Blue," *China's Millions*, 1923. 3; Soderstrom, "Five Weeks in the Hands of Brigands," *China's Millions*, 1924. 3; 「河南商水縣被匪攻陷」, 『申報』, 1922. 11. 1; 「豫省西人被擄之近聞」, 『申報』, 1922. 11. 5; 「豫匪擄贖外人尚未全釋」, 『申報』, 1922. 11. 8.

기서 프랑스인은 앞에서 소개한 인질 임뇌아(林惱阿)일 것이기 때문에 이들
과 섭현을 약탈한 토비와 동일 집단임을 알 수 있다. 또한 렝가드 등과 면회
한 임여의 서양인 인질이 룬딘 목사임에 틀림없기 때문에 이들은 모두 노양
인이라는 동일한 토비집단에 의해 납치되었음을 알 수 있다.[252] 이후 노양
인 등은 식현, 정양을 공격하면서 서양인 인질 8명을 추가로 취하였고,[253]
1922년 11월 이미 구출된 렝가드를 제외하고도 영국, 미국, 프랑스, 이탈리
아, 스웨덴 등 5국 교민 총 14명을 인질로 장악하였다.[254]

그렇다면 노양인은 하남서부에서 하남동부 그리고 안휘를 거쳐 하남남부
에 이르는 과정에서 끊임없이 서양인 인질을 취했다고 할 수 있는데 이전
토비에서 볼 수 없었던 이러한 행동을 어떻게 이해할 것인가. 이들은 석방의
댓가로 상대적으로 많은 돈이나 무기를 요구하기 위해서,[255] 그리고 토벌군
대가 추격할 때 볼모로 사용될 수 있었다. 다른 목적도 있었다. 이미 지적하
였듯이 노양인집단은 기존의 토비와 달리 주로 해산병을 중심으로 구성되었
기 때문에 이들은 장래가 불확실하고 또 불법적인 약탈행위를 계속하기보다
는 정식군대로 개편되기를 선호했다. 이러한 경향은 앞서 소개한 농해서로
공정사(隴海西路工程使)를 납치한 토비가 성당국에 전해달라고 농해총공정
사에 보낸 편지에서 "중국의 불행은 환란이 빈번하게 일어나며 권한이 한

---

252) 「豫西敎士被擄之情形」, 『申報』, 1922. 11. 9. 룬딘 역시 1922년 11월 초 安徽 潁州에
　　 서 鐵路辦事員인 프랑스인과 그리스인을 만났다고 회고하고 있는데 이 둘은 앞서 소개한
　　 林惱阿와 米琪를 각각 가리킨다(Anton Lundeen, 앞의 글 556면).

253) 「豫南匪禍與僑漢外人」, 『申報』, 1922. 11. 19.

254) 「河南匪亂引起外交」, 『申報』, 1922. 11. 20.

255) 예컨대 陝縣의 서양인 인질에 대해서 토비는 手槍 4정과 현금 3천원을 요구하였고(「河南
　　 匪勢猖獗」, 『申報』, 1922. 8. 26), 1926년 9월 朱家口에서 인질이 된 프리만 데이비스
　　 (Freeman Davies)에게는 중국인 인질 16,000元보다 훨씬 많은 5만원과 左輪槍 1백 정을 석
　　 방댓가로 요구하였다(Freeman Davies, "Letter from the Brigand Camp," 徐有威・〔貝思飛〕
　　 主編, 앞의 책 600면; Mrs. Freeman Davies, "In the Hands of Brigands," 徐有威・〔貝思
　　 飛〕 主編, 앞의 책 598면).

곳에 집중되고 군인을 토비로 내모는 데 있다" 진단하면서 "우리가 토비로 내몰린 것은 사실 생존문제 때문으로 결코 달가워할 바가 아니니, 당국이 만약 다시는 환란이 없기를 바라면서 과거를 뉘우쳐 우리에게 소생할 기회를 주고 다른 군인들과 동일하게 대우해준다면 우리는 자원하여 투항할 것"이라 하였다. 또한 이들은 정식군대로 개편된 이후 하남서부에 주둔할 것과 과거와 동등한 경비를 보장해줄 것 등을 추가로 요구하였다.[256] 하남서부 주둔을 고집하는 것은 자신들의 근거지를 떠나지 않음으로써 군대개편 이후 혹 발생할지도 모를 당국의 배신에 대비하기 위함이었다.

누양인 등이 섬현, 영보를 약탈하고 서양인 인질을 취했을 때는 당국에게 정식 육군 1사 1혼성려로 개편하여 중앙에 직할시켜줄 것을 분명하게 요구하였다.[257] 정식군대로의 개편에 더하여 중앙에 편입시켜달라고 요구하는 것은 가장 확실하게 경비를 확보할 수 있는 방법이었다. 일반적으로 중앙군대는 지역군대와 달리 그 경비를 중앙재정에서 책임졌기 때문에 주둔지의 변화나 지역 정치상황의 변동에 따른 군비조달의 어려움을 겪을 염려가 상대적으로 적었기 때문이었다.

반면 1922년 7월 오패부는 토비의 군대개편을 엄격히 금지하면서 혹 이러한 경우가 발생할 경우 바로 해산시킬 것임을 분명히 밝혔다.[258] 이는 오패부가 1922년 5월 제1차 직봉전쟁 후 호경익, 근운악, 유진화, 조세영(曹世英), 전유근 등이 군대를 확충하기 위해 사방에 위원을 파견하여 군대개편의 조건으로 토비두목에게 영장, 단장의 직위를 서로 경쟁적으로 제시하고 있다는 사실을 알고 취한 조치였다. 그는 여러 군벌들의 야심을 좌절시키고 개

---

256) 또한 이들은 서양인 인질 이외에 洛陽 東關 밖 第8 中學 교장, 학감, 학생 40여 명 등을 인질로 취하였는데 이때 학교에 보낸 편지에서 "본래 교육계를 혼란시키고 학생들을 놀라게 할 생각은 없지만, 이렇게 하지 않으면 당국을 일깨울 수 없다"고 인질의 목적을 밝히고 있다(「時事日誌」, 『東方雜誌』, 19-18, 143면; 「不可收拾之汴匪」, 『申報』, 1922. 9. 9).
257) 「汴西匪禍之慘況」, 『申報』, 1922. 9. 13.
258) 「河南代表請吳佩孚裁兵節餉」, 『申報』, 1922. 7. 16.

편 결과 확대된 군대에 의해 지역의 피해가 가중되는 것을 사전에 방지하고 자 했다.[259] 그러나 서양인 인질을 구출하기 위해서는 그들과 일정정도 타협할 수밖에 없다고 판단한 농해철로의 장조렴(張祖廉)과 정주의 장복래 등은 1922년 10월 단장 번종수를 토비의 소굴로 파견하여 협상을 추진하였다. 이 때 노양인 등은 예상했듯이 정식군대로의 개편과 경비 및 탄약 등을 인질 석방의 조건으로 제시하였다.[260]

한편 서양인 인질사건은 북경 등지의 외교단을 자극함으로써 군대를 동원한 토비토벌을 추진중이던 오패부에게 선택의 폭을 제약하기 시작하였다. 더욱이 하남 공민 총대표 가곤(賈堃)은 1922년 9월 북경당국에 하남에 이미 토비폐해가 극심하므로 그들에 대한 토벌과 군대개편을 동시에 실시해야 한 다고 건의하였다. 11월 호북에서 하남 토비방어에 부심하고 있던 호북 독군 소요남 역시 오패부에게 동일한 대책을 건의하였다.[261] 이는 오패부가 추진하고 있던 토벌 위주의 대책과 상반되는 것이었다. 이미 서양인 인질사건이 발생할 때마다 문제의 조속한 해결을 촉구한 바 있었던 서구열강 역시 인질의 수가 급증하고 여러 국가가 연루됨에 따라 서로 연합하기 시작하였다. 하남의 토비폐해가 극심함에 따라 다수의 서양인이 피난지로 택한 한구에서는 11월 15일 각국여한교상연합대회(各國旅漢僑商聯合大會, 만국공민대회)가 개최되었다. 4백여 명이 참가한 이 회의에서 참석자들은 하남남부에서 피난온 외국인들에게서 하남 토비 창궐상황과 군벌의 무능한 대처 등에 대한 보고와 비판을 듣고 다음을 결정하였다. 첫째, 중국정부는 속히 방법을 강구하여 인질을 구출할 것, 둘째, 본국정부에 알려 적당한 방법을 속히 강구하고 중국 주재공사에게 통지하여 이후 교민의 안전을 보장하도록 할 것, 셋째, 중국정부에게 법률과 치안을 유지하도록 요구하며, 만약 중국정부가 이를 실

---

259) 「再紀豫匪老洋人收撫經過」, 『申報』, 1922. 12. 26.
260) 「國內專電」, 『申報』, 1922. 10. 23; 「豫西教士被擄之情形」, 『申報』, 1922. 11. 9.
261) 「國內專電」, 『申報』, 1922. 9. 23; 「國內專電」, 『申報』, 1922. 11. 16.

행할 수 없다면 중국정부가 마땅히 그 책임을 져야 할 것 등을 결의하였
다.[262]

이러한 상인들의 요구에 대해 본국정부나 공사로서는 적지 않은 부담을
느꼈을 것이고, 법률과 치안유지라는 국가로서 당연히 수행해야 할 기본적
임무마저 제대로 수행하지 못한 존재로 전락한 북경정부와 하남의 오패부
역시 크게 체면이 손상되었을 것이다. 더구나 세번째 항의 '중국정부 책임'
부분은 열강의 내정간섭까지 초래할 수 있는 상황으로 치닫게 할 수 있었다.
사실 대회에 쏟아져 나온 각종 주장 가운데에는 중국인 역시 군벌의 피해를
받고 있지만 감히 나서지 못할 뿐 대회를 적극 지지하고 있으므로, "만국의
역량을 빌어 (중국의) 내란을 평정하자"라는 의견도 제출되었다. 또한 중국
은 신경쇠약에 사지마비의 중병에 걸려 있기 때문에 만국이 도움을 주어야
하는데, 구체적으로는 선거 때라면 열강이 공동으로 감시하는 방법을 취할
수 있을 테지만 그렇지 않은 지금 가장 좋은 것은 각국이 연합하여 상승군
(常勝軍)을 조직하여 신식무기를 공급하고 각국의 군관이 그 군대의 장관직
을 차지하는 방식이라는 주장까지 공공연히 등장하였다.[263] 따라서 한구의
상업연합회(商業聯合會)가 만국 공민대회의 소식을 북경의 총통과 보정의
조곤 및 낙양의 오패부에게 전하면서 사태가 '제2의 의화단사건'으로 발전
할 수 있음을 경계해야 한다고 지적하였다.

이상 한구에서의 움직임과 맞물려 북경에 주재하는 각국 공사들 역시 기
존의 개별적 항의에서 한걸음 더 나아가 상호연합의 움직임을 보였다. 11월
16일 미국, 영국, 프랑스, 이탈리아, 스웨덴 5국 공사는 중국정부에 최후통
첩을 제출하면서 향후 1주일 내에 인질 모두를 구출할 것을 요구하였고, 만

---

262) 「國內專電」, 『申報』, 1922. 11. 17; 「豫南匪禍與僑漢外人」, 『申報』, 1922. 11. 19; 「京
漢路爲匪遮斷三誌」, 『長沙大公報』, 1922. 11. 17.

263) 「豫匪匪動外交再誌」, 『長沙大公報』, 1922. 11. 20; 「商聯會關於豫匪之兩電」, 『長沙大
公報』, 1922. 11. 20.

약 중국정부가 제대로 해결하지 못할 경우 중국의 존엄성을 크게 손상시킬 수 있는 내용을 담고 있는 최후통첩의 내용이 공개될 것이라 경고하였다.[264] 더욱이 최후통첩을 중국정부에 전달하기 전인 11월 15일 열린 긴급회의에서는 서양인 인질사건을 통해 현 중국정부가 외국인의 생명과 재산을 보호할 능력이 없음이 명확히 드러났으니, 1주일 내에 인질을 구해내지 못할 경우 각국이 직접 하남에 군대를 파견하여 토비토벌에 나서야 하며, 항구나 기타 외국인이 거주하는 도시에도 주둔군을 증가시켜 자위해야 한다는 극단적인 주장까지 제기되었다.[265]

열강은 한편으론 중국정부에 대한 외교적 항의를 진행하면서, 다른 한편으로는 11월 29일 국제위원단을 직접 하남에 파견하여 12월 8일 정주에서 한구 영사단이 파견한 대표와 회동, 하남 서양인 인질에 대해 직접 조사하기로 하였다. 이 위원단은 영국, 미국, 프랑스, 이탈리아, 일본 등 5개국이 파견한 5명의 위원으로 구성하였다.[266] 이미 낙양 등 자신의 직할 정예군대가 주둔하는 곳에서조차 토비폐해가 발생하니 여타의 지역은 미루어 짐작할 수 있다고까지 비난받고 있었던 오패부[267]로서는 자신의 무능을 만천하에 폭로할 수 있고 또 내정간섭의 소지가 있는 국제위원단의 조사활동을 막아야 했다. 따라서 오패부는 12월 4일 외교부를 통해 외교단에게 전달된 노양인에 대한 회신 가운데에서, 외국인 인질사건 발생에 대해 깊이 사과하며, 육군제14사사장(陸軍第14師師長) 근운악을 삼성초비총사령(三省剿匪總司令)에 임명하여 외국인 구출에 주력케 하여 이미 상당한 효과를 보이고 있다고 설명하였다. 또한 11월 하남의 치안담당자들과 협의하여 첫째, 권계(勸誡)와 군

---

264) 「五國公使提出嚴重警告」, 『申報』, 1922. 11. 18; 「國內專電」, 『申報』, 1922. 11. 20.
265) 「河南匪亂引起外交」, 『申報』, 1922. 11. 20.
266) 「外交團將派員赴豫查匪案」, 『申報』, 1922. 12. 5; 「使團調查豫匪委員將出發」, 『申報』, 1922. 12. 8.
267) 「外交團將派員赴豫查匪案」, 『申報』, 1922. 12. 5.

대개편의 방법으로 인질이 된 외국인을 석방시킨다. 둘째, 각 현지사에게 명령하여 거주 외국인 거주인수를 조사하고 군대를 파견하여 실력으로 보호한다 등 2개 항을 결정하였음을 밝혔다.[268] 오패부의 사과와 성의가 효력을 발휘하였는지 확실치 않지만, 국제조사단은 본래 12월 7일 출발하기로 하였으나 14일로 출발날짜를 잠시 연기하였다.[269]

조사단의 연기과정에서 특히 주목해야 할 것은 '권계'와 '군대개편'의 방법으로 오패부의 토비대책이 천명되었다는 점이다. 물론 여기에는 근운악부대를 동원한 토벌도 포함되었겠지만, 이전 군사적 토벌만을 강조하던 입장에서 오패부는 크게 후퇴한 것이었다. 그렇다면 노양인 측은 이와같은 변화된 상황에 어떻게 반응하였는가. 12월 3일 노양인은 3천의 무리를 이끌고 노산, 겹현의 접경지역인 곽점(郭店)에서 양성(襄城)으로 진출하는 과정에서 이전과 달리 아무런 약탈을 자행하지 않으면서, 당시 허창에 주둔하고 있던 근운악에게 다음의 세 가지 항을 요구하였다.[270]

① 노양인이 통솔하는 토비를 일률적으로 국군으로 개편하며, 노양인은 통령의 직을 계속 유지한다. 또한 군의 영장, 배장(排長) 등은 모두 내부에서 선발 임명한다.

② 경비 반년치를 지급한다. 군대는 모두 조걸, 보덕전의 과거 부대로 충당할 것이기 때문에 나머지는 해산을 허락한다.

③ 군대로 개편된 이후 반드시 지정된 지역에서 반년을 주둔한 이후에 비로소 타지로 이동할 수 있다. 그러나 개편 직후 토비에 대한 토벌의 책임을 맡는다. 예컨대 주둔지에 토비가 발생할 경우 전적인 책임을 진다.

---

268) 「豫匪與外交委員赴豫」, 『申報』, 1922. 12. 8; 「豫省匪勢仍猖獗」, 『申報』, 1922. 12. 11.
269) 「使團調査豫匪委員暫緩出發」, 『申報』, 1922. 12. 10.
270) 「豫匪老洋人表示願撫」, 『申報』, 1922. 12. 15.

1922년 12월 노양인 등이 이전과 달리 약탈, 파괴에 나서지 않았던 것은 바로 이같은 군대개편 협상의 진전이란 상황변화가 작용했던 것으로 이해할 수 있다. 노양인의 제안은 자신의 근거지인 하남서부에서 본래의 지휘계통을 유지한 채 정규군대로 편입되어 경비문제를 안정적으로 해결하고 그 댓가로 주둔지역의 토비토벌을 담당하겠다는 것이었다. 서양인 인질에 관한 언급은 없지만, 그들의 석방이 협상타결의 전제조건이었음을 추측하기란 그렇게 어려운 일이 아니다.

이렇게 협상이 진전을 보이게 된 데에는 삼성초비사령관(三省剿匪司令官) 근운악의 역할이 컸다. 그는 오패부의 토벌정책 때문에 어쩔 수 없이 초비사령관(剿匪司令官)에 임명되어 작전에 임하고 있었지만, 내심 토비의 군대개편을 바라고 있었고, 그의 부하는 이미 노양인, 이명성, 장득승 등과 수차례에 걸친 회합을 가진 바 있었다. 비록 오패부의 강경 입장 때문에 적극적으로 토비 초무에 나설 수는 없었지만, 한구 교민과 외교단의 항의 그리고 조사단의 파견 등의 압력에 오패부가 제대로 대응하지 못하자 그 기회를 이용하여 초무를 건의하여 관철시켰던 것이다. 이렇게 근운악이 적극적으로 군대개편에 나선 이유는 초비사령관으로서 노양인 등에 대하여 확실한 승리를 장담할 수 없었고, 초무 이후 토비를 이용해 자신의 군사력을 크게 확충시킬 수 있다는 계산이 작용하였기 때문이었다. 예컨대 그가 노양인집단을 군대로 개편할 경우 12영을 확충하게 되어 1영당 8백명으로 계산하면 대략 1만명의 병력을 추가로 확보하는 셈이었다. 구체적 연락은 언성 현지사 최문(崔雯)과 그의 오랜 친구이며 노양인의 부하인 정보성(丁寶成)이 담당하였다. 정보성은 근운악의 사령부를 방문하여 노양인의 투항의지를 전달하자 근운악은 최문을 정보성과 함께 노양인에게 보내 초무조건을 협의하였고, 그 결과 외국인 인질 가운데 7명이 석방되었다. 또한 이명성 등과의 협상이 제대로 진척되지 않을 때 굉위군단장(宏威軍團長) 번종수(樊鍾秀)도 중재자로 참여하여 프랑스인 기술자를 석방시켰다.[271]

결국 1922년 12월 노양인 등이 서양인 인질을 모두 석방하자 북경의 공사단은 하남에 파견할 예정이었던 국제조사단을 해산하였으며, 근운악은 토비를 하남유격지대(河南游擊支隊)로 개편하여 보풍, 노산 등지에 주둔시켰다.[272] 여기까지는 노양인 등이 의도한 대로 사태가 진전되는 것 같았지만 문제는 군대개편 이후에 나타났다.

3. 군대개편 후의 노양인집단―군대와 토비 사이

1923년 1월 16일 조곤은 하남 토비의 군대개편이 종결되었다고 판단하여 동원했던 각군을 원래 주둔지로 귀환시키고 초비총사령(剿匪總司令)이란 직책도 취소시켰다.[273] 외부의 눈에도 이제 토비는 군대로 개편되었고 초비총사령은 개선하였으며 토벌군대는 회군하고 중앙정부는 논공행상을 하며, 지방정부는 잔당을 색출하였으니, 1년간 지속되었던 하남의 토비재난은 이제 마무리되었던 것으로 비춰졌다. 그러나 실제상황은 예상과 전혀 달랐다. 하남서부와 남부 각 현에는 수백, 수천의 토비가 횡행하였고 이전 상대적으로 안전했다는 하남북부와 동부에서도 마찬가지였다. 좀더 구체적으로 보면 비양 모저협(母猪峽) 장노육 등 2, 3천, 남소(南召) 장경남(張慶男) 등 1천(연발총 8백 정 소유), 우현 오청운(吳靑雲) 1~2천, 노씨·낙령(洛寧)의 위봉기, 서평(西平)·수평의 위노표(魏老飄), 안양의 서득화(舒得和)·대금보(大金寶) 등 각각 수백~1천 등 다수의 토비가 분포하였다. 이들은 노양인, 장득승, 이명성 등이 인질, 살인, 방화, 약탈을 통해 출세하는 것을 보고 상호연락하여

271) 「再紀豫匪老洋人收撫經過」, 『申報』, 1922. 12. 27.
272) 「豫督署開軍事會議」, 『申報』, 1923. 1. 19; 「時事日誌」, 『東方雜誌』, 20-1, 156~57면; 『河南省大事記』, 394면; 『中華民國史事日誌』 第1册, 692면.
273) 「河南大股土匪已肅清」, 『申報』, 1923. 1. 16; 「時事日誌」, 『東方雜誌』, 20-3, 136면.

대부대를 이루어 정식군대개편을 요구하였던 것이다.[274] 또한 하남의 재정
곤란으로 인해 더이상의 군대개편이나 이미 개편된 토비에 대한 경비지급이
곤란한 상황이었다. 이러한 상황에서 연말이 되자 남양, 등현, 비양, 임여,
방성, 고시, 남소, 신야, 무양, 석천, 동백 등 하남서부의 토비들은 동시에 준
동하여 도처를 약탈하였는데, 이들의 창궐은 전년보다 더욱 심하다고 평가
되었다.[275]

더구나 이미 군대로 개편된 노양인 등에 의한 약탈이 중단된 것도 아니었
다. 군대로 개편된 이들은 노산, 겹현, 보풍 등지에서 각 현 치안조직의 무기
를 빼앗고 살인, 방화를 일삼으며 신사 등에 대해 관군이라는 이름을 내걸고
경비조달을 요구하였다.[276] 따라서 당시의 언론은 토비대책에도 도가 있는
것이니 먼저 토벌할 수 있어야 군대개편도 행할 수 있다고 지적하고 있다.
즉 토벌과 군대개편의 동시 진행 내지는 토벌을 바탕으로 한 군대 개편정책
이 아닌 출세를 미끼로 한 군대개편은 단지 토비의 재발을 가져올 뿐이라는
것이다.[277] 이러한 현상은 그들이 본래 토비 출신이었기 때문에 발생한 것이
라 할 수도 있겠지만, 군대가 지닌 재정의 취약성 때문이기도 했다.

군대개편 이후 노양인집단의 경비문제에 대해 아무런 대책이 수립되지 않
았던 것 같다. 근운악은 본래 자신의 군사력을 증진시키기 위해 군대개편을
추진하였지만 노산, 겹현, 여주에 도착한 뒤 그들이 규율 없는 토비군대임을
확인하고 실망하면서 개봉의 장복래에게 다수가 노양인 등을 휘하에 넣으려
고만 했지 개편 이후 경비 문제에 대해서는 알지 못한다고 지적하였다. 게다

274) 「河南匪患無肅清希望」, 『申報』, 1923. 2. 3.
275) 「豫南匪勢又熾」, 『申報』, 1923. 3. 10.
276) 「河南匪患無肅清希望」, 『申報』, 1923. 2. 3.
277) 「豫匪又起感言」, 『申報』, 1923. 2. 10. 또한 漢口의 한 외국인의 눈에도 군대로의 개편
　　결과 하남 내의 토비의 폐해가 줄어든 것이 아니라 오히려 더욱 증가한 것으로 비춰졌다.
　　예컨대 信陽, 泌陽, 唐縣 일대에는 토비 4, 5천이 존재하여 唐縣 현성을 포위하고 그 주변
　　120여 村莊을 파괴하며 230명을 살해하였다(「豫匪仍未肅清」, 『申報』, 1923. 2. 30).

가 1922년 하남성의 재정상황은 아주 어려웠다. 오패부의 군수처장 출신으로 새로이 재정청장에 임명된 유소증(劉紹曾)의 재임 초 수개월 내의 재정수입은 90만원인 반면 지출은 190만원에 이르러 추가의 차관이 도입되었고 그 결과 부채는 1천1백만원으로 증가하였다.[278] 따라서 성정부로서도 노양인 등 토비의 군대개편에 따른 연 360만원의 추가 군비는 큰 부담으로 작용했을 것이고,[279] 이러한 상황에서 그들의 경비 현지조달은 당연한 귀결이었다. 여기서 현지조달은 지역에 대한 수탈과 약탈에 다름 아니었다.

오패부는 1923년 4월 군대로 개편된 이후 약탈을 계속한 노양인을 하남 동부로 이동시켰다. 오패부의 이러한 결정의 배후에는 수개월 동안 경비가 지급되지 않았고, 또 다른 곳으로 파견될 것이라는 소문에 따라 노양인집단이 1923년 3월 15일 소요를 일으켰다는 점이 직접적 계기가 되었겠지만, 이밖에도 자신의 근거지인 낙양에 인접한 지역에까지 토비재난이 파급되었던 사정도 고려되었다.[280] 총 4천5백에서 5천여 명에 이르는 노양인집단은 하남서부 일대에서 정주를 거쳐 영성(永城), 하읍, 우성(虞城), 녹읍(鹿邑), 자성, 하읍 등 하남동부 각지에 분산 주둔하였다.

노양인의 하남동부 주둔은 지역사회에 커다란 파장을 일으켰다.[281] 이미 서술하였듯이 이들이 주둔한 청대 귀덕부 소속지역(E군)은 저명한 토비소굴이었다. 특히 강소, 안휘, 산동, 하남 4성 교계지역이었던 이곳은 하루도 평

---

278) 「豫省財政之最近情形」, 『申報』, 1923. 1. 29.

279) 구체적으로 당시 새로이 개편되는 2만5천의 토비에 대해 1인당 월 경비 8원으로 계산하면 20만원, 그밖에 편제에 필요한 기타 비용까지 포함하면 월 30만원 이상이 필요한 상황이었다. 「豫匪收撫之安揷難」, 『申報』, 1923. 1. 31; 「豫省仍未肅淸」, 『申報』, 1923. 2. 30.

280) 「吳佩孚胕腋下之匪患」, 『申報』, 1923. 4. 18; 旅京皖人反對老洋人駐皖」, 『申報』, 1923. 5. 4.

281) 이들의 약탈에 따라 歸德府의 각 縣民은 현성으로 도주하였고, 개봉으로 가는 기차는 피난민을 다 수용하지 못하였으며, 피난민의 유입에 따라 개봉의 방값이 상승하였을 정도였다. 「豫東所收臨城劫案影響」, 『申報』, 1923. 5. 18.

안한 날이 없을 정도였다. 더 구체적으로 보면 안휘 남쪽의 숙주(宿州)는 신안무군(新安武軍)의 주둔지로서 군대는 토비와 구분되지 않았고, 강소의 풍현(豊縣), 패현(沛縣), 소현(蕭縣), 탕산(碭山) 등지에서는 현성 이외 지역에는 모두 토비가 가득하였으며, 산동의 조주(曹州)일대 역시 토비의 소굴이었다. 이러한 상황에서 노양인은 우성, 하읍, 영성 등지에 주둔하여 동으로는 강소, 남으로는 안휘, 북으로는 산동 등 각지 토비를 대표하는 '중앙토비정부'를 건립하기에 이르렀다.[282] 각지의 토비는 그를 '4성토비순열사(四省土匪巡閱使)'로 여길 정도였고, 탕산의 토비두목 갈화두육(葛花竇六), 소현의 토비두목 이옥배(李玉杯)·소춘자(蕭春子), 풍현의 토비두목 장경염(張敬冉)·임삼독자(任三禿子), 산동 성무(城武)의 토비두목 왕사노호(王四老虎)·유삼활류(劉三滑溜) 등 3, 4천이 규합하여 노양인의 토비소집에 호응하였다.[283] 그렇기 때문에 전년 토비에 의한 약탈을 경험한 안휘의 박현(亳縣), 태화(太和)의 주민들은 노양인의 하남동부 주둔을 반대하면서 현성으로 도주하여 성문을 감히 열지 못했던 것이고, 과거 그들에 의해 자행된 서양인 인질납치사건을 알고 있었던 외국인들 역시 여행, 선교활동 등을 중지하였다.[284]

노양인의 하남동부 주둔은 마침 발생한 임성사건(臨城事件)과 관련되어 당국의 주목을 끌게 되었다.[285] 임성사건은 서양인 인질전술, 군대개편 요구

---

282) 「第二臨城其在隴海乎」, 『申報』, 1923. 5. 12.

283) 「第二臨城其在隴海乎」, 『申報』, 1923. 5. 12; 「徐人對於老洋人匪軍之恐慌」, 『申報』, 1923. 5. 12; 「老洋人軍隊欄入蘇境之預防」, 『申報』, 1923. 5. 22.

284) 「老洋人軍隊開赴豫東」, 『申報』, 1923. 5. 2; 「旅豫皖人反對老洋人駐皖」, 『申報』, 1923. 5. 4; 「老洋人軍隊之近訊」, 『申報』, 1923. 5. 5; 「豫匪軍已駐皖境之恐怖」, 『申報』, 1923. 5. 17.

285) 1923년 5월 6일 津浦路에서 발생한 臨城事件에 관한 대표적 연구로는 車雄煥 「1920年代 初 北京軍閥政府와 列强: 臨城事件 處理過程을 중심으로」(서울大學校大學院 東洋史學科 碩士學位論文 1988); 尹惠英 『中國現代史研究—北伐前夜 北京政權의 內部의 崩壞過程(1923~1925)』(一潮閣 1991) 150~70면; 吳蕙芳 「"社會盜匪活動"의再商榷—以臨城車案爲中心之探討」, 『近代史研究』, 1994-4 등 참조

등 여러 측면에서 노양인의 전술을 모방한 것이라 할 수 있는데 당시 언론
또한 양자의 밀접한 관련성을 지적하고 있다.[286] 따라서 북경정부는 산동 임
성(臨城)과 바로 인접한 농해철로 주변에 분포하고 있었던 노양인이 '제2의
임성사건'을 일으킬지도 모른다고 염려하였다. 이러한 상황에서 경한철로
국장 조계현(趙繼賢)과 주예순로대관대(駐豫巡路隊管帶) 임광찬(任光燦) 등
은 '제2의 임성사건'을 예방하기 위해 철로와 주변지역에 대한 경계를 강화
하고 철갑차(鐵甲車)를 운행하며 무장경찰을 모든 열차에 배치하는 등 특별
조치를 실행하였다.[287] 오패부 역시 노양인이 주둔하고 있던 농해철로 주변
에 특히 주의를 기울여 제3사 헌병 1영을 파견하고 독군 정복래에게 귀덕
동쪽 각 역에 군대를 분산 주둔시키게 하며, 귀덕 서쪽은 자신의 제3사가 담
당하게 하였다. 그러나 노양인이 하남동부에 주둔하고 있는 한 위의 조치들
은 근본적 해결이 될 수 없었다. 따라서 오패부가 생각해낸 방법은 이전 하
남서부에서 하남동부로 방출했던 것과 마찬가지로 다시 그를 이동시키는 것
이었다. 구체적으로는 손문(孫文)의 북벌에 대응하기 위해 강서의 전장으로
파견하여 일거양득의 효과를 노리는 것이었다.[288] 하지만 노양인이 이 명령
을 거부하자 오패부는 안휘, 강소, 산동, 하남의 군대 4만명을 집결시켜 포
위공격을 단행하였다. 그러나 사전에 정보를 입수한 노양인은 하남동부의
포위망을 뚫고 지역약탈을 자행하면서 재차 '토비의 고향'인 하남서부로 도
주하였다.[289]

노양인은 1923년 10월 22일 3, 4천명의 무리를 지어 신정(新鄭) 부근의

286) 「收撫之正當辦法」, 『申報』, 1923. 5. 22.

287) 「京漢路已加嚴防匪」, 『申報』, 1923. 5. 17.

288) 「河南之匪禍可憂」, 『申報』, 1923. 5. 17.

289) 「豫東匪軍之異動」, 『申報』, 1923. 10. 24; 「豫東駐鹿匪譁變」, 『申報』, 1923. 10. 25;
「豫匪軍譁變之外訊」, 『申報』, 1923. 10. 25; 「豫匪軍譁變之由來」, 『申報』, 1923. 10. 26;
「豫東匪軍譁變續聞」, 『申報』, 1923. 10. 27; 「京漢路上之匪警」, 『申報』, 1923. 10. 28; 「張
福來宣布老洋人罪狀」, 『申報』, 1923. 10. 31.

관정역(官亭驛) 열차를 공격하였고,[290] 이미 지역에서 활약하고 있었던 대소 토비들은 또다시 그를 중심으로 결집하기 시작하였다. 그 가운데에는 포독고(抱犢堌)를 중심으로 한 동마자(東碼子) 손미요(孫美瑤)와 함께 서마자(西碼子)로 칭해지는 산동의 대표적 토비 범명신(范明新)의 부하가 포함되어 노양인집단의 전투력을 크게 강화시켰다.[291] 당시 범명신은 노양인, 손미요의 예를 따라 서양인 인질전술을 구사했으나 실패하여 살해당했고,[292] 그들이 요구했던 군대개편 역시 노양인의 전철을 밟지 않으려는 오패부의 강경책으로 인하여 거절당했던 상황이었다.[293]

범명신의 실패는 토비 측에서는 서양인 인질과 그를 이용한 군대개편이란 기존 전술이 더이상 효력을 발휘할 수 없음을 의미한 것이었고, 하남 당국의 입장에서는 노양인 등에 대한 자신감을 회복할 수 있었을 것이다. 이러한 상황에서 노양인이 택할 수 있는 길은 하남서부로 조여드는 포위망[294]을 뚫고 1년 전 하남동부와 안휘를 전전했던 대로 또다시 신속한 기동, 약탈 전술을 구사하여 위기를 모면하는 것이었는데, 이번에 택한 진로는 하남 서남부의 호북, 사천, 섬서 교계지역이었다. 1923년 11월 초 노양인은 근거지를 출발

290) 「京漢路上之匪警」, 『申報』, 1923. 10. 28;「豫匪軍譁變之外訊」, 『申報』, 1923. 10. 25; 「豫西匪勢益熾」, 『申報』, 1923. 10. 30;「洛吳胕腋下之豫匪」, 『申報』, 1923. 10. 29;「京 漢路上之匪警」, 『申報』, 1923. 10. 28;「京漢車中自覩之匪警」, 『申報』, 1923. 10. 29.

291) 「范明新匪股復竄皖境」, 『申報』, 1923. 10. 17;「范明新竄搖豫境之京訊」, 『申報』, 1923. 10. 18.

292) 「豫省被擄女敎士確未脫險」, 『申報』, 1923. 10. 21;「豫匪將愈難修習」, 『申報』, 1923. 10. 25;「豫省被擄女敎士未易脫險」, 『申報』, 1923. 10. 28;「河南之匪交涉」, 『申報』, 1923. 10. 29.

293) 「豫省被擄女敎士確未脫險」, 『申報』, 1923. 10. 21;「豫省女敎士出險之外訊」, 『申報』, 1923. 11. 4;「豫匪所擄洋西女士脫險詳情」, 『申報』, 1923. 11. 12; Darroch, Sharp 「在土 匪手中的5周」(原題: "Five Weeks in the Hands of Brigands") 徐有威・〔貝思飛〕 主編, 앞 의 책 510~13면.

294) 「豫匪將平之京訊」, 『申報』, 1923. 11. 26;「老洋人匪類竄近訊」, 『申報』, 1923. 11. 17; 「洛陽雜訊」, 『申報』, 1923. 11. 26.

하여 노산→엽현→방성→남양→비양→당하 호양진(湖陽鎭)→비양 모저협→당하→신야→등현→석천 이관교진(李官橋鎭)→호북 운양(鄖陽)→운서(鄖西)→섬서 단봉(丹鳳)→호북 운서→운양→균현(均縣)→광화(光化)→양양(襄陽)→번성(樊城)→조양(棗陽)→동백산구(桐柏山區) 등을 전전하다 1924년 1월 다시 하남서부로 돌아오게 된다.[295] 그러나 무자비한 약탈에 따른 지역주민의 반발과 계속된 원정, 그리고 관군의 포위공격 등에 의해 크게 세력이 약화되었던 노양인은 겹현 서북 산중에서 부하에 의해 살해당하여 그 파란만장한 생을 마감하였다.[296]

4. 노양인집단의 구성과 성격

이미 살펴본 대로 노양인집단의 기본 구성요소는 토비와 병사였다. 그 가운데 병사는 주로 조척의 구 부대 출신이 많았으며, 이들이 해산하여 지역을 전전하는 과정에서 각지의 토비들이 일시적으로 혹은 장기적으로 가담하여 노양인집단을 형성하였다. 그렇지만 집단 내부에 노양인의 고향인 임여를 포함한 하남서부 출신이 다수를 점하였을 것 같다. 왜냐하면 노양인집단이 본격적으로 활동을 시작한 곳이 하남서부이며, 그가 몰락하는 곳도 하남서부이고, 세력이 미약할 때 피난지로 택한 곳도 하남서부였기 때문이다. 물론

---

295) 「老洋人匪類竄近訊」, 『申報』, 1923. 11. 17; 「洛陽雜訊」, 『申報』, 1923. 11. 22; 「豫匪將平之京訊」, 『申報』, 1923. 11. 26; 「豫匪擾鄂慘狀」, 『申報』, 1923. 12. 4; 「豫李官橋被匪攻破慘狀」, 『申報』, 1923. 12. 12; 「豫匪竄陝後之陝軍布置」, 『申報』, 1923. 12. 18; 「豫匪竄陝後之猖獗」, 『申報』, 1923. 12. 20; 「老洋人將由秦入隴訊」, 『申報』, 1923. 12. 25; 「鄂北匪勢復熾」, 『申報』, 1924. 1. 7; 「鄂綏兩處之匪劫敎士案」, 『申報』, 1924. 1. 7; 「老洋人東竄之慘狀」, 『申報』, 1924. 1. 10; 「鄂豫間匪訊彙聞」, 『申報』, 1924. 1. 30.
296) 「國內專電」, 『申報』, 1924. 1. 17; 「老洋人已被豫軍擊斃」, 『申報』, 1924. 1. 17; 「老洋人擊斃之又一說」, 『申報』, 1924. 1. 18; 「老洋人已在汴梟首示衆」, 『申報』, 1924. 1. 20).

전통적으로 하남서부 일대가 '토비의 요람'이기 때문이기도 하였지만, 비슷한 경력을 소유한 토비집단인 백랑과 후술하는 번종수집단의 기본 골격이 하남서부 출신으로 형성되었던 점[297] 등을 고려하면 노양인집단도 이와 크게 다르지 않았을 것으로 판단된다.

이 핵심 집단들과 기타 부수집단을 포함하여 전성기 2, 3만에 이르는 대규모의 세력을 형성한 노양인집단은 일사불란한 지휘계통하에 체계적으로 조직된 군대와 같은 조직은 아니었다. 한 예로 당시 노양인과 행동을 같이했던 장득승, 이명성 등이 노양인과 상하의 위계관계를 형성했던 것 같지 않다. 왜냐하면 이들은 노양인이 정규군대로 수편될 때 제1유격지대장이 되자, 각각 제2·제3지대장이라는 대등한 지위에 올랐기 때문이다.[298] 또한 1922년 조걸의 부하와 이명성, 장득승, 왕노오 등 2백여 집단이 결합하여 노산을 약탈했다는 사실,[299] 그리고 토비 반점괴(潘占魁)가 1922년 9월 하순 노산, 보풍 일대에서 노봉산(盧鳳山), 요보영(姚步瀛), 오한삼(吳漢三), 노종주(路宗周), 오천보(吳天保), 주강(朱江), 이노육(李老六), 장동백(張同白), 옥전(玉田), 서춘방(徐春芳) 등 대소 90여 무리를 규합한 뒤 무양, 서평, 휴현 등 각 현을 약탈했다는 사실[300] 등으로 미루어볼 때 노양인이 활동하던 당시에는 전술적 필요에 의해 다수의 토비집단이 상호연합하는 것은 아주 자연스러운 현상이었다.

하지만 이렇게 느슨한 여러 무리의 연합조직 내에서 노양인은 단순한 일개 무리의 두목에 불과했던 것은 아니었다. 이미 소개한 '노가자'나 '총가(總架)' 등의 명칭이 연합조직 내에서 그가 차지하는 위상을 잘 보여준다고 할

---

297) 「白狼起義調査簡記」, 22~23면.
298) 군대개편 이전 전투력에 따라 이후 지위가 결정되었던 당시의 관례를 통해 본다면 이들이 노양인과 적어도 종속관계는 아니었다고 할 수 있다(「豫督署開軍事會議」, 『申報』, 1923. 1. 19; 「河南匪患無肅淸希望」, 『申報』, 1923. 2. 3).
299) 「豫省十日中六次兵變」, 『長沙大公報』, 1922. 7. 27.
300) 「斬雲鶚剿匪捷電」, 『申報』, 1923. 3. 30.

것이다. 한편 군대개편 여부, 대오의 진행방향, 공격목표의 설정, 전술적 제휴상대 선택 등 토비집단의 운명을 가름할 중요한 문제에 봉착할 경우 각 무리의 두목은 연합회의를 개최하여 결정하였다. 룬딘이 목격했던 1922년 10월 하남서부 대영촌에서 한 토비대회는 더욱 확대된 두목연합회의였다고 할 수 있을 것이다. 수령과 각급 두목이 참가한 이 회의에서는 토비집단의 진행방향이나 전투의 전개방식 등에 대해 토론이 이루어졌다. 특히 당시 보도된 노양인집단의 하남동부 출몰싯점과 비교할 때 그들의 동진 결정은 바로 이 회의에서 이루어졌다고 할 수 있다.[301] 또한 다음 소개하는 노양인 최후의 순간 역시 바로 이와같은 토비 연합회의중에 이루어졌다.

노양인은 겹현의 서북 산중에서 관군에 포위된 상황에서 부하 모 두목이 몰래 관군과 내통한 혐의를 포착하고 크게 노하여 참수하려 하였다. 이때 나머지 두목들이 모두 나서 만류하였으나 뜻을 굽히지 않았다. 이때 갑자기 정모(丁某)가 "(이렇게 된 이상) 우리는 흩어지자"고 크게 외쳤고 노양인이 의자에서 일어나 총을 쏘려 하였으나 "탕" 하는 소리와 함께 다른 두목에 의해 살해당했다.[302]

여기서 '정모'는 정보성이고 나머지 두목들은 군대개편 여부를 결정하기 위해 참석한 각 집단의 두목이었던 것으로 보인다. 회의가 총격전으로 끝난 것을 보면 두목연합의 취약성이 단적으로 드러난다. 이러한 구성원리는 하나의 토비무리 내에도 그대로 적용될 수 있었다. 그렇다면 노양인은 '노양인집단(엄격한 의미에서 노양인을 두목으로 하는 토비집단)'의 두목임과 동시에 여러 토비 무리연합의 1인자였으며, '노양인집단'은 또한 노양인 직할 부대와 그

---

301) 룬딘 역시 회의 직후 하남동부로 거처를 옮겼다고 회고하였다. 徐有威 · 〔貝思飛〕主編, 앞의 책 538~41면.
302) 「老洋人格斃之又一說」, 『申報』, 1924. 1. 18.

렇지 않은 부분으로 이루어졌다고 할 수 있다. 여기에 범명신 사후 새로이 가담한 집단과 같이 영속적인 충성을 기대하기 더욱 곤란한 부류도 추가되었다. 따라서 노양인집단에 대한 그의 장악력은 그다지 크지 않았을 것 같다. 그러나 조걸, 보덕전 휘하의 정규군대 출신이 노양인집단의 또다른 중심을 이루면서 조직적 체계와 전투역량을 유지·강화하는 데 기여하였다. 이 점과 관련하여 노양인을 위한 계책, 경비조달과 운반 등을 담당할 수 있는 전략가가 중요한 기능을 발휘하였는데, 허창의 저명 신사이며 조걸의 군사로 군사지식이 뛰어난 서립오(徐立五)와 과거 조척의 부대에 소속되었던 정보운(丁葆雲) 등이 여기에 해당하였다.[303]

앞서 살핀 바대로 조걸, 보덕전의 구 부대 출신 집단과 각 지역토비는 노양인집단을 중심으로 결집하여 서양인 인질전술을 구사하며 지역을 전전하고 있었다. 그렇다면 이들은 왜 한 지역을 근거지로 삼지 않고 하남, 안휘, 호북, 사천, 섬서 등지를 전전하였을까? 이는 이미 살펴본 대로 토벌군의 포위망을 뚫기 위한 일시적인 기동전술일 뿐인가, 아니면 단순한 약탈행위 이상의 의미를 지닌 것일까? 이 점에 답하기 위해서는 노양인집단의 정치적 성격에 대한 검토가 필요할 것 같다. 혹 노양인이 단순한 약탈적 존재가 아니고 어떠한 계산된 정치적 목적에 따라 움직였다면 앞서의 의문에 대한 실마리를 풀 수 있을 것이기 때문이다. 그러나 성격을 밝힐 수 있을 만한 그들 내부의 자료가 거의 없기 때문에 이하에서는 한계가 있는데도 그들이 내세운 명칭 혹은 구호들을 검토함으로써 이 물음에 답해보고자 한다.

노양인집단은 1922년 10월말 경한철로를 파괴하고 안휘 쪽으로 진출한 뒤에도 여전히 '굉위군'의 기치를 내걸었다.[304] 노양인집단의 이전 소속 관계를 명확히 드러내는 이와같은 사실은 1922년 11월 1만여 명의 '하남 토비'가 '조왕야체천행도(趙王爺替天行道)'라는 글이 씌어진 큰 붉은 기를 들

303)「豫匪老洋人表示收撫」,『申報』, 1922. 12. 15.
304)「豫匪竄擾皖境」,『申報』, 1922. 11. 7.

경한철로를 다시 약탈했다는 11월 12일 북경발 통신에서도 확인된다.[305] 여기서 '조왕야(趙王爺)'란 조척, 아니면 그의 동생 조걸임에 틀림없고 굉위군은 과거 그들 휘하에 있었을 때 소속 군의 명칭이었다.

그런데 이들이 굉위군보다 많이 사용한 명칭은 건국군(建國軍) 혹은 건국제치군(建國制置軍)이었다.[306] 노양인 등이 왜 '건국군'이란 명칭을 사용하게 되었는지 불분명하지만 그가 군대로 개편된 이후 이 명칭을 이어간 자는 앞서 소개한 범명신이었다. 1923년 10월 이 2천명은 산동, 안휘를 거쳐 하남에 진입, 약탈을 자행하면서 서화 등지에서 전유근 부대 등과 충돌하였다. 기복승(紀福勝)은 이들과 교전할 때 '중화민국건국군제사군장범(中華民國建國軍第四軍長范)'이란 12자가 새겨 있는 큰 기를 획득하였다.[307] 단순한 '건국군'이 아니라 '제4군'이었다는 사실에 주목할 때 범명신 이외에 적어도 제1군, 제2군, 제3군의 존재를 시사해준다고 할 수 있을 텐데,[308] 이 배후에 조곤, 오패부의 관할지역을 토비를 통해 의도적으로 혼란시키려는 반직예파의 정치적 움직임이 개재되었던 것은 아닌가 하는 의심을 자아낸다.

1923년 화북 토비 사이에 이루어진 연합은 '제4 건국군'이란 명칭의 등장 배경을 이해하는 데 중요한 실마리를 제공해준다. 1923년 봄 섬서, 하남, 산동의 토비두목들은 회합하여 종전 산만했던 조직체계를 정비하기로 하였다. 구체적으로 충분한 무기를 보유하고 있던 3성 토비를 통합하고, 무기소지자 1대(隊, 3천명)와 비무장 2대를 결합하여 1대대(大隊, 1만명)로 편제하였다. 그 가운데 하남 토비 총 6개 대대 중 2개 대대는 언성, 신양 사이에 주둔하여

---

305) 「國內專電」, 『申報』, 1922. 11. 13.

306) 「國內專電」, 『申報』, 1922. 10. 31; 「豫匪襲攻京漢路情形」, 『申報』, 1922. 11. 2; 「豫皖交界發現制置建國軍」, 『申報』, 1922. 11. 9; 「國內專電」, 『申報』, 1922. 11. 13; 「豫南匪患之鄂聞」, 『申報』, 1922. 11. 17.

307) 「范明新竄擾豫境之京訊」, 『申報』, 1923. 10. 19

308) 이밖에도 臨城事件을 일으킨 孫美瑤 역시 建國軍을 칭한 바 있다. 「第二臨城其在隴海乎」, 『申報』, 1923. 5. 12.

경한철로의 열차공격을 담당하고, 2개 대대는 낙양, 또다른 2개 대대는 개봉을 각각 담당하였다. 섬서 토비 4개 대대는 하남에 대한 섬서에서의 지원군을 저지하는 역할을 담당하고, 산동 토비 2개 대대는 진포선(津浦線)의 교통을 단절하고 농해철로의 열차를 공격하도록 계획되었다. 이 경우 토비두목은 이미 군대로 개편된 노양인은 제외되고 범명신, 심가동(沈家棟), 정보성, 조소재(趙小才), 유흑지(劉黑芝), 이모(李某), 장모(張某)와 육군생도 등이 담당하였다.[309] 토비두목의 명단 가운데 '이모' '장모'는 혹 노양인과 함께 군대로 개편된 이명성, 장득승이 아닐까 추측해본다. 그래야 노양인의 측근이었던 정보성의 이번 토비연합에 참여한 이유가 설명될 수 있기 때문이다. 그렇다면 이번 토비연합은 겉으로는 노양인이 배제된 형식을 취하고 있지만 실질적으로는 서로 연결되었던 것이고, 전술하였던 범명신 집단의 이후 노양인집단 합류도 이러한 사정에서 이해할 수 있을 것이다. 이 계획대로라면 총 12만명의 토비가 하남을 중심으로 산동, 섬서 등지에 포진함으로써 오패부의 화북통치에 커다란 장애로 등장할 소지가 충분했다. 또한 편제의 규모나 계획 자체의 주도면밀함을 고려해볼 때 이상의 계획이 토비집단 내부에서 결정된 것으로 보기도 어렵다. 따라서 범명신은 적어도 반직예파와의 정치·군사적 관련 속에서 이루어졌을 대규모 토비연합 내에서 '제4건국군'이란 칭호를 사용하게 되었던 것이다.[310]

노양인 등 하남 토비의 세력을 실감케 하는 또다른 명칭으로는 다음과 같은 것들이 당시 언론에 등장한다.

---

309) 「洛吳肘腋下之豫匪」, 『申報』, 1923. 10. 29.

310) 이 점과 관련하여 長野朗은 趙傑의 부하가 老洋人집단을 형성한 뒤 오패부를 곤경에 빠뜨리기 위해 고의적으로 서양인 인질을 취득한 것으로 서술하였고(長野朗, 앞의 책 163면), 당시의 언론 또한 老洋人 등의 활동을 전하면서 오패부의 책임을 강조하였다. 「洛吳肘腋下之豫匪」, 『申報』, 1923. 10. 29.

① 하남 토비는 스스로 순열대사(巡閱大使), 검열대사(檢閱大使)를 칭하고 있다.[311]

② 하남 토비 임모(任某), 장덕승(張德勝)은 스스로 순열대사, 검열대사를 칭하고 11월 14일 노산을 공격 함락시켰다.[312]

③ 노양인은 여러 토비들에 의해 4성토비순열사(四省土匪巡閱使)로 인식되었다.[313]

①②를 통해 보면 '순열대사' 혹은 '검열대사'를 자칭한 '하남 토비'란 '임모' 또는 장덕승이지만, 이들이 1922년 11월 14일 이미 살펴본 노산 공격에 참여한 사실을 고려하면 노양인집단과 관련지어 생각할 수 있다. 더욱이 ③의 예에서 드러나듯 하남, 산동, 강소, 안휘 4성 교계지역의 토비들이 1923년 단계에서 노양인을 '4성토비순열사'로 인식하고 있다는 사실은 앞서 '하남 토비'가 '순열대사' 등을 자칭한 것보다 더욱 중요한 의미를 지닌다고 할 수 있다. 왜냐하면 이러한 주변 토비의 인식은 주지하듯 중국 북방의 합법적 실세라 할 수 있는 직노예순열사 조곤 혹은 직노예순열부사 오패부 그리고 육군검열사 풍옥상에 대비하여 노양인이 비합법적 실세임을 실질적으로 보증하는 예이기 때문이다. 따라서 당시의 언론은 노양인과 같은 '하남 토비'와 '순열대사'를 다음과 같이 비교하고 있다.

하남 토비는 스스로 순열대사, 검열대사를 칭하고 있는데 순열사, 검열사를 칭할 자격을 지니고 있다고 할 수 있다. 왜냐하면 그 역량이 순열사, 검열사와 견주어 우열을 가리기 힘들 정도이기 때문이다. 순열사의 세력이 미치는 곳에 토비의 세력 역시 도달할 수 있고, 검열사의 능력이 미치지 못하는 곳조차 토비의 세력이 도달할 수 있다. 순열사와 검열사란 무기를 지니고 민을 해치며

---

311) 「匪巡閱匪檢閱」, 『申報』, 1922. 11. 16.

312) 「國內專電」, 『申報』, 1922. 11. 16.

313) 「第二臨城其在隴海乎」, 『申報』, 1923. 5. 12.

나라를 병들게 하는 인물이라면 토비 역시 마찬가지이다. 따라서 그 차이를 논한다면 크게 다를 것이 없다.[314)]

이상을 통해 노양인 등은 '건국군'이란 명칭과는 다른 성격의 것이지만 오패부, 풍옥상에 비견되는 '순열대사'나 '검열대사'라는 호칭을 얻게 됨으로써 북방정국의 또다른 실세로서 지역을 장악할 수 있었으며, 그러한 역량을 바탕으로 앞서 언급한 '중앙토비정부'를 건립할 수 있었던 것이다. 요컨대 노양인은 단순한 토비집단이기보다는 군벌통치의 혼란기에 적응한 하나의 '정치집단'이었던 것이다.

그러나 노양인의 '중앙토비정부'는 오래 지속될 수 없었다. 그 원인은 다양하겠지만 우선 노양인집단의 성격과 관련지어 생각한다면 정상적인 '정치집단'이 되기에는 지나치게 많은 토비의 파괴적 성격을 지니고 있었다. 그들이 자행한 약탈, 인질, 방화, 살상에 대해서는 더이상 설명이 필요치 않을 정도였다. 비록 그것들이 군대개편을 위한 것이든, 아니면 일종의 후방 교란용으로 시도된 '정치적 행위'라 해도 노양인집단을 지역주민과 정치적으로 결합시킬 수는 없었다. 노양인에 관한 인질의 회고, 지방지, 중앙·지방 신문 어디에도 이전 백랑에서와 같은 '녹림'(綠林, social bandit)의 이미지를 찾기 어려운 것은 바로 이 때문일 것이다. 비록 그 역시 한때 "하늘을 대신해 도를 행한다"라는 기치를 내걸었다[315)]고는 하지만 이 또한 그다지 특별할 것도 없는 것으로 단지 약탈을 미화하기 위한 토비의 상투적 구호 가운데 하나였을 뿐이라 할 수 있다.

노양인집단이 설사 결과적으로 오패부의 통치력을 약화시키고 서양인 인질을 획득함으로써 서구열강에 대한 군벌의 종속성을 폭로하였으며, 반직예

---

314) 「匪巡閱匪檢閱」, 『申報』, 1922. 11. 16.
315) 「國內專電」, 『申報』, 1922. 11. 14; 「國內專電」, 『申報』, 1922. 11. 25; 「豫匪日益蔓延之鄂聞」, 『申報』, 1922. 11. 27.

파와 연합을 시도함으로써 의식했든 안했든 반제(反帝)·반군벌(反軍閥) 국민혁명에 기여한 측면이 전혀 없다고는 할 수 없겠지만, 약탈로 일관했던 그들의 모습에서 기존의 군벌과 구별될 만한 새로운 '정치집단'적 성격을 찾을 수는 없을 것이다. 오히려 노양인집단의 의의는 다른 데에서 찾아야 할 것 같다. 예컨대 1924년 1월 노양인의 사망 이후 그의 부하들은 노양인을 사칭하면서 지역약탈을 계속한 결과, 하남과 호북 각지에서 110여 명에 달하는 노양인의 화신이 등장하였고, 하남은 이전에 비해 10배의 토비 증가현상을 보이게 되었다.[316) 그렇다면 노양인 등장을 계기로 그가 백랑을 계승했던 선례에 따라 그를 계승하는 '제2 노양인' '제3의 노양인'이 등장하게됨으로써 하남은 이전과 구별되는 새로운 '토비 세계'로 변모했다고 할 수있을 것이다.

---

316) 「豫鄂間匪禍之要訊」, 『申報』, 1924. 1. 20.

V. 홍창회의 성립과 발전

1. 홍창회의 성립과 지역사회

(1) 홍창회의 기원

이미 지적하였듯이 1920년대 화북 특히 하남에는 수백만명에 달하는 회원을 지닌 홍창회가 활발한 활동을 전개하고 있었다. 근대무기로 무장한 대규모의 토비 혹은 그에 못지않은 폐해를 끼치는 군벌에 대항하기 위해 조직된 자위조직 홍창회가 구체적으로 언제 어디에서 어떠한 과정을 거쳐 발생하고 발전하였는지에 대해 동시대인이나 후대학자 모두 다양한 견해를 제시해오고 있다. 먼저 홍창회의 발생시기를 둘러싸고 1915년부터 16년까지를 전후한 1910년대설[317]과 1920년대 초반설[318]이 있으며, 발생지역에 대해서

---

317) 末光高義 『支那の秘密結社と慈善團體』(滿洲評論社 1932) 117면(1916년); 郭堪波 「大名一帶紅槍會」, 『晨報』, 1928. 4. 3(1918년); 齋帆 「介紹河南的紅槍會」, 『中國靑年』 126期(1926. 7), 16면(1915~16년); 滿鐵調查課 『支那の動亂と山東農村』(南滿洲鐵道株式會社 1930) 92면(1915~16년). 이하 『支那の動亂と山東農村』으로 약칭; 張振之 『革命與宗敎』(民智書局 1929) 132면(1917년); 戴玄之 『紅槍會』(食貨出版社 1973) 9–10(1916년); 濮文起 『秘密敎門』(江蘇人民出版社 2000) 366면(1916년); 醒園主人 『中原災禍顧天錄』(中興評

도 하남,[319) 산동,[320) 하남·산동·강소·안휘 4성 교계지역[321) 등 여러 주장이 제기되고 있는 형편이다. 또한 구체적 전래 계통에 대해서는 다음과 같은 주장들이 있다.

계통도①[322)
백련교(白蓮敎)—의화단(義和團)—인의회(仁義會)—황창회(黃槍會)·녹창회(綠槍會)·백창회(白槍會)·흑창회(黑槍會)
—홍등조(紅燈罩)—철관조(鐵關罩)—천문회(天門會)·묘도회(妙道會)

계통도②[323)

論社 1968) 144면(戴玄之, 앞의 책 11면에서 재인용); 振振「河南的紅槍會」,『上海民國日報』副刊『覺悟』, 1918. 12. 8(1917년); 路遙『山東民間秘密敎門』(當代中國出版社 2000) 497~98면(1913~1914). ( )는 주장하는 홍창회 발생연도를 나타낸다.

318) 田中忠夫『革命支那農村の實證的硏究』(衆人社 1930) 242면(1921년); Geoffrey, The Red Spears in China, *The China Weekly Review*, 1927. 3. 19(1921~22년); 向雲龍「紅槍會的起源及其善後」,『東方雜誌』24-21(1927. 11), 35면(1921년); 長野朗『支那兵·土匪·紅槍會』(坂上書院 1938) 317면(1920년); 枕薪「河南之紅槍會」,『國聞週報』4-24(1927.6), 1면(1921년);「紅槍會在洛之勢力」,『晨報』, 1925. 9. 22(1921년); 文灰「紅槍會」,『逸經』第25期(1937. 3), 77면(1921년);「紅槍會之組織及小史」,『新中州報』, 1926. 1. 17(1921~22년).

319) 枕薪, 앞의 글; 向雲龍, 앞의 글 35면; 末光高義, 앞의 글 117면;『支那の動亂と山東農村』, 92면; 張振之, 앞의 책 132면; 振振「河南的紅槍會」,『上海民國日報』副刊『覺悟』, 1918. 12. 8.

320) 李大釗「魯豫陝等省的紅槍會」, 中共中央書記處 編『六大以前』(人民出版社 1980) 663면; 郭堆波「大名一帶紅槍會」,『晨報』, 1928. 4. 3; 戴玄之, 앞의 책 10면(曹縣, 東昌);「豫省之軍隊與土匪」,『晨報』, 1923. 4. 26(曹縣, 單縣); 濮文起, 앞의 책 366면(산동 서남부).

321) 長野朗『支那の社會組織』(上海光明書局 1930) 249면; 長野朗『支那兵·土匪·紅槍會』(坂上書院 1938) 317면.

322) 振振「讀民風叢話」(續),『上海民國日報』, 副刊『覺悟』, 1928. 12. 9. 동일한 내용이 張振之, 앞의 책 132~33면에도 보이는데, 이 모두 하남홍창회에 직접 참여했던 당사자의 형인 段劍岷의 주장에 따른 것이다.

불백교련교(佛白敎蓮敎)—백양교(白陽敎)—팔괘교(八卦敎)—천리교(天理
敎)—의화단—대도회(大刀會)·천문회·홍창회·황사회(黃沙會)

계통도③[324]
백련교—팔괘교—대·소도회(大·小道會)
　　—천지회(天地會, 가로회哥老會) 결합—홍창회

　일반적으로 한 조직의 기원을 밝히는 작업이란 역사적 사실을 규명한다는
차원의 문제임과 동시에 그 조직이 갖는 사회적 함의와 성격을 이해하는 과
정이라고 할 때 기원에 대한 이상과 같은 분분한 논쟁은 조직 자체의 성격
규정에 대한 의견의 불일치를 반증하는 것이기도 하다. 이 가운데 먼저 논란
의 여지가 많은 백련교와 의화단의 연원관계[325]를 논외로 한다면 우선 서로
성격을 달리하는 백련교, 천지회와 홍창회가 어떠한 관련성을 갖는가에 대
해 검토해보고 싶다. 계통도③에 따르면 백련교의 한 분파인 대·소도회는
또다른 백련교의 분파로서 천지회와 혼합한 세력과 숭배대상과 여성제자의

---

323) 長野朗『支那兵·土匪·紅槍會』(坂上書院 1938) 334면.

324)「紅槍會之內容」,『晨報』, 1925. 10. 8.

325) 예컨대 주지의 사실이지만 白蓮敎와 義和團의 관계를 둘러싸고 여전히 학계의 논의가
　　진행중에 있다. 이에 대해서는 金培喆「'敎案'과 義和團」, 서울大學校東洋史學硏究室 編
　　『講座中國史』5(지식산업사 1989) 66~69면; 佐藤公彦「義和團의 起源について—J·W·
　　エシリック說への批判」,『史學雜誌』104-1, 1995; 李銀子「中國 近代 民間宗敎와 拳會에
　　관한 硏究」,『中國現代史硏究』第5輯, 1998 등 참조. 이 가운데 佐藤公彦은 의화단의 백련
　　교 기원설을 '조직적 뿌리 찾기'(root-approach)라고 비난하는 에세릭을 '知的 帝國主義者'
　　로 재비판하면서 명말부터 민국시기까지 등장하는 권봉 무술활동의 유사성과 차이점에 주
　　목하고 있다. 즉 명말 徐鴻儒反亂과 棒捶會(天啓年間)—王倫 淸水敎反亂(乾隆 39년), 天理
　　敎反亂(嘉慶 18년)—山東 서부 白蓮敎反亂, 宋景詩 黑旗軍反亂(咸豊, 道光年間)—熱河 金
　　丹道蜂起(光緒17年)—大刀會, 義和拳(梅花拳), 神拳의 운동＝義和團(廣西22年~25年)—紅
　　槍會, 大刀會(民國時期) 등으로 이어지는 '조직적 뿌리 찾기'를 통해 '중단된 곡선의 보완작
　　업(마르크 블로크)'나 '선에 의한 벗겨진 회화의 복구작업(카를로 긴즈버그)' 이룰 수 있다고
　　주장하였다.

조직수용 여부 등을 둘러싸고 서로 차이를 보였고, 시기적으로 볼 때 대·소도회는 가로회 이전에, 홍창회는 그뒤에 각각 성립했다는 것이다.[326) 이 주장대로라면 1813년 반란 이후 백련교는 교문(敎門)의 색채를 지속한 분파와 남방의 회당(會黨)과 결합한 부분으로 분화하였음을 짐작할 수 있다.[327)

그렇다면 여기서 계통도①에 등장하는 인의회에 주목할 필요가 있다. 왜냐하면 인의회는 백련교 교문계 일파인 천리교가 1813년 개조되어 형성된 것이라거나, 또는 회당계로 분류되는 가로회, 천지회 혹은 심지어 흥중회(興中會)의 한 지파로 간주되기 때문이다.[328) 그런데 신해혁명 당시 하남동부 인의회 조직활동을 담당했던 동맹회원 이심매(李心梅)는 인의회 내부에 홍창(紅槍), 황창(黃槍), 백창(白槍) 등의 구별에 따라 각기 신봉하는 신이 차별적이었고, 고성의 토비와 이 홍창회(인의회)들을 결합시켜 혁명군으로 조직하려 하였음을 밝히고 있다.[329)

이상을 종합한다면 백련교+천지회-인의회-홍창회로 이어지는 계보로써

---

326) 「紅槍會之內容」, 『晨報』, 1925. 10. 8.

327) 이와 관련하여 오도릭 우는 太平天國軍의 黃河 유역 북상에 따른 開封 지역 白蓮敎에 대한 哥老會의 영향을 주장하였다(이에 대해서는 Odoric Y. K. Wou=1994, 60~61면과 주22 참조. 교문과 회당의 구분에 대해서는 박상수 『중국혁명과 비밀결사』(심산 2006) 제1부 제1장 「중화민국시기의 비밀결사」 참조.

328) 특히 李守孔, 段劍岷은 전자의 입장을 취했고, 반면 戴玄之, 秦寶琦, 小林一美 등은 後者의 입장을 지지한다. 이상 仁義會 기원문제에 대해서는 李守孔 「河南與辛亥革命─辛亥革命區域研究」, 中央研究院近代史研究所主辦 『辛亥革命研討會論文集』, 1983, 328~31면; 段劍岷 「辛亥年革命軼事」, 『開國五十年文獻』 第2編 第5册(林能士 編, 앞의 책 416면에서 재인용); 戴玄之, 앞의 책 10~11면; 秦寶琦 『中國地下社會』(學苑出版社 1993) 19, 430면; 小林一美 「中華帝國と秘密社會」, 神奈川大學人文學研究所 編 『秘密社會と國家』(勁草書房 1995) 82~83면 참조. 또한 인의회가 興中會, 江湖會, 哥老會 등과 동일한 조직이라는 주장도 있다. 中國國民黨河南省黨部 編 『河南辛亥革命十一烈士殉難傳略』, 1929(林能士 編, 앞의 책 430면에서 재인용).

329) 徐其愉 「籌備開封起義及失敗經過」, 『辛亥革命回憶錄(8)』(文史資料出版社 1981) 227~28면.

홍창회 형성의 한 흐름을 이해할 수 있다. 그러나 홍창회의 기원을 인의회로 직접 연결시키기에는 몇가지 무리가 따른다. 첫째, 홍창회라는 명칭이 신해혁명을 즈음해서 인의회 내부의 한 분파로 처음 등장했다고 하지만 그 근거로 제시된 것은 이심매의 회고 그 한 예에 불과하며 이후 1910년대 전시기에 걸쳐 거의 등장하지 않는다. 둘째, 잠정적으로 홍창회를 "도창불입(刀槍不入)"을 보증하기 위한 의식과 믿음을 견지하며 지역공동체에 기반을 둔 모든 자위집단'으로 정의[330]할 수 있다면 신해혁명기 인의회는 이미 살펴보았듯이 반청 비밀조직이라는 정치적 성격이 강하였다. 이미 지적하였듯이 여기서 "도창불입(刀槍不入)"이란 홍창회의 미신을 신봉할 경우 총과 칼 등의 무기에 전혀 몸이 손상받지 않는 상태에 이른다는 것을 의미한다. 셋째, 계통도 ②에서는 인의회라는 명칭을 아예 찾을 수 없다.

따라서 홍창회 기원을 추적하기 위해서는 앞서의 명칭상의 조직적 계통이외에 "도창불입(刀槍不入)"이라는 홍창회의 핵심적 주술이 언제 어디에서 시작되었는지 살펴봐야 할 것이다. 주지하듯이 청말 민간의 "도창불입(刀槍不入)"의 주술과 "강신부체(降神附體)"의 민간 종교의식이 결합되어 등장한 것이 의화단이었다.[331] 의화단 이후 "도창불입(刀槍不入)"의 주술은 금종조(金鍾罩)와 깊은 관련을 갖고 전래되는데 다음 소개하는 1921년 『신보(晨報)』의 기사는 이 문제와 관련하여 특히 주목을 끈다.

금종조는 속칭 경두(硬肚)라 하는데 최초의 전수자는 산동에서 들어와 민국 초기 무양, 엽현, 임여, 방성, 겹현, 노산, 영보 일대에서 그 법술을 전수하였다. 지역민은 그것을 학습하면 토비의 폐해에서 피할 수 있다고 믿어 최근에 성 전체로 확대되었다. 그 법술은 매우 기이한데, 학습자는 먼저 백공계(白公鷄)

---

330) 이러한 홍창회 정의에 대해서는 Elizabeth J. Perry, op. cit., 156면 참조.
331) "降神附體" 의식에 의한 "刀槍不入"의 달성을 통한 산동 서북부의 神拳, 즉 의화단의 건립과정에 대해서는 Joseph W Esherick, op. cit., 206~40면 참조.

한 마리의 목을 베어 그 피를 신에 받치고 영원히 악행을 저지르지 않겠다(즉 영원히 토비가 되지 않겠다)고 맹세한다. 매일 누런 종이에 주사(朱砂)로 부적을 그려 만들어 태워 마시고 저녁에는 권법과 기공을 연마하였는데 49일이면 창과 총알을 피할 수 있다고 믿었다.[332]

기사에 등장하는 금종조의 주술이나 연마목적 등은 홍창회의 그것과 거의 동일하다고 할 수 있다. 또한 금종조의 속칭이 경두고 그것이 다시 홍창회와 동일한 성질의 것이라는 당시의 지적[333]까지를 고려한다면 하남 홍창회의 기원과 관련하여 금종조의 전래과정은 아주 중요하다고 할 것이다. 그런데 인용에 등장하는 '민국 초기 최초의 전수자'가 구체적으로 누구인지를 짐작하게 해주는 사건이 있다. 즉 고향 산동 문상(汶上)에서 금종조라는 '사법(邪法)'을 배운 뒤 하남의 무양, 엽현, 보풍, 겹현 일대에 그것을 전파하여 제자 1천여 명을 두었던 회수(會首) 피수산(皮秀山)에 관한 사건이 그것이다. 그는 1913년 3월 15일 엽현 금종조(속칭 경두) 4, 5백명 가운데 50명이 서호촌(西湖村) 수망사(守望社)에 의해 살해당하자, 다음날 수천의 무리를 규합하여 수망사 농민을 등이채(鄧李寨)에 가두고 주변 상암장(上巖莊) 등을 파괴하는 등 큰 세력을 떨친 바 있었다.[334] 앞서 인용문과 이 사건을 비교해보면 금종조의 전래경로, 싯점, 그리고 분포지역 등이 대체로 일치하므로 1913년경 토비방어를 위해 피수산이 산동에서 금종조를 본격적으로 유입, 전파한 '민국 초기 (하남) 최초의 전수자'로 간주해도 큰 무리는 아닐 것이다.[335]

---

332) 「豫人御匪之金鍾罩」, 『晨報』, 1921. 1. 16.

333) 田中忠夫 『革命支那農村の實證的硏究』(衆人社 1930) 242면; 「紅槍會在洛陽之勢力」, 『晨報』, 1925. 9. 22.

334) 「金鍾罩慘燒上巖莊」, 『河聲日報』, 1913. 3. 27; 「鹽局勇大鬧葉縣城」, 『河聲日報』, 1913. 3. 27.

335) 또한 路遙는 汶上이 1914년 산동에서 최초로 홍창회가 조직된 곳이라 하여 皮秀山의 金鍾罩 유입 사실을 보충해주고 있다. 路遙, 앞의 책 498~499면.

이렇게 본다면 1913년 2월 말 하남서부 영녕(永寧) 일대에서 진숭군과 대립했던 금종조 역시 이들과 관련되었을 것이고,[336] 이들이 사용했던 주술 역시 같은 시기 하남동부 상구 반후집(潘侯集)의 백련교도가 무리를 모아 "총과 대포를 피할 수 있고 몸과 가정을 보호할 수 있다" 주장하면서 실시했던 훈련과 주문암송 등과 일치했을 것이다.[337] 또한 1913년 경두회(硬肚會)는 허창, 남양 일대에서 세력을 떨치던 토비 송일안(宋一眼), 한대수(韓大帥), 진초홍(秦椒紅) 등을 물리쳤으며,[338] 1914년 하남 등봉 여점(呂店)의 채수(寨首) 송왕(宋旺)은 토비에 대항하기 위해 금종조 회수 종철정(宗鐵丁, 낙양 이랑묘인二朗廟人)을 초빙하여 사람들에게 칼과 총을 피하는 법을 가르쳤다.[339] 이로써 1913년부터 1914년을 전후하여 금종조가 하남 내에 널리 전파되었음을 알 수 있다.[340]

또한 이 시기는 이미 살펴본 대로 백랑과 그의 활동에 자극받은 토비가 하남 도처에서 발호했던 시기였기 때문에 자위의 필요성이 크게 부각된 싯점이기도 했다. 그렇기 때문에 1913년 백랑이 자신의 고향 보풍, 노산 일대를 떠나자, 해당지역의 유력 신사들은 수망사를 건립하고 연합하여 청향(淸鄕)을 추진했다. 이 가운데 보풍의 지주·신사는 농민 전체에게 강제로 경두를 조직하게 하여 토비에 대항하도록 했다.[341]

이상에서 볼 때 청말 큰 세력을 떨치던 인의회는 신해혁명의 과정에서 불

336) 「永寧兵民衝突之警聞」, 『河聲日報』, 1913. 2. 26.

337) 「白蓮教被獲」, 『河聲日報』, 1913. 4. 5.

338) 「豫人御匪之金鍾罩」, 『晨報』, 1921. 1. 16; 「河南匪氣中之金鍾罩」, 『申報』, 1921. 1. 17.

339) 姚淸修 「呂店匪患紀略」, 『近代中國土匪實錄』 下卷(群衆出版社 1992) 22~23면.

340) 같은 시기 하남과 관련된 山西 安邑, 夏縣 金鍾罩의 활동에 대해서는 『中華民國史檔案資料彙編』 第3輯 政治(江蘇古籍出版社 1991) 994~97면 참조.

341) 이상은 馬波岑, 王連相 등 당시 직접 경험자의 회고에 근거한 것이다. 「白朗起義調査報告」, 96면.

법화되면서 표면적 활동이 위축되고, 그 대신 1913년부터 1914년 토비 발호의 싯점에서 하남에는 "도창불입(刀槍不入)"을 주장하는 금종조가 비밀결사의 주력으로 등장했다고 할 수 있다. 이후 금지명령을 통해 존재만 확인되던 금종조는[342) 1916년 5월 경두회라는 이름으로 하남남부 광산일대에 다시 나타났고,[343) 당국의 계속된 금지조치에도 불구하고 표39[344)에서도 잘 드러나듯 이후 경두회는 동백, 남양, 당하, 비양, 신양, 내향(內鄕), 남소, 여양(汝陽) 등 하남남부 혹은 하남서부 일대로 더욱 확대되어갔다.

후술하듯 "도창불입(刀槍不入)"의 법술은 본래 하남 내에 존재했을 수도 있지만 "강신부체(降神附體), 도창불입(刀槍不入)"으로 상징되는 더욱 선명하게 교문화(敎門化)된 권법[345)으로서의 금종조는 산동의화단의 결과물이고, 1910년대 산동 서부에서부터 하남동부 혹은 하남서부로 전달되고 다시 하남남부 그리고 마지막으로 하남북부 일대로 퍼져 나갔다고 봐야 할 것이다. 따라서 홍창회의 주술에 주목했을 때 의화단→금종조(경두)→홍창회로 연결되는 계보를 확인할 수 있을 것이다. 단지 의화단이라는 명칭은 의화단 전쟁 패배 이후 금지명령 때문에 점차 사라지고 그를 대신해 1910년대에 하남에 등장한 것이 금종조(경두)라는 속칭이었다. 그러나 1920년대에 들어 이와 병용되던 홍창회가 점차 대표적 조직으로 자리잡게 되면서 명칭상의 통일을 이루었던 것이다. 비록 대부분의 사료에서 볼 때 1921년 이후 하남에서 홍창회라는 명칭이 본격적으로 등장하지만[346) 그 주술을 통해 본 기원은 실질

---

342) 「嚴禁金鍾術邪」, 『河聲日報』, 1915. 8. 15.

343) 「大事記」, 『光山縣志約稿』, 1936, 3면.

344) 표에 보이는 『河南公報』는 『五四前後的河南社會』에서 재인용. 이하 『河聲公報』 인용도 같음.

345) 청대 종교결사와 무술결사의 결합에 관해서는 小林一美 「中華帝國と秘密社會」, 神奈川大學人文學硏究所 編 『秘密社會と國家』(勁草書房 1995) 80~82면; 野口鐵郎 「秘密結社硏究を振返って─現狀と課題」, 森正夫等 編 『明淸時代史の基本問題』(汲古書院 1997) 388~90면 참조.

적으로 의화단에까지 소급된다고 할 수 있다. 이 점은 양 조직의 주문에 대한 비교분석을 통해서도 확인할 수 있는데 이에 대해서는 후술할 것이다.

(2) 홍창회와 지역사회의 결합

앞서 홍창회의 기원을 명칭을 중심으로 한 조직적 계통과 "강신부체(降神附體), 도창불입(刀槍不入)"이란 주술의 유래라는 각도에서 규명해보았다. 그러나 기원 내지는 성립과정의 문제가 완전히 해결된 것은 아니었다. 왜냐하면 홍창회가 성립하기 위해서는 경두나 금종조 등 외부에서 유입되는 배아도 필수겠지만 동시에 그것이 조직운동으로 발아되기 위해서는 적절한 토양과 조건이 부가되어야 하기 때문이다.

따라서 이하에서는 기존의 지역조직과 홍창회 간의 관련성을 고찰하려는데 먼저 홍창회와 기존 향촌 치안조직 민단과의 관계에 대해 살펴보자. 하남에서 본격적으로 자위조직이 건립된 계기는 청말 함풍(咸豊), 동치(同治) 연간 태평천국군(太平天國軍)과 염군(捻軍)이 세력을 떨치는데도 정규군인 팔기와 녹영(綠營) 등이 이에 제대로 대처하지 못하자 청조가 단련대신(團練大臣) 모창희(毛昶熙)를 파견하여 향단(鄕團)을 건립한 데에서 찾을 수 있다. 이후 20세기에 걸쳐 하남 각지에는 향단, 단련(團練), 수망사, 연장회(聯莊會) 등 다양한 명칭의 지역 자위집단이 존재하였다.[347] 이들의 총칭인 민단(民團)은 국가의 보장하에 지주·신사가 주도한 준전문적·군사적 지역 자위조직이라 규정할 수 있다.

'연장회비(聯莊會匪)' 혹은 '단비(團匪)'라는 표현에서도 알 수 있듯이[348]

---

346) 「紅槍會在洛之勢力」, 『晨報』, 1925. 9. 22; 「紅槍會之組織及小史」, 『新中州報』, 1926. 1. 17.
347) 「民政1」, 『信陽縣志』 卷8, 377면; 「兵防志 城防 鄕團」, 『續安陽縣志』 卷9, 1933, 2면.
348) 淸末 河南 民團의 변질에 대해서는 並木賴壽 「1850年代, 河南聯莊會の抗糧暴動(下)」,

민단 가운데에는 국가권력에 대항하거나 지역자위라는 본래 목적과 달리 약
탈, 파괴의 행동을 보여준 예가 없는 것은 아니지만, 대체적으로 민단은 혼
란기에 국가를 대신해 지역을 방어하는 데 큰 공헌을 하였다. 하지만 이미
지적하였듯이 1920년대 하남에서는 잦은 정변과 전쟁 그리고 대규모 군대
의 주둔에 따라 현정부의 직접적 관할하에 있는 치안조직과 민단 등이 제대
로 기능을 발휘하지 못했고, 토비토벌에 나서야 할 군대가 오히려 지역을 수
탈한 결과 토비가 더욱 발호하기에 이르렀다. 따라서 지역사회에서는 더욱
효율적이고 조직적인 치안조직의 필요성이 절실했고, 이러한 상황에서 홍창
회는 토비를 방어하는 '유일한 무기'로 등장하게 되었던 것이다.[349] 그렇다
면 민단의 희생결과가 홍창회로 나타나거나 양자의 대립이 홍창회 발전의
밑거름이 되었다고 이해할 수 있다.[350] 하지만 더욱 일반적으로는 민단과 홍
창회는 상호전환되었고, 대외적으로 홍창회로 알려졌지만 내부적으로 민단
으로 통용되는 자위조직도 존재하였다.[351]

둘째, 종족과 홍창회와의 관계 문제이다. 일반적으로 화북은 화남에 비해
종족의 발전이 미약한 지역이라고 인식되어왔다.[352] 그러나 화북종족 역시

中國近代史研究會 『中國近代史研究』 第三集(1983. 7), 41~68면; 戴玄之, 앞의 책 5~8면
참조.

349) 「兵防志 城防 鄉團」, 『續安陽縣志』 卷9, 2면.

350) 馬場毅=1976, 72면; 「民政1」, 『信陽縣志』 卷8, 1면; 「雜記」, 『林縣志』 卷17, 1932,
20면; 「金鍾罩慘燒上岩莊」, 『河聲日報』, 1913. 3. 27.

351) 「直南各縣之紅槍會勢力」, 『申報』, 1927. 6. 23; 中國農村慣行調査刊行委員會 『中國農
村慣行調査』 第4卷(岩波書店 1952~56) 410면; 朱其華 「一九二七年底回想」(新新出版社
1933) 160면; 「兵志」, 『光山縣志約稿』, 3면; 「武備, 民國兵事民國」, 『滑縣志』, 1932, 40면;
「河南軍事近聞」, 『申報』, 1926. 5. 6; 「豫區關于軍運,農運及國校工作的報告」, 『河南革命歷
史文件彙集』(省委文件; 1925~1927年), 河南人民出版社 1984, 19면. 이하 『河南革命歷史文
件彙集』으로 약칭; 「河南紅槍會改編民團—河南省政府頒布之條例」, 『天津大公報』, 1927.
8. 8.

352) 화남·화중·화북 종족의 발달 차이와 원인에 대한 포괄적인 설명은 Jack M. Potter
"Land and Lineage in Traditional China" Maurice Freedman, ed., *Family and Kinship in*

지역에 따라서는 발달된 동족 촌락과 족전(族田)을 근거로 지역 내에서 주요한 조직으로서의 위치를 확보할 수 있는데,[353] 하남동부 홍창회 가운데 일부는 이러한 종족조직을 배경으로 성립·발전하였다.

하남동부 통허(通許)의 루씨(婁氏) 일족은 민국 초 현 북쪽과 동쪽을 장악한 유력한 종족이었다. 이들은 대대로 학위소지자와 정부관리를 배출하였고, 학교를 건립하여 교직을 담당하는 등 교육자로서의 역할을 자임하였다. 또한 루씨들은 주도적으로 지역 자위활동을 수행하여 1915년 현 중앙과 동부지구의 보위단을 장악하기도 하였다. 비록 1918년 보위단이 순집대로 개편됨에 따라 그 실권을 상실했지만, 3년에 걸친 방위활동을 통해 지역 내에 자신의 세력을 공고히할 수 있었음은 물론이었다.[354] 이러한 경험을 바탕으로 루씨 일족은 홍창회의 성립과정에 적극적으로 참여하였다. 구체적으로 의화단에 참가한 바 있었던 루백심(婁伯尋)은 1923년 기현과 통허 일대에 토비가 발호하자 통허 동쪽 루괴촌(婁拐村)에 홍학(紅學)을 건립, 세력을 확대한 뒤 루단(婁團)을 세우고 스스로 우두머리가 되었다. 통허 홍창회가 루씨 일족에 의해 장악되었다는 사실은 루백심 이외에 루계연(婁季然), 루홍명(婁洪明) 등을 우두머리로 하는 각각 4천명 규모의 홍창회가 통허 일대에 조직되었다는 1927년의 조사에서도 확인할 수 있다.[355] 따라서 1927년 호북 무한(武漢)에서 개최된 하남 무장농민대표회의에서 정진우(鄭振宇)는 보고를 통해 홍창회를 지역적이며 종족적 결합이기 때문에 지역의 상층토호와 종족의 수장에 의해 이용당한다고 지적하였던 것이다.[356]

Chinese Society (Stanford 1970) 130~38면; 喬志强主 編 『近代華北農村社會變遷』(人民出版社 1998) 159~68면 참조.

353) Prasenjit Duara=1988, 86~117면.

354) Odoric Y. K. Wou=1994, 67~69면. 또 그는 通許 촌락의 명칭 가운데 30개의 촌이 婁姓을 포함하고 있는데, 이들이 婁氏의 동족 부락이든가 루씨 종족의 영향력하에 있었던 것으로 파악하였다.

355) 「河南紅槍會之調査」, 『漢口民國日報』, 1927. 5. 9~10.

셋째, 채보(寨堡)는 앞서 지적하였듯이 토비 혹은 외적을 막기 위해 지주·신사 혹은 종족이 중심이 되어 건립한 자위수단의 하나였다. 그렇기 때문에 무장공동체로서의 채보조직은 동일한 목적과 성격을 지닌 민단이나 홍창회로 쉽게 전환될 수 있었다. 홍창회의 한 분파인 상채녹창회는 그 예라 할 수 있다. 1922년 신사 가문의 오정필(吳廷弼)은 토비방어를 목적으로 백규묘채(白圭廟寨) 장정 1천명을 중심으로 녹창회를 건립하였다. 이때 주변 대성채(大成寨), 뇌음당채(雷音堂寨), 대유가채(大劉家寨), 흑적채(黑翟寨), 진법가채(陳法家寨), 채흥채(蔡興寨) 등이 호응하였고, 세력은 점차 여남의 동쪽으로 퍼져 나가게 되었다. 여기서 채가 단순한 촌락을 의미하지 않고 실질적인 방어수단으로서의 채보를 가리키고 있음은 다음의 지적에서 알 수 있다. "당시 (상채) 주민은 토비의 폐해를 피하기 위해 모두 채를 의지해 생활하였기 때문에, 채의 범위는 작은 것은 10여 촌, 큰 것은 2, 30촌을 포괄하며 채 하나에 녹창회 장정은 1천여 명 이상에 이르렀다."[357] 또한 낙양 대둔촌(大屯村) 채보의 경우 관과 무관하게 신사, 채수 위연승(魏連升), 홍창회 두목 이소락(李小洛) 등이 채 내의 공소(公所)인 공화장(公伙場)을 중심으로 지역치안을 담당하고 있었던 것도 채보와 홍창회 양 조직간의 긴밀한 관계를 반영하였다.[358] 이밖에 종교조직[359]이나 수리조직[360]과 같은 기존 지역조

356) 「河南武裝農民代表團大會第二日」, 『漢口民國日報』, 1927. 3. 19.

357) 이상 「地理志, 宗敎」, 『上蔡縣志』 卷2(陳傳海·王偉平·劉廣明·吳宏亮·高莉萍·李國强 編 『河南紅槍會資料選編』, 河南史志資料, 第6輯, 1984, 66면 수록). 이하 『資料選編』 약칭.

358) 李文修 「大屯村築寨防匪窩匪及其他」, 『中國近代土匪實錄』 下卷, 184~85면.

359) 두아라는 山東 後夏寨의 예를 통해 지역 종교조직의 자위조직 전환과 조직 확대과정을 추적하였다. 또한 그는 지역 종교조직을 村內自願組織(village-bound voluntary associations), 超村的 自願組織(supra-village voluntary associations), 村單位强制組織(ascriptive village associations), 超村的强制組織(supra-village ascriptive associations) 등 구분하고 홍창회를 네 번째의 유형에 위치시키고 있다. 특히 그는 네번째 유형이 조직의 중심은 촌 외부에 있지만 촌 전체가 한 단위로 가입하는 형태이며 1920년대 정치적 불안기에 상하 위계를 갖춘 자위

직의 홍창회 전환이 주장되기도 하였다. 그렇다면 홍창회란 "도창불입(刀槍不入)"의 주술을 전수하기 위해 외부에서 유입된 주술사에 의해 새로이 조직, 창출된 측면도 내포하지만 기존 지역조직의 전환 혹은 결합이란 형태를 취했다고 할 수 있을 것이다.

2. 홍창회와 군벌의 대립

(1) 홍창회의 발전

이미 지적하였듯이 금종조, 경두 등으로 알려져 왔던 하남의 는 1920년대 초반(1921~1922년)부터 홍창회라는 명칭으로 통일되기 시작하였다. 당시 하남은 독군교체풍조와 그에 따른 정치적 혼란이 극심했던 시기로서, 특히 노양인, 노노구(路老九) 왕노오, 손전경(孫甸卿) 등 대규모 토비가 창궐하고 있었다. 하지만 군대는 토벌에 적극적이지 않았고 오히려 지역을 약탈하자 하남 각지에서는 스스로 홍창회를 조직하여 토비에 대항하기 시작하였다.[361]

하남동부의 경우 1922년 6월 조척 휘하의 제2사 가운데 수천명이 풍옥상군에 패배한 이후 무기반납을 거부하고 토비군대로 전환하자 귀덕부 일대 7천명 규모의 홍창회가 이들에 대항하여 무기를 몰수하였고,[362] 1923년 노양인의 귀덕부 주둔 이후 토비군대가 급증함에 따라 홍창회가 더욱 발전하였다.[363] 또한 1921년경 산동 조현(曹縣), 단현(單縣)의 주술사가 귀덕 부근에

조직으로 발전한다고 주장하였다(Duara=1988, 119~32면).

360) 中國農村慣行調査刊行委員會『中國農村慣行調査』第6卷(岩波書店 1958) 475면. 이하 『中國農村慣行調査』로 약칭.

361) 「河南各縣邪教之流行」,『晨報』, 1923. 2. 15; 向雲龍, 앞의 글 35면; 齋帆, 앞의 글 9~10면.

362) 「河南又成匪世界」,『上海民國日報』, 1922. 6. 9.

서 단을 설치하고 "도창불입(刀槍不入)"의 술법을 전파한 이후 토비방어에
큰 효력을 발휘하자 부호의 자제까지 학습에 참가하였고, 1923년까지 홍창
회는 소속 대부분의 현으로 확대되어 1현에 1만명까지 회원이 증가하였
다.[364] 1924년에 들어서면 홍창회는 더욱 발전하여 1촌에서 현 전체로 그리
고 1현에서 하남 전성으로, 다시 하남에서 하북, 산동, 강소, 안휘, 섬서 등
지로 확대되었다.[365]

이렇듯 급속한 홍창회의 발전은 물론 그가 보여준 효과적인 토비 토벌활
동 덕분이었다.[366] 그러나 홍창회의 발전이 반드시 지역민의 자발적 의사에
따른 결과만은 아니었다. 즉 "실은 강제적 가입에 의한 것으로 … 홍창회에
이웃한 촌락이 압력을 받게 될 경우 그것에 가입하지 않고 다른 것을 조직
하여 대항하였으니" 홍창회 갑에서 홍창회 을이 발생하고, 홍창회 을에서 다
시 홍창회 병이 연쇄적으로 발생하였다.[367] 이 과정에서 갑촌이 홍학을 건립
하면 을촌에서 갑촌으로 가 주술사를 청하고, 병촌 또한 을촌으로 가 노사
(老師)를 청했다. 그 결과 홍창회들 사이에는 주술사를 중심으로 하나의 조
직이 형성되어[368] 상황에 따라 본래 촌을 단위[369]로 출발한 홍창회가 이러한

---

363) 「河南之紅槍會」, 『上海民國日報』, 1923. 5. 14.

364) 「豫省之軍隊與土匪, 紅槍會與陝軍衝突」, 『晨報』, 1923. 4. 26.

365) 「洛陽紅槍會與張治公軍大衝突」, 『申報』, 1927. 5. 15.

366) 홍창회의 토비 토벌활동에 대한 높은 평가에 대해서는 「河南各屬邪教之流行」, 『晨報』,
　　　1923. 2. 15; 「慘無人道之豫匪」, 『晨報』, 1926. 4. 25 참고.

367) 馮銳 「紅槍會之發生與蔓延及補救辦法」(2), 『晨報』, 1927. 12. 1; 「紅槍會紀略」, 『滑
　　　縣志』 卷20, 大事紀事, 7면.

368) 柴化周 「洛陽地區紅槍會的興起與消滅」, 『河南文史資料』 第10輯, 1984, 69면.

369) 홍창회의 "一村一會"의 조직원칙에 대해서는 枕薪 「河南之紅槍會」, 『國聞週報』 4-24
　　　期(1927), 1면; 齋帆 「介紹河南的紅槍會」, 『中國青年』 126期(1926. 7), 17면; 「河南紅槍會
　　　大激鬪」, 『時報』, 1926. 1. 11; 「河南紅槍會組織小史」, 『新中州報』, 1926. 1. 17; 魏明華
　　　「何謂紅槍會」, 『晨報』, 1926. 8. 24; 長野朗, 앞의 책 352~56면; Sidney D. Gamble, op.
　　　cit., 301~302면; 『中國農村慣行調查』 第4卷, 418면 등 참조.

연합을 통해 규모를 확대할 수 있었다. 이때 주술사란 촌 밖에서 초빙된 외부인으로서 촌내의 일상과는 무관한 중립적 존재였고, 또 촌민은 그로부터 동일하게 "도창불입"의 술법을 전수받게 되었다. 이렇듯 평등적 주술습득이란 집단행동을 통해 촌내의 정체성이 확립되어가고 개별 촌의 단결과 주술사 사이의 연결망에 의해 촌과 채의 유대가 강화됨에 따라 홍창회의 위력은 더욱 배가되어갔다.

이렇듯 발전해가는 홍창회에 성당국이 관심을 기울인 것은 당연하였다. 본래 홍창회는 발생 초기 국가의 향촌 방위기능을 대신한 만큼 당국과 우호적 관계를 형성할 수 있었고 지역신사 등에서 긍정적인 평가를 받을 수 있었다. 예컨대 1923년 4월 장갈, 허창, 우현 등지의 주둔군은 토비토벌이 여의치 않자 지역의 홍창회와 협력하여 토비를 격퇴시켰는데 이때 활약이 뛰어난 홍창회 회원 5명당 연발총 1정씩을 지급하여 선봉에 서게 하였다.[370] 그러나 홍창회와 성당국 혹은 주둔군과의 이러한 협력관계는 오히려 예외적인 현상이라 할 수 있다. 왜냐하면 1910년대의 금종조나 경두와 마찬가지로 홍창회를 사교로 인식한 성 당국은 성립 초기부터 그것을 엄격히 금지하였기 때문이다.[371] 주로 초기에는 그것이 사술(邪術)로서 일반대중을 미혹시키거나 의화단의 전철을 밟을 수 있기 때문에 금지한다는 예방적 차원의 조치가 주류를 이루었지만, 자위를 명분으로 한 홍창회가 관부에 본격적으로 대항하는 싯점에 이르면 철저한 탄압이 이루어졌다.

성당국의 금지논리는 성정을 장악한 군벌의 교체에도 불구하고 대부분 그

---

370) 「豫省之軍隊與土匪」, 『晨報』, 1923. 4. 26. 또한 홍창회 성당국의 협조관계에 대해서는 「紅槍會在洛之勢力」, 『晨報』, 1925. 9. 22; 張振之, 앞의 책 134면 등 참조.
371) 「禹縣禁止紅槍會」, 『新中州報』, 1923. 2. 2; 「豫東鎭守使禁習紅槍會布告」, 『新中州報』, 1923. 2. 22; 「省軍民兩長布告令各縣禁習邪敎」, 『新中州報』, 1923. 2. 7; 「開封縣知事發出布告」, 『新中州報』, 1923. 4. 28; 『新中州報』, 1924. 5. 6; 「省長布告嚴禁會匪」, 『新中州報』, 1924. 5. 11; 『新中州報』, 1924. 7. 23; 『河南公報』, 1427號(1924. 7. 25); 「直魯豫巡閱使發出布告禁入邪會」, 『新中州報』, 1924. 7. 28.

내용이 대동소이했는데 그 가운데 한 가지만 예를 들어보면 다음과 같다.

관은 민단을 통해 자위활동을 전개하는 것에 대해는 적극 찬성하지만 사술로써 민을 현혹하는 것은 법으로 용서할 수 없다. 홍창회의 발생은 토비의 폐해가 만연하지만 주둔군이 제대로 대처하지 못했기 때문이다. 간사한 자들은 이러한 사정을 이용하여, 사술로써 어리석은 지역민을 속였으니 부적과 주문으로 몸을 보호할 수 있어 도창불입을 이룩할 수 있다고 하였다. 어리석은 민들은 무식하여 가벼이 이를 맹종하니 이들은 무리를 모아 세금을 강제하고 선량한 사람을 수탈하며, (성당국의) 부세를 거절케 하고 지방에 해를 끼쳤다. 심지어 교통을 파괴하고 성읍을 포위하며 조직적으로 군대를 습격하기까지 한다. 만약 엄격히 금지하지 않으면 그 화가 어디에까지 미칠지 결과를 상상하기 어렵다. 그러나 반드시 알아야 할 것은 황건적(黃巾賊)의 무리는 결과적으로 전멸했고 홍등조(紅燈照), 의화단의 전례 또한 그다지 멀리 있지 않다는 사실이다. 자고로 부적과 주문 등의 사술로써 영원히 승리한 자는 없었다. 우리 민이 토비에 고통을 당하면 마땅히 단련을 만들어 지역을 지켜야 폐단이 적을 것이다. 절대 교활한 무리에 의해 협박당하거나 망령된 말에 현혹 이용당하여 그 화가 가족과 자신에까지 미치지 말아야 한다. 이 포고 이후 아직 (홍학을) 학습하지 않은 자는 결코 미혹된 길로 들어서지 말 것이며 이미 학습한 자는 마땅히 회개하라.[372]

즉 관에 도전하는 홍창회는 완전히 해산하던가, 아니면 자위의 필요성을 인정한 바탕에서 조직 내의 미신적 요소를 배제하여 민단 본래의 모습으로 돌아가라는 것이고 그렇지 않으면 황건적이나 홍등조, 의화단의 최후와 같게 될 것이라는 것이었다. 다시 말해 포고문을 통해 성당국의 명확한 홍창회 금지의지를 확인할 수 있지만, 한편으로는 자위의 필요성에 의해 부득이하게 홍창회가 조직되었음을 인정하면서 일반민과 간사한 자를 구분하여 국가

---

372) 「督署禁止紅槍會布告」, 『新中州報』, 1926. 2. 8.

의 권위에 도전하는 홍창회가 권력체제 내에 포섭된 민단으로 거듭날 것을 요구했던 것이다. 그러나 구체적으로는 국민2군(國民二軍)의 금지조치에 따라 1924년 형양(滎陽), 밀현(密縣)에서와 같이 홍창회가 해체된 적도 있지만,[373] 홍창회는 이 금령을 피하기 위해 홍학회(紅學會)로 이름을 바꾸거나 보위단 또는 향촌자위단 등으로 개조하여 실력을 그대로 유지하였다.[374] 사실 이 시기 반포된 수많은 금지조치로 알 수 있는 것은 역으로 금령이 별 효과를 발휘하지 못했거나 오히려 홍창회가 더욱 흥성했다는 사실이다.

그렇다면 홍창회가 왜 군벌정부와 이와같이 대립하게 되었는지 1923~24년의 노씨현(盧氏縣)사건과 1925년의 우현사건을 통해 좀더 구체적으로 살펴보도록 하자. 이 가운데 노씨현사건이란 현 내에 주둔하던 섬군제1혼성려 제1혼성단 조수훈(趙樹勛)과 순방제2로통령(巡訪第二路統領) 곽금방(郭金榜) 등에 의한 지역수탈에 반발한 지역 민단의 섬(서)군(陝(西)軍) 구축운동을 가리킨다.[375] 1924년 5월까지 총 세 차례에 걸친 현성 포위의 결과, 섬군과 민단 사이에 철군협정이 이루어짐에 따라 사건은 일단락되었지만,[376] 이번 사건은 홍창회의 발전과 관련하여 몇가지 중요한 의미를 지녔다. 첫째, 섬군 구축운동의 주축이었던 민단이란 크고 작은 백기와 칼과 총으로 무장하고 현성을 포위했던 보위단, 수망사, 홍창회, 경두대(硬肚隊) 등 10만에 이르는 지역 자위집단을 지칭하였다. 이 가운데 홍창회 혹은 경두대가 어느정도의 비중을 차지하였는지는 확인할 수 없지만 홍창회가 섬군 구축운동의 중요한

---

373) 「滎陽紅槍會消滅」, 『新中州報』, 1924. 8. 12.

374) 「豫省積極攻魯」, 『上海民國日報』, 1926. 1. 5;「河南紅槍會大激鬪」, 『時報』, 1926. 1. 11.

375) 이하 盧氏縣 사건의 경과에 대해서는 특별히 주기하지 않는 한 『(天津)益世報』의 통신 원문을 소개한 공산당원 劉仁靜의 「河南盧氏縣人民對軍閥之反抗」, 『嚮導週報』 第69期 (1924. 6. 11), 551~52면;「盧氏縣民團驅逐陝軍」, 『長沙大公報』, 1924. 5. 22;「盧氏縣軍民衝突風浪已平」, 『長沙大公報』, 1924. 5. 23에 따른다.

376) 사건의 수습과정에 대해서는 「盧氏縣風潮已息」, 『申報』, 1924. 5. 19 참조.

한 축을 형성했음은 틀림없다. 둘째, 민단의 반발은 대개 주둔군대의 지역수탈 때문이지만, 그밖에도 이전 토비에서 개편된 조수훈 부대는 노씨에 주둔한 이래 단 한 차례도 토비를 토벌하지 않았고 반대로 도처의 토비와 보위단을 받아들여 자신의 무장을 강화하였기 때문이었다. 셋째, 3차 현성 포위공격 때에는 노씨 이외에 낙령, 숭현, 낙남(雒南), 보풍 등 주변 현 보위단 4천여 명까지 가세하였고, 노씨 출신 토비까지 동참하였다. 이는 섬군의 구축이라는 동일한 지역이해에 기초를 둔 광범한 연대투쟁의 모습을 보여주는 예라 할 것이다. 이상 군 경비부담의 감소요구(1차 포위), 경비부담 거부(2차 포위), 섬군 축출(3차 포위)로 이어지는 일련의 활동결과 향후 홍창회를 중심으로 한 지역민의 광범한 반군벌투쟁이 예고되었다.

1925년 1월 우현에서 발생한 주둔군대와 지역민과의 충돌 역시 노씨현사건과 비슷한 배경에서 발생하였다. 국민2군 여장 조사영(曹士英)은 이미 휴지와 다름없는 하남 성은행 경진분행(京津分行) 지폐 5만원을 강제로 태환시켰고, 단장 왕상생(王祥生) 역시 현양 4천원을 거둬갔으며, 무장경찰과 상단(商團)의 무기를 강제로 빼앗아 지역민의 반발을 야기하였다. 결국 이들은 민단의 공격을 받아 해산되었지만, 허창의 국민2군이 바로 지원에 나서 민단 단총 이외에 공관국장 두모(杜某), 상무회장(商務會長) 양모(梁某), 현서 관리 등 각계 인사 수천명을 사상시키는 참상을 연출하였다.[377] 대규모 살상에 따른 신민(紳民)과 그들이 지휘하고 있었던 민단이 국민2군을 공격한 것은 어쩌면 당연한 귀결이었다. 여기서 민단이 노씨현사건의 예에서와 같이 홍창회를 포함한 지역 자위조직이라 한다면 토비에 대항하는 자위조직에서 출발한 홍창회는 이제 군벌에 반대하는 조직으로 전환될 수 있었고, 우현 사건은 그때까지 일부 지역에 국부적 존재에 불과했던 홍창회를 성 전체로 확대시키는 주요한 계기가 되었다.[378]

---

377)「河南禹州戰事之傳聞」,『時報』, 1925. 2. 5;「河南禹縣之慘禍」, 1925. 2. 6;「兵匪混亂中之豫聞」,『時報』, 1925. 2. 10;「禹州變亂之續聞」,『時報』, 1925. 2. 12.

더구나 1924~1925년 하남을 통치한 국민2군(섬군)은 하남인의 입장에서 보면 지역적 연고가 없는 객군에 불과하였다. 이들의 수탈은 상대적으로 더욱 심한 것으로 간주되었고, 국민2군 내의 지역차별 또한 하남인의 불만을 고조시켰다. 따라서 이하에서는 홍창회와 군벌과의 대립과정을 국민2군과의 관계를 통해 좀더 구체적으로 살펴보도록 하자. 1925년 여름 어떤 신양홍창회 두목은 하남서부의 형양, 형택(滎澤) 지역을 중심으로 홍창회를 조직하기 시작하여 3개월 만에 50여 개 영을 성립시켰다.[379] 조직의 발전과정에서 병사의 모집, 훈련과 무기의 제조, 군량비축 등을 통해 실력을 키운 형양홍창회는 1925년 12월 형택, 하음홍창회와 결합하고 서천년(徐天年)을 3현 홍창회 두목으로 추대하고, 이어 공현, 범수(汜水)홍창회와 제휴하였다. 이렇게 세력을 확대한 하남서부 홍창회는 1926년 2월 합서로 패주하는 국민2군을 공격하여 무기를 빼앗고 2월 하순 낙양 서쪽의 철로를 훼손하였으며 토벌에 나선 국민2군 제10사 이호신(李虎臣) 부대를 무장해제하였다. 이들 이외에도 홍창회는 도처에서 섬군 패잔병을 살해하였고, "섬군을 타도하자"라는 구호를 내세우며 국민2군을 배척하였다.[380] 결국 이번 전쟁에서 국민2군을 몰아낸 첫번째 공은 본성군, 즉 홍창회에 있다는 평가를 받았다.[381]

국민2군의 악유준을 대신해 오패부가 하남을 다시 장악할 수 있었던 것도 국민2군 수탈에 대한 하남인 또는 홍창회의 반감 덕분이었다.[382] 1924년 제

---

378) 「紅槍會要求正式編軍」, 『順天時報』, 1926. 3. 29. 또한 1925년 洛陽 일대 1,300촌 모두에서 홍창회 학습이 이루어져 장래 하남서부 지역 전체가 '홍(창회)화'될 것으로 전망되었다(「紅槍會在洛之勢力」, 『晨報』, 1925. 9. 22).

379) 이하 滎澤, 河陰, 滎陽, 汜水 4현 홍창회의 발전과정에 대해서는 「河南紅槍會勢倏益張」, 『時報』, 1926. 1. 13; 「豫省三面緊急之形勢」, 『長沙大公報』, 1926. 2. 15 참고

380) 「河南陝軍失敗之現況及其原因」, 『長沙大公報』, 1926. 3. 17; 維什尼亞科娃, 阿基莫娃 著, 王馳 譯 『中國大革命見聞(1925~1927)』, 中國社會科學出版社 1985, 86면.

381) 「紅槍會要求正式編軍」, 『順天時報』, 1926. 3. 29.

382) 向雲龍, 앞의 글 35면.

2차 직봉전쟁에서 패하여 무한에 머물고 있던 오패부는 1926년, 옛 근거지 낙양으로 돌아가기 위해 한편으로는 홍창회 두목 윤지흠(尹之鑫), 고헌주(高憲周) 등에게 예위군총사령(豫衛軍總司令), 여장 등의 직책을 수여하면서 협조의 댓가로 향후 3년간의 세금면제와 가혹하고 불필요한 세금을 징수하지 않을 것임을 약속하였고, 다른 한편으로는 하남과 섬서 사이의 지역갈등을 이용하여 홍창회를 유인하는 데 성공하였다.[383] 또한 오패부에 의해 토적연군제일로총사령(討賊聯軍第一路總司令)에 임명된 장치공 역시 섬군에 대한 홍창회의 반감을 이용해 낙양에 손쉽게 입성할 수 있었다.[384] 그러나 국민2군과의 전쟁에서 승리함으로써 하남 탈환에 성공한 오패부는 목적달성 이후 돌연 태도를 바꿨다. 그가 보기에 약속대로 홍창회를 군대로 개편할 경우 과도한 군비증가가 예상되었을 뿐만 아니라, 국민2군과의 대립과정에서 확보한 가공할 무장력과 조직력을 바탕으로 성정부의 군비 요구에 공공연히 저항하고 있던 홍창회를 그대로 온존시킬 수 없었다. 따라서 그는 홍창회 해산을 결정하였다.

구체적으로 오패부는 국민2군이 거의 궤멸된 1926년 3월 15일을 즈음하여 홍창회와 토비로 조직했던 예위군(豫衛軍)을 보위군(保衛軍)으로 변경하였고, 독판 구영걸은 4월 5일 개봉에서 홍창회 두목회의를 소집하여 해산을 종용함으로써 군대로 개편될 것이라는 그들의 기대를 저버렸으며 이어 서화, 신야, 기현, 휴현 등의 홍창회를 무력으로 해산하였다.[385] 또한 『하남공

383) 振振「民風叢話」(續), 『上海民國日報』 副刊 『覺悟』, 1928. 12. 17; 「戰事與紅槍會」, 『天津大公報』, 1927. 6. 9; 『新中州報』, 1926. 2. 3.

384) 「河南陝軍失敗之現況及其原因」, 『長沙大公報』, 1926. 3. 17.

385) 「任可澄莅汴後之善後表示」, 『長沙大公報』, 1926. 3. 23; 「任可澄布告解散紅槍會」, 『時報』, 1926. 3. 25; 『河南公報』, 1972號(1926. 4. 10); 2068號(1926. 7. 18); 「全省農民一般的狀況」, 『中國農民』 第8期(1926. 10) 54면. 이밖에 杞縣, 睢縣 홍창회에 대한 대대적인 오패부의 탄압에 대해서는 「豫東紅槍會潰退」, 『晨報』, 1926. 5. 18; 「豫東紅槍會已被擊散」, 『晨報』, 1926. 5. 19; 「吳軍洗剿紅槍會」, 『上海民國日報』, 1926. 5. 21; 「豫省紅槍會依然猖

보(河南公報)』에 따르면 1926년 한 해 동안 형양, 상채, 낙양, 등봉, 서화, 섬현, 수무(修武), 맹진, 신야, 식현, 석천, 등현, 상성, 진류, 태강, 휴현, 임현, 기현, 당하, 부구(扶溝), 난봉, 신채, 신안, 통허, 남소, 비양, 민지, 중모, 동백, 자성, 무양(武陽), 언사 등지에서 홍창회 금지령이 발표되었는데,[386] 이러한 사실은 오패부 통치시기 하남 전체에 걸친 홍창회와의 첨예한 대립을 입증하는 것이었다.

홍창회와의 약속을 저버린 오패부는 이미 지적한 이전의 국민2군보다 더한 지역수탈을 자행하였는데 하남전성홍창연합총부(河南全省紅槍聯合總部)의 명의로 1927년 2월 21일 발표된 다음의 「고변민선언(告汴民宣言)」은 이러한 군벌수탈에 반발하는 당시 홍창회의 지향점을 잘 보여준다.

작년(1926년—인용자) 오패부가 하남을 차지할 수 있었던 것은 3년간의 세금면제와 가혹한 부가세 및 잡세의 취소를 약속했기 때문이다. … 그러나 현재 그가 왔지만 폐해는 이전 국민2군 때보다 더 심하다. 여기에 부가세가 있으면 저기에 잡세가 있으며, 오늘 이런 요구가 있으면 내일 저런 독촉이 있다. 양식을 팔고 의복을 저당 잡혀도 저 저주받을 세금을 충당할 수 없다. 봐라! 군대가 토비보다 더욱 지독하다. 게다가 각지에 크고 작은 토비가 횡행하지만 군대는 관여할 생각이 없다. … 하남서부의 형제들은 이미 행동에 들어갔으니 신안, 의양, 낙녕, 등봉, 언사의 형제들은 항연(抗捐), 항량(抗糧) 운동을 전개하고 있다. … 여러분이 만약 용기를 내어 감히 (오패부에) 반항할 수 있다면 우리들 농촌형제들은 맹세코 여러분을 지원할 것이다. … 1개월치 방세(房稅) 강제징수 반대, 양유특연(洋油特捐) 반대, 호성지(護城地) 강매 반대, 유가증권 강제할당 반대, 사다은행권(絲茶銀行券) 소각, 오패부 타도.[387]

獄」, 『晨報』, 1926. 5. 25; 瀟湘 「河南紅槍會被吳佩孚軍隊屠殺之慘狀」, 『嚮導』 第158期 (1926. 6) 1545~46면 등 참고.

386) 『紅槍會資料選編』, 127면.

387) 「北方治亂與紅槍會」, 『晨報』, 1927. 7. 28; 「河南紅槍會與吳佩孚」, 『天津大公報』, 1927. 2. 23.

당시의 평가대로 "선언이 비록 선동문이기는 하지만 가혹한 세금의 명목이 엄연히 사실을 가리킴으로 대중에 대한 엄중한 핍박의 일단을 알 수 있고,"[388] 이러한 상황에서 홍창회와 오패부 정권과의 갈등 역시 이전 국민2군과의 대립만큼이나 자연스럽게 나타나게 되었다.

선언문 가운데 등장하는 '하남서부의 형제'란 당시 성 재정청의 유가증권 사용을 거부하며 조세 저항운동을 전개하고 있던 14, 5만명의 하남서부 홍창회를 지칭하는 것 같다.[389] 그렇다면 먼저 오패부 통치시기 하남서부 홍창회의 활동상황에 대해 검토할 필요가 있을 것 같다. 하남서부 낙양, 숭현, 낙령, 신안, 민지 일대의 홍창회는 1926년 봄 악유준의 국민2군을 패퇴시키면서 이미 1만5천 정에 이르는 무기를 획득하였고, 이러한 무장력을 기반으로 성 재정청의 정조 예징과 군 경비조달에 대해 저항하였다.[390] 주둔군 장치공, 임응기, 이진아(李鎭亞) 등 역시 홍창회와 타협하지 않으면 안전을 보장할 수 없을 정도였으니, 이 당시 하남서부는 이미 대표적인 '홍창회 세계'를 형성하였던 것이다.[391] 1926년 12월 국민군에 밀려 유진화의 진숭군이 하남으로 후퇴하자 신안, 민지, 낙양 홍창회 4, 5만은 강화된 역량을 바탕으로 농해철로에 위치한 관음당(觀音堂)에 집결하여 다음을 주장하였다. ① 유진화군대의 낙양 귀환을 반대하고 섬주(陝州), 영보, 문향 주둔을 불허한다, ② 섬동호군사(陝潼護軍使) 장치공에 대해서는 여전히 호감을 표시하지만 홍창회에 대해 간섭하면 구축한다, ③ 섬주에서 낙양까지의 농해선 열차는 섬군 및 유진화 군의 장비를 운반할 수 없다, ④ 각 현은 군대의 급양과 경비조달에 반대한다, ⑤ 각 현은 1929년, 1930년 정조에 대한 예징에 반대한다 등이었다.[392] 유진화나 장치공은 이전 국민2군과의 투쟁과정에서 하남서부 홍

388) 「書紅槍會宣言後」, 『天津大公報』, 1927. 2. 25.

389) 「河南之民氣」, 『天津大公報』, 1927. 1. 17.

390) 「汴局將解決」, 『晨報』, 1926. 12. 18.

391) 「豫紅槍會與官軍開戰」, 『晨報』, 1926. 5. 18.

창회와 협력한 적이 있었지만, 이제 지역을 수탈하거나 홍창회에 간섭할 경우에는 배척받게 되었고, 부임 초 별다른 재정확보책을 찾지 못했던 성장 장영화(張英華)의 예징정책도 홍창회의 반발로 여의치 않게 되었다.[393]

유진화 군대를 쫓아 새로이 하남서부로 진군한 풍옥상의 국민군이 홍창회 두목 가운데 1명인 경노구(耿老九)와 접촉을 취하고 통과하는 지역마다 선전전단을 뿌려 홍창회에 특히 신경을 기울인 것도 용이하게 동쪽으로 진격하기 위해서는 불가피한 선택이었을 것이다.[394] 반면 국민군이 하남으로 진격을 계속하자 1926년 12월 17일 장치공은 낙양에서 군사회의를 개최하여 축현(築縣), 언사, 낙양, 신안의 주둔군은 전방을 막고 후방방어는 홍창회에게 맡기기로 하고 직접 홍창회 두목을 접견하는 등 그들을 우군으로 끌어들이려 노력하였다.[395] 이렇듯 홍창회가 장치공과 우호관계를 그나마 유지할 수 있었던 것은 그가 홍창회의 세력을 감안해 해산명령을 내리지 않았고, 또 홍창회의 입장에서도 1926년 봄 국민2군과 크게 대립한 적이 있기 때문에 국민군이 재차 하남에 들어올 경우 보복자행을 두려워했기 때문이었다.[396]

1927년 무한국민혁명군의 제2차 북벌은 오패부의 몰락과 함께 봉천군의 남하를 가져왔다. 그러나 남하하는 봉천군 앞에는 하남북부를 중심으로 한 홍창회의 일파 천문회가 버티고 있었다. 천문회는 1927년 초 하북 남부, 하남북부 접경에 위치한 자현(磁縣)에서 가혹한 부가세와 잡세의 부과, 1929년부터 1930년까지 토지세 예징, 민가의 강점, 간음, 약탈 등을 자행하는 봉천군과 접전을 벌인 결과 경한철로 주변의 큰 역을 제외한 지역에 군대의 주둔이 불가능하게 만들었다.[397] 천문회 이외에도 창덕부(彰德府) 부근 무안,

392) 「豫西愈形紊亂」, 『時報』, 1926. 12. 20.
393) 「劉逆軍到處劫掠」, 『晨報』, 1926. 12. 20.
394) 「西北革命軍越觀音堂東進」, 『上海民國日報』, 1926. 12. 29.
395) 「觀音堂附近大激戰」, 『晨報』, 1926. 12. 22.
396) 「豫西一大事件」, 『天津大公報』, 1926. 12. 20.
397) 山雨 「南直豫北民衆反抗奉軍情形」, 『嚮導』 第188期(1927. 2) 2018면; 子貞 「反奉戰爭

내황(內黃), 섭현 등지의 '홍창회' 4, 5만도 봉천군을 공격하였고, 자현, 감단 (邯鄲), 안양, 임장(臨漳) 등 하남, 하북 접경지대의 '홍창회' 역시 봉천군의 남하를 저지하자 장작림은 황하 도하 이전에 자현 일대의 홍창회를 먼저 토벌하라고 명령하였다. 하지만 봉천군은 1927년 2월 4일 이후 한 달 동안 자현에서 단지 120킬로미터 떨어진 신향(新鄉)까지밖에 전진할 수 없었다.[398] 천문회의 실력을 실감한 장학량(張學良)은 무력에 의한 방법에 의존할 수만은 없다고 판단하고, 정주에 도착한 이후 하북 도윤 규인(奎印)을 파견하여 홍창회 두목들과 접견하여 그들의 의견을 수렴하도록 하는 등 회유하였다. 그 결과 임현 천문회를 제외하고는 대부분 해산하였다. 이에 만족한 장학량은 규인을 다시 개봉도윤(開封道尹) 서리에 임명하여 하남서부, 동부 홍창회 해산에 진력시키려 하였다.[399]

그러나 장학량의 뜻대로 홍창회와 봉천군 간의 갈등이 완전히 해결된 것은 아닌 것 같다. 왜냐하면 1927년 6월 봉천군이 풍옥상의 국민군과 당생지(唐生智)의 국민혁명군에게 패배하여 황하 이북으로 후퇴한 이유에 대해 당시 언론은 홍창회와의 대립을 중요한 이유로 상정하고 있기 때문이다. 또한 그에 의하면 하남 전선에 참가했던 12만의 봉천군 가운데 6만명만이 황하 이북으로 후퇴할 수 있었고, 이 과정에서 총 4만 정과 대포 1백여 문을 상실했다고 하는데, 이 흩어진 병사와 무기 가운데 상당부분은 홍창회로 유입되었다.[400]

中之豫北天門會」, 『嚮導』 第197期(1927. 6) 2164면.

398) 「奉系軍閥之手忙脚亂」, 『漢口民國日報』, 1927. 2. 11; 「奉軍南下中之豫局」, 『晨報』, 1927. 2. 16; 「河南紅槍會大擧進攻奉軍」, 『漢口民國日報』, 1927. 2. 16; 「入豫奉軍尙未渡河」, 『申報』, 1927. 2. 19; 「陳琛部前進中」, 『晨報』, 1927. 3. 4; 「奉軍未敢渡河」, 『漢口民國日報』, 1927. 3. 20.

399) 『豫北天門會近訊」, 『天津大公報』, 1927. 5. 4. 이밖에도 奉天軍과 前河南省長 王印川의 홍창회 위무 노력에 대해서는 「王印川疏通紅槍會以利軍事進行」, 『晨報』, 1927. 2. 27 참조.

마지막으로 하남남부의 상황을 살펴보면 하남남부 신양 동쪽 양하(洋河) 일대에는 근운악 소속 11사단 방병훈(龐炳勛) 부대가 1926년 9월경부터 주 둔하고 있었다. 이들은 전유근 부대에 의해 보급품을 빼앗겼기 때문에 일체 의 경비를 주둔지 내에서 해결할 수밖에 없었다. 이러한 상황에서 1927년 3월 방병훈 부대가 근운악의 명령에 따라 북상하면서 인원을 징발하고 군량 미를 가혹하게 징수하자, 평소 주둔군의 수탈에 불만을 품고 있던 4천여 명 의 홍창회가 이에 저항하였다. 구체적으로 홍창회는 황가원(黃家院)에 주둔 하던 22려와 두 차례 충돌하여 단장 1명, 영장 1명, 연장 3명, 배장과 병사 54명 등을 살해하고 다수의 무기를 빼앗았다. 사건은 신사 이운청(李雲靑), 황문파(黃文波) 등의 중재로 다음과 같은 조건으로 종료되었다. ① 홍창회는 빼앗은 무기를 모두 반납하지만 원래 수량에 부합하지 않더라도 강제로 징 발하지 않는다, ② 쌍방의 사망자에 대해서는 서로 책임지지 않는다, ③ 홍 창회는 즉시 철수한다 등이었다.[401] 무기의 반납이 엄격히 이루어지는 조건 이 아니며 홍창회의 해산을 전제로 한 사건의 해결이 아니었다. 더구나 다수 의 군인이 사망한 홍창회의 무력항쟁에 대해 아무런 책임추궁이 없었다는 점 등에서 보면 당시 홍창회 세력이 어떠했는지 가히 짐작할 수 있다.[402]

---

400)「河南戰事中奉軍死亡六萬」,『上海民國日報』, 1927. 6. 12. 보도에 따르면 무기의 2/3 는 홍창회에, 나머지 1/3은 唐生智, 方振武 군대에 각각 탈취되었다. 한편 공산당원 宋巨生 은 1928년 하남서부 19현의 홍창회가 소유한 무기만 해도 7, 8만 정에 달한다고 보고하고 있는데, 이들 가운데 상당수는 하남북부에서와 같이 군대에서 탈취한 것으로 봐도 무방할 것이다(「宋巨生關于豫西紅槍會, 土匪, 軍運情況的報告」(1928. 7. 11),『河南革命歷史文件 彙集』(市委·特委·縣委文件: 1927~1934), 河南人民出版社 1987, 369~70면).

401)「信陽民變記」,『天津大公報』, 1927. 3. 19.

402) 1927년 4월 信陽에서 벌어진 또다른 홍창회와 주둔군대와 간의 충돌에 관해서는「確山 縣紅槍會與軍隊衝突」,『新中州報』, 1927. 3. 9;「紅槍會驅逐魏益三部」,『晨報』, 1927. 4. 14;「兵事1」,『信陽縣志』卷18, 13면 등 참조.

(2) '홍창회 세계'의 성립

이상 홍창회는 세금 저항운동과 직접적인 무장충돌이란 형태를 취하면서
군벌에 대항하는 주요 세력으로 성장하였는데 표40[403]은 이러한 홍창회의
발전상을 잘 보여주고 있다. 「하남홍창회조사표(河南紅槍會調查票)」 조사의
주체는 무한정부의 북벌을 위해 하남에 진출한 국민혁명군 제4군인 점에서
미루어볼 때 군사적 목적을 위해 작성한 것으로 보인다. 이미 강력한 군벌
반대세력으로 등장한 홍창회에 북벌군이 주목한 것은 오히려 당연하였다. 조
사내용은 '두목 이름' '소재지' '규모(직접 참여자와 동조자)' '소유 무기' '지역
민의 감정' '기존 활동' 등 구체적으로 작성되어 있는데, 이를 통해 몇가지
사실을 확인할 수 있다. 첫째, 조사대상인 총 64곳의 홍창회 가운데 61곳은
지역민과 좋은 관계를 유지하고 있다. 이것은 홍창회의 본래 목적인 지역이
해에 바탕을 둔 자위활동을 효과적으로 수행하고 있다는 사실을 입증해준다.
둘째, 기존 활동을 분석해보면 토비토벌 21건, 토비·패잔병 토벌 21건, 패
잔병 토벌 6건, 군벌 반대투쟁 9건, 불명 7건으로 반토비·반군벌 자위조직
으로서의 홍창회의 성격을 여실히 보여주고 있다. 셋째, 효과적으로 토비 토
벌활동을 전개하고 또 군벌에 대항하기 위해서는 홍창회의 조직과 무기가
그만큼 충실해져야 하는데, 이 점과 관련해 살펴보면 64곳 가운데 규모 1천
명 이상은 34곳이고 1만명 이상도 9곳이나 발견된다. 직접 참여자가 아닌
동조자나 누락된 부분까지 포함하면 그 수는 훨씬 증가할 것이다. 또 확인되
는 무기만도 1만1천3백여 정에 이르고 있다.

---

403) 표의 신빙성은 우선 군사작전용이라는 데에서 찾을 수 있겠지만, 이와 함께 1927년 5월
   28일자 『漢口民國日報』에 소개된 「總指揮部政治部在信陽, 遂平間工作槪況之報告」 가운데
   의 홍창회 관련 부분이 위의 조사를 근거로 보충, 정리한 것이라는 사실에서도 어느정도 입
   증될 수 있다. 또한 枕薪의 「河南之紅槍會」, 『國聞週報』, 4-24(1927), 3면에 보이는 「紅槍
   會調查」도 약간 차이를 보이고 있지만 위의 「河南紅槍會調查表」를 근거로 작성했음이 분
   명하다.

이러한 역량과 활동을 배경으로 홍창회는 이전 수세적인 자위기능에서 공세적 경향을 강화시키면서 토비 반대활동에서 군벌 반대로 나아갔으며, 강화된 역량을 배경으로 현성 공격 · 점거의 상황에까지 나아갈 수 있었다. 예컨대 1927년 하남남부의 홍창회는 1927년 5월 여남, 정양, 나산, 신양, 확산, 신채, 상채, 서평, 수평 등 9현 모두를 장악하고 주둔군의 수탈에 항거하면서 동시에 그 앞잡이라고 판단한 현지사 대부분을 축출했다. 하남남부 홍창회의 이와같은 행동은 이전 소극적 분산적 방어태도와 확연히 구분되는 것으로 근운악, 전유근 부대의 예징과 무리한 경비요구 등에 의해 촉발된 것이었다.[404] 그런데 현 행정의 최고기관인 현지사를 몰아낸 이상 홍창회에게는 기존 자위기능 이상의 역할수행이 요구되었다. 게다가 1925년 초 하남 108개 현 가운데 성당국의 통치력이 미치는 지역은 객군과 토비의 할거로 인해 70개 현에만 머물며 1926년 6월 성 재정청에 세금을 송금하는 현은 40개에 불과하였다.[405] 결국 이미 표면화하고 있었던 현 행정의 공백을 대신할 새로운 조직이 필요했던 상황이었다.

홍창회의 새로운 기능과 관련하여 1926년 초 하남서부 범수(犯水), 형양 등지에서 홍창회가 이미 세금을 지정해 자신의 경비로 사용하면서 현의 징세를 금지하였으며 형택, 하음, 형양, 범수 등 4현에서 발생한 모든 업무를 맡아 처리하였다는 사실은 주목할 만하다.[406] 좀더 구체적으로 보면 형양홍창회는 촌마다 사령부를 설치하고 토지세로 군비 10만원을 마련하여 스스로 대포까지 주조할 정도로 발전하였는데, 그 결과 지역민들은 이미 현지사의 권위를 능가한 홍창회가 존재함을 알아도 지방관은 제대로 알지 못하였다.[407] 또한 1927년 1월 1일 1만3천명의 형택홍창회는 현성을 공격하여 점

---

404) 「豫南九縣爲紅槍會占據」, 『天津大公報』, 1927. 5. 14; 「豫南一帶紅槍會集中」, 『晨報』, 1927. 5. 14.
405) 「豫省年關中之經濟狀況」, 『時報』, 1925. 1. 9; 「豫省端節之財政」, 『時報』, 1926. 6. 14.
406) 「河南四縣紅槍會之猖獗」, 『申報』, 1926. 1. 13.

령하고 무장경찰의 무장을 해제시킨 바 있었다. 이번 사건의 직접적 발단은 신임 현지사 이국정(李國禎)이 공관국(公款局) 수입항목과 현서의 항목이 서로 일치하지 않았다는 이유로 공관국 국장 장모를 체포했는데 그 아들이 형택홍창회 두목이었다는 사실에서 비롯되었다. 물론 부자관계가 일차적으로 중요하게 작용했겠지만, 1만3천명의 대규모 홍창회가 동원된 것을 보면 사건의 전말은 오히려 현 재정의 중추기관인 공관국과 스스로 세금을 거둬 지역을 장악하고 있었던 홍창회와의 밀접한 관련성에서 더욱 잘 이해될 수 있을 것 같다. 더구나 홍창회가 감옥을 파괴하고 죄수들을 석방했지만 죄질이 경미한 경우로 한정하였고, 현서의 공문서나 세금과 신상의 재산 등은 약탈하지 않았다는 사실[408]에서 그것을 단순한 반란조직으로 규정할 수는 없을 것 같다. 같은 시기 섬주, 신안, 밀현, 등봉, 언사, 공현 일대의 홍창회 역시 군대의 조세징수와 주둔을 거부하였다. 이때 그들은 군대에 의한 치안유지가 불가능한 상태에서 스스로 연합하여 지역을 장악했기 때문에 더이상 납세는 불필요하다는 논리를 내세웠다.[409]

하남북부 천문회를 통해서도 이러한 홍창회의 할거적 성격을 확인할 수 있다. 1926년 임현 석공 한욕명(韓欲明)은 주술습득을 통해 토비에 대항하기 위해 천문회를 건립하였다.[410] 그는 토비토벌을 통해 명성을 얻게 되자 8월 유촌(油村)에 수천명의 무리를 결집시켜 현서의 무기를 탈취하고, 독자적 징세체제를 갖춘 하나의 정부를 수립하였으며, 1927년 4월에는 현의 경계를 넘어 무안, 섭현, 위휘 일대로 세력을 확대하였다.[411] 1927년 7월 한욕명은

407) 魏明華「何謂紅槍會」,『晨報』, 1926. 8. 24; 豫匪功陷睢州續聞」,『時報』, 1925. 12. 29.

408)「河南四縣紅槍會之猖獗」,『申報』, 1926. 1. 13.

409)「豫省最近之情況」,『申報』, 1927. 1. 17.

410)『續安陽縣志』卷1, 大事記, 14면;「雜記」,『林縣志』卷17, 20면.

411)「汴東太康之匪禍」,『申報』, 1926. 8. 26;「林縣天門會猖獗」,『晨報』, 1927. 5. 16;「奉軍擬退開封」,『漢口民國日報』, 1927. 5. 21

임현 성안에 총무, 회무, 재무, 사법 등 8개 부서를 건립하여 현 전체를 장악한 뒤 휘현(輝縣), 섭현의 명칭을 각각 사양(沙陽), 하평(河平)으로 고치고 현지사를 임명하였다.[412] 이후 발전을 거듭한 결과 전성기의 천문회는 30만 회원을 기반으로 하북, 하남, 산동 접경의 20개 현을 장악하기에 이르렀다.[413] 특히 1927년 6월 봉천군이 북쪽으로 철수하고 풍옥상군이 아직 도달하지 않아 하남북부와 하북남부 일대가 무정부상태였을 때 홍창회가 독점적으로 지역을 장악하였다. 홍창회 본부는 사실상의 정부였고 주술사가 외우는 주문은 법령과 같이 재정과 소송 등은 모두 '일자 무식자'가 아니면 '팔방미인의 위선적 신사'라 평가받는 홍창회 두목이 담당하였다.[414]

이상 살펴본 대로 군벌통치를 무력화시킨 홍창회는 현정부를 대신하여 세금징수, 무기제조, 사법행정 처리 등을 담당함으로써 공공기관의 역할을 수행하였으며 이때 홍창회에 적극 참여하고 있었던 지주·신사 등의 역할이 중요했다. 다시 말해 1925년 이후 하남서부 낙양(洛陽), 급현 등지의 주둔군대는 현성 밖으로 감히 벗어날 수 없었고, 하남북부의 봉천군도 철로 주변에만 주둔할 뿐 향촌으로는 진출할 수 없었으며, 하남남부 신양홍창회는 군대의 무기를 빼앗고 '토호열신(土豪劣紳)'을 처벌하였다.[415] 결국 당시 언론의 지적대로 하남은 이제 '홍창회 세계'로 변모했던 것이다.[416]

표41[417]은 바로 이러한 '홍창회 세계'의 현황을 드러낸 것이었다. 앞서 살펴본 표40에 비해 그다지 상세하거나 체계적인 것은 아니지만 회원수가 거

---

412) 「雜記」,『林縣志』卷17, 21~22면.

413) 「豫南豫西之戰事趨勢」,『申報』, 1927. 5. 13; 子貞, 앞의 글 2163면.

414) 王鏡銘「紅槍會給我們的敎訓(1)」,『晨報副刊』, 1927. 11. 4.

415) 「附河南農民狀況的報告」,『漢口民國日報』, 1927. 3. 19. 여기서 '土豪劣紳'이 구체적으로 누구를 가리키는지 불분명하지만 아마도 지주·신사 가운데 국민혁명에 반대하는 세력을 가리킬 것이다.

416) 「豫紅槍會與官軍開戰」,『晨報』, 1926. 5. 18.

417) 向雲龍「紅槍會的起源及其善後」,『東方雜誌』24-21(1927. 11), 38면.

의 60만명에 이르고 지역분포 역시 하남 전역에 걸쳐 있어 1927년 당시 홍창회의 세력이 어떠했는지 충분히 확인할 수 있다.

3. 홍창회의 분열과 '회비(會匪)'의 등장

하남 내의 군벌혼전은 지역사회의 유동성을 고양시켰다. 병사모집과 인력 징발은 직접적으로 하층민을 토지에서 격리시켰고, 전쟁과 주둔군의 수탈에 따른 패잔병과 몰락농민의 증가는 지역을 불안정하게 만드는 한 요인이었다. 이러한 지역의 불안정성은 농촌 하층민을 주요 구성원으로 하는 홍창회에도 영향을 끼쳤을 텐데, 구체적으로는 부랑자들의 홍창회 유입현상으로 나타났다. 즉 홍창회 내부에 건달, 떠돌이, 노름꾼, 약장사, 토비 등 다양한 부랑자들이 유입된 결과 홍창회의 조직과 성격은 크게 변화하였다.[418] 한 예로 1926년 1월 하남서부 홍창회의 한 분파인 소홍학(小紅學)은 정주 민간에 거금을 징수하고, 이를 거부한 자들에 대해 10여 차례에 걸쳐 살인을 자행하였다. 이러한 약탈·살인 행위는 기존 홍창회의 활동과 구별되는 것이었다. 이는 소홍학이 수수(須水)에서 정주로 진입한 이후 유민, 낙오병, 토비, 점원, 부랑자 등이 가입함으로써 기존 홍창회의 공격성이 강화되었기 때문에 나타난 현상이었다.[419]

천문회의 경우에서도 동일한 현상을 발견할 수 있다. 본래 천문회는 1926년 전란에 의한 경제의 침체에 따라 귀향한 해고노동자, 파업노동자, 부업노동자 등과 파산한 빈농층을 중심으로 형성·발전하였다.[420] 구성인자를 통

418) 「省政府通令奉總部電飭將紅槍會等一律改編民團文」, 『河南行政月刊』 第3期(1927. 9);
    「馮總司令布告紅槍會等一律改爲民團實行自衛文」, 『河南行政月刊』 第3期(1927. 9), 28~29
    면(모두 『紅槍會資料選編』, 147~48면에서 재인용).
419) 「鄭州紅槍會之猖獗」, 『申報』, 1926. 1. 23.

해 볼 때 다른 홍창회와 차별적이었던 천문회는 이후 활동에도 그러했다. 이는 1927년 천문회가 무안과 섭현을 점령했을 때 나타났다. 천문회는 현관리를 살해하고 1개월에 각각 3, 4만원 또는 그 이상의 세금을 징수하자 처음에 그것이 지주·신사 중심의 민단과 동일한 성격의 조직이라 환영하였던 신상(紳商)은 실망한 나머지 봉천군에게 토벌을 요청하였다.[421] 이와 관련하여 당시의 한 언론은 "홍창회가 정식 성립한 뒤 발기자는 계속 퇴출하고 가입자는 모두 무위도식하는 자로 되었기 때문에 원래의 정당한 목적은 일변하여 점거 약탈을 일삼게 되었다"고 지적하였고, 이렇게 변화된 성격의 홍창회는 '회비(會匪)'로 지목되었다.[422]

전술한 바 있었던 기현홍창회는 지역에서 이탈하면서 '회비'로 변모하였다. 홍창회 두목 루백심은 이금표(李金標), 장금룡(張金龍) 등의 무리와 합류하고 안휘 박주(亳州)와 와양(渦陽) 일대의 토비 2천명과 결합한 뒤, 1927년 5월 진류 현성 주변 30여 촌장을 약탈하고 그곳 주민을 살해하였다 그 결과 현성 공격 초기 관부에 반감을 갖고 지원하던 지역민들은 점차 홍창회에서 멀어져 갔다. 귀덕과 녹읍에서의 군대지원이 불가능한 상태에서 항성에서 파견된 민단 1천2백명과 진류 내의 각 촌에서 차출된 민단 5백명이 십리보(十里堡)를 중심으로 홍창회에 대항하였고, 신사 장진방, 원세빈(袁世斌), 원세양(袁世襄) 등은 민단을 상호연합하여 지역방어에 적극적으로 참여하였다.[423] 결국 위의 사례는 자신의 근거지를 상실한 뒤 토비를 받아들이면서

---

420) 三谷孝 「傳統的農民鬪爭の新展開」, 『講座中國近現代史』 5(東京大學出版會 1978) 127~28면.

421) 「河北天門會」, 『天津大公報』, 1927. 5. 11.

422) 馮銳 「紅槍會問題(2)」, 『晨報』, 1927. 12. 1. 이밖에 성립 초기 토비방어에 주력했던 大名紅槍會도 주도권을 '土豪劣紳'에게 빼앗기면서 정치와 전쟁에 참여하게 됨에 따라 과도한 부담을 회원에게 강제하게 되었고 이후 양민은 모두 이탈하고 건달, 유민의 홍창회로 전락하였다. 郭堪波 「大名一帶紅槍會」(下), 『晨報』, 1928. 4. 4.

423) 「陳州四鄕焚掠之慘狀」, 『時報』, 1926. 6. 10; 「豫省紅槍會勢猖獗」, 『上海民國日報』,

'회비'로 변질된 루백심의 홍창회가 신사와 채보를 인적·물적 기반으로 한 민단과 대결하고 있는 상황을 보여주고 있다.[424]

'회비'는 이상과 같은 약탈적 성격 이외에 특정계층 이해의 강화라는 특징을 나타내기도 하였다. 본래 홍창회는 토비와 군벌의 수탈에 대항하여 개별계급과 계층의 이해를 뛰어넘은 공동의 지역이해에 기반을 둔 자위운동을 전개하였다. 그러나 천문회의 경우는 달랐다. 천문회가 발달한 하남북부는 하남서부에 비해 토지의 집중도가 낮았고, 광공업과 집약적 작물인 면화의 보급에 의해 빈농의 과잉노동력이 흡수되었기 때문에[425] 빈농층의 이농현상은 심하게 나타나지 않았으며, 그 결과 토비도 상대적이지만 다른 지역보다 적었다. 따라서 하남북부 일대의 천문회는 순수한 빈농의 결합으로서 조직 내의 계급적 차별이 없는 아주 평등한 조직으로 평가되었다.[426] 이렇듯 빈농을 중심으로 한 천문회는 다른 '홍창회'와는 다르게 '토호열신'에 적대적이었다. 천문회는 이들에게 세금을 징수하고 무기제공을 강요하였고 거부할 경우 살해했으며, 이로 인해 일부는 다른 고장으로 도주하였다. 천문회 중심지 임현의 대저택 가운데 많은 곳이 빈집으로 변모한 것도 바로 이 때문이었다.[427] 그런데 여기서 '토호열신'이란 다분히 정치선동적 어휘로서 실제적으로는 지주·신사를 가리킨다.[428] 평소 지역정치판에서 지주·신사와 비교

1926. 6. 4.

424) 그러나 婁伯尋의 '會匪'적 속성을 지나치게 강조할 수는 없다. 왜냐하면 1931년 杞縣, 通許, 陳留의 각계 인사는 婁伯尋의 사망 3주기를 맞이하여 그의 행적을 칭송하는 비문을 건립하였기 때문이다. 비록 자신의 근거지를 떠나서는 '會匪'로 비난받았지만 고향에서는 여전히 영웅이었던 것이다. 이 비문의 전문은「德被鄕閭─婁伯尋懿行碑」, 睢杞太黨史編寫組,『睢杞太地區史料選(上)』(河南人民出版社 1985) 46~47면에 소개되어 있다.

425) 行政院農村委員會 編, 앞의 책 24~45, 103면.

426) 瀟湘, 앞의 글 1545면.

427) 子貞, 앞의 글 2164면; 王鏡銘「紅槍會, 黃沙會, 天門會一年來歷史」,『晨報』, 1928. 4. 13.

428) 따라서 동일한 내용을 다룬『晨報』에서는 '土豪劣紳'이 아닌 '正直紳士'에 대한 천문회

302

하여 지배력이 취약했던 '반(反)엘리뜨'(counter elite)가 천문회에 적극적으로 가담한 점도 이상과 변화를 촉발시킨 한 요인으로 판단된다.[429]

빈농·'반엘리뜨' 중심의 천문회가 지주·신사가 주도하는 '홍창회'와 대립한 것은 이러한 배경에서 자연스러운 일이었다. 이하에서는 임현 천문회의 강한 영향하에 있었던 하북 자현 천문회와 '홍창회', 황사회 사이의 대립을 통하여 '회비'화된 홍창회의 특징을 살펴보고자 한다. 1926년 반왕촌(潘旺村) 이유록(李有祿)은 임현에서 "도창불입(刀槍不入)"의 주술을 전수받고 돌아와 무리를 규합, 자현 천문회를 설립하였다. 그는 촌민에 대한 강제입회와 경비의 강제징수를 기반으로 천문회를 발전시켰으며, 이때 강력한 중앙집권제를 채택했다.[430] 한편 1920년경 의화단의 후예 송옥복(宋玉福)이 건립한 자현 '홍창회'는 기율이 엄정하고 회원도 순박하여 지주·신사가 주도하는 홍창회의 일반적 특성을 잘 보여주었다. '홍창회'는 토지면적에 따라 차등적으로 부과된 회비로 경비를 충당하고 조직 가입을 강제하지 않았다. 둘 이외에도 황사회는 '홍창회'와 천문회가 서로 극심하게 대립한 틈을 이용해 등장하였다.[431]

삼자의 차별성은 군대와의 관계에서도 나타났다. 천문회는 주둔군과 적대적인 반면 '홍창회'는 우호적이었고, 황사회는 모든 군대에 대해 절대적 중립을 지켰다.[432] 한 지역 내에 이렇게 홍창회의 분파가 난립하자 극단적인

의 탄압으로 소개하고 있다(「林縣天門會猖獗」, 『晨報』, 1927. 5. 16). 한편 王鏡銘은 이상과 같은 현상을 '계급투쟁'으로 설명한다(王鏡銘 「紅槍會給我們的敎訓」(2), 『晨報副刊』, 1927. 11. 5).

429) '반엘리뜨'의 광범한 天門會 참여과정에 대해서는 Xin Zhang, *op. cit.*, 61~63면 참조. 여기서 '반엘리뜨'란 지주·신사 등 기존 엘리뜨와 지배권을 다투는 새로운 계층으로 구체적으로는 전직 군인(하급장교), 토비두목, 무뢰배, 위선자, 주술사, 소송브로커 등으로 구성된 집단을 가리킨다.

430) 王鏡銘 「磁縣紅槍會, 黃沙會, 天門會一年來歷史」(3), 『晨報』, 1928. 4. 10.

431) 王鏡銘 「磁縣紅槍會, 黃沙會, 天門會一年來歷史」(4), 『晨報』, 1928. 4. 11.

432) 王鏡銘 「磁縣紅槍會, 黃沙會, 天門會一年來歷史」(4), 『晨報』, 1928. 4. 11.

경우 아버지는 홍창회의 중견이고 아들은 천문회의 단사(團師)가 되었으며 형은 천문회의 전사이고 동생은 '홍창회'의 군사(軍師)가 되기도 하였다.[433] 그 결과 아들과 아버지 그리고 형과 동생 사이의 투쟁이 발생하였는데 '홍창회'와 천문회 아니면 황사회 가운데 어느 하나의 조직을 선택해야만 했던 당시의 상황을 잘 보여준다.[434]

이들 사이의 대규모 갈등은 '홍창회', 천문회 두 조직이 공동으로 관할하는 팽성진(彭城鎭) 남태촌(南台村)에서 천문회원 한노덕(韓老德)이 둘을 이간질하는 유언비어를 유포함으로써 일어났다. 사태를 더욱 복잡하게 만든 것은 팽성진 부근의 봉봉(峯峯)탄광과 서좌(西佐)탄광을 각각 관할하는 중화공사(中和公司)와 이립공사(怡立公司)의 대립이었다. 이 회사들은 '홍창회'와 천문회의 대립을 이용하였는데 중화공사는 천문회에게, 이립공사는 '홍창회'에게 각각 식량과 무기 등을 지원하였다. 그 결과 천문회와 '홍창회'의 대립은 더욱 치열해졌는데, 천문회에 의해 홍창회가 패배하자 그를 지원한 이립공사까지 유린당하여 20여 만원의 손실을 입기도 하였다. 1926년 7월 이후 연말 타협이 이루어질 때까지 양측은 6, 7차례 접전을 벌였으며, 황사회는 천문회와 '홍창회'가 마두진(馬頭鎭)을 두고 대치할 때 자현홍십자회(磁縣紅十字會)와 명선당(明善堂)과 함께 중재에 노력하였다.[435]

1926년 여름 하남남부의 당하에서 발생한 '홍창회'와 녹창회의 충돌 역시 위에서 보여준 천문회와 '홍창회'의 갈등만큼 첨예했다. 이 지역들의 홍창회는 1926년 여름 성정부가 남양을 중심으로 할거하고 있던 번종수에 대한 토벌에 여념이 없는 틈을 타고 세력을 떨쳤다. 본래 지니고 있었던 지역 자위의 명분을 잃어버리고 지역을 약탈하던 홍창회는 내부에 분파가 발생하여 '홍창회' 이외에 황창회, 녹창회 등이 생겨났고, 급기야 녹창회와 황창회가

433) 王鏡銘「磁縣紅槍會, 黃沙會, 天門會一年來歷史」(7),『晨報』, 1928. 4. 15.
434) 王鏡銘「紅槍會給我們的敎訓」(2),『晨報副刊』, 1927. 11. 5.
435) 王鏡銘「磁縣紅槍會, 黃沙會, 天門會一年來歷史」(5),『晨報』, 1928. 4. 12.

연합하여 '홍창회'를 공격하는 사건이 발생하였다. 대립의 원인은 명확하지 않지만 녹창회는 '홍창회'가 도주한 융진(隆鎭), 청태(淸台), 고묘(高廟) 등의 10여 채를 공격·파괴하고 그 과정에서 무고한 양민 1백여 명에게 상해를 입혔다.[436] 국민혁명군 소속 정치공작원 진진(振振) 역시 정확한 시기와 지역을 밝히지는 않았지만 '홍창회'와 녹창회의 대립 사실을 소개하였다.[437] 그에 따르면 '홍창회'와 녹창회는 관할지역을 정하여 서로 대립하였다. 한번은 '홍창회' 회원 3명이 녹창회 구역에 들어갔다는 이유로 살해된 것을 계기로 양측이 충돌하여 모두 1백여 명이 죽기도 하였다. 이 홍창회 대사형(大師兄)의 권세는 아주 커서 첩자로 지목한 자들은 바로 목이 베어졌다.

물론 이상과 같은 홍창회의 분파성은 그 다양한 이름에서 드러나듯 이미 발생 초기부터 있어왔다. 그러나 이 정도로 심각한 것은 아니었던 것 같다. 이 점과 관련하여 홍창회의 명칭이 임의적으로 결정되었다는 사실이 주목을 끈다. 홍창회가 분열할 때 초기에는 각각 동일한 명칭을 사용했으나 경쟁관계에 이르러 상대방이 '홍창회'라는 명칭을 사용하면 다른 한편은 녹창회가 되고, 또다시 인접한 홍창회는 남창회(藍槍會), 대도회 등의 명칭을 사용하였던 것이다.[438]

또한 홍창회는 지역이해에 근거하여 출발하였기 때문에 초기 갈등의 원인도 그 연장선에서 찾을 수 있을 것 같다. 그렇기 때문에 공산당원 가운데 비교적 일찍부터 홍창회에 주목해왔던 이대조(李大釗)는 낙후한 농촌경제가 농민에게 좁은 촌락주의와 향토주의를 형성시켜 농민운동을 분열시켰고, 그 결과 군벌과 '토호열신'에게 이용당할 소지를 지녔다고 지적하였다. 그 예로 산동 백극회(白戟會)·'홍창회', 낙양홍창회의 성내파·성외파, 섬천(陝川)

436)「豫南紅黃綠三槍會大決鬪」,『長沙大公報』, 1926. 7. 8.
437) 振振「民風叢話」,『上海民國日報』副刊『覺悟』, 1928. 12. 17; 張振之, 앞의 책 142~43면.
438) 馮銳「紅槍會問題」(3),『晨報』, 1927. 12. 3.

백창회·'홍창회', 차원(汕源) 황창회·녹창회, 오패부의 사주에 의한 하남 홍창회와 번종수 충돌, 유진화의 하남홍창회를 이용한 섬서홍창회 공격, 오신전(吳新田)에 의한 섬서홍창회 사이의 충돌 등은 홍창회 내부의 지역갈등과 군벌의 이해가 결합되어 발생한 것이라 하였다.[439] 또한 홍창회는 본래 종교적·계급적 목적보다는 지주·신사 참여하에 자위라는 지역이해에 근본 목적을 둔 조직이기 때문에, 초기에는 조직 내의 종교적·계급적 분파성은 비교적 엷다고 할 수 있다. 사실 토비나 군벌의 수탈에 대한 방어를 위해서는 공동행동이 요구되었던 것이고 홍창회 내부의 명칭 차이가 바로 각 조직성격의 분명한 차이를 보여주는 것은 아니었다.

그러나 홍창회는 발전 또는 변질과정에서 지주·신사를 중심으로 한 정체성이 모호해지고 그 대신 교리·의식·훈련방식 등의 차이에 따라 다양한 분파가 생겨났다. 홍창회는 홍(紅)·황(黃)·남(藍)·백(白)·흑(黑) 등 제학(諸學) 등으로 구분되었고, 그 가운데 가장 세력이 컸던 홍학은 다시 대홍학(大紅學, 노파老派), 소홍학(신파新派)으로 갈라져 둘 사이의 대규모 충돌로 이어졌다.[440] 또한 1927년 5월 호북 마성(麻城)홍창회와 밀접한 관련을 맺고 있었던 하남남부의 광산홍창회는 노동군중을 중심으로 한 현문(玄門)과 지주·신사로 구성된 감문(坎門)의 두 분파로 나뉘어 대립하였다.[441] 이밖에 1927년 후반에서 그 다음해 4월까지 하남북부에서 봉천군·직노군(直魯軍) 대 풍옥상군의 치열한 접전이 벌어졌을 때 '홍창회'와 천문회는 상황과 조건에 따라 여러 군벌과 결합하여 전투에 참가하였다. 그렇기 때문에

439) 李大釗 「魯豫陝等省的紅槍會」(1926. 8. 8), 中共中央書記處 編 『六代以前─黨的歷史材料』(人民出版社 1980) 665면.

440) 魏明華 「何爲紅槍會」, 『晨報』, 1926. 8. 24; 「紅槍會在洛之勢力」, 『晨報』, 1925. 9. 22; 「河南紅槍會大激鬪」, 『時報』, 1926. 1. 11.

441) 구체적으로 坎門홍창회가 호북 黃安을 공격할 때 국민당 黃安 현당부는 玄門홍창회 주술사 張破襖를 초빙하여 대항하도록 지시하였다. 「可注意之顎北紅槍會問題」, 『漢口民國日報』, 1927. 5. 17.

1928년 초 하남북부의 전쟁은 기본적으로 '회비'와 '회비' 간의 충돌이라 평가받았다.[442)]

요컨대 홍창회는 발전과정에서 기존 지역이해의 대립에 더하여 종교적 분파성, 군벌의 이용 등의 요인이 결합하여 상호간의 대립을 더욱 첨예화시키면서 분열되기 시작하였다.[443)] 또한 이상은 과거 단순한 지역갈등의 차원을 넘어선 것으로 군벌과의 대립이란 공동행동 이후 지역을 장악한 홍창회 조직들 사이의 증폭된 갈등양상이라 할 수 있다. 따라서 한 보고자는 홍창회 사이의 대립을 '이교도 사이의 충돌'이라고까지 하였고,[444)] 공산당은 1927년 9월 새로운 홍창회운동에 대한 정강을 제시하면서 '홍창회 사이의 대립 금지'를 천명하였던 것이다.[445)]

마지막으로 '회비'는 신식 교육기관의 파괴와 미신의 횡행이란 현상을 초래하였다. 비록 '회비'는 "지식인 타도"라는 구호를 내걸지는 않았지만, "학교 파괴"를 중요한 지침으로 제시하여 관할의 구역 내의 학교를 파괴했다. 이에 따라 교사를 잃은 자현의 학생들은 부적을 태워 마시고 주문을 외우며 창을 들고 봉을 연마하여 홍창회의 지원세력이 되었다.[446)] '회비'는 단순히

---

442) 『順天時報』, 1928. 1. 20. 심지어 1927년 安陽 水冶鎭에서와 같이 1개 鎭 내에 10종류의 홍창회가 동시에 존재하는 단계에 이르면 그간 토비나 군벌의 수탈에 보여주었던 홍창회 내부의 협조관계는 크게 위협받을 수 있었다(이상 安陽縣委黨史辦「一九二七年安陽槍會運動的初步調査」, 『河南黨史硏究』, 1986-2, 44~45면 참조).

443) 馮銳는 홍창회의 변화과정을 "由小而大" "由近而遠" "由少而多" "由爭而分" "由同而異"로 요약하였다. 馮銳「紅槍會問題」(3), 『晨報』, 1927. 12. 3.

444) 王鏡銘「紅槍會給我們的敎訓」(2), 『晨報副刊』, 1927. 11. 5; 王鏡銘「磁縣紅槍會, 黃沙會, 天門會一年來歷史」(5), 『晨報』, 1928. 4. 12.

445) 「河南省委報告」―關于目前政治狀況, 黨內工作情形及槍會問題決議」(1927. 9. 4), 中央檔案館河南省檔案館 『河南革命歷史文件彙集(1925~1927)』(河南人民出版社 1984) 89면.

446) 학교 파괴에 관한 구체적 예에 대해서는 鏡銘「紅槍會爲什麽這樣猖獗」, 『晨報副刊』, 1927. 4. 11; 王鏡銘「磁縣紅槍會, 黃沙會, 天門會一年來歷史」(6), 『晨報』, 1928. 4. 14; 向雲龍「紅槍會的起源及其善後」, 『東方雜誌』第24卷 21期(1927. 11. 10); 王鏡銘「紅槍會給我們的敎訓」(3), 『晨報副刊』, 1927. 11. 7 등 참조.

학교를 파괴하는 데 머물지 않고 신식학문을 수학한 자에 대한 공격도 강화
하여 공개적 모욕과 처벌을 계속하였다. 특히 임현천문회 총단사(總團師) 한
욕명은 지식인을 혐오하여 그들 가운데 다수를 살해하였고,[447] 루백심의 기
현홍창회가 '회비'로 변모하여 진류를 약탈할 때 그곳의 학생들을 살해하였
던 것도 아마 같은 이유였던 것으로 판단된다.[448] '회비'가 왜 학교나 학생
을 공격했는지 불확실하지만 아마도 신식학교가 홍창회의 본부가 주로 설치
되었던 사당이나 사묘 등을 개조하여 조성되었기 때문이거나, 청말 신정(新
政) 때와 같이 신식교육의 강화에 따른 교육비 부담의 증가에 대한 반발 때
문이었던 것으로 추측된다. 따라서 1927년 천문회가 자현에서 극성하게 되
자 이전 학교로 개조되었던 사묘를 복원시켰다.[449] 근대 교육기관의 파괴는
'회비'의 또다른 특징인 미신적 · 신비적 요소의 강화현상과 결부되어 있었
다. 한 예로 자현천문회는 악성진(岳城鎭) 고의촌(固義村) 학교 내에 신상(神
像)과 사묘를 다시 건립하였는데, 이러한 조치는 일반촌민의 환영을 받았고
이후 사묘가 증가하며 기우제, 무당, 자연숭배 등 미신이 횡행하기에 이르렀
다.[450]

'회비'의 등장에 따라 변화된 농촌의 모습을 한 관찰자의 보고를 통해 다
시 한번 살펴보자.

성인 탄생에 관한 유언비어나 황당하고 쓸 데 없는 말들이 떠돌고, 희극이

---

447) 杜大中「我同天門會首領韓裕明等的接觸」,『河南文史資料』第11輯, 34면; 梁心明「對
杜大中寫的天門會史料的意見」,『河南文史資料』第11輯, 53면.
448)「陳州四鄕焚掠之慘狀」,『時報』, 1926. 6. 10.
449) 鏡銘「紅槍會爲什麼這樣猖獗?」,『晨報副刊』, 1927. 4. 11.
450) 王鏡銘「磁縣紅槍會, 黃沙會, 天門會一年來歷史」,『晨報』, 1928. 4. 14; 王鏡銘「紅槍
會爲什麼這樣猖獗?」,『晨報副刊』, 1927. 4. 11; 郭堪波「大名一帶紅槍會」(下),『晨報』,
1928. 4. 4; 振振「民風叢話(續)」,『上海民國日報』副刊『覺悟』, 1928. 12. 8; 三谷孝「南
京政權と迷信打破運動(1928〜1929)」,『歷史學硏究』455, 1978 참고.

경망스럽게 매일 상연되었는데 너무 화려하여 어지럽기 그지없고 일단 이를 경험하면 도대체 여기가 무슨 세계인지 알 수 없을 정도였다.[451]

본래 촌에는 일반적으로 독자적인 규약이 있어 나름의 구속력을 지녔다. 이를테면 사묘 연극의 비용이나 회수는 관습적으로 고정되었고 그 비용 갹출을 거부하거나 지나치게 많은 공연이 이루어질 경우 비판받게 마련이었다. 그러나 천문회의 발흥 이래 이러한 규약은 파괴되고 자현에서 해마다 두 차례만 공연되던 연극은 1927년에만 대여섯 차례 공연되었다. 또한 자현에는 낭자강(娘子腔)이라는 연극이 존재했으나 경박하여 풍습을 해친다는 이유로 금지되어왔다. 그러나 1927년 천문회가 극성하자 낭자강이 공공연히 공연되어 수십년 지켜오던 관습법이 파괴되었다.[452]

공산당은 이상의 과정에 대해 "홍창회가 자위의 단계에서 나아가 성을 공격하여 권력을 탈취하는 단계에 이르면 정치·경제상의 출로가 없어 부패하고 만다"[453]고 지적하였다. 이는 '정치·경제상의 출로'에 대한 공산당 지도의 필요성을 강조하기 위한 정치적 판단으로 생각할 수 있지만, 토비와 군벌을 구축하고 지역을 독차지하게 된 홍창회 가운데에서 이전과 성격이 다른 '회비'가 어떠한 과정을 거쳐 등장하게 되는지 요약적으로 설명하고 있다.[454]

---

451) 王鏡銘「紅槍會給我們的敎訓」(3), 『晨報副刊』, 1927. 11. 7.

452) 王鏡銘「磁縣紅槍會, 黃沙會, 天門會一年來歷史」(7), 『晨報』, 1928. 4. 15. 한편 홍창회와 연극과의 밀접한 관련성에 대해서는「豫東紅槍會已被擊斃」, 『晨報』, 1926. 5. 19;「亳縣黃槍會被擊潰」, 『時報』, 1929. 4. 22; 杜大中「我同天門會首領韓裕明等的接觸」, 『河南文史資料』第11輯, 1984, 34면 등 참조.

453)「河南省委報告」―關于目前政治狀況, 黨內工作情形及槍會問題決議」(1927. 9. 4), 中央檔案館河南省檔案館 『河南革命歷史文件彙集(1925~1927)』(河南人民出版社 1984) 88면.

454) 또한 "홍창회의 발생은 원래 자위에 있었으나 근래 세력이 강대해짐에 따라 그 종지를 바꿔 군대를 압박하고 학교를 해산시키며, 교통을 파괴하고 기관을 점령하기에 이르렀다"라는 1927년 말의 한 지적 역시 '會匪'의 등장과정을 묘사한 것이다(向雲龍, 앞의 글 38

결국 홍창회는 토비와 군벌과 함께 지역을 분할장악하면서 독자적 질서를 형성해가고 있었고, 그 가운데에는 '회비'와 같은 극단적 존재도 포함되어 있었다. 이러한 질서를 '홍창회 세계'라 한다면 토비 세계란 폭압적 군벌통치로 말미암아 정상적인 성 권력이 해체된 상황에서 지역이해에 기반을 둔 자위집단 홍창회와 함께 약탈집단 토비와 군벌이 지역적으로 할거하면서 일정의 세력균형을 이루고 있는 상태로 정의될 수 있을 것이다.

면).

VI. 소결

1915년부터 1920년까지 안정적으로 하남의 독군 직을 유지해온 조척은 1920년대 본격화된 안휘파, 직예파, 봉천파의 대립구도에 더이상 초연할 수 없었다. 1920년과 1922년의 하남의 독군교체파동은 단순히 하남 내의 갈등에 그치지 않고 중앙의 내각 붕괴파동이나 직환전쟁 그리고 1924년의 북경정변으로 이어졌다. 그 결과 하남은 군벌이 대립하고 있던 북방 정국의 추이를 가늠케 하는 핵심적 존재로 부상하면서 군벌혼전의 한복판에 놓이게 되었다.

1920년대 동서, 남북 군벌전쟁의 중심에 위치한 하남에 군대가 급증하고 그에 따른 군비의 지출이 증가된 것은 자연스러운 결과였는데, 특히 1923부터 1926년까지 군비는 폭발적으로 증가하여 성정부의 재정을 악화시켰다. 이에 대하여 군벌정부는 새로운 세원 개발, 하남 성은행의 건립, 재정 통일, 군비지출의 억제 등의 다양한 조치를 취했지만 근본적으로는 전쟁에 따른 과도한 군비충당의 문제를 해결할 수 없었고, 다른 한편으로는 주둔군대에 의한 임의적 징세와 세금포탈 그리고 지역의 항세운동 등은 재정 곤란을 더욱 가중시켰다. 결국 군벌정부의 선택은 지폐의 남발이나 토지세 예징과 같은 대중적 접근이거나 주둔군대의 지역수탈 방기일 수밖에 없었다. 하지만 결과는 지폐폭락에 따른 군벌정부에 대한 신임 하락과 군대에 의한 지역수탈에 따른 지역민의 군벌 반대투쟁의 강화로 나타났다.

군벌통치의 강화는 지방의 치안체제에 영향을 끼쳤다. 지방치안을 현지사를 중심으로 한 민정치안과 군대가 중심이 된 군정치안으로 구분해보면 1920년대는 그 중심이 전자에서 후자로 전환하는 시기라 할 수 있다. 이렇게 된 원인 가운데 하나는 1920년대의 독군교체파동과 군벌혼전으로 말미암아 나타났던 성 중앙권력의 불안정성이 그대로 현급의 차원에까지 반영되었다는 사정에서 찾을 수 있다. 지방치안의 핵심적 역할을 담당했던 현지사는 1920년대에 들어 안정적인 지위를 유지할 수 없었고, 상당수가 군벌과 직·간접적인 관련을 지닌 자들로 충당되었기 때문에 자신들을 임명한 군벌과 정치적 운명을 같이하는 경우가 많았다. 따라서 군벌수탈의 임시대리인에 불과했던 이들이 이전과 같이 안정적이고 효율적인 치안유지활동을 수행할 수 없었다.

이밖에도 군벌 통치시기 기존 치안조직의 기능이 약화되었다. 예컨대 1918년 성립된 순집대는 기존의 민정 치안조직인 보위단, 경비대, 향진경찰 등 다양한 조직을 하나로 통합하여 성 전체의 위계를 갖춘 대규모 조직으로서 효과적인 토비대책을 수행하였으나, 1922년 새롭게 권력을 장악한 풍옥상은 단순한 조척 일가의 개인적 무장조직 혹은 잠재적 무장 반란세력으로 간주하여 해산하였다. 또한 계속되는 전쟁의 필요 속에 각 군벌은 기존 지역 치안조직을 해산하여 자신의 군대로 개편하거나 그 무기를 몰수함으로써 기존 치안조직의 기능을 현저하게 약화시켰다.

이러한 1920년대 군벌 통치시기에 본격적으로 등장한 새로운 토비가 토비군대였다. 조척의 몰락에 따른 휘하 군대의 토비전환 예에서 드러나듯 이 토비군대들은 기존에 소지했던 무기와 전투경험을 바탕으로 이전과 다른 대규모의 약탈과 인질납치, 파괴를 자행하며 하남을 혼란에 빠뜨렸다. 반대로 전쟁의 수요에 따른 군벌의 무차별적 토비의 군대개편은 출세를 노리는 토

312

비의 발호를 촉진시키는 촉매제였다. 결국 토비 규모의 확대와 무장력의 강화는 현지사나 기존 민정 치안조직의 기능 약화와 맞물려 군정치안의 중요성을 부각시키게 되었다. 본래 치안유지활동은 조직력과 군사력을 소유한 군대에 의해 효율적으로 이루어질 수 있었지만, 외적의 방어라는 고유한 역할을 지닌 군대는 각 지역사정에 구애받기보다는 중앙의 이해에 따라 작전지와 주둔지를 옮겨야 했으며, 군벌간의 대립이 발생할 경우 지역의 치안유지활동은 관심 밖의 일로 밀려날 수 있었다. 더욱이 광범한 토비군대의 존재와 토비의 군대개편이 진행되고, 토비의 폐해에 비견되는 군에 의한 수탈이 지속되는 한 "토비와 군대가 구분되지 않는" [병비불분(兵匪不分)]의 상황은 더욱 두드러지게 되었으며, 이러한 상황에서 군정치안의 효과를 기대하기 곤란했다. 1920년대 하남의 '토비 세계'란 바로 이러한 사정을 배경으로 성립하게 된 것이다. 특히 1920년대 초 토비군대의 대표 존재인 노양인집단의 발전과 지역할거는 세간의 관심을 집중시키면서 그들을 추종하는 수많은 토비집단의 준동을 야기했으며, 그 결과 군벌도 관여할 수 없는 독자적인 '토비 세계'를 재촉하였다.

1920년대 '홍창회 세계'의 형성은 이러한 '토비 세계'의 성립을 직접적 배경으로 하였다. 민정 치안조직의 기능 약화와 군정 치안조직의 수탈 강화라는 공적 치안체제의 문란을 대신하여 토비를 방어하기 위한 '유일한 무기'로 등장한 것이 사적 치안조직 홍창회였다. 홍창회는 의화단, 인의회, 금종조로 이어지는 청말민초 비밀결사적 전통을 배경으로 하면서 그들이 취하고 있던 "도창불입(刀槍不入)"의 주술을 직접적 계기로 등장했으며, 동시에 민단, 종족, 채보 등 기존의 지역조직과 그것들을 주도하던 지주·신사와의 결합을 통해 성립·발전되었다. 전자가 홍창회 성립, 전파의 배아라 한다면, 후자는 홍창회 성립·발전을 위한 토양이라 할 수 있다.

토비 반대 자위조직으로 출발한 홍창회는 "병비불분(兵匪不分)"이란 군벌 수탈의 상황을 맞이하여 군벌과 대립하기 시작하였고, 강화된 역량을 배경으로 현성 공격과 점거의 상황에까지 나아갔으며, 계속된 성정부의 금지령에도 현지사를 구축하고 항세운동을 전개하면서 지역 내의 합법성을 실질적으로 쟁취해갔다. 이러한 홍창회 할거를 통해 이루어진 사회를 '홍창회 세계'라 할 때 그들은 자신의 세계 내에 침투하려는 모든 외부세력, 즉 토비, 패잔병, 국민2군, 오패부군(吳佩孚軍), 봉천군 모두에 대항하여 그들을 구축하면서 단순한 수탈대상으로 전락하지 않았고, 군벌과 타협할 경우에도 주도권을 잃지 않았다. 따라서 합작의 경우에서조차 홍창회는 군벌에게 이용당한 것이 아니라 오히려 홍창회가 군벌을 이용했다거나, 북방정국을 좌우할 능력을 보유했다고 평가되었던 것이다.[455]

455) 枕薪「河南之紅槍會」, 『國民週報』, 4-24(1927), 2면; 向雲龍, 앞의 글 38면.

제3부

토비 세계의 내부 구조와 국민혁명

1920년대 하남의 토비 세계를 이해하기 위해 지금까지 그 형성과정과 지역적 분할구도에 대해 살펴보았다. 구체적으로는 군벌의 수탈과 토비의 발전, 토비의 발전과 홍창회의 등장, "병비불분(兵匪不分)"에 따른 홍창회와 군벌과의 대립, 홍창회의 발전과 '회비(會匪)'의 등장 등에 대한 검토를 통해 1920년대 하남 기층사회에 대한 이해를 시도해보았다. 그러나 이와같은 토비·홍창회·군벌 삼자 간의 갈등과 그리고 상호 인과관계에 대한 외면적 분석만으로는 토비 세계의 전모를 이해할 수는 없을 것 같다. 오히려 토비 세계 내부의 권력관계와 운영원리, 토비·홍창회의 일상생활 등에 대해 더 검토해야만 토비 세계의 성격과 하남사회상이 더욱 전면적으로 드러날 수 있을 것이다.

그러나 이러한 토비 세계의 내부 구조를 분석한다는 것은 쉬운 일이 아니다. 군벌 통치시기 하층민의 독특한 생존수단이었던 토비·홍창회의 내부 조직이나 운영원리와 시대적 특징을 밝히는 일은 관련 자료의 부족과 왜곡이란 한계를 고려할 때 더욱 그러하다. 따라서 새로운 내부 자료의 발굴이 절실한데 이때 먼저 주목되는 것은 그들의 내부 언어라 할 수 있는 은어이다. 토비은어는 왜곡된 시각의 관변 자료에 가려진 그들의 세계를 여과 없이 보여줄 것으로 기대되기 때문에 이를 통해 먼저 제한적이지만 1920년대 '토비 세계'의 실제 모습을 그려보고자 한다.

'토비 세계'에서 나타나는 미신숭배는 '홍창회 세계'에서 더욱 두드러졌다. 훈련과 법술을 통해 총과 칼을 맞아도 죽거나 상하지 않을 수 있다는 "도창불입(刀槍不入)"의 상태에 도달하기 위해 실행하는 홍창회의 입회의식과 훈련과정을 검토할 경우 이 점은 명확하다. 이하에서는 특히 홍창회 주문의 의미와 내용 그리고 수련과정을 분석함으로써 '홍창회 세계' 내의 일상에 대해 살펴볼 것이다.

언어와 일상 이외에 토비 세계의 내부를 이해할 수 있는 또다른 방법은 '외부'의 눈을 통해 접근하는 것이다. 환언하면 '외부'와의 관련 속에서 그들에게 비춰진 토비 세계의 모습을 통해 반대로 내부의 실상을 이해하는 방식이다. 이러한 외부세계의 대표적 예로 이하에서 지역엘리뜨*와 혁명세력을 상정하고자 한다. 군벌통치에 대한 하층민의 주체적 대응조직으로 토비·홍창회가 점차 세력을 키워나갈 경우 기존의 권력을 유지하거나 새로이 권력을 창출하려는 지역엘리뜨가 이들과 관련을 맺는 것은 그다지 특이한 일이 아닐 것이다. 또한 국민혁명의 진전에 따라 새롭게 지역을 조직 장악하려는 혁명세력 역시 강력한 지역의 무장세력으로 등장한 이 토비·홍창회들과 결합해야 했다.

---

* 일반적으로 지역엘리뜨는 "지역 정치무대(local arena) 내에서 지배(dominance)를 실행하는 개인 혹은 가족"으로서 자신의 지배력을 유지하기 위해 물질자원(토지, 상업적 부, 군사력), 사회자원(영향력 네트워크, 친족관계, 결사), 개인자원(기술력, 지도력, 종교 혹은 마술능력), 상징자원(지위, 명망, 특별한 생활방식, 보르디에가 말하는 "symbolic capital") 등을 장악한 존재였다(Joseph W. Esherick and Mary Backus Rankin, *Chinese Local Elites and Patterns of Dominance* (University of California Press 1990) 10~11면. 또한 貴志俊彦은 지방유력가를 ① 會首와 紳士, 豪門 등의 지방명사, ② 知縣과 연결된 長隨와 幕友, 胥吏, ③ 민간의 자치적 공공조직과 각종 行會의 지도자, ④ 商會, 敎育會 등의 法團 대표, ⑤ 상공업자와 洋行의 종업원 등을 포괄적으로 지칭하는 개념으로 사용하였다(貴志俊彦 「「北洋新政」體制下における地方自治制の形成─天津縣における各級議會の成立とその限界」, 橫山英 編 『中國近代化と政治的統合』, 溪水社 1992, 168면 주2 참조).

I. 20세기 초 토비은어〔黑話〕와 토비문화

1. 토비은어〔黑話〕의 실례와 생성원리

은어란 "한 사회집단이 그 내부의 이익과 원만한 내부 인간관계를 유지하기 위해 창제하고 사용한 일종의 내부 교제언어이다. 비유와 은유 그리고 기만 등을 특징으로 하는 폐쇄성 혹은 반(半) 폐쇄성 부호체계이며 특정한 민속언어 현상이기도 하다."[1] 그렇다면 은어는 고금을 막론하고 세계 어느 사회에서나 발견할 수 있는 보편적 사회현상이라 할 수 있다.[2] 중국에서는 고

---

[1] 이러한 은어의 정의와 은어 관련 연구사 정리에 대해서는 曲彦斌「中國民間秘密語(隱語行話)研究槪說」, 『社會科學輯刊』1997-1, 41면 참조 한편 은어는 지역과 사용주체에 따라 '切口' '雜話' '市語' '方語' '査語' '俏語' '錦語' '暗語' 등으로 칭해지며 토비은어는 특별히 '黑話'라 한다.

[2] 한국·중국·일본의 은어 개념 정의, 연구동향 그리고 대표적 은어사전 등에 대해서는 朴英燮「은어의 사적 형성 연구」(고려대 교육대학원 석사학위논문 1979) 2~10면; 曲彦斌 主編 『中國隱語行話大辭典』(遼寧教育出版社 1995). 이하 『中國隱語行話大辭典』으로 약칭; 潘慶雲 主編 『中華隱語大全』(學林出版社 1995). 이하 『中華隱語大全』으로 약칭; 楳垣實 編 『隱語辭典』, 東京堂出版 1992(36版). 이 가운데 曲彦斌, 潘慶雲의 책에는 각각 2만, 1만4천여 종의 은어가 망라되어 있다. 또한 당말에서 청대까지의 각계 은어의 유포 상황에 대해서는 冬煤 『中國匪人』(甘肅人民出版社 1997) 100~103면 참조.

대 병사, 당대 황실 배우, 송대 축구 기예인, 청대 이후의 토비, 걸인, 밀수인, 도박꾼, 비밀결사 집단 등이 특히 은어를 많이 사용하였다. 은어에 관련된 기존의 연구가 그다지 활발하게 이루어졌다고는 할 수 없지만, 근자에 들어 연구영역의 확대와 다양한 학문적 방법론의 도입에 따라 은어연구는 새로운 단계에 들어서게 되었다. 중국의 경우 새로운 연구는 ① 언어학적 연구, ② 민속학적 연구, ③ 역사학적 연구, ④ 민족학적 연구, ⑤ 문학적 연구, ⑥ 범죄학적 연구, ⑦ 민속학을 중심으로 한 종합연구 등의 경향성을 띠고 진행되고 있다.[3] 여기서 역사학적 연구대상으로서의 은어는 역사와 사회현상을 투시하는 창문이며 언어 화석으로 기능하게 된다. 더구나 은어란 민요나 구전자료와 같이 관변 자료의 왜곡된 시각에 가려진 하층 민중세계를 여과 없이 보여줄 수 있는 귀중한 자료라 할 수 있다. 따라서 합법적이고 정통적인 '양의 사회'와 달리 비합법적이고 이단적인 '음의 세계'를 이해하기 위해 은어에 주목할 필요가 있다.[4]

하지만 기존의 은어연구는 대부분 비밀결사에 집중되었고 상대적으로 강한 대내적 결속력의 결과 공동의식, 문화 그리고 공동의 비밀언어가 발생할 경향이 다분한 토비에 대해서는 그다지 주목하지 않았다.[5] 하지만 토비은어, 즉 흑화는 토비 '하위문화'(subculture)의 직접적인 외재 표현형식이며 일상생활과 사회폭력 행위 가운데 내재된 그들의 가치관을 내포하고 있다는 면

---

3) 曲彦斌「中國民間秘密語(隱語行話)硏究槪說」, 『社會科學輯刊』 1997-1, 45~47면 참조.
4) 대표적인 연구로는 蔡少卿『中國近代會黨史硏究』(中華書局 1987); 蔡少卿『中國秘密社會』(浙江人民出版社 1989); 『中國乞丐史』(上海文藝出版社 1992); 曲彦斌『中國典當史』(上海文藝出版社 1992) 등이 있다. 또한 중국사회에서 보이는 '양'과 '음'의 대비에 대해서는 로이드 E. 이스트만 지음, 이승휘 옮김『중국사회의 지속과 변화, 1550~1949』(돌베개 1999) 291~319면 참조.
5) 예외적으로 중국 최초의 토비연구자라 할 수 있는 何西何는『中國盜匪問題之硏究』(泰東圖書局 1925)를 통해 토비은어[黑話]에 주목했으며, 빌링슬리는 黑話 분석을 통해 토비집단의 미신숭배에 대해 고찰하였다(Phil Billingsley=1988).

에서 중요하다. 그렇기 때문에 흑화를 통해 그들의 구체적 삶과 믿음 그리고 사유방식에 접근해보고자 하는 것이다. 특히 흑화의 생성과정과 그 운용 및 내용구성 등을 천착해본다면 폐쇄적인 그들의 내부세계로 한걸음 다가설 수 있을 것으로 기대된다.

이 경우 문제가 되는 것은 흑화의 시기, 지역적 한계이지만, 흑화란 어느 특정시기에 만들어졌다기보다는 장시간의 집단적 경험에서 이루어진 것이라 할 때 이하에서는 1910년대 혹은 1920년대 등 시기적 구별에 구애받지 않고 분석대상을 선정하고자 한다. 또한 흑화가 지역적으로 차별적이라는 문제가 있을 터이지만, 토비의 생활 자체가 지역별로 큰 차이를 보이지 않았을 것이기 때문에 그 문제 역시 크게 고려하지 않을 것이다. 단 구체적으로는 20세기 초 중국 내에서 가장 토비가 극성했던 하남, 산동, 동삼성 등지에서 주로 사용되었던 흑화를 분석대상으로 삼고자 한다. 그러면 당시 흑화가 얼마나 광범하게 사용되었는지 우선 그 실상을 살펴보기 위해 예를 하나 드는 것으로 논의를 시작해보고자 한다.

청말의 『청패류초(淸稗類鈔)』(「호비(豪匪)」)는 동북(東北)의 토비, 즉 호비가 명대(明代) 원숭환(袁崇煥)에 의해 살해된 모문룡(毛文龍)의 부하들에게서 시작되었다고 하면서 이들이 사용한 흑화로 '화요자(花鷂子, 관병)' '조적(朝的, 밥먹다)' '관토자(官兎子, 군관)' '첩금(貼金, 총에 맞다)' '대량호(大糧戶, 부자)' '청앙자(聽秧子, 고문)' '차료인(搽了人, 살인)' '대당포리(大當鋪裏, 토비 소굴)' '방표(綁票, 인질납치)' '요핍자(腰逼子, 총)' '구봉자(口鋒子, 칼)' '당가복(當家福, 두목) 등을 소개하고 있다.[6] 이 책을 통해 청대 이전부터 이미 토비 사이에서 흑화가 널리 사용되었음을 추측할 수 있지만, 얼마나 광범하게 사용되었는지 또 어떠한 원리를 통해 흑화가 형성되었는지를 구체적으로 알 수는 없다. 하지만 다음 소개하는 토비 갑과 을의 대화내용(이하 「갑·을의 대

---

6) 徐珂 編撰 『淸稗類鈔』 第11冊, 中華書局 1996(第2版), 5329~31면.

화」로 약칭)은 『상해흑막(上海黑幕)』에 등장하는 것으로 토비집단 내에서 흑
화가 차지하는 중요성을 잘 보여주고 있다.[7]

　갑: "천(天)이 쇄청(洒淸)하려는 듯한데(비가 올 것 같은데) 개화자(開花子, 雨傘)
를 갖고 있냐?"

　을: "아니, 없어. 이제 막 요당(窯堂, 자택自宅)으로 돌아가려 한다네."

　갑: "어디에서 산두자(傘頭子, 저녁)를 수(受, 먹)고 가지 않을래?"

　을: "그래, 그러자. 넌 옥자(玉子, 술)를 수(受, 먹)냐?"

　갑: "무척이나 좋아하네. 먹자. 그런데 옥산(玉傘, 술과 밥)을 먹고 나서는 무
엇을 할까? 나는 훈(燻, 아편)을 피고 싶은데 어때?"

　을: "이곳에 훈간자(燻桿子, 연관煙管)가 없어."

　갑: "그렇다면 황연자(黃連子, 차)를 마시는 것으로 하지."

　을: "그런데 무엇을 타고 갈까? 늑자(勒子, 수레) 아니면 저자(底子, 배)?"

　갑: "그렇다면 사각자(四脚子, 말)를 타고 가자."

　을: "어디로 먼저 갈까?"

　갑: "실은 무차사(武差使, 강도) 짓을 하려 하는데."

　을: "그러면 가화(傢伙, 무기)는 있냐?"

　갑: "그래 생구(牲口, 소총) 한 자루가 있어."

　을: "그럼, 내가 요자(窯子, 집안)에 가서 대편자(大片子, 긴 칼)를 갖고 오

---

7) 井上紅梅「土匪の闇語に現れた支那色」, 『東亞』6-8(1933. 8) 동일한 내용이 井上 進 『匪
徒』(上海文路 日本堂書店 1923) 66~72면에 「珍奇な對話」 대화라는 제목으로 실려 있다.
저자를 동일 인물이라 할 때 대화내용이 1920년대 초반의 상해지역의 흑화를 반영하고 있
음을 추측할 수 있다. 한편 井上 進은 대화의 주체를 1933년의 글에서는 '토비'로, 1923년
의 글에서는 '匪徒' 가운데 '紅幫'으로 적시하고 있다. 비밀결사 '紅幫'과 '토비'를 엄격히
구분할 경우 흑화의 예로 적절하지 않다고 할 수도 있겠으나, 비밀결사와 토비의 구분이 애
매모호하고 토비 흑화 가운데 상당수가 靑幫의 '切口'에서 유래했다는 점(何西亞, 앞의 책
65면) 등을 고려하면 당시 토비 세계 내의 광범한 흑화 사용의 구체적 예로 큰 무리가 없을
것 같다. 이하는 井上 進의 두 판본을 비교하면서 번역한 것인데 판본에 따라 약간 차이가
있지만 무시하였다.

지."

갑: "소편자(小片子, 단도)가 하나 있으니 대편자는 필요없어."

을: "그래. 원래 넌 어디를 염두에 두고 있냐?"

갑: "동분(東墳, 동쪽의 촌)로 갈 거야. 거기에 횡하리(橫河里, 왕성王姓)라는 자가 있어. 그 집에는 용서(龍鼠, 금은)가 아주 많아. 꼭 그것을 파일파(爬一爬, 탈취)하려 해."

을: "그것은 좋은 생각이지만 큰일이니 다수의 형제와 충분한 분통(噴筒, 소총)이 필요할 것이야."

갑: "그러나 오늘은 그렇게는 안돼. 하모(何某)는 주사자(走沙子, 사염 판매)에 나섰고, 또 하모는 포저자(跑底子, 선상 도적질)에, 또 하모는 방대자(放臺子, 도박 개장)를 각각 하고 있어. 그러나 그 지방에는 영맹(蛉蜢, 관군)이 많지 않으니 1명에서 4, 5명이 나서면 목적한 바를 취하고 개화(開花, 장물)를 충분히 얻을 수 있지 않을까?"

을: "그것 좋은 생각이야. 빨리 실행에 옮기도록 하자."

이 2명은 약간의 무리를 규합하여 곧 (목적지에) 도착하였다. 거기에서 갑(甲)은 삼광(三光)을 개하(開)고(횃불에 불을 붙이고), 운두(雲頭)를 상(上)하고(얼굴에 흑칠하고), 분통(噴筒)을 출(出)하고 나서는(총구를 열면서), 선자(扇子)를 파(破)하라(문을 파괴하라) 명령을 내렸다. 이들 무리는 바로 횡하리(橫河里)의 집으로 쇄도하였다.

을: "이봐! 모두 와봐. 지룡(地龍, 현금)은 이곳에 장(葬)되어(묻혀) 있다."

갑: "아직 갑내(匣內, 가죽 상자)에도 서고(鼠拷, 은팔찌)와 영롱자(玲瓏子, 시계), 기타 여러 물품이 있으니 남기지 말고 가져가라."

을: "그래!"

그들은 거기에서 호접(胡蝶, 중국 외투, 즉 마괘馬掛), 대봉(大蓬, 장삼長衫), 사의대봉(簑衣大蓬, 피포皮袍), 천심자(穿心子, 소매 없는 옷), 곽혈(霍血, 단삼單衫), 차아(叉兒, 고자袴子), 토통(土筒, 투고套褲), 팔구자(八狗子, 면옷), 타풍(拖風, 이불), 척두자(蝎頭子, 구두), 정공(頂公, 모자) 등 일체의 의류를 긁어모았다. 이윽고 삼성(三聲)의 계(鷄)를 신호로 그들은 일제히 철수하였다. 삼성의 계란 피리로 경고하는 것인데 제1성은 강탈이 종료되었음을, 제2성은 소집, 제3성은 퇴각

322

을 각각 의미하였다. 그들은 안전지대까지 도주한 뒤 혹자는 전에 얼굴에 칠했던 위장을 지우거나 혹은 장물을 짊어지고는 그곳에서부터 유유히 산으로 돌아갔다. 도중에 풍두(風頭, 추격대)를 만나자 갑은 큰 소리로 무리에게 "두려워 마라, 형제들. 속히 박풍(撲風, 관병을 격퇴)하여 공을 세워라!"라고 호령하면서 나아갔다. 이때 백미(白米, 탄환)를 싸라기눈같이 퍼부어 관병을 효과적으로 격퇴시키고 개선하면 이를 득풍(得風)이라 하였고, 만약 전투에서 패하여 관병에게 포획될 경우는 실풍(失風)이라 하였다. 그리고 현장에서 체포되는 것을 진상실풍(陣上失風), 범죄 사실이 발각되어 후에 체포될 경우는 착락모풍(捉落帽風)이라 하였다. 감옥에 들어가는 것을 질참(跌儳), 사살 혹은 참살당하는 것을 벽당(劈堂), 승당(升堂), 망성권(望城圈)이라 하였다. 그러나 그들은 득풍하여 돌아와서는(제대로 퇴각하여) 그 획득물, 즉 봉자(蓬子, 의복), 색자(索子, 장신구) 등을 모두 곤조자(困槽子, 저당)로 하여 은으로 교환하여 개화(開花, 나누었다)하였다. 이제 그들의 주머니는 갑자기 두둑해져 그날 저녁 도요(跳窯, 기루)에서 기를 충분히 보양하고 다음날 그곳을 나와 산요(傘窯, 식당)에 들어가 점심을 먹고 나한요(羅漢窯, 목욕탕)에 들어가 목욕하면서 여러 계획을 수립하였다. 이때 갑이 "이번에는 방법을 바꿔 양저자(洋底子, 기선)를 타고 문차(文差, 절도)를 해보는 것이 어떨까?" 하고 제의하자, 즉시 승선하여 저자(底子, 기선) 내의 갑자(匣子, 포刮), 백결(百結, 이불), 봉색(蓬索, 의복과 금품)을 심멱(尋覓)하고(훔치고) 마치 마법사같이 교묘하게 사라진 뒤에 가장 가까운 부두에서 하선하여 객요(客窯, 숙소)에 투숙하여 장물을 처분하였다. 그러나 마자(馬子, 정탐원)의 추격 때문에 위급해져 그 예봉을 피하여 잠시 아파요(啞吧窯, 오래된 사당)에 숨었다. 그러나 이곳도 위무요(威武窯, 아문)의 고자(古子, 관리)가 때때로 급습하기 때문에 주의를 게을리할 수 없어 2, 3일 내에 그곳을 물러나야 했다. 다시 이번에는 좀 색다르게 주사자(走沙子)를 하자는 논의가 있었지만, 당시 수령맹(水蛉蝱, 수상경찰)의 단속이 엄중했기 때문에 위험하였다. 결국 남분(南墳, 남쪽의 촌)으로 가 간진(旰陣)하고(도로를 조사하고) 지도를 잘 살핀 뒤에 장저(壯猪, 일)를 정하는 것이 좋겠다는 쪽으로 의견이 모아져 바로 남분으로 가 상세한 조사를 수행하고 돌아왔다.

남분은 권자(圈子, 현성)로부터의 멀리 떨어져 있기 때문에 풍두(체포)될 위험성이 적고, 최근 대선인(帶線人, 정탐원)의 보고에 따르면 분서(墳西)의 원하리(園下里, 금가리金家里)는 극히 수(水)가 비(肥)하여(부유하여), 불화(不貨, 부동산)를 제외한 활용(活龍, 현금)만으로도 사장유여(四丈有餘, 4천원 정도)에 이른다고 했다. 그밖에 아주 아름다운 지패(地牌, 인질이 될 유부녀)와 이오(二五, 인질이 될 처녀)가 많으니 이들을 개조자(開條子)하면(인질로 취하면) 일패(一牌, 일인)당 4, 5척(尺, 4, 5백원)의 수두(水頭, 이익)를 얻을 수 있었다.

두목은 이를 듣고 크게 기뻐하며 조속히 약간의 형제를 붙여 당일 밤 갑과 을에게 출발하라고 명하였다. 그리하여 갑과 을은 양량자(亮亮子, 등)를 들고 삼광조(三光條, 횃불)를 켜고, 가화(傢伙)를 갖추고 중당(衆堂, 무리)을 이끌고서 남분 원하리가(園河里家, 김가金家)로 진입하였다. 경파벽선(硬爬劈扇)하고(문을 파괴하고) 활용 이외에 지패, 이오를 인질로 취하고 또 천패(天牌, 남자 인질)도 양아생단(養鵝生蛋, 생포)하였다. 갑과 을 둘은 이렇게 경파(硬爬, 강도), 방인(放人, 살인)을 자행하는 등 포악함이 극에 달하였다. 일전에 갑자기 다수의 마자(馬子, 체포대)에 의해 포위, 체포된 이후 쾌요(快窯, 감옥)에 감금되어 조사 심문을 받은 결과, 과거의 죄악이 폭로되어 마침내 성권(城圈)을 바라보면서 야경(野景)을 보지 않으면 안되는 운명으로 되었다(성 위에 효수梟首되었다).

위의 내용은 갑과 을이 중심이 되어 저지른 약탈, 절도, 인질 등 다양한 불법행위를 생생하게 소개하고 있다. 이들이 비록 규모 면에서 소수이고 지역적으로 바다 혹은 큰 하천을 끼고 있던 도시지역의 무리였음은 분명하지만 이들의 행적과 흑화에 담긴 상징과 사상은 20세기 초 비슷한 환경에서 동일한 불법행위를 저지르던 다른 토비들과 크게 다르지 않을 것이다. 그렇다면 먼저 이 토비들은 왜 이러한 흑화를 사용하게 되었는지, 즉 흑화가 지니는 기능을 위의 예를 통해 살펴보도록 하자.

살인, 약탈, 절도, 인질 등 갑과 을의 행동은 대부분 불법행동이었고 체포 후 그들의 '망성권(望城圈)'의 운명에서 알 수 있듯이 지극히 위험한 일이었다. 따라서 집단 외부에 대한 극도의 보안이 강조되었고 그로부터 외부인이 전혀 알아채지 못하는 흑화가 발생하게 되었기 때문에 흑화는 그들의 불법 행위와 자연스럽게 깊은 관련을 지녔다.

'가화(＝家伙)'는 본래 '집안도구'의 의미이지만 '약탈을 위한 토비 일가의 도구', 즉 무기로 전화되었을 것이다. '생구(牲口)' 역시 '집안도구' 가운데 하나인 가축을 의미하기 때문에 무기로 쉽게 바뀌었고, '편자(片子)'는 '조각'이라는 사전적 의미에서 '대편자(大片子, 대도大刀)' '소편자(小片子, 단도)'가 각각 만들어졌을 것이다. 이밖의 무기로는 '분통'이 등장하는데 화총(火銃)의 발사원리를 보고 만든 용어였다. 이들의 집은 '요구(窯口)' '요자(窯子)' '객요(客窯)' '아팔요(啞叭窯)'였다. 여기서 요(窯)란 본래 '도요(陶窯)의 폐갱(廢坑)'을 가리키며 초야의 호걸 등이 즐겨 거주했기 때문에 건물의 의미로 쓰이게 되었다.[8] 그들의 범죄대상물을 자신들만이 알 수 있는 특수용어로 교체한 것은 흑화의 본래 기능에 부합하는 일이었다. 앞서의 대화에서는 '동분' '남분'이 등장하는데, 즉 습격목표를 가리킨다. 여기서 무덤은 죽음을 터부시하는 토비의 성향에서 볼 때 죽음을 상징하는 불길한 의미라기보다는 '중요한 땅'을 나타내는 것으로 보인다. 그렇기 때문에 소중한 '용(龍, 귀중품)'을 땅에 숨기는 것을 '장(臟)'이라 하며 '지룡(地龍, 백은)'은 토비의 중요한 약탈목표로 등장하는 것이다.

더욱 구체적 목표지를 지칭하는 용어로 '횡하리' '원하리(園河里)'가 소개되고 있다. 여기서 '하리(河里)'는 '옥리(屋裏)' 발음상의 유사성 때문에 대체된 것으로 '누구의 집'을 의미한다고 할 때 구체적 공격목표는 '횡(橫)'과 '원(園)' 성(姓)을 지닌 자가 될 것이다. 그렇다면 '왕(王)'이나 '김(金)'을 직접 나타낼 수 없기 때문에 발음이 비슷한 '횡'과 '원'으로 대체했음을 알 수 있다.[9] 이렇게 성을 바꾸는 것은 약탈대상에 대한 보안의 문제이기도 하지

---

8) 이러한 은어 해석법은 井上紅梅, 앞의 글 58면에 보인다.

9) 井上紅梅, 앞의 글 59면에 따른다. 그는 또한 '別河里(兪)' '桃河里(張)' '跑河里(馬)' '千河里(萬)' '紫河里(李)' '拱河里(姚)' '沙河里(周)' '煙河里(陳)' 등 성씨의 예를 소개하고 있다.

만 토비 자신의 신원을 숨기기 위해서도 아주 중요한 일이었다. 흑화라고는 볼 수 없겠지만 저명한 토비가 본명보다는 호로 더욱 널리 알려진 것도 동일한 맥락에서 이해할 수 있다.

대표적으로 1920년대 화북의 유명한 토비 장경(張慶)은 본명보다도 노양인(老洋人)으로 더 유명하였다.[10] 이밖에 토비들은 본명 이외에 특별한 호칭을 지닌 예가 많았다. 1910년대 후반 『하성일보(河聲日報)』에 등장하는 예를 들어보면 다음과 같다.[11] 최오동(崔梧桐, 최춘림崔春林, 1915. 10. 23), 왕래성(王來成, 파대천破大祅 1916. 9. 6), 단청산(段靑山, 단노호段老虎 1916. 10. 28), 김춘태(金春泰, 김대도金大刀 1916. 11. 9), 교육마자(喬六麻子, 교삼왕喬三王 1916. 11. 21), 주옥상(周玉祥, 주응용周應龍 1916. 12. 4), 주경상(朱警祥, 주광조朱光祖 1916. 12. 7), 고칠(高七, 고회덕高懷德 1917. 1. 7), 황노니(黃老妮, 노황충老黃忠 1917. 1. 16), 장노육(張老六, 장비張飛 1917. 2. 28), 방봉길(方逢吉, 방노오方老五 1917. 4. 1), 마증신(馬曾新, 마독왕馬禿王 1917. 10. 5), 황경(黃慶, 황비호黃飛虎 1917. 12. 7), 여비(女匪) 채주씨(蔡朱氏, 모야예母夜乂 1918. 1. 23), 잠사번(岑謝藩, 소잠팽小岑彭 1918. 3. 12), 여비 조황씨(趙黃氏, 조만천趙滿天 1918. 6. 7), 이부(李夫, 이노우李老牛 1918. 8. 7), 사추(史秋, 사대내史大奈 1918. 9. 22), 마회신(馬澮新, 마독馬禿 1919. 1. 20), 호곤(胡棍, 호국창胡國倉 1919. 6. 7), 왕수군(王遂群, 왕노왜王老歪 1919. 6. 9), 황노모(黃老毛, 황천패黃天霸 1919. 6. 15), 뢰신증(賴新曾, 뢰증자賴曾子 1919. 8. 6), 최영년(崔永年, 대왕大王 1919. 10. 5), 송백연(宋白燕, 송명득宋明得 1919. 10. 26), 송등과(宋登科, 소송강小宋江 1920. 1. 28), 무준생(武俊生, 소무송小武松 1920. 2. 11), 감경황(甘慶璜, 패천覇天 1920. 3. 3) 등이 있다.

---

10) 앞에서 이미 설명했듯이 張慶은 서양인질('洋票') 획득이라는 새로운 전술을 취하여 전국적 유명세를 타면서 '老洋人'이라는 綽號를 얻게 되었다.

11) 앞이 본명이고 괄호 안이 綽號이며 숫자는 보도 연월일을 가리킨다. 그리고 출전은 모두 『河聲日報』이다.

작호(綽號)로 이용된 이름들을 보면 '마독왕' '마독' 등 외모의 특징을 따서 만든 것도 있지만 '송강(宋江)' '무송(武松)' '장비' '황충(黃忠)' 등 민간에 전래되어 추앙받던 영웅들 이름을 차용하거나 '노호(老虎)' '노우(老牛)' '비호(飛虎)' '대도' 등 동물이나 무기에 빗대어 자신의 용맹을 과시하고, '대왕' '패천' '파천(破祆)' '만천(滿天)'의 기개와 '회덕(懷德)'의 인품을 강조하는 경우도 많았다. 또한 이 토비들이 전투에서 얼마나 승리를 갈구하고 있었는지는 풍득승(馮得勝, 1917. 5. 26), 왕득승(王得勝, 1917. 7. 7), 진득승(陳得勝, 1918. 4. 2), 황득승(黃得勝, 1919. 3. 7), 소득승(蘇得勝, 1919. 11. 24), 마득승(馬得勝, 1920. 1. 22), 장득승(張得勝, 1920. 3. 9) 등 '득승(得勝)'이란 이름이 자주 등장하는 데에서도 알 수 있는데, 이 모두 호임에 틀림없을 것이다. 결국 호란 토비의 가장 특징적 면모를 대변하거나 아니면 그가 추구하는 인간상을 상징하기 위해 사용되었다고 할 수 있다.

그러나 호의 작명법보다 성씨의 개명은 더욱 복잡한 방식을 거쳐 이루어졌다. 먼저 앞서 소개한 '횡(橫)'과 '왕(王)' 그리고 '원(園)'과 '김(金)' 등과 같은 관계는 우선 발음이 유사하다는 초보적 원리를 이용한 것이다. 또한 "이형취음(以形取音)"의 방식을 택한 경우로는 정씨(丁氏)를 '첨자만(尖子蔓)'이라 칭한 예를 들 수 있다. 전혀 관계가 없어 보이지만, '정(丁)'은 '정(釘)'과 동음(同音)이고 '정자(釘子, 못)'의 끝이 '첨(尖, 뾰쪽)'하기 때문에 만들어진 조어이다. 동일한 원리로 동북의 토비들은 왕씨(王氏)를 '호두만(虎頭蔓)'이라 하였는데 호랑이 머리 위에 왕자(王字)의 모양이 그려져 있기 때문이었고, 우씨(于氏)를 '정수만(頂水蔓)'라 한 것은 '우(于)'와 '어(魚)'가 동음이고 고기는 "정수(頂水)"하기(물을 거슬러올라가기) 때문에 가능한 것이었으며, '구천자(口天子)'는 '오(吳)'자(字)를 분해한 모양이기 때문에 오씨(吳氏)를 지칭하였고, '제자만(梯子蔓)'은 '제자(梯子, 사다리)'로 높이 올라갈 수 있기 때문에 고씨(高氏)를 가리켰다. 또한 '대구만아(對口蔓兒)'는 여씨(呂氏)의 대칭이었는데 '여(呂)'자가 상하 대칭이었기 때문이었다.[12]

사자성어를 이용한 조어법으로는 '훌륭한 자손'의 의미인 '용자용(손) [龍子龍(孫)]'이 손씨(孫氏)를, '이용희(주) [二龍戱(珠)]'가 주(珠)와 동음인 주씨(朱氏)를, '물소 뿔과 영양 뿔'인 '서각령(양) [犀角羚(羊)]'이 양(羊)의 동음인 양씨(楊氏)를, '구강팔(하) [九江八(河)]'이 하(河)의 동음 하씨(何氏)를, '서북풍(냉) [西北風(冷)]'이 냉씨(冷氏)를 각각 의미하였다.[13) 사자성어는 아니지만 이노우에 코바이(井上紅梅)는 유사한 원리이면서 좀더 복잡한 예를 소개하고 있다. '포하리(跑河里)'와 '천하리(千河里)'가 마씨(馬氏)와 만씨(萬氏)를 각각 나타내는데, 그 이유는 '포마(跑馬)' '천만(千萬)'을 각각 연상시키기 때문이라는 것이다. 따라서 그가 토비의 흑화 해석을 일종의 수수께끼를 푸는 것으로 생각했던 점도 이해 못할 바도 아니다.[14) 의미를 비교하여 선택한 예도 많았다. '빙천자(氷天子)'는 '빙(氷)'='한(寒)'이기 때문에 한(韓)씨를, '등롱자(燈籠子)'는 '등롱(燈籠)'은 '조(照)'의 의미이고 다시 '조(趙)'와 동음이므로 조씨(趙氏)를, '반궁자(扳弓子)'는 '반궁(扳弓)', 즉 '활을 당김 [장(張)]'의 의미이므로 장씨(張氏)를, '부수자(浮水子)'의 '부(浮)'는 '유(游)'의 의미이고 '우(尤)'와 동음이므로 우씨(尤氏)를, '첨두자(甛頭子)'는 '첨(甛)'이 '당(糖)'과 같은 뜻이고 다시 '당(唐)'과 동음이므로 당씨(唐氏)를 각각 의미하였다.[15) 이밖에도 다양한 조어방식이 존재했음은 토비가 새로이 만들어 사용하는 성이 5백 종류 이상에 이른다는 앞서 소개한 이노우에 코바이의 지적에서도 충분히 예상할 수 있다.

---

12) 동북 토비는 성을 '蔓'이라 했다. 이상 동북 토비 흑화에 대해서는 曹保明 『土匪』(春風文藝出版社 1988) 109~24면; 曹保明 「東北土匪」, 『近代中國土匪實錄』 上卷, 59~65면 등 참조.

13) 少光·林晨·陳江 編著 『中國民間用語大全』(廣東人民出版社 1998) 174~75면, 이하 『中國民間用語大全』으로 약칭; 蔡少卿 『民國時期的土匪』(中國人民大學出版社 1993) 77면.

14) 井上紅梅, 앞의 글 59면.

15) 『中國民間秘密用語大全』, 174~75면. 이밖에도 기존의 흑화에서 차용한 예로는 '順水蔓(劉氏)' '山根蔓(石氏)' '滿輩子(孫氏)' '撱嘴子(朱氏)' 등이 있다.

토비들은 무기를 갖추고 구체적인 목표를 정한 다음 다양한 불법행위를 자행했다. 이 경우 토비들은 자신들의 불법행위를 미화하거나 은폐하기 위해 '무차사' '문차사(文差使)' '주사자(소금 밀매)' '포저자(선상 도적)' '방대자(도박장 개장)' '개조자(인질 유괴)' 등 다양한 흑화를 고안해냈다. 좀더 구체적으로 보면 '무차사'는 강도짓 등을 군무(軍務)로 치장하여 자신들의 체면을 손상당하지 않으려고 만든 것이고, '문차(사)'는 상대적으로 무력을 사용하지 않는다는 의미의 행위로 미화한 것이며, '방대자' 역시 무대를 설치한다는 의미로서 불법 도박과는 거리가 있었다. 이 가운데 '개조자'란 유괴행위로 토비가 가장 즐겨 구사했던 전술 중 하나였다. 인질은 성별에 따라 '천패' '지패' '이오' 등으로 구분했는데, '천패'는 일반 성년 남성을, '지패'는 기혼 녀를, '이오'는 처녀를 의미했다. 이는 천구(天九)라는 토비가 애용하던 도박의 패(牌)배열에서 유래한 것 같다.[16]

다시 위의 인용문으로 돌아와보면 토비들은 관군 등을 지칭할 때에도 철저하게 흑화를 사용하고 있음을 알 수 있다. 먼저 '위무요(威武窯)'의 '고자(古子)' 혹은 '마자(馬子)'는 경찰, 병사를 지칭하는데 비록 '영맹(蛉蜢)', 즉 떼를 지어 몰려드는 해충으로 비유하여 증오하면서도, 다른 한편으로는 수적으로 다수이며 '위무(威武)'를 지닌 두려운 존재로 인식하고 있었다. 이 관부들과 충돌할 때 발생하는 여러 양상은 '풍두' '실풍' '득풍' '박풍' '진상실풍' '착락모풍' 등으로 나타나는데 여기서 '풍(風)'은 사전적 의미로는 지역과 시기에 따라 '외부인' '빠름' '도적' '경찰 및 병사' 등 다양한 의미를 지녔지만 본문에서는 그 가운데 문맥상 '경찰 및 병사'를 지칭하는 것으로 보인다. 그러나 원뜻대로 '풍'=바람이란 돛에 작용하는 것으로 배(비유하면 토비)에 있어서는 운명과도 같은 의미를 지닌 것이라 할 때 '풍두'란 추격대

---

16) 남자 인질은 가치가 높아 '6', 유부녀는 가치가 없어 '1'이 되고 처녀는 가치는 없지만 성적 매력이 있기 때문에 양자 사이인 '二五'가 되었다는 설명이 있다. 潘慶云 主編 『中華隱語大全』(學林出版社 1995) 116면.

의 의미이고, '박풍'이란 바람을 안고 돌진한다는 뜻으로 추적자에 대항함을 나타내며, '득풍'은 순풍을 얻어 순조롭게 진행되는 상황을, '실풍'은 그 반대인 체포상황을 의미하였다.

이상 주로 「갑·을의 대화」를 통해 불법행동이나 관부와 접촉할 때 발생할 수 있는 다양한 상황에서 보안을 유지하거나 자신의 행동을 미화하기 위한 목적으로 토비가 어떠한 흑화를 개발하여 사용하였는지에 대해 검토하였다. 이와 별개의 내용은 아니지만 또다른 흑화의 필요성 내지는 기능이 존재한다. 그것은 언젠가 체포되어 처형될지 모른다는 공포감 속에서 살고 있었던 토비의 열악한 생존환경에서 자연스럽게 만들어진 미신에 대한 맹종에서 비롯된 바 크다. 이와 관련된 토비의 구체적 생활상을 이해하기 위해 먼저 1930년에 발표된 토비의 관습에 관한 만철조사과(滿鐵調査課)의 조사보고를 살펴보자.

토비 사이에는 특이한 예의와 관습이 있다. 전체적으로 의를 아주 중시하는 분위기가 있고, 동료의 곤란을 구제하는 것은 물론, 여기저기 떠돌다 자신에게 기탁하여 온 자에게 상당한 예우를 해주고 떠날 때는 여비를 제공하는데 이는 일반적인 관습이다. 평소 식사할 때에도 독특한 습관이 있다. 식사하기 전 먼저 오른손 중지에 술을 묻혀 다섯 방울을 탁자에 떨어뜨린 뒤 술잔을 입에 댄다. 이는 천·지(地)·군(君)·친(親)·사(師) 5은(恩)에 대한 존중의 예를 갖춘다는 의미가 있다. 또한 젓가락은 가지런히 모아 평평하게 식탁 위에 두고 그릇 가장자리에 걸쳐두지〔가(架)〕 않았다. 여기서 가는 포로를 의미하여 피하기 때문이다. 만두, 빵 등은 절대 옆으로〔횡〕 찢어 먹으면 안된다. 횡은 '횡사(橫死)'와 의미가 통하여 죽음을 의미하기 때문이다. 그밖에 어류는 한쪽으로만 젓가락질하고, 닭의 머리를 절대로 먹지 않는다는 등 다양한 미신, 잡다한 습관이 있었다.[17]

---

17) 滿鐵調査課 『支那の動亂と山東農村』(南滿洲鐵道株式會社 1930) 45면. 동일한 내용이 狂裔華士 「土匪と紅槍會に接する記(2)」, 『滿蒙』 10-5(1929. 5. 1), 87~88면에도 소개되어

물론 지역에 따라 약간 차이가 있겠지만 위의 조사는 민국시기 토비의 일상생활에 얼마나 많은 미신이 스며들어 있는지 명확하게 보여주고 있다. 또한 저명한 자전적 토비소설 『장야(長夜)』의 저자 요설은(姚雪垠)은 토비 금기의 예로써 뒷짐을 지거나 무릎을 꿇는 것을 금한다고 하면서 그 이유로 포로를 연상시키거나 참수당하는 모습과 유사하기 때문이라 설명하고 있다. 또한 그는 토비들은 만두의 터진 쪽이 다른 사람을 향하지 않도록 했으며 '대구(對口)'는 '대구공술(對口供述)', 즉 자백을 의미하기 때문에 피했고, 젓가락을 주발 위에 걸쳐놓지 못하게 한 것은 그 모양이 '알강자(軋杠子)'라는 일종의 고문을 받는 자세 혹은 죽은 모습과 유사하기 때문이라 하였다.[18]

이러한 '다양한 미신' '잡다한 습관'은 그들만의 언어인 흑화에 상당부분 반영되었을 것으로 추측할 수 있는데 그에 대해 만철보고(滿鐵報告)는 다음과 같이 이어지고 있다.

'사대괴(四大怪)'라는 몽(夢)·호(虎)·낭(狼)·아(牙) 등 4자를 사용하면 자신들이 모두 살아남지 못할 것이라는 무시무시한 믿음도 있었다. 몽은 불길하며, 호·낭·아 등은 자신들보다 강하기 때문에 피한다는 것이다. 이들을 사용해야만 할 때에는 몽은 '황앙자(黃秧子)'로, 호는 '해취자(海嘴子)', 랑은 '열취자(裂嘴子)', 아는 '절도자(折刀子)'로 바꾸었다. 그밖에 '팔중괴(八中怪)' '칠십이소괴(七十二小怪)'라 하여 귀(鬼)·견(犬)·우(牛)·마(馬)·나(騾) 등에 대한 8종 및 72종류의 음어가 있었는데 보통사람의 언어로는 결코 구사할 수 없는 것도 있었다.

조사에 나타난 '황앙자'='황량(黃粱, 메조)—'황량(몽) 〔黃粱(夢), 허황된 꿈〕이란 관계에서 '몽'을 뜻하게 되므로 기존 성어를 이용한 말 만들기라 할

있다.

18) 姚雪垠 『長夜』, 人民文學出版社 1997(第2版), 23면.

수 있고, '해취자(海嘴子)' '열취자(裂嘴子)'가 호와 랑으로 연결되는 것은 "이형취음"의 방식을 취한 것으로 볼 수 있는데 '해(海)'는 청대 은어로 '대(大)' 혹은 '다(多)'의 의미를 지니고 있기 때문에[19] '해취자'는 '큰 입을 하고 있는 모습', 즉 호랑이를 상징한다고 볼 수 있다.[20] 그밖에도 '팔중괴(八中怪)' '칠십이소괴(七十二小怪)'의 흑화가 있다는 데에서도 알 수 있듯이 미신에 바탕을 둔 금기어는 아주 많았음을 추측할 수 있다. 그러면 「갑・을의 대화」에도 이러한 예에 해당하는 것이 있는지 살펴보도록 하자.

먼저 '산두자(傘頭子)'의 예를 들 수 있다. 이것의 의미는 밥[반飯)]이었다. 그러나 '반(飯)'은 "좋지 않은 일을 저지르다"라는 불길한 어감을 지닌 '범(犯)'과 동음이기 때문에 사용하지 않고 대신 '산두자'를 사용하였고, '주반(酒飯)'과 '반점(飯店)'을 각각 '옥산(玉傘)'과 '산요(傘窯)'로 바꾸었던 것이다. 여기서 '산(傘)'은 '삼(糝)'과 동음으로 '밥알'을 나타낸다. 또한 '훈(燻, 동음 훈薰)'은 아편흡식을 의미했는데 더욱 일반적인 '연(煙)'을 사용하지 않은 까닭은 그것이 "물에 빠지는" 불길한 상황을 나타내는 '엄(淹)'과 동음이기 때문이었다. '황연자(黃連子)'는 차(茶)를 뜻하지만 "관부에 의해 심문조사당한다"는 의미의 '사(查)'와 발음이 같기 때문에 피한 것이다. 「갑・을의 대화」에 등장하는 어휘는 아니지만 토비들은 동일한 원리에 입각하여 '수(睡)'는 '쇄(碎), 분쇄하다)'와 동음이기 때문에 '당교(搪橋)'로, '교(絞, 교살하다)'와 동음인 '교(餃)'는 '표양자(飄洋子)'로, '살저(殺豬)'의 '저(豬)'는 '주(誅, 주륙당하다)'와 음이 같기 때문에 '반장자(搬漿子)'로 각각 대체하였다.[21]

「갑・을의 대화」에서 죽음을 나타내는 흑화로는 '벽당(劈堂)' '승당(升

---

19) 『中國隱語行話大辭典』, 240면.

20) '裂嘴子'도 동일한 원리로 狼을 의미하는 이유를 이해할 수 있다. 그러나 '부러진 칼'을 뜻하는 '折刀子'가 왜 牙를 지칭하게 되는지는 불분명하다. 토비가 牙를 기피한 것은 위에 소개한 대로 자신들보다 강하기 때문이지만 더욱 구체적으로는 '衙門'의 '衙'와 동음이기 때문이었다.

21) 蔡少卿 主編 『民國時期的土匪』(中國人民大學出版社 1993) 75~76면.

堂)' '망성권(望城圈)' '방인(放人)' 등이 보인다. '벽당'에서 '당(堂)'은 '사람'을 의미[22]하기 때문에 신체가 분리되어 죽는 것을 뜻하고 '승당'은 "천당에 오른다"는 의미에서 역시 죽음을 의미했다.[23] 신체가 분리되는 '벽당'보다도 그렇지 않은 '승당'은 토비의 입장에서 보면 훨씬 다행스런 결과였을 것이다. 저승과 이승의 분리는 '방인'을 통해 확인할 수 있다. 왜냐하면 '방인'이란 이승에서 저승으로 사람을 쫓아내는 것, 즉 살인을 의미하기 때문이다. 그러나 저승으로 혼백이 완전히 사라져버린 것 같지는 않은데, 토비의 효수를 의미하는 '망성권'[24]이란 "망자(亡者)가 초 7일에 망향대(望鄕臺)에서 속세의 가족을 바라본다"는 뜻으로 도교사상을 반영하고 있다는 이노우에(井上紅梅)의 지적을 통해서도 알 수 있다. 이밖에 죽음이나 사후세계에 대한 흑화가 그다지 많이 등장하지 않는 사실 자체는 토비가 그것들을 금기의 대상으로 삼았다는 반증일 것이다.[25]

이상 보안유지와 민간신앙에 바탕을 둔 기휘(忌諱)라는 흑화의 기능을 통해 토비 세계가 범죄의 세계이며 미신 세계, 비정상 세계임은 분명하다. 이 세계의 주인공인 토비의 비정상적 폭력은 '개조자'의 결과 인질이 된 '천패' '지패' '이오'에 대한 다양한 고문의 형태를 통해서도 명확히 알 수 있다. 예컨대 하서아(何西亞)는 토비가 일상적으로 인질들에게 가하는 고문 스무 가지를 소개하였다. '타회기(打晦氣, 인질을 납치한 뒤 관병이 추격할 때 인질에게 책임을 지어 1명당 1백 대의 매질을 하여 불운한 기운을 없애는 행위)' '대안경(戴眼鏡, 고약 2장을 양쪽 눈에 붙이는 것)' '연훈안(煙薰眼, 눈을 연기로 그을리는 것)' '와하니(臥河泥, 물구덩이에 인질을 눕히는 것)' '좌분요(坐糞窯, 똥구덩이에 넣는 것)'

---

22) 堂은 청대 紅幇에서는 사람을 뜻했다. 『中國隱語行話大辭典』, 598면.
23) 또한 '升仙'은 토비가 체포되어 처형당하는 것을 의미하였는데(『中華隱語大全』, 121면), 죽음에 대한 미화 의도를 엿볼 수 있다.
24) '看野景'이라고도 하며 청대 斬首에 해당하는 은어이다. 『中國隱語行話大辭典』, 644면.
25) 후술하는 흑화표를 통해서도 이 사실은 확인된다.

'입수뢰(立水牢, 연못, 강 등에 나체로 어깨까지 집어넣는 것)' '추피편(抽皮鞭, 상의를 벗기고 채찍질하는 것)' '소재신(燒財神, 향불로 몸에 화상을 입히는 것)' '요랭수(澆冷水, 옷을 벗기고 찬물로 뿌리는 것)' '상대가(上大架, 양쪽 엄지손가락을 묶어 몸을 허공에 매달고 전신을 전후좌우로 흔드는 것)' '매두부(賣豆腐, 채찍으로 생긴 종기를 칼로 두부 모양의 덩어리로 자르고 다시 불로 지지는 것)' '융배심(絨背心, 등에 심지를 붙여 태우는 것)' '할이타(割耳朶, 귀를 잘라 집으로 보내는 것)' '단수지(斷手指, 손가락을 잘라 보내는 것)' '낙유(烙乳, 유두를 불로 지지는 것)' '고배(烤背, 화로에 몸을 가까이 대는 것)' '발근(撥筋, 칼로 근골(筋骨)을 파내는 것)' '패표(牌票, 여자 인질이 강간에 저항할 때 알몸으로 만들어 땅바닥에 뉘이고 그 배 위에 도박판을 벌이는 것으로 만약 여자의 몸이 움직여 패가 바닥에 떨어지면 사정없이 때린다)' '관랄산수(灌辣酸水, 고춧물, 식초, 기름 등을 코에 붓는 것)' '협태양혈(夾太陽穴, 젓가락으로 태양혈太陽血을 잡는 것)' 등이 그것들이다.[26] 이것들은 반드시 혹화라 할 수도 없고 오히려 당시 선정적인 보도내용 가운데에서 선택한 것으로 보이기 때문에 토비의 실상을 사실 그대로 전달할 수는 없겠지만, 외부의 눈에 비춰진 폭력세계로서의 토비 세계 모습을 여실히 보여주고 있다.

그러나 다른 한편으로 「갑·을의 대화」에서는 이상과는 또다른 토비 세계의 일면을 살필 수 있다. 즉 대화에서 등장하는 '옥자(玉子)' '훈(燻)' '훈간자(燻桿子)' '황연자(黃連子)' '도요(跳窯)' '나한요(羅漢窯)' '천패(天牌)' '지패(地牌)' '이오(二五)' 등은 토비의 오락생활을 단적으로 보여준다. 이 가운데 술을 '옥자'라 한 것은 '옥배(玉杯)'에서 전이된 것으로 생각할 수 있고, 아편을 피울 때 많은 연기가 나는 만큼 '훈'이 아편을, 몽둥이의 뜻인 '간(桿)'이 붙어 연관(煙管)을 각각 의미했으며, '황연자'는 위장약으로 많이 쓰기 때문에 차의 혹화가 되었다.[27] '도요'는 매매를 의미하는 '도(跳)'와 집의 '요' 합성하여 '여성을 매매하는 곳', 즉 기방이 되었고, '나한요'는 '나한(裸

26) 何西亞, 앞의 책 39~41면.
27) 井上紅梅, 앞의 글 58면.

漢)의 집', 즉 목욕탕의 뜻이었으며 '천패' '지패' '이오' 등은 앞서 지적하였 듯이 모두 도박에서 유래한 것이다. 이것들은 비록 불법행위들 사이에 잠시 간의 휴식이었지만 고통과 긴장의 연속이었던 토비들에게는 커다란 위안을 주었을 것임에 틀림없었다. 이와같이 일상생활을 영위하는 가운데 자연스럽 게 형성된 흑화로 '늑자(勒子)' '저자(底子)' '사각자(四脚子)' '서고(鼠拷)' '영롱자(玲瓏子)' '호접(胡蝶)' '대봉(大蓬)' '사의대봉(簑衣大蓬)' '천심자(穿 心子)' '곽혈(霍血)' '차아(叉兒)' '토통(土筒)' '팔구자(八狗子)' '척두자(蜴頭 子)' '정공(頂公)' '봉자(蓬子)' '색자(索子)' '아파요(啞吧窯)' '곤조자(困槽 子)' '백결(百結)' '봉색(蓬索)' 등이 대화에 다수 등장하고 있다. 이것들은 토 비의 평상시 생활에 관련된 사항으로 특별히 기휘하거나 비밀로 할 필요는 없지만 관행으로 굳어진 흑화들이라 할 수 있다.

2. 20세기 초 중국의 토비흑화

본래 은어란 공동의 이해관계를 지닌 사회 집단구성원 사이의 교제도구로 서 그 집단이 존재하고 있는 지역의 특정 사회문화를 반영하고 있기 때문에 은어들 사이의 지역적 차이는 불가피한 현상이라 할 수 있다. 특히 흑화의 경우는 토비의 토착성 혹은 지역적 특성으로 말미암아 더욱 심각했을 터인 데 일례로 약탈이란 의미의 흑화는 지역에 따라 '하협(下夾, 광서廣西)' '상운 두(上雲頭, 남방도시)' '타창(打槍, 강서江西 경덕진景德鎭)' '흘사전(吃詐錢, 사 천四川)' '흘야식(吃野食, 동북)' '흘경적(吃硬的, 흑룡강黑龍江)' '흘횡적(吃橫 的, 요녕遼寧, 흑룡강)' '흘등식적(吃等食的, 북방도시)' '향과래(向過來, 강서)' '정점(頂點, 상해上海)' '강강(杠杠, 강서)' '사명전(使明錢, 남방도시)' '세신(洗 身, 광동廣東)' '세유(洗油, 섬서陝西)' '간료자(趕鬧子, 호남湖南)' '잡요(砸窯, 요녕 심양沈陽)' '겹전적(揢錢的, 천진天津)' '단로(斷路, 산동山東)' '경취(硬取,

사천 중경重慶)' '횡일당자(橫一檔子, 북경北京) 등 다양한 형태로 등장하였다.[28] 더욱이 흑화 가운데 상당부분은 해당지역의 방언을 토대로 형성된다는 주장[29]까지를 고려한다면 앞서 소개한 「갑・을의 대화」에 등장하는 흑화만으로 20세기 초 중국 토비 흑화의 전체상을 그리기는 어려워 보인다. 따라서 이하에서는 당시 토비가 가장 극성했던 지역이라 할 수 있는 하남지역의 흑화로 추정되는 것들을 먼저 정리하도록 하자.

표42에 등장한 흑화들이 민국시기 하남에서 사용된 토비의 것이라 추정하는 데에는 설명이 약간 필요할 것 같다. 먼저 출전 ①은 『근대중국토비실록(近代中國土匪實錄)』(하권下卷)에 소개된 장류계(蔣留計)의 「예서녹림암어집주(豫西綠林暗語集注)」로서 특히 민국시기 하남서부의 대표적 토비 흑화를 보여준다고 할 수 있다.[30] 출전 ②는 1928년 하남동부 일대에서 직접 토비와 접촉한 일본인 쿄이쯔 카시(狂喬華士)의 경험담[31]에 토대를 둔 것으로 1920년대 후반 하남동부 농해철로(隴海鐵路) 주변 토비 흑화를 생생하게 전해준다고 할 수 있다. 출전 ③은 요설은의 소설 『장야』에서 추출한 것이다. 『장야』는 1924년 비양(泌陽) 근처에서 토비에 의해 인질로 잡힌 적이 있었던 저자가 1백일간의 경험을 토대로 그들의 생활을 실제에 근거해 묘사한 자전적 소설이기 때문에 그로부터 1920년대 전후 하남남부 토비가 사용하고 있었던 흑화를 살필 수 있을 것이다. 따라서 출전 ①②③을 통해 대략 1920

---

28) 『中華隱語大全』, 711~14면에는 위의 것들을 포함해 총 60개의 지역별 흑화를 소개하고 있다.

29) 한 예로 蔡少卿은 하남 토비 흑화는 토비의 중심지 汝州의 방언에 기초하고 각종 비속어가 혼합하여 형성된 것이라 주장하였다. 蔡少卿, 앞의 책 75면.

30) 蔣留計 「豫西綠林暗語集注」, 『近代中國土匪實錄』 下卷(群衆出版社 1992) 107~108면. 또한 冬煤 『中國匪人』(甘肅人民出版社 1997) 104~105면에도 거의 동일한 하남의 흑화가 소개되고 있다. 본문의 인용은 전자를 기본으로 하면서 후자와 비교하여 누락된 것을 보충한 것이다.

31) 狂喬華士 「土匪と紅槍會に接する記(1-5)」, 『滿蒙』 第10卷 第4-8號(1929. 4-8).

년대를 전후한 하남서부·동부·남부 토비흑화의 모습을 확인하고 또 이를 통해 토비 세계 내부 모습의 일단이 드러나기를 기대해본다. 또한 출전 ④는 『근대중국토비실록(近代中國土匪實錄)』(중권中卷)에 소개된 명천(明泉)·계군 (桂軍)·배재(培才)·경화(慶華) 등의 「포독고산구록림암어집록(抱犢岡山區 綠林暗語輯錄)」이다.[32] 여기서 포독고(抱犢岡)란 1923년 산동 임성사건(臨城 事件)을 일으킨 손미요(孫美瑤) 등의 소굴로서 하남동부와 연결된 토비구역 을 형성하는 곳이기 때문에, 그곳의 흑화로써 같은 시기 하남동부 토비 흑화 를 보충할 수 있을 것이다. 마지막으로 출전 ⑤는 1925년 하서아의 『중국도 비문제지연구(中國盜匪問題之硏究)』에 소개된 것들인데,[33] 하서아가 소개하 는 흑화는 그의 설명대로 다양한 흑화 가운데 공통부분이라 할 수 있기 때문 에 민국시기 하남 토비흑화를 재구성하는 데 도움을 줄 것이다.

이상의 흑화들은 지역적으로 하남을 중심으로 한 화북 일대 토비의 것이 라 할 수 있다. 지역적으로 좀더 대상을 확대할 경우 토비의 또다른 극성 지 역인 동북지역에 주목할 필요가 있다. 민국시기 동북 토비 흑화에 대해서는 『임강현지(臨江縣志)』 가운데의 「비어(匪語)」와 조보명(曹保明)의 상세한 조 사보고가 있는데 이상의 것들을 정리하면 표43과 같다.[34]

이렇게 해서 정리된 흑화표를 통해 민국시기 중국의 토비 세계에 대해 다 음 사실을 몇가지 확인할 수 있다. 먼저 어휘의 양이나 상징, 은유, 직유, 형 상화, 음차 등 조어방식에 있어 이전에 비해 현저한 발전을 보이고 있음을 지적할 수 있다. 특히 다수의 어휘가 존재하는 이유에 대해 하서아는 범죄행

---

32) 明泉·桂軍·培才·慶華 搜集「抱犢岡山區綠林暗語輯錄」,『近代中國土匪實錄』中卷(群 衆出版社 1992) 347~51면.

33) 何西亞, 앞의 책 64~76면. 또한 何西亞의 것은 滿鐵調査課『支那の動亂と山東農村』(南 滿洲鐵道株式會社 1930), 46~55면에도 그대로 인용되어 있다.

34)『臨江縣志』(1935),「匪語」부분은 曹保明의『土匪』(春風文藝出版社 1988) 109~11면에 재록되었고, 曹保明이 조사한 동북 흑화는 앞의 책 111~24면 참조. 이하 표의 분류방식은 曹保明의 것을 따랐으며, 분명하게 해석되지 않는 부분은 원문대로 드러내었다.

위를 은폐할 필요에 찾으면서, 모든 물건, 모든 행동에 나름의 '이명(異名)'과 '특칭(特稱)'을 지녀 그 수가 십수만에까지 이른다고 보았다.[35] 따라서 약간 과장이 있기는 하겠지만 흑화를 제대로 구사하지 못하는 자는 같은 토비라 해도 주위에서 제대로 대접받지 못할 뿐만 아니라 기휘어(忌諱語)를 고의로 사용한다고 오해받게 되어 예기치 못한 재난과 분쟁을 야기할 수도 있었다.[36] 신참 토비가 두목이 지니고 있는 흑화 교본에 따라 제대로 학습하는 데 반년에서 1년까지 소요된다는 지적[37]은 흑화 어휘수의 방대함과 그 중요성을 단적으로 드러낸다.

또한 흑화의 구성 면에 있어 '군사행동용어'가 '생활용어' '성씨류(姓氏類)' '계량류(計量類)' '지리류(地理類)'에 비해 상대적으로 다수를 차지함과 동시에 아주 자세하게 규정되어 있다는 사실에서 토비생활의 상당부분이 군사행동, 즉 폭력행동과 관련되었다고 할 수 있다.[38] 이는 인질, 약탈, 살인 등 각종 불법행동을 벌이는 토비의 입장에서는 당연한 일로서 이하에서는 이러한 토비의 폭력행동이 어떠한 특징을 보여주고 있는가에 대해 검토해보자. 먼저 '산마자(山碼子)' '연조자(輦條子)' '포저자' '호마자(湖碼子)' '포황차(跑荒車)' '표방두(票房頭)' 등 각종 토비집단이 존재했으며, '대간(大桿, 대규모 토비단土匪團)'의 경우 '총가간(總架桿)'→'이관가적(二管家的)'→'간두(桿頭)'→'마자(碼子)'→'강이포적(扛二砲的)'→'솔수자(甩手子)' 등 토비 내

35) 앞서 소개한 潘慶雲, 曲彦斌 등의 은어사전 이외에도 백두산 지역 토비은어를 소개한 顧正仁·沈明勛 「長白山土匪」,『近代中國土匪實錄』上卷(群衆出版社 1992) 100~106면; 劉孝存『中國神秘言語』(中國文獻出版公司 1999) 55~113면 등 참조.

36) 滿鐵調査課『支那の動亂と山東農村』(南滿洲鐵道株式會社 1930) 45면.

37) 井上紅梅『土匪の闇語に現れた支那色』,『東亞』6-8(1923), 58면.

38) 이상의 은어 분류방식은 明泉·桂軍·培才·慶華 搜集「抱犢堌山區綠林暗語輯錄」,『近代中國土匪實錄』中卷(群衆出版社 1992) 347~51면에 따랐다. 또한 분류법이 엄밀한 것이 아니기 때문에 '군사행동용어'의 범주 이외 것에도 폭력행동에 관련된 어휘는 다수 포함되어 있다.

의 위계가 엄연히 존재하였으며, '무차사'에 나설 때에는 '강선적(扛扇的)' '답선(踏線)' '군사(軍師)' '당관수(當灌手)' '백선(白扇)' '저선(底線)' '대조적(帶條的)' '포대화적(抱大火的)' '보외수(保外水)' '체선안적(遞線眼的)' '추선적(趨線的)' '순풍적(巡風的)' '주활적(做活的)' '찬선(鑽線)' 등 각각 나름의 역할분담이 이루어졌다. 또한 항상 그런 것은 아니겠지만 '무차사' 때 먼저 '송편자(送片子)'나 '첩편자(貼片子)'를 통해 '함전안(喊錢眼)', 즉 자신들의 요구조건을 평화적으로 나타내고 여의치 않을 때 '최편자(催片子)'의 단계로 나아가는 것이 일반적이었다. '수두'를 획득할 경우 '몰수두(沒水頭, 장물 사취)' 행위를 '환규구(還規矩, 토비 규율에 따라 처리하다)'에 따라 엄격히 금지하였으며, '낙저(落底, 장물을 팔다)'를 통해 '납구(拉鉤, 분배하다)'하였다. 즉 치밀한 계획을 갖추고 있었음은 물론 공동생활을 영위하는 자신들의 행동을 규제하는 나름의 토비규율도 존재했다.[39]

또한 토비의 중요 활동 가운데 하나인 인질납치에 관련된 흑화를 살펴보면 그것이 매우 조직적으로 이루어졌음을 짐작할 수 있다. 우선 인질은 '육표(肉票)' '천패표(天牌票)' '지패표(地牌票)' '양표(洋票)' '이오' '토표(土票)' 등 그 성별·국적 등에 따라 세분화했고, 처리과정에서는 협상을 담당하는 '설표(說票)', 인질값을 말하는 '규표(叫票)', 인질로 세를 과시하는 '낭표(亮票)' 등이 있었으며, 여의치 않을 경우 '여엽자(濾葉子, 고문)하거나 '시표(撕票, 죽임)하고 그렇지 않으면 '개조자' 혹은 '반석두(搬石頭, 여자 혹은 아이를 팔다)'하였다. 결국 약탈과 인질이라는 토비의 기본 활동에 반영된 흑화를 통해 본 토비 세계는 다분히 체계화된 조직적 폭력 세계임을 알 수 있다.

---

39) 토비의 규율과 관련하여 何西亞는 각지 토비에 공통하는 규칙으로 '四盟約(비밀엄수, 규율엄수, 患難共有, 與山同休)' '八賞規(조직에 대한 충성, 관병에 대한 항거, 전투에서의 공적, 조직의 확대, 敵情 탐지, 다수 부하에 대한 지휘능력, 용맹성, 협동성)' '八斬條(비밀누설, 명령불복종, 전투중의 도망, 적과의 내통, 적을 끌어들인 자, 장물 사취, 동료 모욕, 부녀자 희롱)' 등 紅幇의 것과 거의 동일한 내용을 소개하였다(何西亞, 앞의 책 36~38면).

이렇게 토비가 조직적 폭력세계를 형성하게 된 데에는 토비를 둘러싼 환경도 크게 작용하였다. '고자(古子, 관官·아문衙門)' '냉자(冷子)' '도자(跳子, 군대)' '책맹(蚱蜢, 경찰)' '현자자(縣仔子, 현경비대)'가 엄연히 존재하였고, 그 밖에도 '홍별(紅鱉, 홍창회紅槍會)' '조두자(曹肚子, 홍창회)' '냉마(冷馬, 단련團練)' 등 지역 치안조직이 토비에 대항하였다. 이 가운데 '홍별' '조두자' 등이 어떠한 이유로 홍창회를 의미하게 되었는지는 분명치 않지만, 이미 살펴보았듯이 민국시기 화북의 대표적 자위조직인 홍창회가 토비 흑화에 반영된 것은 지극히 자연스러운 현상이라 할 수 있다. 이 치안조직들은 토비를 '기수(起水, 탐지)'하여 '풍고료(風高了, 공격)'하여 '괘채(挂彩, 부상)'시키거나 '습(拾, 체포)'하여 '호손희(猢猻戲, 칼을 채워 대중에게 보이다)'하고 급기야는 '망성권(효수)'하였다. 그렇기 때문에 여전히 토비에게 이들은 무서운 존재였고, 그렇기 때문에 토비는 앞서의 조직체계를 갖추면서 동시에 '분통(噴筒)' '분자(噴子)' '기자(旗子)' '화모자(花帽子)' '계제자(鷄蹄子, 총)' '초각(焦殻, 연발총)' 등 병기로 무장하여 '방풍(防風, 체포에 대비하다)' '박풍(적을 물리치다)'하였다.

　　민국시기 토비는 자신의 세계를 외부세계와 명확히 구분하였다. 흑화의 본래 기능을 조직집단 내부의 정체성 확립과 기밀유지를 통한 조직의 보호 발전이란 데에서 찾을 수 있다면 이 점은 명확하다. 특히 하서아는 토비 흑화를 소개하면서 '대내어(對內語)'와 '대외어(對外語)'로 구분하고 있는데, 전자는 '벽패(劈覇, 장물을 나누다)' '반수(反水, 귀대歸隊하여 산으로 돌아가다)' 등 토비 세계 내부의 주체적 활동과 관계된 흑화이고, 후자는 '두부건(豆腐乾, 칼을 채우다)' '고자(관官)' 등 주로 토비 대항조직의 활동과 관계되었다.[40] 이 두 세계는 서로 적대적일 수밖에 없었을 것인데, 구체적으로 토비 자신의 동료를 '항이창적(抗二槍的)' 혹은 '선상(線上)'이라 했던 반면 토벌조직인

---

40) 何西亞, 앞의 책 65~76면. 이밖에도 何西亞는 '草卷(담배)' '跳窰(기생집)' 등 '雜語'의 구분을 별도로 두고 있다.

군대를 '대자자(大仔子)' 혹은 '자자(仔子)', 단련을 '간자자(揀仔子)', 현경비대(縣警備隊)를 '현자자'라 지칭하였다. 여기서 '자자'는 비칭(卑稱)으로 '짐승 새끼'를 의미한다. 홍창회를 '붉은 자라'를 의미하는 '홍별'로, 경찰을 '메뚜기'의 '책맹'으로 각각 묘사한 것 역시 이 치안조직들에 대한 적의를 적나라하게 드러낸 것이라 할 것이다. 또한 토비는 일반민 가운데 부자를 '비면양(肥綿羊)'이라 하고 이미 지적하였듯이 인질을 '표(票)'라 하였다. 본래 '표'란 '초표(鈔票)', 즉 화폐를 의미하는 것이기 때문에 이 은어들은 인질의 목적이 무엇인지 분명히 보여준다. 더욱이 "인질을 취한다"는 의미로 '납비저(拉肥猪)' '접재신(接財神)' '양아생단'이란 은어를 사용하고 있다는 사실에서 토비가 외부세계에 존재하는 사람들의 일부를 단지 '살찐 돼지' 아니면 '황금알을 낳는 거위' 정도로 인식하고 있었음을 엿볼 수 있다. 따라서 이 두 세계의 적대적 관계는 불가피했는데, 그 결과 민국시기 하남 농촌지역은 토비의 활약지역인 '연지(軟地)'와 홍창회 관할지구인 '경지(硬地)'로 대별되었던 것이다.[41]

민국시기 토비는 '대편자(대도)' '구봉자(口鋒子, 칼)' '소편자(비수匕首)' '한연관(旱煙官, 몽둥이)' 등 재래식 무기를 갖추고 있었지만, '여구자(驢驅子)' '분통(噴筒)' '각박(胳膊)' '기자(旗子, 총)' '초각(焦殼, 연발총)' '규창(叫槍, 신호용총)' '생구(牲口, 권총) 등 신식무기도 점차 보유하기에 이르렀다. 그렇기 때문에 요설은은 민국 초년 토비를 칭했던 '도객(刀客)'이란 용어가 무기로써 칼이 점차 사용되지 않게 되자 그것이 흑화에서 사라졌다고 보았다.[42] 토비는 이 신식병기들을 아주 중시했던 것 같다. 예컨대 쿄이쯔 카시(狂崙華士)에 따르면 토비 내에는 다수의 총을 지닌 '장궤적(掌櫃的)'과 그에게 총을 빌린 '강이포적(扛二砲的)'의 두 종류가 있으며 후자는 전자의 명령에 따라야 했다. 약탈 후 분배의 기준도 총의 유무에 따라 비례하여 이루어

---

41) 姚雪垠, 앞의 책 134면.
42) 같은 책 137면.

지게 되고 이후 장시간의 저축을 통해 총기를 매입한 '강이포적(扛二砲的)'은 빌린 총기를 반납하고 독립된 자유토비 '과계(夥計)'가 되어 다른 '강이포적(扛二砲的)'을 거느리면서 새로운 '장궤적'으로 등장하게 되었다.[43]

또한 나가노 아끼라(長野朗)는 산동 일대의 토비집단을 주식회사에 비유하면서 이익의 배당은 참여자 한 사람과 총기 1정을 각각 1주(株)로 삼아 계산한다고 하였다.[44] 환언하면 총기 1정은 토비 한 사람의 목숨과도 동등한 가치를 지닌 것으로 평가되었던 것이다. 결국 총기의 유무가 토비로서의 출세를 가능케 하는 중요한 지표라 할 수 있다. 실탄에 대해서도 그 뾰족한 모양을 따서 '정자'라고 지칭한 것 이외에 '귀중하다'라는 의미에서 '백미' 또는 '일립금단(一粒金丹)'이란 혹화가 사용되었다. 따라서 토비는 무기를 획득하기 위해 다양한 노력을 기울였는데 그 가운데 한 방법은 약탈을 통하거나 값비싼 비용을 감수하고 구매하는 것이었다.

특히 토비가 극성인 하남에서는 한때 지역의 유력 신사는 개인 자격으로 자유로이 총기를 구매할 수 있었기 때문에, 토비들은 그들을 약탈하거나 자신의 앞잡이를 이용해 신식무기를 구매할 수 있었다.[45] 실탄의 혹화가 '외국당련자(外國糖蓮子)'란 사실에서 짐작할 수 있듯이 외국인을 통한 매입도 한 방법이었다.[46] 군대에서의 매입을 상징하는 혹화는 '대양(大洋, 혹은 일원一元)'인데 토비가 군대에서 실탄을 구매할 때 가장 값비쌀 때 1발에 1원씩 지불했기 때문에 붙여진 것이었다.[47] 이러한 신식병기를 소유함으로써 '대간(대규모 토비단)' '중아랑(衆兒郞)'의 조직력을 갖춘 민국시기 토비는 '연지'를 획득하며 지역을 할거할 수 있었다.

---

43) 狂喬華士「土匪と紅槍會に接する記(2)」,『滿蒙』10-5(1929), 86~87면.
44) 長野朗『支那兵・土匪・紅槍會』(坂上書院 1938) 132~33면.
45) 같은 책 172면.
46) 『中華隱語大全』, 125면.
47) 何西亞, 앞의 책 64면.

이밖에도 '구자(句子)' 혹은 '양표(외국인 인질)'의 등장은 동 시기 토비의 특징을 잘 보여준다. 외국인이 토비의 인질대상으로 공공연하게 등장하는 시기는 이미 살펴보았듯이 1920년대 초 노양인의 인질사건과 그뒤를 이은 손미요의 임성사건 이후였다. 이전 토비들에게 서양인은 다른 사람들과 마찬가지로 감히 범할 수 없는 치외법권적 존재였다. 따라서 '양표'도 1920년대 이후의 새로운 흑화라 할 수 있다.

결국 민국시기의 토비는 조직 확대, 새로운 무기의 획득, 새로운 전술의 개발 등의 측면에서 이전 시기와 구분되는 조직적 폭력세계를 연출했다고 할 수 있을 것이다. 하지만 이 흑화들에 나타난 토비의 일상 모습에서 시대와 지역을 관통하는 일반적 성격을 추출하는 것 역시 어려운 일이 아니다. 이 점과 관련하여 앞서의 표에는 비밀유지와 미신 등을 이유로 형성된 각종 금기어로서 앞서 「갑·을의 대화」 내의 흑화가 다수 포함되어 있음을 확인할 수 있다. 또한 표 가운데 일반생활 용어와 관련된 흑화 역시 많은데, 이는 토비의 정상적인 일상세계를 반영하는 것이었다.

일반적으로 토비는 살인, 방화, 간음, 약탈의 생활, 연속되는 불안, 공포의 생활, 아사포사(餓死飽死)의 고락(苦樂)이 반복하는 생활, 동분서주한 유동적 생활, 사회에서 버림받고 사람들에게 멸시당하는 생활, 자신의 이익만을 도모할 뿐 타인의 생활을 돌보지 않고 비록 현 사회에서 생존하지만 그 사회와 화합하지 못하는 생활, 결국 인류 공존원칙과 극히 배치되는 생활을 영위한다고 할 수 있다.[48] 그러나 토비의 삶이란 동시에 "겁부제빈(劫富濟貧)" 혹은 "체천행도(替天行道)"를 행하는 '녹림(綠林)' 또는 '의적(義賊)'의 생활, 무차별적 수탈을 자행하는 관부에 대항하는 정의와 승리로 가득한 생활, 지역민의 보호를 바탕으로 그들과 공존 공영하는 영웅적 삶일 수도 있었다.[49]

---

48) 何西亞, 앞의 책 41~42면.

49) 서론에서 제시한 Hobsbawm의 '義賊(social bandit)'은 이러한 유형의 토비를 상징할 것이다.

그렇다면 민국시기 토비의 실제 삶은 어떠했고 그것은 이전의 전통시대 토비의 모습과 어떻게 구별되었을까?

이러한 물음에 대한 답변을 위해 이상에서는 기존 토비연구에서 비중있게 다루어지지 않았던 흑화에 주목하면서 제한적이지만 몇가지 사실을 확인할 수 있었다. 먼저 민국시기 흑화의 발전상을 실감할 수 있었다. 어휘의 양이나 상징, 은유, 직유, 형상화, 음차 등 조어법의 방식에 있어 그러하다. 흑화의 발달은 곧 토비의 발달을 의미하고 그만큼 그 구성과 활동의 다양성을 의미하는 것이기도 했다.

그리고 이러한 흑화의 생성과정을 검토해보면 비밀성 담보라는 본래 목적 이외에도 미신에 따른 금기, 기휘가 철저하게 관철되어 그들의 생활이 불안과 공포의 나날로 점철되어 있었음을 추측할 수 있다. 이 토비들이 사용하는 흑화는 지역마다 많은 차이를 보였다. 그것은 흑화 가운데 상당부분이 방언에 근거하였기 때문에 더욱 그러하다. 하지만 그 내용이나 상징하는 바는 큰 차이를 보인다고 생각되지 않기 때문에 민국시기 토비가 가장 극성하였던 지역인 하남, 산동, 동삼성 등지의 흑화를 대표로 선정하여 검토해보면 구성면에서 '군사행동용어'가 상대적 다수를 차지하고 있음을 확인할 수 있다. 특히 인질과 약탈 그리고 토비의 역할구분 등과 관련해서는 흑화의 발달이 더욱 두드러져 비합법 폭력조직으로서의 토비의 존재를 잘 드러내고 있다.

또한 이 토비들은 흑화를 '대외어'와 '대내어'로 구분하여 자신들과 외부세계를 명확히 구분하려 하였다. 흑화의 기능 가운데 하나가 내부의 비밀유지와 결속을 통한 공통의 유대감 강화에 있다는 사실을 상기하면 이 점은 분명하다. 마지막으로 소수의 예이지만 민국시기의 흑화에는 '양표(洋票)' '홍별(紅鼈)' '분통(噴筒)' '분자(噴子)' '기자(旗子)' '화모자(花帽子)' '계제자(鷄蹄子)' '초각(焦殼)' '외국당련자(外國糖蓮子)' '백미(白米)' 등 병기로 무장하여 '방풍(防風, 체포에 대비하다)' '박풍(적을 물리치다)' '기자(旗子)' '화모자(花帽子)' '계제자(鷄蹄子)' '초각(焦殼)' '외국당련자(外國糖蓮子)' '백미

(白米)' 등 이전 전통시대에서 볼 수 없던 새로운 어휘들이 추가되어 토비활동의 변화상이 반영되었다. 결국 흑화의 분석을 통해 민국시기 토비가 조직의 확대, 위계 서열의 확충, 역할의 배치, 새로운 무기의 획득, 전술의 개발을 통해 이전 시기와는 또다른 불법적 폭력조직 세계를 연출하였음을 확인할 수 있다.[50]

---

50) 하지만 이상의 분석만으로 토비의 의식세계 내지는 그들의 문화, 가치관 등에 대한 충분한 이해에 도달했다고 할 수는 없을 것이다. 특히 그들이 서양인 혹은 서양 문화에 대한 어떠한 태도를 지니고 있었는지 등에 대해서는 더욱 심도있는 연구가 필요할 것으로 판단된다. 참고로 徐有威 主編 『洋票與綁匪 ─ 外國人眼中的民國社會』(上海古籍出版社 1998)는 민국시기 토비 인질이었던 외국인 25명의 경험담을 소개하고 있어 앞서의 문제의식과 관련하여 중요한 근거자료가 되고 있다. 한편 Phil Billingsley와 徐有威는 위의 자료를 주로 이용하여 '토비와 서양 문화'라는 주제의 글을 발표하고 있다(Xu Youwei, Phil Billingsley, "When Worlds Collide: Chinese Bandits and Their "Foreign Tickets"", *Modern China*, vol.26 no.1, 2000; Phil Billingsley and Xu Youwei, "'In Perils in the Wilderness': Chinese Bandits and Chinese Society Through the Eyes of 'Foreign Tickets'," 『桃山學院大學人間科學』 no.12, 1997; Phil Billingsley and Xu Youwei, "'In the Grip of Bandits, Yet in the Hands of God': Western Missionaries Meet Chinese Outlaws," 『桃山學院大學人文科學』 no.18, 1998).

II. 홍창회의 의식과 믿음

1. 홍창회의 의식

홍창회는 "도창불입", 즉 총과 칼을 맞아도 죽거나 상하지 않는다는 신념에 사로잡힌 집단이었다. 일견 황당무계한 것으로 보이는 이 믿음에 1920년대 3백만에 이르는 화북 민중이 현혹되었다는 사실 자체는 큰 의문이라 할수 있다. 단순히 민중의 무지몽매함 때문으로 치부하거나, 군벌과 토비의 수탈이 지나치게 가혹했기 때문이라고 그 책임을 외부에 돌리는 것만으로는 충분하지 않을 것 같다. 오히려 가입에서 훈련과 활동 등의 과정에 등장하는 홍창회의 주술 내지는 미신이 지니고 있던 흡인력에도 더 많은 주의를 기울여야 할 것이다.

분파에 따라 다양한 차이를 보이고 있지만 일반적으로 정식 홍창회 회원이 되려면 다음과 같은 까다로운 조건을 몇가지 지켜야 했다.[51] 일단 입회하

---

[51] 이하 소개하는 홍창회의 입회의식과 훈련과정은 홍창회 가운데에서도 坎門에 해당한다. 그 내용은 1927년 가을 北伐軍 내에서 홍창회 우두머리였던 연대장에게서 직접 紅學을 습득한 경험자의 보고를 기사화한 「紅槍會實習記」, 『晨報』(1928. 1. 30)에서 정리한 것이다. 이하 특별히 주기하지 않는 한 모두 이 기사에 따랐다. 또한 동일한 내용이 「紅槍會實習記」,

려면 기존회원의 소개가 필요했고, 회규를 엄수해야 할 뿐 아니라 어느 누구에도 회와 관련된 기밀을 지켜야 했다. 홍학을 전수받을 때에도 "육이부전(六耳不傳)"이라 하여 1 대 1의 개별적 전수방식을 취한 점도 조직의 비밀성을 보장하는 장치였다. 홍학을 배워 조직에 입문하기 위해서는 이밖에도 안(雁), 순(鶉), 구(鳩) 등 '천삼염(天三厭)' 구(狗), 마(馬), 우(牛) 등 '지삼염(地三厭)' 하(蝦), 별(鼈), 추(鰍) 등 '수삼염(水三厭)'을 먹으면 안되고 수학 기간 1백여 일의 동안 여색을 금하며, 소리내어 주문을 읽어서는 안되고, 주문 가운데 제대로 알 수 없는 부분은 한 글자씩 읽는 것은 무방하지만 두 글자를 동시에 읽을 수는 없었다.

홍창회 내부의 각 분파에 따라 그리고 조직의 대중화에 따라 위에 소개한 금기의 내용이나 훈련기간 등에 있어 융통성이 없는 것은 아니었지만, 그렇다고 누구나 손쉽게 홍학을 습득할 수 있는 것은 아니었다. 이와같은 엄격한 금기의 설정은 "도창불입"이란 홍창회 주술이 무용할 경우를 대비한 일종의 방어막 기능을 했다. 즉 주술이 제대로 발휘되지 않을 경우 그것은 학습자가 계율을 지키지 않았기 때문이지 홍창회의 주술 자체의 문제점 때문이 아니라 항변할 수 있었던 것이다.

목욕재계까지 마친 지원자는 마침내 입회의식을 치르게 되었다. 의식이 치러졌던 불당 내의 정형에 대해 「홍창회실습기(紅槍會實習記)」는 다음과 같이 묘사하였다.

실내의 공간은 매우 넓었다. 상석의 벽 쪽에는 황표(黃票)가 4층탑 모양으로 쌓아올려져 있었는데 아래는 4장 그 위에는 3장, 2장, 1장으로 이뤄졌고, 그 안에 주서(硃書)와 불호(佛號)가 숨겨져 있었다. 황표 덮개는 밖으로 위치했는데 거기에 새겨진 글자는 제대로 판독할 수 없었다. 부처 앞에는 커다란 향로가 놓인 긴 탁자가 있어 자욱한 단향(檀香)의 기운이 실외까지 퍼져 나갔다.

『國聞週報』 5-5(1928), 1~3면에도 수록되어 있다.

실외의 향로 좌측에는 기름 사발이 있어 큰 불꽃이 일어나고 있었다. … 부처 좌우에는 칼이 하나씩 매달려 있고, 칼자루에는 칼 길이만큼의 붉은 비단이 묶여 있었다.[52]

한밤에 펼쳐지는 이 광경은 약간은 신비스럽고 또 기괴하기까지 하여 지루한 일상의 농촌생활만을 영위하던 대부분 일반농민 입회자를 압도하기에 충분했을 것이다. 입회자는 먼저 불상에게 그리고 다음에 홍학의 전수자인 노사(老師)에게 절을 하고, 노사는 황표 가운데 하나를 뽑아 입회자에게 읽게 하였는데 그 내용은 "신사제자(信士弟子) 모모(某某)는 지금 법술을 배우고자 합니다. 성심으로 부처를 신봉하고 외부에 알리지 않으며 부처를 비방하지 않겠습니다. 만약 허언이 있다면 오뢰(五雷)가 내리쳐 죽을 것입니다. 구두로 입증할 수 없을 것 같기에 십자를 그어 증거로 삼습니다(신사제자모모 信士弟子某某, 금원학법今願學法, 성심봉불誠心奉佛, 부득전고외인不得轉告外人, 부득방불不得謗佛, 여유허언如有虛言, 오뢰벽신五雷劈身, 공구무빙恐口無憑, 화십자위증畵十字爲證)"였다. 이후 노사는 불상으로 나아가 주문을 외우고 황표를 등불에 태우게 되면 입회의식 자체는 일단락되었다.

이와같이 홍창회가 부처를 신봉하였던 예는 다른 곳에도 찾을 수 있다. 1928년 7월 하남동부 고성(考城)에서 직접 홍창회 가입의식을 목격한 일본인 쿄이쯔 카시(狂喬華士)에 따르면 그곳에서도 의식은 역시 불당에서 거행되었으며 부처는 '무상(無上)의 존신(尊神)'으로서 "도창불입"의 신체를 연마하기 위해 중요한 역할을 하는 존재로 추앙받았다.[53] 그러나 여기서 홍창회와 불교 간의 관계를 지나치게 강조할 수만은 없을 것 같다. 이 점은 앞서 묘사한 불당 내의 불상 좌우에 칼이 걸려 있는 모습이나 비방금지를 맹세하면서 십자를 그은 사실, 그리고 홍창회의 집회장소가 반드시 불당에만 국한

---

52) 「紅槍會實習記」, 『晨報』, 1928. 1. 30.

53) 狂喬華士 「土匪と紅槍會に接するの記(5)」, 『滿蒙』 10-7(1929. 7. 1), 91~92면.

된 것이 아니라 종사(宗祠), 묘우(廟宇) 등이었다는 점 등을 고려하면 짐작할 수 있다. 그러나 이러한 사실은 후술하겠지만 홍창회의 주술을 본격적으로 수련할 때 끌어들이는 신들의 면면을 살펴보면 더욱 분명히 드러난다.

홍창회의 "도창불입"은 단순한 육체적 수련이 아니라 신과의 결합을 통해서 이루어진다고 강조되었다. 그렇기 때문에 "청신(請神)"에 이은 신내림, 즉 수련자와 신과의 결합의 단계가 필요한데 그 구체적 방법은 다음과 같다. 노사는 "청신"의 단계에 들어가면서 향을 피워 꽂으며 불상에 대해 한번 절하고 한숨을 들이쉬며 소리내면서 동시에 오른발로 땅을 찬다. 이 방식은 하나의 정해진 예법으로서 매번 절할 때마다 같았다. 이어 향을 잡고 불당 문을 나서는데 이때에도 문 끝에서 향을 잡고 한번 절을 한 뒤 문밖의 공터에 이르러 북쪽을 향해 머리를 구부리고 향을 머리까지 높이 들고는 다음의 주문을 외운다. "제자 모모가 청컨대 옥황상제께서는 궁에서 나서 자리에서 일어나 천당에서 내려와 향을 맡기 바랍니다. 또 금동옥녀(金童玉女)께서도 궁에서 나서 자리에서 일어나 천당에서 내려와 향을 맡기 바랍니다(제자모모근청옥황노야출궁리위하천당문향弟子某某謹請玉皇老爺出宮離位下天堂聞香, 우청금동옥녀출궁이위하천당문향又請金童玉女出宮離位下天堂聞香)." 이어 노사는 다시 향을 잡고 허리를 굽혀 한번 절하고 땅에 무릎을 꿇고 머리를 조아려 예를 표한 뒤 동남(東南), 서남(西南)을 향해 같은 방식의 의식을 행한다. 이때 동남쪽에 대해서는 "제자 모모가 삼가 관음노모(觀音老母)에게 청하건대 궁에서 나서 자리에서 일어나 선산(仙山)에서 내려와 향을 맡기 바랍니다. 또 금동옥녀께 청하건대 궁에서 나서 자리에서 일어나 선산에서 내려와 향을 맡기 바랍니다(제자모모근청관음로모출궁이위하선산문향弟子某某謹請觀音老母出宮離位下仙山聞香, 우청금동옥녀출궁이위하선산문향又請金童玉女出宮離位下仙山聞香)." 서남에 대해서는 "제자 모모가 삼가 조사노야(祖師老爺)께 청하건대 궁에서 나서 자리에서 일어나 금정산(金頂山)에서 내려와 향을 맡기 바랍니다. 또 주공조(周公祖), 도화선(桃花仙), 장기장(掌旗將), 금강장(金剛將), 흑호(黑虎), 영관(靈

官), 구사이장(龜蛇二將) 등 여러 신성(神聖)께 청하건대 모두 금정산에서 내
려와 향을 맡기 바랍니다(제자모모근청조사노야출궁이위하금정산문향弟子某某謹請
祖師老爺出宮離位下金頂山聞香, 우청주공조도화선장기장금강장흑호령관구사이장중위신
성일제하금정산문향又請周公祖桃花仙掌旗將金剛將黑虎靈官龜蛇二將衆位神聖一齊下金
頂山聞香)" 등의 주문을 외운다. 세 방향에 대한 "청신"이 끝나면 노사는 불
당으로 다시 들어가게 되는데 문에 들어서면 향을 들고 "제자 모모가 청하
건대 여러 신성들께서는 모두 궁에 드시어 향을 맡기 바랍니다(제자모모유청
중위신성일제진궁문향弟子某某有請衆位神聖一齊進宮聞香)"를 외우고 절하고 탁자
앞에 이르러 다시 향을 들고 "제자 모모가 청하건대 여러 신성께서는 궁 안
의 자리에 드시어 향을 맡기 바랍니다(제자모모유청중위신성일제진궁안좌부위문
향弟子某某有請衆位神聖一齊進宮案座赴位聞香)"를 외우고 절한 뒤 향을 향로에
꼽게 되면 모든 "청신" 절차가 마무리되었다.

　이상 노사의 "청신"에 의해 강림한 홍창회의 신들로는 옥황노야(玉皇老
爺), 금동옥녀, 관음노모(觀音老母), 조사노야, 주공조, 도화선, 장기장, 흑호,
영관(靈官), 구사이장 등 다양하다. 유(儒), 불(佛), 도(道), 민간신앙의 다양
한 신들이 집결되었음을 알 수 있다. 홍창회가 신봉했던 신들의 이와같은 잡
다함은 홍창회 신위(神位)를 통해서도 알 수 있는데 한 예로 만철조사에 따
르면 현천대제(玄天大帝), 주공조, 상기장(常祺將), 제천대성(齊天大聖), 옥황
대제(玉皇大帝), 도화선, 금강장, 화제진군(火帝眞君) 등의 신이 등장하고,[54]
1926년 하남북부의 홍창회를 목격한 이영주(李瀛洲)가 소개한 신위에는 현
천대제, 연등노야(燃燈老爺), 형합이장(哼哈二將), 금강노야(金剛老爺), 공성
노야(孔聖老爺), 관천장(關天將), 도천장(陶天將), 조객노야(弔客老爺), 옥황
대제, 홍발노조(紅髮老祖), 광법천존(廣法天尊), 사대천왕(四大天王), 신천장
(辛天將), 장천장(張天將), 등천장(鄧天將), 천사노야(天師老爺), 구영노야(龜

---

54) 滿鐵調査課 『支那の動亂と山東農村』(南滿洲鐵道株式會社 1930) 107면.

靈老爺), 여조노야(呂祖老爺), 현단노야(玄壇老爺) 등의 신이 등장했다.[55]

이상 "청신" 과정과 신위에 등장하는 신들의 면면을 살펴보면 이들이 여러 다양한 신들로 이뤄졌음은 분명하며, 동시에 『봉신연의(封神演義)』, 『칠협오의(七俠五義)』, 『삼국지(三國志)』, 『서유기(西遊記)』 등 민간소설의 주인공들로 구성되었음을 알 수 있다. 그런데 화북의 민중 역시 이 소설들을 읽고 그 주인공들을 영웅시하고 신화화할 수 있었겠지만 대부분 문맹이었던 이들에게 더욱 효과적인 의사소통 기제는 이 소설들을 극화한 연극이었다. 즉 시장이나 묘회(廟會)에서 공연된 각종 연극을 통해 민중은 자연스럽게 자신들의 우상을 만들어갔던 것이며, "청신"이란 "도창불입"의 불가능에 도전하기 위해 이 우상들을 자신들에게 불러오는 의식이었던 것이다.

"청신"이 끝나면 다음은 '장신지법(裝身之法)'의 단계가 기다리고 있었다. 노사는 제자의 가입보증서를 향로에서 태우면서 한숨을 들이쉬고 오른손을 뒤로 하고 입으로는 주문을 외운다. 2, 3초 뒤에 오른손으로 등불을 털면서 입으로 그 불길을 빨아들이고서는 불당에 무릎 꿇고 있는 제자에게 다가가 오른손을 입에 대고 제자의 몸에 기를 불어넣는데 정수리에서 복부로 갔다 정수리로, 다시 정수리에서 등허리를 거쳐 정수리로, 손목에서 어깨를 거쳐 다리 좌우로 각각 나아간다. 이를 통해 보면 "장신(裝身)"이란 이미 "청신"을 통해 불당 안에까지 내려온 신이 노사의 힘을 빌려 다시 제자에게 옮겨지는 의식으로, 이를 통해 제자는 비로소 "강신부체(降神附體)"의 상태를 이루게 되었다.

대부분 홍창회의 수련은 이 단계까지는 큰 차이를 보이지 않았던 것 같다. 그러나 그 다음 구체적으로 어떻게 "도창불입"을 달성할 수 있는가를 둘러싸고 홍창회 내부에는 차이가 있었다. 일반적으로 홍창회는 홍(紅)·황(黃)·남(藍)·백(白)·흑(黑) 등의 제학(諸學)으로 나뉘고 그 가운데 가장 세력이 큰

55) 李瀛洲「目睹紅槍會之奇記(1)」, 『順天時報』, 1926. 10. 2. 그에 따르면 홍창회의 신은 70명에 이른다고 했다.

홍학(紅學)은 다시 신을 경배하고 묵법(黙法)을 위주로 하는 대홍학(大紅學, 리문离門)과 금종조(金鍾罩)와 같이 부적을 먹고 묵법을 위주로 하는 소홍학(小紅學, 감문坎門), 중홍학(中紅學, 노불창老佛廠)으로 구분되었다.[56] 또 앞서 소개한 「홍창회실습기(紅槍會實習記)」에 따르면 홍학은 비록 "배신묵법(拜神黙法)"과 분향 등에서는 차이가 없지만 순수한 운기훈련 위주의 현문(玄門)과 반드시 부록(符錄)을 마시는 감문으로 나뉘고, 홍학을 학습하여 입문한 이후에는 '선도선묘선전건곤일월교회천지광명(禪道仙妙旋轉乾坤日月交會天地光明)' 16자 가운데 차례대로 하나를 법명으로 선택하여 종파를 형성하였다. 위에서 살펴본 대로 홍창회는 아주 복잡한 분파성을 보여주고 있지만, 대체로 묵법을 중심으로 한 대홍학과 금종조와 비슷한 소홍학 그리고 그 내에 운기훈련 중심의 현문과 "흘부묵법(吃符黙法)"을 중시하는 감문으로 구분할 수 있다.[57] 이들은 공존하기도 하였지만 점차 소홍학(감문)이 홍창회의 주류를 형성해 나갔다.[58]

1926년 1월 하남서부 일대에서 전개된 대규모 홍창회 내부 투쟁을 통해 이 과정을 좀더 살펴보자. 1925년 하남서부 홍창회회수 황모(黃某)가 사망하자 이진룡(李眞龍), 장금룡(張金龍) 등이 그뒤를 잇고, 형양(滎陽), 형택(滎澤), 하음(河陰) 일대의 홍창회를 홍학회로 이름을 바꿔 국민2군의 금령을 피함과 동시에 합법화를 꾀한 바 있었다. 당시 홍창회가 홍학과 동일하게 인식된 것은 이 때문이기도 하다. 이후 홍학회는 대홍학회(노파老派·리문离門)

---

56) 魏明華 「何謂紅槍會」, 『晨報』, 1926. 8. 24; 枕薪 「河南之紅槍會」, 『國聞週報』 4-24(1927. 6), 1면. 또한 大紅學(离門), 小紅學(坎門)의 구분법은 「河南紅槍會大激鬪」, 『時報』, 1926. 1. 11 참조.

57) 한편 1925년의 洛陽홍창회는 中學과 紅學의 구분이 있었다. 披巾의 색깔 차이 외에 口訣과 주문을 사용하는 紅學과 부적을 사용하는 中學이 대비되었다. 「紅槍會在洛之勢力」, 『晨報』, 1925. 9. 22.

58) 魏明華 「何謂紅槍會」, 『晨報』, 1926. 8. 24; 張振之 『革命與宗敎』(民智書局 1926) 138~39면.

10만과 소홍학회(신파新派 · 감문) 수만으로 분기하여 대립하다, 1926년 1월 3일 형택, 하음의 접경지역에서 접전을 벌이게 되었다. 이때 양파 사이에서 발생한 황창회(黃槍會)는 대홍학회와 행동을 같이했다. 전투결과 승리를 거둔 소홍학회는 무기몰수, 속죄금 5만원 보상, 무리 전체의 홍학회 개편 등의 조건으로 대홍학회와 타협하였다.[59] 혹자는 이번 사건을 방어적 지주, 부농 조직인 대홍학과 공격적 빈농, 중농조직인 소홍학의 대립으로 설명하였지만 그 근거가 명확한 것 같지는 않다.[60] 오히려 내부의 종교분파적 갈등 때문이었던 것으로 추측할 수 있을 것 같은데, 그 원인이 무엇이든 이번 대립을 통해 소홍학회가 홍창회 내의 주도권을 잡게 되었음에는 틀림없다.

그런데 위에서도 드러나듯 당시의 언론은 대홍학, 소홍학에 대해 노파, 신파와 같이 시기적 차이를 제시하였다. 즉 홍학 내에서 소홍학이 새롭게 등장한 집단이라는 의미일 터인데 그렇다면 그 '새로움'의 구체적 내용이 무엇이며 또한 그것을 통해 홍창회 내부의 변화된 모습을 확인할 수 있지 않을까? 이러한 의문을 해결하기 위해서는 우선 대홍학과 소홍학의 주술을 비교 검토해야 할 것이지만, 대홍학의 모습을 밝혀줄 사료가 아직까지 제대로 없기 때문에 먼저 소홍학(감문)의 주술에 대해 살펴보는 데에서부터 출발해야 할 것 같다. 이 경우 스스로 감문임을 밝힌 「홍창회실습기(紅槍會實習紀)」와 내용상 감문으로 추정되는 단검민(段劍岷)의 홍창회 경험기[61]를 중심으로 삼고자 한다. 먼저 「홍창회실습기(紅槍會實習紀)」에 따르면 '장신지법'을 끝낸

59) 「河南紅槍會大激鬪」, 『時報』, 1926. 1. 11; 「河南紅槍會大激鬪」, 『上海民國日報』, 1926. 1. 11; 「紅槍會之組織及小史―稱自衛惑鄕愚撫紅槍被禁令」, 『新中州報』, 1926. 1. 17. 『新中州報』의 보도에 따르면 이때의 小紅學 회원수는 10만 이상에 이르고 있다.

60) Roman Slawinski, "The Red Spears in the Late 1920's," Chesneaux, Jean, ed., Popular Movement and Secret Society in China, 1840~1950 (Stanford University Press 1972) 207면.

61) 段劍岷 「河南的紅槍會」(1928. 8. 12), 張振之 『革命與宗教』(民智書局 1926) 130~45면. 段劍岷의 동생은 하남홍창회에 직접 참가했던 경험자였다. 또한 동일한 주문이 末光高義, 『支那の秘密結社と慈善結社』(滿洲評論社 1932) 134~35면에도 등장한다.

이후 노사는 제자에게 황표와 서부(書符)를 폭 1촌(寸) 정도로 길게 접어 태운 뒤 세 차례에 걸쳐 물과 함께 삼키게 하였다. 이는 소홍학이 지니는 "흘부(吃符)"의 특징을 분명히 보여준다. 그뒤 노사는 "호신법(護身法, 천호신天護身, 지호신地護身, 전호신前護身, 후호신後護身, 좌호신左護身, 우호신右護身, 관음노모호전신觀音老母護前身, 여산로모호후신山老母護後身, 조사노야호신祖師老爺護身, 긴호신緊護身, 오리강五雷剛──주문1)" "당포법(當砲法, 무량불無量佛, 아청성제노야호아신我請聖帝老爺護我身, 오뢰강, 아청조사노야당양창我請祖師老爺當洋槍, 청룡제기오간신青龍祭起五杆神, 포타재신砲打在身, 방자락자조방自落自帠, 청천수분부삼도淸泉水焚符三道, 용재장내헌의당포用在腸內軒衣當砲, 급급여율령急急如律令──주문2)" 등의 주문을 전수하였다. 또한 소홍학의 법술을 소개한 또다른 자료[62]는 "도창불입"의 경지에 오르기 위한 주문으로 "청근천상금오신(請謹天上金五神), 노조노조하천문(老祖老祖下天門), 장기금강배주포(張其金剛排住炮), 주광도화봉화신(周光桃花封火神), 호신호신긴호신(護身護身緊護身), 왕경불(王景佛), 오뢰강, 무량신(無量神), 무뢰강(無雷剛)"(주문3)과, 수련과정 90일간을 거친 자에게 회원의 증거로 제공한 "호신법(봉청조사노야奉請祖師老爺, 칙령서천무량신勅令西天無量神, 보호신보호신保護神保護神, 긴호신오뢰강緊護身五雷剛──주문4)" "배도법(排刀法, 조사노야재학祖師老爺在學, 재학당중위제자영모장在學堂衆位弟子永毛場, 천유신도지유선도天有神道地有仙道, 조사노야호아신오뢰강祖師老爺護我身五雷剛──주문5)" "배포법(排砲法, 조사노야祖師老爺, 칙령주공조천노상勅令周公祖天老祥, 주공도화봉화문周公桃花封火門, 긴호신무량불緊護身無量佛──주문6)" 등의 주문을 소개하였다. 주문의 내용은 대체로 관음노모(觀音老母), 여산노모(黎山老母), 조사노야 등 홍창회의 신들에게 "호신(護身)" "당포(當砲)" "배도(排刀)" "배포(排砲)" 등을 통한 "도창불입"의 단계에 오를 수 있게 해달라는 기원을 담고 있다. 그러나 주문의 묵법과 "흘부"에 그친 것은 아니고 일종의 기공훈련

---

62) 末光高義, 앞의 책 108면.

이 병행되었다.

단검민에 따르면 대사형(大師兄)으로 전수받은 뒤 "호신" 주문을 잘 외운 제자의 경우 그 주문이 씌어진 천을 가슴에 붙이면 총알을 피할 수 있다고 교육받았다. 다음 제자는 "배전(排磚)"을 연습하게 되었다. 공터에 제단과 신상(神像)이 마련되고 제자 모두 그 앞에 도열하면 대사형은 신에 분향하고 기도한 뒤 주문을 외우면서 부적 하나를 태워 물에 타 제자에게 나눠 마시게 한다. 그뒤 대사형은 벽돌 5장을 제자 머리 위에 올려놓고 내리쳐 깨뜨린다. 벽돌이 깨지면 통증을 느끼지 못할 것이고 그렇지 않을 경우 제자가 고통스러워할 것이라 하는데 후자일 경우 대사형은 불성실하여 계율을 제대로 지키지 못했다고 제자를 크게 꾸짖게 된다. 이와같은 방식을 몇차례 계속하여 통증을 느끼지 않게 되면 제2단계인 "배도"의 단계로 나아간다. 이것은 제1단계와 비슷하지만 칼로 직접 제자의 가슴을 내리치는 게 다른 점이다. 이 경우 내려친 자리에 흰색 흔적만 남거나 혹은 전혀 상처가 남지 않게 되면 제3단계인 "배포(排布)"에 들어간다. 대사형은 주문을 외운 뒤 주필(硃筆)로 부록을 써서 태워 음양수(陰陽水)에 넣어 제자들에게 나눠 먹이고, 일렬로 세운 뒤 15보 정도 떨어진 곳에서 구식 대포를 발사하였다. 이때 죽으면 역시 계율을 어긴 것으로 치부되었지만, 훈련할 때 몸 앞뒤에 보호대를 착용하여 위험에 대비하기도 하였다.

이상 소홍학(감문)의 법술을 살펴보면 주문암기, 부적 마시기(흘부), 기공훈련 등으로 구성되었음을 확인할 수 있다. 그렇다면 대홍학의 "배신묵법"에 더해진 소홍학의 '새로운 요소'란 "흘부"였다고 할 수 있다. 부적은 본래 초석(硝石)을 원료로 한 황표(黃表)에 주사(硃砂)로 그려 만든 것인데, 주사(HgS)에는 진심(鎭心), 정경(定驚), 사열(瀉熱)의 약리작용이 있어 많이 먹을 경우 치매에 빠질 수 있고, 반면 황표는 주성분이 초석으로 복용할 경우 사람을 난폭하게 할 수 있으며, 이 이질적인 두 약물이 혼합될 경우 환각작용을 일으킬 수 있다는 지적이 있다.[63] 이것이 사실이라면 "흘부" 이후 나타나는 일시적 흥분상태 혹은 집단적 충동상태에서 일반민중은 "강신부체"의 기적을 받아들여 훈련에 매진하거나 적과의 전투에 적극적으로 나설 수 있었을 것이다. 그렇다면 "흘부"를 한 특징으로 하는 소홍학이 대홍학에 비해 더욱 강력한 전투력을 발휘하고, 또 대중에게 더 강한 흡인력을 발휘했던 사정도 이해할 수 있을 것 같다.

한편 "배전" "배도" "배포" 등 무술훈련과 홍창회의 주술 습득과정은 일상생활에 지쳐 있던 농민에게는 특별한 경험일 수 있었다. 즉 하남농민에게는 "홍창회에 달려와 신을 숭배하고 도를 말하며 무술을 습득하는 것이 유일의 오락이기도 했던 것이다."[64] 이렇듯 홍창회의 무술훈련이 일상적 농민에게 '유일한 오락'을 제공해주었다는 사실은 홍창회의 대중적 인기를 짐작케 한다. 그러나 무술훈련 가운데 신식 총기를 이용한 "배포"는 연습 도중 사상자 다수를 발생시킬 수도 있었다. 예컨대 1926년 개봉 부근 백석강촌(白石崗村)에서 "배포"를 연습하다가 십수명이 사망하고, 그 때문에 대사형 역시 사람들에게 죽임을 당한 적이 있었다. 이렇게 "배포"의 위험성이 확인되자, 새로 생긴 건문(乾門)홍창회나 곤문(坤門)홍창회 등은 "배도" "배포" 등의 훈련에 의하지 않고 총포를 피할 수 있는 새로운 방법을 개발하였다. 이 가운데 건문의 경우는 학습자가 7일 동안 몸을 깨끗이 하고 신을 숭배하며 각종 주문을 외우다, 비상시에 이르면 단지 부적을 태워 먹고 주문을 외우기만 하면 "도창불입"에 이를 수 있다고 하였다.[65] 비록 감문만큼 대중적

---

63) 戴玄之「紅槍會之法術」,『新時代』5-1, 1965, 29면; 喬培華『天門會研究』(河南人民出版社 1993) 65~66면. 그러나 또다른 연구자는 정신착란을 가져온다는 硃砂의 약리작용에 대해 현대의학의 임상경험을 토대로 회의적 입장을 취하기도 한다(張鳴·許蕾『拳民與敎民: 世紀之交的民衆心態解讀』(九洲圖書出版社 1998) 108~109, 290면). 설사 硃砂의 약리적 효과가 신빙성이 없다고 해도 "吃符" 행위가 홍창회 회원 각자에게 가져다주는 심리적 효과는 무시할 수 없을 것이다.

64) 郁青「河南彰德府的農民槪況」,『中國靑年』第47期, 1924, 14면. 또한 같은 내용이 我愉「紅槍會之內容」,『國聞週報』4-28, 1927에도 등장한다.

인기를 끈 것은 아니었지만, 노사나 학습자의 입장에서 본다면 더욱 간편하게 홍학을 학습할 수 있다는 믿음을 가질 수 있었다.

2. 홍창회의 믿음―"도창불입"

홍창회의 주술, 즉 "도창불입"에 도달하기 위해서는 홍창회 내부의 각 분파마다 각기 독특한 방식을 취하였다. 그렇지만 홍창회는 "흘부"와 무술훈련의 유무와는 별도로 각 분파마다 고유한 주문을 지니고 있었다. 그렇다면 이 주문의 분석을 통하여 홍창회 내부의 차별성과 공통성을 살펴볼 수 있으며, 또한 백련교(白蓮敎)와 의화단(義和團)의 그것들과 비교함으로써 홍창회와의 관련성에 대해 또다른 방식의 접근을 시도해볼 수 있을 것이다. 이미 살펴본 소홍학(감문)의 것을 제외한 홍창회의 주문을 정리해보면 표44와 같다.[66]

이밖에 산동 서부를 중심으로 활약하였던 대도회(大刀會) 또한 독자적인 주문이 있는데 그 가운데 대표적으로 하나만 번역하면 다음과 같다.

천신지신일월성진(天神地神日月星辰)의 각신(各神)이 모두 내려온다. 흑호가 내려와 호신하고 구(龜)·사장군(蛇將軍)이 와 생명을 보호하며 만법백중영현험(萬法百中靈顯驗)하다. 조사(祖師)의 칙령(勅令)에 의해 무성불(無星佛)이 오게 되어 진지(陣地)를 압박하고 적인(敵人)을 경악시킨다. 무성불을 청(請)하면

---

65) 張振之, 앞의 책 138면.
66) 표 가운데 출전 ①은『支那の動亂と山東農村』, 117, 123면, ②戴玄之, 앞의 책 125~27면을 각각 표시한다. ③은 末光高義, 앞의 책 145면, ④는 喬培華가 인용한 浚縣黨史徵編辦公室資料, 卷宗號 B4-22, 順序號 53(喬培華, 앞의 책 61~63면)을 각각 나타낸다. 또한 천문회 주문의 경우 ①의 내용 가운데 ④와 차이를 보이는 부분은〔 〕로, 생략된 부분은 ( )으로 표시했다.

동해(東海)를 벽뢰일성(劈雷一聲)하고, 천지신일월성진(天地神日月星辰) 각신위(各神位)가 한곳에 모이고, 천신(天神)의 여왕(女王)이 중앙(中央)에 온좌(穩坐)하고 일일향연(一日香烟)을 받는다. 백면장군(白面將軍)은 전심(前心)을 보호하고 흑호장군(黑虎將軍)은 후심(後心)을 보호하고 얼굴을 하늘로 향하고 기운을 토해내면 만법(萬法)이 모두 드러난다. 십만의 신병(神兵), 십만의 귀병(鬼兵), 남두육성북두칠성(南斗六星北斗七星) 모두 온다. 태노군(太老君)의 칙령을 급히 받들어 눈을 감고 손을 들어 허공에 십자를 긋고, 북방(北方) 곽장위(郭長位), 남방(南方) 고지명(高之明), 동방(東方) 왕병해(王炳海), 서방(西方) 구미구(邱米具), 중앙 이정옥(李廷玉) 등 5대교주(大敎主)가 한곳에 와 신(神)을 칭하니 손을 모아 아미(阿彌)를 묵념하면 10만의 악군(惡軍)도 대적하기 어렵다.[67]

(주문 23)

이상 주어 23종을 검토해보면 대부분 "도창불입"과 관계된 것임을 알 수 있다. 구체적으로 보면 "청신"을 통해 강림한 신들의 힘에 의지하여 "호신" "연공(練功)" "피도(避刀)" "피창(避槍)" "피포(避砲)" 등을 이루려는 분명한 목적을 지닌 것이었다. 그 가운데 비교적 상세한 천문회(天門會)의 주문(주문 17~22)을 통해 홍창회 주문의 함의에 대해 살펴보도록 하자. 먼저 홍창회가 아주 강렬한 미신적 색채를 지닌 것에 대해서는 더이상 설명을 요하지 않는다. 그렇지만 주문내용을 통해 투쟁을 고무하고 또 미신일지언정 독실한 믿음을 갖게 하며 현세의 삶을 중시하는 의식이 내포되었음을 확인할 수 있다. 구체적으로 "호신법" "피도창법(避刀槍法)" "피포법(避砲法)"은 여러 신들의 보우(保佑)가 필수적이기는 하지만 개인을 "불사"의 주체라는 삶의 개척을 위한 적극적 주체형성을 세우는 데 도움을 주도록 설정되었다. 이러한 불사의 주체는 더 나아가 "장생(長生)"을 추구하게 마련인데 구체적으로는 "청동해(請東海), 반노선(搬老仙), 용장초(龍杖草), 창선단(唱仙丹)"을 통해 장생불

---

67) 末光高義, 앞의 책 149~50면.

로선(長生不老仙)이 되는 것이었다(주문21). 이와같은 "장생불사(長生不死)"의 추구는 후술하게 될 백련교의 주문 가운데 등장하는 부활의 이미지와 무생노모(無生老母)가 산다는 진공가향(眞空家鄕)의 내세관과는 전혀 다른 사유구조로부터 만들어지는 것이다. "불사"와 "장생"을 추구하는 홍창회가 토비와 군벌혼전에 따른 혼란에 고통받고 있었던 화북농민에게 크게 어필했음은 물론이고, 동일한 주문과 의식 그리고 무술훈련을 통해 집단 내부에 강한 동질성을 가져다주었을 것이다. 비록 효과 면에서 반드시 "도창불입"이 달성되었다고는 할 수 없지만 앞서 살펴본 대로 실패했을 경우 수련자의 책임으로 돌리거나 화약의 양을 조절하지 않으면 구식무기를 사용하는 등의 방식을 취하여 대중을 현혹하였고, 회원의 정신력과 회의 결속력을 강화시켰음에는 의문의 여지가 없다.

그런데 앞서 살펴본 홍창회의 주문은 내용이나 형식 면에서 의화단의 그것과 아주 비슷하다. 예컨대 의화단은 그 의식 가운데 "천령령(天靈靈), 지령령(地靈靈), 봉청조사래현령(奉請祖師來顯靈), 일청당승저팔계(一請唐僧猪八戒), 이청사승손오공(二請沙僧孫悟空), 삼청이랑래현성(三請二郎來顯聖), 사청마초황한승(四請馬超黃漢升), 오청제전아불조(五請濟顚我佛祖), 육청강호유수정(六請江湖柳樹精), 칠청비제황삼태(七請飛際黃三太), 팔청전조랭우빙(八請前朝冷于冰), 구청화타래치병(九請華陀來治病), 십청탁탑천왕금질목질나질삼태자(十請托搭天王金叱木叱哪叱三太子), 솔령천상십만신병(率領天上十萬神兵)"이란 주문을 통해 여러 신들을 불러내는데 이러한 "청신"은 절차상 홍창회와 비슷하다. 그 가운데 "좌청룡(左靑龍), 우백호(右白虎), 운량불전심(雲凉佛前心), 현화신후심(玄火神後心), 선청천왕장(先請天王將), 후청흑살신(後請黑煞神)"이라는 의화단 주문은 내용상 홍창회의 "호신주(護身呪)"에 해당하고, "북방동문개(北方洞門開), 동중청출창불래(洞中請出槍佛來), 철신철묘철연태(鐵神鐵廟鐵蓮台), 철인철의철피새(鐵人鐵衣鐵避塞, 벽壁), 지주풍화불능래(止住風火不能來), 천지현아(天地玄我), 일월조아(日月照我)"라는 주문은 홍창회의 "피도" "피창주(避槍呪)"에 각각 대응한다. 또한 기공 단련을 위한 주문으로 의화단에는 "천군지불(天君地佛)" "아타서래구천백생(阿陀西來求天百生)" "당승사승팔계오공(唐僧沙僧八戒悟空)" "지천천개(指天天開), 지지지개(指地地開), 일타각취래(一跥脚就來)" "일타천문개(一打天門開), 이타지문래(二打地門來), 진심학무예(眞心學武藝), 청하불주래(請下佛呪來)" 등이 있었다.[68]

그런데 이와같은 의화단 및 홍창회 주문의 연관성은 백련교의 그것과 비교할 경우 좀더 명확히 드러난다. 가경(嘉慶) 백련교반란(白蓮敎反亂) 때 체포된 교도의 공술에 보이는 백련교의 주문 가운데 한 가지만 소개하면 다음과 같다.

계품장교사(啓稟掌敎師), 아불노모일대자비(我佛老母一大慈悲), 남무천원태보아미타불(南無天元太保阿彌陀佛), 팔대금강장(八大金剛將), 나질(哪叱), 게체신(揭諦神), 보암래도차(普庵來到此), 망량화회진(魍魎化灰塵). 대두봉청관세음(擡頭奉請觀世音), 사대금강(四大金剛), 게체신(揭諦神), 십팔라한전인로(十八羅漢前引路), 팔대금강복부아신(八大金剛茯扶我身), 조부지겁(祖父之劫), 재오륜(在五倫). 인의례지천지인(仁義禮智天地人), 할골환부모(割骨還父母), 할육환쌍친(割肉還雙親), 벽산래구모(劈山來救母), 재시진효인(才是眞孝人).[69]

주문의 전반부는 메시아에 의한 구제라는 백련교 교리를 잘 반영해주고 있다. 즉 불노모(佛老母)=무생노모는 겁(劫)이 다가오는 싯점에 아미타불(阿彌陀佛)을 비롯한 팔대금강장(八大金剛將), 나질(哪叱), 게체신(揭諦神), 보암(普庵) 등을 지상으로 내려 보내 망량(魍魎)=악을 제거하고 교도들을 진공

---

68) 이상 義和團의 주문에 대해서는 張鳴·許蕾 『拳民與敎民: 世紀之交的民衆心態解讀』(九洲圖書出版社 1998) 131~33면 참조.

69) 白蓮敎 주문의 인용과 이하의 해석은 山田賢 『中國の秘密結社』(講談社 1998) 217~23면 참조.

가향으로 인도한다는 것이다. 또한 후반부에 따르면 그 겁이란 오륜(五倫)에 달려 있으니 "할골환부모(割骨還父母)" "할육환쌍친(割肉還雙親)" "벽산래구모(劈山來救母)"을 해야 진정한 효인(孝人)이 될 수 있다고 하였다. 이 후반부는 『서유기(西遊記)』, 『봉신연의(封神演義)』, 『심향구모자웅검(沈香救母雌雄劍)』 등 당시 민중에게 인기있었던 소설에 등장하는 찰나(叱哪, 찰타叱吒), 심향(沈香) 설화와 관계된 것으로 둘 다 부모를 위해 자신을 희생한 인물들이었다. 부모=무생노모, 자식=교도로 각각 상징하고, 교도는 "골육(骨肉)을 잘라냄", 즉 죽음으로써 무생노모에 귀의하여 다시 부활하고 그것을 통해 이전의 '범체(凡體)'에서 '성체(聖體)'로 변화하여 구제에 의한 새로운 세계에 대비하였다. 이상 주문에는 백련교의 독특한 종교적 교리가 상징적으로 반영되었음을 알 수 있다.

이 점과 관련해본다면 홍창회와 의화단, 특히 홍창회란 백련교와 같은 종교적 구원을 찾는 종교집단으로 규정하기 곤란하며, 단지 "도창불입"에 도달하기 위해 민간신앙 내에 산재하는 여러 신들을 신봉하고 기존 종교의 의식과 절차를 형식적으로 원용한 무술집단으로 이해해야 할 것이다. 그렇다면 홍창회의 기원을 의화단에 두는 것이 형식이나 내용 면에서는 가능한 추론이겠지만, 백련교까지 소급하는 주장에는 쉽게 동의할 수 없다. 물론 백련교가 조직적으로나 개인적으로 무술집단과 밀접히 관련되었음은 부정할 수 없는 사실이다. 그러나 백련교의 성격을 지나치게 확대해석하여 민중문화 전반을 포괄하는 것으로 이해하는 방식[70]은 논의의 혼란을 초래할 수 있다. 따라서 다분히 도식적이기는 하지만 백련교를 구제에 대한 희구와 그 대리인으로서의 무생노모에 대한 신앙을 중심으로 한 종교로서 화북지역에 광범하게 분포하고 있었던 전통적 무술집단과는 질적으로 다른 것으로 이해하려 한다.

---

70) 대표적으로 佐藤公彦 「義和團の起源について」, 『史學雜誌』 104-1, 1995를 들 수 있다.

결국 홍창회의 기원과 관련하여 백련교에서의 접근보다는 전통적 무술집단에서 출발하는 것이 더욱 타당하다고 할 터인데, 이 점과 관련하여 이미 살펴보았지만 습득하면 "도창불입"을 이룰 수 있다는 금종조에 주목하고 싶다. 이것은 본래 소림사(小林寺)의 여러 권법 가운데 하나로 전신의 기력을 한곳에 모아 외부의 충격에 대항할 수 있도록 하는 일종의 기공술(氣功術)이었으나 청수교(淸水敎), 팔괘교(八卦敎), 대도회, 매화권(梅花拳) 등 집단이 "도창불입"의 용도로 이것을 습득하였다. 그러나 본래 금종조의 기술은 쉽게 연마할 수 있는 것이 아니었지만 대도회의 금종조 학습방식은 다음과 같이 간편화되었다.

법술을 학습할 때 가난한 자에 대해서는 가입비를 거두지 않았지만 유력자에는 경전(京錢) 6천을 내게 하였다. 수련자는 한밤에 꿇어앉아 기술을 익혔다. 등을 밝히고 향을 피우며 새로 기른 우물물을 바쳤다. 백포(白布)에 부록을 그렸는데 그 부자(符字)가 거칠고 도리에 맞지 않았으며 주공조, 도화선, 금조철갑호신(金罩鐵甲護身) 등의 글자로 이루어졌다. 기술을 전수하는 자는 글을 읽고 쓰지 못하여서 대부분 다른 사람을 시켜 대신 글을 쓰게 하였다. 또한 주문을 외우게 하고 부적을 태워 물과 함께 마시게 하며, 등불의 기운을 흡입하여 제자의 몸 곳곳에 불은 후, 기와와 곤봉으로 내려쳤다. 주문을 외우던 그날 밤 바로 칼을 막을 수 있고, 주문을 오래 외우면 화기(火器) 또한 부상을 입힐 수 없었다. 이상은 대략 운기법(運氣法)과 유사한 것으로 기가 충만해지면 칼로 강하게 내려쳐도 상처를 입지 않고 또 갑자기 칼을 삼킬 수도 있게 되었다.[71]

대도회의 금종조 학습방식이 홍창회의 그것과 크게 다르지 않다는 사실이 분명하게 드러나며 이 점에서도 홍창회의 기원을 의화단에 두려는 의도는 크게 잘못된 것이 아니라고 판단된다. 또한 대도회의 금종조와 소림권법으

---

71) 『義和團檔案史料續編』, 10면(張鳴·許蕾, 앞의 책 103면에서 재인용).

로서의 금종조와 차이는 습득의 간편함에 있음을 알 수 있다. 훈련을 통해 어렵게 이룰 수 있는 도달할 수 있는 무술의 경지를 대도회에서는 위에서 살펴보았듯이 "야반수업(夜半受業)" "연등분향(燃燈焚香)" "공정수(供井水)" "송주흘부(誦呪吃符)" 등 민간 종교결사에서 사용하는 의식을 결합하여 빠른 시기에 비교적 손쉽게 습득할 수 있었다.

백련교 계통의 종교결사 내에 무반(武班)을 두어 금종조류(金鍾罩類)의 권술(拳術)을 포섭해가는 과정을 '종교결사의 무술집단화'라 할 수 있다면 위에 등장하는 대도회는 '무술집단의 종교결사화'의 과정을 보여주는 일례라 할 수 있다.[72] 권회(拳會)의 이러한 경향은 일찍부터 있었던 것 같다. 예컨대 청(淸) 가경연간(年間)에 발견된『금갑조부주(金甲罩符呪)』에는 금종조 수련자에게 제시된 "신위조사노야(神位祖師老爺), 제자청조사조력보우(弟子講祖師助力保佑), 조사면전토력(祖師面前討力), 금회호정(金盔護頂), 갑령갑수(甲領甲袖), 금갑조신(金甲罩身), 도검철척불능상신(刀劍鐵尺不能傷身)"이라는 주문이 소개되어 있다.[73] 또한 같은 시기 금종조의 술서(術書)인『산신책관사(山神册官詞)』에는 수련자가 먹어야 하는 부적이 소개되어 있는데, 거기에는 '금갑수갑(金甲袖甲)'이란 글자가 씌어져 있었고 "금회호정, 갑령갑수, 금갑조신, 도검철척불능상신"이란 주문도 보인다.[74]

그렇다면 화북 일대에 면면이 이어져 내려오던 권법 금종조를 기독교나 토비에 대항할 목적으로 더욱 쉽게 학습하기 위해 민간에 존재하던 "강신부

---

72) 程嘯는 민간종교의 武場에 의한 무술 도입현상을 "武術의 敎門化"라 칭하였는데 본문은 그의 표현을 차용한 것이다(程嘯의 주장에 대해서는 三石善吉『中國, 1900年』中央公論社 1996, 137면 참조). 이밖에 청대 종교결사와 무술결사의 결합에 관해서는 小林一美「中華帝國と秘密社會」, 神奈川大學人文學研究所 編『秘密社會と國家』(勁草書房 1995) 80~82면; 野口鐵郎「秘密結社研究を振返って―現狀と課題」, 森正夫等 編『明淸時代史の基本問題』(汲古書院 1997) 388~90면 참조.

73)『義和團大辭典』,「金鍾罩條」.

74)『錄副檔』嘉慶21年(喬培華, 앞의 책 65면에서 재인용).

체"의 의식을 결합한 결과물이 의화단의 "도창불입"이었고, 민국시기에 들어 반토비·반군벌의 새로운 목적을 위해 다시 등장한 것이 홍창회의 "도창불입"이라 할 수 있다.

III. 토비 세계와 지역엘리뜨

1. 토비와 지역엘리뜨

(1) 토비와 신사

정상적 중국사회에서 전통적인 지배층인 신사와 불법집단인 토비 사이에 타협 혹은 협력이 존재할 수는 없었다. 더구나 지주·신사는 토비의 인질, 약탈 등 공격대상이었기 때문에 둘의 관계는 적대적일 수밖에 없었다. 따라서 각종 자위집단의 조직에 이들이 광범하게 참여했음은 더이상 설명을 요하지 않는다.[75] 하지만 민국 초기 혼란시기 하남의 변경 혹은 토비 할거지역 내에서의 양자관계는 그렇게 단순할 수만은 없었다. 예컨대 토비 할거지역 내의 주민(신사 포함)이 토비에 협조해야 하는 경우도 왕왕 있었다. 물론 이러

---

75) 동란기 토비 등에 대항한 신사의 자위활동에 대해서는 吳金成 「淸朝權力의 地方浸透過程 ─明末·淸初의 江西南部地方을 中心으로」,『東洋史學硏究』 第35輯, 1991; 李成珪 「淸初 地方統治의 確立過程과 鄕紳─順治年間의 山東地方을 中心으로」,『서울大學校東洋史學科 論集』 1, 1977; 鄭炳喆 「明末·淸初 華北에서의 自衛活動과 紳士─山東·北直隷를 中心 으로」,『東洋史學硏究』 第35輯, 1991 등 참조.

한 협조는 토비의 직접적인 강압이나 잠재적 위협에 따라 마지못해 이루어진 생존방식의 일환이었다.

1921년 하남북부의 무안(武安), 섭현(涉縣), 하남남부의 방성(方城), 남양(南陽), 하남동부의 장갈(長葛), 위씨(尉氏), 중모(中牟), 하남서부의 숭현(嵩縣), 낙양(洛陽), 언사(偃師) 등 토비 세계 내에서 보여준 신사의 행동은 양자의 불가피한 결합과정을 더욱 구체적으로 보여준다. 이전 이 지역들에 토비의 발호가 없었던 것은 아니지만 백주에 약탈이 자행될 정도는 아니었다. 그러나 군수물자의 부족에 허덕이던 군대와 결합한 이후 토비들은 더욱 대담해져 대낮에 현성에까지 진입하여 인질을 납치하고 잔혹한 형벌을 가하며 살인까지 자행하였다. 군대에 구원을 요청해도 이미 토비와 내통하고 있던 그들에게서는 특별히 기대할 것은 없었다. 이렇듯 관에 의한 보호가 무망한 상태에서 신사가 택할 수 있는 길은 공동으로 기금을 모아 미리 토비의 수요를 충당하고 대신 약탈과 파괴의 중지를 요청하는 것뿐이었다. 그러나 이마저도 쉬운 일이 아니어서 협상이 지지부진하자 신사들에게 돌아온 것은 이전보다 심한 공격이었다.

이후 하남북부의 경우 창덕부(彰德府), 회경부(懷慶府), 위휘부(衛輝府)의 신사들은 토비가 집결한 활현(滑縣)으로 달려가 사정함으로써 쌍방간의 합의가 이루어졌는데 그 내용은 다음과 같았다. 첫째, 각 현민은 '의용군(義勇軍, 토비의 자칭)'을 보호자로 받아들이고, 호구와 토지대장을 작성한 뒤 보호비 명목으로 토지 10무(畝)당 대전(大錢) 10관(串)을 내도록 하며, 이때 보호비 총액은 기존 현에 납부하는 세금의 총액과 동일하도록 하였다. 둘째, 각 현의 촌진(村鎭)은 신수(紳首)를 추천하여 계절에 따라 보호비를 납부하고 토비두목은 증서로써 확인한다. 셋째, 일단 세금이 완납되면 토비두목은 지역주민의 생명과 재산을 보호할 책임이 있어, 보호기간 내에 약탈사건 등이 발생할 경우 그 손실을 배상해야 했다. 이 협정에 따라 1921년 9월부터 토비는 조세를 수취하였다.[76]

이상은 1921년 가을 활현 등을 중심으로 한 하남북부 상황을 설명한 것이지만, 이미 살펴보았듯이 하남 내에서 북부지방은 다른 지역에 비해 토비에 의한 폐해가 상대적으로 심하지 않은 편에 속했다고 할 수 있기 때문에 다른 지역의 상황 역시 충분히 짐작할 수 있다. 사실 비슷한 시기 하남남부의 등현(鄧縣), 하남동부의 서화(西華), 장갈, 고성에서는 북부에서보다 토비가 더욱 발호하였는데, 이 지역들의 토비는 가구마다 매월 세금을 거두면서 약탈, 간음, 방화, 살인을 병행하였으며, 특히 수탈에 저항한 등현 북향(北鄕)의 신수 장동명(張東銘) 등에 보복을 가하여, 주민 170여 명을 살해하고 집 90여 채를 파괴하였다.[77] 정상적인 치안조직이 제 기능을 발휘하지 못하고 대규모의 토비가 발호하고 있던 상황에서 신사는 어쩔 수 없이 토비에 협조할 수밖에 없었다.

이상에서 보여준 대로 불가피한 결합 이외에 예외적인 현상이지만 신사가 토비 쪽으로 경사될 수 있는 또다른 배경을 상정할 수 있는데 그것은 토비가 자발적으로 지역사회의 수호자, 즉 '녹림'(social bandits)으로 등장하는 경우이다. 비록 '녹림'의 성격이나 실재 여부 등의 문제를 둘러싸고 학계 내의 논의가 분분하지만 부정할 수 없는 것은 적어도 자신의 근거지 내에서 토비는 끊임없이 존재의 정당성을 찾으려 했다는 사실이다. 적어도 토비란 생존을 위한 불가피한 하나의 선택이며, 그들의 약탈, 살인, 방화, 강간 등을 목적 없는 충동적 행위로만 이해하지 않는다면 존재의 정당성 획득을 위해 근거지 내에서 보여준 그들의 다양한 합리적 행동에도 주의를 기울일 필요가

---

76)「河南盜匪徵收地丁稅之駭聞」,『晨報』, 1921. 11. 18;「河南土匪之聲勢與組織」,『晨報』, 1921. 12. 23; 長野朗, 앞의 책 236면 참조 이밖에도 1927년 하남북부 湯陰 현지사를 역임한 王振民에 따르면 당시에는 "남자로서 토비가 되지 않으면 好漢이라 할 수 없다"라는 말이 유행될 정도로 民風이 强悍하고 토비가 극성하였기 때문에 지역의 신사, 부호 가운데 토비와 결탁하지 않은 이가 없었고 거부할 경우 생명과 재산을 유지할 수 없었다(王振民「我所接觸的豫北紅槍會」,『文史資料選輯』第38輯, 190면).

77)「河南盜匪徵收地丁稅之駭聞」,『晨報』, 1921. 11. 18.

있을 것 같다.

토비 왕천종(王天縱)은 부하들에 대하여 ①간음(姦淫) 금지, ②보호구와 공도구(公道區) 내에서 약탈 금지, ③공동의 재물에 대한 사사로운 취득 금지 등 금지령 세 가지를 제시하고 있는데,[78] 이 가운데 자신의 근거지 내에서 약탈 금지를 규정한 두번째 규정이 특히 주목을 끈다. 비록 다른 지역을 약탈할지언정 자신의 근거지 내에서는 지역주민과 '보호와 종속의 관계'(patron-client relation)를 유지하려 하였음을 알 수 있다. 즉 토비가 하나의 준칙으로 삼고 있는 "토끼는 제 소굴 주변의 풀을 먹지 않는다"(토자불흘와변초兎子不吃窩邊草)는 격언을 준수하고자 하였던 것이다.

이러한 토비의 토착적 성격을 반영해주는 예는 왕천종 이외에도 많다. 대표적인 예로 백랑(白朗)을 들 수 있는데, 그는 1911년 고향 보풍(寶豊)에서 "살부제빈(殺富濟貧)"의 전통적 농민구호를 실천에 옮김으로써 '지역의 영웅'으로 등장하였다. 하지만 그조차도 하남서부라는 근거지를 떠난 뒤 하남 동부, 섬서, 감숙 등지에서는 약탈행위로 일관하여 이전과 같은 지역주민의 지지와 신뢰를 얻을 수 없었다.[79] 또한 민국 초기 낙령(洛寧)의 유명한 토비 정노팔(丁老八)은 주변 섬주(陝州), 영보(靈寶), 노씨(盧氏) 등지를 약탈하였

---

78) 청말 부하 2, 3백명을 이끌고 伏牛山脈의 碭山에 거점을 확보한 王天縱은 산채 밖 12킬로미터까지 保護區, 다시 24킬로미터까지는 半保護區 그리고 그밖은 公道區라 정하여 각각에게 별도의 역할을 부여하였다. 먼저 보호구 내의 주민(나무꾼이나 목동)은 산채에 땔나무와 채소를 보내거나 정탐원의 기능을 담당했으며, 반보호구 내의 지주와 부호 등은 식량을 분담했으며 公道區 內 富戶나 鑛內의 富商 등은 王天縱의 요구에 따라 지정된 시기와 장소에 맞추어 금품을 제공해야 했다. 마지막으로 이상의 山區에서 멀리 떨어진 河南과 陝西 사이의 교통로나 중요 지점 등은 약탈의 주된 대상이 되었다(張鈁「中州大俠王天縱」,『近代中國土匪實錄』下卷, 226~27면). 또한 여타의 토비와 달리 王天縱은 약탈을 엄금하면서 지방을 보호하고 빈민을 구휼하며 부호가 곡식 가격을 조작하지 못하게 하였는데 그의 고시 또한 조리가 있었다고 평가받았다(「中原盜賊之風雲」,『民立報』, 1911. 7. 10).
79) 白朗集團의 지역적 성격에 대해서는 빌링스리, 앞의 책 256~61면; 冬煤, 앞의 책 142~45면 참조.

지만 자신의 근거지인 낙령에서는 오히려 약탈물을 분배하는 등 상반된 태도를 보였다. 그는 낙령 내에서는 부녀자에 대한 간음이나 상인 약탈을 금지하여 당시 "채화(采花), 즉 강간했다가는 정노팔을 속이지 못한다" "채화하자마자 머리가 날아간다" 등의 노랫말과 '대화영웅(戴花英雄)'이란 별칭이 등장하기까지 하였다.[80] 또다른 하남서부의 유명한 토비두목 진초홍(秦椒紅) 역시 모든 토비에 대해 "양와(梁洼)에 도착하면 이곳은 홍야(紅爺, 진초홍)의 근거지이므로 모두 여기의 규칙에 따라야 한다"라고 경고하여 관철시켰다.[81] 따라서 곽말약(郭沫若)은 토비의 토착적 성격에 대해 다음과 같이 설명하고 있다.

토비의 애향심은 매우 강렬하여 그들이 아무리 흉악하여도 규칙에 따르면 (자신의) 향리(鄕里) 15리 이내에서는 결코 일을 벌이지 않았다. 그들은 재신 (財神), 동자(童子), 관음(觀音, 토비가 인질을 납치할 때 사용하는 용어로 남성은 재신, 아이는 동자, 여성은 관음이라 각각 칭했다—원주) 등을 납치하고 약탈, 강도짓을 해도 자신의 촌사람을 습격하는 경우는 한 차례도 없었다.[82]

이들 이외에 심지어 약탈적 토비군대의 중심인물인 노양인조차도 적어도 자신의 근거지 보풍, 노산(魯山), 임여(臨汝) 등 하남서부 일대(특히 보풍 손국 영孫國營)에서는 크게 칭송받았다.[83] 이와 관련하여 1922년 노양인집단에 의해 인질이 된 바 있었던 룬딘 역시 하남서부 여주(汝州) 근처 대영(大營)을 대표적 토비구로 소개하였다. 그곳은 노양인집단이 장악하고 있었던 광대한 근거지의 중심부로서 대강 직경 30킬로미터의 규모였는데, 지역주민은 규율을 엄격히 지킨 토비에 대해 생계물자를 공급하는 댓가로 약탈물의 분배를

80) 苗培萌「淸末民初의 洛寧綠林人物」,『中國近代土匪實錄』下卷, 195~98면.
81)「白朗起義調査報告」, 80면; 冬媒, 앞의 책 137~38면.
82) 郭沫若『我的童年』(『講座中國近現代史3』, 東京大學出版會 1978, 165면에서 재인용).
83)「白朗起義調査報告」, 99~100면.

기대하였다. 따라서 노양인 등은 자신의 근거지 내에서 약탈이나 파괴행위를 저지르지 않고도 필요한 물자를 공급받을 수 있었다. 하지만 이들이 토비구를 떠나자 태도를 일변하였음에 대해서는 이미 지적한 바 있다.[84]

이밖에도 노양인은 "인간 천장부(賤丈夫)를 모두 죽이고, 군대를 일으키고 나라를 팔아먹은 군벌들도 죽인 뒤 참된 민국을 건립하여 부와 토지를 고르게 나누고 판도를 확대하리라"라고 선언하였고, 그들의 군가 가운데에는 "하늘이 비를 내리지 않아 백성은 기근을 피해 떠난다" "독군이 큰 공을 세우는 동안 백성은 피눈물을 흘린다" "독군은 3일 만에 부자가 되지만 성 전체의 백성 모두는 가난하게 된다" 등의 구절이 등장하였다.[85] 비록 자신의 약탈행동을 가리기 위한 대외선전용이란 측면을 부정할 수는 없겠지만, 토비 나름의 정당성을 확립하려는 시도였고 이러한 노력은 특히 자신의 근거지 내에서 더욱 두드러졌던 것이다.

이상과 같은 토비의 기율 확립 노력은 그들에 대한 신사층의 반감을 조금은 반감시켜줄 수 있었다. 신해혁명기라는 특수한 조건에서 이루어진 것이지만, '중주대협(中州大俠)'으로 칭송되었던 왕천종과 교우관계를 맺고 있던 인물로 여러 토비두목 이외에 하남서부의 저명한 발공(拔貢) 석우건(石又謇), 거인(擧人) 장아산(蔣我山), 수재(秀才) 염신보(冉信甫) 등 적지 않은 신사가 포함된 것도 같은 이유 때문일 것이다.[86] 그러나 토비가 내세운 "겁부제빈" "체천행도" "살부제빈" 등의 농민반란적 구호에서 명확히 드러나듯 그들의 주장은 결국 신사의 이해와 충돌할 것이기 때문에 양자 사이의 결합은 본질

<hr/>

84) Anton Lundeen, 앞의 책 531~32, 544~46, 583면. 이밖에 民初 新鄭 土匪 孟增銀 또한 鄢陵, 扶溝, 朱口, 禹縣 등 자신의 근거지에서 멀리 떨어진 곳을 약탈하였으며(曹鶴岐 「新鄭匪患與剿匪」, 『近代中國土匪實錄』 下卷, 16면), 1920년대 洛陽 夾河 일대에서 활약한 白天中, 黃全貴 역시 "兎子不吃窩邊草"의 원칙을 지켰다(王兼三 「回憶洛陽郊匪患」, 『近代中國土匪實錄』 下卷, 28~29면).

85) 「豫西剿匪激戰中之艶聞」, 『晨報』, 1923. 2. 4.

86) 張鈁 「中州大俠王天縱」, 『近代中國土匪實錄』 下卷, 1992, 228면.

적으로 한계가 있었다. 하지만 신사와 토비 모두 신해혁명 이후의 군벌통치라는 특수한 상황에 처했다는 사실에 주목할 필요가 있다.

군벌 통치시기 군에 의한 농촌수탈은 이미 살펴보았듯이 하남에서도 예외는 아니었다. 군벌이 지역의 이익을 보호해줄 것이라는 기대가 무너진 상황에서 토비는 군벌에 대항하여 지주·신사를 포함한 지역민을 보호하는 기능을 담당할 수 있었다. 본래 반토비 자위조직으로 등장한 홍창회가 토비보다 더한 수탈을 자행함으로써 통치의 정당성을 상실한 주둔군대에 대항하는 수단으로 변모한 것과 비슷하게, 생존을 위한 조건부 약탈에 머물렀던 토비 역시 무조건적 약탈을 일삼는 군벌에 대한 대항조직으로 거듭날 수 있었다. 지역주민의 입장에서는 더 많은 수탈을 자행하는 군벌통치에 대해 반발했던 것이고, 그 통치의 공백을 토비가 메우는 비정상적 상황이 연출되었던 것이다. 이럴 경우 군벌수탈의 주 대상자였던 지주·신사가 토비 쪽으로 경사되는 것조차 자연스러울 수 있었다.

예컨대 이미 1912년 토비의 출몰지역으로 유명한 우성(虞城), 하읍(夏邑)에서는 서주(徐州)군대 수백명이 주둔하면서 약탈, 강간을 자행하여 당국에 시정을 청원하였으나 소용이 없자 주민들은 정식의 청원서를 만들어 토비두목 양백전(楊白典)에서 호소함으로써 군대를 몰아낸 적이 있었다. 이때 주민들은 '양비(楊匪)의 공덕(功德)'을 칭송하는 특이한 현상까지 나타났다.[87] 토비 양백전에 대한 청원과정에서 지역신사의 적극적 참여를 예상한다면 이번 사건은 군벌의 수탈에 대항하여 토비와 신사가 서로 협조한 예로 이해할 수 있을 것이다. 1920년대의 본격적 군벌 통치시기에 이르면 "차라리 (토비) 왕묘(王卯)의 인질이 될지언정 관병(官兵)의 주둔을 바라지 않는다"[88]라는 하남동부 자성(柘城) 민요나 "관병이 오느니 토비에게 약탈당하는 편이 낫다"[89]라는 지역주민의 여론에서 드러나듯, 토비보다 더한 군벌의 수탈이 자

---

87) 「以匪剿兵之奇聞」, 『順天時報』, 1912. 10. 3.

88) 「豫省剿匪之善後」, 『晨報』, 1924. 2. 1.

행되었고, 이때 토비에 대한 신사의 접근은 불가능한 것만은 아니었다.

마지막으로 군벌통치의 한계와도 관련된 것이지만 국가의 통치정당성 상실이 신사에게 미친 영향을 들 수 있다. 주지하듯 청조의 붕괴는 바로 사회지배층인 신사의 몰락으로 이어지지는 않았지만, 그들에게 자신들의 사회·문화·정치·경제적 지위를 보존해줄 중앙권력의 부재에 따른 혼란과 무질서의 상황을 맞이하게 하였다. 전중국적 현상이라 할 수 있는 지배층의 정통성 위기에서 도시에 비해 상대적으로 안정된 지위를 유지하고 있던 농촌의 지주·신사에게도 자신들의 지배정당성을 부여한 청조의 몰락은 기정사실화되었고, 1920년대 군벌혼전의 결과 토비·홍창회라는 불법세력은 더욱 확대되어갔다. 또한 이러한 상황에서 전통만을 묵수할 수 없던 이들이 '천자(天子)의 뜻'을 대체할 '국민'이란 정당성의 기준을 마련할 것이라 기대하는 것은 아직 요원하였다.[90]

게다가 왕천종, 노양인, 번종수(樊鍾秀) 등의 예에서와 같이 비합법적 토비는 언제든지 합법적 군장으로 등장할 수 있는 상황이었다. 광범하게 군대 개편이 이루어짐에 따라 1925년 한 언론은 "최근 2년 이래 (하남) 각 현의 부호 자제 모두 토비두목이 되는 것을 영예로 여긴다"[91]고 지적하였고, 하남 민간에 "관직에 나가고 싶으면 강력한 세력의 토비가 되라"[92]는 속담이 널

---

89) 「豫省匪警之可憂」, 『天津大公報』, 1920. 6. 2.

90) 이상 辛亥革命 이후 구질서의 해체와 정당성의 새로운 단일 기준 미비에 따른 가치관의 혼란과 지역엘리뜨의 대응에 대해서는 Guy S. Alitto, "Rural Elites in Transition: China's Cultural Crisis and the Problem of Legitimacy," Susan Mann Jones, Select Papers from the Center for Far Eastern Studies, no.3, 1978~79 (The University of Chicago, Chicago, Illinois, 1979) 218~62면; Xin Zhang, op. cit., 134~73면 참조.

91) 「開封境內發現土匪」, 『時報』, 1925. 7. 10.

92) 苗培萌 「淸末民初的洛寧綠林人物」, 『近代中國土匪實錄』 下卷(群衆出版社 1993) 193~212면 참조. 苗培萌에 따르면 민국 초기 하남 洛寧만 해도 토비 출신 군관으로 丁老八(張鈁部 團長), 梅發魁(張鈁部 連長), 孫金貴(劉鎭華部 營長), 董世武(劉鎭華部 營副), 李萬如(劉鎭華部), 程秀明(李萬如部 旅長), 吉長升(劉鎭華部 團長), 鄭復禮(劉鎭華部 團長) 如

리 퍼지게 되었다. 결국 1920년대 전국에서 가장 토비가 극성하였던 하남 토비 세계 내의 지역엘리뜨, 특히 정상적인 출세의 길이 막힌 '반(反)엘리 뜨'(counter elite)들 가운데 일부는 군대의 토비개편이란 기회를 이용하여 스스로 토비를 직접 조직하거나 거기에 가담함으로써 자신의 권위와 지배력을 상승시킬 수 있었다.

1920년대 하남 토비 창궐의 원인 가운데 하나를 도덕의 파괴에서 찾고 있는 다음의 설명은 군벌 통치시기 지역엘리뜨의 독특한 존재방식을 이해하는 데 도움을 준다.

하남의 사회교육 및 학교의 힘은 소설, 연극에 크게 미치지 못하며 그 가운데 연극은 소설보다 더 큰 역할을 수행한다. 연극은 미신 또는 음탕한 내용 이외에 대체로 수호전(水滸傳)과 향마전(響馬傳) 등 도적의 겁탈과 살인에 관련된 사건을 다룬다. 이러한 연극은 용맹을 숭상하는 민속과 어울려 사람들에게 익숙하였고 그 영향력도 매우 컸다. 일반인은 도적이라 하지만 정작 당사자는 스스로 영웅시 하는데 이는 본래 그들의 도덕관념이 일반인의 그것과 다르기 때문이다. 그런데 신해혁명 때 혁명파의 호소에 따라 토비가 출세하게 됨에 따라 사대부 역시 그들에 대한 평가가 바뀌게 되었다. 즉 아침에 녹림이었지만 저녁에 위인이 되어 사람들의 추앙을 받게 되었기 때문에 그에 대한 도덕 기준 또한 점차 변모하였다.[93]

이렇듯 "옳고 그름이 뒤섞여 있고 위아래 모두가 이익을 다투어 누가 도적이라 할 것도 없고 무엇이 악이라 할 수도 없는"[94] 상황에서 기존 지역통

萬宗(李萬如部 旅長), 武鴻章(劉鎭華部 團長), 夏雄禮(孫殿營部 旅長), 王漢淸(李萬如部 團長), 李其芳(王凌雲部 團長), 金耀坤·韋風岐·馬德勝(豫西鎭守使 丁香玲部 營長) 등이 있었다.

93) 吳世勳, 앞의 책 52면.

94) 같은 책.

치의 정당성은 크게 훼손될 가능성이 높았고, 이때 대규모의 조직과 무장력을 갖춘 토비가 "도적에게도 나름의 도가 있다"는 명분을 내세우며 지역으에서의 지지를 획득해갈 경우 제한적이나마 신사의 호응도 이루어질 수 있었다.

(2) 토비와 '토호열신'

신사와 토비의 결합은 외부인의 눈, 특히 관 혹은 혁명집단이 볼 때는 받아들일 수 없는 '불법적' '반혁명적' 행위였으며, 그러한 행위를 하는 신사는 '토호열신'으로 분류될 수 있다.[95] 비록 용어 자체가 사회분석적으로 엄밀하게 정의된 것도 아니며 더욱이 정치적 분석에 불과하지만 토비와의 협조를 통해 자신의 권력과 재산을 유지·발전시키는 유력집단을 '토호열신'이라 규정할 수 있다면 그들의 실체와 존재양태에 대한 검토는 토비 세계 내부의 상황을 이해하는 데 도움을 줄 것이다.

먼저 토비와 결합한 '토호열신'의 사례들을 살펴보면 다음과 같다. 전통적 토비 출몰지역인 하남서부 노산, 보풍, 여남(汝南) 일대는 신해혁명 직후 토

---

95) 본래 '土豪劣紳'이란 학위 소지 여부와 무관하게 재산(주로 토지)을 소유한 토착인으로서 향촌에서 강제적이고 불법적인 권력을 행사하는 자를 지칭하는 土豪와 상대적으로 드물지만 범법행위를 자행하는 신사인 劣紳을 의미하였다. 그러나 과거제의 폐지와 대중언론의 발달에 따라 많은 신사에게 劣紳이란 딱지가 붙여졌고, 사회혁명의 진전에 따라 공격받는 농촌의 권력가로서 이 둘은 연칭되기 시작하였다. 특히 1920년대의 '土豪劣紳'은 주로 國民革命의 진전에 타도의 대상으로 등장한 농촌의 봉건적 지배계층을 의미하였고, 1930년대에는 지방자치의 진전에 따라 현급 이하 자치기관을 장악하여 지역을 수탈하는 일군의 계층을 지칭하는 데 자주 사용되었다. 이상 土豪·劣紳의 정의 및 결합과정에 대해서는 Philp A. Kuhn, *op. cit.*, 287~95면 참조. 또한 國民革命期 국·공 양당을 중심으로 한 '토호열신'에 대한 이해 및 타도 투쟁에 대해서는 羅弦洙 「北伐初期 湖南의 '土豪劣紳' 打倒鬪爭」, 閔斗基 編 『中國近現代史上의 湖南省』(知識産業社 1995); 田中忠夫 『革命支那農村의 實證的研究』(衆人社 1930) 47~72면 참조.

비가 더욱 발달하였는데, 북경정부는 이들에 대해 조직의 체계성, 지위계통의 확립, 신식 연발총의 소유 등 당시 일반토비와 차별적이었음을 근거로 그들 내부에 '열신(劣紳)'이 참가했을 것으로 예상하고 있다.[96] 또한 1923년 하남군벌 이제신(李濟臣) 역시 생존을 위한 일시적 소규모 무장집단과 성격을 달리하는 부패관리나 '악열신동(惡劣紳董)' 중심의 토비가 존재하였고 그 때문에 하남에 토비가 더욱 극성한 것으로 진단하였다.[97] 1920년대에서 30년대에 걸쳐 토비의 폐해가 극심했던 하남 서남부의 남소(南召)에서도 "토호열신이 모두 토비와 결탁하여 하고자 하는 바를 성취하였는데, 현장(縣長), 구장(區長) 등도 이들의 말에 복종해야 하지 그렇지 않을 경우 지위를 보존하기 곤란하였다."[98]

그런데 이상의 예만으로는 토비와 결합한 '토호열신'의 존재 자체는 확인할 수 있지만 그들이 누구를 가리키는지 그리고 그 역할이 무엇인지 등에 대해서는 구체적으로 알 수 없다. 따라서 더욱 분명하게 '토호열신'의 정체를 드러내줄 다른 예를 찾아보도록 하자. 1914년 상해『시사휘보(時事彙報)』의 「백랑창궐기(白狼猖獗記)」에는 백랑을 지원한 각지의 '토호(土豪)' 명단이 적관(籍貫), 부하 인원수와 함께 소개되고 있다. 손옥당(孫玉堂, 등주인鄧州人) 2, 3천, 백금당(白金堂, 남양) 2, 3천, 원작한(袁作翰, 남소) 1천5백, 해건공(海建功, 노산) 2천, 왕승경(王承敬, 등주鄧州) 2천, 이정방(李庭芳, 노산) 2천, 적장경(翟長庚, 내향內鄕) 2천, 사규(謝逵, 노하구老河口) 3천, 위정작(魏廷爵, 운양鄖陽) 2천, 후희(侯羲, 신야新野) 1천5백 등이 호북의 양양(襄陽)·운양(鄖陽), 하남의 신야, 노산, 석천(淅川), 남소, 노씨, 숭산(嵩山), 등봉(登封), 우주(禹州), 무양(舞陽), 당현(唐縣), 동백(桐柏) 등지에서 활동하였다는 것이다.[99]

---

96) 「豫南總司令官李純呈大總統褸陳混成旅第四團剿弁郟邾寶各匪已肅淸文並批」, 『政府公報 分類彙編·弛亂』, 73면(嶋本信子＝1986, 42면에서 재인용).

97) 「豫人歡迎李濟臣」, 『晨報』, 1923. 7. 5.

98) 『河南農村調査』, 109면.

이들은 같은 「백랑창궐기」가 백랑과 함께 활동했던 인물로 소개하는 백할자(白瞎子, 백랑의 숙부), 주등과(朱登科), 정만송(丁萬松), 묘흥발(苗興發), 송일안(宋一眼), 묘신방(苗新芳), 송노년(宋老年), 이홍빈(李鴻賓), 이장귀(李長貴), 유금과(劉金抓), 손단과(孫單瓜), 황이성(黃二成), 단유자(單黝子), 초패왕(楚覇王), 오염왕(五閻王) 등 15명과 1명도 중복되지 않는다는 면에서 백랑의 핵심 측근도 아니며 같은 이유로 백랑의 주력인 토비 연합집단의 일원도 아닌 것 같다.[100] 또한 당시 언론을 통해서도 이 '토호'의 명단들이 거의 등장하지 않는다는 면에서 민국 초기 하남서부 일대의 저명한 토비두목들도 아닌 것 같다. 그렇다면 2, 3천명 정도의 대규모 무장력을 지닌 '토호'란 지주무장인 민단의 우두머리일 가능성이 높으며, 결국 『시사휘보』의 내용은 백랑으로 대표되는 토비와 지역 '토호열신'의 결합을 보여주는 것으로 이해할 수 있을 것이다.

1920년대 하남북부에서 활약한 토비 왕금영(王金榮)의 예 역시 '토호열신'의 구체적인 활동상을 보여준다. 그는 관의 체포를 피해 평소 하북(河北) 석가장(石家庄), 산서 태원(太原), 홍동(洪洞)에 거주하지만 안양(安陽), 탕음(湯陰) 등지를 약탈범위로 삼고 있었다. 그는 약탈대상 지역 내에 협력자를 필요로 하였고 이때 안양 장촌(蔣村) 출신 관료이자 지주인 마삼(馬三)과 결탁하였다. 마삼은 토비두목을 비호하여 토비의 약탈을 면했고 장물판매를 통해 상당한 경제적 이득을 취하였다. 그런데 당시 "토비의 살인과 방화는 마삼이 없었다면 더욱 심했을 것"이라는 말이 있었던 사실에서 미루어 짐작하면 이들 사이의 결합에 대해 지역주민 역시 큰 불만이 없었던 것 같지만,

---

99) 「白狼猖獗記」, 『白朗起義』, 363~64면.

100) 백랑집단은 백랑과 그의 고향 출신을 중심으로 이뤄진 핵심 세력 외에 각 지역 토비집단과 연합을 형성하였는데 孫書(5백명), 李鴻賓(1천), 宋老年(1천), 侯雙同(5백), 王振淸(5백) 등은 백랑과 연합한 토비두목이었다. 또한 2, 3천 鄧縣人의 두목으로는 劉明告, 張鳳仙이 있고, 河北 老河口 대표로 侯玉江이 있었다(『白朗起義』, 364면; 「白朗調査簡記」, 23면).

그를 토비와 결합한 '토호열신'의 구체적 예로 간주하는 데에는 큰 무리가 없을 것이다.[101] 마삼과 같은 '토호열신'을 낙양에서는 '도객피(刀客皮)'라 칭했는데, 그 가운데에는 불량배, 유민, 아편흡식자, 도박꾼 등 이외에도 대부분 촌의 보장(保長)이 포함되었다. 이들은 토비를 위해 활동자금을 제공하거나 인질가격 흥정에 참여하고 무기매입을 대신하였다.[102]

1920년대 공산당과 국민당 역시 토비와 '토호열신'을 관련시켜 이해하고 있다. '토호열신'이란 용어 자체에 이미 향촌사회를 지배하는 봉건계급이란 정치적 함의가 포함되었음을 고려해본다면 자연스러운 결과였다. 공산당은 1925년 1월 제4차 전국대표대회에서 토비를 ① 농민을 도와 수탈에 저항하는 토비, ② 지주에게 이용당해 농민을 수탈하는 토비, ③ 토호를 추대하여 오로지 농민을 수탈하는 토비 등 셋으로 분류하고 각각에 대한 차별적 대응을 주장하였다.[103] 이것은 토비를 약탈적 존재라든가, 민중과 통치계급 사이의 계급투쟁 양식의 한 방면[104]이라는 일면적 측면을 강조하는 주장과 달리 다양한 성격을 지닌 토비의 모습을 적절하게 지적하였다. 위의 결의안은 토비와 관련하여 토호와 지주를 구분하였다. 즉 지주에게 이용당하는 토비에 대해 공산당은 직접적 공격을 자제함으로써 토비와 농민이 대립한 결과 토호에 이용당하는 일이 없어야 한다고 지적한 반면 토호를 추대한 토비에 대해서는 농민자위군으로 대항해야 한다고 주장하였다.[105] 그러나 1926년 국민혁명의 진전에 따라 공산당은 '토호열신'과 토지문제, 즉 지주문제를 관련

---

101) 學儉·時學「豫北土匪司令王金榮史略」, 『河南地方志徵文資料選』(第3輯), 1983, 87면.
102) 王兼三「回憶洛陽郊匪患」, 『近代中國土匪實錄』下卷, 26~27면. 또한 南召의 '토호열신'들은 스스로 총과 대포를 제조하여 토비에게 공급하였다(行政院農村復興委員會 編』, 앞의 책 109면).
103)「對于農民運動決議案」, 中央檔案館 編『中共中央文件選集』第1冊(1921~1925), 中共中央黨校出版社 1982, 296~97면. 이하『中共中央文件選集』으로 약칭.
104) 橘樸, 앞의 책 12면.
105)「對于農民運動決議案」, 『中共中央文件選集』第1冊, 296~97면.

시켜 이해하고 있기 때문에[106) 앞서 구분 가운데의 ②와 ③은 모두 '토호열신'과 결합한 토비로 규정될 수 있을 것 같다.[107)

공산당의 구분에 따르면 '토호열신'에 의해 장악된 토비의 대척점에 있는 것이 '혁명적 토비'였다. ①의 범주에 속하는 토비로서 공산당의 합작대상이었고, 그들의 공격대상은 빈민이 아니라 지주, 신사, 관료, 군벌 등이었다. 그러나 실제에 있어 '토호열신'과 결합한 토비와 '혁명적 토비'의 명확한 구분은 공산당 스스로도 인정하듯이 불가능했다. 예컨대 1926년 중공광동구위 확대회의(中共廣東區委擴大會議)에서 통과된「농민운동결의안(農民運動決議案)」에 따르면 이전 세 종류의 토비구분법에 대해서 ②③의 경우는 말할 것도 없고 ①의 경우 공산당과 결합하여 농민협회에 토비가 유입될 경우 외부에서 많은 공격을 받을 것이기 때문에 이론상·원칙상으로는 토비의 혁명적 변화가 가능하지만 "실제적으로는 모두 혁명적 행동에 방해가 되고 농민협회의 발전을 가로막기 때문에" "그들 토비 모두를 숙청할 필요가 있다"는 것이었다.[108) 이같은 공산당의 토비 인식변화는 국민혁명의 발달과 함께 '토호열신' 측의 반발이 확대되는 과정에서 그들과 토비와의 결합이 자연스럽게 이루어졌기 때문에 나타난 것이었다.[109)

---

106) 국민당·공산당의 '토호열신' 문제의 제기와 그에 대한 이해의 차이에 대해서는 羅弦洙, 앞의 글 295~301면 참조.

107) 武漢政府는 1927년 3월 2일부터 시행되는「湖北省懲治土豪劣紳暫行條例」제1조에 '토호열신'의 열 가지 범죄행위 가운데 '軍匪와 결탁하여 지방 혹은 당원을 유린하는 자' '토비와 결탁하여 장물을 나누어 취하는 자' '평민을 고의로 압박하여 상해 또는 사망에 이르게 한 자' '지방의 공익을 파괴 혹은 방해한 자' 등 토비와 관련된 '토호열신'의 행위를 지적하고 공민권의 종신 박탈, 사형 혹은 무기징역, 재산몰수 등 '반혁명분자'에 준하는 극형에 처하도록 규정하였다.「懲治土豪劣紳暫行條例」,『第一次國內革命戰爭時期的農民運動』, 人民出版社 1953, 397~99면. 이하『第一次國內革命戰爭時期的農民運動』으로 약칭.

108)「農民運動決議案」,『廣東農民運動報告』,『第一次國內革命戰爭時期的農民運動』 350면.

109) 王全營「試論中國共産黨對"土匪"工作的策略」,『商丘師專學報(社會科學版)』, 1988-4,

결국 지배의 정당성이 붕괴되어 무엇이 옳은지 그른지 판단하기 곤란한 하남의 토비 세계 내에서 토비와 지역엘리뜨의 관계양상은 각각의 본래 성격에 따라 고정되어 있다기보다는 지역의 정치무대에서 경쟁하고 있던 각 정치집단 상호간의 세력관계에 의해 종속된다고 할 것이다. 더욱이 정통성의 상실과 함께 가속화된 지역의 '군사화'(militarization)는 기존 지주·신사에게 조직화된 폭력세력과 직·간접적으로 관련된 새로운 형태의 권력자산을 요구하기에 이르렀다. 그 결과 민국시기 지역엘리뜨는 과거 지주·신사의 특성을 지속할 수도 있지만, '토호열신'으로서 등장할 수 있었고 동시에 양자의 성격을 공유할 수도 있는 유동적 존재라 할 수 있다. 이상은 토비 세계 내에 존재한 지역엘리뜨의 복잡한 존재방식과 역할을 반영한 것이었다.

2. 홍창회와 지역엘리뜨

홍창회는 그 기원과 성립에 대한 검토에서 이미 밝혔듯이 금종조의 주술을 전수하는 비밀종교(혹은 권법)적 집단과 민단으로 대표되는 지역 공개조직과의 결합을 통해 이루어졌다. 그렇다면 홍창회의 이러한 특성은 조직 내부의 구조에도 그대로 반영되었을 것이다. 하지만 홍창회의 내부 조직, 주술전수와 운영과정을 구체적으로 규명하는 것은 쉽지 않다. 이는 당연히 비밀결사로서 홍창회가 지니는 성격 때문일 것이다. 하지만 홍창회의 발전이 거듭되어 지역 내에서 합법성을 쟁취해가는 1920년대 후반에 이르게 되면 점차 그 내부가 공개되기 시작하였는데 그 가운데 당시 언론에 공개된 1926년 형양홍창회의 내부 조직은 다음과 같다.[110]

8~10면.

110) 조직표는 1926년 滎陽紅槍會에 대한 魏明華의 직접 조사(「何謂紅槍會—發源地河南滎陽縣之實地調査」, 『晨報』, 1926. 8. 24)를 바탕으로 작성한 것이다. 또한 枕薪 역시 거의

조직 I

```
                    -結拜兄弟-郭鴻義, 李甲寅, 王三剛(王之剛), 金逢……
督辦(領袖) 張景旺                                    (村)-1會長-2排長
                    -參謀長-黃化南(前淸擧人, 實化南)
                    -總敎師-李啓龍
```

조직 I을 보면 최하층 단위는 각 촌에 설치된 회(會)였으며 여기에는 회
장(會長) 1명과 배장(排長) 2명이 설치되었고, 각 회들이 모여 대회(大會)를
형성하였다. 또한 독판공서(督辦公署, 혹은 사령부)와 함께 독판(督辦) 혹은 총
사령(總司令)으로 칭해진 총회장(總會長)과 8대형제(大兄弟), 참모(參謀), 총
교사(總敎師) 등의 직책이 설치되었다. 장진지(張振之)는 또다른 홍창회 조
직을 소개하였다.[111]

조직 II

```
        二師兄                              學長
神………大師兄………團長…………營長………連長………排長
        三師兄                              隊長
```

조직 II의 대사형은 홍창회의 최고권력자인 신의 명령에 따라 조직 전체를
통할했으며, 이사형(二師兄), 삼사형(三師兄) 등은 대사형을 도와 신에 대한
의례, 부적 작성, 주문암기 등과 관련된 일을 관장했다. 일반적으로 노사로

동일한 내용을 전하고 있는데 차이를 보이는 인명은 ( ) 안에 병기하였다(枕薪「河南之紅
槍會」,『國聞週報』4-24, 1927. 6).

111) 張振之, 앞의 책 140면. 동일한 내용이 振振「民風叢話」,『上海民國日報』副刊『覺悟』,
1928. 12. 14에도 소개되어 있다.

불린 주술 전수담당자들 가운데에는 산동 서부에서 유입된 외지인들이 많았다.[112] 반면 단장(團長), 영장(營長), 연장(連長), 학장(學長), 대장(隊長) 등은 회원 가운데 명망가로서 대사형의 명에 따라 무리를 통할하고 작전을 지휘하는 역할을 담당했다고 하는데,[113] 여기서 대부분 지역엘리뜨로 구성되었을 것이다. 또한 조직Ⅰ에 등장하는 황화남(黃化南, 실화남實化南)이 거인 출신이었다는 사실 역시 홍창회에 지주·신사가 참여하고 있음을 분명히 입증하고 있다.

이 지주·신사 들이 홍창회에서 담당했던 역할은 대사형 혹은 노사가 수행했던 것과는 달랐을 것인데, 조직Ⅱ의 경우 "홍창회의 사무는 촌장 및 지방신사가 주재하고, 토비가 출몰했을 경우 무리는 대사형의 지휘를 받는다"[114]는 사실에서 그 역할을 무엇이었는지 알 수 있다. 또한 1927년의 "확실한 조사에 따르면 홍창회 내부는 크게 둘로 구분되는데 하나는 문단부(文團部)로서 문건·재정 및 지방 소송 등을 전담하고 다른 하나는 무단부(武團部)로서 훈련과 무기 연습 및 부적 등을 관장한다"[115]는 지적을 통해 보면 지주·신사는 구체적으로 홍창회의 재정, 사무, 행정 등을 맡았음을 알 수 있다.[116]

---

112) 「豫省之軍隊與土匪」, 『晨報』, 1923. 4. 26; 郁青 「河南彰德農民的槪況」, 『中國靑年』 2
  -47, 15면; 振振 「民風叢話」, 『上海民國日報副刊』, 1928. 12. 14; 郭堪波 「大名一代紅槍
  會」, 『晨報』, 1928. 4. 3; 張振之, 앞의 책 139~40면.
113) 振振 「民風叢話」, 『上海民國日報』 副刊 『覺悟』, 1928. 12. 14; 張振之, 앞의 책 140면.
114) 같은 책.
115) 向雲龍, 앞의 글 37면; Sidney Gamble, *North China Villages* (California Univ. Press
  1963) 302면. 또한 天門會의 조직도 대체적으로 이와 유사하여 團師 아래에 무리를 이끌고
  출정하는 武傳師와 단의 설치 및 법술 전수 등의 기능을 담당한 文傳師가 있었고(子貞 「反
  奉戰爭中之豫北天門會」, 『嚮導』 197期, 1927. 6, 2163면), 齋帆이 소개하는 하남홍창회에
  서도 노사와 학장, 단장이라는 이중의 지휘체계를 확인할 수 있다(齋帆 「介紹河南紅槍會」,
  『中國靑年』 6-1(126期, 1926. 6), 9~10면).
116) 물론 위에 소개한 것은 발달된 홍창회 조직의 예이고, 단순히 老師 1, 2명 아래 제자

이미 살펴보았듯이 기존 지주·신사의 주도 아래 공동체적 이해에 입각해 형성된 민단, 종족, 채보(寨堡) 등의 조직이 홍창회로 전환할 경우 새로운 조직 내에서 여전히 영향력을 행사할 수 있었다. 홍창회가 기본적으로 향촌의 중소재산가, 토착부유층, 토지소유자, 지역의 상층토호, 종족수장 등을 중심으로 조직되었다는 사실에서[117] 기존의 지역조직과 홍창회가 밀접히 관련되어 있으며 지주·신사 등 전통 지배층의 광범한 참여를 추측할 수 있다.

하지만 홍창회를 주도한 지역엘리뜨 가운데에는 위에서 소개한 부류와는 또다른 성격의 집단도 포함되었다. 한 예로 민국 초 하남서부에서는 황폐화된 토지가 소수의 '호신'에게 집중됨에 따라[118] 대규모의 토지를 기반으로 한 '열신'의 세력이 아주 컸고 몰락한 빈농은 농촌을 떠나 군인이 되거나 토비로 전락하는 악순환이 반복되었다. 이러한 상황을 배경으로 "하남서부 일대의 대다수 홍창회는 패잔병, 토비, 현지의 열신 등과 결합하여 지역농민을 약탈하였고, 전시에는 군대와 결탁, 관직을 노렸다"[119]라는 평가를 받았다. 구체적으로 1924년 호·감전쟁(胡·憨戰爭)에서 패한 감옥곤(憨玉琨)의 부하들은 복우산(伏牛山) 일대의 토비 혹은 홍창회에 가입한 결과, 낙양 동관(東關) 왕유주(王維周), 문묘(文廟) 부근 왕옥산(王玉山), 하방(何榜) 등 홍창회 회수는 진숭군과 결합했고 진숭군 사장 가제천(賈濟川)에게서 무기를 공

수십명에서 수백명으로 이루어진 조직도 존재하였다. 1927년부터 1928년 사이에 등장하여 1929년에 현 전체로 확산된 淮陽紅槍會가 그러하다. 『淮陽鄉村風土記』不分卷, 1934年鉛印本, 『中國地方志民俗資料彙編(中南卷 上)』(書目文獻出版社 1990) 170~71면에서 재인용.

117) 李大釗「魯豫陝等省的紅槍會」, 中共中央書記處 編『六大以前 — 黨的歷史材料』(人民出版社 1980); 老梅「北方民衆的潛在力」, 『上海民國日報』, 1926. 8. 24; 魏明華「何謂紅槍會」, 『晨報』, 1926. 8. 24;「河南省農民運動報告」, 『中國農民』, 1926年 第8期; 鄧演達「把整个的紅槍會變成革命的勢力」, 『晨報』, 1927. 7. 9;「河南武裝農民代表團大會第二日」, 『漢口民國日報』, 1927. 5. 9~10.

118) 張錫昌「河南農村經濟調査」, 『中國農村』 1-2, 1934, 48면; 또한 백랑의 발생지였던 寶豊, 魯山 일대의 토지소유 집중상황에 대해서는 「白朗起義調查報告」, 69~70면 참조.

119) 瀟湘「河南紅槍會被吳佩孚軍隊屠殺之慘狀」, 『嚮導』 158期(1926. 6), 1545면.

382

급받았다.[120] 이상의 설명대로라면 홍창회에 참여한 지역엘리뜨 가운데에는 '열신', 하급장교, 토비두목 등 전통엘리뜨의 범주에서 벗어나는 부류도 다수 포함되었음을 알 수 있다.

또한 하남 대부분 지역에서 발달된 중소지주의 경우[121] 다수가 향촌에 거주하면서 지조(地租)와 고리대와 같은 전통적 수단을 통해 농민을 장악하였으며 동시에 해산병과 토비의 주된 공격대상이었다. 이들은 현성이나 대도시로 이주할 정도의 경제적 여유를 갖지 못해 향촌에 머물면서 촌락주의와 종교, 미신 등의 전통적 관념을 강하게 지니고 있었다. 홍창회와 같은 비밀결사가 처음 지역 내에 유입되었을 때 이단시했던 이 중소지주들은 홍창회가 토비에 효과적으로 대처하면서 그 영향력을 증대시키자 종전의 태도를 바꿔 홍창회 조직에 적극적으로 나서게 되었다. 이밖에도 지방자치나 각종 법단(法團)의 참여 등을 둘러싸고 전개된 권력투쟁에서 소외된 '반(反)엘리뜨'(counter elite)는 1920년대의 군벌혼전, 토비 만연 그리고 홍창회 발흥이란 새로운 상황을 맞이하여 자신의 권력을 증가시킬 목적으로 홍창회 조직에 더욱 적극적으로 나설 수 있었다. 이들에게는 1920년대의 지역사회의 위기는 곧 기회이기도 했던 것이다.

따라서 일반 하층민보다는 지켜야 할 자산을 더 많이 소유한 지주·신사 등은 토비와 군벌에게서 지역을 보위해야 한다는 전통적 공의식과 함께 부, 학위, 개인적 권위 등을 동원하여 본래부터 확보하고 있었던 지역 내의 지배력을 유지하기 위해 홍창회를 적극적으로 조직·가담하였고, '반엘리뜨' 역시 1920년대 지역군사화라는 변화된 상황에 조응하여 새로이 자신의 지배

---

120) 李銘西「洛陽紅槍會之起落」,『河南地方志徵文資料選』第1輯, 65~66면; 柴化周「洛陽地區紅槍會的興起與消滅」,『河南文史資料』第10輯, 71~72면. 또한 홍창회 회수와 張鈁 휘하 군관과의 밀접한 관계에 대해서는「澤湘八月二日關于河南軍運工作報告」(1926. 8. 2),『河南革命歷史文件彙集』(省委文件: 1925~1927), 9면 참조.

121) 王天獎「近代河南槍會滋盛的社會歷史原因」,『中州學刊』, 1997~96, 125~26면.

력을 창출시키기 위해 홍창회의 조직에 적극적이었다. 여기에 하남사회에서 보이는 문화교육의 낙후성, 전통의 강고함, 농후한 미신풍조 등 독특한 사회 문화적 분위기[122]는 전통엘리뜨가 더욱 자연스럽게 비밀결사에 참여할 수 있도록 일조했을 것이다.

그런데 주목할 것은 전통엘리뜨 이외에 새로운 '반엘리뜨'가 홍창회에 다수 참여했다는 사실은 지역 내 비밀결사의 영향력이 강화됨과 동시에 기존 지주·신사의 영향력이 약화되고 있음을 반영한다는 사실이다. 그러나 처음부터 전통엘리뜨의 영향력이 없었다거나 그들의 절대적 영향력이 감소했다고 단정할 수는 없는데, 이 점은 홍창회 내의 권력관계 변화를 통해 살필 수 있을 것 같다.

공청단하남성위서기(共靑團河南省委書記) 장재범(張齋帆)의 하남홍창회에 대한 설명은 이 문제에 대해 비교적 명확한 답변을 제시해주고 있다. 그는 홍창회의 지도자 가운데 하나인 노사가 의례주재와 부적작성 등의 기능 이외에 특별한 권력을 지니지 못한 반면 촌락 가운데의 지주·신사나 명망가가 담당했던 학장, 단장 등이 실제적으로 군중을 통솔했다고 보았다. 이 학장, 단장 들이 주도적으로 나서 노사를 초빙하였다는 면에서 지역민이 자위를 위해 홍창회를 받아들인 것이지 홍창회가 자신의 주술로써 1926년 당시의 발달된 국면을 창출한 것이 아니라는 주장이었다.[123] 좀더 구체적인 예를 살펴보면 1926년 가을 활현 지주 장서부(張西府)는 토비와 주둔군의 약탈에 대항하기 위해 지주이자 부농인 주경요(朱景堯), 마운무(馬運武), 가영복(賈永福), 진경신(陳敬身) 등과 함께 경비 등 일체의 준비를 담당하고, 인근 장원현(長垣縣)의 고농(雇農) 이보안(李保安)을 통해 산동 동명현(東明縣) 출신의 노사 설명덕(薛明德), 조정필(趙廷弼) 등을 초빙하여 홍창회를 성립시켰다.[124] 이 예는 지주·신사가 조직의 발의나 경비부담 등을 통해 주도권을

122) 하남의 문화, 풍습에 대한 이상과 같은 설명은 王天獎=1997, 127~28면 참조.
123) 霽帆 「介紹河南的紅槍會」, 『中國青年』 第126期(1926. 7) 10~13면.

행사했고, 노사는 단순히 초빙의 대상일 뿐이었음을 보여준다.[125]

지주·신사가 주도권을 장악한 홍창회의 본래 목적은 국가를 대신하여 토비를 상대로 "수망상조(守望相助), 보위신가(保衛身家)"에 있었고, 기타 규약도 대체로 엄정하게 준수되는 편이었다.[126] 그러나 홍창회는 군벌통치의 강화에 따라 토비와 함께 군벌에 대항하기 시작하였고 강화된 역량을 배경으로 현성 공격과 점령에 이은 지역할거의 상황을 연출하기에 이르렀다. 이어서 홍창회의 군사적 기능강화, 새로운 '반(反)엘리뜨'의 가담, 다양한 유민층의 유입 등에 따라 홍창회 가운데 일부에서는 그 주도권이 지주·신사 등 전통엘리뜨에서 '반(反)엘리뜨'로 넘어갈 수 있었다.

이미 살펴본 '회비'라는 존재는 이 과정을 여실하게 증명해주었다. 그들에서 발견할 수 있는 파괴와 약탈, 조직 분파성의 강화, 학교의 파괴와 지식인에 대한 혐오, 미신의 횡행 등의 현상은 지주·신사가 자위라는 지역이해에 바탕을 두고 조직한 기존의 홍창회와는 사뭇 다른 모습이었다. 따라서 지주·신사 혹은 권력 당국으로서는 자신들의 통제권 밖으로 벗어난 '회비'를 본래의 홍창회의 모습으로 되돌려 토비에 반대하는 자위조직으로 변화시켜 자신들의 통제 내로 재편시키려는 다양한 노력을 기울이게 되었다.

홍창회의 뒷수습을 의미하는 "홍창회의 선후(善後)" 문제는 '회비'가 극성했던 1927년 당시 언론에서 먼저 공개적으로 제안되었다. 특히 『신보(晨報)』는 1927년의 홍창회를 하북, 하남, 산동 3성의 '암적 존재'로 간주하면서 야

<hr>

124) 孫修身「河南滑縣紅槍會的發展與覆滅」, 『文史資料選輯』第47輯, 66~69면.
125) 또한 정통엘리뜨의 홍창회 주도권 장악에 대해서는「國民革命軍第四方面軍總揮部政治部在信陽, 遂平間工作槪況」, 『漢口民國日報』, 1927. 5. 28 참조.
126) 일반적으로 홍창회는 ① 부녀자 간음 금지, ② 재물 약탈 금지, ③ 방화 살인 금지, ④ 神佛 훼손 모욕 금지 등의 규약을 준수해야 했다. 이 가운데 특히 간음과 神佛 훼손은 "刀槍不入"의 주술을 무용하게 만들기 때문에 끝까지 지켜야 했다(이상 振振「民風叢話」, 『上海民國日報』副刊『覺悟』, 1928. 12. 17; 張振之, 앞의 책 142면 참조; 末光高義, 앞의 책 124면).

심가나 공산당과 결합할 경우 제지할 방법이 없기 때문에 그 대책에 대해 공동 토론하자고 제안하였고, 여기에 풍예(馮銳)와 왕경명(王鏡銘) 그리고 향운룡(向雲龍) 등 지식인 혹은 평민운동가 등이 자신의 의견을 개진하였다. 먼저 풍예는 홍창회의 발생원인을 현관의 탐오와 폭학, 위역(衛役)의 비리, 신동(紳董)의 약자 능욕, 토비군대의 약탈과 소요, 지역주민의 생활곤란, 지역주민의 무지 등에서 찾으면서 초기의 발기자는 퇴출하고 '무위도식자'가 가입하면서 변질되어 현지에서는 무익하고 타지에서는 해악을 끼치는 '전문적 사회기생단체'로 전락했다고 진단하였다.[127] 그의 처방은 근본대책과 현상대책으로 구분되는데 전자에는 현 행정개량, 평민교육 및 군교육의 보급 등이 포함되었다. 후자의 방법으로 그는 홍창회의 시작단계에는 주민의 생계문제를 해결하여 진정한 자위단체로 유도하고, 이미 성립된 이후에는 군대를 동원해 자극하는 것보다는 회수를 회유하여 고향에 안주시키며, 홍창회가 악행을 저지르는 단계에까지 나아가면 무력진압의 방식을 병행할 것을 제안하였다.[128]

풍예의 홍창회 대책에 대해 왕경명은 평민운동가로서 그가 제시한 일반적 근본대책은 정확하지만 홍창회를 세 시기로 구분해 제시한 현상대책에 대해서는 불만을 나타내면서 홍창회에 대한 직·간접적 경험과 자료를 근거로 새로운 현상대책을 제시하였다. 그는 먼저 홍창회의 심리를 다음과 같이 분석하였다. 그들에게는 청조 때보다 더 많아진 세금부담에 대한 불평의 심리, '토호열신' 횡포에 대한 울분의 심리, 미신의 심리, 지도자에 대한 맹목적 복종의 심리, 이타심·애국심이 결여된 이기심 등을 지니고 있다고 보았다.[129]

127) 馮銳 「紅槍會問題」(1), 『晨報』, 1927. 11. 30; 馮銳 「紅槍會問題」(2), 『晨報』, 1927. 12. 1.

128) 馮銳 「紅槍會問題」(4), 『晨報』, 1927. 12. 4; 馮銳 「紅槍會問題」(5), 『晨報』, 1927. 12. 5.

129) 王鏡銘 「當奧腹地的大癥結」(2), 『晨報』, 1927. 12. 29; 王鏡銘 「當奧腹地的大癥結」(3), 『晨報』, 1927. 12. 30.

그도 풍예와 마찬가지로 홍창회가 본래의 성격이 변질되어 부패하여 지역민의 원성을 사고 있다고 판단하여 가혹한 세금의 면제, 법치를 통한 향촌 분쟁의 해결, 홍창회 회수(會首)에 대한 적절한 조치, 정부와 자선단체의 구제 활동, '회비'에 대한 엄격한 토벌 등을 제시하였다.[130]

양인의 주장 가운데 풍예가 제시한 근본대책은 향운룡이 정치·경제·지식 3개 방면에서 제시한 대책[131]과도 일맥상통한 것으로 향촌의 불안을 해소시키기 위한 당연한 조치였다. 그러나 이들의 더욱 직접적인 관심은 현실의 '회비'를 어떻게 처리할 것인가에 두어졌다. 이 점과 관련하여 풍예, 왕경명 양인은 홍창회의 존재 자체에 대해서는 그 의의를 인정하는 입장이었다. 단지 악행을 저지르며 본래의 정상적 홍창회로 되돌아가기를 거부하는 '회비'에 대해서만 엄격히 토벌할 뿐이었다. 군벌혼전으로 인해 정상적인 국가기구의 운영이 요원한 상황에서 이 지식인들의 일반론이 현실화되기는 곤란했다. 혹 홍창회 발생, 발전의 원인을 제대로 파악했다 해도 홍창회, 특히 '회비'가 맞이해야 할 운명은 무자비한 탄압일 뿐이었다.

아래 소개하는 「홍창회회규(紅槍會會規)」는 홍창회라는 조직을 온존시킨채 '회비'의 속성을 배제하려는 노력의 일환으로 제정된 것으로 주목할 만하다. 여기서 「홍창회회규」란 홍창회를 견제하려는 당국의 계획하에 전 하남성장 왕인천(王印川)이 지주·신사들에게 그 개혁의 취지를 밝히고 여론을 환기시킨 것을 계기로 만들어진 것이라고 알려져 있다. 왕인천의 노력이 커다란 반향을 일으켜 홍창회 내부 지도자의 찬성을 얻었고, 이어 하남북부 홍창회 대표회의가 개최되어 결의를 통해 회규가 제정되었다는 것이었다.[132]

---

130) 王鏡銘「當奧腹地的大癥結」(4),『晨報』, 1927. 12. 31.
131) 向雲龍은 정치 방면(전쟁의 중지, 吏治의 정리, 裁釐減稅, 농촌 보호정책의 실시), 경제 방면(농촌 금융기관의 설립, 합작사업의 제창, 이민정책), 지식 방면(평민학교 개설, 빈민독서회 운영, 공개강연) 등을 제시하였다(向雲龍「紅槍會善後問題」(1),『晨報』, 1928. 2. 7; 向雲龍「紅槍會善後問題」(2),『晨報』, 1928. 2. 8; 向雲龍「紅槍會的起源及其善後」,『東方雜誌』24-21(1927. 11) 40~41면).

이번 홍창회대회가 구체적으로 언제 어디에서 개최되었는지, 그리고 어떠한 성격을 지녔는지에 대해서는 불분명하지만 왕인천의 활동을 검토해보면 그 대강을 짐작할 수 있다. 그는 1927년 2월 23일부터 24일까지 우진(于珍)과 함께 창덕(彰德), 위휘(衛輝)에 도착한 뒤 신사의 자격으로 각지의 신상과 연락하여 홍창회를 계도하고 또 진행중이던 소요를 중지할 것을 요청한 바 있었다. 그 결과 각지의 신사가 홍창회 회수와 협상하여 향후 군대를 공격하지 않으며, 군대도 홍창회에 대해 지나친 압박을 가하지 않고 지역에서 군수품을 징발하지 않고 민가를 점령하지 않겠다고 약속하였다.[133] 위의 우진이 당시 봉천군(奉天軍) 제10군 군장으로서 1927년 초 하남으로 진주한 이후 군대 기율 유지에 적극 노력하면서 홍창회와 충돌하지 않으려 노력한 인물이었음을 고려하면[134] 당시 홍창회의 협상대상은 1927년 하남에 주둔하던 봉천군이었음을 알 수 있다.

그렇다면 이 회규는 적어도 1927년 2월 이후 봉천군과 관계를 맺고 있던 왕인천이 신사를 통해 각지의 홍창회 회수에 영향을 미쳐 마련되었다고 할 수 있다. 그러나 앞서 회규 제정과정을 소개한 스에히까리 다까요시(末光高義)는 그 배경으로 농민무장 단체를 창립하기 위한 국민당의 계획을 거론하였다. 즉 당시 북벌과정에서 봉천군에 대립하고 있던 국민당이 주도했다는 것이다. 회규 가운데 "도창불입"의 술법 이외에 홍창회에 대한 교육의 내용에 포함되는 '정치적 대의(제8조)'와 '악군, 탐관오리, 가연잡세(苛捐雜稅)에 대한 반대' 규정(제3조)은 자연스럽게 삼민주의에 기반한 국민혁명을 연상시킨다. 지주·신사와 봉천군이 결합하여 홍창회를 자신들의 군사적 기반으로

132) 이상 홍창회 회규의 제정과정에 대해서는 末光高義 『支那の秘密結社と慈善團體』(滿洲評論社 1932) 123면 참조.

133) 「王印川疏通紅槍會以利軍事進行」, 『晨報』, 1927. 2. 27.

134) 그는 병사들에게 "홍창회의 본래 성질은 인민자위의 단체로서 東三省의 聯莊會, 保甲 등과 동일하여 군대에 반대하지 않는다"라고 설명하여 충돌을 일으키지 않도록 특별히 주의하라고 명령하였다. 「于珍注重軍紀嚴禁兵士騷擾」, 『晨報』, 1927. 3. 6.

동원하기 위한 조치가 이번 회규 제정이었다고 이해하기에는 규정상의 문제
이지만 그것은 지나치게 국민혁명적 색채를 짙게 드러낸다고 할 수도 있는
것이다.

그렇다면 회규의 제정목적과 그 주체에 대해 이해하기 위해서 회규의 내
용 자체를 좀더 자세하게 검토해야 할 것이다. 회규의 내용은 다음과 같다.

「홍창회회규(紅槍會會規)」
제1조 본회는 무장단체로써 인민의 자위·자치를 실행하여 안생낙업(安生
樂業)을 얻는 것을 목적으로 한다.
제2조 본회 회원은 항상 다음의 공약을 준수해야 한다.
　① 어버이에 효도하고 연장자를 공경한다.
　② 고향과 국가를 사랑한다.
　③ 신의를 중시한다.
　④ 간난을 함께한다.
　⑤ 공(公)을 받들고 법을 지킨다.
　⑥ 비위를 저지르지 않는다.
제3조 본회는 자치·자위의 장애를 없애기 위하여 다음과 같은 직무를 행
한다.
　① 토비의 박멸
　② 악군의 섬멸
　③ 악세(惡稅)·가량가연(加糧苛捐)·강제노역의 거부
　④ 탐관오리·토비·폭민(暴民)의 척결
제4조 중화민국의 18세 이상 인민으로서 상당한 재산과 직업을 가진 자는
본회 회원 2명 이상의 소개를 받아 입회 서약서를 제출하고 입회금 1원(元)을
납부하면 모두 회원이 될 수 있다. 입회 서약서는 다음과 같다.

모성(某省) 모현(某縣) 모촌인(某村人) 모모
모모는 모(某) 등(等)의 소개에 의해 입회를 희망합니다. 사후 회규·공약을

지킬 것이고 위반할 경우 어떠한 처분도 감수하겠습니다. 이에 서약합니다.

입회자   모모 인(印)

홍창회공감(紅槍會公鑒)

소개인   모모 인(印)
소개인   모모 인(印)

중화민국(中華民國)   年 月 日

 제5조 본회 회원은 대체로 군 편제에 준하여 다음과 같이 편성한다. 회원 5인=1오(伍), 5오=대(隊), 5대=사(社), 5사=향(鄕), 5향=정(亭), 5정=군(郡), 5군=로(路), 5로=진(鎭), 5진=도(都), 5도=방(方), 5방=통(統). 또 각각에는 장을 두는데, 통장(統長)은 5방 방장(方長) 가운데에서 선거하여 겸임하고, 방장은 5도 도장(都長) 가운데, 도장은 5진 진장(鎭長)에서, 진장은 5로 노장(路長)에서, 노장은 5군 군장(郡長)에서, 군장은 5오 오장(伍長)에서, 오장은 회원 5인 가운데에서 각각 공선(公選)하여 겸임하도록 한다. 합하여 1방에 부족할 경우 다른 방에 부속시켜 제X방(第X方) 부(附) 제X군(第X郡)이라 칭하고, 1도에 부족할 경우도 모두 이 예에 따라 제X도(第X都) 부 제X군(第X郡)이라 칭하며 그 이하도 이에 준한다. 통장 이하 각급 공소의 조직 및 처리 규정은 별도로 정한다.

 제6조 본회 회원은 상급자에 대하여 복종의 의무를 갖는다.

 제7조 본회의 일체의 상벌은 군법에 의해 처리한다.

 제8조 본회 회원에게는 분향(焚香)·탄부(吞符)·염주(念呪) 이외에 군사·정치의 대의를 가르친다.

 제9조 본회 회원은 유사시 결집하여 병이 되어 향촌을 보위하고, 일이 없으면 흩어져 민이 되어 각자의 업에 안주하여 야심가에 의해 이용당하는 일이 없어야 한다.

 제10조 본회 회원은 지방자치 사무에 관하여는 이전의 규칙에 따르거나 혹은 새로운 장정을 정하여 기관을 조직함으로써 자치 사업을 수행한다.

제11조 본회는 황창(黃槍)·녹창(綠槍)·원창(苑槍)·손직(孫直)·대선(大仙) 및 기타 회 가운데 본회와 동일한 목적인 자위·자치를 표방하는 집단에 대하여는 모두 동지로 대하고 서로 도우며 발전을 도모한다.

제12조 동지로 대하는 여러 조직은 적당한 지점을 택하여 연합회를 조직하고, 함께 공무를 처리함으로써 상호 감정교류와 우의를 다진다.

제13조 본회 회원은 긴급한 상황이 발생할 때 본회가 지정하는 장소에 집합하여 상관의 명을 기다린다.

제14조 외환이 닥쳤을 때 본회는 전국의 회우(會友)를 소집하여 함께 국가 보위를 위해 일치하여 외적에 대항한다.

제15조 본회의 경비는 회원 각자의 재산 다과에 따라 공동으로 부담하고 만약 특별한 지원이 있을 경우 1회에 10원 이상 기부하는 자에게는 본회의 주임위원(主任委員)으로 추대한다.

제16조 본회 회원이 아닌 자로서 1회 10원 이상을 기부하는 자는 본회의 명예찬조(名譽贊助)에 추대한다.

제17조 본회 회원이 회규를 위반할 경우 그 관할 통령(統領)은 그를 집법소(執法所)로 인도하여 심판한다.

제18조 회규 위반에 대한 심판은 육군 형사조례 혹은 일반 법률에 의거해 판결한다.

제19조 본회의 회규를 응용하는 각 회에 대하여 본회는 그를 일가(一家)로 간주하여 간난을 같이 한다.

제20조 본 회규는 공포의 날로부터 실행하며 적당하지 않은 곳이 있으면 개회 때 수시로 수정한다.

회규의 내용 가운데 먼저 지적해두어야 할 것은 그것이 상정하는 홍창회란 현실에 존재하지 않는다는 점이다. 즉 제4조의 규정과 달리 일반적으로 홍창회에는 재산의 다과에 따른 가입 제한이 없고 또 회비 강제납부의 의무 규정도 없으며, 주임위원(제15조), 명예찬조(제16조)와 같은 특별한 지위도 두지 않았고, 홍창회가 아무리 준군사적 조직이라 해도 모든 상벌을 군법으로 처리하거나(제7조), 정확한 군대편제(제5조)로 조직된 예는 없었다. 그렇기 때문에 회규가 하나의 이상적 홍창회를 지향하고 있음이 명확해진다. 그러나 홍창회가 지녔던 본래 성격을 다시금 확인하려는 규정 또한 적지 않다. 일례로 제2조의 공약은 '보수적' 홍창회의 특징을 잘 대변한다고 하겠다. 비록 홍창회의 직무 규정(제3조)이 국민당의 의도가 회의에 반영된 것으로 추론하는 근거로 받아들일 수도 있겠지만, 그밖의 회규 규정을 통해 보면 홍창회운동이 국민당(혹은 공산당)의 농민운동과는 차별적인 방향으로 전개될 것임을 예상케 한다. 대표적인 것이 홍창회 내부에서 차지하는 지주·신사의 역할에 관한 규정이었다.

우선 "18세 이상으로 상당한 재산과 업무를 가진 자"(제4조)로 회원을 제한하고 있다. 이는 홍창회에서 일정한 직업이 없는 유민 혹은 빈농·소작인 등을 배제하고, 지주·신사를 중심으로 한 조직을 만들려는 의도에서 비롯된 것으로 보인다. 또한 그들의 목적이 단순한 무장자위가 아니라 자위를 중심으로 하면서 지주·신사가 주도하는 자치활동에 있었음은 홍창회를 자위, 자치단체(제1조)로 규정한 데에서 잘 나타난다. 홍창회 내 지주·신사 혹은 자산가에 대한 우대는 주임위원, 명예찬조와 같이 특별한 지위에 대한 규정을 통해서도 확인할 수 있다. 홍창회가 지주·신사 중심의 조직으로 규정될 경우 문제는 "도창불입"의 술법을 전수하는 노사 등에 대한 처리인데, "본회 회원은 분향, 탄부, 염주 이외에 군사·정치의 대의를 가르친다"(제8조)의 규정에 따르면 그들이 완전히 배제한 것은 아니지만 새로운 교육 내용이 추가되었음을 알 수 있다. 이렇듯 지주·신사의 역할이 강조되었기 때문에 국민혁명의 상투어인 "제국주의 반대" "군벌 반대" "토호열신 타도" 등의 구호가 홍창회의 직무에서 배제되었을 것이다.

따라서 회규는 '회비'화된 홍창회를 봉천군과의 협력 속에서 지주·신사 중심의 새로운 홍창회로 재편하려는 의도를 담고 있었다. 회규가 얼마만큼 실제에 적용되었는지 정확히 알 수는 없지만, 왕인천의 노력은 주효하여 풍

392

옥상(馮玉祥) 군대에 저항하고 있던 황하 이북 무섭(武涉), 심양(沁陽), 온현(溫縣), 맹현(孟縣), 제원(濟源) 등지의 홍창회는 장종창(張宗昌), 저옥박(褚玉璞) 등의 직노군(直魯軍)과 함께 "토적(討賊)", 즉 "국민당 토벌"의 깃발을 들었다.[135]

이상 지주·신사 등 전통엘리뜨를 중심으로 하는 홍창회 회규의 제정이나 풍예, 왕경명 등의 홍창회 대책은 일종의 '홍창회 정화 개혁운동'[136]이며 '회비'에 대한 대책으로서 홍창회 조직 자체에 대한 전면적인 부정을 의미하지는 않았다. 하지만 향운룡은 홍창회를 단방(團防)으로 개편하여 현장의 통솔하에 토비토벌에 활용할 것을 주장하였다.[137] 그런데 이러한 그의 홍창회 개편안은 1927년 하남을 새로이 장악한 풍옥상의 홍창회 개편안과 일맥상통해 보이기 때문에 후자를 검토해볼 필요가 있을 것 같다.

1927년 하남성 주석에 임명된 풍옥상은 창덕, 자현(磁縣)의 천문회와 홍창회가 계투(械鬪)를 전개하고 '불령(不逞)한 무리'가 유입됨에 따라 변질되어 항량(抗糧), 항연(抗捐) 등 정부 명령에 저항하고 심지어 봉노군(奉魯軍)과 결합하여 '군벌의 앞잡이'이자 '혁명의 반도(叛徒)'가 되어버렸다고 비판하였다.[138] 또한 그는 패전한 뒤 고향으로 돌아온 봉천군 지휘관들이 봉천군에서 4천원에서 8천원의 자금을 수령하여 홍창회와 연결을 시도했으며, 협조할 경우에는 3년 세금 납부 면제 또는 1인당 1정의 신식 총기 지급 등의 헛소문을 퍼뜨린다고 지적하였다.[139] 이러한 홍창회의 구체적 '반혁명'활동에 대한 그의 대책은 1927년 7월 29일의 「하남지방홍창황창등회개편민단잠

---

135) 『順天時報』, 1927. 12. 14; 三谷孝 「國民革命期の北方農民運動─河南紅槍會の動向を中心して」, 『中國革命史の硏究』(靑木書店 1974) 269면에서 재인용.

136) 이 표현은 末光高義, 앞의 책 123면에 등장한다.

137) 向雲龍「紅槍會善後問題」(2), 『晨報』, 1928. 2. 8.

138) 「省政府通令奉總部電飭將紅槍等會一律改編民團文」, 『河南行政月刊』 第3期(1927. 9), 28면(『紅槍會資料選編』, 147면 수록).

139) 「馮總司令布告」, 『河南行政月刊』 第3期(1927. 9), 29~31면.

행조례(河南地方紅槍黃槍等會改編民團暫行條例)」로 구체화되었는데, 그 내용은 다음과 같다.

「하남지방홍창황창등회개편민단잠행조례」

제1장 총칙(總則)

제1조 각 현의 지방인민은 토비의 유린 및 군벌의 압박을 받았기 때문에 스스로 홍창회·황창회 및 비슷한 회를 건립하여 자위를 기도하였으니 그 뜻이 가상하다. 이번에도 큰 희생을 무릅쓰고 민군(民軍)을 원조하여 큰 공을 세웠다. 그러나 그 조직내용이 좋지 않고 구성분자 역시 복잡하여 정상적인 궤도를 벗어나 폐단이 많이 발생하였다. 이제 지방을 안정시키고 향촌을 보위하기 위해 각 현의 현장이 각 회의 지도자를 이끌고 계도하여 '포신거유(布新去莠)'하도록 한다. 이로써 민단으로 일률적으로 개편함으로써 하남혁명 성공, 민치 쇄신의 후순(後盾)으로 삼고자 한다.

제2조 명령 이후 1개월 내, 각 현의 홍창·황창의 명목을 일률적으로 취소하여 본 조례 제2장의 규정에 따라 개편함으로써 순수한 민단이 되어 현장의 감독을 받는다. 또한 홍창회가 없는 지방은 현장이 본 조례에 따라 민단을 설립한다.

제3조 각 현은 본 조례가 정한 대강에 대하여 지방상황에 따라 시행세칙을 정할 수 있다. 그러나 성정부 민정청(民政廳)에 보고하여 허가를 받아야 한다.

제2장 편제

제4조 각 민단업무는 현장을 총감독으로 삼고, 현 소속의 정식기관 및 홍창·황창회의 중요 지도자 가운데 주의에 밝고 진정으로 민중의 이익을 위해 힘쓰는 자 가운데 수명을 추천하여 협상, 처리하도록 한다.

제5조 각 현의 민단 처리에 있어 각지의 관습 및 현재의 각 회 상황을 참조하여 약간의 구(區)로 나눈다.

제6조 각 현서(縣署) 내에 민단총판사처(民團總辦事處)를 부설하는데 각 구

의 민단으로부터 위원(委員) 1명을 선출하여 조직한다. 그 처리방법은 반드시 본 조례 제1장 3조의 규정에 따른다.

제7조 민단의 인원수와 현재의 무기수는 모두 장부에 기록해야 한다. 그러나 ① 미성년자, ② 노약자, 불구자, ③ 사고로 인해 복무할 수 없는 자 등은 예외로 한다. 이상의 항목에 문제가 발생하면 단총(團總)은 현장에게 보고해야 한다.

제8조 민단의 현재 무기, 인원수를 따져 10인을 1패로 하여 패장(牌長) 1명을 두고, 10패를 1갑으로 하여 갑장(甲長) 1인을 두며, 5갑을 1보(保)로 하여 보동(保董) 1명을 두어 단총의 지휘를 받게 한다.

제9조 구마다 단총 1인을 두는데 해당 구에서 공추(公推)하여 현장이 임명한다. 기타 보동, 갑장, 패장은 각 단(團)의 호수에 따를 뿐 수를 정하지 않으며 모두 공추한다. 하지만 단총이 현서에 보고하여 임명된다. 만약 출결(出缺)이 생기면 각 단, 보, 패가 공추하여 보충하고 현서로부터 임명받는다.

제10조 구 민단의 사무는 지방의 묘우 및 과거 장소에 설치하여 민가를 점유하지 않는다.

제11조 구 민단의 문독(文牘) 처리는 현장이 목질(木質) 도기(圖記)를 이용 처리한다. 보위에 관한 사무는 기관의 도장을 사용해야지 개인 명의로 실행할 수 없다.

제3장 직책

제12조 구의 단총, 보동, 갑장, 패장은 토비의 폐해를 방지하기 위해 관할 구역 내의 호구를 조사할 책무를 지니며, 외래의 임시 거주자나 직업이 없는 유민에 대해서 특별히 주의하여 수시로 조사하고 장부를 만들어 현서에 보고하여 민정청에 보고하도록 한다. 장부의 형식에 대해서는 민정청이 정한다.

제13조 구내의 거주민으로서 토비를 은닉하거나 정탐 혹은 장물이나 무기를 보관하는 경우가 발생하면 단총 등은 수시로 조사하여 현으로 보내 처벌한다.

제14조 각지에 토비가 출몰하면 단총은 본단(本團)의 단정(團丁)을 임시로 소집하여 토벌, 체포해야 한다. 만약 토비 무리가 다수이며 무기로 저항할 경

우, 징과 종을 쳐 인근의 단에 구원을 청하고 한편으로는 현서에 보고하여 군경의 지원을 청하거나 혹 부근 군경기관의 구원을 청한다. 단에서 토비를 체포할 경우 반드시 현서에 보내 처리해야지 불법적인 사적 심문을 할 수 없다.

제15조 단이 현재 소유하고 있는 총기류는 단총이 그 종류, 수량을 조사해 현서에 보고하고 현서는 낙인(烙印), 편호(編號)를 확인하여 민정청장에게 갖추어 보고한다. 이때 은닉하거나 바뀌는 일이 없도록 한다. 더 많은 총기를 보유할 필요가 있을 경우 반드시 현장이 민정청장에게 보고하여 허락을 얻어야 한다. 기타 총기 이외의 모든 무기도 반드시 보고하여 검사에 대비한다.

제16조 군경이 구 내에서 토비토벌 및 체포작전을 전개할 때 관내의 단총은 단정을 소집하여 협조해야 한다.

제17조 단정의 지식을 제고하여 당국(黨國)에 복무케 하기 위해서 단은 필요한 학문과 정치 상식 그 가운데 군사 전범령(典範令), 삼민주의(三民主義), 정치문답(政治問答) 등 중요 부분을 선택하여 교육시킨다. 현장이 단총을 독촉하여 처리하도록 한다.

제18조 단은 모두 당기(黨旗), 국기(國旗)를 설치하여 중산주의(中山主義) 실현의 모범으로 삼는다. 그 모양은 민정청이 반포하여 정한다. 또한 홍색 바탕에 백색으로 X현 제X단이라 쓴 민단 기를 제작하여 식별할 수 있도록 한다. 기의 길이와 폭은 영조척(營造尺)을 기준으로 가로 2척 반(半), 세로 4척, 깃대 높이 7척으로 한다.

먼저 1조의 내용을 검토해보면 풍옥상의 의도는 기존의 홍창회에 대해 "포신거유(布新去莠)"하여 현장의 감독을 받는 '순수한 민단'을 만들어 토비에 대항하는 자위조직으로 삼고자 하는 것이었음을 알 수 있다. 여기서 "거유"란 운동과정에서 유입된 유민층 이외에 운동 초기 "도창불입"의 주술을 전수한 비정통 사교집단을 분리시키는 것을 의미하며, 그 결과 토착적 지주·신사에 의해 주도되는 '순수한 민단'을 창출하려는 시도였다. 이러한 성당국의 의지는 위의 조례에서만 나타난 것은 아니었다. 이전 하남을 장악했던 성당국의 홍창회 금지 논리는 잦은 군벌교체에도 불구하고 대부분 그 내용이 대동소이했는데 이 문제에 대해서는 이미 앞에서 살펴본 바 있다.

그러나 민단으로의 개편을 통해 홍창회의 명목은 없애면서 그 실은 유지하겠다는 풍옥상의 조치와 이전의 그것과 다른 점이 있다면 그것은 그 목적이 단순히 지역 자위조직의 건립에 국한되지 않았다는 데 있었다. 왜냐하면 위 조례가 반포된 1927년 7월은 하남 국민혁명의 진전에 따라 새로운 성격의 정권이 등장하고 또 그에 따라 전반적 권력구조의 개편이 이루어지던 싯점이라 할 수 있기 때문이다.

신정권은 1920년대의 군벌혼전 시기 동안 해체되었던 권력의 체제를 바로 잡고, 홍창회를 통해 그 권력의 통제에서 이탈하였던 민간의 자율적 공간을 다시금 국가체제 내로 편입시켜야 하는 시대적 과제를 지녔다. 또한 국가건설의 시각에서 보면 신정권은 1916년부터 1927년 사이에 나타난 '지역엘리뜨 행동주의'(local elite activism)의 고양 또는 국가를 상대로 한 지역엘리뜨의 승리라는 현상을 역전시켜야 했다.[140] 따라서 풍옥상정권은 단순히 홍창회를 개편하는 데 그치지 않고, 새로운 지역 장악체제의 완비라는 단계에까지 나아가려 하였다. 지역에 대한 지배통제기구로서의 보갑제를 새로이 정비하려 했던 데(제9조)에서 이 점은 분명하게 드러난다. 성당국은 홍창회의 민단개편과 함께 시도된 보갑제의 정비를 통해 민정청장→현장→단총→보동→갑장→패장으로 이어지는 상하의 위계를 체계적으로 설정하고 무기통제를 확립(제15조)하여 해체된 지역을 효율적으로 장악하면서 외부에서 들어온 임시거주자나 일정한 직업이 없는 유민 등을 조직에서 배제하여(제12조) 민단의 순수성을 보증하려 하였던 것이다.[141] 이러한 성당국의 노력의

---

140) 이상 군벌 통치시기 국가 대 사회 관계에서 나타난 지역엘리뜨의 승리에 대해서는 Lenore Barkan, "Patterns of Power: Forty Years of Elite Politics in Chinese County," Joseph W. Esherick and Mary Backus Rankin, *Chinese Local Elites and Patterns of Dominance* (University of California Press 1990) 203~206면 참고.

141) 그렇기 때문에 성정부는 홍창회의 민단화와 함께 군벌 통치시기 민간에 유포된 광범한 무기를 재차 흡수하였다. 「河南省委政治報告」(1927. 11. 14), 『河南革命歷史文件彙集

성공 여부는 단총, 보동, 갑장, 패장의 직책을 맡게 될 지역엘리뜨의 협조 유무와 밀접하게 관련되었음은 물론이다.

'회비'의 직접적 피해 당사자 가운데 하나인 지주·신사가 하남을 재통일하려는 목적으로 그들에게 민단이란 무기를 제공하려는 풍옥상정부에 적극 협력하였을 것임을 예상할 수 있다. 구체적으로 풍옥상의 의도에 따라 1927년 11월 개봉에 하남민단군총부(河南民團軍總部)가 건립되고, 1929년 5월 한복구(韓復榘)에 의해 다시 하남민단훈련처(河南民團訓練處)로 개편되면서 각 현의 민단이 성정부에 직할됨으로써 홍창회의 세력은 지역마다 약간의 편차는 있었지만 풍옥상통치를 지탱하는 중요한 지방무장으로 전환되어갔다.[142]

(1925~1927)』, 269면.

142) 陳傳海·徐有禮, 앞의 책 99면. 민단으로 개편을 거부하는 홍창회에 대해서는 강력한 토벌이 병행되었음은 물론이었다. 馮玉祥의 대규모 홍창회 토벌작전에 대해서는 「河南省委給中央的報告」(1927. 11. 24), 「***關于河南工運及軍事情形及中央的報告」(1927. 10), 『河南革命歷史文件彙集(1925~1927)』, 314~14, 380면 참조.

IV. 토비와 국민혁명
번종수(樊鍾秀)와 건국예군(建國豫軍)을 중심으로

1. 토비에서 건국예군으로

이미 앞에서 살펴보았듯이 1920년대 초반 노양인집단은 약탈과 파괴를 일삼는 토비군대의 전형을 잘 보여주었다. 하지만 노양인집단의 이러한 모습은 토비의 일면만을 보여준 것으로 토비와 지역하층민 혹은 지역엘리뜨와의 결합관계, 토비의 정치적 부상, 토비의 지역통치 정당성 확보 노력, 토비와 혁명세력 간의 결합, 토비의 반군벌투쟁 참가 등 토비의 또다른 성격을 충분하게 드러내지는 못했다. 이렇게 볼 때 토비 백랑의 전통을 계승한 번종수는 1920년대 하남서부 일대를 무대로 커다란 세력을 형성하면서 노양인과 대조적인 활동을 전개한 인물로서 주목할 만하다.[143] 더구나 번종수는 손문(孫文) 등 혁명세력과 밀접한 관련을 맺으면서 적극적으로 국민혁명에 참여하였다는 점에서 그에 관한 연구는 토비와 혁명과의 상호관계를 이해하는

---

143) 일례로 빌링스리는 번종수에 대해 "20세기 토비 군인 중 그에 비견할 만큼 탄력적 인품과 도덕적 양심을 겸비한 자는 아마도 찾기 드물 것"이라고 높이 평가하였다(필 빌링슬리, 앞의 책 287면 참조).

데 많은 도움을 줄 것으로 기대된다. 이하에서 기존의 연구에서 그다지 주목받지 못했던 번종수와 그를 중심으로 한 건국예군(建國豫軍)의 성립과 발전 과정을 국민혁명과의 관련 속에서 검토함으로써 군벌 통치시기 토비의 존재 양태와 그 의의에 대해 검토해보고자 한다.

번종수(자字 성민醒民)는 1888년(또는 1891) 하남 보풍현(寶豊縣) 대영진(大營鎭) 하장(夏莊)에서 태어났다.[144] 105무의 토지를 소유했던 번씨(樊氏) 일가는 1913년 토비 우천상(天祥)의 약탈에 시달린 나머지 친척들과 함께 섬서 의천(宜川) 곽가구(霍家溝)로 이주하였다. 하지만 새로 이주한 섬서북부는 염군(捻軍)의 반란 이후 광범한 인구유입이 이루어진 결과 토착민과 이주민 사이에 갈등이 빈번하게 발생하였기 때문에 번종수 등은 무장 자위집단을 조직하여 생존할 수밖에 없었다.[145] 이러한 이주민의 무장화는 다른 한편으로 관, 신사, 민단의 경계심을 자극하여 번종수는 무기반납을 요구받았을 뿐만 아니라 살인죄로 처벌될 지경에까지 내몰리게 되었다. 이 과정에서 번종수 등은 토착민의 민단과 대항하면서 이주민 자위조직을 확대시켜 나갔고 의천 관아(官衙)의 무기를 탈취하였다. 이후 그는 자신을 찾아온 다른 이주민까지를 포함하여 2백여 명 규모의 무장조직을 결성하였다. 이어 번종수는 기타 토비와 민단을 토벌하면서 의천에서 수덕(綏德)에 이르는 섬서북부 일대를 장악하였다. 이상 번종수가 보여준 초기의 행적은 한편으로는 지역수호자로서의 모습을 잘 보여주고 있지만, 관이나 토착민의 입장에서 보면 그의 이주민 무장집단이란 하나의 토비에 불과하였다.

1915년 조직발전의 결과 번종수는 동향인 염풍호(閻風浩)의 소개로 섬북

---

144) 초기 번종수의 행적을 밝혀줄 1차 사료가 매우 부족하기 때문에 이하에서는 특별히 주기하지 않는 한 다음의 회고를 중심으로 정리한다. 張鈁「樊鍾秀史略」,『文史資料選輯』第 38輯; 吳滄洲・王裕如・范龍章・范體 「樊鍾秀與建國豫軍」, 『河南文史資料』 第40輯, 1991.

145) 淸 乾隆-嘉慶 연간 하남서부인의 山西, 陝西 이주 상황에 대해서는 馬雪芹『明淸河南農業地理』(紅葉文化出版 1997) 112~15면 참조.

진수사(陝北鎭守使) 진수번(陳樹藩) 부대로 개편됨으로써 이전 불법적 무장집단, 즉 토비에서 군인이라는 합법적 무장집단으로 새롭게 등장하였다. 하지만 이후 번종수는 정국군(靖國軍)의 기치를 내걸고 섬서독군(陝西督軍) 진수번에 대항하였다. 주지하듯 정국군이란 1917년 장훈(張勳)의 복벽(復辟)과 단기서(段祺瑞)에 반대하기 위해 조직된 군을 지칭하는 것으로, 손문 역시 광동군정부(廣東軍政府)를 수립한 뒤 호법운동(護法運動)에 호응하여 천전검정국연군(川滇黔靖國聯軍)을 조직한 바 있었다. 번종수가 손문의 호법운동과 관련을 지닌 정국군에 가담하였다는 사실은 이후 손문과 번종수 사이의 관계를 시사해준다. 1918년 6월 동관(潼關)에서 이루어진 번종수의 대규모 진수번 공격 역시 섬북동맹회(陝北同盟會) 회원 혜우광(惠友光)과 하남동맹회(河南同盟會) 회원 오창주(吳滄洲) 등과의 협조 속에서 이루어진 것이었다.[146] 그러나 혜우광에게 보내는 편지[147]에서 스스로 밝히고 있듯이 그는 교육을 받지 못해 무력만 일삼는 '망부집단(莽夫集團)의 우두머리'에 불과하였고, 동관 공격 역시 외부인의 시각에 따르면 호법운동과 같은 정치적 명분을 위한 행동이기보다는 토비에 의한 약탈, 살인, 납치 사건일 따름이었다.[148] 더욱이 이번 번종수의 태도변화가 진수번 측의 불리한 전황에 따른 군사전략적 고려에서 비롯된 것이라 한다면,[149] 그의 정국군 가담 역시 남북 대치에 이은 정국군의 득세[150]에 편승한 정치·군사적 판단에 따른 것으로도 이해할 수도 있다.

따라서 번종수가 다시 곤경에 처하게 될 경우 또다른 정치적 변신을 보일지도 모를 일이었다. 예컨대 북경정부의 공격을 받게 되자 그는 원섬총사령

---

146) 張鈁, 앞의 글 5~6면. 한편 吳滄洲와의 만남에서 번종수는 아편흡식, 토비은어 사용 등 토비의 관습에 익숙한 모습을 여실히 보여주었다(吳滄洲 등, 앞의 글 18~19면).

147) 「樊鍾秀致惠友光函」, 『河南文史資料』 第40輯, 103~104면.

148) 「潼關失而復收之追溯」, 『河聲日報』, 1918. 6. 26.

149) 吳滄洲, 앞의 글 18면; 張鈁, 앞의 글 6면.

150) 陳志讓 저, 박준수 옮김 『軍紳政權』(고려원 1993) 43~44면.

(援陝總司令) 허란주군(許蘭洲軍) 제1지대(第一支隊)로 개편되어 하남으로 이동했고, 이후 하남 독군(督軍) 조척(趙倜)의 굉위군(宏威軍)에 편입되어 토비 토벌활동에 나서다 굉위군이 해산되자 다시 오패부(吳佩孚)의 휘하로 들어가 등봉, 민지(澠池), 섬현(陝縣), 관음당(觀音堂) 등 하남서부 일대에 주둔하였다.[151] 이때 마침 노양인이 서양인 인질을 무기로 오패부에게 정규군대로의 개편을 요구하자, 번종수는 협상을 위해 토비근거지로 파견되었다. 왜 그가 노양인의 협상파트너가 되었는지 이유는 분명치 않지만 과거 섬서에서의 토비 경력과 노양인의 부하 가운데 한 사람인 임응기(任應岐)와의 친분관계 때문이었을 것으로 추측된다.[152] 이미 살펴보았듯이 협상 이후 노양인 등은 정규군대로 편입되었다. 노양인집단 가운데 임응기, 진청운(陳靑雲)의 지휘를 받는 일부(4영營 규모)는 하남육군제이혼성단(河南陸軍第二混成團)을 이끌고 있던 번종수에게 소속되었다. 이 토비들의 가담은 번종수집단의 군사력을 강화시킴과 동시에 그 집단의 토비적 성격을 더욱 짙게 만들었다.[153]

1923년 5월 오패부는 노양인, 번종수 등 토비군대의 발호에 따른 문제점을 해결하기 위해 번종수를 강서로 파견하여 진형명(陳炯明)을 지원하도록 명령하였다. 당시 언론의 표현대로 "조호이산지계(調虎離山之計)" 혹은 "이독공독(以毒功毒)"의 계략[154]에 의해 하남을 떠나게 된 번종수집단은 한구(漢口)에서 강서로 진입하여 구강(九江), 우행(牛行), 신건(新建), 감주(贛州) 등 도처에서 약탈을 자행하였다.[155] 이에 현지의 신사와 상인들은 번종수를

---

151) 이상 번종수의 轉變과정에 대해서는 吳滄洲, 앞의 글 21~22면; 張鈁, 앞의 글 7~8면 참조.

152) 한 회고에 따르면 번종수와 任應岐는 소림사의 師兄-師弟 관계였다고 한다. 姜穆「樊鍾秀的英雄故事」,『中原文獻』 10-8, 1978.

153)「兵匪交阨之河南」,『天津大公報』, 1923. 5. 14.

154)「樊鍾秀部嘩變贛軍署已兜剿」,『晨報』, 1923. 11. 15;「樊鍾秀代表來滬」,『天津大公報』, 1923. 8. 31.

155)「豫軍在九江譁變」,『申報』, 1923. 5. 24;「豫軍擾贛再誌」,『天津大公報』, 1923. 6. 6;

가리켜 '백랑(白狼)의 후예'라 여기면서 공포에 떨었고 심지어 현지사는 현성을 버리고 도주하기도 하였다.[156] 당시 언론에서 지적하듯 번종수가 과연 백랑집단 가운데 가장 믿을 만한 인물[157]이었는지에 대해서는 불확실하지만 강서인(江西人)들이 이미 하나의 신화가 되어버린 백랑상(白朗像)을 번종수에서 찾았다는 사실 자체가 의미가 있다. 물론 여기서 백랑상이란 '녹림'(social bandits)의 모습이 아니라 신해혁명 시기 화북을 진동시켰던 약탈, 파괴자의 모습이었다. 따라서 감주진서(贛州鎭署)는 오패부에게 지휘 통제를 받지 않고 멋대로 파괴와 약탈을 일삼는 번종수집단의 남하를 저지해달라고 요구했으며, 이에 대해 강서독군(江西督軍) 채성훈(蔡成勳)은 비밀회의를 개최하여 그들에 대해 강제적 개편과 토벌을 동시에 진행하기로 결정하고 군사적 압박을 가중시켰다.[158]

이러한 상황에서 번종수는 1923년 11월 9일부터 10일, 진형명의 요청에 따라 오패부가 파견한 감남진수사(贛南鎭守使) 방본인(方本仁) 부대, 남웅진수사(南雄鎭守使) 등여탁(鄧如琢) 부대 등을 무장해제시켰다.[159] 진형명과 대립하고 있던 손문은 번종수를 높이 평가하면서 대규모의 군대파견과 계속 무기를 공급할 것을 지시하며 호응하였다.[160] 이상은 번종수가 이미 손문 측으로 경사되었다는 사실을 보여주는 것이라 할 수 있는데, 그렇다면 번종수는 언제부터 그리고 무엇 때문에 이러한 태도를 취하게 되었는가. 당시 언론은 번종수가 강서에 도착한 이후 감주에서 참모 유석구(劉錫九)를 파견하여 손문의 광동정부와 접촉한 결과 현금 4만원과 연발총 3천 정을 제공받기로

「客軍禍贛之慘死」, 『天津大公報』, 1923. 8. 24; 郭廷以 編 『中華民國史事日誌』 第1冊 (1923. 5. 18), 中央硏究院近代史硏究所, 1979.

156) 「客軍禍贛之慘死」, 『天津大公報』, 1923. 8. 24.

157) 「樊鍾秀贊助粵孫之經過」, 『天津大公報』, 1923. 11. 25.

158) 「樊鍾秀部譁變贛軍署已兜剿」, 『晨報』, 1923. 11. 15.

159) 「樊毓秀電告繳方鄧軍械」, 『廣州民國日報』, 1923. 11. 16.

160) 「大元帥訓令樊鍾秀文」, 『上海民國日報』, 1923. 11. 13.

하였고, 10월 29일에 이미 광주(廣州)에서 현금 12만원을 수령했다고 보도하였다.[161] 또한 이보다 더 앞선 1923년 8월경 번종수가 손문에게서 예군토적군총사령(豫軍討賊軍總司令)의 직함과 군보급품을 제공받았으며, 이 과정에서 양측을 연결한 인물은 이전 섬서에서 진수번을 대표하여 번종수 군대개편 협상을 벌인 바 있었던 산섬토적군사령(山陝討賊軍司令) 겸 대본영참군(大本營參軍) 노효침(路孝忱)이었다는 보도도 있다.[162] 그렇다면 번종수가 취한 일련의 군사행동은 사전에 손문 측과의 공모로 이루어진 계획된 행동이었다고 할 수 있다.

이어 번종수는 손문의 명령에 따라 부대를 이끌고 광동으로 진입하여 진형명군을 구축함으로써 위기에 처한 국민정부를 구하는 데 큰 공을 세웠다.[163] 광주로 개선한 번종수는 1923년 12월 6일 손문이 개최한 환영연회에서 "여러 우군이 모두 협력하여 먼저 광주를 안정시키고 조속히 북벌을 단행, 조곤, 오패부를 멸망시켜 정식 통일정부를 수립해야 한다"고 지적하면서 자신이 "광주에 온 유일한 목적 또한 여기에 있다"[164]고 천명함으로써, 직예파에 반대한다는 입장을 분명히 밝혔다. 1924년 1월 중국국민당 제1차 전국대표대회에서 번종수가 채원배(蔡元培), 허숭지(許崇智) 등과 함께 5명의 중

---

161) 吳佩孚는 方本仁에게서 이 사실을 전해 듣고 團長, 援粵司令 등 번종수의 직함을 취소하였다. 이상 「豫匪竄擾中之要聞」, 『天津大公報』, 1923. 11. 17.

162) 「粵聞紀要」, 『天津大公報』, 1923. 11. 18; 「樊鍾秀贊助粵孫之經過」, 『天津大公報』, 1923. 11. 25.

163) 그의 활약에 대해서는 『廣州民國日報』, 1923. 11. 16; 『廣州民國日報』, 1923. 11. 20; 『廣州民國日報』, 1923. 12. 17; 『廣州民國日報』, 1923. 12. 19; 『廣州民國日報』, 1923. 12. 26; 『廣州民國日報』, 1923. 12. 29; 『申報』, 1923. 11. 20; 『申報』, 1923. 11. 30; 『申報』, 1923. 12. 1; 『申報』, 1923. 12. 7; 『申報』, 1923. 12. 23; 『申報』, 1923. 12. 26; 『中華民國史事日誌』 第1冊(1923. 11. 17) 등 참조.

164) 「孫中山大宴各軍將領」, 『天津大公報』, 1923. 12. 15. 또한 번종수 등에 대한 손문의 치하에 대해서는 「大元帥歡迎聯軍各將領宴會演說詞」, 『廣州民國日報』, 1923. 12. 10; 「大元帥嘉獎許樊」, 『廣州民國日報』, 1923. 12. 15 참조.

앙감찰위원회(中央監察委員會) 후보위원(候補委員)으로 임명된 것은 진형명군과의 전쟁에서 보여준 그의 공적에 대한 댓가라 할 수 있다.

그런데 번종수가 국민혁명에 참가하게 된 과정은 어쩌면 손문 개인이나그의 혁명노선에 대한 지지에서 비롯된 것으로 보일 수도 있지만, 더욱 실제적으로는 자신들의 고향 하남서부에서 쫓겨나 적절한 보급품을 지급받지 못한 채 약탈을 계속하다 군사적 압박이 강화되자 불가피하게 내린 선택일 수도 있다. 같은 시기 자신의 주선에 의해 정규군대로 개편된 노양인이 오패부에 대항하여 반란을 일으킨 것도 단순히 우연의 일치라기보다는 토비군대의취약한 입지에서 비롯된 공동운명으로 이해할 수 있다. 더욱이 다수 토비로구성된 번종수집단 모두가 그를 따라 한순간에 규율잡힌 '혁명군'으로 변모했다고 볼 수도 없었다. 따라서 광동 내에서의 군사작전 와중에서 그들은 여전히 약탈을 자행하는 등 토비로서의 옛 모습을 완전히 떨쳐버리지 못했다.[165] 특히 1924년 1월 소관(韶關)에서 발생한 번종수집단과 상인들과의 충돌은 성 전체의 상단과 부근 민단과의 대립으로 발전하기까지 하였다.[166]

이러한 지역주민과의 대립을 해결하기 위해서라도 군 보급문제는 그들에게 아주 중요한 문제였다고 할 수 있는데, 번종수는 1924년 1월 28일 손문에게 직접 군 보급문제 해결을 요구한 바 있었다.[167] 비록 매일 식비 2천4백원이 지급되기는 하였지만 오패부에 대한 반란 이후 수개월 동안 병사들에게 월급이 지급되지 않은 상황이었다. 게다가 이전 하남에 남아 있던 부하까지 남하하여 합류하기에 이르자, 1924년 3월 번종수는 군정부장(軍政部長)정잠(程潛)을 통해 재차 손문에게 추가 식비 1천원을 요구하였다.[168] 손문은

165) 『申報』, 1923. 11. 21; 『申報』, 1923. 11. 22.

166) 『申報』, 1924. 3. 12; 「給樊鍾秀的指令」(1924. 3. 17), 『大本營公報』 第8號 「指令」(『孫中山全集』 第9卷, 611면 수록).

167) 『申報』, 1924. 1. 30.

168) 「軍政部長程潛爲准豫軍增加軍費呈孫大元帥文」, 中國第二歷史檔案館全宗230號案卷106號 『大本營稿』(『河南文史資料』 第40輯, 109면 수록).

이미 별도의 경비를 지급했기 때문에 그의 요청을 잠시 보류하겠다고 하면서도 동시에 광동정부대본영재정위원회(廣東政府大本營財政委員會) 주석위원 섭공작(葉恭綽), 요중개(廖仲愷) 등에게 번종수 부대에 대한 미지급 상황을 조사하여 보고하도록 지시하였다.[169] 재정위원회는 재정곤란을 이유로 번종수의 요구를 일차 부결시켰지만, 손문은 1924년 7월 식비 미지급분 3만원과 추가분 1만원을 지급하라고 다시 지시하였고, 이에 대해 재정위원회는 염운사서(鹽運使署) 1만5천원, 재정국(財政局) 1만원, 재정청(財政廳) 1만원씩 분담하도록 하였다.[170] 계속되는 군비의 요구는 지역기반을 결여한 번종수집단의 궁색함을 잘 보여주고 있으며, 동시에 재정곤란에도 불구하고 이루어진 손문의 지원은 번종수집단에 대한 신뢰와 함께 다가올 북벌(北伐)에 대비하려는 손문의 군사적 고려에서 이루어진 것이었다.

1924년 9월 손문이 북벌을 개시하자 여타의 군대와 달리 유독 번종수집단만이 북진에 성공하여 광동, 강서, 호남, 호북을 거쳐 그해 12월 하남에 도착하였다.[171] 번종수의 북벌은 동북의 장작림(張作霖), 동남의 노영상(盧永祥)과 함께하는 반직삼각연맹(反直三角聯盟)의 군사행동의 일환이었다. 구체적으로는 호남, 호북, 강서, 안휘 등 4성의 교계지역을 종횡하면서 직예파 군대를 전선에 묶어둠으로써 산해관(山海關), 송강(松江) 등지에서 전쟁을

169) 「大元帥關于豫軍經費給發緩, 葉恭綽, 廖仲愷的兩个指令」, 『大本營稿』(『河南文史資料』 第40輯, 109~10면 수록).

170) 「大本營財政委員會公函第四四五號」, 「葉恭綽, 廖仲愷爲籌還舊缺樊鍾秀軍費呈大元帥文」, 『大本營稿』(『河南文史資料』 第40輯, 110~11면 수록); 「樊鍾秀豫備進攻」, 『廣州民國日報』, 1924. 5. 24.

171) 이상 번종수 부대의 北伐 과정에 대해서는 『申報』, 1924. 9. 6; 『申報』, 1924. 11. 19; 『申報』, 1924. 11. 24; 『申報』, 1924. 11. 28; 『申報』, 1924. 12. 1; 『申報』, 1924. 12. 6; 『申報』, 1924. 12. 9; 『申報』, 1924. 12. 19; 『廣州民國日報』, 1924. 9. 29; 『廣州民國日報』, 1924. 10. 4; 『廣州民國日報』, 1924. 10. 27; 『廣州民國日報』, 1924. 11. 4; 『廣州民國日報』, 1924. 11. 18; 『天津大公報』, 1924. 10. 12; 『天津大公報』, 10. 23; 『天津大公報』, 10. 24; 『新中州報』, 1924. 11. 17; 『新中州報』, 1924. 12. 13; 『新中州報』, 1924. 12. 27 등 참조.

하고 있던 장작림, 노영상 등을 측면 지원하였다. 이러한 측면에서 본다면 번종수집단의 북벌이 조곤, 오패부 등 직예파의 몰락에 공헌한 바가 없지 않다고 할 수 있다.[172]

북벌이 진행중이던 1924년 10월 손문은 토적정국군(討賊靖國軍)의 명칭을 건국군(建國軍)으로 바꾸어 송학경(宋鶴庚), 주배덕(朱培德), 노사체(盧師諦)를 건국북벌군중앙(建國北伐軍中央) 및 좌우익총지휘(左右翼總指揮)에, 번종수를 선견총지휘(先遣總指揮)에 각각 임명하였고,[173] 11월 다시 임응기를 건국예군총지휘(建國豫軍總指揮) 겸 제1사 사장(師長), 제2려(第二旅) 여장(旅長)에, 진청운을 건국예군제2사(建國豫軍第二師) 사장 겸 제3려(第三旅) 여장에 각각 임명하였다.[174] 1924년 12월에 번종수는 건국예군총사령(建國豫軍總司令)으로서 건국월군총사령(建國粵軍總司令) 허숭지 등과 함께 광동국민정부(廣東國民政府)의 중요인물로 부상하였고,[175] 동시에 건국예군이란 새로운 깃발을 내걸고 하남에 재차 등장하기에 이르렀다.

172) 「大局特角勢中之樊鍾秀近事」, 『天津大公報』, 1924. 12. 14.
173) 「討賊靖國軍更名爲建國軍令」(1924. 10. 16), 『大本營公報』 第29號 「命令」(『孫中山全集』 第11卷, 201면에서 재인용); 『中華民國史事日誌』(1924. 10. 13).
174) 「任命任應岐職務令」(1924. 11. 19); 「任命陳靑雲職務令」(1924. 11. 19), 『大本營公報』 第32號 「命令」(『孫中山全集』 第11卷, 343~44면에서 재인용).
175) 「給程潛等的訓令」(1924. 12. 12), 『大本營公報』 第35號(『孫中山全集』 第11卷, 487면에서 재인용).

2. 하남서부 근거지의 확보

하남에 등장한 건국예군의 새로운 모습은 다음 소개하는 통전과 포고문을 통해 살필 수 있다.

(1) 하남인은 (현재) 조곤, 오패부의 학정에 극도로 시달리는데 … (그것이) 조척 때보다 더욱 심하다. (조곤·오패부는) 직환전쟁(直皖戰爭), 직봉전쟁(直奉戰爭), 상악전쟁(湘鄂戰爭) 그리고 근자의 동남, 동북 전쟁(강절전쟁江浙戰爭과 2차 직봉전쟁—인용자) 과정에서 하남의 재화 모두를 수탈하여 전쟁에 사용하였고 하남인을 전쟁에 동원하였다. … (그 결과) 민은 토비가 아니라 병을 두려워하였고, 도적이 아니라 관의 수탈을 무서워하였으며 … 약자는 죽음으로 내몰리고 강자는 모험을 마다하지 않아 하남은 토비 세계로 변해버렸다. … (따라서 우리는) 민의 자위를 위해 부로를 규합하고 자제를 통솔하지 않을 수 없다. 11월 6일 의기(義旗)를 결연히 치켜들었으니 경한철로의 중심을 장악하고 오패부의 소굴을 쳐 역당의 지원을 단절시킬 것이고 또한 삼민주의를 바탕으로 하여 하남을 망하게 한 원한을 갚을 것이며, 시국의 문제가 해결되어 국시가 정해지면 무기를 버리고 농토로 돌아갈 것이다.[176]

(2) 본군(本軍)은 명령에 따라 북벌을 단행하였는데 이는 적을 토벌하여 민을 위무하고자 함이니 … 지방의 행복을 기원하며 향촌의 갈등이 해결되기를 바란다. 사민(四民)은 서로 침탈하지 말 것이며 기율을 엄정하게 할 것이다. 이르는 곳마다 공평하게 교역할 것이니 결코 소요하는 일이 없을 것이다. 만약 불법행위가 발생하면 본영(本營)에 보고하라. 그러면 법에 따라 엄히 다스릴 것이니 결코 정리(情理)에 구애받지 않겠다. 이유 없이 사건을 일으키는 자에 대하여는 즉시 체포하여 엄중 처벌할 것이다.[177]

---

176) 「河南境內竟發現了建國軍」, 『長沙大公報』, 1924. 11. 20.
177) 「樊軍由商城到潢川」, 『新中州報』, 1924. 12. 27.

첫번째 통전은 1924년 11월 초 섬주, 여주, 노산, 보풍, 이양(伊陽) 등 하남서부와 식현(息縣), 신양(信陽) 등 하남남부 일대를 장악한 임웅기가 하남건국군총지휘(河南建國軍總指揮)의 명의로 손문(孫文)·풍옥상 등에 보낸 통전이었다. 두 번째 통전은 12월 19일 하남남부에 진입한 번종수가 중앙직할예군토적군총사령(中央直轄豫軍討賊軍總司令)의 명의로 황천(潢川)에 붙인 포고문의 내용이다. 둘 다 건국예군의 대의와 군율을 천명함으로써 선언적으로는 이전 토비군대로서 번종수집단이 지녔던 부정적 인상을 상쇄할 만하였다.

그러나 전자의 경우 임웅기 이외에 이전 노양인과 함께 오패부군으로 개편되었다가 재차 토비군대가 되어 지역을 약탈하던 장득승이 제1사 사장의 신분으로 통전의 대표로 등장하고 있다는 사실이 주목된다. 이는 번종수, 임웅기 등이 이끄는 건국예군이 장득승 중심의 토비와 재차 결합하였음을 보여주고 있다. 따라서 이 건국예군들이 지역민에게 그들이 내세운 구호만큼 큰 신뢰를 주지 못했을 것임을 예상할 수 있을 텐데, 이는 두번째의 포고문에 대한 지역의 반응에서 엿볼 수 있다. 즉 지역수탈을 철저히 금하겠다는 포고문을 본 황천 현성 내의 주민 6, 70%는 오히려 불안에 떨며 현지사와 함께 도주해버렸던 것이다.[178] 하남남부 도착 직후 손문에게 보낸 번종수의 통전 가운데 "북벌 이후 식량과 군장비가 제대로 지급되지 않았고 병사가 부상을 당해도 치료할 약도 없는 형편이라"고 호소하는 대목에서 당시 건국예군이 처해 있던 열악한 상황을 짐작할 수 있다.[179]

북벌중에 벌어진 번종수 부대의 지역수탈[180]은 이렇게 보급이 곤란한 상황에서 취해진 불가피한 행동일 수도 있겠지만, 하남에 도착한 이상 이제 더

---

178) 「樊軍由商城到潢川」, 『新中州報』, 1924. 12. 27.
179) 「樊鍾秀光州致孫大元帥電」, 『晨報』, 1924. 12. 27; 「樊鍾秀忽又由贛西衝到河南」, 『長沙大公報』, 1925. 1. 5.
180) 『申報』, 1924. 11. 24.

욱 안정적인 조치가 필요했을 것이다. 그 가운데 하나는 물자 지원과 주둔지 설정 등 번종수 요구에 대해 손문이 제안한 번종수, 호경익(胡景翼)의 합작이었다.[181] 당시 호경익은 풍옥상의 북경정변 이후 장복래(張福來)를 대신하여 하남군무독판(河南軍務督辦)에 올라 하남의 군권을 장악한 상태였고, 이전 섬서에서 번종수와 함께 정국군을 지휘했던 경험이 있었기 때문에 양자의 합작은 실현될 가능성이 아주 높았다. 손문의 요구에 따른 것인지 불분명하지만 호경익은 1925년 2월 1일 당시 6천 규모였던 건국예군의 경비 부족 상태가 14개월 동안 지속되고 있음을 지적하면서 조속한 정규군대로의 개편을 북경정부에 요구하였고, 독판공서 군수처장(軍需處長) 두음정(杜蔭庭)을 통해 대양 5만원을 지급하였으며 별도로 건국예군에게 하남 서남부 15개 현의 세금을 군 경비로 충당할 수 있도록 하였다.[182]

이로써 번종수는 이전 남북을 전전하던 불안정한 상태를 청산하고, 적은 규모지만 일정한 세력기반을 갖춘 소군벌로 성장할 수 있는 여건을 마련하게 되었다. 게다가 1925년 2월 형양, 밀현(密縣), 겹현(郟縣) 등 하남서부 일대에서 발생한 호·감전쟁은 번종수의 세력을 확대시키는 좋은 계기를 마련해주었다. 1924년 말 하남에 도착할 당시 2천 정의 무기밖에 보유하지 못했던 번종수 부대는 1925년 9월까지 전쟁에서 패한 감옥곤 군대의 해산병과 무기 등을 확보하여[183] 표45에서 보여주는 바와 같이 총 4만명이 넘는 대규모 조직으로 성장하였다.

표를 통해 먼저 토비 출신이 다수 건국예군의 지휘관에 포함되어 있다는 사실과 함께 이 출신의 지역적 편중 경향을 확인할 수 있다. 소속 지휘관 가

181) 「樊鍾秀部已入豫耶」, 『晨報』, 1924. 12. 27; 「樊鍾秀忽由贛西衝到河南」, 『長沙大公報』, 1925. 1. 5.

182) 「胡景翼電請改編樊鍾秀部」, 『晨報』, 1925. 2. 5.

183) 胡·憨戰爭 시기 하남서부와 하남남부에서 보인 번종수의 활약상에 대해서는 「樊軍連占方城鎭平等地」, 『上海民國日報』, 1925. 3. 5; 『申報』, 1925. 3. 7; 『申報』, 1925. 4. 17 등 참조.

운데 적관을 확인할 수 있는 8명 중 무려 7명이 보풍현 대영진 출신으로, 번종수의 동향인이 건국예군의 핵심 요직을 독차지하였다. 그밖에 나머지 지휘관 또한 대부분 하남서부 출신이었을 것이다.[184] 따라서 건국예군이 총사령부를 겹현에, 행영사령부(行營司令部)를 보풍에, 후방사령부를 임영(臨潁)에 각각 설치하는 등 하남서부를 중심으로 주둔한 것도 자연스런 현상이었다.[185]

하지만 1925년 9월부터 표45 표 가운데 왕달산(王達山)의 예에서 지적되고 있듯이 건국예군은 하남북부로 주둔지를 옮기기 시작했다.[186] 비록 번종수가 하남서부, 남부에서 세력기반을 확보했다고는 하지만 1925년 4월 호경익가 사망함에 따라 하남 내에 확실한 후원자가 사라지게 되었고, 또 그뒤를 이어 하남독판에 임명된 악유준(岳維峻)과도 이전 호경익만큼의 긴밀한 관계를 유지할 수 없었다.[187] 악유준의 입장에서 보아도 자신의 통제를 받지 않는 건국예군을 타지로 이동시킬 필요도 있었다. 동시에 봉천파에 대항하여 호북에서 파견된 신정단호로사령(信鄭段護路司令) 구영걸군(寇英傑軍)이 정주와 신양 사이에 주둔하면서 건국예군과 대립하고 있었다. 이 호북군대가 건국예군과 협력하기를 거부한 것은 그들이 본래 토비군대이고 호·감전쟁 이후 다수의 해산병을 받아들여 지역을 약탈하였기 때문이었다.[188] 번종

---

184) 張顯明은 번종수의 또다른 부하 王茂齋(寶豊縣 大營鎭)·王太(臨汝 王寨鄕)·余自修(寶豊縣 石橋鎭)·安榮昌(魯山縣 梁洼鎭) 등을 소개하였는데 이들 역시 모두 하남서부 출신이었다(張顯明, 앞의 글 96~99면).

185) 「樊鍾秀實力之調査」, 『晨報』, 1925. 10. 25.

186) 『天津大公報』, 1925. 9. 12;「樊鍾秀部開抵晋境」, 『晨報』, 1925. 9. 12;『天津大公報』, 1925. 9. 28;『上海民國日報』, 1925. 9. 28;『申報』, 1925. 10. 6.

187) 한 예로 胡·憨戰爭 때 胡景翼이 보장했던 豫南鎭守使·豫西鎭守使 등의 직책도 그의 사후 취소되거나 타인이 차지함으로써 번종수의 불만이 가중되었다. 「樊軍連占方城鎭平等地」, 『上海民國日報』, 1925. 3. 5;「樊鍾秀力圖豫南說」, 『申報』, 1925. 7. 14.

188) 「寇英傑任新鄭護路司令」, 『申報』, 1925. 9. 28;「樊鍾秀陳師道淸鐵路」, 『申報』, 1925. 10. 6.

수가 산서의 염석산(閻錫山)을 몰아내고 더욱 확실한 자신의 근거지를 확보하려 했던 것은 이상의 사정에서 비롯되었다.[189]

그러나 번종수의 산서 진출시도는 실패하고 말았고,[190] 때마침 1926년 초 구영걸(寇英傑), 근운악(靳雲鶚)을 앞세운 오패부가 재차 하남을 장악하자 번종수는 하남서부를 무대로 다시 등장하였다. 비록 구영걸에게 부하 임응기가 투항하고,[191] 주변 장치공(張治公), 염왈인(閻曰仁) 등에 의해 압박을 받게 되자 번종수 스스로 건국예군 사령의 직에서 물러나 일시 소림사로 들어가는 등 우여곡절을 거치지만[192] 1926년 4월까지는 다시 세력을 회복하여 2만의 군대를 이끌고 하남서부의 양성(襄城), 노산, 등봉, 보풍, 겹현, 우현(禹縣) 등 6개 현성을 점령한 뒤 4월 20일 등봉에서 독립을 선포하였다. 이는 북벌 이후 지속적으로 차지하려 했던 하남서부라는 근거지를 악유준의 국민2군 (國民二軍) 몰락과 오패부의 등장이라는 정치·군사적 격변기를 이용하여 재차 확보한 것인데, 이제 번종수는 자신이 장악한 하남서부 9개 현의 행정, 재정과 일체의 사무를 성정부와 무관하게 독립적으로 처리하게 되었다.[193]

하남독판 구영걸의 건국예군 개편결정은 이러한 배경에서 추진되었다. 하남의 실권장악을 둘러싸고 근운악과 대항하고 있었던 구영걸은 임덕보(任德輔), 왕화보(王化甫), 요자유(姚子猷) 등을 파견하여 번종수의 하야, 3여(旅) 2단 규모로 군대개편, 월 경비 15만원 책정 등을 조건으로 협상을 진전시켰

---

189) 「晋陜問題之各方形勢」, 『天津大公報』, 1925. 9. 14.

190) 전쟁의 경과에 대해서는 『晨報』, 1925. 12. 12; 『晨報』, 1925. 12. 20; 『晨報』, 1925. 12. 28; 『申報』, 1925. 12. 13; 『申報』, 1925. 12. 27; 『申報』, 1925. 12. 29; 『長沙大公報』, 1925. 12. 21; 『長沙大公報』, 1925. 12. 25; 『長沙大公報』, 1925. 12. 23 등 참조

191) 「樊軍任部投歸寇英傑之原因」, 『長沙大公報』, 1925. 12. 23.

192) 『申報』, 1926. 3. 22; 『申報』, 126. 4. 9; 「樊鍾秀遁跡小林說」, 『申報』, 1926. 4. 25; 「樊鍾秀勢力蔓延」, 『申報』, 1926. 7. 2; 「樊鍾秀攻陷南陽」, 『長沙大公報』, 1926. 6. 27.

193) 「樊鍾秀獨立抗吳」, 『上海民國日報』, 1926. 6. 7; 「樊鍾秀在豫西獨立」, 『廣州民國日報』, 1926. 6. 19.

다. 하지만 건국예군의 주둔지 이전 문제와 지휘군관의 지위변동 등 핵심 사항에 대한 합의가 이루어지지 못한 상태에서[194] 정규군대로의 토비 개편에 반대한다는 오패부의 결정에 따라 협상은 무산되었다.[195] 개편 협상과정에서 건국예군에게 하남서부라는 근거지의 중요성과 함께 그들을 토비로 간주하는 오패부의 인식이 주목된다. 즉 오패부는 건국예군 역시 노양인의 전례에 따라 약탈을 계속하게 될 것을 우려하였고, 반대로 번종수 역시 군대로 개편된 이후 하남서부를 떠나 결국엔 오패부에 배반당한 노양인의 말로를 걱정했을 것이다. 각자의 이유가 무엇이든 결과적으로 개편협상에 실패한 구영걸로서는 이제 하남의 통일을 위해서라도 반드시 하남서부의 건국예군을 구축해야 했고, 반대로 번종수의 입장에서도 하남서부의 근거지를 보존 발전시키기 위해 다양한 조치들을 강구할 필요가 있었다.

3. 건국예군의 지역통치

다수의 토비로 구성된 건국예군이 지역의 약탈을 통해 필요한 물자를 조달했던 예, 환언하면 토비군대로서 비춰진 건국예군의 모습은 도처에서 확인된다.[196] 그러나 이러한 모습은 대개 하남중부, 호북, 하남남부, 하남북부

---

194) 「豫人反對靳雲鶚長豫」, 『申報』, 1926. 3. 25; 「樊鍾秀實力猶在」, 『上海民國日報』, 1926. 4. 29; 「豫軍進攻樊鍾秀」, 『晨報』, 1926. 6. 4; 「樊鍾秀獨立抗吳」, 『上海民國日報』, 1926. 6. 7; 「樊鍾秀軍事行動之原因後果」, 『上海民國日報』, 1926. 7. 20.

195) 「樊鍾秀軍事行動之原因後果」, 『上海民國日報』, 1926. 7. 20; 「豫軍進攻樊鍾秀」, 『晨報』, 1926. 6. 4.

196) 「樊部劫掠洛陽之眞相」, 『申報』, 1925. 3. 1(洛陽); 『申報』, 1925. 6. 29(許昌); 「寇英傑任新鄭護路司令」, 『申報』, 1925. 9. 28(湖北 접경); 「樊鍾秀部赴衛輝」, 『申報』, 1925. 9. 28(京漢鐵路); 「樊鍾秀殘部將回豫」, 『申報』, 1926. 1. 3(하남북부); 「吳令寇將樊部繳械」, 『申報』, 1926. 6. 3; 「樊鍾秀攻陷南陽之慘狀」, 『申報』, 1926. 7. 14(南陽). ( )는 약탈지역을 표시함.

등지에서 이루어지거나 구영걸 부대로 개편된 일부 건국예군에서 나타난 것으로 자신의 지역 기반인 하남서부에서의 약탈은 예외였던 것 같다. 오히려 번종수 등은 하남서부 토비에 대한 토벌활동에 적극적으로 나섬으로써 1925년 하남 독판 악유준은 북경정부에 그에 대한 포상을 건의하기까지 하였다.[197] 구체적으로 노산에서의 번종수는 토비토벌은 물론 현지 경제사정을 고려하여 군경비 징발을 금지시켰기 때문에 노산의 신사들은 그가 10여 년 동안 지속되던 농민의 고통을 없앴다고 칭송하였으며,[198] 당시 언론도 민국 성립 이래의 주둔군대 가운데 기율이 이보다 더 엄정할 수 없다고 높이 평가하였다.[199] 이러한 평가에는 건국예군의 긍정적 이미지를 부각시키려는 정치적 의도가 전혀 개입되지 않았다고는 할 수 없겠지만, 한편으로는 하남서부의 독립적인 근거지를 확보하려는 그들의 노력이 반영된 것이라 할 수 있다.

그렇다면 하남서부에서의 건국예군은 다른 지역에서와 같은 약탈방식이 아닌 다른 재정확보책이 필요했을 것이다. 현지사를 통한 일상적인 토지세 징수는 그 가운데 하나였다.[200] 특히 연 1백만원에 달하는 양성의 수입은 모두 건국예군의 군비로 충당되었다.[201] 또한 1926년 4월 번종수는 겹현, 양성, 여주 등지의 현금을 흡수하기 위해 보겹(寶郟) 은행을 설립하고 동원표(銅元票)를 발행하여, 1개월 동안 군비 수십만원을 확보하였다.[202] 또한 1926년 7월 남양까지 점령한 이후 양성, 겹현, 엽현(葉縣), 보풍, 임여, 등봉,

197) 「岳督電請執政府嘉獎樊鍾秀」, 『晨報』, 1925. 9. 24.

198) 「感謝建國軍總司令暨第三路趙司令功德」, 『申報』, 1925. 7. 24.

199) 「樊鍾秀軍事行動之原因後果」, 『上海民國日報』, 1926. 7. 20. 주둔지역의 우호적인 분위기에 대해서는 「樊鍾秀援助滬案」, 『上海民國日報』, 1925. 6. 21 참조.

200) 「樊鍾秀攻陷南陽」, 『長沙大公報』, 1926. 6. 27; 「樊鍾秀將攻鄂北」, 『上海民國日報』, 1926. 7. 2.

201) 「樊鍾秀兵力充足」, 『上海民國日報』, 1926. 6. 11.

202) 「樊鍾秀實力猶在」, 『上海民國日報』, 1926. 4. 29.

이양, 노산, 방성, 무양, 남소 등 하남서부 각 현의 상회에 대해 큰 현은 3, 4만원, 작은 현은 2, 3만원의 경비를 징발하였다.[203] 번종수는 이것으로 한 편으로는 공현(鞏縣)에서 무기를 직접 제조하고 허창(許昌)에서 다수의 무기를 구매하였으며, 다른 한편으로는 엽현의 동(銅)을 이용하여 5개월치의 실탄을 장만하였다.[204]

오패부, 구영걸의 공격으로부터 하남서부의 근거지를 유지·발전시켜야 했던 번종수로서는 이상과 같은 군비와 무기의 확충 이외에도 우수한 지휘관과 더 많은 병사를 확보할 필요가 있었다. 전자의 목적을 위해 1925년 10월 임영에 호안후원건국군군관학교(滬案後援建國軍軍官學校)를 건립하였다. 이것은 중등학교 이상 졸업생 가운데 5백명을 선발하여 9개월 동안 군사교육을 시켜 지휘관을 육성하려는 장기적인 계획에서 이루어졌다.[205] 번종수가 관련 서적 구매, 교관의 초빙, 신식무기 지급 등 전폭적인 지원을 아끼지 않았음은 물론이었다.[206]

다음 병력의 확충문제인데, 본래 다수 토비 출신으로 구성된 건국예군이 택할 수 있는 손쉬운 방법은 토비개편이었다. 특히 건국예군의 주둔지역 내에 위치한 보풍의 상주무(商酒務), 노산의 노파채(老婆寨) 등은 저명한 소굴로서 이전 토비 백랑, 노양인, 이명성(李明盛) 등의 거점이면서 일찍부터 다수의 무기가 산재한 지역이기도 했다. 이 지역들의 토비는 과거부터 친분을 갖고 있었던 번종수의 호소에 따라 쉽게 결합하였고, 하남동부 주구(周口), 서화의 저명한 토비 사만정(史萬程), 왕준경(王俊卿), 황노삼(黃老三) 등까지

203) 「鄂豫會剿樊鍾秀之近訊」, 『長沙大公報』, 1926. 7. 11; 「樊鍾秀勢力蔓延」, 『申報』, 1927. 7. 2.
204) 「樊鍾秀實力猶在」, 『上海民國日報』, 1926. 4. 29; 「樊鍾秀積極備戰」, 『上海民國日報』, 1926. 6. 10; 「樊鍾秀兵力充足」, 『上海民國日報』, 1926. 6. 11.
205) 「樊鍾秀在臨潁創辦軍官學校」, 『晨報』, 1925. 10. 15; 「樊鍾秀實力之調查」, 『晨報』, 1925. 10. 25; 「建國軍軍官學校課目」, 『新中州報』, 1925. 11. 19.
206) 「建國軍軍官學校近況」, 『新中州報』, 1926. 2. 5.

도 번종수와 결합하였다.[207] 그밖에 남양토비 최헌장(崔憲章)와 사기진(社旗鎭)의 저명한 토비 양홍영(梁洪英) 등은 각각 1천명의 무리를 이끌고 번종화(樊鍾華)에 투항하여 건국예군.단장에 임명되었다.[208] 번종수는 투항한 토비 두목에게 단장과 같은 지위를 보장해줌과 동시에 무기를 소유한 일반토비에게는 1인당 두 달치 월급 40원을 선불로 지급하였다.[209] 건국예군의 구성이 이렇다 보니 전투에서 실패하거나 다른 곤경에 처할 경우 병사들은 쉽게 다시 토비가 되었다.[210]

토비 이외에 홍창회 또한 건국예군의 결합대상이었다. 1926년 4월 독립선언 이후에만 건국예군은 3만의 홍창회 회원을 받아들였다.[211] 특히 남양에 주둔한 건국예군과 그들을 토벌하기 위해 파견된 장치공 부대 양측 모두 홍창회와 관계를 맺고 있었기 때문에 서로 만나도 싸우려 하지 않았다.[212] 홍창회에 이렇듯 건국예군이 주의를 기울인 것은 물론 그들의 무장할거 역량 때문이었다. 1926년 6월 경한철로 진출에 실패한 번종수가 겹현, 보풍, 노산, 이양 등지의 민단개편을 통해 새로운 군대를 확충한 것도 동일한 이유에서 비롯된 것이었다.[213] 여기서 민단은 아마도 홍창회와 비슷한 성격을 지닌 조직을 가리킬 것 같은데, 어쨌든 정상적인 상황에서는 서로 화합할 수

---

207)「樊鍾秀討吳之盛勢」,『上海民國日報』, 1926. 7. 22.

208)「豫西匪亂與水災」,『申報』, 1926. 7. 23. 또한 建國豫軍의 토비개편 예에 대해서는『申報』, 1925. 9. 9;「樊鍾秀遁跡小林說」,『申報』, 1926. 4. 25;「王爲蔚部加入戰線作戰─吳佩孚於反攻外尙須兼顧剿匪」,『晨報』, 1926. 8. 13;「豫當局討樊計劃」,『晨報』, 1926. 8. 14;「鄭州會議決定五路進攻」,『晨報』, 1926. 10. 9;「樊鍾秀勾匪大擾各縣」,『天津大公報』, 1926. 10. 9 등 참조.

209)「豫省功樊軍訊」,『申報』, 1926. 7. 23.

210)「豫省功樊軍訊」,『申報』, 1926. 7. 23.

211)「鄂豫會剿樊鍾秀之近訊」,『長沙大公報』, 1926. 7. 11.

212)「樊鍾秀仍負隅南陽」,『長沙大公報』, 1926. 7. 9. 이밖에 建國豫軍과 홍창회의 결합관계에 대해서는「樊鍾秀勢力蔓延」,『申報』, 1926. 7. 2 참조

213)「豫省功樊軍訊」,『申報』, 1926. 7. 23.

없는 토비·홍창회(혹은 민단) 등이 건국예군이란 기치 아래 한데 결합하는 특이한 상황이 연출되었다.

그렇다면 이렇듯 군벌·토비·홍창회 삼자가 결합한 특이현상이 가능했던 요인은 무엇인가. 그것은 우선 이들을 결합시킨 번종수의 주체적 노력에서 찾아야 할 것이다. 번종수의 오패부 반대투쟁은 이와 관련하여 주목을 끄는데, 이것은 일단 번종수가 유지하려 한 '혁명군'의 명분에서 설명될 수 있다. 앞서 살핀 바 있는 손문에 대한 지원과 북벌에의 참여, 5·30운동과 사기참안(沙基慘案) 등에 대한 적극적 지원,[214] 건국예군의 명칭 고집 등은 이러한 사실을 분명히 드러내준다.

국민혁명운동이 발전하던 1926년 여름 번종수는 혁명적 대의와 군사전술적 고려에서 「오패부성토포고(吳佩孚聲討布告)」를 발표하였다. 거기에 나타난 오패부 죄상은 전쟁의 폐해, 홍창회 개편 약속의 파기, 군대로의 토비개편, 아편재배, 지폐남발에 따른 경제파탄, 가혹한 징세, 군대의 증가 등 열한 가지였다.[215] 이 가운데 홍창회 문제를 좀더 구체적으로 살펴보면 다음과 같다. 1926년 봄 오패부가 하남으로 진입할 때 홍창회 회수 가운데 7백여 명 이상을 군대의 여장(旅長)으로 임명할 것이라 하여 그들의 군대개편을 약속하였지만, 국민2군과의 전투에서 승리한 이후 그들을 해산하고 무기를 몰수하였으며 대항하면 몰살시켰다. 구체적으로 하남남부와 하남동부 일대의 홍창회가 조직된 촌장 1천여 곳을 파괴하고 홍창회 회원 3만여 명을 살해하였으며 하남서부도 그 이상의 피해를 입혔다. 이러한 상황에서 오패부 부하 구영걸, 장치공 등에 의해 포위공격을 받고 있었던 번종수는 오패부 반대투쟁의 선봉에 있었던 각지의 홍창회를 쉽게 유인할 수 있었다.

---

214) 5·30운동 등에 대한 번종수의 적극적인 지원에 대해서는 『上海民國日報』, 1925. 6. 13; 『上海民國日報』, 1925. 6. 11; 『上海民國日報』, 1925. 6. 12; 『上海民國日報』, 1925. 6. 21; 『上海民國日報』, 1925. 6. 22; 『申報』, 1925. 7. 9; 『申報』, 1925. 7. 24 등 참조.
215) 「樊鍾秀部聲討吳佩孚布告」, 『上海民國日報』, 1926. 7. 4.

그러나 오패부의 죄상을 폭로하여 그를 반대한다는 소극적 태도만으로는 일반대중을 오패부 반대투쟁에 효과적으로 동원할 수는 없었다. 이때 번종수가 내세운 것은 자신들의 지역적 연고성을 강조하여 다른 군벌과 차별성을 부각시키는 이른바 "하남인에 의한 하남통치 [예인치예(豫人治豫)]"라는 정치적 주장이었다. 이미 살펴보았듯이 "예인치예"의 주장은 1920년대 초반 하남의 정치혼란 와중에서 독군, 성장의 교체, 객군(客軍)의 수탈, 하남의 전쟁개입 등의 문제를 해결하는 방법 가운데 하나로서 등장한 정치구호였다. 이 주장은 1925년 우현사건(禹縣事件) 이후 하남 성의회가 단기서에게 민선 성장에 의한 자위, 자치를 요구함으로써 다시 주목받기 시작하였고,[216] 1926년 악유준이 오패부와 대립할 때 전쟁승리 이후 민정, 군정의 책임자를 교체하여 "예인치예"를 실시하겠다고 약속함으로써 그 실현가능성을 더욱 높였다.[217] 그러나 오패부의 재등장과 함께 이 약속은 무위로 돌아갔으며, 1926년 6월 그가 근운악의 후임에 산동성장 웅병기(熊炳琦)를 성장으로 임명하려 할 때 각계는 "예인치예"를 주장하며 반발하였다. 여기서 "예인치예"란 "하남인이 하남의 관리가 되고 하남인이 하남 군인이 되면 하남의 재산으로 하남의 쓰임에 충당한다"는 것을 의미하였다.[218]

번종수의 "예인치예" 주장은 이러한 정치적 상황에서 등장하였다. 그는 먼저 당시의 하남상황에 대해 "민정, 재정은 타인의 지배를 받고 교육, 실업은 타인에 의해 파괴되며, 가정, 생명은 타인에게 유린당하고, 선량한 부녀자는 능욕당하여 지방의 원기는 쇠잔해졌으니" 그 결과 성이 망하게 되는 상황에 이르렀다고 주장하였다. 여기서 '타인'이란 구체적으로 오패부, 구영걸, 근운악, 웅병기 등과 같은 외지사람을 지칭하였다. 그가 천진에 있던 장

216) 「禹州變亂之續聞」, 『時報』, 1925. 2. 12.
217) 「樊鍾秀聲討吳佩孚布告」, 『上海民國日報』, 1926. 7. 4.
218) 「寇英傑解散紅槍會之因果」, 『新申報』, 1926. 7. 28(『紅槍會資料選編』, 145면에서 재인용).

방(張鈁)의 하남 귀환을 요청하면서 "하남인은 하남인을 공격하지 않는다" "이후 하남은 하남인의 하남이다" 등의 구호를 내세운 것도 같은 맥락에서 이해할 수 있다.[219] 결국 번종수는 하남 패망의 책임을 오패부에게 돌리면서 그를 구축하고 "예인치예", 즉 자신이 중심이 된 자치를 실현하고자 했던 것이다.[220]

비록 번종수는 자치실현 이후 군정, 민정을 타인에 맡기고 자신은 귀향할 것이라 천명하였지만,[221] 이미 악유준을 이어 독군의 지위에 오를 것이라 예상될 만큼 성장한[222] 번종수가 "예인치예" 주장을 이용하여 오패부 반대투쟁에서 승리한 뒤 약속대로 하남의 실권을 순순히 남에게 이양할 것이라 믿을 사람은 많지 않았을 것이다. 하지만 "예인치예"라는 지역감정에 근거한 소박한 정치구호는 한때 오패부에 협력했다가 배반당한 홍창회를 번종수 편으로 움직이게 하는 실제적 효력을 지녔다고 할 수 있다. 이미 홍창회는 악유준과의 갈등을 통해 하남과 섬서 사이의 대립적인 지역감정을 드러낸 바 있었고, 그 가운데 일부는 번종수와 연합하여 "예인치예"를 주장하기도 하였다.[223] 홍창회 이외에 일반 하남인들 역시 번종수와 그의 주장에 대해 크게 호응함에 따라 "가장 주의해야 할 것은 예인치예의 주장이 성 전체에 퍼지게 되어 무릇 하남인이라면 외지인의 하남통치에 반대하는 사상을 갖게

---

219) 이밖에 張鈁의 귀환요청은 그가 과거의 인연을 통해 任應岐, 李鎭亞, 張治公 등 軍閥과 紅槍會 民團 등을 장악할 수 있을 것이라는 기대감 때문에 이루어졌다. 「澤湘八月二日關于河南軍運工作報告」(1926. 8. 2), 中央黨檔案河南省檔案館, 『河南革命歷史文件彙集 (1925~1927)』(河南人民出版社 1984) 9~11면.

220) 「樊鍾秀部忠告豫人電」, 『上海民國日報』, 1926. 7. 14; 「樊鍾秀聲勢甚盛」, 『上海民國日報』, 1926. 8. 20.

221) 「樊鍾秀部忠告豫人電」, 『上海民國日報』, 1926. 7. 14.

222) 「樊鍾秀聲勢甚盛」, 『上海民國日報』, 1926. 8. 20.

223) 「寇英傑解散紅槍會之因果」, 『新申報』, 1926. 7. 28(『紅槍會資料選編』, 145면에서 재인용); 「澤湘八月二日關于河南軍運工作報告」(1926. 8. 2), 『河南革命歷史文件彙集(1925~1927)』 9면.

되었다는 사실"이라고 지적되었다.[224]

그런데 1926년 여름 이후 북벌의 진행과 그에 따른 국민혁명의 진전이라는 상황변화에 따라 번종수는 하남인들에게 "예인치예"와 함께 그 이상의 이념적 방향성을 제시할 필요가 있었다. 예컨대 1926년 8월 번종수는 남양군민동학회(南陽軍民同學會)에서의 연설을 통해 자신은 1924년 광동에서 처음 삼민주의를 접한 이후 부하들과 함께 그를 추종해오고 있다고 하면서 장개석(蔣介石)을 '삼민주의의 충복'으로 설명하였고 오패부조차 삼민주의를 진심으로 받아들일 경우 좋은 친구가 될 수 있을 것이라 주장하였다.[225] 따라서 번종수는 1926년 8월 15일 건국예군총사령부(建國豫軍總司令部) 포고를 통해 건국예군의 목적이 "예인치예" 이외에 각지의 정의로운 군대와 연합하여 국난을 바로잡는 것이라 천명하였다.[226] 여기서 '정의로운 군대'란 물론 북벌군을 지칭하는 것이었다. 그렇다면 삼민주의라는 동일한 이념을 기반으로 한 북벌군과 건국예군 양자의 결합이 이루어질 수 있었는데, 다음 소개하는 전문은 양자의 관계를 잘 나타낸다.

민국이 성립된 지 15년이 되었지만 민중의 고통은 줄지 않았다. 그 원인은 오로지 제국주의와 중국군벌의 폐해 때문이다. … 나는 평소 총리의 신도로서 1924년 북벌 때 부족하지만 선봉에 서서 중국군벌과 제국주의와 장기간의 투쟁을 전개하였다. … 장(蔣) 총사령이 장사에 도착할 즈음, 경한철로로 출병하여 오패부의 퇴로를 차단하려 하였다. 당시 오패부군은 15만 이상의 군대로써 남양, 신야, 등현, 노씨, 보풍 일대에 걸쳐 있는 나의 근거지를 공격하고 있었지만, 나는 출병의 필요성을 인정하여 경무장한 군대 2만을 파견하여 적의 배후를 포위하여 무승관(武勝關)에 이르렀다. … (적은) 신양, 탑하(漯河) 역시 지키지 못할 것이니 곧 함락될 것이다.[227]

---

224) 「樊軍占領許昌」, 『上海民國日報』, 1926. 8. 22.

225) 「南陽軍民同樂會─樊鍾秀懇切陳辭」, 『上海民國日報』, 1926. 8. 25.

226) 「樊軍招募宣講員」, 『上海民國日報』, 1926. 8. 23.

번종수가 중국국민당(中國國民黨) 한구특별시당부(漢口特別市黨部)에 보내는 위의 전문을 통해 북벌에 호응하여 구체적인 후방 군사작전을 전개하였다는 사실과 함께 '제국주의(帝國主義)' '군벌(軍閥)' 등의 표현을 통해서 상징적으로 드러나듯 번종수와 건국예군이 국민혁명에 적극적으로 참여하려 하였음을 확인할 수 있다. 사실 이전 번종수나 건국예군의 하남 내 행적 가운데 제국주의나 군벌에 반대하는 구체적 행동이나 선언적 주장을 찾아보기 힘들다. 이로써 더욱 강화된 양자간의 결합이 추진되었을 것인데 이를 담당한 자들은 합작을 위해 번종수와 직접 접촉한 웅본욱(熊本旭), 정요오(鄭曜午) 등 국민정부 파견원[228]이거나, 당시 건국예군과 결합하여 '적화'를 선전한다고 지적되었던 하남 출신 광주농민운동강습소(廣州農民運動講習所) 학생이었을 것이다.[229]

그러나 번종수는 공산주의에 반대하고 장개석 역시 '삼민주의의 충복'이지 절대 '공산주의의 신도'가 아니라고 주장하면서 '적화'와 관련된 보도를 부정하였다.[230] 공산당 역시 1926년 10월 당시 번종수가 다소 영웅적 색채를 띠고 손문을 숭배한다고 하지만 그 주변에 진보적인 인사의 지원이 없기 때문에 국민당 좌파로 끌어들일 수 없다고 평가하고 있다.[231] 따라서 번종수의 '적화' 여부에 대해서는 속단할 수 없다. 하지만 사실 여부와 관계없이 북벌 이후 건국예군과 국민혁명 세력 간의 한층 강화된 결합 자체는 부정할 수 없을 것 같다.

또한 1926년 8월 건국예군은 전문학교 혹은 중학교 졸업생으로서 혁명지식을 갖추고 건국예군의 종지에 절대 찬성하는 자 30명 정도를 전시선전

---

227) 「樊鍾秀覆中國國民黨漢口特別市黨部電」, 『長沙大公報』, 1926. 10. 6.

228) 「樊軍大敗寇軍之經過」, 『長沙大公報』, 1926. 8. 28.

229) 「豫陝軍訊」, 『申報』, 1926. 8. 18.

230) 「樊鍾秀在南陽軍民同學會上的講話」, 『上海民國日報』, 1926. 8. 25.

231) 「豫區關于軍運, 農運及國校工作的報告」(1926年 10月初), 『河南革命歷史文件彙集(1925~1927)』 21면.

원(戰時宣傳員)으로 모집하였다. 그 목적은 "적 토벌의 취지를 선전하고 오패부의 죄상을 폭로하여 건국예군이 (삼민)주의와 구국을 위해 전쟁을 수행한다는 사실을 민중에게 알리기 위함"이었다.[232] 그밖에 앞서 소개한 호안후원건국군군관학교의 교과 과목 가운데 '군사전술학' 이외에 '중국 근대사' '불평등조약 개요' '삼민주의' '건국대강' '군인정신 강화' 등이 포함되어 있다는 사실에서 미루어볼 때 교육의 목적이 단순한 지휘관 양성에 있는 것이 아니라 삼민주의를 이념적 지향으로 삼고 있음을 확인할 수 있다.[233] 여기서 성장한 군인들은 "사상이 신선하고 분투정신에 충만하다"고 높이 평가받았는데 그중에서도 요덕량(姚德梁), 호경존(胡競存), 장금(張淦), 양성황(梁醒黃), 하기휘(何其輝), 장익비(張弋飛), 왕소맹(王紹猛), 설진해(薛振海) 등 80여 명은 선전에 열중하여 큰 반향을 일으켰다.[234] 위의 '사상'이란 물론 삼민주의를 중심으로 한 혁명사상이었다.

이상 호안후원건국군군관학교 졸업생 혹은 전시선전원, 무한정부(武漢政府) 파견원 등을 이용한 선전과 기존의 군사적 활동을 결합한 방식은 이전 건국예군에서 찾아볼 수 없는 새로운 형태의 혁명전술이라 할 만하였다. 이로써 건국예군은 전투 때마다 지역민의 이익을 최우선으로 하여 "재물을 탐하지 않으며 죽음을 무릅쓰고 나라와 민중을 위한다"거나 '참된 정신'에 기반을 둠으로써 민중의 열렬한 환영을 받았다고 평가되었다.[235] 이러한 평가가 국민당 기관지인 『상해민국일보』의 것이란 점을 고려해보건대 약간의 과장이 없을 수는 없겠지만, 변화된 건국예군의 모습 역시 반영한 것임에는 틀림없다.

그러나 삼민주의로의 경사는 이념적으로 번종수의 기존 "예인치예" 주장

232) 「樊軍招募宣講員」, 『上海民國日報』, 1926. 8. 23.
233) 「建國軍軍官學校課目」, 『新中州報』, 1925. 11. 19.
234) 「吳佩孚無路可歸矣」, 『上海民國日報』, 1926. 8. 4.
235) 「吳佩孚無路可歸矣」, 『上海民國日報』, 1926. 8. 4.

과 대립할 수 있었다. 전국적 차원의 혁명 혹은 이후 성립될 새로운 중앙권력에 대한 종속성과 혁명과정 혹은 이전에 보여주었던 성차원의 자치적 경향성은 근본적으로 대립할 수밖에 없었다. 따라서 혁명세력과 건국예군의 합작은 삼민주의라는 전국적 혁명의 대의는 인정하지만 "예인치예"라는 지역적 요구가 충족되는 전제하에서 잠정적으로 이루어졌을 뿐이었다. 잠정적이기는 하지만 양자의 합작은 현실적으로 절실했다. 15만명이라는 대규모의 토벌군대가 건국예군을 포위공격하는 상황에서 번종수 등이 택할 수 있는 선택의 폭은 아주 좁았을 것이며, 국민혁명군의 입장에서도 북벌시기 오패부의 후방을 교란시켜줄 수 있는 건국예군은 충분한 가치를 지닌 존재였다.

건국예군의 존재의의는 무승관, 신양 등지를 공격하여 오패부 군대의 퇴로를 단절하는 것과 같은 직접적 군사행동 이외에도 오패부의 대규모 병력을 하남서부에 집결시켜 혁명군의 북벌을 용이하게 만들었다는 간접적인 효과에서도 찾을 수 있다. 하지만 어느 것이든 양자간의 잠정적·군사적 결합[236] 이상을 의미하는 것은 아니었다. 따라서 무한정부의 제2차 북벌의 성과, 즉 혁명의 과실인 하남의 권력을 풍옥상이 장악하자 실망한 번종수는 풍옥상 반대투쟁이라는 국민혁명 노선과 다른 '반혁명' 활동을 전개하였던 것이고, 같은 맥락에서 1930년에 그는 다시 풍옥상과 연합하여 장개석 반대전쟁에 참여했다가 전장에서 폭사당하여 파란만장한 생을 마감하였다.[237]

---

236) 건국예군과 혁명세력의 군사적 결합에 대해서는 『天津大公報』, 1926. 9. 9; 『天津大公報』, 1926. 9. 24; 『天津大公報』, 1926. 10. 9; 『天津大公報』, 1926. 11. 15; 『上海民國日報』, 1926. 9. 23; 『上海民國日報』, 1926. 9. 25; 『上海民國日報』, 1926. 10. 2; 『上海民國日報』, 1926. 10. 5; 『上海民國日報』, 1926. 12. 18; 『申報』, 1926. 9. 24; 『申報』, 1926. 10. 28; 『申報』, 1926. 11. 20; 『晨報』, 1926. 9. 25; 『晨報』, 1926. 9. 29; 『晨報』, 1926. 10. 10; 『晨報』, 1926. 11. 17; 『長沙大公報』, 1926. 10. 7; 『長沙大公報』, 1926. 10. 9 참조.

237) 樊鍾秀의 反馮, 反蔣活動과 그 죽음에 대해서는 『晨報』, 1928. 4. 24; 『晨報』, 1928. 4. 25; 『晨報』, 1928. 4. 28; 『晨報』, 1928. 4. 29; 『晨報』, 1928. 5. 3; 『晨報』, 1928. 5. 4; 『晨報』, 1928. 5. 5; 『晨報』, 1928. 5. 8; 『上海民國日報』, 1930. 3. 23; 『上海民國日報』,

이상 토비→정국군→조척군대→오패부 군대→노양인과의 결합→'반혁명(反革命)' 진압군→광동정부 참가→건국예군→북벌군→호경익과의 결합→오패부 반대투쟁→국민혁명군과의 결합→풍옥상 반대투쟁→장개석 반대투쟁 등 번종수가 보여준 일련의 행적에는 어떠한 일관성도 없어 보인다. 부연하면 토비와 자위집단 홍창회가 건국예군의 아래 결합하거나, 토비 출신으로 구성된 번종수집단이 토비 토벌활동을 전개하기도 하고, '반혁명' 진압군이 '혁명군'으로 개선하였으며, 이 '혁명군' 지역을 수탈하다가 다시 '반혁명' 진영에 참여하는 등 반전을 거듭하였다.

그러나 이런 변화 가운데에서도 일관된 부분도 없지 않은데 그것은 번종수가 중앙군벌과 지역주민 사이의 중간에서 자신의 지위를 유지·발전시켜야 한다는 한계 속에서 끊임없이 하남서부를 기반으로 한 군사적 독립근거지를 추구했다는 점이다. 번종수를 포함한 건국예군의 지휘관은 물론 일반 병사들 대부분 하남서부 출신이었으며, 그들이 정치·군사적으로 발전할 수 있도록 하고, 또 실패했을 경우 재기할 수 있는 바탕을 제공한 곳도 다름 아닌 하남서부였다.

따라서 토비군대의 성격이 강했던 건국예군이었지만 하남서부 내에서의 수탈에는 신중하였고, 기존과는 다른 방식을 통해 지역통치의 정당성을 확보하려고 노력했다. "예인치예"란 그러한 의미에서 지역의 지지를 이끌어낼 수 있는 좋은 구호였다. 객군의 주둔과 수탈, 그리고 대군벌간의 전쟁편입에 따른 폐해 때문에 하남인들은 더욱 "예인치예"라는 소박한 정치주장을 따르게 되었고, 그를 내세운 번종수의 군사적 통치 역시 용인하였다.

한편 번종수는 북벌의 진전에 따라 국민혁명에 참여하기는 하였지만, 건국예군이나 그와 함께하는 토비·홍창회 등이 국민당이나 공산당의 정치주장에 전적으로 공감했다고 볼 수 있는 증거는 없다. 오히려 전국적 국민혁명

1930. 5. 27; 『上海民國日報』, 1930. 5. 30; 『上海民國日報』, 1930. 6. 4; 『上海民國日報』, 1930. 6. 5; 『上海民國日報』, 1930. 6. 8; 『上海民國日報』, 1930. 6. 9 등 참조.

의 진전에 따라 근거지 내의 자치에 안주할 수 없는 상태에서 오패부의 군사적 압박을 받고 있었던 번종수는 혁명세력과 결합해야 했다. 그렇다면 건국예군과 혁명군의 결합은 "예인치예", 즉 번종수 자신의 권력장악을 위한 잠정적인 것에 불과했다고 할 수 있다.

이렇듯 '혁명'·'반혁명', 토비·토벌군, 군대·토비, 토비·홍창회, 홍창회·군대 등이 혼재하거나 혹은 둘 사이의 경계가 모호하며, 거기에 더하여 지역적 이해를 중심으로 각 정치세력이 연합·갈등·전환하는 1920년대의 하남사회를 토비 세계라 규정해본다면 번종수와 건국예군을 중심으로 그 실체적 모습을 확인해볼 수 있었다. 결국 번종수의 오패부 반대노선과 "예인치예"의 주장, 국민혁명군과의 군사적 결합, 그리고 이들에 대한 하남서부인의 호응 등은 상호이질적인 군벌·토비·홍창회를 하나로 결집시켰다. 이렇게 성립된 번종수의 하남서부 독립 근거지는 군벌혼전의 정치적 공백 속에서 유지될 수 있었지만, 국민혁명의 결과 새로운 성격의 중앙정부가 등장함에 따라 독자적 체제를 유지하지 못하고 바로 붕괴되고 말았다. 하지만 번종수와 건국예군은 중앙군벌의 영향력에서 벗어나 하남서부를 기반으로 한 자율적 공간을 확보함으로써 1920년대 군벌 혼전시기의 시대적 특성을 여실히 보여주었다고 할 수 있을 것이다.

V. 홍창회와 국민혁명

1. 공산당의 홍창회 동원전략의 변화

'홍창회노선(紅槍會路線)'에서 '창회노선(槍會路線)'으로

국민혁명 시기 화북 농촌에 있어서 뚜렷한 대중조직을 확보하지 못한 국민당과 공산당에게 강력한 반군벌 무장세력으로 성장한 홍창회는 혁명을 위한 중요한 동원대상으로 비춰졌음에 틀림없었고, 그 성공 여부에 따라 북방의 국민혁명은 크게 영향을 받을 수 있었다. 그렇다면 홍창회를 중심으로 하는 전통적 농민운동과 국민당과 공산당 등이 주도하는 근대적 혁명운동 양자 사이의 관계는 어떠했는가. 이하에서는 국공합작하에 이루어진 홍창회 동원과정을 우선 공산당의 홍창회 인식과 실천과정을 분리하여 검토하면서 홍창회의 눈에 국민혁명이 어떻게 비춰졌는지 살펴보고자 한다. 먼저 공산당의 홍창회 인식문제를 다룰 텐데, 1926년 7월 공산당 중앙의 「대우홍창회운동결의안(對于紅槍會運動決議案)」(이하 「결의안」으로 약칭),[238] 1927년 9월 24일 공산당 하남성위의 「하남성위보고(河南省委報告)」(이하 「보고」로 약

---

[238] 「對于紅槍會運動決議案」, 中共中央檔案館 編 『中共中央文件選集』 第2冊(中共中央黨校出版社 1983) 149~51면.

칭)[239] 양자를 비교하는 방식을 취할 것이다.

공산당은 1926년 7월 12일부터 18일까지 상해에서 개최된 제3차 중앙확대집행위원회에서 「결의안」을 채택하였다. 「결의안」은 당시 활발한 반군벌 투쟁을 전개하던 홍창회에 대한 공산당의 전면적 대응이라는 측면 이외에도 홍창회와 같은 비밀결사에 대한 새로운 평가를 반영하고 있다는 의미에서 중요한 의의를 지닌다. 또한 이하 「결의안」의 형성과정에 대한 추적에서 드러나겠지만 홍창회에 대한 공산당의 인식과 대책 그리고 구체적 조직활동과의 상호침투 관계를 고려한다면 그 의미는 더욱 크다고 하겠다. 이 「결의안」이 채택되고 실천에 옮겨진 지 1년 만인 1927년 9월 4일 공산당 하남성위는 「보고」를 내놓게 된다. 물론 공산당 특히 홍창회의 활동이 가장 활발하였던 하남의 공산당이 채택한 대응책은 여기에만 국한된 것은 아니었다. 하지만 국공분열과 국공합작기의 홍창회 조직활동을 총결산했다는 의미에서 「보고」는 중요한 의미를 지닌다. 그렇다면 먼저 양자에 나타난 홍창회 인식 그리고 대책은 어떠했는지 두 텍스트의 내용을 구체적으로 검토해보기로 하자.

먼저 가장 눈에 띄는 것은 용어의 차이이다. 「결의안」은 화북 각지에서 "도창불입"의 주술을 신봉하면서 토비·군벌에 반대하는 지역 자위조직을 홍창회로 칭하고 있다. 하지만 「보고」에는 동일 조직에 대해 창회라는 명칭을 사용한다. 언제부터 또 왜 이러한 명칭의 변화가 발생하게 되었는지 불분명하다. 하지만 적어도 공산당은 1927년 8월 30일의 「하남농운보고─대창회운동지분석(河南農運報告─對槍會運動之分析)」[240] 이후에는 창회 또는 창회운동이란 용어를 주로 사용하였다. 이미 밝혔듯이 홍창회로 대표되는

---

239) 「河南省委報告」─關于目前政治狀況, 黨內工作情形及槍會問題決議」(1927. 9. 4), 中央檔案館河南省檔案館 『河南革命歷史文件彙集(省委文件: 1925~1927)』(河南人民出版社 1984) 87면.

240) 「河南農運報告─對槍會運動之分析」, 中央檔案館河南省檔案館 『河南革命歷史文件彙集(省委文件: 1925~1927)』(河南人民出版社 1984) 78면.

자위조직 가운데에는 '홍창회' 이외에도 창끝에 묶은 술의 색깔 차이나 다루는 무기에 따라 다양한 명칭이 존재하였다. 게다가 홍창회운동의 발전에 따라 1927년이 되면 더욱 다양한 분파가 생겨나고 그 분파성이 강화되어갔다. 앞서 살펴보았듯이 1926년부터 1927년까지 발생했던 하북 자현의 '홍창회', 황사회(黃沙會), 천문회 삼자간의 갈등은 '이교(異教) 사이의 충돌'이라 보도될 정도였다.[241] 공산당 하남성위 역시 1927년 9월 홍창회 내부 대립의 심각성을 염두에 두면서 "창회(槍會) 사이의 대립 금지"를 천명했다(「보고」). 이러한 상황에서 공산당은 더이상 '홍창회'라는 개별조직 명칭을 고집하기보다는 창회라는 포괄적 명칭을 사용했던 것이다. 그렇다면 창회라는 명칭은 1927년이라는 변화된 정국에서 기존 홍창회에 대한 새로운 인식의 한 표현으로 이해할 수 있을 것 같다.

홍창회의 발생원인에 대하여 「결의안」은 다음과 같이 규정하였다. "홍창회란 군벌통치의 산물로서 일반 중·소농민이 탐관오리의 수탈과 가연가세 (苛捐苛稅)의 징수, 군벌전쟁의 파괴, 토비, 패잔병의 소요, 제국주의 경제 침략에 따른 파산, 토호열신의 유린 등을 참지 못하여 조직한 원시 자위조직"이라고 규정하였다(「결의안」, 149~50면). 「보고」 또한 "홍창회는 봉건 군벌통치의 산물로서 농민이 정치·경제적으로 엄중한 압박을 받았기 때문에 일으킨 원시 자위조직이다"(「보고」, 87면)라 하여 큰 차이를 보이지 않는다. 반군벌 투쟁조직으로서의 홍창회를 강조하는 「결의안」의 태도는 공산당이 전국 농민운동의 고양에 대한 예로써 사천, 섬서, 하북의 항조(抗租)·항연 운동, 광동, 호남의 농민협회운동과 함께 하남, 산동의 홍창회운동 등을 거론하였고, 농민의 국민혁명전선 참가와 그 실제적 작용의 예로써 광동 국민정부의 승리와 함께 홍창회에 의한 하남 국민2군의 구축을 근거로 삼고 있다[242]는 사실에서도 확인할 수 있다. 그러나 양자는 공히 홍창회 성립의 외적 요인만

241) 王鏡銘「磁縣紅槍會, 黃沙會, 天門會一年來歷史」(5), 『晨報』, 1928. 4. 12.
242) 「農民運動決議案」, 『中共中央文件選集』 第2册(1926), 1983, 142면.

을 지적할 뿐 민단과 같은 다른 자위조직과 명확히 구별시키는 "도창불입"의 미신이나 주술전수자인 노사 등과 같은 종교 비밀결사적 특성에 대해서는 그다지 주목하고 있지 않다. 아니면 애써 무시하려는 것일지도 모른다. 하지만 계속 강조해왔지만 이것은 홍창회의 성격을 규정짓는 중요한 부분이라 할 수 있다.

홍창회의 주도권 문제는 조직의 성격과 관계된 중요한 문제라 할 수 있다. 「결의안」은 "(홍창회) 조직의 발전 이후 일부 유민들이 (조직) 내로 섞여들어 오고 혹 지역에 따라 (운동의) 주도권을 토호열신이 장악하기도 하지만 절대 (홍창회를) 토비의 조직이라 할 수 없고 … (오히려) 진정한 민중의 무장이다"(「결의안」, 150면)라고 강조하였다. 그러나 「보고」에 따르면 "홍창회의 조직은 광대한 중농·빈농 군중을 포함하고 있지만 천문회를 제외하고 토호열신이 주도권 대부분을 장악하고 있다"고 하면서 그 원인으로 "① 계급의 미분화, ② 호신(豪紳)의 농민 복종 강요 등 이외에, ③ 빈농의 곤란한 경제 사정을 이용하여 호신이 홍창회의 각종 비용을 대신 납부하여 매수하였기"(「보고」, 87면) 때문이라고 진단하였다. 더구나 홍창회가 "겉으로 '가연잡세 반대' '패잔병·토비 저항' 등 일반농민의 이익을 대변하는 구호를 제출하지만 실제로는 부유한 지주의 이익을 대표하고 있다. 왜냐하면 잡연(雜捐)·토비군대와 빈농은 직접적인 관계가 없기 때문"(「보고」, 87면)이라 하여 홍창회를 '토호열신'의 출세도구로 보았다.

양자의 분명한 차이가 드러나는 대목이다. 이미 살펴보았듯이 국민혁명기 '토호열신'은 지주, 토지 문제와 관련된 '반혁명'적 존재를 가리키는 정치적 존재였다. 홍창회가 이러한 '토호열신'에 의해 장악되었다는 사실은 공산당의 입장에서 볼 때 홍창회의 '혁명성'은 사라지고 오히려 '반동성'이 부각될 뿐이었다.

홍창회에 대한 인식 차이는 홍창회운동과 국민혁명의 관계를 보는 관점에도 영향을 미쳤다. 「결의안」에 따르면 "홍창회는 민중의 반군벌투쟁의 한 역량이지만 별도의 혁명역량과 연합하여 그 영향 속에서 비로소 실패의 요소와 반동성질을 경감시킬 수 있다"(「결의안」, 150면)고 그 한계를 지적하면서도 중요한 반군벌투쟁세력이기 때문에 "홍창회는 민족혁명운동의 주요 역량의 하나일 뿐만 아니라 농민협회를 발전시킬 때 반드시 주의해야 할 공작(대상)"(「결의안」, 150면)으로 간주하여 홍창회의 혁명적 전환에 대해 기대를 걸고 있다.

홍창회에 대한 이와같은 낙관적 견해는 이대조(李大釗)에서 잘 나타난다. 그의 견해는 홍창회에 대한 공산당의 주관적 의도를 잘 보여주기 때문에 좀 자세히 살펴보도록 하자. 아마도 이대조를 비롯한 북방 공산당원이 홍창회에 대해 적극적 관심을 갖게 된 계기는 1924년 5월 홍창회를 포함한 10만 대중이 주둔군의 수탈에 항거한 노씨현(盧氏縣)사건이었던 것으로 보인다. 이 사건은 군벌과 서구열강에 의한 수탈소식만을 접하던 공산당에게는 하나의 충격으로 받아들여졌다고 하며, 당시 군벌과 열강에 대해 통전 발표나 문화비판 등과 같은 소극적인 활동에 비해 훨씬 효과적인 것으로서 '국민혁명운동의 맹아'라고까지 평가되었다.[243] 여기에 홍창회에 의해서 소련과 국민당의 합작하에 있었던 국민2군이 몰락했다는 사실은 북방혁명의 군사적 지주의 상실을 의미하며, 반대로 반군벌투쟁의 주요 역량으로서 홍창회의 새로운 등장을 예고하는 것이기도 했다. 또한 1926년의 3·18참안은 이대조로 하여금 혁명의 중심을 농촌과 농민운동에 두게 하는 결정적 계기로 작용하였다.[244]

1924년 이미 홍창회에 공산당원을 파견하여 재정 및 무기 지원을 주장한 바 있었던[245] 이대조는 홍창회에 대한 전면적 이해의 필요를 전제로 하면서

---

243) 仁靜 「河南盧氏縣人民對軍閥之反抗」, 『嚮導』 69期(1924. 6), 551면.

244) Maurice Meisner, *Li Ta-Chao and The Origins of Chinese Marxism* (Harvard University Press 1967) 234~37면.

245) 「1924年同鮑羅廷在北京召集的一次會議」, 『黨史資料叢刊』 1983-4, 23면.

"서양인 반대" "진주(眞主)의 추구" "미신활동" 등 세 가지를 주된 특징으로 파악하였다. 단순히 '중소농민의 원시 자위조직'이라는 「결의안」의 규정과 비교해볼 때 홍창회의 또다른 측면을 잘 나타낸다. 하지만 여기서 두 가지 문제를 지적할 수 있다. 하나는 그는 이들의 종교 비밀결사적 특징 역시 혁명의 진전에 방해되지 않을 것으로 보고 있다는 점이다. 구체적으로 그는 "서양인 반대"의 편협한 인종적 태도에서 반제국주의로의 본질적 전이의 가능성을 찾았고, "진주의 추구"를 인민의 정치적 안정 희구심리로 보았으며, "미신활동" 또한 현대무기의 유입에 따라 자연스럽게 사라질 운명의 것이라 전망했다. 그에게 홍창회에 대한 절실한 혁명적 동원의 필요성은 종교결사와 혁명조직의 본질적 차이를 무디게 할 위험성을 내포하였던 것이다. 둘째 문제는 홍창회가 이대조가 주장하듯이 "서양인 반대"의 성격을 지녔는가 하는 문제이다. 잘 알려져 있듯이 홍창회는 일반적으로 기독교 내지 외국인에 대해 적대적 태도를 취하지 않았다.[246] 그런데도 이대조가 "서양인 반대" 조직으로 홍창회를 규정한 것은 반제투쟁의 동원을 위해 고안된 전략적 수사의 측면이 강하다고 할 수 있다.

이러한 그의 태도는 홍창회의 또다른 특징인 지역성에 대한 평가에도 나타난다. 일반적으로 홍창회의 지역적 성격은 지역분할과 지역이기주의로 인해 운동을 분열시키고, 계급적 단결을 저해한다고 인식되었다.[247] 그러나 이대조는 한편으로 '협애한 촌락주의' 또는 '향토주의'가 홍창회를 분열시킨다고 지적하면서도 다른 한편으로는 "농민의 향토관념에는 계급인식의 소질을 포함하고 있기 때문에, 농민은 자신의 향토와 계급을 잊지 않으며, 군인이

---

246) Elizabeth J. Perry, *op. cit.*, 195~96면.
247) 홍창회 조직에 참여했던 공산당 조직가나 현재 중국 연구자 대부분이 그러하다. 한 예로 喬培華는 홍창회의 한 분파 天門會의 몰락원인으로 모호한 투쟁목표, 내부 구성의 복잡성, 농후한 향토주의, 신비주의 등을 들고 있다(喬培華 「三十年代初天門會運動的沈寂的原因」, 『史學月刊』(開封), 1994–3, 71~73면).

된 농민 또한 자신의 계급과 관계를 단절하지 않았다" 보았다. 그렇기 때문
에 "(홍창회가 국민군 반대투쟁을 전개할 때) 하남병사는 국민군을 돕지 않
았고, 산동병사가 장종창 휘하의 군에 소속되기보다는 곤주(袞州), 태안(泰
安) 등의 고향으로 돌아가 해당지역 홍창회에 가입하여 장종창에 반항하였
다"[248]고 하였다. 결국 홍창회의 무장력까지 높이 평가[249]한 이대조는 홍창
회의 미신, 향토관념을 계급적 각오로 전환·발전시킬 수 있다고 낙관적으
로 전망하면서 구체적으로 모든 조직활동가가 홍창회에 가입하여 구식의 홍
창회를 신식의 무장농민자위단으로, 구식의 귀족적 청묘회(青苗會)를 신식의
농민협회로 개조할 것을 주장하였다.[250]

이대조는 위와 같은 인식을 바탕으로 한걸음 더 나아가 홍창회운동에서
농민혁명의 가능성을 찾았다. 즉 그는 "중국 농민은 이미 (홍창회운동의) 과
정에서 각성하였고 자신들의 결합된 역량에 의존해야 비로소 열강과 군벌이
만들어놓은 무질서의 정국에서 해방될 수 있음을 깨달았으며 이런 농민운동
과정에서 위대한 세력을 형성하였다" 보았다.[251] 이렇다면 그에게 홍창회운
동은 단순한 지역자위운동만을 의미하지 않는다. 왜냐하면 그가 홍창회를
통해 추구하는 것은 도시노동자에서 독립된 중국 농민의 잠재력과 농민혁명
의 가능성이기 때문이다.[252] 그러나 "서양인 반대" 문제에서 드러나듯 이대
조의 홍창회 인식은 그에 대한 객관적 인식보다는 주관적 낙관론에 빠질 위
험성에 노출되어 있었다고 할 수 있다.

이대조의 낙관적 견해는 1926년 7월 당시 공산당 중앙을 장악하고 있었

---

248) 李大釗「魯豫陝等省的紅槍會」,『政治生活』, 80·81期 合刊(『六大以前─黨的歷史材料』,
    人民出版社 1980, 664면.
249) 이대조는 홍창회의 무장에 대해 "중국 농민무장자위운동사에 있어서 신기원을 여는 것
    이며 중국 농민운동의 큰 진보"로 평가하였다. 李大釗, 같은 글 665면.
250) 같은 글 664~66면.
251) 같은 글 663면.
252) Maurice Meisner, *op. cit.*, 246~56면.

던 진독수(陳獨秀)의 신중론과 비교될 만하다. 진독수는 본래 중국 전통에 대한 거부의식을 바탕으로 서양문명의 진보적 산물로서의 맑스주의를 수용하였기 때문에 전통농민의 근대혁명 참여가능성에 대해 그다지 큰 기대를 걸지 않았다.[253] 이 때문에 진독수는 비록 토비·군벌 반대라는 홍창회의 긍정적 부분을 인식하지 못한 것은 아니지만 운동과정에서 나타나는 미신과 무질서의 모습은 전통 농민반란과 동일한 것으로 인식하면서 군벌과의 결탁 가능성을 지적하였다.[254]

또한 1926년 공청단(共靑團) 예섬구위(豫陝區委) 선전작업을 담당했던 유명불(劉明佛)은 토비의 약탈에 의해 고통받는 빈민에게 침투되는 위험요소로 기독교와 함께 홍창회를 예로 들고 있다. 그는 인민의 고통을 해결하기 위해서는 혁명이란 큰 길로 나아가야 하는데 불행히도 기독교나 홍창회와 같은 '요도(妖道)'로 빠지게 되므로, 혁명가가 이러한 '요화(妖禍)'를 막지 못하면 '요화'된 빈민은 혁명에 대항할 것이라고 경고하였다. 따라서 혁명가는 빈민의 고유한 고통 이외에 흑사병균인 기독교, 홍창회의 전염을 제거하여 혁명의 기초를 공고히해야 한다고 결론지었다.[255] 이상 진독수나 유명불의 태도에서 이대조에서 보이는 전통적 요소에 대한 건설적·적극적 평가를 찾을 수는 없고, 「결의안」은 이러한 홍창회에 대한 양 극단적 평가가 절충되는 측면으로 이루어지게 되었다.

전체적인 「결의안」의 낙관적 견해는 「보고」에 이르면 전혀 다른 모습으로 변모하였다. 「보고」는 "홍창회운동이 이미 쇠락의 추세에 있다"고 진단하고 있다. 그 근거로 첫째, 주관적 방면에 있어 홍창회운동이 자위단계에서

---

253) 곤란한 이유로 그는 농민 거주의 분산성, 저급한 문화, 보수화의 가능성, 이주의 용이성 등을 지적하였다. 陳獨秀 「中國國民革命與社會各階級」, 『前鋒』 第2期(1923. 12) 〔日本國際問題硏究所中國部會編 『中國共産黨史資料集』 1(勁草書房 1974) 295면에서 재인용〕.

254) 獨秀 「紅槍會與中國的農民運動」, 『嚮導』 158期(1926. 6), 1543~44면.

255) 劉明佛 「豫南固始縣仙庄集的窮人」, 『中國靑年』 61期(1925. 1), 172면.

나아가 권력탈취의 시기에 이르면 정치·경제상의 출로가 없어 부패해버리고, 전투의 과정에서 조직과 미신의 한계가 노출됨에 따라 운동 내부의 동요가 시작되며, 자신의 계급적 이익을 얻지 못한 빈농이 반발하였다. 둘째, 객관적 방면으로 군벌이 홍창회를 중시하여 탄압을 강화하거나 아니면 군대로 개편했다는 것이다(「보고」, 87~88면). 홍창회의 발달에 따라 '회비'의 등장으로 상징되는 상황을 염두에 둔 것으로 보이는데 이 경우 홍창회는 이미 살펴보았듯이 초기의 자위집단적 성격보다는 약탈, 분파, 미신(종파), 계층적 특성을 강화하였다. 따라서 「보고」는 이러한 변화된 상황에 조응하여 새로운 홍창회 동원전략을 구상할 필요가 있었다.

　'쇠락의 국면'에 접어든 홍창회이지만 그렇다고 무장력 확보가 절실했던 공산당으로서는 그들을 전면적으로 포기할 수는 없었다. 따라서 1927년 9월 24일 공산당 하남성위(河南省委)는 "홍창회 회수의 반혁명적 행동과 과거 운동의 실패 때문에 (홍창회) 공작을 포기하는 것은 매우 잘못된 것"이라 하면서 공산당은 "홍창회를 반(反)풍옥상 민중혁명세력과 결합시켜야 한다"[256]고 강조하였다. 앞서 「보고」에서 등장하는 '토호열신'의 주도권 문제가 여기서는 "홍창회 회수 반동"으로 구체화되고 있음을 알 수 있다. 이는 공산당이 홍창회의 동원문제를 조직 내의 주도권 문제해결을 통해 접근하려 하고 있음을 시사한다.

　현실인식과 전망의 차이는 홍창회 대책으로서의 공동행동정강과 구체적 조직방법의 차이로 귀결되었다. 「결의안」이 제시한 공동행동정강은 "① 토비반대, ② 규율 없는 군대의 소요반대, ③ 가연잡세 반대, ④ 강제 징발반대, ⑤ 군용표(軍用票)의 사용거부, 정부지폐에 의한 세금납부, ⑥ 지방질서의 보호(즉 지방자치의 참가), ⑦ 지방재정 공개 및 감독, ⑧ 탐관오리 반대"(「결의안」, 151면) 등이었다. 이상의 내용은 홍창회의 평소 주장과 크게 다르지 않다는

---

256) 「河南省委對于槍會的決議」(1927. 9. 24), 『河南革命歷史文件彙集(1925~1927)』, 103면.

면에서 기존 홍창회운동을 추수하는 것이지 동원의 전략적 방향성을 제시하는 것은 아니다. 오히려 「결의안」은 기존 홍창회운동의 급진화를 억제하였다. 예컨대 「결의안」은 "홍창회의 현재 행동은 단지 이상의 구호범위 내에만 있어야 하며 자위조직에 머물면서 지방자치의 참가를 요구할 수 있지만, 단순히 자신의 세력만으로 지방정권 전체를 장악하려 해서는 절대 안된다"(「결의안」, 151면)고 규정하였다.

이러한 규정은 이대조의 낙관론과 차이를 보이는 것으로 1926년 7월 회의의 전체적 기조를 반영하는 것이기도 했다. 회의에서 공산당은 「중앙정치보고」를 통해 이전 9개월 동안의 작업을 총평하면서 "농민운동은 각 처에서 모두 좌경적 편향을 보이고 있는바, 제출구호도 극단적이며 행동도 극좌적이었다"[257]고 반성하였다. 또한 「농민운동결의안」에서는 농민무장을 인정하면서도 행정의 간섭이나 민단 무기의 몰수 등 자위의 범주를 넘어서는 안된다고 하였고, 또한 상설적인 무장 자위조직은 지주 민단이나 주둔군 등과 충돌을 피하기 위해 허가하지 않았다.[258] 물론 이와같은 결정의 배경에는 "본래 조직훈련을 받지 않은 농민은 무장 이후 객관적 기준 이상의 행동으로 넘어설 가능성이 있으며, 군벌이나 회수에게 이용당하기까지 할 수 있다"라는 지적에서 보이듯이 농민대중에 대한 불신이 내재되어 있었다.[259] 결국 농민문제에 관한 결정사항을 수식하고 있는 급진적인 용어에도 불구하고 농민의 혁명적 자발성을 속박하고 제한하는 것이 7월 회의의 전체적 의도였고 「결의안」은 홍창회에 대한 구체적 적용이었던 것이다.

반면 「보고」에 제시된 홍창회 정강은 ① 가연잡세 반대, ② 토비·패잔병 반대, ③ 강제징발 반대, ④ 성 은행표(銀行票)의 즉각적인 태현(兌現), ⑤ 고리대 반대, 연 20% 이하로 이자율 인하, ⑥ 이오감조(二五減租)의 실행,

---

257) 「中央政治報告」, 『中共中央文件選集』 第2册(1926), 119면.
258) 「農民運動決議案」, 『中共中央文件選集』 第2册(1926), 147면.
259) 「農民運動決議案」, 『中共中央文件選集』 第2册(1926), 147면.

40% 이하로 소작률 인하, ⑦ 일방적 소작 퇴출반대, ⑧ 강제적인 홍창회 가입반대, ⑨ 노사를 위한 회원의 일방적 희생 반대, ⑩ 홍창회의 군대개편 반대, ⑪ 홍창회를 이용한 출세반대, ⑫ 홍창회 사이의 대립반대, ⑬ 희생된 회원의 구제, ⑭ 공의(公義)에 의한 홍창회 출정 등이었다(「보고(報告)」, 88~89면). 앞서의 「결의안」과 비교해보면 전자의 ①~⑤와 후자의 ①~④는 동일한 취지의 것이라 할 수 있다. 전자 ⑥~⑧은 지역 자위 내지 자치운동으로서 홍창회운동의 '초계급적(超階級的) 특성'을 드러낸 것인 반면 후자의 ⑤~⑦은 빈농, 소작농의 계급이익을 강조한 것이고, ⑧~⑭는 홍창회의 내부 투쟁의 측면을 나타낸 것이라 할 수 있다. 양자를 비교해보면 새로이 제시된 공동정강에는 지역 외부가 아니라 지역 내부로의 투쟁전선을 설정하고자 하는 의도가 포함되었음을 알 수 있다. 다시 말해 「보고」의 싯점에 있어 공산당에게는 기존 군벌반대 연합전선 방식보다는 홍창회 내부 투쟁을 통한 주도권 장악이 중요한 문제로 등장했던 것이다.

다음은 조직노선의 차이이다. 「결의안」은 "홍창회가 발전한 하남, 산동, 하북의 농민운동과 홍창회운동은 명확하게 구분되지 않지만, 농민협회를 모든 농민의 조직으로 홍창회를 농민무장조직으로 만들어야 한다. 현실의 홍창회를 이용하여 농민협회를 발전시키고 농민협회의 발전을 기다려 홍창회를 농민협회의 무장역량으로 성립시켜야 한다"(「결의안」, 150면)고 했다. 이것은 농민협회운동과 홍창회운동의 구분과 후자의 활성화를 통한 전자의 발전을 지향하는 것으로 궁극적으로는 농민협회의 우선적 발전을 상정하고 있다고 할 수 있다. 「결의안」은 더욱 구체적 조직방법을 제시하였다. "제1단계, 공산당은 선전활동을 통해 각지의 홍창회를 연합시켜 비밀 연락기관을 형성한다. … 처음엔 단순한 연락·조사 기관에 불과하지만 점차 유력한 지도기관으로 변화시킨다. 연락기관을 조직한 뒤 둘째 단계로 각 지역의 홍창회, 흑창회(黑槍會) 회수를 소집, 대표대회를 개최하여 간단한 조직 및 공동행동 정강을 결정한다"(「결의안」, 150~51면). 이것은 홍창회 대중장악을 통한 상향식 조직화 방식이 아니라 홍창회 지도자 연결을 통한 하향식 조직화 방침이었다.

그러나 「보고」는 「결의안」의 조직노선을 '회수연결정책[회수접두정책(會首接頭政策)]'이라 하여 기존 홍창회 대책의 최대 결점으로 파악하였다. 이어 「보고」는 이전 홍창회가 공산당의 주장을 쉽게 받아들일 수 없는 한계를 갖고 있으므로, 각지 홍창회 회수와 홍창회 일반대중 사이의 충돌을 이용하여 양자의 분화를 촉진시키고, 이 분화의 과정에서 군중을 '토호열신'의 통제에서 해방시켜야 한다고 강조하였다. 즉 홍창회의 주도권 탈취를 통한 '독립조직'의 창출이었다(「보고」, 89면).[260] 그런데 여기서 '독립'은 홍창회로부터의 '독립'을 의미하는 것은 아니었다. 문화적으로 낙후한 하남농민을 조직하기 위해서는 농민협회나 공산당부의 명칭을 사용하기 곤란하고 여전히 홍창회 같은 조직이 필요하였기 때문이었다(「보고」, 89면). 물론 하남성위는 '독립(홍창회)조직'보다 농민협회를 조직활동의 중심에 두고 있었다. 이는 1927년 9월 24일의 결의에서 "농민과 일체의 홍창회 성원은 농민협회를 조직할 것" "향촌정권은 농민협회에 귀속시킬 것"[261] 등을 강조하는 데에서 잘 나타난다. 하지만 하남이라는 현실 속에서 양자의 구분은 그렇게 분명하게 드러나는 것은 아니었다. 왜냐하면 홍창회 대중이 갑자기 홍창회를 이탈하여 농민협회에 가입하기 불가능할 경우 공산당은 농민협회와 홍창회 양 조직 동시 가입이라는 "과회(跨會)"를 허락하였기 때문이었다.[262] 이는 하남성위가 여전히 홍창회라는 실체를 인정하였음을 의미하는 것이라 할 수 있다. 그러나 이 시기 홍창회에 대한 공산당 중앙의 평가는 하남성위보다 더 비판적

---

260) 이외에도 「河南農運報告—對槍會運動之分析」(1927. 8. 30), 『河南革命歷史文件彙集(1925~1927)』, 79면; 「河南省委對于槍會的決議」(1927. 9. 24), 『河南革命歷史文件彙集(1925~1927)』, 103면 참조.

261) 「河南省委對于槍會的決議」(1927. 9. 24), 『河南革命歷史文件彙集(1925~1927)』, 104면.

262) 같은 면.

이었기 때문에 기존 홍창회 조직을 (독립이 아니라) '청산'하여 농민협회로 전환시킬 것을 강조했다.[263]

한편 「결의안」에는 "과회"라는 표현은 등장하지 않는다. 하지만 「결의안」과 함께 채택된 「농민운동결의안」에는 다음과 같이 규정하였다. "농민조직은 농민협회란 형식에 너무 엄격하게 구속될 필요는 없다. 만약 각 향진(鄕鎭)에 이미 연장회(聯莊會), 수망사(守望社) 등 농민이익을 대표하는 진정한 농민조직이 존재하여 (농민협회로의) 변경이 쉽지 않으면 (이들을) 반드시 강제적으로 농민협회란 형식으로 개조할 필요없이 (그 조직을 유지한 채) 현 농민협회 가입을 허용한다."[264] 이 결의안이 「결의안」과 같은 배경에서 결정되었고 수망사, 연장회와 홍창회와의 밀접한 관련성 등을 고려한다면 홍창회에 대한 적극적 평가에 기초해 통과된 「결의안」에도 "과회"로 상징되는 조직노선상의 타협책이 관통하였음을 충분히 짐작할 수 있다.

마지막으로 「결의안」과 국공분열 이후의 새로운 대책 사이의 차이는 투쟁노선 방면에서도 찾아볼 수 있다. 「결의안」에서는 "현재 하남, 산동의 특수정황에서 진정한 농민의 홍창회, 토비성질의 홍창회, 토호열신에 의해 이용당하는 홍창회 모두는 군벌 장종창과 오패부에 반대한다. (따라서) 우리(공산당)는 그들을 현지 군벌정부에 반대하는 연합전선으로 결집시켜야 한다"(「결의안」, 151면)고 하였다. 그러나 하남성위는 1927년 8월 활동을 평가하는 과정에서 이전 홍창회운동이 비현실적인 '봉천파 반대' '오패부 반대' '토호열신 타도' 등의 구호에 집착했던 점을 반성하였다. 그리고 향후에는 항조, 감조(減租), 고농의 임금인상 등 지역의 절실한 요구에 부합된 실제 경제투쟁을

---

263) 국공합작 결렬 이후 하남 홍창회에 대한 공산당 중앙의 입장과 하남성위의 차이에 대해서는 三谷孝 「國民革命期における中國共産黨と紅槍會」, 『一橋論叢』 69-5, 1973, 56~60면 참조. 그는 이러한 차이를 전국적 범위에서 혁명계획을 수립하려는 중앙과 치명적인 실패를 체험한 뒤 운동을 재출발하려는 실천적 공작자 사이의 의견대립'에서 비롯된 것으로 설명하였다.

264) 「農民運動決議案」, 『中共中央文件選集』 第2冊(1926), 144면.

강조하였다.[265] 이 부분은 앞에서 보았듯이 투쟁의 전선이 공동체 내부 대 외부라는 접점에서 공동체 내부로 전환되었음을 반영하는 것이다.

이렇게 본다면 「결의안」과 「보고」에서 보이는 '홍창회'와 '창회'라는 표현은 단순한 명칭상의 차이를 드러내는 것은 아니고 홍창회에 대한 공산당의 평가, 전망, 조직노선, 투쟁노선까지를 전면적으로 반영한다고 할 수 있을 것이다. 다시 말해 '홍창회노선'에서 '창회노선'으로 전면적 전환을 의미한다고 볼 수 있다.

2. 홍창회와 하남농민운동의 발전

국민혁명기 본격적인 하남농민운동은 1925년 8월 경한·농해철로 주변지역에 대한 국민당·공산당 양당의 조사와 선전작업과 함께 시작되었다. 그리고 이러한 농민운동의 발전양상은 농민협회의 조직확대로 구체화되었다. 농민협회는 소규모의 단위지만 하남남부 교통의 중심지 신양을 중심으로 조직된 이후[266] 발전을 거듭하여, 1926년 초 악유준의 하남통치 붕괴 이전까지 4개 현(縣) 농민협회, 41개 구 농민협회, 2백여 개 향 농민협회와 회원 20만명(농민자위단 6만 포함)의 규모로 확대되었다.[267] 1926년 4월 18일에는 성 농민협회가 성립되었고, 1926년 6월까지 4개 현 농민협회, 32개 구 농민협회, 2백여 개 향농민협회, 회원 27만명(농민자위군 10만 포함)의 조직으로 성장했다.[268] 이와같은 하남농민운동의 급속한 발전은 당시 전국의 농민운동

265) 「河南農運報告─對槍會運動之分析」(1927. 8. 30), 『河南革命歷史文件彙集』(1925~ 1927), 1984, 78면.
266) 「信陽成立兩平民團體」, 『上海民國日報』, 1925. 8. 25; 「信陽董柏村農民協會成立宣言」, 『上海民國日報』, 1925. 9. 17.
267) 雷音 「吳佩孚侵豫聲中之河南」, 『嚮導』 145期(1926. 2), 1340면.
268) 「全國農民協會統計表」, 中國國民黨中央執行委員會農民部 編 『農民運動』 1期(1926.

현황과 비교하면 의외의 양상이라 할 수 있다. 왜냐하면 1926년 「전국농민
협회통계표(全國農民協會統計表)」를 통해 보면 하남은 당시 성농민협회가
성립된 네 곳(광동, 광서, 호북, 하남) 중 하나이며, 농민협회 회원수에 있어서
도 농민운동의 선진지역이라 할 수 있는 광동을 이어 두번째 위치를 차지하
고 있기 때문이다.[269] 따라서 겉으로 드러난 수치나 성급의 조직 형식만으로
판단한다면 1926년의 농민운동 발전 정도에 있어 하남은 전국에서 가장 발
달한 지역에 속한다고 할 수 있다. 그렇다면 이러한 하남농민운동의 발전상
은 어떻게 설명될 수 있는가.

　1926년 6월 국민당 하남성당부에 의한 「하남성농민운동보고(河南省農民
運動報告)」[270]를 토대로 농민협회의 분포를 살펴보면 농민운동은 경한·농
해·도청(道淸) 철로 주변지역을 중심으로 발달하였음을 확인할 수 있다. 그
런데 이것과 홍창회의 발달지역을 비교하면 양자가 철로를 중심으로 상당
정도 일치하고 있음을 알 수 있다.[271] 따라서 국민혁명 시기 홍창회운동과
농민협회를 중심으로 한 농민운동은 필연적으로 중복될 수밖에 없을 텐데,
그렇다면 하남농민운동의 '비약적 발전'은 홍창회를 기반으로 이뤄진 것 아
닐까? 더욱이 당시 이미 하남의 주요한 반군벌 무장세력으로 성장한 홍창회
에 대해 이미 살펴보았듯이 공산당은 깊은 관심과 대책을 수립하고 있었다.
앞서 「결의안」의 분석을 통해서 확인했듯이 홍창회에 대한 공산당의 타협책
은 국공합작 시기 급진적 농민운동의 억제라는 전국적 방침과 관계된 것이
기도 했지만, 하남홍창회의 실체적 역량을 인정한 바탕 위에서 그들을 통해

　8), 20~21면.

269) 「全國農民協會統計表」, 『農民運動』 1期(1926. 8), 20~21면.

270) 「河南省農民運動報告」, 中國國民黨中央執行委員會農民部, 『中國農民』 2-8, 1926,
　44~52면.

271) 국민혁명기 하남홍창회 발달지역에 대해서는 「河南紅槍會之調査」, 『漢口民國日報』,
　1927. 5. 9~10; 枕薪 「河南之紅槍會」, 『國聞週報』 第4券 第24期(1927); 向雲龍 「紅槍會
　的起源及其善後」, 『東方雜誌』 24-21(1927. 11), 38면 등 참조.

북방농민운동을 전개하려는 공산당의 의도가 반영된 것이라 할 수 있다. 따라서 「결의안」은 그 의도가 어디에 있든 강화된 홍창회의 역량을 반영함과 동시에 향후 홍창회와 공산당의 결합가능성을 열어놓았다고 할 수 있다.

그렇다면 홍창회에 대한 공산당의 타협책이 과연 얼마만큼의 효과를 발휘했는지, 그리고 홍창회는 어떻게 대응했는지 등에 대해 실제적 조직과정을 통해 확인해보도록 하자. 이 경우 먼저 철로의 중심이며 하남 국민혁명운동의 중심지 가운데 하나인 정주 부근의 형양, 밀현 지역을 검토해보자. 1925년 6월 공산당 중앙에 의해 정주에 파견되어 부근 형양일대 농민조직작업을 담당한 전정태철로(前正太鐵路) 총공회(總工會) 비서이자 형양현(滎陽縣) 공산당서기였던 대배원(戴培元)은 국민2군과 하남민중의 대립 속에서 홍창회 문제에 대한 적당한 해결이 모색되지 않는 한 그들의 하남통치는 위기에 봉착할 것이라 판단하였다. 그는 현지사 한자목(韓子木)의 도움을 받아 다수의 농민을 홍창회에서 이탈시켜 농민협회를 조직하였는데, 작업을 시작한 지 2개월 만에 1천5백명의 회원을 확보하였다.[272] 그러나 이와같은 농민협회의 조직과정이 반드시 순조롭게 진행된 것만은 아니어서 기존에 홍창회를 장악하고 있던 지역엘리뜨와 이 혁명가들 사이에서 향촌지배를 둘러싼 쟁탈전이 발생할 수 있었다.

1925년 10월 형양 가욕구(賈峪區) 농민협회 집행위원 장호신(張虎臣) 피습사건은 양자의 갈등을 더욱 구체적으로 보여준다. 비록 사건은 장호신 등이 "열신, 송곤(訟棍) 타도" 구호를 지나치게 일찍 제출하고 실천에 옮겼기 때문에 촉발된 것이었지만, 이미 농민대중 획득을 둘러싸고 농민협회와 대립하고 있었던 홍창회는 열신, 송곤으로 지목된 지역엘리뜨와 연합하였고, 그 결과 홍창회 회수 왕삼(王三)은 장호신과 그의 가족 11명을 살해하였다.

---

272) 「戴培元烈士」, 『革命戰士集』 第一册(1926. 10) 〔中共河南省委黨史工作委員會 編 『一戰時期河南農民運動』, 河南人民出版社 1987, 183~84면에서 재인용〕. 이하 『河南農運』으로 약칭.

또한 1926년 3월에는 오패부와 결합한 홍창회가 사건 직후 낙양으로 피신했던 대배원까지 살해하였다.[273]

이러한 상황에서 형양 일대의 홍창회에 대한 선전·조직 작업은 아주 신중할 수밖에 없었다. 공산당은 농촌조사, 농민야학의 운영 등을 통하거나 개인적 혈연관계를 이용하여 점진적인 홍창회 조직작업을 진행하였고, 심지어 수마구위(水磨區委) 서기(書記) 당사괴(唐士魁)는 전씨(田氏) 일족에 침투하기 위해 전정의(田正義)로 성과 이름을 바꾸기까지 하였다.[274] 이와같은 홍창회 조직작업의 결과 1925년 12월 형양현을 시찰한 하남 공청단서기 장재범은 "이미 현 농민협회 1개, 구 농민협회 6개가 성립하여 농민 2천여 호를 포괄하고 있으며 … 농민협회에 가입한 농민들은 대다수 자위에 대해 자각하고 있다"고 지적하면서 "아직 성립하지 않은 각 구의 농민 역시 스스로 (농민협회) 조직을 요구하니 기존 홍창회는 (농민협회의) 농민자위군으로 개편될 것"[275]으로 평가하였다.

이밖에 공산당 예섬구위(豫陝區委)는 1925년 이미 군벌과의 대립을 통해 지역에서 큰 세력을 떨치고 있었던 하남동부 기현(杞縣), 휴현(睢縣), 통허(通許)홍창회에 주목하여 그해 12월 형양에서 활동한 바 있었던 예섬구위 위원 소인곡(蕭人鵠, 대외적으로는 광주국민정부 하남특파원)을 기현에 파견하였다. 조직활동의 결과 1925년 12월 말 홍창회를 기반으로 한 부집(付集), 하채구(何寨區)농민협회가 각각 건립되었고, 현 서쪽의 십리강(十里崗), 갈강(葛崗), 연화파(蓮花坡) 등을 중심으로 한 구 농민협회가 성립되어 현 농민협회 건립의 기틀이 마련되었다.[276] 1926년 1월 5일 기현농민협회 회원과 홍창회 회원 1

273) 「河南的農民運動」, 『中國農民問題』(1927. 1) 〔『第一次國內革命戰爭時期的農民運動資料』, 人民出版社 1983, 631면〕; 「豫紅槍會首槍斃」, 『晨報』, 1926. 2. 6; 「戴培元烈士」, 『河南農運』, 184~85면.

274) 唐士魁 「對大革命時期滎陽農民運動的回憶」, 『河南農運』, 409~10면.

275) 「張齋帆給團中央信─視察滎陽縣雙樓郭嶺農運的情況」(1925. 12. 26), 『河南革命歷史文件彙集(1925~1927)』 73면.

만명은 강화된 역량을 바탕으로 기현 현성을 포위하는 무장시위를 전개하고, 공관국(公款局) 개조, 지방재정 공개, 가연잡세 폐지, 보위단의 농민자위군 개편, 사법개량, 현 농회(農會)의 농민협회 개조 등 11개 항을 요구하였다.[277] 사건의 직접적 발단은 관의 홍창회 무기수거에 대한 항의였지만, 요구조건을 살펴보면 농민협회와 홍창회의 결합을 통한 반군벌투쟁의 일환이었음을 알 수 있다. 비록 부분적인 승리밖에 거두지는 못했지만,[278] 농민협회와 홍창회의 연합시위와 승리는 농민협회의 조직적 발전으로 이어져 1926년 1월 21일 현 동부의 염현구(冉賢區) 농민협회,[279] 1926년 2월 1일에는 현 농민협회가 각각 성립되었고, 같은 시기 하채(何寨)에서는 현 농민자위단 대표회의가 개최되어 현 농민자위단 총단부(總團部)가 성립되었다.

또다른 홍창회 발달지역인 하남남부의 경우에도 국민정부의 북벌을 맞이하여 공산당의 홍창회 조직작업이 추진되었다. 특히 1926년 가을에서 1927년 봄 사이 홍창회는 확산(確山) 전체에 분포하여 참가 농민의 수가 수십만에 이를 정도였다. 이러한 배경에서 1926년 10월 공산당 주마점(駐馬店) 특별지부가 성립된 이후 공산당은 적극적으로 홍창회 조직작업에 착수하였다. 구체적으로 장요창(張耀昶)·마상덕(馬尙德, 공산당원)-서요재(徐耀才, 현북縣北 홍창회 회수), 장가탁(張家鐸)·이칙청(李則青)·유청범(劉青凡, 공산당원)-장립산(張立山, 동오보東五保 홍창회 회수)-구양병염(歐陽炳炎, 동육보東六保 홍창회 회수)·공상추(鞏爽秋, 홍창회 회수), 장지재(張智才, 공산당원)-장판교(張板橋) 일대 홍창회-이천도(李天道, 남오보南五保 홍창회 회수) 등과 같은 관계

276) 이상 杞縣紅槍會의 조직화 과정에 대해서는 張海峰 「第一次國內革命戰爭時期의 回憶」, 『中共河南黨史資料』 第一輯, 1983, 122~23면; 「杞縣付集區農民協會宣言」, 『新中州報』, 1926. 1. 6.
277) 「豫東各縣武警收槍風潮」, 『晨報』, 1926. 1. 21; 「杞縣農民與官紳講條件」, 『新中州報』, 1926. 1. 12.
278) 「河南省農民運動報告」, 『中國農民』 第2集 第8期, 1926, 45면.
279) 「杞縣東冉賢區農民協會成立之盛況」, 『新中州報』, 1926. 1. 27.

망이 형성되었다. 이 가운데 공산당은 특히 지주 출신이며 사범대학을 졸업한 동오보 홍창회 회수 장립산에 주의를 기울였는데, 6천명의 홍창회를 직접 지휘하고 2만명을 동원할 수 있다는 그의 역량을 높이 평가했기 때문이었다. 동시에 그는 이전 수차례에 걸쳐 약탈하는 군벌, 패잔병, 토비 등에 대항한 바 있었고, 주변 홍창회 회수에 대한 영향력도 컸다. 이렇듯 공산당은 회수와의 개인적 관계망을 통해 홍창회를 조직한 결과 1927년 2월 확산현(確山縣)농민협회를 성립시켰으며, 이때 장립산, 구양병염, 서요재 등 홍창회 회수(會首)들은 11명 현 농민협회집행위원회 위원에 포함되었고, 1만여 명의 홍창회 회원 역시 자신들의 명의를 유지한 채 농민자위군으로 전환하여 농민협회의 무장력을 형성하였다.[280]

이상과 같이 각지에서 전개된 공산당의 조직활동은 농민협회에 참여한 홍창회 회원수에 그대로 반영되었다. 표46은 앞서 소개한 1926년 6월의 「하남성농민운동보고(河南省農民運動報告)」에 근거해 작성한 것인데, 이를 통해 농민협회 회원 가운데 많게는 63%를 홍창회 회원이 차지함을 알 수 있다.

물론 표의 수치가 개략적인 것이기 때문에 산정된 비율이 정확하다고 할 수 없지만, 적어도 홍창회를 바탕으로 한 농민운동의 발전상을 입증하는 데에는 큰 무리가 없을 것이다. 그렇기 때문에 1926년 7월 공산당은 "홍창회

---

280) 李則靑「大革命時期的確山農民運動」,『河南文史資料』第7集, 1982, 31~34면; 林壯志「回憶大革命時期的確山農民暴動」,『河南農運』, 367~68면. 이밖에도 1926년~27년 사이 공산당은 홍창회의 조직화에 적극 참가하였다. 예컨대 林壯志-汝南홍창회, 李杜・陳雲登-許昌 司堂・長村홍창회, 高介民-長葛 石固・二郞廟농민무장, 翟樹中-長葛 石橋路 농민무장, 龔逸情-獲嘉・輝縣・武涉・博愛 홍창회 등과 같은 관계가 형성되었다. 또한 공산당원 曹家政, 張克選, 郭紹義 등은 南陽・唐河 홍창회를 조직하였고 于樹民 역시 睢縣홍창회 조직작업을 진행하였다. 이러한 활동의 결과 공산당의 입장이 반영된 과장된 수치이겠지만, 국민혁명에 참가한 무장농민(대부분 홍창회)의 수는 25만에 이른다고까지 지적되기도 한다. 이상 中共河南黨史工作委員會『中共河南黨史』上卷 1919~1949(河南人民出版社 1992) 112~13면; 于樹民「回憶我在睢縣開闢工作六個月半的經過」(睢杞太黨史編寫組,『睢杞太地區史料選』上, 河南人民出版社 1985, 73~76면 수록) 참고.

가 가장 발달한 하남, 산동, 하북에서는 농민운동과 홍창회운동을 명확하게 구분할 수 없다"[281]고 지적하고 있으며, 1926년 10월 초 공산당 하남성위는 1926년 4월 홍창회운동을 중심으로 농민운동을 발전시키기로 결정한 이후 농민운동이 발전한 지역은 모두 홍창회를 기초로 삼고 있다고 상부에 보고하였다.[282] 또 같은 이유로 "하남농민운동의 9할이 홍창회운동이다"라는 공산당 하남성위의 보고[283]나 "하남의 유일한 농민문제는 홍창회 문제이다"라는 등연달(鄧演達)의 지적[284] 등도 결코 과장된 것이 아니라고 할 수 있다.

지금까지 살펴본 1927년 초까지 전개된 공산당의 홍창회 조직화 과정을 정리하면 다음과 같다. 첫째, 공산당의 조직방식은 대개 홍창회 회수 접촉을 통한 군사연합전선 구축이었다. 이 점은 「결의안」에 나타난 홍창회 대책의 반영이며 북벌에서의 주도권 확보라는 측면에서 이해될 수 있으나, 홍창회 대중에 대한 공산당의 침투를 보장하지 못하고, 홍창회 회수 개인의 의향에 따라 양자관계가 동요될 수 있다는 한계를 내포한 것이었다.

둘째, 공산당의 홍창회 조직화 과정은 홍창회 회수를 중심으로 한 하향식 조직화의 일면과 함께 조직화와 투쟁의 결합, 무장자위단과 농민협회의 조직과정을 잘 보여준다. 그러나 과연 공산당의 의도대로 홍창회가 농민협회 혹은 농민협회 내의 농민자위단으로 완전히 개편되었는지 회의적이다. 왜냐하면 공산당의 "과회" 인정에서 예상되는 것으로 농민협회와 홍창회 양 조직의 공존현상이 있을 수 있었다. 즉 홍창회의 농민협회로의 전환은 반드시 홍창회의 조직적 해체를 의미하는 것은 아니어서 농민협회가 홍창회를 포함하기보다는 오히려 홍창회운동이 농민협회 운동을 포섭할 여지를 남겨두었

281) 「對于紅槍會運動決議案」, 『中共中央文件選集』 第二冊, 150면.
282) 「豫區關于軍運, 農運及國校工作的報告」(1926年 10月 初), 『河南革命歷史文件彙集(1925~1927)』, 18면.
283) 「河南農運報告—對槍會運動之分析」(1927. 8. 30), 『河南革命歷史文件彙集(1925~1927)』, 78면.
284) 鄧演達 「土地問題的各方面」, 『中國農民』 第2集 2-1(1927. 6), 4면.

다. 또한 1926년 하남 점령과정과 이후 보여준 오패부의 대중운동 탄압, 여타 군벌간의 전쟁의 만연 그리고 그에 따른 패잔병, 가연잡세, 토비의 증가는 합법적이고 공개적인 농민조합운동보다는 홍창회와 같은 무장 자위조직의 필요성을 더욱 증가시킬 수 있었다. 그렇기 때문에 공산당은 국공분열 이후 기존 홍창회 조직작업을 비판할 때 "홍창회운동에만 주의를 기울일 뿐 진정한 농민운동을 전개하지 않았고, 단지 상층회수 연합활동에만 주의했지 군중장악을 무시하였다. (이것은) 모든 운동이 북벌에서의 군사우위의 결과에 따랐기 때문이었다"[285]고 지적하였다. 여기서 '진정한 농민운동'은 농민협회를 중심으로 한 운동이며 '군사우위의 결과'란 상층 홍창회 회수 중심의 군사연합노선을 가리키는 것이었다고 생각된다.[286]

셋째, 이상의 한계에도 지역에 따라 홍창회 조직화에 성공할 수 있었던 요인은 홍창회의 조직적 실체를 인정한 바탕에서 반군벌 연합투쟁이라는 외연적 결합에 나섰으며, 이 경우 성씨 개명, 농민야학, 개인적 인맥 등의 방법을 이용한 신중한 접근을 취하였기 때문이었다. 그러나 장호신 살해의 예에서도 드러나듯 공산당과의 합작을 거부하는 홍창회 역시 다수 상존하고 있었고 이들을 지도하는 지역엘리뜨는 이후 국민혁명의 추이에 따라 자신의 정치적 입장을 분명하게 드러낼 수 있었다.

285)「劉明佛對豫西工作視察報告-關于鄭州,洛陽,澠池,陝州的工農運動及政治狀況」,『河南革命歷史文件彙集(1925~1927)』, 46면.

286) 또한 1927년 9월의「河南省委關于農民運動決議案」도 공산당이 홍창회의 무장세력에 현혹되어 홍창회운동에만 전력을 기울이고 이외의 농민공작을 포기했음을 지적하였다.『河南革命歷史文件彙集(1925~1927)』, 117면.

3. 홍창회의 국민혁명 이탈

북벌은 반제·반군벌의 국민혁명을 수행하기 위한 군사적 수단으로서 중국의 통일을 위한 것이지만, 다른 한편 전란의 확대에 따른 경제적 붕괴와 정치·행정적 공백과 해체를 야기하고 군벌·토비·홍창회 삼자의 활동을 활발하게 하여 이들과 국민혁명의 더욱 직접적인 접촉면을 확대시켰다. 하남과 관련해서는 1927년 4월 시작된 무한(武漢) 국민정부의 제2차 북벌이 여기에 해당한다.

제2차 북벌에 나서기 직전인 1927년 3월 16일부터 21일까지 무한국민정부는 무한 중앙농민운동강습소(中央農民運動講習所)에서 하남 45개 현, 40만 무장농민의 대표 69명을 참석시킨 가운데 하남 전성 무장농민대표대회를 개최하였다. 여기서 '무장농민'이란 대회에서 채택된 「선언」 가운데 "우리(하남 무장농민)의 (군벌의 착취에 대한) 반항무기는 홍영자창(紅纓子槍), 흑영자창(黑纓子槍), 백영자창(白纓子槍), 대도 등이며, 우리들의 반항수단은 홍창회, 묘도회(廟道會), 천문회, 연장회, 대도회 등이다"라는 내용에서 홍창회를 지칭하고 있음을 분명히 알 수 있다.[287] 홍창회는 「선언」에서 국민당과 국민정부가 농민의 이익을 옹호하는 당과 정부임을 확인하면서 "(국민정부가 매도당하는 바의) 적화가 제국주의 타도, 군벌 타도, 토호열신 타도, 농공이익의 옹호, 농민해방을 의미하는 것이라면 우리는 이러한 적화에 반대하지 않을 뿐만 아니라 오히려 적극 찬성한다" 하여 무한국민정부와의 합작의지를 분명하게 밝혔다.[288] 그런데 양자 합작의 일차적 목표는 오패부를 대신

---

287) 「河南全省武裝農民代表大會宣言」, 『漢口民國日報』, 1927. 3. 24. 이밖에 대회의 경과에 대해서는 「河南全省武裝農民代表大會」, 『漢口民國日報』, 1927. 3. 17; 「河南武裝農民代表團大會第二日」, 『漢口民國日報』, 1927. 3. 19; 「河南武裝農民代表大會第三, 四, 五, 六日情形」, 『漢口民國日報』, 1927. 3. 22 참조. 대회에 채택된 선언과 결의안은 『漢口民國日報』 이외에 「河南全省武裝農民代表大會宣言及決議案」, 『民國檔案』, 1987-1, 61~70면에도 소개되어 있다.

해 남하하는 봉로군(奉魯軍)에 대항하는 것이었으므로 대회는 「봉로군벌반
대결의안(奉魯軍閥反對決議案)」을 통해 봉천파에 대한 반대의지를 천명했고,
구체적 수단으로 선전, 농민협회 확대, 무장연합, 봉천군의 후방교란, 국민혁
명군 지원 등의 방법을 제시하여, 무한국민정부의 의도에 충실히 따랐다.

이밖에 무한정부는 전구(戰區) 농민운동위원회, 하남 군민 위로대표단, 국
민혁명군 정치부 정치공작대 등을 통해 향후 북벌의 진전에 이은 대중조직,
선전작업을 추진하였고,[289] 광주농민운동강습소, 무한중앙농민운동강습소의
하남 출신 졸업생과 무한정부 내의 하남 출신 당원 등을 귀향시켜 조직작업
에 동참시켰다.[290] 앞서의 무장농민대표대회가 홍창회의 혁명적 동원을 목
적으로 한 일회성 행사였다면 각종 조직의 건립과 조직원의 파견은 대중을
조직, 장악, 통일할 수 있는 전문적인 조직활동가의 양성과 배치라는 측면에
서 커다란 의미를 지닌 것이었다. 북벌 이전 소수의 공산당원에 의해 비밀리
에 그리고 국부적으로 진행되어왔던 홍창회 혹은 농민에 대한 조직작업은
이제 무한정부의 적극적 지원 아래 체계적이고 공개적으로 이루어질 수 있
게 되었다.

1927년 4월 19일 무한정부는 제2차 북벌 개시를 선언한 뒤 경한철로를
중심으로 좌우 3개 방면에 걸쳐 하남에 대한 총공격을 시작하였다. 국민혁
명군은 서평(西平), 상채(上蔡), 임영 전투를 거치면서 신속한 북진을 거듭했

---

288) 「河南全省武裝農民代表大會宣言」, 『漢口民國日報』, 1927. 3. 25. 이와같은 홍창회의
    무한국민정부 지지 태도는 「中國國民黨, 國民政府擁護決議案」의 채택에서 단적으로 드러
    난다.

289) 「戰時農民運動委員會成立」, 『漢口民國日報』, 1927. 4. 29; 「慰勞豫軍代表團組成」, 『漢
    口民國日報』, 1927. 3. 27; 「國民政府慰勞河南軍民代表團正式成立」, 『漢口民國日報』,
    1927. 4. 1; 「慰勞河南軍民代表團沿途工作情形」, 『漢口民國日報』, 1927. 5. 22.

290) 「第六屆農民運動講習所辦理經過」, 『中國農民』 9期, 1~10면; 「中央農民運動講習所成
    立之經過」, 『第一次國內革命時期的農民運動資料』(人民出版社 1980) 126면; 「豫籍黨員注
    意河南革命工作」, 『漢口民國日報』, 1927. 4. 13.

고, 그해 5월 1일 동정(東征)을 선언한 풍옥상의 제2집단군(第二集團軍)과 6
월 1일, 5일 정주와 개봉에서 각각 만남으로써 북벌전을 승리로 이끌었
다.[291] 북벌에 호응한 홍창회는 1927년 7월까지 신양, 확산, 기현, 휴현, 영
성(永城), 통허, 진류(陳留) 등지에서 폭동을 일으켜 현성을 점령하고 현지사
를 구축하였으며 임시치안위원회를 건립하였다. 또한 북벌군의 작전지원을
위해 물자 운반, 적정 정찰, 후방 교란, 철로 파괴, 열차 공격, 주둔지 공격
등의 임무를 담당하여 제2차 북벌 승리에 큰 공헌을 하였다. 이러한 북벌의
진전에 따라 국민당·공산당 양당과 그들이 주도하는 농민협회가 커다란 조
직적 발전을 보였음은 물론이었다.[292]

　국민혁명군과의 합작을 고려할 때 1927년 3월 봉천파 반대투쟁을 승리로
이끈 결과 30만의 세력으로 하남북부 20개 현을 장악하고 있었던 천문회에
주목할 필요가 있다. 천문회의 투쟁 사실과 그들이 소유한 무장력에 자극받
은 무한정부는 하남성 농민협회 서기이자 공산당원인 소인곡을 파견, 천문
회와의 합작을 시도하였다. 소인곡은 4, 5차례의 시도 끝에 어렵게 천문회
총단사(總團師) 한욕명(韓欲明)을 만나 북벌의 의의와 국민당의 주장을 설명
하였고, 한욕명은 그에 대해 "(천문회와 국공 양당) 모두가 백성을 구하고
제폭안량(除暴安良)하고자 한다는 점에서 종지를 같이한다" 동의하면서 국
민당 지휘하의 봉천파 반대연합을 희망하여 전권 대표 2명을 무한에 파견하

291) 무한정부 제2차 북벌의 경과에 대해서는 曾憲林·曾成貴·江峽『北伐戰爭史』(四川人民
　　　出版社 1990) 282~93면; 陳傳海·徐有禮『河南現代史』(河南大學出版社 1992) 84~87면;
　　　王全營「略論二次北伐及其意義」,『河南黨史研究』, 1987-2·3合刊; 曾光興「黨在第二次北
　　　伐中的作用」,『河南黨史研究』, 1987-2·3合刊; 曾廣興·王全營「北伐戰爭在河南」,『理論
　　　學習』, 1985-2; 謝樹坤·陳瑾「武漢政府第二次北伐」,『中州學刊』, 1983-4; 郭緖印「評武
　　　漢政府第二期北伐的戰略決策」,『歷史敎學』, 1983-7; 劉繼增 等「大革命後期革命軍北伐河
　　　南」,『河南師大學報』, 1981-5 등 참조.
292) 제2차 북벌에 대한 홍창회의 구체적 지원과 하남 국민혁명의 외형적 성장에 대해서는
　　　『河南共産黨史』上卷, 127~33면; 陳傳海·徐有禮, 앞의 책 79~84면 등 참조.

였다.[293] 이때 제시된 양자의 합작조건이란 구체적으로 밝혀지지는 않았지만, 중공 하남성위가 1927년 9월 이전의 홍창회 대책을 비판하면서 "군대로 개편하여 군관으로 삼거나 북벌군의 무기공급을 조건으로 홍창회의 회수와 연락하여 '풍옥상(馮玉祥) 환영, 봉천파(奉天派) 반대' 혹은 '북벌군 환영'을 추진했다"고 지적한 사실[294]에서 본다면 그것이 무한정부에 의한 무기와 재정의 지원 수준을 넘지 않았을 것임을 예상하기란 어렵지 않다. 그러나 합작이 가능했던 또다른 이유로서 다른 홍창회와 달리 지주·신사에 적대적인 빈농 중심의 조직이었던 천문회가 국민당 좌파와 공산당 중심의 무한정부와 종지를 같이했던 측면 역시 무시할 수 없을 것이다.[295] 따라서 1927년 9월 공산당 하남성위는 천문회를 '극빈 혁명군'으로 평가하면서 적극적으로 합작하여 '평민의 혁명정권'을 건립하자고 주장하였다.[296]

그러나 천문회와 무한정부와의 합작은 다른 한편으로 천문회와 대립하는 하남북부의 홍창회나 지주·신사 등 전통엘리뜨가 주도하는 기타 홍창회와 국민혁명과의 관계가 그만큼 원만하지 못할 것이라는 예상을 가능케 한다. 예컨대 1927년 4월 17일 신양에서는 제2차 북벌의 진전에 자극받아 크게 발전한 농민운동을 배경으로 전현 농민대표대회가 개최되었다. 대회는 농민자위군으로의 홍창회 개편 이외에 농민협회에 의한 민간소유 무기통제, 농민협회 내의 '토호열신' 배제, 소작인 보호, '토호열신' 처벌, 탐관오리 구축,

---

293) 子貞「反奉戰爭中之豫北天門會」, 『嚮導』, 197期(1927. 6), 2164면.

294) 「河南省委關于農民運動決議案」(1927. 9), 『河南革命歷史文件彙集(1925~1927)』, 117면.

295) 구체적으로 1927년 전반기까지 安陽 天門會 조직작업에 참여했던 공산당원으로는 공산당 安陽縣委 서기 楊介人을 비롯하여 鄭剛, 郭相明, 郝建勛, 劉翹旺 등의 명단을 확인할 수 있는데 이 가운데 鄭剛은 韓欲明의 군사고문, 郝建勛은 천문회의 실제 지도자의 역할을 각각 담당하였다(安陽縣委黨史辦「一九二七年安陽槍會運動的初步調査」, 『河南黨史硏究』, 1986-2, 44~47면).

296) 「河南省委對于槍會的決議」(1927. 9. 24), 『河南革命歷史文件彙集(1925~1927)』, 104~106면.

민중에 의한 현정부 구성, 하남 보위연합회(保衛聯合會) 및 민치사(民治社) 해산, '열신'의 강제징수분 청산, 부호의 세금누락분 징수, 묘산(廟産)의 몰수 등을 결의하였다.[297] 이러한 결정이 비록 '토호열신'이란 딱지가 붙여졌고 선언적 결의 수준의 것이었지만 앞서의 홍창회「결의안」에서 보여주는 타협책과 비교해볼 때 기존 지주·신사의 이해와 크게 충돌할 수 있었다. 구체적으로 공산당과 그의 영향하에 있었던 일부의 홍창회가 1927년 4월 확산폭동의 과정에서 새로운 현정부로서 치안위원회를 설립하면서 위정전(魏呈典), 초본고(楚本固), 하명일(何鳴一), 전비경(田斐卿) 등을 4대 '열신'으로 지목하여 처벌하려 하자 '토호열신'이 불안해 도주하기도 하였다.[298]

이와같이 국공합작의 원칙에 충실한 타협적 농민운동의 범위를 넘어서는 급진적 현상이 여러 지역에서 발생하게 되었다. 이는 물론 북벌의 진전에 따른 합법공간의 확대와 농민협회의 급속한 발전이란 배경에서 가능하였다. 하지만 '토호열신'(혹은 그렇게 지목된 지주·신사)과 그들이 장악하고 있던 홍창회의 조직적 반발을 야기할 수 있었다. 이럴 경우 공산당을 더욱 곤란하게 만든 것은 이미 지적한 바대로 기존 홍창회 조직방식이 단순한 회수연합책에 불과했다는 사실에 있었다. 요컨대 공산당은 군벌 반대투쟁이라는 정치적·외연적 합작에만 몰두한 나머지 홍창회 일반대중에 대한 침투와 조직화

---

297)「河南信陽縣農民代表大會」,『漢口民國日報』, 1927. 5. 17. 이 가운데 民治社란 1925년 張繼, 李鶴, 張天放, 薛劍光 등과 함께 하남국민당부를 장악하고, 西山會議를 옹호한 바 있었던 河南宣撫使 劉積學이 제2차 북벌이 개시되기 이전 하남남부를 중심으로 건립한 河南民治保衛聯合會를 가리킨다. 민치사는 조직장정을 통해 자위, 자치 조직(제1조)으로서 민치 실현, 압박해체, 침략방어, 親人善隣, 지방보위 등을 종지로 삼고, 전현직 국회의원, 전현직 성의회 의원, 전현직 자치직원, 農工商學 법정기관의 주요 직무 담당자, 대학졸업자 등 가운데에서 대표를 선발한다고 규정함으로써 자신의 성격을 분명히했다(「河南土豪劣紳之組織」,『漢口國民日報』, 1927. 3. 27;「河南黨務之黑幕」,『漢口民國日報』, 1927. 5. 4).

298)「河南慰勞士兵大會消息」,『漢口民國日報』, 1927. 4. 30; 林壯志「回憶大革命時期的確山農民暴動」(『河南農運』, 370~71면에서 재인용); 李則靑「大革命時期的確山農民暴動」,『河南文史資料』第7集, 1982, 34~42면.

를 이루어내지 못한 채 사실상 그들을 방기하고 말았고, 대체로 지주·신사 등 전통적 지역엘리뜨로 구성된 회수 개인의 의향에 따라 홍창회 조직 전체가 공산당과 대립하는 결과를 낳을 수 있었던 것이다.

게다가 공산당을 중심으로 한 조직활동가의 실제 조직, 선전 과정에서는 외형적 성장에 가려진 여러 문제점을 드러내고 있었다. 첫째, 전구 농민운동 위원회는 구체적 공작계획 없이 하남에 파견되어 주먹구구식의 조직활동만을 전개했을 뿐이라고 스스로 반성하면서 자신들의 각종 선전물은 하남 민중의 저급한 지적 수준과 보수성 때문에 거부되어 전혀 효과를 발휘하지 못하기 때문에 선전방법을 바꿔야 한다고 주장하였다.[299] 둘째, 국민혁명군 총정치부의 선전활동이란 것도 선전 열차를 따라 무한에서 가져온 선전물을 통째로 철로 주변에 살포하는 것으로, 민중들은 그들의 무절제한 낭비에 분노하기까지 하였다고 지적되었다.[300] 셋째, 무한정부가 파견한 조직활동가 가운데 1명인 등량생(鄧良生)이 지적하고 있듯이, 하남북부에 파견된 공작자 대부분은 하남남부인이기 때문에 언어소통 문제로 인한 공작의 어려움이 발생하였다. 조직작업에 직접 참여했던 공산당원 주기화(朱其華) 역시 사천에서 태어나 절강(浙江)에서 성장했기 때문에 선전대원 양사영(楊士穎)의 통역을 통해야만 했을 정도로 조직원과 지역주민의 언어소통 문제는 조직활동의 커다란 장애로 작용하였다.[301] 넷째, 오패부의 몰락과 함께 국민혁명군에 새

---

299)「戰區農運委員會之報告」,『漢口民國日報』, 1927. 5. 22;「戰區農運委員會改變宣傳方法」,『漢口民國日報』, 1927. 5. 26.

300) 朱其華(朱雅林),『一九二七年底回憶』(新新出版社 1933) 182면;「河南槍會援助北伐工作之報告」, 京師警察廳編譯會編『蘇聯陰謀文證彙編』2卷, 1928(近代中國史料叢刊 3編 第41輯), 552면.

301) 조직과정에 나타난 의사소통의 어려움에 대해서는「武漢中央農民部第12次部務會議記錄」(1927. 7. 9), 蔣永敬『鮑羅廷與武漢政府』(傳記文學叢刊 1972) 373면; 朱其華, 앞의 책 79면;「劉明佛對豫西工作視察報告」;「胡健關于軍運, 組織, 經費等問題給金山兄的信」,『河南革命歷史文件彙集(1925~1927)』, 47, 166면;「十一軍政治部前方工作報告」,『漢口民國日報』, 1927. 6. 19 등 참조.

452

로이 편입된 근운악, 전유근(田維勤), 방병훈(龐炳勛) 부대 등 이른바 '잡색군(雜色軍)'들은 기율도 이념도 없이 모든 군비를 지역에서 충당함으로써 국민혁명군의 혁명성을 무색하게 하여 신양, 정양(正陽), 식현, 확산, 나산(羅山) 등지 홍창회의 반발을 야기하였다.[302]

이와같은 문제점은 무한정부 중앙집행위원 고맹여(顧孟余)의 다음과 같은 발언에 잘 요약되어 있다.

총정치부(總政治部)의 하남행 선전열차가 출발하기 전, (부원) 모두는 흥분하여 이것이 러시아(혁명)를 배우는 방식이라 생각하였지만, 하남에 도착하자마자 어느 만큼의 효과를 거두게 될지 회의하기 시작했다. 지역주민의 환영을 전혀 받지 못하고 열차가 공격받고, 물자는 약탈당할 줄 누가 알았겠는가. 이들이 (하남에) 적용하려던 표어 또한 전혀 적합한 것이 아니었다. "농민을 압박하는 지주를 타도하라"(라는 구호의) 예로 하면 북방에서는 (농민의) 대부분이 지주이며 소작농은 단지 3, 4할에 불과하다. 또 "토호열신을 타도하라"를 예로 하면 홍창회는 농민과 토호열신의 연합조직이며 호신이 회수를 담당하였다. "반공산(反共産)은 반혁명이다"라는 (구호도) 자세히 연구하면 의미가 통하지 않을 수 있다. "농공을 압박하는 군벌을 타도하라"란 (구호는 주둔군) 위익삼(魏益三)으로 하여금 어떤 생각을 갖게 하겠는가. "모든 가연잡세를 폐지하라"도 공언에 불과한 것으로 군대의 반감만을 야기할 뿐이다. 전체적으로 이들은 하남과 호북의 상황 차이를 무시하고 호북에서 통용되는 각종 표어를 통째로 하남에 적용하려 했을 뿐이었다.[303]

---

302) 「中國國民黨中央執行委員會政治委員會第二十五次會議速記錄」(1927. 5. 30); 『中國國民黨第一, 二次全國代表大會會議史料(下)』, 江蘇古籍出版社 1986, 1224면). 또한 이들과 홍창회의 대립에 대해서는 「信陽民變記─紅槍會包圍十一師」, 『天津大公報』, 1927. 3. 19; 「信陽民變, 不堪受苛捐勒索」, 『晨報』, 1927. 4. 14; 「兵事」, 『信陽縣志』 卷18, 13~14면 참조. 이밖에도 "馮玉祥 옹호"라는 혁명세력의 구호를 무색하게 만든 그의 억압통치는 혁명운동에 대한 민중의 반감을 가중시켰고, 그 결과 하남북부 및 信陽 일대의 농촌에서는 혁명을 일으킨다고 간주된 학생들이 살해당하는 풍조까지 발생하기에 이르렀다(「胡健關于軍委工作的報告」(1927. 10. 5), 『河南革命歷史文件彙集(1925~1927)』, 143면).

이러한 상황에서 홍창회와 공산당의 결합이란 외형적이거나 일면적인 한계를 지닐 수밖에 없었다. 그렇다면 홍창회의 눈에는 이 공산당 혹은 국민혁명군 들이 어떠한 존재로 비춰졌을까? 다음에 소개하는 한 공산당원과 홍창회 회원과의 대화는 제2차 북벌기 홍창회에 비춰진 국민혁명상을 잘 나타낸다.[304]

공산당원: "나는 매우 홍창회를 좋아합니다만 잘 알지 못합니다. 홍창회에 가입한 이후에는 무엇을 합니까?"

홍창회 회원: "첫째로 노섬(老陝)을 타도합니다."

공산당원: "우리들 혁명군도 타도할 것입니까?"

홍창회 회원: "당신들 남군(南軍)은 그다지 나쁘지 않다고 들었습니다."

공산당원: "우리들은 남군이 아니라 혁명군입니다. 우리들의 군대에는 물론 남방인도 있지만 북방인, 섬서인(陝西人)들도 있습니다. 우리들은 결코 일반 백성을 우롱하지 않으며 당신들의 편에 서서 돕고자 합니다."

홍창회 회원: "좋은 얘기입니다."

공산당원: "당신은 혁명군의 주장에 찬성합니까?"

홍창회 회원: "우리들은…" 그는 잠시 망설이다가 흔쾌히 말했다. "진명천자(眞命天子)가 세상에 나타나지 않는다면 결국 좋을 수 없습니다."

공산당원: "진명천자란 존재할 수 없는 것이며 사람을 기만하는 말입니다. 우리들 스스로가 바로 진명천자입니다."

홍창회 회원: "뭐라고요, 당신이 틀렸습니다." 그는 머리를 흔들며 다시 분명하게 말했다. "그러나 진명천자가 이미 세상에 나타났으므로 천하는 빠르게 안정을 찾게 될 것입니다."

공산당원: "당신이 그것을 어떻게 알 수 있습니까?"

홍창회 회원: "관노야(關老爺)가 말씀하시기를 자미성(紫薇星)이 이미 하범

303) 「中國國民黨中央執行委員會政治委員會第二十五次會議速記錄」, 『中國國民黨第一‧二次全國代表大會會議史料』(下), 1225~26면.
304) 朱其華(朱雅林) 『一九二七年底回憶』(新新出版社 1933) 142~44면.

(下凡)하여 산동 제남부(濟南府)에 있다고 했습니다."

　공산당원: "그것 웃기는 얘기군."

　홍창회 회원: "뭐요!"

　그는 두 눈을 부릅뜨고 거의 나와 결투하려 하였다.

　위의 대화는 1927년 4월 신양에서 개최되는 홍창회대회에 참석하려던 왕아중(王阿增, 혹 황아진黃阿珍)과 국민혁명군 정치부 정치공작대 소속 공산당원 주기화 사이에 이루어진 것이다. 대화를 통해 첫째, "진명천자의 하범"이라는 미신에 사로잡혀 있는 홍창회 회원과 무신론의 입장에서 이들의 미몽을 깨야 하는 공산당원 사이에 놓여 있는 현격한 세계관의 차이를 확인할 수 있다. 비록 진명천자의 존재가 신령의 힘을 빌려 재난을 피하고자 하는 농민의 심리를 반영한 것이라 해도,[305] 혁명의 주체적 참여를 강조하는 공산주의자 주기화로서는 수긍할 수 없었다.[306] 둘째, 누차 강조하였듯이 홍창회와의 대립은 더이상 토비에 국한되지 않았다. 대화에 등장하는 '노섬'이란 1925년 하남을 장악했던 국민2군 악유준 부대를 지칭하는 것으로 당시 홍창회의 반감이 너무 커 이후 수탈군대의 총칭으로 되었다. 셋째, 홍창회는 국민혁명군에 대해 그다지 나쁜 감정을 갖고 있었던 것은 아니지만, 혁명군이기보다는 '남군'이란 호칭을 사용하고 있다는 사실이 주목된다. '남군'은 '북군(北軍)'의 상대어로서 뿌리깊은 지역감정의 표현이었다. 혁명적 대의를 위해 다양한 지역 출신이 결합한 국민혁명군을 홍창회가 단순히 '남군'이라

---

305) 李大釗「魯豫陜等省的紅槍會」,『政治生活』80・81期合刊(『六大以前─黨的歷史材料』, 人民出版社 1980, 664면에서 재인용.

306) 이와 관련하여 1927년 9월 공산당 하남성위 역시 홍창회 대중의 강고한 미신관념 때문에 자신들의 주장이 쉽게 받아들여지지 않았음을 지적하였다. 그러나 공산당의 고민은 하남농민의 의식, 문화수준이 너무 저급하기 때문에 농민협회나 공산당의 이름으로 그들을 조직할 수 없고 여전히 홍창회를 원하기 때문에 그들의 미신심리를 이용해야 하는 데 있었다.「河南省委報告」(1927. 9. 4),『河南革命歷史文件彙集』甲2, 89~91면.

이해하는 것도 문제지만, 더욱 심각한 것은 국민혁명군과 대립하고 있었던 봉천군이 북벌을 저지하기 위해 "공산(共産)"과 "공처(共妻)"의 위험성을 퍼 뜨리는 등 이데올로기적 선전[307]과 함께 북벌을 '남군'과 북방인의 대립이란 지역갈등으로 몰아가고 있다는 점이다. 구체적으로 당시 봉천군의 구호에는 "우리는 북방인이다. 남군은 북방의 형제를 타도하러 왔다. 북방의 형제는 일치단결하여 남군을 타도하라" "남군은 북방의 농민을 살해하기 위해 온다" 등이 있었다.[308] 따라서 왕아증의 예에서 드러나듯 자신의 세계관 혹은 믿음이 무시당할 경우 언제든지 공산당과 대결하려는 홍창회는 봉천군의 지역감정의 조장이나 이데올로기적 선전에 호응할 가능성이 높았다.

국민혁명운동에 대한 홍창회의 대규모 저항은 1927년 5월 신양현(信陽縣)의 유림(柳林)에서 발생하였다(이하 유림사건). 홍창회가 지역을 장악한 상태[309]에서 국민당 신양 현당부가 지역엘리뜨 24명을 '토호열신'으로 몰아 살해한 것과[310] 무한정부가 사건에 대해 항의, 청원하기 위해 무한에 온 대표 원영(袁英)과 왕결영(王潔英)을 체포한 것이 사건의 직접적 발단이었다. 신양 등 6개 현의 홍창회는 연합하여 신양 현당부를 공격하여 전구농운위원회(戰區農運委員會) 임원 2명, 총정치부 임원 9명, 현당부 임원 4명 등을 살해하고 두 차례에 걸쳐 경한철로를 파괴하여 국민혁명군의 북벌을 방해하였으며, 신양 일대를 완전히 장악함으로써 공산당의 농촌공작을 불가능하게

307) 「總政治部在信陽召集民衆代表大會」, 『漢口民國日報』, 1927. 5. 26; 「總政治部告信陽同胞書」, 『漢口民國日報』, 1927. 5. 26.

308) 朱其華, 앞의 책 170~71면. 한편 남과 북의 대결구도로 국민정부의 북벌을 설명하는 연구로는 羅志田 「南北新舊與北伐成功的再詮釋」, 『新史學』, 5-1(1994年 3月) 참조.

309) 당시 舊汝寧府 소속 汝南, 正陽, 羅山, 信陽, 確山, 新蔡, 上蔡, 西平, 遂平 등 9현은 모두 홍창회에 점령되어 대부분의 현지사는 홍창회에 의해 구축된 상태였다(「豫南九縣爲紅槍會占領」, 『天津大公報』, 1927. 5. 14).

310) 「中國國民黨中央執行委員會政治委員會第十九次會議速記錄」, 『中國國民黨第一·二次全國代表大會會議史料(下)』, 1130면.

만들었다.[311] 이 홍창회들은 「하남신양등육현홍창회포고(河南信陽等六縣紅槍會布告)」를 통해 다음과 같이 주장하였다.

손문선생이 삼민주의를 제창하자 대중이 환영해 마지않았다. 그러나 뜻밖에 젊은 당인(黨人)이 참, 거짓을 분별하지 못하여 정책이 적화로 변화되니, 공산, 공처를 실행하고, 부모를 원수시하며, 남녀 자유연애풍조가 횡행하고, 오로지 보복주의가 판치게 되었다. 또한 반대자에 대하여 임의로 잔인하게 (처벌하고) 무지한 농민과 노동자를 우롱하였다. (이에 대해) 한마디 (반발하면) 사형에 처해지니 폭악한 진(秦)에서조차 이러한 법은 없었다. (이렇게) 사람들을 곤경에 빠뜨림으로써 공분을 격동시켜 무력항쟁만이 있게 되니 (홍창회) 회원은 이번 일을 하지 않을 수 없게 된 것이다. 그러나 (항쟁의 대상은) 혁명군에까지 미치는 것은 아니다. 우리의 부모형제에게 권하니 당원의 허튼 행동을 받아들이지 말라. 또한 주둔 군경에게 청하니 당이 인민을 해치는 것을 돕지 말라.[312]

이것과 하남전성홍창연합회총부(河南全省紅槍聯合會總部)의 명의로 1927년 2월 21일 발표된 「고변민선언(告汴民宣言)」과 비교해보면[313] 유림에서 보여준 홍창회의 무력항쟁은 군벌수탈로 인해 촉발된 투쟁과 차별적인 것으로서 무한정부의 이데올로기적 침투에 대한 지주·신사 등 기존 지역엘리뜨의 반발이란 측면이 강하다고 할 수 있다. 또한 주된 공격대상은 주둔군이 아니라 당시 공산당에 의해 장악된 국민당 신양 현당부였다.[314] 따라서 유림

---

311) 「武漢中央農民部第十一次部務會議錄」, 1927. 7. 1(蔣永敬, 앞의 책 375~76면에서 재인용); 「戰區農民委會報告柳林事件已解決」, 『漢口民國日報』, 1927. 5. 13; 「總政治部在信陽召集民衆代表大會」, 『漢口民國日報』, 1927. 5. 26.

312) 「河南信陽等六縣紅槍會布告原件(賀國光致武漢中央報告附件)」(蔣永敬, 앞의 책 374~75면에서 재인용).

313) 「告汴民宣言」의 전문은 「書紅槍會宣言後」, 『天津大公報』, 1927. 2. 25에 소개되어 있고 그에 대한 분석은 拙稿=2000, 90~91면 참조.

314) 오히려 홍창회는 駐屯軍長 賀國光에게 민중에 대해 각종의 악행을 일삼는 '惡黨人' 처

사건은 제2차 북벌 이후 급진화된 하남농민운동에 대한 홍창회의 대규모 반발이라 할 만하다.

게다가 기존의 홍창회 회수들은 혁명적 대의에 동의했기 때문이라기보다는 대체로 무기와 보급품을 공급받을 수 있을 것이라는 기대 때문에 북벌군에 적극 협조했던 것이고, 오패부 때와 마찬가지로 별 소득을 얻지 못함에 따라 공산당 등에 대하여 깊은 원한을 지니게 되었다. 이 때문에 하남북부에서 홍창회는 공산당원을 배척하였다.[315] 특히 '토호열신'에 적대적인 반면 혁명세력에 협조적이었기 때문에 '적화군대'로까지 평가되었던 천문회조차도 자신들의 군사·경제적 요구가 충족되지 못하자 공산당에 반대하면서 합작작업을 벌이던 공산당원을 구축하였다.[316] 제2차 북벌을 전후한 천문회와 공산당의 관계가 이 정도라면 천문회와 대립적이었던 다른 홍창회와의 관계 양상이 어떠했을지는 충분히 예상할 수 있을 것이다.

무한정부에 대한 지주·신사(혁명가의 입장에서 보면 '토호열신')와 홍창회의 반발은 여기서 그치지 않고 하남과 인접한 호북북부와 동부지역에서도 빈번하게 발생하였다. 그 가운데 하남홍창회와 관련된 것만을 소개하면 표47과 같다. 특히 1927년 5월 하남 광산(光山)으로 쫓겨간 호북 황안(黃安)의 '토호열신'은 광산에 국민당 황안, 마성(麻城) 현당부의 명의로 "홍창회 타도"의 표어를 붙이고, "공처"의 유언비어를 유포하여 홍창회를 유인하였다. 마

벌 등 6개항을 요구하였다. 「中國國民黨中央執行委員會政治委員會第二十五次會議速記錄」 (1927. 5. 30),『中國國民黨第一·二次全國代表大會會議史料(下)』, 1223면.

315) 「胡健關于軍委工作的報告」(1927. 10. 5),『河南革命歷史文件彙集(1925~1927)』, 142~43면. 공산당원 劉明佛 역시 제2차 북벌시기 하남서부 홍창회 회수의 升官發財의 요구를 충족시키지 못해 그들을 완전히 적으로 돌려버렸음을 지적하였다. 「劉明佛對豫西工作視察報告」(1927. 7. 15),『河南革命歷史文件彙集(1925~1927)』, 46면.

316) 공산당 역시 이러한 天門會에 대해 부패했다고 비난하였다. 「河南省委報告」(1927. 9. 4), 「河南省委關于農民運動決議案」(1927. 9), 「河南省委農民運動情況的報告」(1927. 9), 「胡健關于軍委工作的報告」(1927. 10. 5),『河南革命歷史文件彙集(1925~1927)』, 85-86, 117, 128, 142면.

침 당시는 마성 '토호열신' 정침어(丁枕魚)의 아들 정약품(丁約品)이 홍창회 3천명을 이끌고 마성을 공격했다가 실패한 뒤 광산 신집(新集) 일대에 5, 6천 규모를 이루어 두번째 공격을 준비중이었다. 결국 이 황안, 마성의 '토호열신'들은 광산 홍창회 가운데 감문과 결합하여 3, 4만명에 달하는 대규모의 조직을 형성하여 황안을 공격하였다.[317]

이상 하남남부 홍창회와 밀접한 관련을 지닌 호북북부, 동부홍창회의 활동을 통해 수만명에 이르는 대규모 홍창회가 혁명정부에 반대의 입장을 명확히 취했음을 알 수 있다. 투쟁의 지도자는 농민운동의 급진화에 위협을 느낀 '토호열신'이었고, 그 방법은 국민당부, 농민협회에 대한 폭력적 파괴 및 현성 포위 등이었다. 이밖에도 전술한 바 있는 민치사는 "반적(反賊)" "반공(反共)"을 주장하면서 먼저 하남남부의 '토호열신'을 규합하여 전성으로의 조직확대를 꾀하였고 이어 홍창회 회수와 결합하였다. 그 결과 1927년 4월 나산 민치사 방소요(方紹堯), 상형보(尙衡甫), 유좌문(劉佐文) 등은 홍창회와 연합하여 국민당 현당부를 공격하고 봉천군을 대신하여 반공전단을 살포하였으며, 신양에서는 국민당 성 당부 개조운동을 전개하였다.[318] 이는 한편으로는 혁명세력에 의해 기존의 향촌지배권을 빼앗기면서, 또다른 한편으로는 국민당부나 농민협회에 참가할 수 없었던 지주·신사(혹은 '토호열신') 등이 여전히 홍창회의 주도권을 장악하고 있었기 때문에 가능한 일이었다. 1927년 5월 말 하남농민운동이 전격적으로 중지된 배경에는 무한정부의 전반적인 우경화와 맞물려 이상과 같은 사정이 개입되어 있었다.[319]

---

317) 「可注意之顎北紅槍會問題」, 『漢口民國日報』, 1927. 5. 7; 「黃安農民與光山紅會」, 『漢口民國日報』, 1927. 5. 26; 「黃安民衆與光山紅會周旋始末」, 『漢口民國日報』, 1927. 5. 31.
318) 「河南農民痛苦之一斑」, 『漢口民國日報』, 1927. 4. 4; 「光明與黑暗的鬪爭」, 『漢口民國日報』, 1927. 4. 22.
319) 무한정부의 하남농민운동 중지 결정에 대해서는 「中國國民黨中央執行委員會政治委員會第二十五次會議速記錄」(1927. 5. 30), 『中國國民黨第一·二次全國代表大會會議史料(下)』, 1226~27면; 「中國國民黨中央執行委員會政治委員會第26次會議速記錄」, 1927. 6. 1(蔣永

이상 국민혁명기 하남 홍창회와 혁명세력과의 관계양상을 살펴보았는데, 먼저 양자관계를 중심으로 1927년 초까지의 상황을 정리하면 다음과 같다.

첫째, 혁명세력의 조직방식은 대개 홍창회 회수 접촉을 통한 군사연합전선 구축이었다. 이 점은 공산당의 홍창회 대책의 반영으로써 북벌시기 효과적인 군사동원의 필요성에서 이해될 수 있으나 홍창회 대중에 대한 혁명세력의 침투를 보장하지 못하고, 홍창회 회수 개인의 의향에 따라 양자관계가 동요될 수 있다는 한계를 내포한 것이었다.

둘째, 공산당의 조직화 과정은 회수를 중심으로 한 하향식 과정을 거치면서도 조직화와 투쟁의 결합 및 홍창회의 농민자위단(혹은 농민협회)으로의 조직전환 과정 등을 잘 보여주었다. 그러나 과연 공산당의 의도대로 홍창회가 농민협회 혹은 농민협회 내의 농민자위단으로 완전히 개편되었는지 회의적이다. 왜냐하면 공산당의 '과회' 인정에서도 예상되지만 농민협회와 홍창회 양 조직의 공존현상이 발생할 수 있었다. 즉 홍창회의 농민협회로의 전환은 반드시 홍창회의 조직적 해체를 의미하는 것은 아니어서 농민협회가 홍창회를 포함하기보다는 오히려 홍창회운동이 농민협회 운동을 포섭할 여지를 남겨두었다. 더욱이 1926년 하남 재점령 과정과 이후 보여준 오패부의 대중운동 탄압, 여타 군벌간의 전쟁의 만연 그리고 그에 따른 토비·패잔병과 가연잡세의 증가에서 귀결되는 사회적 혼란은 합법적이고 공개적인 농민조합 운동보다는 홍창회와 같은 무장 자위조직의 필요성을 배가시킬 수 있었다. 그렇기 때문에 공산당은 국공분열 이후 기왕의 홍창회 조직작업을 비판적으로 바라봤던 것이다.

셋째, 이상의 한계에도 불구하고 혁명세력이 지역에 따라 홍창회 조직화에 성공할 수 있었던 것은 홍창회의 조직적 실체를 인정한 바탕에서 반군벌

敬, 앞의 책 378면에서 재인용);「中央執行委員會昨日三重要訓令」,『漢口民國日報』, 1927. 5. 31;「戰區農委會結束」,『漢口民國日報』, 1927. 6. 17; 王天獎『河南省大事記』(河南人民出版社 1993) 442면;『河南共産黨史』上卷, 133~37, 141~42면 등 참조.

연합투쟁이라는 타협적·외연적 결합에 나섰고, 이 경우에도 조직활동가의 성씨개명, 농민야학, 개인적 관계망 등을 이용한 신중한 접근을 취했기 때문이었다.

그러나 홍창회에 의한 장호신 살해의 예에서도 드러나듯이 공산당과의 합작을 거부하는 홍창회 역시 다수 상존하고 있었고 이들을 지도하는 지역엘리뜨는 이후 국민혁명의 진행추이에 따라 자신의 정치적 입장을 분명하게 드러낼 수 있었다. 이러한 상황은 1927년 4월 이후 본격화된 무한국민정부의 제2차 북벌기에 나타났다. 북벌은 하남 내의 경제적 붕괴와 정치적·행정적 공백과 해체를 야기하고 토비·홍창회·군벌의 활동을 활발하게 하여 홍창회와 국민혁명이 전면적으로 접촉하게 만드는 계기로 작용하였다. 이 시기 무한정부는 하남 전성 무장농민대표대회, 전구 농민운동위원회, 하남 군민 위로대표단, 국민혁명군 정치부 정치공작대 등의 조직을 통해 더욱 체계적이고 적극적인 하남농민운동을 전개하였고, 북벌 승리에 따라 확대된 합법적 공간 내에서 농민운동은 점차 급진화하기 시작하였다.

하지만 농민운동은 여전히 그 통제 밖에서 놓여 있었고, 농민운동의 중심에는 변함없이 홍창회가 있었다. 조직작업에 참여했던 공산당은 '홍창회 세계' 내부에 대한 이해가 부족했고, 이전과 마찬가지로 회수연합을 통한 하향식 군사적 동원에만 주력한 나머지 홍창회 대중에 대한 조직화 작업을 방기했으며, 더구나 언어소통의 문제나 비현실적 구호의 제시와 같은 구체적 선전, 조직 과정에서의 문제점을 드러내면서 결국 홍창회와 갈등, 대립하고 말았다. 유림사건이 대표적인 예이지만 "진명천자의 하범"을 신봉하는 홍창회와 그들에게 "공산" "공처"를 실행하는 '남군'으로 비춰진 국민혁명세력 사이에서 외연적·군사적 결합 이상의 관계를 상정하는 것 자체가 무리인지도 모른다.

더욱이 이상의 결과는 공산당으로 대표되는 국민혁명 측의 단순한 전술적 오류로 이해될 수도 있겠지만, 홍창회운동이 본래 지주·신사 주도의 보수

적 자위운동이었기 때문에 나타나는 결과로서 향촌지배권을 둘러싸고 전개
된 지역엘리뜨와 혁명가 사이의 경쟁에서 아직까지는 전자가 우위를 점하고
있었음을 입증하는 것이기도 하다. 그러나 혁명세력 가운데 공산당은 국민
혁명기의 실패 경험을 교훈삼아[320] 이전 '회수연합정책'과는 질적으로 다른
대중노선을 추구하여 '홍창회 세계' 내부로까지 침투할 수 있는 기틀을 마련
하게 되었다.

---

320) 공산당 스스로도 "(홍창회와 관련된) 이러한 실패의 교훈은 매우 소중한 것이었다" 밝히
    고 있다. 「河南省委關于農民運動決議案」(1927. 9), 『河南革命歷史文件彙集(1925~1927)』,
    117면.

VI. 소결

정상적인 중국사회에서 신사와 토비 사이에 타협 혹은 협력이 존재할 수 없었다. 토비의 주된 공격대상이 지주·신사였다는 측면에서도 이들 사이의 적대적 대립은 당연하였다. 또한 그들의 은어를 통해서도 알 수 있듯이 '토비 세계'란 불법적·폭력적·미신적 비밀세계였다. 그러나 군벌 통치시기 하남의 변경 혹은 토비 할거지역 내에서 양자의 관계는 그렇게 단순하지만은 않았다. 청조의 몰락과 군벌수탈의 강화에 따라 국가통치의 정당성이 동요되었고 이러한 정통성 위기 속에서 지주·신사는 새롭게 발전해가는 토비·홍창회 등을 외면할 수만은 없었다. 더욱이 왕천종, 노양인, 번종수 등의 예에서와 같이 비합법적 토비는 언제든지 합법적 군장으로 전환될 수 있는 상황이었다. 또한 토비는 자신들의 근거지 내에 보호구를 설정하고 파괴와 약탈을 억제하고 보호세 징수를 댓가로 외부의 토비나 군벌의 수탈에서 지역을 보호하는 등 '지역의 수호자'로 등장하기도 하였다. 이렇듯 "옳고 그름이 뒤섞여 있고 상하 모두 도적이 될 수 있는 극단적 상황"에서 대규모의 조직과 무장력을 갖춘 토비가 지역이해를 앞세우며 지역주민의 지지를 획득해나갈 경우 제한적이나마 지주·신사의 호응이 이루어질 수 있었다. 하지만 이와같은 신사와 토비의 결합은 관 혹은 혁명집단의 입장에서는 받아들일 수 없는 불법적·반혁명적 행위였으며 이렇게 토비에 협조한 신사는 '토호열신'으로 간주되었다.

미신으로 가득 찬 홍창회에 지주·신사가 적극적으로 가담한 것 역시 토비와 군벌의 발호에 따른 절박한 생존의 위기 때문이었다. 그들은 자신들의 생명과 재산 그리고 기존 권력을 보호, 유지해야 한다는 개인적 이해와 지역 공동체를 보위해야 한다는 공의식을 바탕으로 부, 학위, 권위, 네트워크 등을 이용하여 홍창회 조직과 발전에 적극 참여하였다. 또한 전직 군인, '토호열신', 토비두목, 주술사 등 '반엘리뜨'(counter elite) 역시 1920년대 지역 군사화(militarization)와 통치정당성의 위기라는 변화된 상황 속에서 새로운 권력을 창출하기 위해 지역 정치무대에 뛰어들었고 그 구체적 수단 가운데 하나는 홍창회에 참여하는 것이었다. 이 양자경쟁의 결과 홍창회 가운데 일부에서는 그 주도권이 지주·신사로부터 '반(反)엘리뜨'로 넘어갈 수 있었다. '회비'라는 존재는 이를 대변한다. 1927년 풍옥상정권의 등장을 전후해 제기되었던 '홍창회 선후' 문제란 지주·신사 혹은 성당국이 자신들이 통제권 밖으로 벗어난 '회비'를 본래 홍창회의 모습으로 되돌려 자신들의 통제 내에 재편시키려는 노력의 일환이었다.

혁명세력이 강력한 무장력과 조직력을 옹유한 토비·홍창회에 관심을 기울인 것은 당연한 것이었다. 이 가운데 번종수는 1920년대 하남서부의 토착 군벌로 큰 명성을 날린 인물이었다. 본래 토비 출신이었던 그는 군대로 개편된 이후 여전히 노양인의 부하 등 다수의 토비를 끌어들여 자신의 세력을 확충한 뒤 1923년 '반혁명' 진압군으로서 남하하여 오히려 진형명군(陳炯明軍)의 공격으로 위기에 빠진 손문의 광동군정부를 구원하였고, 그 댓가로 국민당 중앙 감찰후보위원에까지 올랐다. 이어 번종수는 손문의 명령에 따라 북벌을 단행하여 1924년 건국예군이란 기치를 들고 하남에 재등장함으로써 과거의 토비군대에서 '혁명군'으로 변신하였다. 이후 건국예군은 토비 토벌 활동을 전개하기도 하고 또 지역을 수탈하기도 하였으며 다시 '반혁명' 진영

464

에 참가하는 등 전변을 거듭했고, 이 과정에서 약탈집단 토비와 자위집단 홍창회를 모두 받아들였다.

이상의 변화에는 아무런 일관성이 없는 것처럼 보이지만, 번종수 등은 그들 자신 토비 출신이라는 한계와 중앙군벌과 지역주민 사이에 위치한 소군벌이란 불안한 위상 속에서 하남서부를 기반으로 한 군사적 근거지를 끊임없이 추구하였다. 번종수를 포함하여 주로 하남서부 출신으로 구성된 건국예군이 하남서부 약탈에 신중하거나 "하남인에 의한 하남통치 [예인치예(豫人治豫)]" 주장을 통해 지역통치의 정당성을 구하고자 한 것도 바로 지역민의 호응을 끌어내기 위함이었다. 이러한 번종수와 건국예군이 국민혁명에 참가한 것은 국민당과 공산당의 전국적 혁명대의에 공감했기 때문이라기보다는 국민혁명의 진전과 오패부의 포위공격이란 상황 속에서 이루어진 불가피한 선택이었으며, 동시에 "예인치예"를 보장한다는 전제하에 이루어진 잠정적 군사연합에 불과했다. 그렇기 때문에 국민혁명 성공 이후 성장이란 혁명의 과실이 풍옥상에게 넘어가게 되자 번종수는 또다시 '반혁명'의 길로 나서게 되었던 것이다.

혁명세력과 토비와의 결합과정에서 나타나는 조직동원의 한계는 홍창회와의 관계에서 더욱 극명하게 드러났다. 1927년 초까지 진행된 공산당의 조직화 과정은 다음과 같이 정리될 수 있다. 첫째, 공산당은 홍창회 회수 접촉을 통한 군사연합전선의 구축을 모색하였기 때문에 북벌을 즈음한 군사적 필요는 충족시킬 수 있을지 모르지만, 홍창회 대중의 실질적 동원과 장악에는 성공하지 못했다. 둘째, 공산당은 홍창회를 농민협회 혹은 농민협회 내의 농민자위단으로 개편하고자 하였지만 그 결과는 회의적이었다. 오히려 홍창회운동이 농민협회운동을 포괄할 수 있었다. 셋째, 하지만 위의 한계에도 불구하고 홍창회 조직화와 그를 바탕으로 한 농민협회의 발전이 가능했던 것은 공산당이 홍창회의 조직적 실체를 인정한 바탕에서 반군벌 연합투쟁의 외연적 결합에 만족했기 때문이었다.

1927년 4월 무한정부의 제2차 북벌은 하남 내의 경제적 붕괴와 정치적·행정적 공백과 해체를 야기하고 토비·홍창회·군벌의 활동을 활발하게 만들어 토비 세계와 국민혁명의 더욱 전면적인 접촉의 계기로 작용하였다. 이시기 무한정부는 더욱 체계적이고 조직적인 농민운동을 전개하였다. 그러나 농민운동의 주도권은 여전히 홍창회가 장악하고 있었다. 조직작업에 참여했던 공산당은 '홍창회 세계' 내부에 대한 이해가 부족했고, 이전과 마찬가지로 회수연합을 통한 하향식 군사적 동원에만 주력한 나머지 홍창회 대중에 대한 조직화 작업을 방기했으며, 더구나 언어소통의 문제나 비현실적 구호의 제시와 같은 구체적 선전·조직 과정에서의 문제점을 드러내면서 홍창회와 갈등, 대립하고 말았다. 이상의 결과는 공산당으로 대표되는 국민혁명 측의 단순한 전술적 오류로 이해될 수도 있겠지만, 다른 한편으로는 지주·신사 주도의 보수적 자위운동으로서 홍창회가 지니는 성격과 함께 홍창회 대중에게 비춰진 국민혁명의 실상이었다고 할 수 있을 것이다.

결론

본서는 민국 초기 하남이 토비·홍창회·군벌 등 3자의 활동이 가장 두드러진 지역이었다는 사실에 주목하여, 이러한 삼다(三多)현상이 발생하게 된 원인, 상호 인과관계, 내부 조직 그리고 그들과 국가권력 혹은 혁명세력과의 관계 등을 고찰함으로써 하남 기층사회를 새롭게 이해하고자 하였다. 이 과정에서 필자는 당시의 하남사회가 '토비 세계' '홍창회 세계' '군인 세계' 등으로 일컬어지는 데 착안하여, 이 삼자의 활발한 활동결과 형성된 1920년대의 하남사회를 토비 세계로 규정하였다. 그렇다면 본서의 목적은 토비 세계의 성립과정과 그 특징에 대한 이해로 집약될 수 있을 텐데, 본서는 이러한 목적을 위해 셋으로 구성되었다.

제1부에서는 토비 세계의 성립배경을 철로 도입에 따른 사회변화와 신해혁명 시기의 정치적 격변을 중심으로 살펴보았다. 이 시기 하남은 토비의 발생빈도와 규모 면에서 상당한 지역차이를 보였다. 예컨대 하남서부, 하남동부, 하남북부의 일부 [활현滑縣 등], 청대 남양부(南陽府)에 해당하는 하남서부 등지에서는 토비에 의한 심각한 폐해가 발생하였지만, 철로 주변이나 하남북부의 발달지역에서는 상대적으로 적게 토비가 출몰하였다. 이러한 지역적

편차가 발생한 데에는 경제적 낙후, 쇠퇴 이외에 치안행정의 곤란함, 무풍 (武風)문화의 발달 등과 같은 요인이 관련되었다. 하지만 신해혁명과 같은 정치적 요인을 빼고 하남 토비·비밀결사의 발달을 충분히 설명할 수는 없다. 신해혁명은 기존의 질서, 권력, 가치관 등이 무너질지도 모른다는 기대와 우려를 증폭시켰고, 토비·비밀결사의 극성과 직접 관련해서는 성정부의 동요와 군대배치의 이동을 가져왔다. 더욱이 혁명은 혁명파와 결합한 각지의 토비·비밀결사가 혁명적 혼란을 틈타 세력을 크게 떨치게 하고, 이후 그들의 장기 지속현상을 촉발시키는 중요한 계기를 마련하였다.

그러나 하남의 '제2혁명'이라 할 수 있는 백랑(白朗)의 난이 진압된 이후인 1915년에서 1920년까지의 하남사회는 그 전후 시기에 비해 상대적으로 안정되었다. 1914년 8월 조척(趙倜)정권의 수립 이후 치안조직의 정비와 적극적인 토비 토벌활동을 통해 치안상황은 점차 호전되었는데, 이러한 사실은 동 시기에 발생한 토비사건을 분석함으로써 확인할 수 있다. 특히 개봉 『하성일보』에 등장하는 1910년대 후반의 토비 관련 사건을 분석해보면 이 시기의 토비가 국지적·계절적·한시적·소규모, '녹림'적 성격을 띠고 있었음을 알 수 있는데, 이러한 사실은 상대적이기는 하지만 1910년대 후반 치안활동의 효율성을 역으로 증명해준다.

제2부는 군벌혼전의 심화에 따른 치안의 문란과 토비의 발호 그리고 그에 대응한 홍창회의 등장 및 발달과정을 추적하였다. 1920년대 군벌 사이의 각축은 지역 치안체제에까지 큰 영향을 끼쳤다. 하남의 경우 독군교체파동과 연동되어 현 치안의 중추였던 현지사가 자주 교체되었고, 군대에 의해 기존 치안조직이 해산되거나 병합되는 일이 종종 발생하였다. 이러한 1920년대 군벌 통치시기에 본격적으로 등장한 새로운 형태의 토비가 토비군대였다. 이 토비군대들은 기존에 소지했던 무기와 전투경험을 바탕으로 과거와는 다른 대규모의 약탈과 인질납치 그리고 파괴, 살상 등을 자행하며 하남사회를 큰 혼란에 빠뜨렸다. 동시에 전쟁의 수요에 따라 군벌이 무차별적으로 토비

468

를 군대로 개편함으로써 토비의 발호를 더욱 재촉하였다. 더구나 군벌에 의한 수탈이 토비에 결코 뒤지지 않는 "토비와 군이 구별되지 않는〔병비불분兵匪不分〕"의 상황이 두드러지게 나타나는 한 군대에 의한 치안활동의 효과를 기대하기 곤란하였다.

1920년대 하남의 '토비 세계'란 바로 이러한 사정을 배경으로 성립하게 되는 것이다. 반면 '홍창회 세계'의 형성은 '토비 세계'의 성립을 직접적 배경으로 하였다. 현지사를 중심으로 한 민정 치안조직의 기능 약화와 군정 치안조직의 수탈강화라는 공적 치안체제의 문란을 대신하여 토비를 방어하기 위한 '유일한 무기'로 등장한 것이 사적 치안조직 홍창회였다. 하지만 이렇게 토비 반대 자위조직으로 출발한 홍창회가 군벌과 대립하기 시작한 것은 "병비불분"의 상황 때문이었다. 이후 홍창회는 강화된 역량을 배경으로 지역에 할거하였으며, 계속된 정부의 금지령에도 현지사를 구축하고 조세 저항운동을 전개하면서 지역 내의 합법성을 실질적으로 쟁취해갔다.

제2부가 토비 세계의 성립과정에 대한 검토였다면 제3부에서는 토비 세계의 내부 구조와 그 성격을 지역엘리뜨와 혁명세력과의 관련성 속에서 이해하였다. 토비의 은어와 홍창회의 주문 그리고 그들의 의식과 훈련과정 등을 통해 보면 토비 세계는 폭력적이고 미신으로 가득 찬 비정상적인 사회였다. 정상적인 상황이라면 전통적인 지배층인 지주·신사가 토비·홍창회와 타협 혹은 협력할 수 없었다. 그러나 청조의 몰락과 군벌수탈의 강화에 따라 국가통치의 정당성이 동요되었고 이러한 정통성 위기 속에서 지주·신사는 새롭게 발전해가는 이 불법적 세력들을 외면할 수만은 없었다. 더욱이 경우에 따라서는 토비가 '지역의 수호자'로 등장하였고 홍창회 역시 토비와 군벌에 효과적으로 대항하며 지역을 장악하면서 실질적으로 합법성을 쟁취해나갈 때 신사의 호응이 더 쉽게 이루어질 수 있었다. 하지만 신사와 토비의 결합은 관 혹은 혁명가의 입장에서는 받아들일 수 없는 불법적·반혁명적 행위였으며 토비에 협조한 신사는 '토호열신'으로 간주되었다.

또한 지주·신사와 같은 기존의 전통적인 지역엘리뜨 이외에 전직 군인, 주술가, 토비두목, '토호열신(土豪劣紳)', 고리대금업자 등 '반(反)엘리뜨'(counter elite) 역시 1920년대 지역군사화와 통치정당성의 위기라는 절박한 상황 속에서 새로이 권력을 창출하기 위해 홍창회운동에 참여한 결과, 홍창회 일부에서는 양자 사이의 주도권 쟁탈전이 전개되었다. '회비(會匪)'라는 존재는 홍창회의 주도권이 전자에서 후자로 전환된 상황에서 등장하였다. 1927년 풍옥상(馮玉祥)정권의 등장을 전후한 '홍창회 선후(善後)' 문제제기란 지주·신사 혹은 성당국이 자신들이 통제권 밖으로 벗어난 이 '회비'들을 민단과 같이 통제가능한 조직으로 재편시키려는 노력의 일환이었다.

혁명세력이 강력한 무장력과 조직력을 소유한 토비·홍창회에 관심을 기울인 것은 당연하였다. 그러나 혁명세력의 주된 관심은 토비·홍창회의 무장력에 있었던 것이며 토비·홍창회의 협조 역시 혁명적 대의보다는 개인적 출세나 물질적 보상 및 지역이해에 바탕을 두고 있었다. 특히 1920년대 하남농민운동의 주도권이 홍창회에 의해 장악된 상황에서 공산당 등 혁명가들은 '홍창회 세계' 내부까지 침투하지 못한 채 홍창회 회수를 통한 하향식 군사동원에만 집착한 나머지 대중을 효과적으로 장악할 수 없었다.

더 상세한 내용정리는 각 편의 소결과 각 장의 결론부분에서 이미 다뤘기 때문에 더이상 설명은 생략하기로 한다. 하지만 형식적으로 볼 때 본문 내용이 토비·홍창회·군벌 삼자를 각각 구분하여 서술하는 방식을 택했기 때문에 3자 사이의 관계나 그들에 의해 이루어진 하남사회상에 대한 종합적 이해는 여전히 불충분한 것 같다. 따라서 이하에서는 토비 세계의 특징을 몇 가지 정리하는 것으로 이 부분에 대하여 보충하려 한다.

먼저 토비 세계는 연환성(連環性)의 특징을 지녔다. 토비 세계의 중심축인 토비·홍창회·군벌 삼자는 상호간 대립·차별의 관계이면서 동시에 연합·동질의 관계를 형성했다. 본래 중국 혼란의 산물이라는 공통점을 갖는 이 삼자는 상호 인과관계를 지닌다. 즉 토비의 증가는 그에 대한 방어를 목

470

적으로 하거나 군으로 개편한 결과 군의 증가현상을 야기하고, 이렇게 증가
된 군이 지역수탈을 강화함에 따라 다시 토비가 증가하면 이제 군과 토비를
방어하기 위한 홍창회의 발전으로 귀결된다. 그러나 토비 세계 내부는 그렇
게 단순하게만 구성된 것은 아니었다. 예컨대 홍창회와 토비의 관계를 살펴
보면 양자는 방어와 약탈이라는 고유의 성질을 갖는 대립적 존재지만 지역
의 자위, 자치라는 동일한 역할도 담당할 수 있었다. 또한 하남사회의 '군사
화' 현상과 맞물려 홍창회 내부의 군사적 기능이 더 중요시되고 외부에서
다양한 유민층이 유입됨에 따라 점차 기존 지주·신사의 주도권이 상실된
결과 토비와 유사한 '회비'가 등장하기도 한다. 이렇게 '회비'로 변모한 홍
창회에서는 약탈행위, 첨예화된 내부의 분파성, 공동체적 질서의 파괴, 미신
의 횡행 등 기존 홍창회에서 찾아보기 힘든 "홍창회와 토비가 구분되지 않
는 [회비불분(會匪不分)]"의 현상이 나타났다.

　다음 군벌과 토비의 관계를 검토해보자. 군벌에게는 당연히 토비토벌의
역할이 주어졌다. 그러나 군벌과 토비 양자는 현실적으로 운명공동체였다.
반복적으로 토비가 군대로 개편되고 또는 해산되는 상황은 양자의 관계를
더욱 밀접하게 만들었고, 토비에 의한 혼란은 또한 군대의 주둔과 수탈을 합
리화시켰다. "군과 토비가 구분되지 않는 [병비불분(兵匪不分)]"의 현상은
이러한 상황 속에서 나타났다. 홍창회와 군벌의 관계도 마찬가지다. 양자는
본래 토비방어를 위해 상호협조할 수도 있었지만, 토비 이상의 수탈을 자행
하는 군벌에 대해 홍창회는 반발하였다. 홍창회는 한 군벌에 대항할 때 또다
른 군벌을 이용하였다. 예컨대 1926년 홍창회는 군벌 오패부와 연합하여 국
민2군에 대항하였고, 1927년 홍창회와 여러 군벌 사이에는 투쟁과 합작이
공존하였다. 이렇게 본다면 1920년대 도처에서 홍창회와 군벌 양자관계의
일면만을 강조할 수 없는, 즉 둘의 구분이 모호한 "회병불분(會兵不分)"의
현상이 연출되었다.

　이상의 동질성에 기초하여 토비·홍창회·군벌 상호간의 연합이 이루어

지기도 하였다. 구체적으로 보면 군벌 대 토비·홍창회, 토비 대 홍창회·군벌, 홍창회 대 토비·군벌, 외부세력 [객군客軍·국민혁명군] 대 토비·홍창회·군벌 등의 형태로 나타났다. 이러한 토비 세계의 연환성은 생존의 위기에 처한 하층민이 토비가 되어 불법적으로 약탈할 것인가 아니면 군인이 되어 합법적으로 수탈할 것인가 그것도 아니라면 홍창회에 가입하여 양자에 대항할 것인가라는 선택의 기로에 처해 있었다는 절박한 현실에서 비롯되는 것이었다. 한 예로 하남 "(하층민의) 생활은 매우 특이한데 보리를 수확한 이후 홍창회에 가입하지 않으면 바로 토비에 가담하고 또 그렇지 않을 경우 풍옥상(馮玉祥)의 가혹한 징병대상이 되어야 했던 것이다."[1] 이는 풍옥상의 하남 장악 이후인 1928년의 하남서부사회를 묘사한 것이지만 1920년대 군벌 통치시기 하남 전반에 걸쳐 유사한 상황이 연출되었다고 할 수 있을 것이다.[2]

그런데 위에서 강조한 토비 세계의 연환성은 지역성 혹은 지역주의를 바탕으로 발휘되었다. 이는 토비·홍창회 각각의 지역적 성격을 그대로 반영한 것인데 이와 관련하여 1930년 중원대전(中原大戰) 직후의 화북 농촌사회에 관한 다음과 같은 보고에 주목하고 싶다.

계택(鷄澤) 회비(會匪)의 실력은 현민 전체의 그것과 동일하다. 즉 각 홍창회와 인민의 수는 서로 같고, 토비와 홍창회의 인수도 서로 같아 그들 인민·홍창회·토비 삼자는 이미 연환성을 지닌다. 대개 인민이 홍창회를 조직하는

---

1) 「宋巨生關于豫西紅槍會, 土匪, 軍運情況的報告」(1928. 7. 11), 中央檔案館·河南省檔案館 『河南革命歷史文件彙集(市委·特委·縣委文件: 1927~1934年)』, 河南人民出版社 1987, 372면.

2) 물론 이러한 토비 세계의 연환성을 강조한다고 해서 종지, 구성 성분, 조직결합의 방식, 종교 신앙, 비밀의식, 계률, 은어 등의 분야에서 나타나는 토비와 홍창회 사이의 명확한 차별성을 부정하는 것은 아니다. 이와 관련하여 청말 회당과 토비 사이의 상관성과 차별성에 대한 검토로는 劉平 「略論清代會黨與土匪的關係」, 『歷史檔案』, 1999-1 참조.

까닭은 토비를 방어하고 조세수취에 저항하기 위한 것으로 서로 대립하며 자웅을 겨루어 생존을 도모하며 각자의 세력을 키웠다. 그러나 세월이 흘러 점차 합병하여 토비는 또 홍창회에 가입하고 홍창회는 또한 토비로 투신함에 따라 인민은, 즉 홍창회이고 홍창회는 즉 토비였다. 토비가 된 이유가 가난 때문에 불가피한 것이라면 가난의 근원은 정치의 불량에 있다. 관이 수탈을 계속하고, 토비가 인질납치를 그치지 않아, 빈자는 더욱 가난해지고 부자 역시 마찬가지다. 또한 계속되는 천재, 가뭄, 메뚜기떼 등을 만나서는 삶을 유지하기 어렵다. 토비가 되어도 죽고, 그렇지 않아도 죽는다면 차라리 토비가 되어 인질납치의 걱정을 면하는 것이 나을 것이다. 그렇게 되면 내외 모두로부터 공격을 받을 수도 있지만 이렇게 토비에 합류한 데에는 나름의 판단에 근거한 것이다. 결국 현 내부에 있어서는 동류관계가 되어 서로 범하지 않아 흡사 토비가 없는 것처럼 보이지만, 만약 외부인이 경내에 이르게 되면 이미 가장 위험한 토비 소굴에 발을 들여놓은 것이라 할 수 있다. 이들 토비 현 경내의 외부인을 약탈하는 것 이외에 임시로 대오를 조직하여 타지로 나아가 인질을 취했다. 각 홍창회의 단결력은 가장 견고하여 일체의 가연잡세(苛捐雜稅)에 항거하여 납부하지 않고 해마다 정규세금도 거부했다.[3]

위의 설명은 1930년대 초 하북 계택(鷄澤)의 모습에 대한 것이지만 1920년대 말 홍창회로 유명했던 대명(大名)에 인접한 지역이므로 1920년대 토비 세계의 모습과 크게 다르지 않았을 것으로 판단된다. 인용문의 전반부를 통해 인민·토비·홍창회 삼자 사이의 명확한 연환성을 확인할 수 있다. 그러나 토비는 다른 곳이 아닌 자신들의 고향에서 홍창회와 결합하였고 해당지역의 주민 역시 이 토비·홍창회 들과 자연스럽게 결합하였다. 앞서 살펴본 번종수(樊鍾秀)의 건국예군(建國豫軍)의 깃발 아래 하남서부의 토비·홍창회가 결합하여 외부세력에 대해 한 목소리를 내었던 것도 지역이해의 옹호

---

3) 官脇賢之介 「北支農村社會の民隱裸記」, 『東亞經濟硏究』 15周年紀念號(1931. 4), 176~77면.

라는 같은 논리가 작동하고 있었다. 지역민은 지연적인 공동이해의 옹호, 촌락 내부 조화유지 등을 최우선적인 목적으로 하는 질서 내부에 있는 한 지극히 안전하게 생활할 수 있지만, 그 질서의 밖에 있는 외부인에게는 동일한 지역이 두려운 토비의 소굴로 등장하였던 것이다.

한편 토비 세계의 내부는 복잡한 대립적 성격의 인자들의 결합으로 이뤄졌다. 홍창회의 조직 내부를 좀더 구체적으로 살펴보면 거기에는 노사(老師), 대사형(大師兄)으로 대표되는 유동적·종교 주술적·비밀결사적 요소와 지주·신사로 대표되는 토착적·정통적·공개적인 요소가 결합하여 성립하고 발전하였다. "도창불입(刀槍不入)"의 주술 전수과정이나 홍창회의 주문내용을 통해 보면 '홍창회 세계'가 미신으로 가득 찬 민중세계임은 명확하다. 그러나 홍창회는 지주·신사가 주도적으로 발의, 조직, 운영하는 민단과 맥을 같이하는 자위조직이기도 했다. 홍창회의 자위활동과 이후 혁명세력과의 관계에서 나타나는 길항관계는 상당부분 이 지주·신사 들의 영향에 의한 것이라 할 수 있다. 거듭된 당국의 금지명령에도 불구하고 지주·신사가 이렇듯 비밀결사와 결합한 것은 그 자체가 하나의 정당한 저항행위였기 때문이었지만, 신해혁명 이후 통치의 정당성이 상실된 상태에서 무장력만이 정당성의 유일한 근원으로 간주되는 사회분위기 때문이었다.

하지만 하층민의 입장에서 보면 이상은 비밀결사로서의 홍창회 주도권이 지주·신사에게 '전유(專有, appropriation)'당하는 과정이기도 했다. '회비'라는 존재는 비록 지주·신사나 통치 당국의 입장에서는 '선후(善後)'의 대상이었지만, 하층민의 입장에서 보면 비밀결사의 본래의 모습이라 볼 수도 있다. 비록 홍창회가 교문(敎門)계통 종교결사의 직접적이며 조직적인 영향 하에 형성·발전했다고 하기에는 그의 비밀성이나 종교성이 희박하며, 오히려 무술결사의 성격이 강했기 때문에 군벌혼전 시기 사회의 '군사화'를 배경으로 지주·신사와 쉽게 결합할 수 있었지만, 그렇다고 무술결사와 종교결사의 결합이라는 청중기 이래 중국 비밀결사의 전통적 성격을 홍창회에서

474

배제해서는 안될 것이다.

1920년대의 '토비 세계' 역시 혹화나 기타 활동에서 드러나듯이 미신으로
채색된 무장조직이 판치는 세계였으며, 청말이나 1910년대 초반과 달리 상
대적으로 많은 무차별적 약탈, 인질, 살인이 자행되는 비정상적 세계였다.
그러나 노양인(老洋人)의 인질로서 2개월 동안 토비와 직접 생활한 바 있었
던 룬딘의 회고는 이러한 '토비 세계'의 성격에 대해 한 번 더 생각하게 만
든다.

> 왜 이렇게 많은 사람들이 토비가 되었을까? … 이들 모두는 결코 악당이 아
> 니다. 그들은 비록 특별한 철학을 지닌 것은 아니지만 이런저런 방식으로 자신
> 의 행위를 변호하려 한다. … 지난 50년간 출세하려면 싸워야 한다는 풍조가
> 널리 퍼졌기 때문에 현재의 토비 역시 이러한 극단적 투쟁형식을 통해 자신들
> 이 원하는 것들을 획득하게 된 것이다. … 더 나아가 어떤 토비들은 중국에는
> 결코 진정한 의미의 정부가 존재하지 않기 때문에 과거의 군주정체국가가 회
> 복되기를 바라고 있음에 주의해야 한다. … 그러나 일반적으로 토비는 공화 개
> 시 이후 중국의 여러 방면에 걸친 진보가 있었음을 의식하고 있다. … 따라서
> 어떤 의미에서 보면 이러한 지식계몽이 현재 동란의 원인이 될 수 있다. 과거
> 사람들은 모든 폭력행위가 필연적인 것이고 스스로는 아무런 권리도 없으며
> 폭압에 반항할 수 없다고 받아들였지만, 현재 자신들은 권리가 있고 모든 사람
> 은 평등하며 이러한 자신의 권리가 존중되기를 바라게 되었다.[4]

이밖에 룬딘은 토비조직이라는 '대학'에 입학한 이후 그들 개인은 이전의
속박에서 벗어나 자유를 획득한 상태에서 새로운 문물을 접할 기회를 갖게
되었다고 보았다.[5] 비록 일반 중국인 인질과 달리 포교의 자유 등 특별대우

---

4) 徐有威·貝思飛 主編, 앞의 책 580~81면.
5) 같은 책 535면. 또한 신해혁명 시기 유명한 토비집단이었던 '嵩山大學'은 鎭嵩軍 지휘관
   의 중요한 출신배경이었다. 王凌雲「兵匪橫行禍豫西」, 『近代中國土匪實錄』 下冊, 2~3면.

를 받은 한 서양인 인질의 회고지만, 당시 가장 잔인한 파괴와 살상을 자행했던 노양인집단에 대한 평가치고는 매우 호의적이었음에 주목할 필요가 있다. 요컨대 토비의 주체적 자각과 삶에 대해 지나치게 강조[6]할 필요까지는 없겠지만, 최소한 외부에서 바라본 토비의 비정상적 특성을 그대로 토비 혹은 그들과 밀접히 관련된 지역 내의 하층민에게 적용할 필요는 없을 것 같다. 더구나 1920년대의 토비 세계 내의 지주·신사 역시 원하든 원하지 않든 토비에게 협조함으로써 생존해야 했고, 아니면 스스로 무장조직을 만들어 '단비(團匪)' 혹은 '단벌(團閥)'로 변모할 수도 있었다.[7]

이상 토비 세계는 외부인의 시각에서 볼 때 미신과 폭력으로 가득 찬 반문명적 세계로 비춰질 수 있겠지만, 그 내부의 입장에서 보면 이 세계의 발생과 발전에 대한 납득할 만한 계기와 불가피한 동기가 존재하며 그 세계를 유지하기 위한 나름의 절차와 법칙 그리고 다양한 기법이 존재했다. 근대적 무기로 무장한 토비와 군대에 대항하기 위해 "도창불입(刀槍不入)"의 주술을 도입한 것, 지역의 '군사화'라는 시대적 흐름 속에서 무예를 숭상하고 연마한 것, 그리고 생존의 위기에 몰린 나머지 불가피하게 토비라는 직업을 통해 생계를 유지한 것, 마지막으로 국가의 공적 방위체제가 와해된 상황에서 홍창회를 중심으로 한 사적 방위체제를 성립시킨 것 등은 모두 토비 세계 내의 지역민이 취했던 합리적 선택이라 할 만하였다. 이렇듯 국민국가의 부재 혹은 국민국가 밖에서 지역민은 토비 세계라는 대안적 질서의 가능성을

---

6) Xu Youwei and Phili Billingsley=2000, 48~49면; Phili Billingsley and Xu Youwei= 1998, 16~17면; 徐有威·貝思飛「與中國土匪同行—洋人眼中的民國社會」,『檔案與史學』(1997. 1), 32면 등은 이러한 입장에서 서술되어 있다.

7) 본문에서는 특별히 다루지 않았지만 1920년대 말에서 1930년대 전반에 걸쳐 하남 서남부 일대 지역에 무장 할거했던 彭禹廷, 別廷芳, 陳舜德 등의 지역엘리뜨는 성당국의 입장에서 볼 때 토비와 다름없는 '團匪' 혹은 '團閥'이었다. 이에 대해서는 孫承會「河南鎭平自治 (1927~1934)와 地域自衛」, 서울大學校 東洋史學研究室 編『中國近現代史의 再照明』2(知識産業社 1999) 참조.

모색하였지만, 약탈과 파괴 그리고 미신이라는 태생적 한계로 말미암아 궁극적으로는 그 이상의 선을 넘어서지 못했던 것으로 판단된다.

토비 세계 내로 침투하려는 혁명세력에 대해 어떠한 태도를 취할 것인지 역시 지역민의 합리적으로 선택해야 할 중요한 문제였다. 결론적으로 말하지만 1920년대 토비 세계와 혁명세력은 연합과 갈등의 불완전한 관계에 있었다. 본서가 토비 세계와 혁명세력과의 관계분석을 통해 규명하고자 한 것은 일차적으로 토비 세계 성격 및 그 구조였지만, 동시에 합작의 실체와 한계를 밝힘으로써 토비 세계 내의 지역민에게 있어서 혁명적 동원이 지니는 의미를 밝히고자 하는 것이었다. 구체적으로 토비 세계에 대한 혁명세력의 인식은 매우 일방적이었고 합작에 있어서도 군사적 동원 이상의 긴밀한 결합을 찾을 수 없었다. 특히 '홍창회 세계'가 지닌 고유한 특징, 예컨대 지주·신사 주도의 보수성, 미신의 세계, 그리고 계급이해와 대립하는 지역이해의 추구 등의 요인은 양자 사이의 수준 높은 결합을 불가능하게 만들었다. 또한 토비의 "겁부제빈(劫富濟貧)"이란 절대 평균주의 주장은 비록 그것이 사회적 불평등 문제에 고통받는 하층민의 경제적 요구를 반영한 것이지만, 토비는 약탈과 파괴를 통한 일시적 만족 이외에 다른 건설적 대안을 제시하지 못하였고, 혁명세력의 실용적·군사적 접근 역시 이 토비들의 이상에 심층적으로 다가갈 수 없었다. 게다가 국민혁명 시기의 공산당은 비록 이론적으로는 토비를 혁명적 토비와 '토호열신'에 의해 장악된 토비로 구분하여 전자와의 합작을 추구했지만, '토호열신'과 토비와의 결합에 의해 농민협회가 파괴되고, 토비와 결합할 경우 국민당 우파나 여론에서 공격받을 구실을 제공할 것을 우려하여 실제적으로는 토비 전체를 제거해야 할 대상으로 간주하였다. 결국 혁명세력 역시 군벌과 마찬가지로 토비 세계 내부로 침투하지 못한 채 배척당하고 만 것이다.

그러나 혁명세력 가운데 공산당은 국민혁명기의 실패의 경험을 교훈삼아[8] 기존 홍창회 회수 연합정책과는 질적으로 다른 대중노선을 추구하게 되었다. 동일한 맥락에서 공산당은 평민 혁명정권 수립을 위한 한 주체로서 혁명적 유민 혹은 혁명적 토비라는 존재를 설정하여[9] 과거 토비두목과의 단순한 연락정책에서 토비대중에 대한 적극적 조직정책[10]으로 나아감으로써 이후 토비 세계 내부로 침투할 수 있는 기틀을 닦았다.[11] 반면 국민당의 남경정부가 보여준 홍창회의 민단개편이나 미신타파운동[12]은 토비 세계를 국가

---

8) 공산당 스스로 "(홍창회와 관련된) 이러한 실패의 교훈은 매우 소중한 것이었다" 밝히고 있다(「河南省委關于農民運動決議案」(1927. 9), 『河南革命歷史文件彙集(1925~1927)』, 117면).

9) 「河南省委關于農民運動決議案」(1927. 9), 「河南省委致臨潁縣委的信」(1927. 10. 11) 『河南革命歷史文件彙集(1925~1927)』, 118, 177면.

10) '紅運(홍창회운동)'과 함께 '匪運', 즉 '토비운동'이란 용어가 공산당의 활동 가운데 하나로 등장하기 시작한 것은 이를 반증한다. 구체적인 이 시기 토비에 대한 공산당의 적극적 태도에 대해서는 「河南省委通告第十一號」(1927. 11. 16), 『河南革命歷史文件彙集(1925~1927)』, 281면; 「宋巨生關于豫西紅槍會, 土匪, 軍運情況的報告」(1928. 7. 11), 『河南革命歷史文件彙集(1925~1927)』, 370~71면 참조.

11) 구체적으로 공산당은 국민혁명 시기 홍창회 대책 실패를 거울삼아 쏘비에트 내의 홍창회 탄압과 함께 빈농·고농을 중심으로 한 兄弟會, 同心會, 窮人會, 扁担會, 討飯會, 硬吃會, 光蛋會, 抗租團, 抗捐團 등을 조직하였다(王天獎=1997, 210면) 이밖에 남경정부 시기 홍창회, 大刀會 및 토비에 대한 공산당의 인식과 조직과정에 대해서는 邵雍, 앞의 책 244~84면; 蔡少卿·杜景珍 「論北洋軍閥統治時期의'兵匪'」, 『南京大學學報(哲學·人文·社會科學)』, 1989-2, 55~56면 참조 그러나 공산당 내의 소위 극좌노선이 극성해질 경우 토비·홍창회에 대한 공산당의 적극적 대책은 다시 변할 수 있는데 江西 井崗山에서 활동하다 공산당에 가입한 토비두목 王佐, 袁文才의 숙청은 토비와 공산혁명 사이의 복잡한 관계양상을 잘 보여준다(今井駿 「土匪と革命─王佐小傳」, 靜岡大學人文學部 『人文論集』, 45-1, 1994).

12) 남경정부의 미신타파운동과 그 결과에 대해서는 三谷孝 「南京政權と'迷信打破運動'(1928~1929)」, 『歷史學研究』 455, 1978; 三谷孝 「江北民衆暴動について(1929)」, 『一橋論叢』 83-3, 1980; 三谷孝 「大刀會と國民黨改組派─1929年溧陽暴動」, 『中國史における社會と民衆─增淵龍夫先生退官記念論集』(汲古書院 1983); 馬場毅 「山東省の紅槍會運動」, 『續中國民衆叛亂の世界』(汲古書院 1983); Prasenjit Duara, "The Campaigns against Religion and the Return of the Repressed," *Rescuing History from the Nation: Questioning Narratives of Modern China* The University of Chicago Press 1995(문명기·손승회 옮김 『민족으로부터

에 의해 통제가능한 지주·신사 중심의 기층사회로 개편하려는 노력이었지만, 그 의도와는 반대로 토비 세계와의 단절을 가속화시킬 수 있었다.[13]

역사를 구출하기—근대 중국의 새로운 해석』, 삼인 2004) 참조

13) 한편 토비 세계는 단순히 하남에 국한된 것이 아니고 적어도 1920년대 河北, 山東, 四川 등에서도 형성되었을 것으로 예상되기 때문에 향후 연구영역의 확대가 기대된다. 山東의 홍창회에 대해서는 馬場毅 「山東省の紅槍會運動」, 『續中國民衆叛亂の世界』(汲古書院 1983); 馬場毅 「抗日根據地の形成と農民—山東區を中心して」, 『講座中國近現代史 6』(東京大學出版會 1987); 馬場毅 「山東抗日根據地と紅槍會」, 『中國研究月報』, 1994. 3; 馬場毅 「中共と山東紅槍會」, 『中嶋敏先生古稀記念論集』 下卷, 1981; 路遙 『山東民間秘密敎門』(當代中國出版社 2000) 등 참조. 이밖에도 民國時期 四川 토비·袍哥(哥老會)·군벌 삼자의 밀접한 상호관련성에 대해서는 趙淸 「重視對袍哥, 土匪和軍閥史的研究」, 『四川大學學報(哲學社會科學版)』, 1990-2; 王純五 『袍哥探秘』(巴蜀書社 1993); 今井駿 「中華民國期の四川省における哥老會の組織·活動の實態について」, 靜岡大學人文學部 『人文論叢』, 48-1(1997. 7) 등 참조. 또한 1930년대는 지금까지 살펴본 자율적 공간으로서의 토비 세계를 새로이 국가건설에 편입, 동원하기 위한 제반의 조치가 취해졌던 시기로서 그에 대한 지역사회의 대응양태 역시 흥미로운 연구대상이 될 것인데 이러한 문제의식하에 하남서남부 鎭平縣 자치를 분석한 것이 孫承會 「河南鎭平自治(1927~1934)와 地域自衛」, 서울大學校 東洋史學研究室 編 『中國近現代史의 再照明』 2(知識産業社 1999)이다.

【참고문헌】

1. 신문, 잡지

『廣州民國日報』(廣州)

『大公報』(天津, 長沙)

『東方雜誌』(上海)

『民立報』(上海)

『上海民國日報』(上海)

『順天時報』(北京)

『時報』(上海)

『晨報』(北京)

『申報』(上海)

『新中州報』(開封)

『中國靑年』(上海)

『河南文史資料』(鄭州)

『河南民國日報』(開封)

『河南民政月刊』(開封)

『河聲日報』(開封)

『漢口民國日報』(漢口)

『嚮導週報』(上海)

2. 사료, 사료집, 大事記, 지방지

京師警察廳編譯會 編 『蘇聯陰謀文證彙編』(1~3卷), 1928(近代中國史料叢刊 3編
　　　第41輯), 文海出版社.

經庵 「河南民歌中的兵匪與兵災」, 『民俗』, 1930. 4.

郭廷以 編 『中華民國史事日誌』 第1册(1912~1925), 中央研究院近代史研究所
　　　1979.

光緒 『鎭平縣志』, 1876.

道光 『續河南通志』, 1826.

杜春和 編 『白朗起義』, 中國社會科學出版社 1980.

孟惕 「土匪之研究」, 『新北方』, 1931年 2卷 1期.

『光山縣志約稿』, 1936.

『洛寧縣志』, 1917.

『內鄕縣志』, 1932.

『氾水縣志』, 1928.

『續安陽縣志』, 1933.

『續滎陽縣志』, 1924.

『林縣志』, 1932.

『信陽懸志』, 1936.

『正陽縣志』, 1936.

『滑縣志』, 1932.

白眉初 『中華民國省區全誌, 河南省誌』, 世界書局 1925.

宓汝成 『帝國主義與中國鐵路, 1847~1949』, 上海人民出版社 1980.

徐珂 編撰 『淸稗類鈔』 第11册, 中華書局 1996(第2版).

『申報索引』 編輯委員會 編 『申報索引』, 上海書店 1987~1991.

嚴中平 等編 『中國近代經濟史統計資料選輯』, 科學出版社 1955.

吳世勳 『河南』, 上海中華書局 1927.

王幼僑 編 『河南方輿人文志略』, 北平西北書店 1932.

王怡柯 『農村自衛研究』, 河南村治學園同學會 1932.

王天獎 等編 『河南近代大事記(1840~1949年)』, 河南人民出版社 1990.

王天獎 等編 『河南大事記』, 河南人民出版社 1993.

王天獎 編 『河南辛亥革命史事長編』(上·下卷), 河南人民出版社 1986.

姚雪垠 『長夜』, 人民文學出版社 1997(第2版).

劉景向 編 『河南新志』(上·中·下), 1929(河南省地方志編纂委員會, 河南省檔案
　　　館 1988).

劉永之·王全營 「民國年間河南兵災戰禍資料選編(草稿)」, 『河南地方徵文資料選』
　　　第4輯, 1983.

李騰仙 『彭禹廷與鎮平自治』, 河南鎮平地方自治建設促進會 1936.

林能士 編 『辛亥時期北方的革命活動』, 正中書局 1993.

林傳甲 編 『大中華河南省地理志』, 京師武林書館 1920.

任傳藻 『治匪紀略』, 文海出版社 1970.

章伯鋒·李宗一 主編 『北洋軍閥』(1~6卷), 武漢出版社 1989.

張錫昌 「河南農村經濟調查」, 『中國農村』 1-2, 19341.

章有義 編 『中國近代農業史資料』, 第1~3輯, 三聯書店 1957.

張振之 『革命與宗敎』, 民智書局 1929.

張俠·孫寶銘·陳長河 編 『北洋陸軍史料(1912~1916)』, 天津人民出版社 1987.

丁世良 主編 『中國地方志民俗資料滙編』(中南卷 上·下), 書目文獻出版社 1990.

『第一回中國年鑑』, 商務印書館 1924.

趙恒惕 等 『吳佩孚先生集』, 近代中國史料叢刊 第68輯, 文海出版社.

朱其華 『一九二七年底回想』, 新新出版社 1933.

朱其華 「1925~1927年中國大革命於農民運動」(下), 『滿鐵支那月誌』 9-1, 1932.

朱壽朋 撰 『光緒朝東華錄』, 中華書局 1958.

中共中央黨史資料征集委員會 『八七會議』, 中共黨史資料出版社 1986.

中共中央書記處 編 『六代以前』, 人民出版社 1980.

中共河南省黨史工作委員會 『中共河南黨史』 上卷, 1919~1949, 河南人民出版社
　　　1992.

中共河南省委黨史工作委員會 『五四前後的河南社會』, 河南人民出版社 1990.

482

中共河南省委黨史工作委會員 編 『一戰時期河南農民運動』, 河南人民出版社 1986.

中國近代史叢書編寫組『北洋軍閥』, 上海人民出版社 1973.

中國史學會 主編『辛亥革命(7)』上海人民出版社 1957.

中國第二歷史檔案館 編『民國幇會要錄』, 檔案出版社 1993.

中國第二歷史檔案館 編『中國國民黨第一, 二次全國代表大會會議史料(上・下)』, 江蘇古籍出版社 1986.

中國第二歷史檔案館 編 『中華民國史檔案資料彙編』 第1輯, 江蘇古籍出版社 1991.

中國第二歷史檔案館 編『馮玉祥日記』 第1册, 江蘇古籍出版社 1992.

中國第二歷史檔案館館藏件, 馮玉祥選集編輯委員會, 『馮玉祥選集』 上卷, 人民出版社 1985.

中國第一歷史檔案館 編『辛亥革命前十年間民變檔案史料』, 中華書局 1985.

中國現代革命史資料叢刊『第一次國內革命時期的農民運動』, 人民出版社 1983.

中央檔案館 編『中共中央文件選集』 第二册(1926), 中共中央黨校出版社 1983.

中央檔案館 編『中共中央政治報告選輯(1922~1926)』, 中共中央黨校出版社 1981.

中央檔案館・湖北省檔案館・河南省檔案館 『鄂豫皖蘇區革命歷史文件彙集, 1929~1934』, 總5卷, 出版社 不明, 1985.

中央檔案館河南省檔案館『河南革命歷史文件彙集(郡團文件: 1923~1926)』, 河南人民出版社 1983.

中央檔案館河南省檔案館『河南革命歷史文件彙集(省委文件: 1925~1927)』, 河南人民出版社 1984.

中央檔案館河南省檔案館『河南革命歷史文件彙集(市委・特委・縣文文件: 1927~1934)』, 河南人民出版社 1987.

曾廣興・王全營 編『北伐戰爭在河南』, 河南人民出版社 1985.

陳伯莊『平漢沿線農村經濟調查』, 中華書局 1936.

陳善同『陳侍御奏稿』, 近代中國史料叢刊 第28輯, 卷1, 文海出版社.

陳傳海・王偉平・劉廣明・吳宏亮・高莉苹・李國強 編『河南紅槍會資料選編』, 河南人民出版社 1984.

鎭平縣十區自治辦公處 『鎭平縣自治槪況』, 2集, 鎭平(출판사 불명), 1936.

鎭平縣十區自治辦公處 『鎭平縣自治槪況』, 鎭平(출판사 불명), 1933.

鐵道部秘書廳 編輯 『鐵道年鑑』, 第3卷 第1冊, 商務印書館 1936.

卓然 「冀豫會匪志」, 『正風半月刊』, 1935. 7. 1, 7. 15, 7. 29, 8. 12.

馮玉祥 『私的生活』, 黑龍江人民出版社 1984.

『河南同官錄』, 開封 祥記石印報社印 1923.

『河南武職同官錄』, 開封 祥記石印報社印 1919.

『河南巡緝同官錄』, 開封 祥記石印報社印 1919.

『河南省志』 總65卷 100編, 1981~1997.

河南省地方志編纂委員會 編 『河南新方志草稿選編』 第一輯, 開封(출판사 불명),
　　　1985.

河南省統計學會, 河南省統計局統計誌編撰辦公室, 河南統計編輯部 『民國時期河
　　　南省統計資料』, 河南人民出版社 1986.

何西 『中國盜匪問題之硏究』, 泰東圖書局 1925.

行政院農村復興委員會 編 『河南省農村調査』, 商務印書館 1934.

睢-杞-太黨史編寫組 『睢杞太地區史料選』, 河南人民出版社 1985.

官脇賢之介 「北支農村社會の民隱裸記」, 『東亞經濟硏究』15周年紀念號(1931. 4).

狂喬華士 「土匪と紅槍會に接する記(1)~(5)」, 『滿蒙』, 10年 4冊~8冊(1929. 4月
　　　~8月).

橘樸 『土匪』, 天津京津日日新聞社 1923.

東亞同文會 編 『支那省別全誌』 第8卷 河南省, 東亞同文會 1918.

滿鐵調査課 『支那の動亂と山東農村』, 南滿洲鐵道株式會社 1930.

末光高義 『支那の秘密結社と慈善團體』, 滿洲評論社 1932.

福留邦雄 『靑島近郊に於ける農村實態調査報告』, 滿鐵北支調査資料 1939.

矢野仁一 「支那土匪論」, 『外交時報』458(1924. 1).

長野朗 『中國社會組織』, 上海光明書局, 1930.

長野郎 『支那農民運動觀』, 建設社 1933.

長野朗 『支那兵・土匪・紅槍會』, 坂上書院 1938.

484

田中忠夫 『革命支那農村の實證的硏究』, 衆人社 1930.

井上 進 『匪徒』, 上海文路 日本堂書店 1923.

井上紅梅 「土匪の闇語に現れた支那色」, 『東亞』 6-8(1933. 8).

中國農村慣行調査刊行委員會 『中國農村慣行調査』 全6券, 岩波書店 1952~56年
　　　　(1981年 復刊).

「支那各省に於匪禍に就いて」, 『支那時報』 13, 5(1930. 11).

天野元之助 「河南省農業經濟」, 『滿蒙』 185號(1935. 9).

『最近官紳履歷彙錄』 第1集(1920. 7), 출판지, 출판사 불명, 아시아문화연구소 소
　　　　장본.

後藤朝太朗 「支那土匪と士兵の基本事實」, 『外交時報』 448(1923. 7).

後藤朝太郎 「支那土匪兵士に對する基礎智識」, 『外交時報』, 448(1923. 7).

3. 硏究書

로이드 E. 이스트만 지음, 이승휘 옮김 『중국사회의 지속과 변화(1550~1949)』,
　　　　돌베개 1999.

박상수 『중국혁명과 비밀결사』, 심산 2006.

尹惠英 『中國現代史硏究-北伐前夜 北京政府의 內部的 崩壞過程(1923~1925)』,
　　　　一潮閣 1991.

林相範 『現代中國의 出發: 국민혁명기(1920~1927) 북경지역 중국공산당의 조직
　　　　과 활동』, 一潮閣 2000.

陳志讓 지음, 박준수 옮김 『軍紳政權』, 고려원 1993.

何柄棣 지음, 정철웅 옮김 『중국의 인구』, 책세상 1994.

江沛 主編 『二十世紀的中國農村社會』, 中國檔案出版社 1996.

曲彦斌 主編 『中華隱語行話大辭典』, 遼寧敎育出版社 1995.

喬培華 『天門會硏究』, 河南人民出版社 1993.

喬志强 主編 『近代華北農村社會變遷』，人民出版社 1998.

路遙 『山東民間秘密教門』，當代中國出版社 2000.

戴玄之 『紅槍會』，食貨出版社 1973.

戴玄之 遺著 『中國秘密宗教與秘密社會』，上・下冊，臺灣商務印書館 1990.

陶菊隱 『北洋軍閥統治時期史話』，第1～7冊，三聯書店 1957～1961(1978再版).

董雷・劉心銘 主編 『豫南革命史』，河南人民出版社 1991.

冬煤 『中國匪人』，甘肅人民出版社 1997.

馬雪芹 『明清河南農業地理』，紅葉文化出版 1997.

貂琦 主編 『中國人口(河南分冊)』，中國財政經濟出版社 1989.

潘慶雲 『中華隱語大全』，學林出版社 1995.

常劍嶠・朱友文・商幸豐 編 『河南省地理』，河南教育出版社 1985.

徐有威・貝思飛 主編 『洋票與綁匪-外國人眼中的民國社會』， 上海古籍出版社 1998.

少光・林晨・陳江 編 『中國民間用語大全』，廣東人民出版社 1998.

邵雍 『中國會道門』，上海人民出版社 1997.

蘇遼 『民國匪禍錄』，江蘇古籍出版社 1996.

申仲銘 『民國會門武裝』，中華書局 1984.

沈寂・董長卿・甘振虎 著 『中國秘密社會』，上海書店 1993.

嚴景耀 『中國的犯罪問題與社會變遷的關係』，北京大學出版社 1986.

冉光海 『中國土匪(1911～1950)』，重慶出版社 1995.

吳蕙芳 『民初直魯豫盜匪之研究，1912～1928』，學生書局 1990.

王純五 『袍哥探秘』，巴蜀書社 1993.

牛中家・郝玉香・劉松富 編輯 『民國時期河南省縣長名錄』，鄭州大學 1991.

劉孝存 『中國神秘言語』，中國文聯出版公司 1999.

魏宏運 主編 『二十世紀三四十年代冀東農村社會調查與研究』， 天津人民出版社 1996.

李文海 等編 『近代中國災荒紀年』，湖南教育出版社 1990.

李占才 主編 『中國鐵路史』，汕頭大學出版社 1994.

林嘉書 『土樓與中國傳統文化』，上海人民出版社 1995.

林富瑞・陳代光 『河南人口地理』, 河南人民出版社 1983.

張建民・宋儉 『災害歷史學』, 湖南人民出版社 1998.

張鳴・許蕾 『拳民與敎民: 世紀之交的民衆心態解讀』, 九洲圖書出版社 1998.

張瑞德 『平漢鐵路與華北的經濟發展(1905～1937)』, 中央研究院近代史研究所 1988.

蔣永敬 『鮑羅廷與武漢政府』, 傳記文學叢刊 1972.

張靜如・劉志强 主編 『北洋軍閥統治時期中國社會之變遷』, 中國人民大學出版社 1991.

錢實甫 編著 黃淸根 整理 『北洋政部職官年表』, 華東師範大學出版社 1991.

曹保明 『土匪』, 春風文藝出版社 1988.

從翰香 主編 『近代冀老豫鄕村』, 中國社會科學出版社 1995.

朱德新 『二十世紀三四十年代河南冀東保甲制度硏究』, 中國社會科學出版社 1994.

朱紹候 主編 『中國古代治安制度史』, 河南人民出版社 1994.

中國會黨史硏究會 編 『會黨史硏究』, 學林出版社 1987.

中華人民共和國財政部 『中國農民負擔史』 編輯委員會 編 『中國農民負擔史』 第2卷, 中國財政經濟出版社 1994.

池子華 『中國近代流民』, 浙江人民出版社 1996.

秦寶琦 『中國地下社會』, 學苑出版社 1994.

陳傳海・徐有禮 『河南現代史』, 河南大學出版社 1992.

蔡少卿 『民國時期的土匪』, 中國人民大學出版社 1993.

鄒逸麟 主編 『黃淮海平原歷史地理』, 安徽敎育出版社 1997.

河南省水文總站 編 『歷代旱澇等水文氣候史料』, (출판사 불명), 1982,

『河南省歷代發生大水・大旱年分統計表』, (편집자, 출판사 不明), 1982.

『河北文史資料』 編輯部 編 『近代中國土匪實錄』, 全3卷, 群衆出版社 1993.

何漢威 『京漢鐵路初期史略』, 中文大學出版社 1977.

鶴年 『舊中國土匪揭秘』, 中國喜劇出版社 1998.

福本勝淸 『中國革命を驅け拔けたアウトローたち-土匪と流氓の世界』, 中公新書, 中央公論社 1998.

山田賢 『中國の秘密結社』, 講談社 1998.

三石善吉 『中國, 1900年—義和團運動の光芒』, 中央公論社 1996.

新奈川大學人文學研究所 編 『秘密社會と國家』, 勁草書房 1995.

歷史學研究會 編 『國民國家を問う』, 青木書店 1994.

酒井忠夫 『中國民衆と秘密結社』, 吉天弘文館 1992.

天野元之助 『中國農業の地域的展開』, 龍溪書舍 1979.

橫山英 『中國の近代化と地方政治』, 勁初書房 1985.

橫山英・曾田三郎 編 『中國の近代化と政治的統合』, 溪水社 1992.

Barkey, Karen. *Bandits and Bureaucrats: The Ottoman Route to State Centralization.* Cornell University Press 1994.

Billingsley, Phil. *Bandits in Republican China.* Stanford University Press 1988(李文昌 譯 『中國의 土匪文化』, 一潮閣 1996).

Chesneaux, Jean, ed. *Popular Movement and Secret Society in China, 1840~1950.* Stanford University Press 1972.

Ch'i, Hsi-sheng. *Warlord Politics in China, 1916~1928.* Stanford, California, Stanford University Press 1976.

Duara, Prasenjit. *Culture, Power, and the State, Rural North China, 1900~1942.* Stanford Univ. 1988.

Duara, Prasenjit. *Rescuing History from the Nation.* Univ. of Chicago Press 1995(문명기・손승회 옮김 『민족으로부터 역사를 구출하기—근대중국의 새로운 해석), 삼인 2004).

Esherick, Joseph W. and Rankin M. B ed. *Chinese Local Elites and Patterns of Dominance.* Univ. of California Press 1990.

Friedman, Edward. *Backward Toward Revolution.* Berkely 1974.

Gamble, Sidney. *North China Villages.* California Univ. Press 1963.

Hobsbawm, E. J. *Bandits.* New York 1969(이수영 옮김 『밴디트—의적의 역사』, 민음사 2004).

Hobsbawm, E. J. *Peasant Wars in twentieth Century.* New York 1969.

Hobsbawm, E. J. *Primitive Rebels.* New York 1965.

Huang, Philip C. C. *Peasant Economy and Social Change in North China.* Stanford Calif. 1985.

Huenemann Ralph William. *The Dragon and the Iron Horse: The Economics of Railroads in China, 1876~1937.* Cambridge, Harvard Univ. Press 1984.

Kuhn, Philip A. *Rebellion and Its Enemies in Late Imperial China: Militarization and Social Structure, 1796~1864.* Cambridge, Eng 1970.

Lary, Dana. *Warlord Soldiers: Chinese Common Soldiers 1911~1937.* Cambridge Univ. Press 1985.

Little, Daniel. *Understanding Peasant China.* Yale Univ. 1989.

Liang, Ernest P. *China: Railways and Agricultural Development, 1895~1935.* Chicago, Department of Geography, University of Chicago 1982.

Nathan Andrew J. *Peking Politics, 1918~1923, Factionalism and Failure of Constitutionalism.* Berkeley and Los Angeles, California: University of California Press 1976.

McCord, Edward A. *The Power of the Gun, The Emergence of Modern Chinese Warlordism.* University of California Press 1993.

Perry, Elizabeth J. *Rebels and Revolutionaries in North China, 1845~1945.* Stanford Univ. 1981.

Sheridan, James E. *Chinese Warlord, The Career of Feng Yu-hsiang.* Stanford Univ. 1966.

Sih, Paul K. T. *The Strenuous Decade: China's Nation-Building Efforts, 1927~1937.* St. John's University 1970.

Skinner, G. William. *The City in Late Imperial China.* Stanford, California, Stanford University Press 1977.

Tai Hsuan-chih translated by Ronald Suleski. *The Red Spears, 1916~1949.* The Univ. of Michigan 1985.

Thaxton, Ralph. *China Turned Rightside Up: Revolutionary legitimacy in the peasant world.* New Haven and London: Yale Univ. Press 1983.

Wou, Odoric Y. K. *Mobilizing the Masses: Building Revolution in Henan*. Stanford Univ. Press 1994.

Wou, Odoric Y. K. *Militarism in Modern China: The Career of Wu P'ei-fu, 1916~39*. Canberra, Australia 1978

Young, Arthur N. *China's Nation-Building Effort, 1927~1937-The Financial and Economic Record*. Stanford: Hoover Institution Press 1971.

Young, Ernest P. *The Presidency of Yuan Shih-k'ai: Liberalism and Dictatorship in Early Republican China*. Ann Arbor, Mich. 1977.

Zhang, Xin. *Social Transformation in Modern China: The State and Local Elites in Henan, 1900~1937*. Cambridge University Press 2000.

4. 논문

金世昊 「湖南軍閥의 鄕村統治의 實相」, 閔斗基 編 『中國近現代史上의 湖南省』, 知識産業社 1995.

金世昊 「軍閥統治와 聯省自治」, 서울대학교동양사학연구실 편 『講座 中國史』 7, 지식산업사 1991.

金澤賢 「'서발턴의 역사(Subaltern History)'와 제3세계의 역사주체로서의 서발턴」, 『歷史敎育』 第72輯, 1999. 12.

金衡鍾 「辛亥革命의 展開」, 『講座中國史』 6, 知識産業社 1990(제2쇄).

金衡鍾 「淸末 江蘇省의 新政과 紳士層」, 서울大學校大學院 博士學位論文 1997.

羅弦洙 「北伐初期 湖南의 '土豪劣紳' 打倒鬪爭」, 閔斗基 編 『中國近現代史上의 湖南省—鄕村社會構造로부터의 接近』, 知識産業社 1995.

閔斗基 「中國近代史에 있어서의 '亂民'」, 『大東文化硏究』 第18輯, 1984.

朴埈洙 「「臨時約法」體制와 段祺瑞軍閥政權(1916~1920)」, 高麗大學校大學院 博士學位論文 1995. 6.

孫承會 「國民革命期 紅槍會 동원전략」, 『역사문화연구』 19(2003. 12).

孫承會 「民初(1912~1928年) 河南 土匪·紅槍會 硏究」, 서울대학교대학원 동양
　　사학과 박사학위논문 2001. 8.

孫承會 「1910년대 후반 하남 치안조직의 운영」, 『中國學報』 48(2003. 12).

孫承會 「1920년대 河南 치안행정의 紊亂과 '土匪世界'의 형성」, 『東洋史學硏究』
　　제77집(2002. 1).

孫承會 「20세기 초 중국의 토비은어〔黑話〕와 토비문화」, 『역사문화연구』
　　21(2004. 12).

孫承會 「淸末民國初 河南 '邊境'의 成立과 그 特徵」, 『中國史硏究』 17(2002. 2).

孫承會 「淸末民初 河南 治安組織의 成立과 그 性格」, 『中國史硏究』 26(2003.
　　10).

孫承會 「河南鎭平自治(1927~1934)와 地域自衛」, 서울大學校 東洋史學硏究室
　　編 『中國近現代史의 再照明』 2, 知識産業社 1999.

孫承會 「河南紅槍會와 國民革命」, 『中國現代史硏究』 제11집(2001. 6).

孫承會 「河南紅槍會와 地域社會—'會·匪世界'의 성립과 관련하여」, 『東洋史學
　　硏究』 제70집(2000. 4).

吳金成 「明淸時代의 無賴: 硏究의 現況과 課題」, 『東洋史學硏究』 第50輯, 1995.

吳金成 「入關初 淸朝權力의 浸透와 地域社會—廣東 東·北部地方을 中心으로」,
　　『東洋史學硏究』 第54輯, 1996.

柳鏞泰 「國民革命期 兩湖地域 農民協會運動 硏究: 廣東地域과의 비교를 중심으
　　로」, 延世大 博士學位論文 1997. 2.

李成珪 「淸初 地方統治의 確立過程과 鄕紳—順治年間의 山東地方을 中心으로」,
　　『서울大學校東洋史學科論集』 1, 1977.

李銀子 「中國 近代 民間宗敎와 拳會에 관한 硏究」, 『中國現代史硏究』 第5輯,
　　1998.

田寅甲 「國民革命時期 上海 勞動運動 硏究: 上海勞動系의 '統合'과 관련하여」,
　　서울大大學院 博士學位論文 1998. 2.

鄭炳喆 「明末·淸初 華北에서의 自衛活動과 紳士—山東·北直隷를 中心으로」,
　　『東洋史學硏究』 第35輯, 1991.

開封師院歷史系・河南歷史研究所・白狼起義調查組 「白朗起義調查報告」,『開封師範學報』 第5號, 1960.

開封師院歷史系・河南歷史研究所・白狼起義調查組 「白狼起義調查簡記」,『史學月刊』, 1960-2.

曲彥斌 「中國民間秘密語(隱語行話)研究開設」,『社會科學輯刊』, 1997-1.

郭緒印 「評武漢政府第二期北伐的戰略決策」,『歷史教學』, 1983-7.

喬培華・(美)王大爲 「道教文化對豫西民間結社的影響」,『學習論壇』, 1994-8.

喬培華 「天仙廟道與儒家文化」,『學習論壇』, 1995-6.

羅寶軒 「北洋軍閥統治時期的河南紅槍會」,『近代史研究』1982-3.

來新夏 「談民國初年白領導的農民起義」,『史學月刊』1957-6.

譚屬春 「近代中國的匪患問題初探」,『求索』, 1994-4.

杜春和 「關於白狼起義幾個問題」,『近代史研究』, 1981-1.

馬烈 「民國時期匪患探源」,『江海學刊』, 1995-4.

龐守信 「大革命時期一支農民起義軍—豫北天門會」,『河南黨史研究』1988-1.

白水 「白朗起義與革命黨人關係述論」,『史學月刊』1986-1.

謝樹坤・陳瑾 「武漢政府第二次北伐」,『中州學刊』, 1983-4.

三谷孝(張曉唯 譯) 「豫北天門會與中國共產黨」,『二十世紀的中國農村社會』, 中國檔案出版社 1996.

徐其愉 「籌備開封起義及失敗經過」,『辛亥革命回憶錄』 第8集, 文史資料出版社 1981(第2版).

徐有威・貝思飛 「與中國土匪同行—洋人眼中的民國社會」,『檔案與史學』, 1997. 1.

邵雍 「近代會道門經典的政治傾向」,『學術月刊』1996-6.

申仲銘 「外國和臺灣的"紅槍會"研究」,『近代史研究』1982-3.

沈松僑 「經濟作物與近代河南農村經濟, 1906~1837—以棉花與菸草爲中心」,『近代中國農村經濟史論文集』, 中央研究院近代史研究所 1989.

沈松僑 「從自治到保甲: 近代河南地方基層政治的演變, 1908~1935」, 中央研究院近代史研究所集刊』 第18期(1989. 6).

沈松僑 「地方精英與國家權力」—民國時期的宛西自治, 1930~1943,『中央研究院近代史研究所集刊』 第21期(1992. 6).

安陽縣委黨史辦 「一九二七年安陽槍會運動的初步調查」, 『河南黨史研究』, 1986-2.

楊依平 「略論"在園"活動」, 『辛亥革命回憶錄』 第5集, 文史資料出版社 1981(第2
　　版).

伍德昌 「國家建設與人力資源統制: 以1900~1916年豫西南的軍事發展爲例」, 香
　　港中文大學碩士學位論文 1995.

敖文蔚 「民國時期土匪成因與治理」, 『武漢大學學報』, 1997-6.

吳滄洲 「河南的兩次軍事行動」, 『辛亥革命回憶錄』 第5集, 文史資料出版社 1981
　　(第2版).

吳蕙芳 「"社會盜匪活動"的再商榷—以臨城劫車案爲中心之探討」, 『近代史研究』,
　　1994-4.

汪遠忠・池子華 「中國近代土匪史研究述評」, 『學術界(合肥)』, 1998-2.

王全營 「略論二次北伐及其意義」, 『河南黨史研究』, 1987-2・3合刊.

王全營 　「試論中國共産黨對"土匪"工作的策略」, 　『商丘師專學報(社會科學版)』,
　　1988-4.

王振羽 「近代匪禍探源」, 『許昌師專學報』, 1992-2.

王天獎 「近代河南農村的高利貸」, 『近代史研究』, 1995-2.

王天獎 「近代河南人口估測」, 『河南大學學報』, 1994-1.

王天獎 「近代河南槍會滋盛的社會歷史原因」, 『中州學刊』, 1997-6.

王天獎 「晩淸時期河南地權分配鑫測」, 『史學月刊』, 1993-6.

王天獎 「民國時期河南'土匪'略論」, 『商丘師專學報』, 1988-4.

王天獎 「民國時期河南的地權分配」, 『中州學刊』, 1993-5.

王天獎 「也談本世紀20年代的槍會運動」, 『近代史研究』, 1997-5.

王天從 「泛述天門會之興滅」, 『藝文志』, 170期, 1979. 11.

牛敬忠 「北洋軍閥統治時期綏遠的匪患」, 『內蒙古師大學報』, 1933-4.

袁中金 「河南近代鐵路建設與經濟發展」, 『史學月刊』, 1993-4.

劉繼增・毛磊・袁繼成 「大革命後期革命軍北伐河南」, 『河南師大學報』, 1981-5.

劉五書 「20年代豫東地區的紅槍會評述」, 南開大學歷史系中國現代史研究室 『二十
　　世紀的中國農村社會』, 中國檔案出版社 1996.

劉平 「略論淸代會黨與土匪的關係」, 『歷史檔案』, 1999-1.

李守孔 「河南與辛亥革命—辛亥革命區域研究」, 中央研究院近代史研究所主辦『辛亥革命研討會論文集』, 1983.

李賢華 「舊中國土匪問題初探」, 『中國人民警官大學學報』, 1995-3.

張杰 「民國川省土匪, 袍哥與軍閥的關係」.『江蘇社會科學』(南京), 1991-3.

張修齋 「回憶辛亥革命前後豫西點滴情況」, 『辛亥革命回憶錄』 第5集, 文史資料出版社 1981(第2版).

章虹宇 「滇西解放前土匪黑話, 行規及其禁忌」, 『民間文學論壇』, 1993-2.

程嘯 「義和團起源研究的回顧與隨想」, 『清史研究』, 2000. 2.

政協新鄉市委員會 「新鄉"在園"農民舉義」, 『辛亥革命回憶錄』 第5集, 文史資料出版社 1981(第2版).

趙國章 「試論國民二軍的失敗」, 『近代史研究』, 1993-4.

趙清 「重視對袍哥, 土匪和軍閥史的研究」, 『四川大學學報(哲學社會科學版)』, 1990-2.

朱金瑞 「槍會運動述義」, 『許昌師專學報(社會科學版)』, 第14卷 第4期, 1995.

周源 「白狼起義與反帝問題」, 『近代史研究』 1984-4.

曾光興 「黨在第二次北伐中的作用」, 『河南黨史研究』, 1987-2・3合刊.

曾廣興・王全營 「北伐戰爭在河南」, 『理論學習』, 1985-2.

池子華 「近代淮北流民問題的幾個側面」, 『二十一世紀』, 第83期, 1996.

蔡小卿 「當代中國黑社會問題初探」, 『南京大學學報』(哲學・人文・社會科學), 1992-3.

蔡少卿, 杜景珍 「論北洋軍閥統治時期的'兵匪'」, 『南京大學學報(哲學・人文・社會科學)』, 1989-2.

焦靜宜 「北洋軍閥史研究的回顧與展望」, 曾景忠 編 『中華民國史研究述略』, 中國社會科學出版社 1992.

馮自由 「河南志士與革命運動」, 『革命逸史』 第3集, 臺灣商務印書館 1972(第2版).

馮祖瓊・侯德範 「戰勝地主武裝紅槍會的鬥爭」, 『鄭州大學學報』, 1980-1.

胡文瀾 「樊鐘秀與孫中山」, 『史學月刊』, 1994-1.

黃廣廓 「有關白朗起義的一些資料」, 『史學月刊』, 1960-2.

黃中業 「論盜賊」, 『歷史學』 1979年 1-4.

家近亮子 「『華北型』農民運動の一考察—紅槍會と國民革命」, 『慶應義塾大學大學

院法學研究科論文集』, 1981.

高橋伸夫「中國共産黨の組織と社會」, 慶應義塾大學法學研究會『法學研究』, 70-6(1997. 6).

貴志俊彦「「北洋新政」體制下における地方自治制の形成―天津縣における各級議會の成立とその限界」, 横山英 編 『中國近代化と政治的統合』, 溪水社 1992.

今井駿 「白狼の亂について一考察―白狼集團の組織的實態について」,『人文論集(靜岡大學)』41, 1992.

今井駿 「中華民國期の四川省における哥老會の組織・活動の實態について」, 靜岡大學『人文論集』, 48-1(1997. 7).

今井駿 「土匪と革命―王佐小傳」, 靜岡大學『人文論集』, 45-1, 1994.

內山雅生「民國初期の民衆運動―山東省の場合」, 野澤豊・田中正俊 編『講座中國近現代史』3, 東京大學出版會 1978.

渡邊惇「北洋政權研究の現況」, 辛亥革命研究會,『中國近代史研究入門』, 汲古書院 1992.

嶋本信子「白狼の亂(三)―河南の第二革命と白狼」,『史論』第43集, 1990.

嶋本信子「白朗の亂(一)」, 中國民衆史研究會『老百姓の世界―中國民衆史』第4號, 1986.

嶋本信子「白朗の亂にみる辛亥革命と華北民衆(上)」, 青年中國研究者會議 編『中國民衆反亂の世界』, 汲古書院 1983(第2刷).

馬場毅 「農民鬪爭における日常と變革―1920年代紅槍會運動を中心に」,『史潮』第10號, 1981.

馬場毅 「山東省の紅槍會運動」,『續中國民衆叛亂の世界』, 汲古書院 1983.

馬場毅 「山東抗日根據地と紅槍會」,『中國研究月報』, 1994. 3.

馬場毅 「中共と山東紅槍會」,『中嶋敏先生古稀記念論集』下卷, 1981.

馬場毅 「紅槍會」―その思想と組織,『社會經濟史學』42-1.

馬場毅 「紅槍會運動序說」,『中國民衆叛亂の世界』, 汲古書院 1983(第2刷)

馬場毅 「抗日根據地の形成と農民―山東區を中心して」,『講座中國近現代史 6』, 東京大學出版會 1987.

馬場毅 「會堂・教門」, 辛亥革命研究會 編 『中國近代史研究入門』, 汲古書院 1992.

関斗基 「中華民國史と中國現代史」, 『近きに在りて』 15, 1989.

並木賴壽 「1850年代, 河南聯莊會の抗糧暴動(下)」, 中國近代史研究會 『中國近代史研究』 第3集(1983. 7).

濱口允子 「北京政府論」, 野澤豊 編 『日本の中華民國史研究』, 汲古書院 1995.

山本秀夫 「農民運動から農民戰爭へ」, 『中國の農村革命』, 東洋經濟新報社 1975.

三谷孝 「江北民衆暴動について(1929)」, 『一橋論叢』, 83-3, 1980.

三谷孝 「國民革命期における中國共産黨と紅槍會」, 『一橋論叢』, 69-5, 1973.

三谷孝 「國民革命時期の北方農民運動——河南紅槍會の動向を中心して」, 『中國國民革命史の研究』, 青本書店 1974.

三谷孝 「南京政權と‘迷信打破運動’(1928〜1929)」, 『歷史學研究』 455, 1978.

三谷孝 「大刀會と國民黨改組派——1929年溧陽暴動」, 『中國史における社會と民衆——增淵龍夫先生退官記念論集』, 汲古書院 1983.

三谷孝 「傳統的農民闘爭の新展開」, 『講座中國近現代史』 5, 東京大學出版會 1978.

三谷孝 「天門會再考: 現代中國民間結社の一考察」, 『社會學研究』, 34號, 1995.

三谷孝 「現代中國秘密結社研究の課題」, 『一橋論叢』, 101-4, 1989.

三谷孝 「紅槍會と鄉村結合」, 『シリーズ世界史への問い 四 社會的結合』, 岩波書店 1989.

西川正夫 「辛亥革命と民衆運動」, 『講座中國近現代史』 3, 東京大學出版會 1978.

西村成雄 「20世紀中國を通底する『國民國家の倫理』ナショナリズムと・社會主義」, 『歷史評論』, 515, 1993.

小林一美 「中華帝國と秘密社會」, 神奈川大學人文學研究所 編 『秘密社會と國家』, 勁草書房 1995.

松尾洋二 「曹錕・吳佩孚集團の興亡」, 『東洋史研究』 47-1. 1988. 6.

佐藤公彦 「義和團の起源について——J. W. エシェリック設への批判」, 『史學雜誌』, 101-4, 1995. 1.

酒井忠夫 「幫の民衆の意識」, 『東洋史研究』, 31-2, 1972.

塚本元 「アメリカにおける「軍閥」研究をめぐって」, 『近きに在りて』, 13, 1988.

塚本元 「「中國近代軍閥」研究の現狀と課題」, 『中國—社會と文化』, 4號, 1989.

坂野良吉 「白狼起義の歷史的意義をめぐって—民國初年の反軍閥鬪爭」, 『歷史評論』, 243號, 1970.

Alitto, Guy S. "Rural Elites in Transition: China's Cultural Crisis and the Problem of Legitimacy," Susan Mann Jones, *Select Papers from the Center for Far Eastern Studies*, no.3, 1978~79, The University of Chicago, Chicago, Illinois 1979.

Antony Robert J. "Peasants, Hero, and Brigands: The Problem of Social Banditry in Early Nineteenth–Century South China," *Modern China*. 15–2, 1989.

Billingsley, Phil. "Bandits, Bosses, Bare Sticks; Beneath the Surface of Local Control in Early Republican China," *Modern China*. 7–3, 1981.

Billingsley, Phil and Xu Youwei. "In Perils in the Wilderness: Chinese Bandits and Chinese Society through the Eyes of 'Foreign Tickets'," 『桃山學院大學人間科學』 no.12, 1997.

Billingsley, Phil and Xu Youwei. "'In the Grip of Bandits, Yet in the Hands of God': Western Missionaries Meet Chinese Outlaws," 『桃山學院大學人文科學』 no.18, 1998.

Blok, Anton. "The Peasant and the Brigand: Social Banditry Reconsidered," *Comparative Studies in Society and History*. vol.14 no.4, 1972

Duara, Prasenjit. "The Campaigns against Religion and the Return of the Repressed," *Rescuing History from the Nation: Questioning Narratives of Modern China*. The University of Chicago Press 1995.

Eastman, Lloyd. "State Building and the Revolutionary Transformation of Rural Society in North China," *Modern China*, vol.16, no.2, April 1990.

Inalcik. "The Socio–Political Effects of the Diffusion of Firearms in the Middle East," Michael Adas, *Technology and European Overseas Enterprise: Diffusion,*

Adaption and Adoption, Great Britain, Variorum, 1996.

Kuhn, Philp, A. "Local Self Government under Republic: Problems of Control, Autonomy and Mobilization," Fredrick Wakemann and Carolyn Grant, ed., *Conflict and Control in Late Imperial China*. Univ. of California Press 1975

McCord, Edward A. "Militia and Local Militarization in Late Qing and Early Republican China, the Case of Hunan," *Modern China*, 1988, vol.14, no.2.

Metzer, Thomas A. "Chinese Bandits: The Traditional Perception Re-evaluated," *Journal of Asia Studies*. vol.33, no.3, 1974.

O'Malley, Pat. "Social Bandit, Modern Capitalism, and the Traditional Peasantry, A Critique of Hobsbawm," *Journal of Peasant Studies*, 6, no.4(Oct).

Perry, Elizabeth J. "Social Banditry Revisited: The Case of Bai Lang a Chinese Brigand," *Modern China*, 9-3, 1983.

Perry, Elizabeth. "The Red Spears Reconsidered: An Introduction," by Tai Hsuan-chih(translated by Ronald Suleski), *The Red Spears, 1916~1949*. Ann Arbor Center for Chinese Studies, The Univ. of Michigan 1985

Potter, Jack M. "Land and Lineage in Traditional China" Maurice Freedman, ed., *Family and Kinship in Chinese Society*. Stanford 1970.

Slawinski, Roman. "The Red Spears in the Late 1920's," Chesneaux, Jean, ed., *Popular Movement and Secret Society in China, 1840~1950*. Stanford University Press 1972.

Thaxton, Ralph. "Land Rent, Peasant Migration, and Political Power in Yao Cun, 1911~1937," *Modern Asian Studies*, 16, 1(1982).

Tiedmann, R. G. "The Persistence of Banditry: Incidents in Border Districts of the North China Plain," *Modern China*, 8-4, 1982.

Wou, Odoric Y. K. "Development, Underdevelopment and Degeneration: the Introduction of Rail Transport into Honan," *Asian Profile*, vol.12, no.3, 1984.

Wou, Odoric Y. K. "The District Magistrate Profession in the Early Republican Period: Occupational Recruitment, Training and Mobility," *Modern Asian*

Studies 8, 2 (1974).

Wou, Odoric Y. K. Community Defense and the Chinese Communist Revolution Henan's Du Eight-Neighborhood Pact, *Modern China*, 1999, vol.25, no.3.

Xu Youwei, Phil Billingsley. "When Worlds Collide: Chinese Bandits and Their "Foreign Tickets"." *Modern China*. vol.26 no.1, 2000.

Zhang, Xin. "Elite Mobility, Local Control, and Social Transformation in Modern China: Henan, 1900~1937," A Dissertation submitted to the Faculty of the Division of the Social Sciences in Candidacy for the Degree of Doctor of Philosophy, Chicago, Illinois, 1991.

【적요(摘要)】

　　民国初期(1912~1928)河南是军伐，土匪，红枪会等三个组织活动最突
出的地方．本文通过考察出现三多现象的原因，他们之间的相互关系，其
内部组织，　以及与国家政权或革命势力的关系来重新认识河南的底层社
会．当时河南被称为"军人世界""土匪世界""红枪会世界"．由于这三个
组织频繁活动的结果，　二十世纪二十年代的河南社会被看作是一个土匪
世界．本文的目的是了解土匪世界的形成过程及其特征．論文共分三个
部分．

　　第一编考察土匪世界产生的社会背景．随着铁路的铺设而发生的社会
变化和辛亥革命时期的政治突变是形成土匪世界的主要社会背景．这一
时期在河南土匪的活动频率及其规模表现出相当大的地理性差異．例如,
河南西部，河南东部，河南北部的部分县 (滑县等)，河南西南部(相当于清
代南阳府)等地发生了严重的匪患，而在铁路沿线以及河南北部发达地区
则土匪出没较少．出现这种偏差的原因除了经济落后以外，还与治安管理
的困难及武风文化的发达等有关．此外，辛亥革命这样的政治原因也不能
排除在外．离开辛亥革命无法解释河南土匪及秘密结社多的现象．辛亥革
命扩大了人们希望现有秩序，权力以及价值观崩溃的期待与忧虑．土匪与
秘密结社的活跃动摇了省政府，甚至达到重新安排军队的程度．各地与革
命派结合起来的土匪与秘密结社趁革命混亂之机壮大了势力，　并为他们
日后触发长期持续现象准备了契机．但，可谓河南"第二革命"的白朗之亂
被鎭压以后，1915年到1920年间河南社会相对稳定．1914年8月赵周政权
建立以后，　通过整顿治安组织和开展积极的剿匪活动使治安状况逐渐有

500

所好转. 这些事实可通过分析同一时期发生的土匪事件得到确认. 开封发行的『河声日报』曾报道了二十世纪一十年代后半期出现的445件有关土匪事件, 我们通过分析这些事件可知, 当时的土匪具有局地性, 季节性, 限时性, 小集团性, 绿林性等性质. 同时, 我们也可以从反面来证明当时有效的治安活动.

第二编我们考察了军伐混战时期混乱的治安管理, 土匪的专横跋扈, 红枪会的出现及其发展过程. 二十世纪二十年代军伐间的角逐极大地影响了地方治安体制. 河南督军交替风潮("易督风潮")与治安中心县知事的频繁交替, 地方治安组织因军队而解散或者合并的情况时有发生. 二十世纪二十年代军伐统治时期正式出现了新的土匪, 即兵匪. 这些兵匪依靠手中的武器和过去的经验进行不同于往日的大规模掠夺, 抢劫人质, 进行破坏和杀伤, 使河南陷入了一片混乱. 同时, 根据战争的需要, 军伐不分青红皂白地招抚土匪, 这也是渴望升官发财的土匪专横跋扈的催化剂. 军伐的掠夺(兵灾)伴随着匪患, 兵匪不分的混乱祗依靠军队来整治(军政治安)是不可能获得好的效果的. 二十世纪二十年代, 河南的"土匪世界"正是在这样的社会背景下形成的. 与此相反, 红枪会世界却是以"土匪世界"的出现为直接背景. 由于民政治安组织的机能弱化以及强化军政治安组织的搜捕等公共治安体制的混乱, 代之以防御土匪的"唯一武器"便是民间治安组织红枪会. 但是兵匪不分的情况使得以反土匪为目的的自卫组织红枪会开始与军伐对立. 后来, 红枪会力量壮大以后割据地方, 不顾省政府的再三禁令驱逐了县知事, 开展了抗税运动, 用以争取地区内的合法性.

第三编通过考察地方核心人物与革命势力的关系, 了解土匪世界的内部结构与性质. 在正常的中国社会里如果绅士与掠夺集团土匪或红枪会这些秘密结社来往, 向他们妥协或者与他们合作常理上是很难理解的. 但是清朝的腐败, 军伐的搜捕动摇了国家统治的正当性, 面对正统性的危机地主和绅士对这些新发展起来的不法势力不能熟视无睹. 有时土匪以"地

区卫士"的面目出现, 有时红枪会在与土匪和军伐对抗过程中掌握地区大权, 这时绅士们就有可能与他们相呼应. 绅士与土匪的结合在官俯或革命集团看来是接受不了的不法的, 反革命行为, 因而往往被称为协助土匪的"土豪劣绅". 除了地主, 绅士等地方核心人物以外, 还有退役军人, 老师, 匪首, 没有受过教育的地主, "劣绅", 高利贷业者等"反核心人物"势力(counter elite)也参加红枪会. 在二十世纪二十年代地区的军事化和统治的正当性危机这样的迫切情况下, 他们为了建立新的政权参加红枪会. 其结果, 在一部分红枪会里为了掌握主导权两者间发生了争斗. "会匪"正是在红枪会的主导权从前者向后者的转换过程中得以存在. 1927年在冯玉祥政权出台前后所提出的关于"红枪会善后"问题, 就是地主, 绅士及省政府当局为把那些摆脱了自己统治权的"会匪"重新组编为象"民团"这样的可控制组织所作出的努力. 另一方面革命势力关心那些拥有强大武力和组织力的土匪与红枪会是当然的. 革命势力主要关心的是土匪与红枪会的武装力, 而土匪, 红枪会则不是以革命大义为目的, 而是出于个人的飞黄腾达或物质补偿以及地区的利益. 特别是二十世纪二十年代河南农民运动的主导权掌握在红枪会手里, 共产党等革命家们未能潜入"红枪会世界"内部, 他们仅仅通过红枪会会首进行自上而下的军事动员, 其结果不能有效地动员了人民大众.

通过上述论述, 我们可以发现土匪世界的一些特征, 整理如下：一, 以兵(军伐), 匪(土匪), 会(红枪会)三者为中心所形成的土匪世界具有连环性. 即, 三者在相互对立和歧视中形成了同质的联合关系. 二十世纪二十年代陷入生存危机的底层民众面临着迫切的选择：或成为土匪进行不法掠夺, 或去当兵进行合法搜捕, 或加入红枪会与前两者对立. 会匪不分, 兵匪不分, 会兵不分的土匪世界之连环性正是在这样的情况下才有可能形成. 二, 土匪世界的连环性是以地域性或地方主义为基础的. 这反映了土匪, 红枪会的地区性特点, 连环性的根基必须以拥护地方利益为原则. 三, 土匪世

502

界里的军伐, 土匪, 红枪会将河南分割为几个小的地区, 大体如下：军伐和人数众多的红枪会分布在铁路沿线互相协助又互相矛盾. 土匪则活动在河南西部的山岳地区和河南东部的交界地区. 四, 土匪世界里既有掠夺成性的土匪和传授咒术的老师为代表的不法的, 迷信的, 暴力的成分, 也有地主, 绅士为代表的合法的, 正统的, 非暴力的成分. 外人看来也许会认为土匪世界是一个充满迷信和暴力的非合理的世界, 但观察其内部则不然. 每个成员各自都有着无可奈何的动机和可以理解的契机. 他们所形成的是一个有步骤, 有法则, 依靠多种方式来发展自己的世界. 五, 土匪世界与革命势力之间则处在一个既联合又矛盾的关系中. 革命势力过去也曾与土匪, 红枪会有过联合, 但与军伐同样未能潜入其内部而被排斥在外. 革命势力中的共产党以国民革命时期的失败为教训追求大众路线, 对土匪, 红枪会的大众积极进行组织工作, 为日后潜入其内部打下了基础. 南京政府将红枪会改编成民团的工作和打破迷信运动等都是为掌握自由的土匪世界而做出的努力, 但事与愿违, 这些努力却加速了他们与土匪世界的断绝.

关键词：土匪, 红枪会, 易督风潮, 河南省, 豫人治豫, 兵匪, 会匪, 辛亥革命, 秘密结社, 军伐, 土匪世界, 国民革命

표1 하남 4대 수계

수계		발원지(유입)	경유지	유출지	河長 km	유역 면적 ㎢	점유 비율
衛河	衛河	輝縣	북부: 新鄕, 汲縣, 滑縣, 浚縣	河北省	249	14,749	9.2%
	漳河	山西	북부: 林縣, 安陽	河北省	22	420	
黃河		陝西 潼關	북부 동서 관통	山東省	711	36,200	21.7%
淮河		桐柏山	동남 전역 관통	江蘇 洪澤湖	340	88,300	52.8%
漢水	唐河	方城 七峰山	서남: 方城, 社旗, 唐河, 新野	湖北省	191	20,000	6.3%
	白河	嵩縣 關山坡	서남: 南召, 南陽, 新野	湖北省	全 302		
	丹江	陝西 風鳳山	서남: 淅川	湖北省	117	14,000	

■ 표는 常劍嶠·朱友文·商幸豊『河南省地理』(河南敎育出版社 1985) 84~91면; 王幼僑『河南方輿人文志畧』(北平西北書局 1932) 7~11면에 근거해 작성하였다. 표 가운데 河長은 하남 내 하천의 길이를 의미하며 점유비율은 성 전체의 토지면적에 대한 것이다.

표2 국유(國有)철로, 경한(京漢)철로, 경봉(京奉) 철로 군수물자 운반 비교표

단위: 연인원 이동거리(1,000킬로미터)

연도	國有 철로			京漢 철로			京奉 철로		
	軍運量	客運 총량	軍運비율	軍運量	客運 총량	軍運비율	軍運量	客運 총량	軍運비율
1919				128,138	608,315	21.1%			
1920	302,270	3,161,530	9.6%	132,259	628,878	21%	45,797	532,090	8.6%
1921	367,100	3,162,230	11.6%	116,349	526,734	22.1%	85,407	821,620	10.4%
1922	444,880	3,320,900	13.4%	83,352	490,260	17%	268,649	826,008	32.5%
1923	162,210	3,413,430	4.8%	54,001	515,217	10.5%	10,652*	509,386	2.1%
1924	567,260	3,582,320	15.8%	114,046	559,824	20.4%	214,885*	659,960	32.6%
1925	835,530	3,761,120	22.2%	205,487	604,312	34%	213,674*	828,614	25.8%
1926							93,626*	629,232	14.9%
1927							136,151	871,213	15.6%
1928							64,852	552,871	11.7%
1931	475,930	4,340,050	11.0%				100,252	1,053,199	9.5%

■ 표 가운데 좌측 國有 철로의 1920년부터 1925년까지의 수치는 「國有鐵路會計統計總報告」, 1931년은 「國有鐵路統計總報告」(宓汝成 『帝國主義與中國鐵路, 1847~1949』(上海人民出版社 1980) 484면을 각각 인용하였고, 중간 경한철로는 「歷年(1916~1925)京漢鐵路會計統計年報」, 우측 경봉철로는 「歷年(1920~1928)京奉鐵路報告册」, 「1931北寧鐵路會計統計年譜」(모두 嚴中平等 編『中國近代經濟史統計資料選輯』, 科學出版社 1955, 210면)를 각각 인용하였다. *로 표시한 수치는 군운이 아닌 정부의 운송량을 포괄한 수치지만 통상적으로 1, 2%를 차지하는 데 불과하여 무시하였다.

표3 1910년대 후반 하남 내 모병 현황

지역	주체	규모	출전
汝陽	陸軍10師19旅1團		1916. 1. 7
商丘, 淮陽, 杞睢 商水	拱衛軍	2,000	1916. 3. 13
河南	模範團	2,000	1916. 4. 1
安陽, 內黃, 臨漳 湯陰	江西省防軍		1916. 4. 29
上蔡	備補第5營		1916. 5. 3
鄭州	陸軍第1師	數連	1916. 7. 22
洛陽	北洋第7師	1營	1916. 11. 9
安陽	江西陸軍		1917. 4. 19
考城	山西督軍		1917. 8. 30
歸德		2營	1917. 9. 9
許昌	湘南 范司令		1917. 10. 20
陳留, 杞縣	大元帥		1916. 2. 26
歸德府	河南第1·2混成旅		1916. 3. 28
上蔡, 汝南	巡緝隊	8營	1916. 4. 28
汝南	趙倜, 備補第5營		1916. 5. 2
河洛일대	巡擊隊	數營	1916. 5. 4
新鄕, 獲嘉	第2旅 柴旅長	400	1916. 9. 29
安陽	陸軍第2混成旅	3營	1917. 1. 17
汝南, 歸德	定武軍	10營	1917. 7. 1
考城, 睢縣	陝西漢中鎭守使	1,000	1917. 9. 9
開封, 鄭州, 圉城	陸軍部	4,000	1917. 10. 20
商丘, 睢縣	陸軍16混成旅	3大隊	1917. 11. 29
歸德, 睢縣, 考城	北洋第7師	1,000	1918. 1. 4*
洛陽	北洋제7師	3營	1918. 1. 31
彰德, 武安	北洋陸軍第15師	6營	1918. 2. 26*

지역	주체	규모	출전
許昌, 駐馬店	湖北陸軍第2師	1,500	1918. 3. 11
淮陽	南陽鎭守使	500	1918. 1. 18
永城, 歸德	北洋政府	1師	1918. 2. 26*
汝南	宏威軍	300	1918. 2. 28*
鄭州	曹 宣撫	1,000	1918. 3. 19
河洛일대	宏威軍	2營	1918. 3. 20
鞏縣, 洛陽	鎭嵩軍	5營	1918. 3. 29
汝南	宏威軍		1918. 4. 3
圉城	吳光新部	2營	1918. 4. 8
永夏	陝關鎭守使	?천	1918. 4. 18
蘭封, 睢縣, 考城	前敵總司令 張敬堯	10,000	1918. 4. 26
彰德, 滑縣, 濬縣	南陽鎭守使		1918. 4. 29
彰德	浙江督軍 楊善德	1團	1918. 5. 2
信陽	湖北督軍 王占元	1營	1918. 5. 8
歸德, 滑縣	南陽鎭守使	5營	1918. 5. 17
許昌, 臨汝, 圉城	江西督軍 陳光遠	4營	1918. 5. 18
淮陽, 汝南, 信陽	武漢駐屯陸軍第3師	2,000	1918. 5. 30*
許昌	宜昌駐屯陸軍20師	2營	1918. 6. 12
永夏	中央	1,500	1918. 6. 23
洛陽	陝南鎭守使	2,000	1918. 6. 29
確山	浙江督軍 楊善德	4營	1918. 7. 6
確山	武漢駐屯陸軍2師	1,000	1918. 8. 26*
鞏縣	奉天軍57師	2營	1918. 9. 4*
彰德	湖北督軍 王占元	3,000	1918. 9. 16
許昌	陸軍第20師	2營	1918. 10. 4*
洛陽	陝南鎭守使	2,000	1918. 10. 22
圉城	吳光新部	2營	1918. 10. 31
開封	總統部衛隊	2連	1919. 2. 14*

지역	주체	규모	출전
潢川	國防軍第3師		1919. 2. 20*
河南	江西督軍 陳光元		1919. 11. 10*
歸德	陝西 陳樹藩部	1旅	1918. 3. 20
彰德, 保定	前敵總司令第7師	2,000	1918. 3. 25
彰德, 保定	陸軍第5混成旅	2營	1918. 3. 31
夏邑, 永城	漢中鎭守使	3營	18. 4. 5
信陽	吳光新部	500	1918. 4. 21
睢縣	陝西督軍 陳樹藩部		1918. 4. 24
鞏縣	陝西省長 劉鎭華	100	1918. 4. 29
彰德	江蘇督軍 李純	1團	1918. 4. 30
歸德, 睢縣	前賊總司令 吳光新	3營	1918. 5. 3
湯陰, 安陽	北洋17師	10營	1918. 5. 13*
中牟, 開封, 尉氏	奉軍第1·2混成旅	1,000	1918. 5. 18
上蔡, 西平, 確山	宏威軍	5營	1918. 5. 26
漯河	武漢駐屯陸軍第1師	500	1918. 6. 11
睢縣, 蘭封	歸德鎭守使	3營	1918. 6. 22*
確山	湖北督軍 王占元	500	1918. 6. 24
確山	長江上流總司令部		1918. 7. 2*
洛陽	奉天軍	1,500	1918. 7. 19*
商丘	南陽鎭守使	數營	1918. 8. 30*
許昌	吳光新部	1,500	1918. 9.1 5
信陽	吳光新部	1,500	1918. 9. 19*
鹿邑	江蘇督軍 李純	500	1918. 10. 21
許昌, 鄭州	湖南督軍 張敬堯	5營	1918. 10. 24
歸德, 考城	吳光新部	3營	1918. 11. 11
汲縣	國防軍第3師		1919. 2. 18*
洛陽	西北軍	100營	1919. 3. 16*

508

표 4 청말 민초 서부 서남부 행정구역

州/府	소속 현(청말)
汝州	汝州, 魯山, 寶豊, 郟縣, 伊陽
陝州	陝州, 靈寶, 閿鄕, 盧氏
河南府	永寧, 嵩縣, 宜陽, 澠池, 新安
南陽府	南陽, 南召, 鄧州, 內鄕, 新野, 桐柏, 唐縣, 泌陽, 裕州, 舞陽, 葉縣, 鎭平, 淅川廳

1913年	1914年	소속 현	구분
豫西道	河洛道	臨汝, 魯山, 寶豊, 郟縣, 伊陽, 陝縣, 靈寶, 閿鄕, 盧氏, 洛寧, 嵩縣, 宜陽, 澠池, 新安	A군
豫南道	汝陽道	南陽, 南召, 鄧縣, 內鄕, 新野, 桐柏, 唐河, 泌陽, 方城, 舞陽, 葉縣, 鎭平, 淅川	B군

출전 王幼僑, 앞의 책 131~33면; 「公布各省所屬區域表」, 『東方雜誌』 11-1(1914. 7), 21~22면. 표 가운 데 洛寧, 臨汝, 陝縣, 方城, 唐河, 淅川은 淸代 永寧, 汝州, 陝州, 裕州, 唐縣, 淅川廳이 각각 바뀐 것 이다.

표 5 하남의 지역구분

지역구분	행정구분	소속 현	수	소속
서부	河洛道	臨汝, 魯山, 寶豊, 郟縣, 伊陽, 陝縣, 靈寶, 閿鄕, 盧氏, 洛寧, 嵩縣, 宜陽, 澠池, 新安	14	A군
서남부	南陽府	南陽, 南召, 鄧縣, 內鄕, 新野, 桐柏, 唐河, 泌陽, 方城, 舞陽, 葉縣, 鎭平, 淅川	13	B군
철로 주변		鄭縣, 新鄭, 長葛, 許昌, 臨潁, 鄢城, 西平, 遂平, 確山, 滎陽, 氾水, 鞏縣, 偃師, 洛陽, 禹縣, 密縣, 襄城, 登封	18	C군
북부		安陽, 湯陰, 汲縣, 新鄕, 淇縣, 獲嘉, 修武, 沁陽, 輝縣	9	D군
동부	歸德府	商丘, 寧陵, 永城, 鹿邑, 虞城, 夏邑, 考城, 柘城, 睢縣	9	E군

표6 청말 민국시기 하남 재해

年度	수재		한재		지역					年度	수재		한재		지역				
	大水	特水	大旱	特旱	서부	북부	동부	남부	唐白丹		大水	特水	大旱	特旱	서부	북부	동부	남부	唐白丹
1813			*		*	*	*	*	*	1814			*					*	*
1816	*				*	*				1819	*				*	*			
1828	*							*		1932	*				*	*	*	*	*
1833	*					*	*	*		1836			*						*
1843	*				*					1845			*				*		
1846			*		*				*	1847			*		*	*	*		
1848	*							*		1856			*					*	
1864			*					*		1866	*							*	
1870	*				*	*				1876			*		*	*	*		*
1877				*	*	*	*		*	1878			*		*	*	*		*
1878	*							*		1884	*				*				
1887	*				*				*	1890	*				*				
1893	*				*	*	*			1896	*				*				
1898	*				*		*	*		1900			*		*	*	*		
1901			*		*					1906	*				*		*		*
1910	*					*	*	*		1911	*						*		
1911			*		*					1912			*		*		*		*
1912	*								*	1914			*					*	
1914	*								*	1915	*				*				
1916	*							*		1917	*						*		

年度	수재		한재		지역					年度	수재		한재		지역				
	大水	特水	大旱	特旱	서부	북부	동부	남부	唐白丹		大水	特水	大旱	特旱	서부	북부	동부	남부	唐白丹
1918	*				*	*				1918			*						*
1919	*				*					1919		*							*
1920				*	*	*			*	1920			*				*		
1921	*						*	*	*	1923	*					*			
1924	*					*	*	*		1926	*					*		*	*
1928			*		*	*	*	*	*	1929			*		*	*			*
1930			*		*	*				1930	*							*	
1931		*			*	*				1931	*							*	
1932	*				*					1935	*				*				*
1936			*		*		*	*	*	1936						*	*		
합계	19	1	8	2	17	15	12	13	11	합계	15	1	13	1	16	11	10	7	11

출전 표는『河南省歷代發生大水・大旱年分統計表』(편집자, 출판사 不明) 1982, 22~24면으로부터 작성한 것이다. 또한 동일 시기 상세한 재해상황과 그 원인에 대해서는 河南省水文總站 編『歷代旱澇等水文氣候史料』(출판사 불명) 1982, 470~84면; 馬雪芹『明淸河南農業地理』(紅葉文化出版 1997) 173~209면 참조.

표7 하남 인구 비교

현		인구(1931)	인구(1935)				여자/ 남자(%)	인구밀도
			총수	증감율(%)	남	녀		
A	臨汝	396,500	343,870	−13.3	180,791	163,079	90.21	51
	魯山	281,501	295,067	+4.8	163,688	131,379	80.27	38
	寶豊	207,330	236,318	+14.0	138,618	97,700	70.41	70
	郟縣	255,000	237,705	−6.8	121,695	116,010	95.31	68
	伊陽	108,423	159,298	+46.9	87,439	71,859	82.27	22
	陝縣	171,144	187,470	+9.5	101,530	85,940	84.63	26
	靈寶	189,000	172,529	−8.7	92,654	79,875	86.28	20
	閿鄉	85,298	73,466	−13.9	38,239	35,227	92.14	17
	盧氏	237,450	131,723	−44.6	70,970	60,753	85.63	7
	洛寧	491,796	211,321	−57.0	109,496	101,825	92.96	17
	嵩縣	261,841	260,496	−0.5	140,476	120,026	85.71	18
	宜陽	188,430	200,403	+6.3	103,928	96,475	92.87	52
	新安	182,691	165,956	−9.2	87,576	73,380	89.50	46
	澠池	129,261	138,823	+7.4	74,504	64,319	86.30	26
	평균	227,548	201,032	−11.7	107,972	92,703	85.86	26
B	南陽	558,369	735,031	+31.6	431,512	303,519	70.33	61
	南召	210,000	194,786	−7.2	113,222	81,564	72.08	25
	鄧縣	698,000	570,578	−8.3	340,595	229,983	67.56	49
	內鄉	400,000	451,234	+12.8	251,394	199,840	79.47	19
	新野	300,000	243,254	−18.9	140,094	103,160	73.57	41
	桐柏	미상	110,368	미상	64,169	46,199	71.96	13
	唐河	미상	543,145	미상	320,923	222,222	73.35	42
	泌陽	333,746	355,329	+6.5	213,793	141,536	66.18	29
	方城	390,880	392,520	+0.4	230,849	161,671	70.06	36
	舞陽	469,981	458,863	−2.4	242,227	216,636	89.43	74
	葉縣	381,700	347,518	−9.0	182,768	164,750	90.10	59
	鎭平	350,950	415,923	+18.5	248,478	167,445	67.36	49
	淅川	250,000	282,533	+13.0	154,201	128,332	83.20	21
	평균	394,875	392,390	+0.2	225,709	166,681	73.85	37

현		인구(1931)	인구(1935)				여자/ 남자%	인구밀도
			총수	증감율(%)	남	여		
C	鄭縣	257,083	329,269	+28.1	181,873	147,396	81.03	90
	新鄭	218,116	233,021	+6.8	123,225	109,796	86.12	66
	長葛	210,000	249,742	+18.9	131,996	117,746	89.16	121
	許昌	431,256	454,895	+5.5	244,022	210,873	86.39	99
	臨潁	320,403	334,427	+4.4	173,710	160,717	92.51	109
	郾城	80,000	452,301	+465.4	237,141	215,160	90.76	109
	西平	335,757	350,374	+4.4	179,537	170,837	95.15	91
	遂平	325,733	315,156	−3.2	165,321	149,835	90.62	62
	確山	305,505	313,472	+2.6	163,544	149,928	91.67	47
	滎陽	202,471	200,856	−0.7	103,117	97,739	95.73	88
	氾水	153,154	157,392	+2.8	80,196	77,196	96.26	117
	鞏縣	312,354	361,309	+15.7	186,193	175,116	94.03	68
	偃師	205,800	262,119	+27.4	132,110	130,009	98.42	88
	洛陽	491,796	547,057	+11.2	281,994	265,063	94.07	106
	禹縣	466,934	537,274	+15.1	283,744	253,530	89.36	76
	襄城	349,366	342,537	−2.0	176,977	165,560	93.56	68
	密縣	314,441	316,643	+0.7	169,376	147,267	86.95	71
	登封	236,522	245,540	+3.8	128,716	116,824	90.75	67
	평균	289,816	333,521	+15.1	174,600	158,922	91.02	84
D	安陽	696,762	671,956	−3.6	349,222	322,734	92.54	104
	湯陰	242,000	237,645	−1.8	122,327	115,318	94.27	53
	汲縣	190,000	185,142	−2.6	95,993	89,149	92.81	60
	輝縣	256,694	279,687	+9.0	145,425	134,262	92.32	58
	新鄉	216,255	266,296	+23.1	140,886	125,410	89.00	153
	淇縣	107,460	102,831	−4.3	52,762	50,069	94.90	47
	獲嘉	175,571	179,228	+2.1	91,520	87,708	95.84	91
	修武	211,872	237,880	+12.3	121,927	115,953	95.07	64
	沁陽	272,190	307,159	+12.8	158,389	148,770	93.93	54
	평균	263,200	274,203	+4.2	142,050	132,152	93.03	73
E	商丘	670,000	725,153	+8.2	377,131	348,022	92.28	77

현		인구(1931)	인구(1935)				여자/남자%	인구밀도
			총수	증감율(%)	남	여		
E	寧陵	174,653	165,637	−5.2	89,391	76,246	86.35	64
	永城	427,208	549,015	+28.5	293,521	255,494	87.05	87.05
	鹿邑	712,189	703,863	−1.2	366,812	337,051	91.87	91.87
	虞城	156,485	169,448	+ 8.3	87,590	81,858	93.37	93.37
	夏邑	288,000	283,279	−1.3	150,211	133,068	88.61	121
	考城	116,340	166,464	+43.1	89,177	77,287	86.65	103
	柘城	243,529	252,676	+3.8	132,814	119,862	90.21	71
	睢縣	116,340	332,459	+185.8	173,042	159,417	91.90	90
	평균	322,749	371,999	+15.3	195,521	176,478	90.26	79
	총계	3,284만	3,457만	+5.3	1,845만	1,613만	87.42	52

출전 표 가운데 1931년의 수치는 동년 하남 민정청의 조사보고(王幼僑, 앞의 책 142~51면)에서, 1935년의 수치는 동년 「河南省人口槪況」, 河南省統計學會 編 『民國時期河南省統計資料』 上册(출판사 불명 1986) 3~5면으로부터 작성하였다.

표8 1935년 B군 남녀 성비

	南陽			南召			鄧縣			內鄕			桐柏		
	男	女	%	男	女	%	男	女	%	男	女	%	男	女	%
0~10	100,657	63,556	63	20,729	21,036	101	1,899	47,497	58	56,758	3,192	76	14,981	11,520	77
11~20	69,800	60,080	86	1,605	15,009	69	53,630	36,853	69	44,301	1,508	94	12,800	9,018	70
21~30	59,359	49,080	83	20,674	9,625	47	61,297	42,906	70	44,381	9,307	89	10,999	6,986	64
31~40	51,790	39,990	77	21,625	10,524	49	60,422	44,895	74	44,624	2,263	72	8,984	6,118	68
41~50	54,920	41,220	75	12,798	9,539	75	38,883	27,975	72	29,288	21,183	72	7,576	3,787	50
51~60	47,970	33,380	70	7,910	8,662	110	23,832	15,891	67	18,305	13,488	74	4,136	3,718	90
61이상	43,626	15,232	35	7,901	7,169	91	23,842	15,891	67	13,453	8,756	65	4,247	3,892	92
未詳	3,390	81	78	—	—	—				284	143	50	446	1,160	260
總計	431,512	303,519	70	113,222	81,564	72	343,805	231,908	68	251,394	199,840	79	64,169	46,199	72

	唐河			舞陽			葉縣			鎮平			淅川			평균
	男	女	%	男	女	%	男	女	%	男	女	%	男	女	%	평균
0~10	77,528	46,415	60	24,784	18,361	74	45,225	41,058	91	34,188	25,363	74	35,405	29,938	85	71
11~20	53,466	51,827	97	45,787	36,610	80	41,363	35,217	85	58,726	23,732	40	29,399	20,132	68	77
21~30	40,855	23,868	58	49,649	41,185	83	36,939	28,851	78	48,173	37,070	77	23,533	22,563	96	76
31~40	44,399	32,966	74	44,000	38,916	88	38,616	33,242	86	73,697	47,440	64	21,186	18,028	85	74
41~50	24,658	22,561	91	34,432	40,019	116	15,197	20,011	133	22,921	16,157	70	17,424	15,614	90	84
51~60	33,042	21,786	66	23,426	21,153	90	3,630	3,492	96	13,387	11,736	88	14,424	12,873	89	77
61이상	46,639	17,470	37	8,009	6,954	87	1,729	2,143	124	7,386	5,947	81	12,830	9,184	72	55
未詳	336	429	128	12,140	13,438	111	69	736	1,067	–	–	–	–	–	–	101
總計	320,923	222,222	73	242,227	216,636	89	182,768	164,750	90	248,478	167,445	67	154,201	128,332	83	75

출전 河南省統計學會編, 앞의 책 39~42면. 唐河(女)와 南召(男)의 수치의 합과 총계가 약간 차이를 보이지만 어느 것이 정확한지 확인할 수 없어 그대로 인용하였다.

표9 1935년 혼인 개황

현	총계				남성				여성			
	미혼	기혼	홀아비+과부	이혼	미혼	기혼	홀아비	이혼	미혼	기혼	과부	이혼
南陽	71,083	406,665	93,042	28	45,752	195,730	89,359	14	25,331	210,935	3,683	14
南召	42,462	93,654	17,912	12	33,683	46,827	11,996	6	8,779	46,827	5,916	6
內鄕	93,600	230,686	26,874	124	57,670	120,683	16,204	79	35,930	110,003	10,670	45
桐柏	16,828	56,267	10,768	4	11,516	31,714	5,956	2	5,312	24,553	4,812	2
唐河	76,041	296,306	48,051	16	41,653	173,118	29,768	8	34,388	123,188	18,283	8
舞陽	49,884	344,103	21,623	68	29,617	175,818	11,973	35	20,267	168,285	9,650	33
葉縣	53,819	200,727	6,489	182	31,807	102,449	3,187	100	22,012	98,278	3,302	82
鎮平	75,817	247,892	32,663	–	64,593	123,931	25,766	–	11,224	123,961	6,897	–
淅川	42,378	164,576	10,236	–	31,095	82,288	5,413	–	11,283	82,288	4,823	–
합계	521,912	2,040,876	267,658	434	347,386	1,052,558	199,622	244	174,526	988,318	68,036	190

출전 河南省統計學會 編 「婚姻槪況」(1935), 50~53면.

표10 청말 하남 비밀결사 활동상황

연도	지역	조직	활동상황	출전
1901	하남동부 鹿邑 等縣	彌勒會	張妙松이 仇敎를 명분으로 山東 王覺一로부터 전도되어 彌勒會 창설. 大刀會, 八卦敎와 연결	『劉坤一全集1奏疏』 卷36*
1902	開封	彌勒會	회원 남녀노소 4, 5만명. 無極老母 신봉. 개봉 공격설. 두목 韓明義 체포, 즉결 처분되고 회원 다수 체포	『天津大公報』 1902. 6. 26
1903	修武	義和拳	義和拳 습득	『史事長編』, 386면
	溫縣, 孟縣, 浚縣, 武涉	小刀會	小刀會 1천명이 '先槍懷慶, 後再滅洋' '殺盡洋人'을 구호로 내세움	상동
1904	武安	義和拳	莊民은 義和拳 학습, 衛輝 直隷 등지의 會匪와 결합 仇敎 활동	『東方雜誌』 1-10, 401면
	彰德, 大名, 順德, 東阿	會匪	會匪 집결 유언비어를 퍼뜨리고 仇敎를 선동	『淸實錄』 光緖朝, 卷534, 8면
	彰德	在元會	磁州, 元城, 順德 등과 연결하여 세력을 떨침	『東方雜誌』 1-11, 425면
	彰德, 大名	團元會	'仇敎滅洋'을 宗旨	『天津大公報』 1904. 10. 20
	河北	團元會	'滅洋人'을 종지. 安陽縣南 某廟에 근거. 두목은 在理敎 신봉	『天津大公報』 1904. 10. 20
	彰德府	在園會	安陽, 湯陰, 臨漳, 內黃에 퍼짐. 能抗洋人을 宗旨. 수천 규모	『養壽園奏議輯要』 卷31*
	懷慶附	長毛敎	武涉, 溫縣, 孟縣이 중심. '能抗洋人'을 宗旨. 紳商 다수 입회	상동
	衛輝府	票匪	新鄕이 중심. '能抗洋人'을 宗旨. 두목은 生員이 담당	상동
	汝州	哥老會	魯山일대. 會匪 趙德幅 체포, 黃白票布, 會規, 印紙 등 압송	『庸庵尙書奏議』 卷4, 21~23면*
	懷慶府		白蓮敎匪 李元慶이 抗糧에서 '殺陳滅洋'을 종지로 변화시킴	『天津大公報』 1904. 11. 19, 24, 26

516

연도	지역	조직	활동상황	출전
1905	正陽	大刀會	일명 在元會. '開地'를 통해 세력확대, 관에 대항, 부호 약탈. 신사 가입	『正陽縣志』卷3, 「大事記」
	汝寧府	在園會	상호부조, 仁義 강조, 保身, 得財, 得官 추구. 관군, 서리 등과 연결	『河南官報』光緖32年, 第22期
1906	西平, 遂平	仁義會	吳太山이 '飮血念呪'로써 '能避刀槍'을 강조. 두목 苗金聲이 天王을 자칭하고 '掃淸滅洋'을 주장	『西平縣志』卷38, 8-9면
	西平, 遂平	仁義會	苗金聲 거사, 朱家口 등 탈취하고 교회를 파괴하고 교민 살해. 관에 대항	『東方雜誌』3-7, 34-35면
	西平, 遂平	仁義會	陳州府 朱家口 교민 살해. 仇敎傳單 살포	『敎務敎案檔』第7輯*
	西平, 遂平		黃巾을 머리에 두르고, 기에는 '滅洋'을 표시	『張文襄公全集·電牘』卷75, 8면
	羅山	會匪	'興漢滅洋'을 구호, 철로 훼손. 서양인, 敎民 살해	『敎務敎案檔』第7輯*
	汝州, 伊陽	仁義會	潘吉魁는 2백명을 모아 소요. 관병 3명 살해, 7명 부상	『東方雜誌』3-4, 79면
	彰德	在園會		『史事長編』上卷, 387면
	商城	會匪	거사 후 陶紫亭에 의해 토벌당함	『漢口中西報』光緖 32. 11. 15*
1907	沁陽 溫縣	小刀會	두목 趙學功이 溫縣 匪 張增盛과 함께 반란 모의	『沁陽采訪稿兵事』*
	商城	會匪	會匪 3백명에서 1천명으로 발전 안휘 호북의 會匪도 참가. 固始 光山 信陽까지 확대. "力扶漢種, 志奪坤乾" 구호	『漢口中西報』光緖 32. 11. 15*
	商城	龍華會	葉祿靑 葉七生 등 무리를 모아 민가 1천여 채 방화. 官에 항거. 단을 설치하여 전교함	『東方雜誌』5-4, 73면

연도	지역	조직	활동상황	출전
1907	新野	會黨	두목 朱寶卿은 "開堂放票, 斂錢聚衆" 함	『閔縣林侍郞奏稿』卷6, 15~16면*
1908	鄧州	江湖會=英雄會	두목 鄭自謙과 혁명적 지식인 王庚先이 결합하여 官署 공격	『民變檔案史料』, 118면
	陝州	刀會	군대 약탈	『史事長編』上卷, 388면
	懷慶	在園會	산서와 하남 변경에서 거사 모의	『民變檔案史料』, 115면
	光州	會黨	회당과 翟山會黨과 연결	상동
	鄧州	雙龍會	거사 계획	상동
	上蔡	龍華會	두목 姜本陽에 의해 조직발전	『河南官報』光緒34, 第27期
1909	開封	仁義會	두목 牛明德 姬天順 등에 의해 조직발전	『民變檔案史料』, 119면
	駐馬店	大刀會	기독교 반대	『史事長編』上卷, 388면
	南陽府	大刀會	향촌을 약탈	상동
1910	溫縣 孟縣	小刀會	13차례 무리를 집결 매번 100~2, 300명 동원	상동
1911	鄢陵 扶溝 太康	黃道會	거사 계획	상동
	柘城	靑幇	民團을 조직하여 縣城을 공격	상동
	西華	黃道會	거사 계획	상동

출전 표 가운데 * 표시한 부분은 『史事長編』上卷, 364~88면에서 인용한 것이고 『民變檔案史料』는 中國第一歷史檔案館 編 『辛亥革命前十年間民變檔案史料』, 中華書局 1985(이하 『民變檔案史料』)를 가리킨다.

표11 개봉(開封)봉기 처형자 이력

이름	籍貫	나이	직책	동맹회 관련	인의회와의 관계
張鍾瑞	許昌	34	革命軍總司令(都督)	회원	歸德府 일대의 인의회와 결합
張照發	山東, 濟寧	42	革命軍協統(巡訪司令)		
王天傑	鞏縣	25	革命軍敢死隊總隊長(司令)	회원	潁州, 歸德 일대 인의회와 결합
劉鳳樓	襄城	33	民軍督隊長		
徐振泉	沁陽	24	敢死隊先鋒隊長	회원	인의회와 교류
單鵬彦	開封		敢死隊長(放火隊司令)		開封 인의회 分區 두목
張得成	陝西, 西安	28	革命軍暗殺黨 가입		開封 인의회 주요 인물
李幹公	商水	30	(民軍司令)	회원	開封 인의회에게 선전 조직활동
王夢蘭	考城	25	民軍總指揮(民軍司令)	회원	蘭封, 考城 인의회 결성
李鴻緒	鞏縣			회원	
崔德聚	鞏縣	28		회원	開封 인의회 가입

출전 中國國民黨河南省黨部 編 『河南辛亥革命十一烈士殉難傳略』, 1929(林能士 編, 앞의 책 429~36면 재인용). 표 가운데에 있는 나이는 처형 당시의 것이며, 同盟會 가입 여부는 『史事長編』上卷, 324~31면에서 확인했고, 직책 가운데 ( )는 段醒豫「武昌起義與開封起義之前後」, 『中原文獻』10-9, 1978의 내용에 따랐다.

표12 하남 '제2혁명'의 전개상황

이름	나이	籍貫	소속	활동과 임무
査光復	24	信陽	大同民黨	改進黨 조직 미수. 鐵血團 조직. 軍界와의 연락담당. 內亂 기도
敖廋禪	32	固始		鐵血團 조직. 하남서부 하남남부 토비와의 연락담당. 내란 기도. 江西 安徽 廣東 革命黨의 長沙 점령 이후 호응하여 정부 전복하고 黃興 추대
章培餘	29	開封	血光團	『民立報』편집. 개봉화약고 폭파에 가담
尹新憲	29	信陽	大同民黨	화약고 폭파에 가담
王振中	41	滑縣	縣隊	화약고 폭파에 가담
熊嗣鸞	26	商城	大同民黨	황하철교 폭파 모의. 白朗 군대 등과 결합하여 南陽 점거 계획
姚黃	32	鄢陵		토비와 연락하여 황하철교 폭파, 군대와 南陽 점거 등 계획
劉伯斗	55	南陽	大同民黨	白朗 군대 등과 연결하여 황하철교 폭파, 8월 초 南陽 점거 계획
胡潛修	25	息縣		군대에 공작하여 전선 파괴. 8월 1일 開封 전등 파괴, 방화 계획
楊體銳	20	孟津	黃興	白朗 鎭嵩軍 등과 연락하여 河南府 공격. 군대와 함께 汴洛鐵路 파괴
閻作霖	24	鞏縣	黃興	白朗에게 보내는 黃興 편지 소유. 鎭嵩軍과 결합, 白朗과 연결 河南府 점령, 독립한 뒤 '南軍'을 맞이하려 함. 荊紫關 부대와 함께 汴洛鐵路 파괴
賈紹洛	43	鄭州	國民黨	군대와 결합, 河北 일대에서 黃河橋 장악하여 '北軍' 저지하고 '南軍'에 호응. 6월 26일 鄭州擧事 때 포고문 선전을 담당
金承緒	23	鄭州	國民黨	군대와 결합, 河北 일대에서 黃河橋 장악하여 '北軍' 저지와 '南軍' 호응
王永修	28	陽武	土匪	약탈. 鄭州 당원의 부탁에 따라 토비 4, 5백명 모집하여 黃河堤防 공격

이름	나이	籍貫	소속	활동과 임무
陳少溪	26	鄲城	國民黨	황하철로 파괴 모의. 白朗 丁萬松 등과 연락, 군대에 공작하여 鄲城 독립
王明德	34	南陽		河南府의 군대 大同民黨 國民黨 등과 연락, 반란
段景漢	35	開封	候補把總	滿營 군대와 연결, 漢營 무기를 동원하여 都督府 공격
張錫珍	32	中牟		'南軍'과 결합, 반란기도
羅飛聲	34	新野	民立報編輯	군대연락, 洛陽 공격, 黃河橋 점령. 북방군사 사정 보고
史金五	30	南陽	西路巡訪營	新野 일대의 군대담당
邢貢臣	50	午陽	民立報社員	午陽議事會議員 담당
劉壽青	27	商城	民立報社員	학술계 담당
楊名山	34	確山		土匪 周寶榮과 함께 西平 水屯集 약탈, 거점 확보하여 '南軍' 호응 시도
孫啓佑	40	遂平		孫文 黃興黨人 등과 접촉, 토비와 연결, 먼저 西平 水屯集 점거기도
張炳煥	35	汝陽		楊名山 孫啓佑 등과 공모, 錢糧 운송담당
裴長華	44	汝寧		楊名山 등과 공모, 鄭縣에 여관 개설 연락담당
李鴻恩	26	太康	國民黨	查光復과 血光團 조직. 鄭州에서의 파괴활동
郝翊臣	25	新鄉		新鄉國民黨 조직. '南軍'에 호응하여 新鄉縣 점거기도
吳鶴亭	36	南陽		鄭縣에 찻집 개설. '亂黨'의 주거 제공, 반란 모의
閻子固	40	新蔡	前進上軍總司令	군대와 토비 白朗과 연결, 前新蔡 縣知事 王文同, 국민당원 馬漢杰과 新蔡 독립 모의. 북벌로 項城을 점령하고 黃興 추대 계획
張蓉芙	27	潁州		토비 白朗과 연결, 군대와 연결, 新蔡 독립 시도
劉玉	26	祥符		臨汝 差役, 公款局과 연결, 자금과 무기 담당. 新蔡 독립 시도
徐懷友	34	臨汝		新蔡 독립시 閻子固 부대에 호응하여 북벌

이름	나이	籍貫	소속	활동과 임무
楊萬青	37	臨汝		무기 지원. 新蔡 독립시 閻子固 부대에 호응 북벌
馬漢杰	20	新蔡	國民黨	新蔡 내외의 군대와 연결 독립 기도
王龍滔	21	新蔡	國民黨	국민당원과 연결. 新蔡 독립 기도
楊英彦	24	新蔡	國民黨	군대담당. 토비 연락. 新蔡 독립 기도
龔萬倉	29	息縣	土匪	閻子固의 新蔡 공격에 맞춰 50명의 무리로 南鄕 약탈. 新蔡 開封縣隊 충원
李世魁	41	汝陽	土匪	1백 명을 인솔. 약탈 자행. 新蔡 開封縣隊 충원 閻子固 호송
龔保志	28	新蔡	土匪	30여 명과 함께 약탈. 新蔡 현지사 王文同에 의해 縣隊에 충원
吳澤普	32	扶溝	國民黨	토비 高二成과 연결. 扶溝縣 守望社 무기탈취. 독립기도
王桂芳	33	信陽	國民黨	信陽 국민당 분부 설립. 무기구매
何東潘	29	信陽	國民黨	국민당 분부 및 하남 남부 교통부 설립
劉振海	41	太和		白朗, 宋一眼 등과 접촉 계획. 4, 5천을 이끌고 項城의 무기 탈취 후 북벌
趙銅山	31	郯縣		상동. 식량 운송 담당
海貢琳	26	鄭縣		'亂黨' 南劍豪와 파괴 공모
張化士	31	襄城		'亂黨' 劉振海, 趙銅山과 함께 토비와 연락하여 요란 기도
竇聚財	33	郯縣		토비와 연락하여 파괴 모의
高常新	42	郯縣		토비두목 韓大帥를 위해 군정을 정탐

출전 표는 「破獲亂黨始末記」, 『時事豫報』, 1913. 7. 14; 「要犯伏法」, 『時事豫報』, 1913. 8. 5; 「要犯伏法」, 『時事豫報』, 1913. 8. 29; 「要犯伏法」, 『時事豫報』, 1913. 9. 12); 「槍斃要犯」, 『時事豫報』, 1913. 10. 7; 「又斃一幇亡命徒」, 『時事豫報』, 1913. 10. 7; 「槍斃要犯」, 『時事豫報』, 1913. 12. 10. 『時事豫報』 그리고 「匪徒正法詳誌」, 『河聲日報』, 1913. 8. 5에 소개된 진술을 토대로 작성한 것이다. 『時事豫報』의 원문은 모두 『史事長編』 下卷, 352~68면에 수록되어 있다.

표13 1910년대 후반 토비토벌 상황

	1915	1916	1917	1918	1919	1920	합계/비율
군정치안	15	20	14	32	13	5	99/49%
민정치안	10	22	12	9	18	12	83/41%
합동작전	9	5	2	3	1	1	21/10%
합계(건)	34	47	28	44	32	18	203
미결(건)	14	47	33	43	59	46	242
해결비율	71%	50%	46%	50%	35%	28%	46%

표14 무기 판매현황

현	수령인	무기 종류	미납액
柘城	李行恕	10발모젤 12정, 단발모젤 7정, 실탄 4,000발	銀 450兩
鹿邑	王光第	79單筒槍 30정. 10발모젤 20정, 단발馬槍 10정·실탄 20,000발	銀 1,960兩
陝縣	劉祖向	10발모젤 4정, 실탄 400발	銀 80兩
嵩縣	王庚先 曹 某	利意快槍 20정·실탄 7,000발 실탄 1,300발	銀 904兩 銀 52兩3錢6分
嵩縣	曾綿榮 戴 某	利意快槍 26정·실탄 5,691발 실탄 825발 村田式槍 20정·실탄 3,000발	銀 33兩 銀 612兩
商丘	孫金章	79單筒槍 20정·실탄 4,000발, 10발모젤 20정·4,000발, 단발馬槍 10정·2,000발	銀 1,560兩
考城	紀犀	利意快槍 10정·실탄 1,500발, 단발馬槍 10정·1,500발	銀 604兩
襄城	王尙震	10모젤 30정·실탄 6,000발	銀 732兩
開封	高鴻善	村田式槍 40정·실탄 8,000발	銀 1,184兩
襄城	王金相	소구경 실탄 40발, 10발모젤 실탄 15,000발	銀 840兩
安陽	范壽銘	10발모젤 60정·실탄 12,000발	銀 1,080兩
葉縣	張肇師	村田式槍 10정·실탄 1,500발	銀 410兩
靈寶	彭葆田	洋擡杆槍 12정·실탄 1,200발, 村田式槍 50정·실탄 10,000발, 79鉛실탄 2,000발, 10발모젤 실탄 2,000발, 30년식 실탄 100발, 7발馬槍 실탄 200발	銀 3,036兩

표15-1 1910년대 후반 토비상황

이름	지역	규모	활동상황				당국의 대응	『河聲日報』
			살상	약탈	인질	방화		
李雪妮	新鄭	수십		*	*		경비대와 주둔군대 공격, 李 등 체포 압송	15. 1. 9
朱喜成	內鄕	10杆					군대와 鄕團 결합 공격	15. 1. 9
	湯陰·安陽	백수십		*	*		보복을 두려워 감히 보고하지 못함	15. 1. 11
吳金城	鄧縣			*	*		보위단 공격, 8명 체포 처형, 2等獎狀	15. 1. 16
魏老三	魯山	수백		*			군대와 민단 공격 섬멸, 白朗의 잔당 魏 처형	15. 1. 26
	鎭平	5,600					군대와 민단 공격, 백랑 잔당 일망타진	15. 1. 26
展黑子	新蔡			*			현지사와 군대 화동 20명 사살	15. 2. 25
孫淸吉	葉縣	400	*	*			警察游緝隊는 孫 체포	15. 3. 1
牧廣會	正陽·新蔡·息縣	수백		*	*		식현 주둔 군대 체포, 개봉 압송	15. 3. 1
高二成	開封·許昌	6,700					警察游緝隊 顧 등 8명 체포, 개봉 압송, 처형	15. 3. 21
田占魁	伊陽	40					군대 공격 토벌	15. 4. 7
張天義	鄢城	巨匪		*			현경비대장, 군대 공격, 張 사살, 다수 체포	15. 4. 11
李煤堆	尉氏	著匪		*	*		현지사 경비대 인솔, 李 외 5명 체포	15. 4. 23
范世俊	寧陵	巨匪		*			군대 공격, 范 등 사살	15. 5. 2
鄭四妮	尉氏			*			현지사 경비대 인솔 공격, 鄭 등 15명 체포	15. 5. 23
	商丘						鎭守使 공격, 사살 32명, 2명 생포, 연발총 40정 획득	15. 5. 30
李占魁	襄城	10	*	*			군대, 偵緝隊 공격, 李 등 2명 생포, 2명 사살	15. 6. 3
	商丘	100			*			15. 7. 12
	商丘			*			鎭守使 공격 10명 체포	15. 8. 1

524

이름	지역	규모	활동상황				당국의 대응	『河聲日報』
			살상	약탈	인질	방화		
	杞縣	수십					警備隊, 偵緝隊, 保衛團, 司法警察 공격	15. 8. 8
	夏邑	8, 90					군대 공격, 토비 10명 부상, 2명 사살, 江蘇로 도주	15. 8. 17
	虞城	수십		*	*			15. 8. 18
王朝卿	新蔡	10		*			경비대 공격, 2명 사살, 다수 체포	15. 8. 20
任天射	內鄉·南召·淅川	20					軍隊, 保衛團, 民團 공격, 토벌 任 처형	15. 8. 29
黃二成	永城·柘城						鎭守使 공격, 黃의 수급을 성으로 보냄	15. 8. 29
趙奇	安陽			*	*		현지사는 해결하지 못함	15. 9. 10
程占明	南召	10		*		*	鄧縣 현지사 체포하여 南召로 이송	15. 9. 20
梅芳春	內鄉·淅川·魯山	巨匪	*	*		*	군대 공격, 梅 등 살해	15. 9. 25
	商丘	10		*	*			15. 9. 28
李德成	洛陽	巨匪		*			寨를 공격하다 체포, 처형	15. 10. 1
	信陽	60		*	*			15. 10. 1
張克敬	商丘	領杆	*	*	*		鎭守使 공격, 張 체포, 鎭署로 압송	15. 10. 3
孫天佑	盧氏	領杆			*		군대, 보위단 孫 등 체포	15. 10. 3
	許昌	수십		*	*			15. 10. 7
	密縣	20	*	*				15. 10. 16
王鎭	商丘	18		*			鎭守使兵이 체포, 처형	15. 10. 20
	睢縣	수십	*	*				15. 10. 22
崔梧桐	襄城·葉縣	領杆	*	*	*		軍署에서 체포, 계엄사령처에서 조사 처형	15. 10. 23
王榜	涉縣	100		*	*			15. 10. 28
周鐵敦	西華	수십		*	*		縣知事는 偵緝隊 파견, 토비 도주	15. 10. 29
	夏邑	多數					鎭守使 공격, 다수 사살	15. 11. 5
	林縣	100					紳士가 군대 요청	15. 11. 7
	沁陽	10						15. 11. 8

표15-2 1910년대 후반 하남 토비상황

이름	지역	規模	활동 정형				당국의 대응	『河聲日報』
			살상	약탈	인질	방화		
劉得在	許昌·洧川·長葛	100					3현 경비대, 군대 공격, 토비는 연발총 5, 60정 소유	15. 11. 10
王榜仔	涉縣	200		*			鄕團 공격, 토비 10명 사살, 나머지 도주	15. 11. 14
	夏邑			*			군대 공격, 토비 10명 사살, 나머지 도주	15. 11. 27
	夏邑	100					군대 공격, 토비 22명 사살, 나머지 도주	15. 11. 29
李萬順	洧川·長葛·新鄭			*	*		군대 공격, 李 체포	15. 12. 5
周鐵墩	淮陽·西華	10			*		縣知事, 保安團 공격, 토비 6명 체포, 무기 6정 획득	16. 2. 8
	南陽	20					鎭守使 공격	16. 2. 25
	林縣	수십		*				16. 3. 27
	商丘	20	*	*			현지사 경비대 파견	16. 4. 14
劉天	項城	率衆	*	*			현경비대 劉 등 5명 체포, 처형	16. 4. 19
	滎陽	20	*	*			地保가 현지사에게 체포 요구	16. 4. 24
山東匪	虞城	大股					鎭守使 유격대 파견	16. 4. 26
劉鴻賓	長葛	100					현경비대, 주둔군 공격, 劉 등 4명 체포, 처형	16. 5. 2, 5. 3
	商丘	10	*	*			현지사에게 警備隊 파견 요청	16. 5. 19
王占標	臨漳	수백		*			군대 공격, 1명 체포, 현장 처형	16. 6. 3
王占標	舞陽						보위단 공격, 王 등 2명 사살, "2等 獎狀 포상"	16. 6. 5
張克敬	永夏·虞城	수백		*	*		鎭守使 공격, 도주	16. 6. 7
劉孝義	林縣	100	*		*			16. 6. 23
王榜仔	林縣	100		*	*			16. 6. 23
	尉氏	50					군대 공격, 토비 1명 사살, 두목 3명 체포	16. 7. 7
	澠池	200		*			군대 공격	16. 7. 9
	濟源	수백					현지사는 진수사에게 파병 요청	16. 7. 11

이름	지역	規模	활동 정형				당국의 대응	『河聲日報』
			살상	약탈	인질	방화		
魯喜	通許	수십		*	*		游緝隊 공격, 두목 사살, 2等 두목 3명 체포 처형	16. 7. 12
李萬玉	洧川			*			군대, 단련 공격, 李 등 7명 체포, 처형	16. 7. 27
王四老虎	方城·舞陽·泌陽	100	*	*	*	*	3현 현지사는 화동하여 합동 토벌작전 결정	16. 7. 31
陳丙奎	湯陰·安陽	聚衆		*	*		警備隊, 保衛團 공격, 2명 체포, 다수 사살, 인질 구출	16. 8. 8
	商城	수십	*	*				16. 8. 10
張峯	長葛·洧川			*	*		許昌, 長葛, 鄢陵에서 경비대, 보위단 파견 합동작전	16. 8. 11
李五堆	嵩縣·洛陽	수백		*			군대 공격, 십수명 사살, 두목 체포, 현장 처형	16. 8. 13
張保治	息縣	수십		*			경비대 張 체포, 처형	16. 8. 14
	商丘	수십		*	*			16. 8. 16
張二旗	商丘	수십		*			진수사 파병, 張 등 체포, 처형	16. 8. 16
張玉來	濟源	수십		*	*		守望社, 保衛團 공격, 십수명 사살, 2명 체포	16. 8. 19
李四麻子	靈寶	수백		*	*		보위단, 경비대 공격, 2명 사살, 1명 체포	16. 8. 20
	商丘	수십	*	*			피해자가 縣署에 보고	16. 8. 21
管魁榮	沈丘	100		*			현경비대 공격, 管 사살, 2명 체포	16. 8. 22
洪登科	洛陽			*	*		군대 토벌, 11명 투항	16. 8. 26
張峯	鄢陵·扶溝	수백		*	*		扶溝, 鄢陵, 長葛, 洧川 團, 警 파견 및 합동작전	16. 8. 27
李萬玉	洧川	100		*	*		警備隊, 군대 공격, 7명 체포, 처형	16. 9. 1
洪登科	新安	100		*	*		성장이 현지사에게 체포 명령	16. 9. 2
	閿鄕	7, 80	*			*	성장이 현지사에게 "記大過 1次"	16. 9. 3
	確山	100		*			현지사가 경비대, 보위단 공격 명령	16. 9. 4
	閿鄕	수백				*	현지사가 團, 警 파견, 군대 파견 요청	16. 9. 5
王來成	虞城						경비대, 보위단 공격, 1백여 명 사살	16. 9. 6

표15-3 1910년대 후반 하남 토비상황

이름	지역	규모	활동상황				당국의 대응	『河聲日報』
			살상	약탈	인질	방화		
陳小孩	中牟・新鄭・洧川	5, 60			*			16. 9. 7
	鄧縣	100		*	*	*	군대 공격, 7명 사살	16. 9. 9
李鴻奎	新安	100		*			지사에게 "記過 1차"	16. 9. 9
王銀生	洛陽			*	*		군대 공격, 10여 명 사살, 王 등 5명 체포, 처형	16. 9. 10
張新子	新安	수십	*	*	*	*	경비대 공격, 張 등 체포, 처형	16. 9. 10
	方城	10			*		군대 공격, 인질 1명 구출	16. 9. 15
段靑山	鄧縣・內鄕	200	*	*	*		군대 공격	16. 9. 20
	長葛	10			*		보위단 공격, 토비3명 사살, 1명 체포	16. 9. 22
	靈寶	300	*	*	*		경비대 공격, 2명 사살, 1명 체포, 인질 4명 구출	16. 9. 23
張其鳳	尉氏	수백	*	*		*	신사는 성장에게 토벌 요청	16. 9. 28
	內鄕	수백		*	*			16. 10. 1
	沘源	수십	*	*	*		군대 공격 후 안정	16. 10. 2
四海頭	鄢陵・洧川・長葛			*	*		군대 공격, 두목 2명 사살, 11명 체포, 무기 획득	16. 10. 4
師海頭	鄢陵	10			*		군대 공격, 6명 체포, 연발총 7정 획득	16. 10. 4
	洧川	십수			*		군대 공격, 8명 체포, 연발총 6정 획득	16. 10. 6
小黃狼	泌陽	14	*	*				16. 10. 12
王榜仔	安陽						군대 공격, 23명 체포	16. 10. 12
	商丘	수십		*				16. 10. 14
	商丘	수십	*	*				16. 10. 17
王七子	魯山	수십					군대, 보위단 공격, 7명 사살	16. 10. 22

이름	지역	규모	활동상황				당국의 대응	『河聲日報』
			살상	약탈	인질	방화		
馮天順	南陽일대			*			군대 공격, 馮 등 7명 체포, 현지 처형	16. 10. 28
	臨汝	수십	*	*			현지사 "記過 1次", 경찰 파견	16. 11. 1
	開封	10		*			경찰, 군대 공격, 2명 체포	16. 11. 1
姚老年	寶豊	100		*			현지사 파병 요청	16. 11. 2
劉天永	新安·澠池·宜陽	100	*		*	*	군대 공격, 劉 체포, 현지 처형	16. 11. 2
	鄧縣	수십		*			民團 공격, 鎭平, 鄧縣 경찰 파견 물품 일부 회수	16. 11. 4
	長葛	20			*			16. 11. 4
	嵩縣	수십	*	*				16. 11. 5
張占魁	開封	수십		*			警務處에서 7명 체포, 계엄사령처에서 극형	16. 11. 7
田六	登封·汜水	80		*	*	*		16. 11. 8
韋老十	閿鄉·靈寶	70	*				군대 공격, 토비 20명 사살	16. 11. 14
	許昌	수십		*			현지사 경찰간부 파견	16. 11. 15
葛瞎子	虞城	수십	*	*			현지사 경찰간부 파견	16. 11. 16
張峯	許昌·通許·尉氏	300					군대에 의해 張, 彭老二 개편 나머지 해산.	16. 11. 16
陳小孩	中牟·洧川	수백					군대 공격, 4명 사살, 陳 생포	16. 11. 17
	潢川	30	*	*			현지사 경비대 파견	16. 11. 17
	杞縣	10	*	*		*	피해자는 縣城과 省都에 처리 요청	16. 11. 18
	許昌	30		*	*			16. 11. 19
	陝縣	수십	*	*				16. 11. 20
	密縣	30		*		*	현지사 경찰파견 파견	16. 11. 20
喬六麻子	柘城	300	*	*			"記大過 1次" 후 현지사 직접 출동, 이웃 현과 협력	16. 11. 21
張明堂	靈寶	30		*		*		16. 11. 22
蕭明	蘭封·考城	30		*			현지사 警備隊 파견 체포, 현지 처형	16. 11. 23

표15-4 1910년대 후반 하남 토비상황

이름	지역	규모	활동상황				당국의 대응	『河聲日報』
			살상	약탈	인질	방화		
沈邱虎	永城	100		*	*		현지사 경비대 파견 체포	16. 11. 25
王見修	舞陽	수십		*	*		현지사 경비대와 보위단을 파견 수명 체포	16. 12. 5
劉獅子	許昌	甚衆		*	*		현지사 劉에 대해 현상금 500元	16. 12. 6
	鹿邑						군대 공격. 토비 10명 사살	16. 12. 6
羅盛國	信陽	수십		*			현지사 토비 1명 체포, 처형	16. 12. 8
	信陽	100			*		현지사 경비대 파견 1명 사살. 2명 부상	16. 12. 9
劉某	永城	30	*	*			현지사 경비대 파견 劉 등 3명 체포	16. 12. 14
	洛寧	수십		*			현지사 경비대 파견	16. 12. 21
梁學仁	新蔡	30		*			현지사 경비대 파견 두목 2명 포함 10명 체포	16. 12. 27
	確山	100		*			성장 현지사에게 警, 團 파견 명령	16. 12. 29
	息縣	20		*			현지사 경찰간부 파견	16. 12. 30
馬得榮	虞城	50	*	*	*		현지사는 경찰간부 파견	16. 12. 31
高七	密縣	30	*	*			현지사는 경비대 파견	17. 1. 6
蕭四麻子	鎭平	100	*	*		*	田省長 현지사에게 "記大過 1次"	17. 1. 8
陳全法	新蔡			*	*		현지사 경비대 파견 陳 등 12명 체포	17. 1. 9
	澠池	20					保衛團 공격. 2명 체포	17. 1. 10
田小娃	南陽	30					군대 공격. 1명 사살	17. 1. 14
	新蔡			*			현지사 경찰간부 파견 토비 20명 체포	17. 1. 17
	商丘	30		*				17. 1. 21
	林縣	30		*		*	현지사 경찰간부 파견	17. 2. 6

이름	지역	규모	활동상황				당국의 대응	『河聲日報』
			살상	약탈	인질	방화		
	永城	30	*	*			현지사 경찰과 경비대 파견	17. 2. 7
楊振宗	泌陽·方城·舞陽			*	*		군대 공격. 楊 등 5명 체포 처형. 총 20정 획득	17. 3. 1
程玉書	洛寧	수십					보위단 공격. 토비 1명 살해. 1명 체포. 총 2정 획득	17. 3. 5
	確山	수십	*	*		*	현서에 보고	17. 3. 27
仇小玉	開封	40		*	*			17. 3. 31
	羅山	20	*	*			지역민 공격. 토비 2명 살해	17. 4. 2
方逢吉	泌陽	300					잔수사 공격. 宋小王 등 처형	17. 4. 1
王二生	尉氏	200		*	*		현지사 경비대 파견 체포	17. 4. 10
	確山	수십					현지사 경비대 파견 信陽知事와 협공. 3명 사살	17. 4. 15
	修武	30				*		17. 4. 29
	商丘	수십			*			17. 5. 6
	鄧縣						군대 공격. 두목 수십명 체포	17. 5. 8
	南陽	20		*				17. 5. 10
虫八蜡王	確山	11		*	*		현지사 경찰에게 처리 명령	17. 5. 11
	孟縣	30	*	*			현지사 경찰간부 파견 3명 체포	17. 5. 12
	中牟	10		*			현지사 경찰간부 파견	17. 5. 13
	商丘	수십		*				17. 5. 14
	臨潁	10		*				17. 5. 17
	內黃	20	*	*			현지사 경찰 파견	17. 5. 17
潘羽	中牟			*			철로경찰 토비 10명 체포	17. 5. 31
	新蔡			*			경비대 공격. 10여 명 체포	17. 6. 1
	南陽	4, 500		*				17. 6. 9
梅廣曾	汝南			*	*	*	군대 공격. 두목 梅 등 수십명 체포	17. 6. 13

표 15-5 1910년대 후반 하남 토비상황

이름	지역	규모	활동상황				당국의 대응	『河聲日報』
			살상	약탈	인질	방화		
高錫國	尉氏	수십		*			군대 공격. 2명 살해. 1명 생포.	17. 6. 19
	商丘	수십			*		피해자 현지사에게 보고	17. 6. 29
	南陽	10						17. 7. 9
	新蔡	大股					군대 공격. 安徽 군대와 협공. 토비 안휘로 도주	17. 7. 13
	鄲城	大股	*				현지사는 상부에 보고. 이웃 현과 협동작전	17. 7. 21
石東海	尉氏	10			*			17. 7. 22
	羅山	20	*		*	*		17. 7. 22
袁株子	內鄕	40		*	*			17. 7. 24
馬相成	臨汝·禹縣	10					군대 공격. 7명 사살. 연발총 9정 획득	17. 7. 25
	確山	10	*	*			현지사에게 "記過 1次", 체포 독촉	17. 7. 26
	開封	수십	*	*	*	*		17. 8. 2
	內黃	수십		*		*	성 당국은 현에 경찰간부 파견 명령	17. 9. 13
朱二貴	通許·扶溝			*			團, 警, 군대 공격. 朱 등 11명 체포	17. 9. 18
高順	確山	20					군대 공격. 비수 등 수명 사살. 무기 획득	17. 9. 20
	羅山	수십		*		*	현지사 경찰, 경비대 파견	17. 9. 23
蔣大雪	上蔡	10		*			경찰 공격. 蔣 등 3명 체포, 처형	17. 9. 26
馬猴	項城	수십	*	*	*			17. 10. 4
安徽匪	商丘·固始						군대 공격. 12명 사살, 2, 3명 생포 연발총 11정 획득	17. 10. 12
郭葉	靈寶·閺鄕						군대 공격. 토비 수십명 체포	17. 10. 15

532

이름	지역	규모	활동상황				당국의 대응	『河聲日報』
			살상	약탈	인질	방화		
	淇縣	30	*	*			현지사 경찰간부, 경비대 파견	17. 10. 25
	孟津	10		*				17. 10. 25
	洛寧	수십		*			현지사 경비대 파견. 宜陽에 협조 요청	17. 10. 27
	潘縣	大股		*			현지사 군대 파견 요청	17. 10. 30
	西華	巨匪					군대 공격. 토비 10명 체포	17. 11. 6
葛牛	沁陽	20		*			군대 공격. 葛 등 2명 체포	17. 11. 23
	滑縣	50		*	*		군대 공격. 인질 4명 구출	17. 11. 24
	鄧縣	10	*				피해자 현서에 신고	17. 11. 28
宋猪妮	鹿邑	수십	*	*		*	현지사 경찰간부 파견. 宋 체포	17. 11. 28
	遂平	수십	*	*	*			17. 12. 10
	碻山						경비대와 군대 공격. 16명 체포, 무기 다수 획득	17. 12. 29
	開封	수십	*	*			경찰 파견	18. 1. 6.
	正陽·新蔡	100					군대, 경비대 공격. 16명 체포	18. 1. 24
張一貫	鄧縣	50			*			18. 1. 25
田小娃	鄧縣·鎭平	14			*		군대 공격. 田 등 4명 체포, 8명 사살	18. 1. 27
趙大九	新野	100		*			鎭守使 군대 파견 趙 등 46명 체포, 처형	18. 1. 27
劉得匪	禹縣	20		*			군대 공격. 劉 등 4명 체포, 무기 획득	18. 2. 8
孫四麻子	宜陽	3, 40		*	*		군대 공격. 孫 생포. 무리 10명 사살	18. 2. 8
白小頂	汝南·宜陽	40		*	*		군대 공격. 白 생포. 20명 사살	18. 3. 11
岑謝藩	通許	甚衆		*			군대 공격. 5명 생포 개봉계엄사령처로 압송	18. 3. 12
鄧强	新蔡			*			경비대 공격. 7명 생포, 5명 사살. 무기 획득	18. 3. 19
	開封	6, 70		*			寨民 대항, 토비 2명 사살, 7명 傷害	18. 3. 20
周四麻子	魯山	60		*	*		군대 공격, 토비 체포, 처형	18. 3. 21
陳本星	內鄕	수십		*			현경비대 陳과 무리 3명 체포, 처형	18. 3. 26

표 15-6 1910년대 후반 하남 토비상황

이름	지역	규모	활동상황				당국의 대응	『河聲日報』
			살상	약탈	인질	방화		
	濬縣	大股		*			현지사 군대 파견 요청	18. 4. 2
于天祥	方城	16		*				18. 4. 2
趙明亮	南陽	200					군대 공격. 토비 수십명 부상, 20명 사살. 다수 체포	18. 4. 3
魏金榮	湯陰	100					군대 공격. 경비대 협조	18. 4. 17
	新鄭	수십	*	*	*			18. 4. 18
	考城	100		*	*		현지사 團, 警을 파견	18. 4. 18
王化	確山	10	*	*	*	*	군대와 현지사 공격. 2명 사살, 4명 체포	18. 4. 23
	光山·羅山	수십	*	*	*			18. 4. 28
	通許	10		*			현지사는 경찰간부 파견	18. 5. 1
	光山	수십		*			군대 공격. 5명 사살, 6명 체포, 무기 획득	18. 5. 2
	湯陰	大股					현지사 督署에 군대 파견 요청. 군 파견	18. 5. 10
	內黃	100					현지사 파병 요청에 따라 군 파병	18. 5. 16
	通許	20		*			巡緝隊 공격. 6명 체포, 압송, 처형	18. 5. 20
	密縣	30	*	*				18. 5. 23
葉禮紅	信陽	수십					군대 葉 등 수십명 체포, 10명 사살. 연발총 20 획득	18. 5. 24
焦心成	淅川						군대 焦 등 14명 체포, 처형.	18. 5. 26
	陵鄉	100					파병 요청에 따라 督軍은 군대 파견	18. 5. 31
	商丘	10			*			18. 5. 31
	睢縣	100		*	*			18. 6. 2
何振華	禹縣	6, 70		*			군대 何 등 15명 사살, 4명 체포 연발총 10정 획득	18. 6. 3
	內黃	100					파병 요청에 따라 督署 군대 파견	18. 6. 5
徐老八	泌陽	6, 70			*		군대 50명 사살, 4명 체포, 인질 12명 구출. 무기 획득	18. 6. 6

이름	지역	규모	활동상황				당국의 대응	『河聲日報』
			살상	약탈	인질	방화		
趙黃氏	虞城·夏邑	십수	*				鎭守使 趙 등 7명 체포, 압송, 처형	18. 6. 7
	桐柏	大股	*				군대 파견	18. 6. 11
	鄧縣	10					현지사 경비대 파견 수명 사살, 무기 획득	18. 6. 13
	通許	巨匪					군대 10명 체포	18. 6. 17
	虞城	巨匪					鎭守使 張某 등 30명 체포, 처형	18. 6. 17
張黑妮	湯陰	수십	*				保衛團 공격, 張 사살	18. 6. 19
	商丘	100	*					18. 6. 21
	濬縣		*				督署 군대 파견	18. 6. 21
	虞城	100					군대 공격. 70명 사살, 연발총 7정 획득, 10명 체포	18. 7. 9
	虞城				*		군대 공격. 진수사 지원. 30명 사살, 인질 구출	18. 7. 11
	虞城·夏邑						군대 공격. 토비 60명 사살	18. 7. 14
	虞城·夏邑						군대 공격. 10명 사살	18. 7. 25
	考城	500					군대 8명 체포, 50명 사살, 30명 부상, 무기 획득	18. 7. 27
韓黑妮	湯陰	수십	*				보위단장 공격, 韓 체포	18. 8. 9
	考城						군대 3백명 사살. 20명 체포	18. 8. 15
大寶均	滑縣	500	*	*			鎭守使 공격. 17명 사살, 두목 체포, 연발총 560정 획득	18. 8. 20
	中牟	30	*	*	*		피해자 현서에 신고	18. 9. 13
	夏邑	500					鎭守使 공격, 1백명 사살, 무기 장물 다수 획득	18. 9. 14
	杞縣	100			*		현서에 신고	18. 9. 17
	淅川	巨匪					군대 10명 체포, 무기 획득	18. 9. 18
	考城	100	*				군대 파견	18. 9. 21

표15-7 1910년대 후반 하남 토비상황

이름	지역	규모	활동상황				당국의 대응	『河聲日報』
			살상	약탈	인질	방화		
史秋	封邱	100	*	*	*		현지사에게 "記大過 1次", 아웃 현과 합동 토벌작전	18. 9. 22
	淅川	大股		*			군대 파견	18. 9. 25
	通許	20		*			순집대 공격, 6명 체포	18. 10. 5
李常泰	信陽						군대 李 등 수십명 체포, 10명 사살. 연발총 20정 획득	18. 10. 15
李三德	洛寧	10	*	*		*	巡緝隊 두목 2명, 무리 사살. 연발총 2정 획득	18. 10. 16
	伊陽	100					군대 파견	18. 10. 20
	開封	100	*	*			地方審判廳에 신고	18. 10. 21
李天仇	濬縣	4, 50		*	*		군대 20명 체포, 연발총 4정 노획	18. 10. 23
	滑縣	大股		*			巡緝隊, 군대 공격	18. 10. 24
牛常平	安陽	200					군대 공격, 40명 사살, 부상자 다수	18. 10. 26
	開封	10		*			地方審判廳에 신고	18. 10. 27
王月超	新安	수십	*	*			현지사 경찰간부 파견	18. 10. 28
	虞城	大股					군대 파견	18. 11. 3
	固始	10		*			현지사 경찰간부 파견	18. 11. 6
	永城	大股					鎭守使 공격. 2명 생포, 다수 사살. 나머지 도주	18. 11. 13
	永城	20		*			현서에 고발	18. 11. 13
	內黃	100		*			군대 파견	18. 11. 13
	臨汝	수십	*	*			현지사 경찰간부 파견	18. 11. 16
	鎭平	10		*			현지사 경찰간부 파견	18. 11. 25
	內鄕	10		*			현지사 경찰간부 파견	18. 11. 25
	許昌	수십			*		현지사 경찰 파견	18. 12. 6
	長葛	10		*			현지사 경찰간부 파견	18. 12. 8

이름	지역	규모	활동상황				당국의 대응	『河聲日報』
			살상	약탈	인질	방화		
蕭子敬	開封	20		*			地方檢察廳에 체포 요구	18. 12. 11
	宜陽	십수		*	*		군대 12명 사살, 1명 체포, 7명 인질 구출	18. 12. 13
	臨漳						군대 10여 명 체포, 처형	18. 12. 17
	開封	30	*	*			地檢廳은 檢察官을 파견 조사	18. 12. 17
	汲縣	수십	*	*			현지사 경찰 간부 파견 인근현에 협조 요청	18. 12. 19
	長葛	수십		*				18. 12. 20
張老慶	蘭封	10		*			군대공격, 張 사살	18. 12. 21
	鞏縣	大股		*			현지사 경찰간부 파견 인근현 협조 요청	18. 12. 24
劉治國	新鄉	10		*		*	현지사 경비대 파견 淸鄉局과 협조	18. 12. 25
	洛陽	수십					보위단 공격, 수명 사살, 1명 체포, 2명 인질 구출	19. 1. 1
	濬縣	10		*			현지사 경찰간부 파견	19. 1. 7
	鄧縣	40	*	*			현지사 경찰간부 파견 이웃에 협조 요청	19. 1. 12
馬四喜	信陽			*	*		진수사 공격. 29명 체포, 처형	19. 1. 14
	蘭封	大股		*			군대 파견	19. 1. 18
任文斗	泌陽					*	군대 6명 사살, 3명 체포, 인질 15명 구출	19. 1. 19
	通許	20				*		19. 1. 24
	南陽	수십	*	*			현지사는 경찰간부 파견	19. 1. 24
竇世淸	柘城	10	*	*			현서에 고발	19. 1. 24
	魯山	30	*	*			현지사 巡緝隊 파견	19. 1. 25
閻騙四	開封	16		*			경찰 12명 처형, 2명 압송	19. 1. 26
陳二王爺	考城	1,000		*			군대 200명 사살, 두목 陳 등 6명 梟首	19. 1. 27

표15-8 1910년대 후반 하남 토비상황

이름	지역	규모	활동상황				당국의 대응	『河聲日報』
			살상	약탈	인질	방화		
秦世田	泌陽						巡緝隊 무기 11정 획득, 5명 체포, 수명 사살	19. 1. 27
	寧陵	수십			*		순집대 공격, 인질 3명 구출	19. 1. 28
	虞城	100	*	*	*	*		19. 2. 11
	伊陽	10		*			당국은 현지사에게 경찰간부 파견 명령	19. 2. 12
王四麻	通許· 尉氏			*	*		군대 王 등 20명 체포, 省都로 압송. 처형	19. 2. 14
趙天奇	洛寧						군대 30명 사살, 무기 획득	19. 2. 19
	南召	10					현지사 순집대 파견. 토비 수명 사살. 무기 노획	19. 2. 20
王貴貴	沘源	수십		*			경찰간부와 巡緝隊 공동조사	19. 2. 21
程黑妮	臨漳	20		*			巡緝營 程 등 4명 체포	19. 2. 22
胡敬	安陽	100		*	*		巡緝隊 2명 체포	19. 2. 25
王黑精	嵩縣						巡緝隊 王 등 2명 사살 무기 16정 노획	19. 2. 27
吳天祥	桐柏						군대 吳 등 10명 체포, 무기 노획	19. 2. 27
	安陽	100		*			현지사 경찰간부 파견	19. 3. 9
	濟源	수십		*			현지사 경찰간부 파견	19. 3. 18
	開封	20	*	*			地檢廳 고발	19. 3. 27
蕭子敬	宜陽						군대 공격. 3명 생포, 15명 사살	19. 5. 8
	南陽	30	*	*			현지사 경찰간부 파견	19. 5. 22
	南陽	수십	*	*			현지사 경찰간부 파견	19. 5. 28
	內鄕						鎭守使 공격. 토비 10명 체포	19. 5. 29
司國彦	泌陽	20	*			*		19. 6. 2
	柘城			*			巡緝隊 10명 체포, 현지 처형	19. 6. 14
	伊陽	100					군대 파견	19. 6. 15

이름	지역	규모	활동상황				당국의 대응	『河聲日報』
			살상	약탈	인질	방화		
	開封	100	*	*			開封地檢廳 고발.	19. 6. 15
	內鄕	20		*			현서에 보고	19. 6. 15
	開封	수십	*	*			地檢廳에 고발.	19. 6. 17
	方城	40		*	*		현지사 경찰간부 파견	19. 6. 18
	睢縣· 寧陵	수십			*		순집대 공격. 인질 2명 구출.	19. 6. 22
許小跟	洛陽· 偃師· 孟津	30	*	*			군대 16명 사살, 15명 체포, 연발총 30정, 말 노획.	19. 6. 23
陳黑一	方城						군대 체포, 무기 3정, 말 300필 획득.	19. 6. 25
嚴占元	鄲城	10					순집대 2명 상해, 嚴 체포.	19. 6. 25
	泌陽	수십		*	*			19. 6. 25
	盧氏	大股		*			군대 파견	19. 6. 27
	睢縣	10					군대 두목 등 3명 체포.	19. 6. 27
張雙意	杞縣	20	*	*			현지사 경찰간부 파견 두목 체포.	19. 7. 7
	新蔡	20		*			巡緝隊 4명 체포.	19. 7. 10
	商丘	10		*	*			19. 7. 30
	遂平	수십	*	*			현지사 경찰간부 파견	19. 7. 30
穆合意	尉氏· 新鄭	수십		*			현지사 체포	19. 8. 2
吳淸泰	開封	수십		*			경찰 吳 등 4명 체포	19. 8. 3
螞蚱王	泌陽	30					巡緝隊 공격, 3명 부상, 나머지 도주.	19. 8. 11
	商丘	大股		*			紳董의 요청에 따라 진수사 공격.	19. 8. 16
	泌陽	20	*				당국 현지사 "記大過 1次", 경찰간부 파견 명령.	19. 8. 20
	陝縣	10		*	*		군대 체포, 처형.	19. 8. 28

표15-9 1910년대 후반 하남 토비상황

이름	지역	규모	활동상황				당국의 대응	『河聲日報』
			살상	약탈	인질	방화		
陽子欣	中牟	10		*	*		中牟·長葛·新鄭 현지사 합동작전 사살	19. 8. 29
	葉縣	100		*			군대 파견	19. 9. 5
	內鄉	수십		*			현지사 경찰간부 파견	19. 9. 11
	開封	40		*			地方檢察廳에 신고	19. 9. 12
	夏邑	20		*	*			
	宜陽	100		*			군대 파견	19. 9. 14
	內鄉	20	*	*			현지사 경찰간부 파견	19. 9. 16
朱勝	鄢城	30		*		*	현지사 경찰간부 파견	19. 9. 18
	開封	수십		*			개봉지방검찰청에 신고	19. 9. 20
	開封	20		*			개봉에 신고	19. 9. 20
	南陽	수십	*	*	*		경찰간부 파견	19. 9. 23
	長葛	40	*	*			현지사 경찰간부 파견	19. 5. 30
顧老六	武安			*		*	군대 수십명 사살, 인질 22명 구출. 말24, 연발총10 노획	19. 10. 1
	杞縣	수십	*				현지사 경찰간부 파견	19. 10. 3
	鄧縣	30	*	*		*	현지사에 대해 "記過 1次", 경찰간부 파견 지시	19. 10. 17
蔡老二	舞陽	수십	*				현지사에 대해 "記過 2次"	19. 10. 23
	偃師	수십		*	*		현지사 경찰간부 파견	19. 10. 28
	開封	30		*	*		피해자 고발	19. 10. 29
螞蟥王	方城	수십	*			*	현지사에 대해 "記大過 1次"	19. 10. 31
錢保全	孟縣	10	*	*			省署와 高等檢察廳에 고발	19. 11. 1
	澠池						巡緝隊 토비 14명 체포	19. 11. 2

이름	지역	규모	활동상황				당국의 대응	『河聲日報』
			살상	약탈	인질	방화		
	內鄕	10		*			巡緝隊 두목 2명 사살, 토비 1명 체포, 연발총 1정 노획	19. 11. 3
	臨漳	30	*	*			현지사 경찰간부 파견 인근 현에 협조 요청	19. 11. 5
	開封	10	*	*				19. 11. 8
劉鐵馨	內鄕	30	*	*		*	당국은 현지사에게 체포 명령	19. 11. 9
	開封	수십		*	*			19. 11. 21
王克順	湯陰	수십			*			19. 11. 23
	杞縣	수십	*	*			현 경찰간부 파견	19. 11. 24
	臨汝	10		*	*			19. 11. 24
蘇得勝	永城· 夏邑	200		*	*			19. 11. 28
	確山						현지사, 주둔군 16명 체포, 연발총 9정 노획	19. 11. 28
	內鄕	大股		*			진수사 군대 파견 명령	19. 12. 3
	濟源	수십		*			현지사 경찰간부 파견	19. 12. 6
	內鄕	수십		*			현지사 省을 통해 각 현의 지원 요청	19. 12. 9
李明膏	方城	200	*	*	*			19. 12. 19
	確山	수십		*	*		현지사 공격 수명 사살, 연발총 3정 노획	19. 12. 31
	開封	20						20. 1. 8
	考城	100		*	*		군대 파견	20. 1. 9
	商水	10	*	*				20. 1. 13
	內鄕	수십		*			현지사 경찰간부, 巡緝隊 파견	20. 1. 18
	潢川	수십		*	*			20. 1. 19
	襄城	수십		*			당국은 각 현에 체포명령	20. 1. 20
	南陽	大股		*		*		20. 1. 20

표15-10 1910년대 후반 하남 토비 정황

이름	지역	규모	활동상황				당국의 대응	『河聲日報』
			살상	약탈	인질	방화		
	開封	수십		*			지방검찰청에 신고	20. 1. 22
	泌陽	10			*		保衛團 2명 사살, 인질 1명 구출	20. 1. 23
鄧海潮	鄢城	大股		*			경찰 鄧 등 6명 체포, 처형	20. 1. 25
	開封	수십		*			지방검찰청에 신고	20. 1. 25
史康成	滑縣	200		*	*		군대 10명 체포	20. 1. 25
魏錫三	通許	甚衆		*			군대 魏 등 5명 체포, 처형	20. 1. 27
	項城	수십		*				20. 1. 28
	方城	수십		*			현 경찰간부 파견	20. 1. 28
	夏邑	20	*	*	*	*	피해자 현서에 신고	20. 1. 28
	臨汝	수십		*				20. 1. 29
	靈寶	20		*			현지사 경찰간부 파견	20. 1. 30
涂七	開封	십수		*			군대 涂 등 10명 체포, 司令處 심문 처리	20. 1. 30
	商丘	수십			*			20. 1. 31
	杞縣	30		*			현지사 경찰간부 파견	20. 2. 1
王永亮	孟津	10		*			현지사 경비대 파견 王 등 4명 체포, 처형	20. 2. 3
	盧氏	大股			*		巡緝隊 4명 사살, 7명 부상, 연발총 5정 노획	20. 2. 4
	方城	수십	*	*			縣署에 고발	20. 2. 6
周麻子	方城	십수			*		縣署에 고발	20. 2. 7
王萬俊	禹縣	수십			*			20. 2. 12
	洛陽	수십					保衛團 수명 사살, 1명 생포, 인질 2명 구출	20. 2. 15
	信陽	100		*			현에 고발	20. 2. 15
	開封	수십		*			지방검찰청에 고발	20. 2. 17
	開封	십수		*			지방검찰청에 고발	20. 2. 17
甘慶璜	信陽	수십		*	*		현지사 경찰간부 파견	20. 3. 3
	湯陰	수십	*	*			현지사 경찰간부 파견	20. 3. 5
	開封	10		*			지방검찰청에 고발	20. 3. 10
	開封	20	*	*		*	지방검찰청에 고발	20. 3. 14
	長葛	수십			*			20. 3. 15
蘇致祥	淅川	10		*			保衛團 공격 蘇 등 3명 사살	20. 3. 22

542

이름	지역	규모	활동상황				당국의 대응	『河聲日報』
			살상	약탈	인질	방화		
	孟津	수십	*	*				20. 3. 23
	泌陽	50	*	*				20. 3. 24
鄭飛霞	洛陽	수십					保衛團 鄭 등 2명 체포, 무기 노획. 인질 4명 구출	20. 3. 28
	孟津	수십		*				20. 3. 29
	寶豊						순집대 8명 사살, 1명 두목 체포, 인질 4명 구출	20. 3. 31
	滎陽	100		*			현지사 경찰간부 파견	20. 3. 31
	宜陽	100		*			군대 파견	20. 3. 31
	洛陽	100		*	*			20. 4. 1
	固始	20	*	*			당국은 현에 체포명령	20. 4. 1
	羅山	20	*	*			순집대 공격	20. 4. 1
寇鐵旦	舞陽	수십		*			군대 공격. 寇 사살. 연발총 18정 노획	20. 4. 1
	孟津	10		*				20. 4. 3
朱長興	夏邑	10	*	*			주민 朱 등 2명 체포	20. 4. 6
	洛陽	10		*			군대 10명 사살. 연발총 10정 노획	20. 4. 11

표15-11 1910년대 후반 하남 토비상황

이름	지역	규모	활동상황				당국의 대응	『河聲日報』
			살상	약탈	인질	방화		
朱二貴	焉陵		*	*		*	團警·군대 朱 등 11명 체포, 처형	20. 4. 11
涂國唐	沘源	10		*	*		巡緝隊 涂 등 3명 체포	20. 4. 12
	澠池	수십		*			당국은 현에 경찰간부 파견 명령	20. 4. 18
郭治朝	臨漳	10		*	*		保衛團 郭 등 5명 체포, 처형	20. 4. 20
	洛陽					*	경찰두목 사살, 7명 체포, 인질 2명 구출, 무기 노획	20. 4. 26
	滎陽	수십		*				20. 5. 22
武中魁	陝縣	600	*	*		*		20. 5. 24
	葉縣	수십		*	*	*	현지사는 군대에 협조 요청	20. 5. 24
	確山	십수	*	*			현지사는 성에 보고, 이웃 현에 협조요청	20. 6. 2
津合群	鎭平	30	*	*			현지사 경찰간부, 巡緝營 파견	20. 6. 7
	南陽	수십			*			20. 6. 8
	方城	수십	*			*		20. 6. 11
	洛陽	수십		*				20. 6. 12
	宜陽	수십		*			현지사에 대해 "記大過 1次"	20. 6. 13

표16 하남 토비 지역별 발생분포

	A군	B군	C군	D군	E군	나머지	합계
① 현수	14	13	18	9	9	55	108
② 발생건수	55	88	67	18	68	149	445
③ 발생비율(%)	12.4	19.8	15.1	4.0	15.3	33.5	100
④ 빈도(②/①)	3.93	6.77	3.72	2.0	7.56	2.71	4.12

표17 1910년대 후반 하남 토비 규모

연도		1915		1916		1917		1918		1919		1920		합계	비율
		건	%	건	%	건	%	건	%	건	%	건	%		
규모	10~99	17	59	50	62	42	93	45	68	63	86	50	88	267	76.3
	100~499	10	34	30	38	2	4	18	27	9	12	6	10	75	21.4
	500~1천	2	7	0	0	1	2	3	4	1	1	1	2	8	2.3
합계		29	100	80	100	45	100	66	100	73	100	57	100	350	100
비율		8.3		22.8		12.8		18.8		20.8		16.3		100	

단 기사에 보이는 '수백명'은 정확하지는 않지만 100~499에 포함시켰다.

표18 하남 대규모 토비 분포

	A군	B군	C군	D군	E군	나머지	합계
① 현수	14	13	18	9	9	55	108
② 발생건수	16	13	7	5	16	26	83
③ 발생비율(%)	19.3	15.7	8.4	6.0	19.3	31.3	100
④ 빈도(②/①)	1.14	1	0.39	0.56	1.78	0.47	0.77

표19 토비 발생시기

연도	月												합계
	2	3	4	5	6	7	8	9	10	11	12	1	
1915	1	3	3	3	1	1	7	4	11	7	1	6	48
1916	2	1	4	2	5	6	13	16	11	23	11	0	94
1917	2	4	5	10	5	8	1	5	7	5	2	7	61
1918	2	6	8	10	12	5	3	7	10	8	11	5	87
1919	10	3	0	4	14	4	7	11	7	12	5	14	91
1920	10	13	12	3	6	–	–	–	–	–	–	20	64
합계①	27	30	32	32	43	24	31	43	46	55	30	52	445
합계②	17	17	20	29	37	24	31	43	46	55	30	32	381
합계③	봄 54			여름 90			가을 120			겨울 117			381

표20 1910년대 후반 토비 인질가격

인질가격	『河聲日報』	인질가격	『河聲日報』	인질가격	『河聲日報』
1,000元	1916. 10. 24	10,000兩	1916. 10. 28	1,000원	1916. 11. 1
10,000兩	1916. 11. 4	수백원	1916. 11. 4	8,000원	1916. 11. 9
2,000원	1916. 11. 19	4,000량	1916. 11. 21	2,000원	1916. 12. 31
8,000원	1917. 1. 31	10,000원	1917. 10. 23	2,000兩	1917. 12. 10
3,000원	1917. 12. 29	3,000원	1918. 1. 21	1,000串	1918. 1. 25
30,000원	1918. 4. 18	20,000원	1918. 5. 15	600원	1918. 8. 7
50,000원	1918. 9. 13	30,000원	1918. 9. 15	2,000원	1918. 9. 17
2,000원	1918. 12. 6	1,000원	1919. 2. 19	6,000원	1919. 6. 25
2,000원	1919. 8. 13	2,500원	1919. 8. 24	2,500원	1919. 9. 13
1,000원	1919. 9. 14	洋 500元, 錢 200串	1919. 11. 18	香佛 320尊	1919. 11. 21
洋 500元 錢 200串	1919. 11. 23	1,500원	1919. 11. 24	8,500원	1919. 11. 28
5,000원	1919. 12. 9	5,000원	1920. 1. 10	1,000원	1920. 1. 19
香佛 50,000尊	1920. 1. 26	10,000원	1920. 1. 31	500원	1920. 2. 12
1,000원	1920. 3. 15				

표21 1920년대 하남 토비 출몰

	1919	1920	1921	1922	1923	1924	1925	1926	1927	1928	합계
총수	66	28	93	210	241	147	87	156	70	177	1,275
하남	0	1	2	103	92	10	11	12	2	4	237
비율(%)	0	4	0.2	49	38	7	13	8	3	2	19

표22 하남 주둔군대 병력수의 변화

시기	1912	1915. 12	1918. 2	1919	1923	1924. 9	1925. 여름	1926	증가율(%)
주둔군 수	21,500	34,600	36,800	44,000	55,000 이상	67,500	20만~28만	20~30만	455~636

표23 중국 전체 병력수의 변화

성	1912	1919	1923	1923~24	1925	증가율(%)
吉林	17,050	33,000	140,000	110,000	40,000	121
黑龍江	9,550	31,000			22,000	71
奉天	41,350				90,000	
新疆	15,000	12,500	20,000	7,000	24,000	192
察哈爾	892	25,000	12,000	8,520	11,000	44
綏遠	214	21,000		8,000	11,000	52
熱河	5,955	15,000	9,000	6,150	21,000	140
直隷	101,464		38,000	57,000	180,000	474
甘肅	30,000	24,000	50,000	49,600	77,000	321
山西	21,500		50,000	43,400	64,000	128
山東	42,236	64,000	40,000	44,000	115,000	180
陝西	50,500	131,000	50,000	37,000	77,000	59
湖南	51,000	165,000	40,000	43,600	68,000	41
四川	54,750	122,000	186,000	90,000	250,000	205
湖北	80,000	84,000	30,000	84,500	110,000	131
江西	20,136	50,000	18,000	20,900		42

성	1912	1919	1923	1923~24	1925	증가율(%)
福建	33,500	71,000	30,000	60,000	69,000	97
浙江	38,316	38,000	35,000	32,300	61,000	161
安徽	26,176		30,000	21,000	30,000	100
江蘇	33,500	88,000	60,000	42,700	77,000	88
廣西	36,500	47,000	60,000	10,000	49,000	104
廣東	59,000	69,000	151,000	86,000	113,500	164
雲南	27,643	27,000	50,000	7,150	39,000	144
貴州	39,500	26,000	45,000	44,000	50,000	192
합계	835,732	1,143,500	1,199,000	954,020	1,852,300	162
추계		1,400,000	1,620,500	1,500,000	1,450,000	104

표24 하남 군비증가

연도	예산 세입(元)	군비(元)	政費(元)	군비/수입(%)
1916	10,790,000	5,630,000	3,670,000	52
1917		(4,800,000)		
1918		(6,240,000)〈5,036,722〉		
1919	9,420,000〈8,867,724〉	4,640,000〈4,523,465〉	3,080,000	49
1921. 10		(7,800,000)		
1921. 12		(9,600,000)		
1922	9,100,000	6,810,000(960만~1,440만)[1,066,000]	3,760,000	75
1923	10,210,000	11,550,000	3,970,000	113
1924 이후		2천만~3천만		
1925		(2,400만~3,600만)		
1926	〈9,327,273〉	〈16,817,253〉[18,120,000]		180

표25 하남 군비지출 비교

군대 명칭과 장관	월 지출액(元)	군대 명칭과 장관	월 지출액(元)
섬서 육군 제1사 사장 胡景翼	40,000	호북군 제1사 寇英傑	166,000
육군 제8혼성려 여장 靳雲鶚	45,000	하남 暫編 제1사 郭振才	120,000
제11사 사장 馮玉祥	140,000	육군 제11사 李鎭亞	58,000
新編 하남 유격·육군·衛軍 합계6단	90,000	하남 신편 혼성려 李祉元	72,000
暫編 하남 육군 제1사 사장 常德盛	140,000	하남 잠편 제2사 閣日仁	68,000
馬燦林 1혼성려	70,000	하남 暫編 제3사 吳俊卿	68,000
林鑫 1혼성려	70,000	하남 暫編 제1혼성려 袁家聲	47,000
馬志敏 1혼성려	70,000	하남 新編樊鍾秀部 3旅6團 樊鍾秀	147,000
李治雲 1혼성려	70,000	육군 제24사 任應岐	58,000
田維勤 1려	20,000	육군 제4사 陳德麟	65,000
曹世英 1려	20,000	鎭嵩軍 일부 張治公	132,000
丁香玲 1혼성려	20,000	穀軍(4려) 米振標	184,000
淸鄕隊 1단	15,000	하남 暫編 제3혼성려 李鴻翥	47,000
		하남 暫編 제5혼성려 袁家驥	47,000
		滑縣游擊隊 王獻臣	36,000
1922년 합계	820,000	1926년 합계	1,510,000

표26 1926년 하남 세입 항목과 금액

납세 항목	액수(元)	비율
正·雜稅 경상 수입	총 11,000,000	15%
田賦, 丁漕	6,800,000	9%
契稅	1,000,000	1%
釐金	1,600,000	2%
牙貼, 屠宰, 各雜稅	500,000	1%

납세 항목	액수(元)	비율
食戶捐에 대한 引岸管理局, 鹽務督鎖處 등의 불법적 增收	6,000,000	8%
紙·烟特稅	3,000,000	4%
성 은행의 태환하지 않은 鈔票과 銅元票	40,000,000	54%
1927년, 28년 29년 田賦丁漕 預徵	14,000,000	19%
총계	74,000,000	100%
군에 의한 징세와 기타 물자의 징발	100,000,000 이상	

표27 민국시기 화북 전부/전부부가세 비율

(단위: 元)

	1915		1919		1923		1927		1931		1935	
	부가세/전부	비율	부가세/전부	비율	부가세/전부	비율	부가세/전부	비율	부가세/전부	비율	부가세/전부	비율
하북	3,169,231 6,310,427	0.50	3,204,647 6,935,476	0.46	3,017,794 6,337,443	0.48	13,432,538 6,304,386	2.13	5,285,895 6,366,512	0.83	5,285,895 6,310,427	0.84
산동	1,951,404 7,922,871	0.25	1,951,404 8,842,757	0.22	2,108,775 7,922,871	0.27	19,810,165 7,922,871	2.50	9,361,877 14,957,747	0.63	10,423,705 15,796,922	0.66
하남	4,075,178 7,700,750	0.53	4,031,947 7,064,448	0.57	4,263,243 5,471,148	0.78	14,376,381 5,471,148	2.63	11,496,172 8,155,972	1.41	5,509,894 8,002,808	0.69

표28 하남 지폐 발행상황

하남 성 은행 은원표(銀元票) 발행상황	하남 성 은행 동원표(銅元票) 발행상황
1923년 570만원(豫泉官錢銀局 비준 300만원 포함)	1923년 100만串
1924년 280만원 第2次 直奉戰爭 비용 충당	1924년 9월 900만串
1925년 11월 1,300만원	1925년 10월 1,000만串
1926년 4월 1300~1,400만원	1926년 4월 2,100~2,200만串

표29 1925~1926년 개봉(開封), 정주(鄭州) 지역 예초(豫鈔) 하락 추이

시기	예초의 가치	출전
1925. 11	豫鈔 1元=現洋 2角 1~2分	『中國近代紙幣』, 312면
1925. 12	豫鈔 1元=1,700文~1,800文, 現洋 1元=3,800文	『時報』, 1925. 12. 26
1926. 3	豫鈔 1元=850文, 現洋 1元=4,430文	『時報』, 1925. 3. 25
1926. 4	豫鈔 1元=950文, 現洋의 2割	『時報』, 1926. 4. 6
1926. 4	豫鈔 1元=1,020~1,030文, 現洋1元=4,600文	『時報』, 1926. 4. 13
1926. 7	豫鈔 1元=800文, 現洋 1元=5,700文	『時報』, 1926. 7. 11
1926. 9	豫鈔 1元=現洋8~9厘, 現洋 1元=2,000文(開封), 25,000文(鄭州), 35,000~40,000文(洛陽, 許昌)	『時報』, 1926. 9. 17
1926. 11	豫鈔 1元=200文	『嚮導』, 第179期, 1,896면

표30 민국 초기 하남의 병재(兵災) 상황

시기	지역	소속	수탈내용	출전
1912	洛陽	청 주둔군	약탈	『東方雜誌』 9-2, 「中國大事記」, 5면
1914	羅山	拱衛軍	외상 구매, 간음	『白朗起義』, 84면
	南陽	南陽鎭總 田作霖	가혹한 형벌, 금전 수탈	『天津大公報』, 1914. 1. 9
	新安		약탈	民國 『新安縣志』 卷1, 「大事記」
1918	羅山		인력 징발, 재산 탈취	『東方雜誌』 11-1, 「大事記」, 29면
1920	西平·泌陽	巡緝隊	토비와 결합. 실탄 제공, 약탈	『晨報』, 1920. 1. 11
	信陽	長江上流總司令 吳光新	약탈	『東方雜誌』 17-8, 「中國大事記」, 135면

시기	지역	소속	수탈내용	출전
1920	信陽	皖軍, 趙傑, 成愼 부대	인력 징발, 現洋 8만원 징발	『重修信陽縣志』卷11, 「食貨志·差徭」
	禹縣	直軍 閻相文	29,000여 원 징발	民國『禹縣志』卷2
	陝縣	奉軍 許蘭洲. 樊鍾秀	징발. 預徵 시작	民國『陝縣志』卷1, 「大事記」, 15면
	許昌		兵變. 약탈	民國『許昌縣志』卷19, 「雜述」上, 33면
1921	安陽	成愼 부하 孫慕文	兵變, 현성 공격 약탈	民國『續安陽縣志』卷1, 「大事記」, 13면
	臨汝	臨汝 주둔 宏威軍	"兵匪不分"	『北洋軍閥統治時期史話』 6冊, 114~15면
	長垣	陸軍9師17旅24團耿鶴令	식비 1만원 징수	民國『長垣縣志』卷1, 「大事記」, 22면
1922	商丘	趙倜 舊 부대 3천	商丘 공격. 약탈	『東方雜誌』19-18, 142면
	陝縣·靈寶	趙倜 舊 부대	토비와 결합. 약탈	『東方雜誌』19-18, 142면
	許昌	直奉戰 이후 패잔병	약탈, 살해	民國『許昌縣志』卷19, 「雜述」, 33~34면
	正陽	趙倜의 패잔병	소요, 약탈, 인질	民國『重修正陽縣志』 卷3,「大事記」
	封邱	宏威軍 營長 趙步雲	토비 개편. 소요. 인질	民國『封邱縣續志』 卷1,「通紀」
	東明	陸軍第9師第4團 2천명	주둔 경비 82,000여 串 징수	『東明縣新志』卷7, 「正捐」, 26면
1923	盧氏	陝軍 趙樹勛·郭金榜	월 경비 29,000원 징수	『嚮導』第69期, 551~52면
1924	長葛	第2次直奉戰爭의 영향	경비 요구	民國『長葛縣志』卷3, 10면
	安陽	陝軍. 直奉戰 참가	보위단 무기 몰수	民國『續安陽縣志』卷9, 2면
	長垣	國民3軍 부사령 何遂	2일 주둔 경비 5만원 징수	民國『長垣縣志』卷1, 「大事記」

시기	지역	소속	수탈내용	출전
1924	東明	國民2・3軍	21,000명의 주둔군 경비 징수	『東明縣新志』卷18, 「兵事」, 2~3면
	新安	河南後方司令 張福來	450명의 수송병 징발	民國『新安縣志』卷1, 「大事記」
1925	汝南	陝軍 田維勤 부대	현지 경비조달, 민단 무기 몰수	民國『汝南縣志』卷1, 「大事記」
	鄢陵	陝軍 劉湘波	민단 개편 약탈	民國『鄢陵縣志』卷1, 「大事記」
1926	安陽	奉軍	약탈	民國『續安陽縣志』卷1, 「大事記」, 13면
	信陽	國民二軍 蔣世杰	방어전 때 1만여 명 사망	『北洋軍閥統治時期史話』 7冊, 241면
	信陽	吳佩孚・岳維峻軍	교전 거주민 1천여 명 사망	民國『重修信陽縣志』 卷31, 「大事記」
	長垣	奉軍	교전 거주민 50여 명 사망	民國『長垣縣志』卷1, 「大事記」, 23면
	滑縣	河南討賊聯軍 王獻臣	군대간 충돌. 약탈 파괴	民國『重修滑縣志』卷12, 「民國兵事」
	確山	寇英傑・張德樞軍	교전 파괴, 10여 만원 징발	民國『確山縣志』卷20 「大事記」
	中牟	岳維峻・靳雲鶚軍	교전 약탈	民國『中牟縣志』, 「天時志・祥異」
	新安	馮子明・鄧寶珊・田玉洁軍	수만명의 군인 패전중에 민간 소요	民國『新安縣志』卷1, 「大事記」
	彰德	蘇齋・陳文釗軍	토비 개편 현지 경비조달	『饗尊』第168期, 1699면
	豫西일대	鎭嵩軍 6만	경비 현지 조달	『漢口民國日報』, 1927. 1. 5
1927	臨潁	靳雲鶚・奉天軍	인력・물자 징발. 약탈	『河南通志稿』, 「武備兵事」
	鄢陵	靳雲鶚・奉天軍	보위비 징수. 紳民 4백명 사망	『鄢陵縣志』卷1, 30면

시기	지역	소속	수탈내용	출전
1927	中牟	直軍・奉軍 교전	약탈	民國『中牟縣志』,「天時志・祥異」
	淮陽	高桂滋・閻日仁軍 교전	경비 부담. 사상. 약탈	民國『淮陽縣志』卷8,「大事記」
	正陽	奉軍 第8軍	소요. 약탈	民國『重修正陽縣志』卷3
	封邱	奉軍 패잔병	약탈	民國『封邱縣續志』卷1,「通記」
	豫南일대	靳雲鶚 부대	예징	『晨報』, 1927. 3. 16
	西華	閻日智 부대	토비 개편. 인질	『漢口民國日報』, 1927. 4. 29
	新安	鎭嵩軍 王振 부대	하루 500元의 경비 요구. 파괴. 상해	『晨報』, 1927. 5. 1
	商城	任應岐 軍	농민협회 공격. 사상. 파괴	『漢口民國日報』, 1927. 6. 23
	新鄭		현 농지의 2/3 파종 불가능	『晨報』, 1927. 5. 30

표31 1920년대 하남 군정・민정 장관의 교체

	1920	1921	1922	1923	1924	1925	1926	1927	1928
軍政長官	趙倜	趙倜	趙倜, 馮玉祥, 張福來	張福來	張福來, 胡景翼	胡景翼, 岳維峻	岳維峻, (寇英傑)	무	무
民政長官	趙倜, 王印川, 張鳳台	張鳳台	張鳳台	張鳳台, 李濟臣	李濟臣, 孫岳	孫岳, 岳維峻	岳維峻, (靳雲鶚)	무	무

표 32 민국 초기(1912~1928년) 하남 현지사 변동

	연도	12	13	14	15	16	17	18	19	20	21	22	23	24	25	26	27	28	합계	평균
A	臨汝	1	1	2	1		1		1	3	2	2	1	2	2	4	2	4	29	1.7
	魯山	1	1	2		1	1	2	2		2	1		1	2	4	1	1	22	1.3
	寶豊	1		3		1	1	2	2			1	3		9	4	3		30	1.8
	郟縣	2		1	1	2	1		1	2	1	3	1	1	4	3	5	3	31	1.8
	伊陽	1	1	2			1	1		1	1	1	2	1	1	1	2	2	18	1.1
	陝縣	1	1	1	2	1	2	2	1	1	1	2	1	2	4	5	8	2	37	2.2
	靈寶		2		1	1	1			2		2	1	2	2	2	1		18	1.1
	閿鄉	1			3	1	3	1	2		1				1	1	4	2	20	1.2
	盧氏		2	1	1	1	1	1	1	1	1				2	4	2	4	22	1.3
	洛寧		1	1			1	1			1	1			2	4	2	1	20	1.2
	嵩縣	2	2	1	1	2	1		2	2	2	3	1	1	3	3	6	2	34	2.0
	宜陽	2	1	1	1	1	1	1		3	1		3	1	4	1	1	2	24	1.4
	新安	1			1	2	1	1		1	1	1	1	2	2	4	1		22	1.3
	澠池	1	1	1	1	1	1	2	1			1	1		3		5	2	21	1.2
	合計	14	13	16	10	16	16	17	13	19	11	21	16	14	40	38	47	27	348	
	변동율(%)	100	93	114	71	114	114	121	93	136	79	150	114	100	286	271	336	193	146	
B	南陽	2	1	1	1	1	2	2	3	1	2	3	1		2	4	1	2	29	1.7
	南召	1	2	2	3	1	2	1	1	3		1		1	1	1	1	1	22	1.3
	鄧縣	2	1	3	1	1		3	1		1	3	3		3	4	1	1	28	1.6
	內鄉	5	4	1		1	2	4	1	2	2	2	1	1	2	5	5	1	39	2.3
	新野	2	1	1		1	2			1	1	1		1	2	3	4	1	22	1.3
	桐柏	2			3	3	1	1		2	1	1	1	1	3	1	2	2	24	1.4
	唐河	1	1		1	1	1	1			1	3	1	1	2	1	1	3	19	1.1
	泌陽	1	1	1	1	1	2	1				2	2	1	4	2		1	20	1.2
	方城	2	2	1	1	1	2	3		1	1	1		1	3	1	5	2	27	1.6
	舞陽		2			2	1		1	1				1	1	4	2	2	17	1.0
	葉縣	2	1	2	1		1			1		2			1	1	4	1	17	1.0
	鎮平	4		2		5	2		2		1			1	2	2	3	1	29	1.7
	淅川	4		1	1	2		2	1	3		2	1	1	2	2	3		25	1.5

연도		12	13	14	15	16	17	18	19	20	21	22	23	24	25	26	27	28	합계	평균
B	合計	28	16	15	13	20	18	21	8	17	11	22	10	10	28	31	32	18	318	
	변동율(%)	215	123	115	100	154	138	162	62	131	85	169	77	77	215	238	246	138	144	
C	鄭縣	1	1		1	1				1	1	1	1	1	1	2	6	3	21	1.2
	新鄭	1	1	1	1	1	2	1			1	2	2			1	2		16	0.9
	長葛	1	1	1		1	1	1	1	1	2	2	1	1	1	1	2		18	1.1
	許昌	2		1	3		2	1	2		4	3	1	1	1	4	4	5	34	2.0
C	臨潁	2			1	2			3		1	3			1	1	4	1	19	1.1
	郾城	1	2	4	1	2		1	2	2	1	3		1	1	3	2	3	29	1.7
	西平	2	2	3	2	1	2		2		1	3	1	1	2	2	5	1	30	1.8
	遂平							1			2	1			2	3	5	2	16	0.9
	碻山	1	1	1	2	1		2		2	2	4		1	1	4	3	2	27	1.6
	滎陽		3	1	1	1	2	1	2	1		1		1	2	2		2	20	1.2
	氾水	3			2	1		1	1		1	1	1	1	2	1	4	1	20	1.2
	鞏縣	2			1	1	1							2	1	1	5	2	16	0.9
	偃師	1	2		2	1	1	5	1	3	2	4	1		2	4	4	2	35	2.1
	洛陽	1	1	1	1	1			1	1		1	1	1	1	2	1	1	16	0.9
	禹縣	2	2			1	1		2			2	1	1	5	1	3	1	22	1.3
	襄城	2	1	2		2		1		1	2	2	2	1	4	3	3	3	29	1.7
	密縣				1	2			2			1	1		2	1	3	3	16	0.9
	登封	1	1	1	1	1	1		1	1		1	1	1	1	2	1	1	16	0.9
	합계	23	18	16	19	20	14	15	20	14	18	36	15	14	30	37	56	35	400	
	변동율(%)	128	100	89	106	111	78	83	111	78	100	200	83	78	167	206	311	194	131	
D	安陽	2		1			2		2		1	3	1	2	2	2	4	7	29	1.7
	湯陰	2	1	1	1	1	2	1	2	1	1	2	1	1	1	3	5	4	30	1.8
	汲縣		1	1	1	1		1		1		1	1	1	1	1	2	4	17	1.0
	輝縣	1	2	1	1	1		2		1					2	3	3	3	20	1.2
	新鄉	1	1	1	3			2	1	2	1	1	1	1	2	3	2	2	24	1.4
	淇縣			1	1	1	3		1	1	1	2		1	4	2	3	3	24	1.4
	獲嘉	1	2	2		1	1			1	2	1	2	1	1		1	1	17	1.0

연도		12	13	14	15	16	17	18	19	20	21	22	23	24	25	26	27	28	합계	평균
D	修武	1	2	1			1	2	1	1		5		1	2	2		1	20	1.2
	沁陽	1	1	1	1	2	1	1		1	1	1			4	3	2	4	24	1.4
	합계	9	10	10	8	7	10	9	7	9	7	16	6	8	19	19	22	29	205	
	변동율(%)	100	111	111	89	78	111	100	78	100	78	178	67	89	211	211	244	322	134	
E	商丘	2					2	3	1	1	2	3	2	1	2	2	2	5	28	1.6
	寧陵	2	2	1			1	1				2			1	1	3	1	15	0.9
	永城	1	2	1		1	1	2	2			3	3		2	2	5	2	27	1.6
	鹿邑	1				1	1	1	1	1	1	1	1		2	1	2	3	17	1.0
	虞城	1	2	1		1	1	2	2			3	3		2	2	5	2	27	1.6
	夏邑	1	3	1	1	1		1	1	1		3		1	2	2	4	4	26	1.5
	考城	1				1	2		3	2	1	3	1		2	3	2	3	24	1.4
E	柘城	1	1	1		1		1		1		2	1	1	2	2	5	4	23	1.4
	睢縣		1		2	1	1	2		1		2	1		2	2	2	1	18	1.1
	合計	10	11	5	3	7	9	13	7	8	5	20	14	4	17	17	30	25	205	
	변동율(%)	111	122	56	33	78	100	144	78	89	56	222	156	44	189	189	333	278	134	
I	전합계	84	68	62	53	70	67	75	55	67	52	115	61	50	134	142	1872	134	1476	
	전변동률	133	108	98	84	111	106	119	87	106	83	183	97	79	213	225	97	213	138	
II	전합계	160	111	118	91	118	112	123	103	122	90	179	106	92	247	248	348	260	2628	
	전변동률	144	100	106	82	106	101	111	93	110	81	161	95	83	223	223	314	234	139	
III	전합계	39	27	24	25	30	25	26	23	15	30	43	25	23	27	35	78	35	545	
	불명	0	0	0	0	1	3	4	5	7	8	5	7	10	9	11	10	11	91	
	전변동률	134	93	83	86	104	96	104	96	68	143	179	114	121	135	194	410	194	136	

556

표33 민국 초기(1912~1928) 하남 현지사 변동률

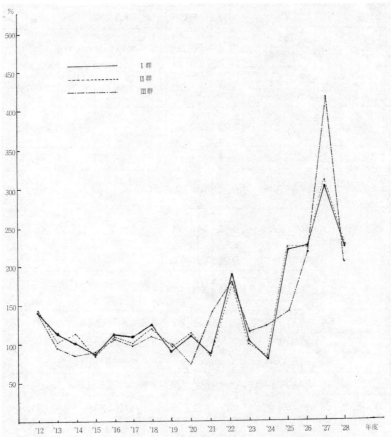

표34 1919년 각 현 순집대 영관(領官) 일람표

이름	직책	나이	籍貫	주요 경력	출전
高毓泰	開封·陳留·杞縣地方巡緝隊	35세	산동 滋陽	第4團第1營 督隊官	권5, 1~2
張廷瑞	通許·鄢陵·尉氏地方巡緝隊	46세	하남 鄢陵	炮1營第2連連長	권5, 13~14
李恒	新鄭·中牟·洧川·密縣	41세	하남 淮陽	許州·尉氏警務長, 豫東淸鄕委員	권5, 25
井萬璣	商丘縣地方巡緝隊	32세	하남 商丘	歸德鎭守使 副官	권5, 33
蕭慶麟	永城縣地方巡緝隊	45세	하남 商丘	巡訪第1路 中哨哨官, 執事官	권5, 41~42
赫連恭讓	鹿邑縣地方巡緝隊	44세	하남 商丘	豫東稽查官, 歸德鎭守使 副官	권5, 53~54
周志剛	虞城縣地方巡緝營	39세	하남 虞城		권5, 59
洪傑三	夏邑縣地方巡緝營	39세	하남 夏邑	河南第1路宏威軍工程連事務長	권5, 61
鄭得功	淮陽·周口北岸巡緝營	35세	산동 館?	宏威軍1營3連連長	권5, 65
張積縣	西華·商水·周口南岸巡緝隊	50세	하남 項城	河南陸軍步兵第5團團長, 鄭州戒嚴司令	권5, 69~70
王肄三	太康·扶溝縣地方巡緝營	35세	하남 太康	河南軍事學校第2連連長	권5, 85
俎殿魁	許昌縣地方巡緝營	39세	하남 許昌	河南常備軍學兵	권5, 89
吳增盛	臨潁縣巡緝隊	32세	하남 溫縣	河南前路巡防騎兵第6營第12連連長	권5, 93
嬋隆春	襄城縣地方巡緝營	40세	산동 陽穀	河南陸軍第2混成旅步兵第3團2營營長	권5, 105~106
岳邦勤	郾城縣地方巡緝隊	46세	산동 城武	歸德鎭守使署稽查長	권5, 111~112
秦聚武*	鄭縣·榮陽·榮澤·河陰·氾水	47세	하남 伊陽	督署密査員	권5, 119~120
蘇祥	南陽縣巡緝隊	49세	하남 南陽	南陽鎭守使署 調査員	권5, 123

558

이름	직책	나이	籍貫	주요 경력	출전
林宗禮	沘源縣地方巡緝營	46세	하남 南陽	沘源縣團防營營長	권5, 135
賀澤霖	桐柏縣地方巡緝隊				권5, 141
馬鴻恩	內鄉縣地方巡緝營	30세	直隸 大城	騎兵第6營營長代理	권5, 143
高良發	武陽縣地方巡緝隊	42세		宏威軍工兵第1連連長	권5, 146
賈毓齡	上蔡縣巡緝隊		하남 上蔡	鹿邑·上蔡·汝南 警佐 烟台5區警察署長	권6, 3
李春山	確山縣地方巡緝隊	43세	하남 襄城	第1師步隊第1旅第1團第2營 督隊官	권6, 5~6
楊瑛	新蔡縣地方巡緝隊	33세	하남 新蔡	警備隊分隊長, 警備隊大隊長	권6, 7
徐瀛初	遂平縣地方巡緝營		하남 遂平	縣巡警敎鍊所 졸업, 5區保衛團團紳	권6, 13
徐怡曾	信陽地方巡緝營	51세	하남 信陽	軍械官, 前敵偵探員	권6, 15
劉志道	息縣地方巡緝隊	42세	하남 鄢城	彰德警務長, 公府稽查員, 候差員	권6, 21
楊福昌	潢川縣地方巡緝營	38세	안휘 亳縣	宏威軍炮兵第1營副官	권6, 29~30
趙靑雲	光山縣地方巡緝營	33세	하남 正陽	河南南路巡緝第2營右哨哨官	권6, 31~32
劉世傑	固始縣地方巡緝營	38세	안휘 宿縣	都督府密査員兼 檢査郵傳委員	권6, 39
李有成	商城縣地方巡緝營	39세	하남 太康	河南軍事學校副官	권6, 41
倪建勳	洛甯·宜陽地方巡緝營	32세	산동 益都	河南軍事學校副敎官	권6, 47
張均	陝縣地方巡緝營	38세	하남 陝縣	第2區淸鄉局局長, 保衛團團總	권6, 57
宋雲峯	伊陽·嵩縣地方巡緝營	34세	하남 伊陽	警備隊長	권6, 61~62
尤安邦	臨汝縣地方巡緝隊	46세	하남 洛陽	陸軍步兵少校	권6, 67
張玉山	安陽縣巡緝隊制1 營正領官	28세	산동 蒲?	河南陸軍第1混成旅 密査員	권6, 89

이름	직책	나이	籍貫	주요 경력	출전
孫有成	臨潁・內黃地方巡緝隊		直隷 東光	陸軍騎兵上尉	권6, 97
閻永孝	武安・涉縣・林縣地方巡緝隊	43세	안휘 宿州	陸軍第9師步兵第18旅第36團3營營長	권6, 101
董懷振	汲縣・濬縣・延津・封邱巡緝營			前路巡訪第2營營帶官	권6, 103~104
文蘊珵	新鄕・輝縣・獲嘉・淇縣巡緝隊	43세	하남 開封	游擊隊馬1營營長, 淸鄕開辦	권6, 117
王槇聲	滑縣地方巡緝營	43세	하남 商丘	陸軍第1混成旅步兵1團第2營第5連連長	권6, 127~28
李懷珠	沁陽・濟源・孟縣巡緝隊	44세	안휘 定遠	豫北鎭守使署軍法官	권6, 135
王相臣	武涉・陽武・原武・修武・溫縣	37세	하남 開封	河南陸軍步兵5團2營營長	권6, 137~38

■『河南同官錄』卷6, 143에는 鄭縣・滎陽・滎澤・河陰・氾水地方巡緝隊 領官으로 王殿丞을 소개하고 있는데 양인의 관계에 대해서는 확인할 수 없었다.

■ 또한 이밖에도 이력 등 개인 신상에 관하여 아무런 기록 없이 蘭封・寧陵・睢縣・考城4縣地方巡緝隊 領官 候兆龍, 偃師・鞏縣・登封 李同力, 鎭平 謝繩武, 鄧縣 李煥文, 新野 魯鴻理, 淅川 劉德林, 舞陽 高善臣, 葉縣 田啓秀, 正陽 高其驛, 陝縣 張均, 柘城 高魁 등의 이름이 보인다(『河南同官錄』卷6, 141~43면).

표35 1919년 각 현 순집대 대관(隊官) 일람표

이름	직책	나이	籍貫	주요 경력	출전
李常海	開封第1隊隊官	43세	하남 沈丘	開封偵緝隊長, 保衛隊長	권5, 3
任開運	陳留				권5, 7
鄭鳴琪	杞縣	25세	하남 長葛	地方密査員	권5, 9
時全忠	通許·鄢陵·尉氏第1隊	33세	하남 通許	省城東區巡長, 保衛團總	권5, 15
趙惠元	通許·鄢陵·尉氏第2隊	30세	하남 鄢城	河南陸軍第1混成旅旅部衛兵長	권5, 17~18
段錫顥	鄢陵第4隊	29세	하남 汲縣	河南游擊馬隊第1營中哨哨長	권5, 22
沈金欽	新鄭·中牟·洧川·密縣1隊	32세	안휘 廬江	江蘇陸軍司務排長	권5, 26
海俊	新鄭·中牟·洧川·密縣2隊	41세	하남 開封	保衛團, 警備隊長	권5, 26
崔朝俊	新鄭·中牟·洧川·密縣3隊	39세	직예 長垣	河南豫正營哨長	권5, 27
顧春霖	新鄭·中牟·洧川·密縣4隊	31세	하남 南陽	各縣 保衛團, 警備隊, 緝私隊長	권5, 28
顧春霖	密縣	33세	하남 南陽	鄭縣偵緝隊長, 縣保衛團總, 密縣警備隊長	권5, 29
李斷修	商丘第1隊	31세	하남 商丘	歸德鎮守使署差遣員	권5, 34
劉仲三	商丘第2隊	37세	하남 商丘	巡訪第3營左哨哨官	권5, 35, 36
蔡銘梓	商丘第3隊	31세	하남 商丘	歸德鎮守使署差遣員	권5, 37
靳鴻順	鄃陵				권5, 39
任志玉	永城第1隊	37세	산서 汾陽	商水偵緝隊長, 寧城警備馬隊隊長	권5, 43~44
張步青	永城第2隊	40세	안휘 渦陽	永城警備第3隊分隊長	권5, 44
魏忠思	永城第3隊	39세	하남 商丘	永城警備隊什長, 第1隊分隊長	권5, 46

이름	직책	나이	籍貫	주요 경력	출전
胡金銘	鹿邑巡緝隊步隊隊官	34세	하남 商丘	歸德鎭守使本哨排長	권5, 55
劉東漢	虞城第1隊	37세	하남 虞城		권5, 59
孫貫群	虞城第2隊	30세	하남 虞城		권5, 59
黃曜先	虞城第3隊	37세	하남 虞城		권5, 60
黃世可	夏邑第1隊	44세	하남 夏邑	夏邑守望隊隊長, 警備隊隊長	권5, 62
彭道三	夏邑第2隊	33세	하남 夏邑	彭大樓團防局長, 夏道口保衛團團長	권5, 63
李頣	淮陽第3隊	38세	하남 商水	步2營管帶	권5, 65
杜學廉	淮陽·周口北岸第1隊	34세	하남 淮陽	江蘇陸軍第2團1營3連連長	권5, 66
趙汝勛	淮陽·周口北岸第2隊	27세	하남 淮陽	陸軍機關銃3連排長	권5, 67
王春林	西華第1隊	32세	하남 杞縣	第1期臨時輸送隊12隊隊長	권5, 72
王德均	西華第2隊		하남 商水	河南陸軍軍事學校 卒業	권5, 75
呂彝銘	商水巡緝隊步兵第1隊	35세	하남 羅山	羅山警備隊分隊長, 杞縣警備隊隊長	권5, 77~78
王銘彝	商水巡緝馬隊	24세	하남 商水	河南警務處偵探, 商水偵探	권5, 82
李振海	沈丘	56세	하남 沈丘	沈丘·項城地方巡緝隊 副領官 兼任	권5, 83
王成德	項城	37세	하남 項城	河南督軍署差弁	권5, 84
孫桐淸	太康·扶溝第1隊		하남 鹿邑	太康警察游擊隊隊長, 太康警備隊隊長	권5, 86
蔡精義	太康·扶溝第2隊		하남 太康	太康警務局巡官, 京漢鐵路巡長, 太康保衛團隊長	권5, 87
趙玉珩	扶溝第2隊		하남 淮陽	山西陸軍第2混成團步兵第3營第2連連長	권5, 88
張維焜	許昌第1隊	46세	하남 鄧縣	將校講習所 卒業	권5, 89
馬秉乾	許昌第2隊	33세	하남 許昌	군사학교 졸업	권5, 90

562

이름	직책	나이	籍貫	주요 경력	출전
韓允修	許昌第3隊	32세	직예 廣平	講武學堂 졸업	권5, 90
李潤發	許昌第4隊	35세	하남 鄢城		권5, 90
李百川	許昌第5隊	38세	하남 許昌	附生	권5, 90
戴桂林	許昌馬隊		직예 昌平		권5, 91
任和齋	臨潁第1隊	37세	하남 商丘	陝西西區警察署署員, 江蘇警備隊1團4營排長	권5, 94
吳樹勳	臨潁第2隊	26세	하남 許昌	河南南路官兵學校教員	권5, 97
劉寶聚	臨潁第3隊	37세	하남 許昌	河南陸軍第3混成旅騎兵第1 營4連排長	권5, 98
特超群	臨潁第4隊	37세	하남 項城	許昌縣經費馬隊副隊長	권5, 99
常錦川	襄城第2隊	26세	하남 襄城	襄城第1區巡官, 北區保衛團哨官	권5, 107
馬麟趾	鄭縣·榮陽·榮澤· 河陰·汜水2隊	32세	하남 榮陽	省城東區警察署長代理	권5, 121
梁棟臣	鄭縣·榮陽·榮澤· 河陰·汜水3隊	38세	하남 鄭縣	汜水警備隊隊長	
謝春元	南陽第1隊	41세	안휘 壽縣	南陽城防營後哨哨長	권5, 125
耿懋勳	南陽第2隊	41세	안휘 阜陽	鎮平遊擊第1營管帶, 南陽警備隊隊長	권5, 127
劉德烺	南陽第3隊	36세	하남 南陽	南陽城防營後哨哨官	권5, 129
侯成武	南陽第4隊	43세	하남 襄城	南陽城防營後哨哨官	권5, 131
鄭來紹	南召	39세	하남 南召	南召縣警備隊長	권5, 133
衛雲璋	沘源第1隊	37세	하남 封邱	臨汝警備隊長·警察所稽查 員, 沘源警備隊長	권5, 136
富五奎	沘源第2隊	36세	하남 南陽	沈丘偵緝隊長, 沘源警備隊長	권5, 137

이름	직책	나이	籍貫	주요 경력	출전
仝鍾潔	沁源第3隊	36세	하남 沁源	地方?崗鎭守望社長, 淸鄕局長, 保衛團長, 第8區總團總	권5, 139
李鑄鼎	沁源第4隊		하남 沁源	源覃鎭保衛團團總, 5區保衛總團團總	권5, 140
王永炎	桐柏第1隊				권5, 141
呂邦彦	桐柏第2隊				권5, 142
司振榮	舞陽第1隊	38세	하남 杞縣	新蔡縣警備隊長	권5, 146
楊?漢	舞陽第2隊	38세	하남 開封	舞陽警備馬步隊隊長, 警佐代理	권5, 147
牛鴻勳	上蔡第1隊		하남 上蔡	宏威軍, 上蔡警備隊隊長	권6, 3
傅維藩	上蔡第2隊		하남 上蔡	商水縣保安營右隊隊長	권6, 3
劉蔡然	上蔡第3隊		하남 上蔡	鄖城遊擊隊第4隊隊官	권6, 4
李連元	上蔡第4隊		하남 上蔡	河南陸軍軍事學校 졸업	권6, 4
李在藻	西平第1隊	55세	하남 西平	團練 운영, 城區保衛團團正	권6, 9
趙麟綬	西平第2隊	48세	하남 西平	團練 운영, 北區保衛團團正	권6, 10
陳國振	西平第3隊	33세	하남 西平	東區保衛團團正	권6, 10
李觀丈	遂平第1隊		하남 遂平	城區保衛團團總	권6, 13
邵榮華	遂平第2隊		하남 遂平	淸武建軍右旗2營1哨哨長	권6, 13
王世淸	遂平第3隊		하남 遂平	巡警學堂 졸업, 縣西南區團防	권6, 13
藩燿武	信陽第1隊	45세	하남 信陽	固始縣把總	권6, 17
姜天德	信陽第2隊	45세	하남 鎭平	信陽縣警備隊隊長	권6, 18
熊宗麟	信陽第3隊	33세	하남 信陽	第13旅1團2營連長	권6, 19
劉紹曾	息縣第1隊	33세	안휘 阜陽	信陽戒嚴司令處司事 겸 稽査員	권6, 22
陸登瀛	息縣第2隊	45세	하남 歸德	息縣保衛團 連長	권6, 23

564

이름	직책	나이	籍貫	주요 경력	출전
戴東源	息縣第3隊	35세	하남 南陽	息縣保衛團排長,	권6, 24
邵華言	息縣第4隊	28세	하남 臨汝	河南陸軍第5團1營3連排長	권6, 24
俠建功	光山第1隊	32세	하남 商丘	陸軍第1輸送總隊第3隊隊長	권6, 33
胡應和	光山第2隊	39세	하남 壽縣	督軍署糧台採辦軍米委員	권6, 35
呂耀良	光山第3隊	37세	하남 光山	陸軍混成第1團	권6, 36
李酉晋	固始第1隊		안휘 合肥		권6, 40
蕭玉成	固始第2隊		하남 新野		권6, 40
張純如	洛寗·宜陽	38세	섬서 試用	守望社社長, 清鄉局局正, 平糴局局長 겸 保衛團團總	권6, 48
朱子麟	洛寗·宜陽第2隊	31세	하남 鹿邑	安徽阜陽警備隊長	권6, 50
胡長勝	宜陽	37세	하남 內黃	輸送隊隊官	권6, 53
蔡天春	宜陽第2隊	36세	하남 宜陽	鎭嵩軍秘査	권6, 55
郭自昌	陝縣第1隊	32세	하남 陝縣	陝西督軍第3等行營副官	권6, 57
張守信	陝縣第2隊	33세	산동 單縣	陝縣警備隊排長	권6, 57~58
程宗洛	嵩縣	32세	하남 嵩縣	鎭嵩軍步1標1營2隊事務長	권6, 63
陰德明	伊陽·嵩縣第2隊	48세	하남 開封	歸德鎭守使에 의해 파견 剿匪活動	권6, 65
秦玉山	伊陽·嵩縣第1隊	30세	하남 伊陽	河南督軍署에서 密査事務 담당	권6, 65~66
蔡瑞雲	臨汝第1隊	32세	안휘 渦陽	毅軍右路馬1營左哨哨長	권6, 69~70
李建禧	臨汝第2隊	33세	산동 汶上	河南宏威軍第3營3連正目	권6, 71
李毓英	臨汝第3隊	37세	하남 禹縣	運署監印官	권6, 74
羅致中	臨汝第4隊	31세	호북 黃岡	湖北京山縣衛隊長, 臨汝警備隊隊長	권6, 77
郭文蔚	魯山第1隊	38세	산동 壽張	陸軍步兵上尉	권6, 81
藩鴻猷	魯山第2隊	38세	하남 魯山	陸軍9師騎兵第9團第2營7連排長	권6, 82

이름	직책	나이	籍貫	주요 경력	출전
鄭明義	郟縣第1隊	33세	산동 曹縣	河南巡緝第5營中哨哨長	권6, 83
劉錫疇	郟縣第2隊	30세	하남 郟縣	郟縣保衛團 隊官	권6, 84
張錫田	寶豊第1隊	49세	산동 利津	巡緝第3營右哨哨官	권6, 86
郝汝霖	寶豊第2隊	38세	하남 寶豊		권6, 86
許敬	安陽第1隊	32세	하남 封邱	陝縣警備馬步隊隊長, 安陽警備馬步隊隊長, 警察所稽査	권6, 89
許慶霖	安陽第2隊	30세	하남 開封	河南陸軍第3營正目	권6, 91
徐寶珍	安陽第3隊	31세	하남 滑縣	河南陸軍	권6, 93
彭精瑞	安陽第4隊	35세	하남 安陽	保甲局局長, 東3區保衛團總	권6, 95
萬人傑	臨潁·內黃第3隊		하남 汲縣	陸軍步兵上尉	권6, 97
宋連元	臨潁·內黃第1隊		산동 定陶	陸軍步兵少尉	권6, 97
張淸元	臨潁·內黃第2隊		하남 開封	警察1等獎狀	권6, 98
蕭鴻聲	臨潁·內黃第4隊		강소 江壽	陸軍步兵中尉	권6, 99
溫明鑑	林縣第1隊	40세	하남 南陽	南陽縣巡官, 南陽地方檢察廳私法巡官	권6, 102
高得勝	汲縣	41세	직예 威縣	汲縣警備隊隊長	권6, 105~106
張霖普	濬縣	38세	하남 濬縣	濬縣警察局局長, 偵緝隊長, 警備馬步隊隊長	권6, 109
王安仁	延津	36세	하남 開封	陸軍第3混成旅第6團第3營11連事務長	권6, 113
陳得勝	封邱	38세	하남 汲縣	警備隊隊長	권6, 114
呂晏春	新鄕	32세	직예 獻縣	湖北漢口警察駐豫偵探員, 信陽·淇縣·洛寧·新鄕警備隊長	권6, 118
孟慶昌	獲嘉	28세	하남 孟津	宏威軍	권6, 119
王福善	輝縣	45세	하남 商丘	商丘警備隊帮隊官, 河南陸軍第2旅	권6, 121~22

이름	직책	나이	籍貫	주요 경력	출전
徐福堂	淇縣	39세	직예 景縣	淇縣警備隊長	권6, 125~26
張存才	淇縣第3隊	33세	하남 杞縣	陸軍第20師輸送隊第3大隊5中隊隊長	권6, 128
郭蘭堂	滑縣第1隊	33세	하남 滑縣	永靖縣巡官, 滑縣守望遊擊隊右隊隊長	권6, 129
楊懸榮	滑縣第2隊	30세	하남 滑縣	滑縣守望社游擊隊隊長	권6, 130
候學寬	孟縣	46세	안휘 鳳台	豫北鎭守使署 候差員	권6, 138
秦興桂	溫縣	38세	하남 汝南	許昌石固鎭保衛團隊長, 溫縣警備隊隊長	권6, 139
劉子冀	羅山第1隊		하남 羅山	陸軍步兵少校	권6, 143
丁樂道	湯陰				권6, 143
羅應魁	陵鄕				권6, 144
丁秀山	盧氏				권6, 144
馬雲龍	澠池				권6, 144

표36 1920년대 전반 하남 토비 출몰상황

두목 이름	근거지	인수(명)	두목 이름	근거지	인수(명)	토비 두목	근거지	인수(명)	두목 이름	근거지	인수(명)
하남 서부											
董老五	洛陽	2,000	王老五	臨汝	1,000	賈靑雲	孟津	3,000	鄧老七	洛陽	1,000
鄭復禮	洛寧	1,000여	張秀明	洛寧	500	趙昇高	洛寧	2,000	寧老七	洛寧	3,000
王庭林	新安	1,000여	王光治	新安	400여	何剛	新安	500	陳四麥	鄧縣	1,000여
張得勝	臨汝	6,000	姜明玉	臨汝	5,000	翟十一	鄭州	300	韋鳳波	洛寧	200
連四麻子	魯山	300	老昏王	豫西	800	大領子	豫西	1,000여	安玉江	豫西	300
李品三	豫西	300	孫殿英	豫西	600	詹憲章	豫西	400	劉團久	豫西	1,000여
金秀山	豫西	200	任山山	豫西	200	胡家敗	豫西	300	馬文得	豫西	400

두목 이름	근거지	인수(명)	두목 이름	근거지	인수(명)	토비 두목	근거지	인수(명)	두목 이름	근거지	인수(명)
하남 남부											
唐存宜	沈丘	1,000여	梁金環	荊紫關	1,000여	李天尊	桐柏	500	賈文生	桐柏	500
宗萬林	塚頭	1,000	王和尙	柏樹墳	1,000	張西魁	石橋鎭	700	周銀匠	瓦店	700
王得榮	橋頭	300	張九	袁店	500	馮黑臉	馮冲	200	劉保賓	淸華鎭	500
耿十八	老河	300	馬振圖	掘地坪	200	裴十闊王	石門	200	王學顯	下河	200
楊石滾	靑台	200	李占標	劉官營	300	張老六	母猪峽	1,000여	劉天奎	信陽	1,000
하남 동부											
任大鼻子	商丘	2,000	陳大個	考城	1,000여	崔國章	虞城	1,000여	田匪	商丘	2,000

출전 何西亞 『中國盜匪問題之硏究』(泰東圖書局 1925) 88~94면.

표37 1920년대 초 하남 남양 토비 조사

토비두목	인수(명)	근거지	토비두목	인수(명)	근거지	토비두목	인수(명)	근거지
賈文生	500	四棵樹 지방	宗萬林	1,000	冢頭일대	張老六	1,000	社旗鎭 부근
王和尙	500	柏樹墳일대	張西魁	700	石橋鎭 동서	老香王	600	桐河 지방
周銀匠	700	瓦店界家	陳馬武	100	金華鎭 지방	董九	100	博望일대
王得榮	200		王得功	100	橋頭 지방 좌우	張九	500	袁店 지방
陳四麥	800	穰東일대	馮黑臉	100	馮冲 지방	劉保賓	500	淸華鎭 부근
李五子	200	燕營일대	耿十八	200	老河 지방	高振圖	300	掘地坪 지방
花二娃	100	皇路店 지방	裴十闊王	200	石門 지방	郭祥臣	100	沙渠鎭 좌우
老班長	100	王莊 부근	楊石滾	200	靑台 지방	謝二少	100	賀廟 부근
王學顯	200	下河 지방	齊希林	100	齊莊 부근	胡國禎	100	李橋일대
顧保	80	王營 좌우	劉老三	100	尤橋일대	李占橋	300	劉官帶일대
喬成榮	100	柳河일대						

출전 「豫屬南陽匪勢日熾」, 『晨報』, 1923. 7. 7;「南陽匪患之調查」, 『上海民國日報』, 1923. 7. 7. 둘 사이에는 약간의 차이가 있는데 후자가 더 상세함으로 표는 전적으로 그것에 따라 작성하였다.

표38 1920년대 초 남양(南陽) 피해조사

寨名	현성과의 거리(里)	사상자(명)	납치인(명)	파괴 가옥(간)
余池寨	8	死 30, 傷 10명	40	50
趙河寨	80	死 10, 傷 30	남녀 100	130
新店寨	30	死 120, 傷 30	남녀 200	500
大莊寨	18	死 15, 傷 11	남녀 100	100
安皐寨	30	死 50, 傷 20	남녀 100	80
橋頭寨	50	死 5, 傷 2	3명	15
高廟寨	20	死 傷 未詳	남녀 30	40
栗河店	8	傷 15	남녀 10	
皇路店寨	50	死 10, 傷 20	남녀 10	30
李清店	100	死 100, 傷 200	남녀 200	2/3 파괴
掘地坪	40	死 3, 傷 15	남녀 40	20
三十里屯寨	30		남 2	10
茶庵寨	18	死 5, 傷 10	남녀 25	30
熊營寨	30	傷 51	남 7	
下樊營	25	傷 3	15	10
竹園寺寨	30	傷 5	33	
柳河街	西城根			4家
毛墻土+乞	東關門外	死 1		3家
紫竹林	北關寨外			2家
白秋寨	50	死 10명	10	
阡陌營寨	40	死 17, 傷10	남녀 80	전체 파괴
丁莊寨	15		남녀 10	
金華鎭	50	死 50, 傷 60	남녀 30	200
明皇寨	20	死 70, 傷 40	남녀 100	전체 파괴
桐河寨	40	死 30, 傷 50	남녀 100	100
塚頭寨	30		남녀 100	80
槐樹灣寨	25			20
曹店寨	70	死 60, 傷 100	남녀 100	500
袁店	70	傷 50	20	

寨名	현성과의 거리(里)	사상자(명)	납치인(명)	파괴 가옥(간)
姚營寨	25	死 10, 傷 10	남녀 34	40
界塚	60		13	25
蒲山店	30		5	
陸官營	45	傷 51	남녀 43	25
李堂寨	50		10	
博望街	60		학생 40	
白菓園	西城根			3家
小 莊	南關寨外		1	

출전 표37과 같음.

표39 1910년대 후반 하남 경두회(硬肚會) 분포

조직	출몰지역	당국의 대응	출전(『河聲日報』)
硬肚邪敎	南陽, 唐河 교계	南陽鎭守使 吳慶桐은 硬肚匪 宗潮章, 宗啓明 체포	「拿獲硬肚邪敎」, 1916. 11. 22
會匪	泌陽	督軍 趙倜은 軍法課課員 瞿濂 파견	「趙督軍委査會匪」, 1917. 4. 9
硬肚	桐柏, 南召	趙倜은 密使員 曹翰才 파견	「派員調査會匪」, 1917. 4. 30
會匪	桐柏	趙倜은 南陽鎭守使에게 巡訪馬隊 1連 파견지시	「撥隊查禁會匪」, 1917. 6. 12
硬肚	信陽, 桐柏 교계	南陽鎭守使는 巡訪馬隊 파견하여 張漢三 체포, 처형	「緝獲硬肚會匪之報告」, 1917. 6. 30
硬肚會匪	南召, 武陽	당국은 候補知事 何靜波를 파견	「又委員查禁會匪」, 1917. 12. 22
會匪	桐柏	趙倜은 南陽鎭守使에게 巡訪馬隊 1連 파견지시	「撥隊查禁會匪」, 1918. 1. 26
豫南會匪	桐柏, 內鄕	趙倜은 候補差員 盧舜卿 파견	「督署委查會匪」, 1918. 2. 26
硬肚	南陽	義和拳匪도 포함. 각 현에 해산명령	『河南公報』 第1203號, 1919. 10. 25
硬肚	汝陽	汝陽道尹에게 해산명령	『河南公報』 第1215號, 1919. 11. 8
硬肚	確山	趙倜은 현에 금지명령	『天津大公報』, 1919. 11. 9

표40 하남 홍창회 조사표

두목 이름	소재지	규모	동조세력	평가	기존 활동
趙海淸	澠池	800(60)	50(500)	호	대규모 토비토벌
宋虞	澠池	1,200(500)	3,000(200)	호	대규모 토비토벌
劉彦儒	陝州	200(무)	500(무)	호	토비토벌
蘇百科	陝州	500(무)	500(무)	호	토비토벌
楊生瑞*	洛寗	100(무)	500(무)	호	토비토벌
郭春寧	禹縣	300(20)	5,000(500)	호	토비토벌
郭景泰	新安	300(20)	30,000(3,000)	호	대규모 토비·패잔병 공격
孔慶恭	杞縣	300(무)	7,000(200)	호	패잔병 공격
楊國材	杞縣	200(무)	2,000(무)	호	패잔병 공격
馬長乾	杞縣	80(무)	800(무)	호	무
楊獻臣	杞縣	1,000(무)	5,000(무)	호	토비토벌
郭景堯	睢縣	1,000(무)	무	호	토비·패잔병 공격
苗久潤	睢縣	2,000(무)	7,000(20)	호	상동
翟永德	睢縣	3,000(20)	6,000(무)*	호	상동
張明倫	睢縣	3,000(30)	6,000(무)*	호	상동
王聚應	柘城縣	20(20)	3,000(무)	호	상동
婁洪明	通許	4,000(50)	무(무)	호	상동
婁季然	通許	4,000(50)*	무(무)	호	상동
馬昇君	長葛	10,000(무)	무(무)	호	상동
劉長江	長葛	600(300)	10,000(700)	호	토비 공격
陳子麟	許昌	3,000(300)	20,000(600)	호	토비·패잔병 공격
李炳旺	許昌	2,000(10)	60,000(500)	호	상동
李子淸	許昌	2,000(100)	무	호	상동
謝寶樹	臨潁	22,000(30)		호	상동
林中和	偃城	4,000(50)		호	토비 공격
蔡壽彭	偃城	4,000(40)		호	
田世英	臨潁	5,000(30)		호	토비 공격
丁澤卿	信陽	150(11)	4,000(30)	호	원가익군(袁家翼軍) 무기탈취, 토비토벌

두목 이름	소재지	규모	동조세력	평가	기존 활동
李子光	息縣	1만(무)		호	대규모 토비·패잔병 공격
王克榮	息縣	300(무)		호	토비 공격과 군벌(軍閥) 반대
梅正本	新蔡	5,000(무)		호	
耿新民	新蔡	1,000(무)		호	
梅蘭室	新蔡	1,000(무)		호	
張彦五	潢川	700	2,000(30)	호	토비·패잔병 공격
周遜五	信陽	500(10)	3,000	호	패잔병 공격
王之友	信陽	300(무)	1,000(무)	호	상동
張書	信陽	300(무)	3,000(무)	호	상동
劉景山	信陽	400(무)	3,000(무)	호	토비·패잔병 공격
馮成林	信陽	150(무)	500(무)	호	상동
王潔英	確山				
義和團 (이름 미상)	確山	(1,000)		호	토비·패잔병 공격
杜瘦芝	潢川	3,000(무)	무	호	토비 공격
程逸	潢川	300(10)	3,000(무)	호	군대 공격
汪探源*	商城	1,000(무)	3,000(무)	호	토비 공격
汪禹九	商城	무(무)	무	호	상동
杜振五	宜陽	500(10)	2,000(300)	호	토비·패잔병 공격
蔡鑾芳	洛陽	300(50)	1,500(50)	호	상동
陳敍倫	羅山	300(무)	1,000(무)		토비 공격
宋子文	許昌	20,000(400)	600(900)	호	토비·패잔병 공격
劉振清	汝南	5,000(40)		호	토비 공격
方範九	羅山	120(무)		호	
石煥甫	尉氏	100(무)		호	토비 공격

572

두목 이름	소재지	규모	동조세력	평가	기존 활동
安文甫	尉氏	400(60)		호	상동
西馨芝	尉氏	200(20)		호	상동
曹桂生	睢縣	200(무)		호	상동

두목 이름	소재지	규모	평가·군 관계	기존 활동
崔風麟	澠池	5,000(100)	호·무	토비토벌
宋老寶	息縣7里灣	5,000(무)	호·무	苛捐雜稅 반대운동
姜增册	息縣包信集	1,000(10)	불호·袁家驥軍과 결탁	대규모 토비 공격, 세금 반대, 성 포위 시위
李蘭實	息縣張閨集	20,000(20)	호·무	세금 반대, 성 포위 시위
夏衡九	息縣張李店	20,000(20)	불호·무	
李子敬	息縣崗李店	10,000(소수)	호·무	세금 반대, 주둔군과 대항
任子興	息縣包信集	10,000	호·무	대규모 토비·패잔병 공격
鄒興甫	息縣黃湖店	1,000(소수)	불호·袁家驥軍과 결탁	세금 반대, 성 포위 시위
趙天祿	息縣東區 일대	100,000(100)	호·무	군대·대규모 토비 공격

표41 1927년 하남 홍창회 분포

두목 이름	직책	규모	분포지역
張猛虎	豫南紅槍會總首領		
張定山	第一區統領	40,000	南陽, 新野
劉鬍子	第二區統領	35,000	信陽, 羅山
猴子精	第三區統領	20,000	西平, 舞陽
劉三		53,000	沙河, 偃城
陳六爺		60,000	襄城, 禹縣, 許昌
李法師		80,000	洛陽, 新安
王坤如		80,000	滎陽, 鞏縣
李三麻子		110,000	開封, 鄭州
楊國新, 馬飛天		120,000	修武, 汲縣, 安陽

표42 20세기 초 하남 토비 흑화

범주	세부분류	흑화의 의미와 출전
군사행동용어	인물·조직·호칭	*토비 조직·종류: 두목(總架杆①), 當家⑤), 大當家的④), 掌櫃的②·⑤), 草頭王②), 부두목(二駕③), 二管家的③), 二當家的④), 소두목(杆頭①), 門 파괴 담당(扛扇的②), 자신의 총이 없어 두목에게 빌려 토비활동에 참가한 자(扛二砲的④), 정탐(踏線⑤), 寨 파괴를 맡은 돌격대(當灌手③), 馬賊·鬍匪(高碼子⑤), 독립한 자유 토비(顆計②), 참모(軍師⑤), 書記(白扇⑤, 牛一⑤), 공격 목표 상태와 공격방법을 조사보고하는 자(底線①), 상황보고자(遞線眼的④), 숙련된 도적(帶線⑤), 길 안내인(帶線的④·帶條的③), 수색인(趣線的④), 엄호인(保外水④), 밀정(巡風⑤), 순찰하며 관병의 습격에 대비하는 자(巡風的②), 햇불을 든 길잡이(抱大火的②), 出納員(賬架⑤), 지위가 가장 낮은 맨손의 토비(甩手子③), 총잡이(採荷⑤), 배반하여 외부와 내통한 자(扒灰④), 몰래 납치한 자(使小錢的④), 직접 물건을 탈취하거나 인질 납치를 담당한 자(做活的②), 벽을 부수고 남의 집에 진입한 자(鑽線④), 비밀을 폭로한 자(黑筋①), 육로 도적(山碼子⑤), 노상강도(蓍條子①), 선상 도적(跑底子⑤), 수로 도적(湖碼子⑤), 기차 도적(跑荒車⑤), 跑車板⑤), 票房을 관리하는 두목(票房頭③), 대규모 토비(大桿②), 소규모 토비(覇爺③), 토비집단(杆子③), 토비(老雀②, 刀客③, 碼子②·⑤), 蹚將③), 토비가 되다(落草②·⑤), 蹚土匪③), 登架子①), 閭光棍④), 閭馬棍④), 토비 집단을 이루다(馬杆子④), 捻子③), 硐杆①), 동료(線上②), 我軍(抗二槍的④), 토비의 생활(濕世②), 토비군대(衆兒郎⑤)
		*대항조직: 紅槍會(曹肚子④), 紅鼈①), 團練(揀子子⑤), 冷馬①), 官·衙門(古子⑤), 威武窯⑤), 현경비대(縣仔子④), 군대·관병(冷子①·⑤), 大兎羔子⑤, 仔子④), 槍頭子⑤), 포졸(風頭⑤), 북양 군대(大仔子④), 경찰(虾蜢⑤), 토비와 이해가 충돌하는 일체의 會匪(雜種會⑤), 관병을 안내하는 정탐(引水帶線⑤)
		*인질: 인질(肉票②·③·④, 票③, 票子③), 남자 인질(錢票④, 天牌票⑤), 여자 인질(地牌票⑤, 花票①·③·④), 외국인 인질(洋票⑤), 처녀 인질(二五⑤, 快票②·①), 농민 혹은 本地人 인질(土票⑤), 토비와의 인질 협상을 담당한 자(說票③, 壓水⑤), 부자(肥綿羊②), 인질 감시자(看客的④), 葉子閻王①), 外人(句子④), 사람(堂⑤)
	무기류	총(噴筒⑤), 胳膊⑤, 旗子⑤, 驢驅子②), 연발총(焦殼④), 실탄(白米⑤,

범주	세부분류	흑화의 의미와 출전
군사행동 용어	무기류	大洋⑤, 外國糖蓮子⑤, 一粒金丹⑤, 釘子③, 붉은 술(硬釺子④, 火②), 포④), 권총(牲口⑤, 腰逼子⑤, 匕首(小片子⑤, 清子④, 喝血虎④, 腿利子④), 旗(蛾子④), 몽둥이(旱煙管⑤), 土炮(灰筒子④)
	작전행동	*인질: 인질을 납치하다(架票②, 拉肥猪⑤, 拉條子①, 拉票子①, 綁票②, 養鵝生蛋⑤, 接財神⑤, 吊羊⑤, 請猪頭⑤), 인질을 죽이다(撕票①·③·④), 여인을 팔다(開條子⑤), 어린아이를 팔다(搬石頭), 인질값을 말하다(叫票⑤), 이미 죽은 인질을 되돌려주다(賣干的④), 인질값(水頭⑤), 한 집에서 2명의 인질을 취하다(雙把葉子①), 인질을 한곳에 집합시켜 다른 사람에게 과시하다(亮票②), 피랍된 인질에게 고문하다(濾葉子①), 여자 인질을 취하다(接觀音⑤), 어린아이 인질을 취하다(抱童子⑤)

*약탈: 약탈하다(開差⑤, 爬⑤), 분배하다(拉鈎②), 약탈 후 돈을 주머니에 넣다(灌袋①), 장물을 나누다(擘花子①, 開花⑤, 劈覇⑤), 장물을 팔다(落底⑤), 장물을 몰래 가로채다(沒水頭⑤), 대규모의 약탈(武差使⑤), 단독적으로 약탈하다(私差⑤), 편지를 보내 위협하다(送片子③, 打單⑤), 익명의 위협편지를 붙이다(貼帖子①, 貼片子③), 촌을 약탈하다(打莊②), 요구조건을 평화적으로 요구하다(喊錢眼②)

*살인: 천천히 죽이다(慢性③), 빨리 죽이다(快性③), 살인하다(砸子④, 橫梁子⑤), 돌로 사람을 쳐죽이다(擠死④)

*방화: 방화하다(掛②), 방을 불태우다(紅窯子④)

*공격·수비: 寨 장벽을 향해 진입하다(灌③), 관병과 대항하여 발사하다(開味⑤, 交穀②), 싸우다(捏焦穀④, 上場了④), 기습하다(摸④), 굴을 뚫고 나가다(搗洞子④), 교전하여 승리하다(得風⑤), 적을 맞이하다(撲風⑤), 포졸을 수비하다(防風⑤), 분장하다(上雲頭⑤), 경계하다(巡冷子⑤), 寨와 성을 깨다(撕圍子③, 存圍子①), 첫번째로 돌진하다(貼頭線④), 두번째로 돌진하다(貼二線④), 세번째로 돌진하다(貼三線④), 포위공격하다(催片子③), 새벽 보루를 지키는 자가 집으로 돌아간 틈을 타 공격하다(打閃明差④)

*퇴각: 철수 명령어("賣小鷄啦"④), 전투를 마치고 모여 가다(坑鷄老號④), 귀대하여 산으로 돌아가다(反水⑤), 퇴각하다(淨堂②, 下場了④), 도주하다(拙啦②, 出水④·③·①) |

범주	세부분류	흑화의 의미와 출전
군사행동 용어	작전행동	*기타 불법행위: 도박판을 벌이다(放台子⑤), 아편을 팔다(搬黑老⑤), 훔치다(尋⑤), 사염을 판매하다(走沙子⑤), 소수인의 무기를 거둬들이다(摘③), 다수인의 무기를 거둬들이다(攬③), 行水(통행료⑤), 관을 탈취하다(擺死祖⑤)
		*피해: 토비가 발각되다(警了堂②), 부상당하다(挂彩⑤), 輕傷을 입다(挂花了④), 토비가 군대와 보위단에 탐지되다(起水②), 관병에 체포되거나 사살당하다(落水⑤), 陣上失風⑤, 官兵이 진격하다(來風了④), 風高了④), 비밀을 누설하다(漏水④), 부상당하다(帶彩⑤), 죽다(放⑤), 劈堂⑤, 望城圈⑤, 就土④, 過方⑤, 睡⑤, 군대가 토비를 체포하지 못하다(撲空⑤), 엉덩이를 때리다(拍豆腐⑤), 교전하여 패배하다(失風⑤), 체포되다(拾⑤), 적이 입구를 에워싸다(圍門風③), 총상을 입다(貼金⑤), 긴박한 상황(風緊②·④), 칼(刑具)을 채워 대중에게 보이다(猢猻戴⑤), 맞아 죽다(滑啦④)
		기타: 출발하다(開着了④), 대담하다(苦④), 미끄러지다(跟進④), 긴급통지(擎落帽風⑤), 빨리 걸어가다(拉地硬些①), 천천히 걸어가다(拉地軟些①), 교제하다(拉撘③), 朶盤子②, 死體를 찾다(翻映子④), 행진하다(上線④·⑤), 토비를 그만두고 양민이 되다(洗手⑤), 교활하다(流氣③), 토비와 관이 서로 결탁하다(認交情⑤), 길을 안내하다(引線④), 산굴을 뚫다(迭鋼窯④), 때리다(堆⑤), 의형제를 맺다(套交情①), 吃血⑤, 閑話(비밀어③), 비밀누설자를 제거한다(割黑筋①), 토비 규칙에 따라 시행하다(還規矩⑤), 이동하다(活窯④)
생활용어	음식류	밥(瓢子③), 泉子④, 술(火山子④, 一三五④), 식초(忌諱④), 만두(䭃子①, 䭃䭃②), 捏嘴④, 火煊子④, 油餅(富烙子④), 燒餅(亮子④), 국수(撘絲④), 煎餅(攤長子④), 밀가루(灰子④), 茶(淸泉子④)
	동물류	노새(高脚子①), 고양이(窩子④), 닭(小嘴子①, 叫亮子②, 尖嘴子③, 伸頭子④), 호랑이(攔路子④), 말(帆子③, 簾子⑤, 瘋子①·④), 오리(甩子④, 扁嘴子④), 이리(柴嘴子④), 거위(長脖子④), 당나귀(長脖子①, 條子④), 돼지(膛子③, 哼子①, 黑毛子④), 魚(頂浪子②·④), 토끼(草溜子④), 누에(抽絲子④), 소(春子④, 吹子①), 양(爬山子④), 개(皮子①·③·④), 皮條子④)
	일반명사	등(老光④), 멜대(担尖子④), 젓가락(對雙④), 부엌칼(大片④), 刑具 칼(豆腐乾⑤), 門(扇子④), 臟物(水頭⑤), 재산(水⑤), 눈(亮子①), 輪船

표 43 20세기 초 동북 흑화

범주	黑話의 의미
1. 衣食	밥 먹다(啃富, 上啃), 물 먹다(富海), 술 먹다(搬姜子, 夢頭春), 쌀밥(押腰子), 좁쌀밥(星星閃), 만두(漂洋子, 搯邊), 밀전병(翻張子), 국수(排龍), 계란(滾子), 담배(草卷, 海草, 黑土子), 담배 피다(啃草卷), 月餅(齒輪), 당면(干枝子), 요(寬帳子), 베개(枕龍), 모자(頂天), 신발(蹬土子)
2. 교제 · 연락	만나다(碼碼見, 對對脈子, 對盤道), 민가를 공격하다(踢卡拉), 무엇을 하다(什么蔓), 전문적으로 일을 처리하다(單搓, 單開, 碼弧丁), 모두 처리하다(滿轉), 일행(里碼人, 熟脈子), 비동업자(空子, 空碼, 外碼), 은어를 사용할 수 있는가(春點相不開), 토비의 규칙을 알다(門淸), 유명한 사람(此號), 소매치기가 많다(局紅), 총을 잘 쏘다(管直), 담력이 큰 어린아이(傳正), 남의 말을 빨리 알아듣다(傳領子), 눈치 빠르다(傳快), 진짜(尖), 가짜(星), 입이 무겁다(瓢緊), 거짓말하다(晃門子), 동료에게 거짓말하다(汚蘭), 군경에 잡히다(掉脚子), 전과(底子潮), 일을 벌이다(起皮子), 도망가다(扯出來), 무리에 가담하다(挂住), 무리에서 빠지다(拔香頭子), 일이 생길까 두려워하지 않다(歇攔), 행동 전에 목표를 찾다(踩盤子), 출발(上道), 수지맞는 목표(點正蘭頭海), 용이한 목표달성(點活), 시작하느냐(響沒響?), 누구와 일을 벌이냐(和誰響?), 친구를 보다(海瞧), 무리를 모으다(碼人), 일당(連旗的), 소매치기 패에 들어가다(靠窯), 일시에 많은 사람이 들어가다(挑人靠窯), 무리를 지어 출동하다(勾道關子), 출동목표를 찾다(挿旗), 감시자(料水的), 중개인(底線, 花舌子), 사람을 파견해 나아가다(臥底), 방에 오르다(上天), 일이 발생하다(窯變), 일이 순조롭게 이루어졌냐(賣買順不順?), 잘되다(掙着了), 많이 벌었냐(蘭頭海不海?), 순조롭지 않다(點背), 문을 닫다(對扇子), 개가 짖다(皮子端了), 발각되다(明了, 漏水), 빨리 가다(劃, 挑), 체포하다(起跳子, 起烟了), 부자집을 털다(砸窯), 도망치다(郵了), 부상당하다(燙了), 숨다(踏條子), 자리잡다(舵窯基), 거주하다(壓下來), 숲으로 들어가다(上毛里), 고정된 근거지가 없다(浪飛), 소식을 전하다(放籠), 고발하다(擧了), 편지(葉子, 海葉子)
3. 도구 · 활동	무기를 숨기다(把槍窯了), 같은 주인을 찾다(叉摸子), 돈(片兒), 거액의 돈(飛虎子), 돈을 나누다(挑片兒), 두목에게 물건을 주다(打小項), 공납하다(上項), 다른 패거리 물건을 빼앗아 받치다(吃皮子), 두목(吃橫的), 감옥(苦窯), 인질을 취하다(碼走了, 綁票), 보호자를 찾다(支門子), 인질 보호자(勾挂子), 여자아이(斗花), 총(管子), 군경(水), 이동하다(踢開), 도박장 개설(端局, 鋪局), 장님(念昭子), 귀머거리(念語子), 외지인(外哈), 인질(秧子), 여자 인질(紅票, 軟秧子), 기예인(跳坑子, 要臟錢), 도박군(要淸錢), 도둑(要混錢), 이발사(飄行里), 점쟁이(撒网子), 매혈하는 사람(挑線的), 거지(靠死扇的), 사장(當家的), 도박장 주인(開局的), 지방의 두목(水滾子), 인신매매범(吃長路的), 동료(里口來的), 무리에 섞여들다(吃溜達), 약간의 무기가 있다(局底)

범주	세부분류	흑화의 의미와 출전
생활용어	일반명사	(洋底子⑤), 솥(溫水子④), 국자(曰子④), 부채(搖子②), 그릇(窯貨④), 우산(雨淋子④), 銀元(袁大頭③), 車(輪子⑤), 열쇠(圪塔④), 모자(頂天⑤), 편지(條子⑤), 銀(地龍⑤), 地蛇⑤), 活龍⑤), 老鐵①), 金(地鼠⑤), 麥色兒①), 本領(苦水子⑤), 담배(草捲⑤), 맷돌(推圈子④), 燔鐵(退皮④), 명함(片子③), 식탁(平面④), 주발(瓢子①), 큰 배(漂子①), 사다리(花杆子④), 아편(薰子①), 처녀(黑脊溝子③), 화폐(鞭子①), 일반백성(林子①) 도로(條子①), 모래(碜子④)
	의복류	신발(踏殼②), 墊子①), 踩殼④), 의복(蓬索⑤, 葉子②), 실탄 주머니(子帶辮④), 모자(頂草②), 바지(叉擋④), 다른 사람의 의복(臭葉子④), 양말(臭筒②, 哈蟆叫④)
	날씨류	눈이 내리다(飄蛾子④), 飄花子④), 비가 내리다(擺啦④), 안개가 끼다(挂帳子④), 안개가 걷히다(淸明了④), 바람이 불다(走溜子④), 어두워지다(老光子墮了④), 흐린 하늘(上幔子④), 달(爐子①), 월출(爐子亮①), 태양(輪子④), 일출(輪子發①)
	생활행동류	밥먹다(嗍瓢子①), 嗍瓢子③), 塡瓢子④), 上泉子④), 식사 대접하다(看泉子④), 시비를 가리다(講廬頭④), 걸어가다(起③), 拉條子①), 살아가다(蹬③), 무뢰 노릇하다(蹬光棍③), 신사노릇하다(蹬紳士③), 재산이 많다(大水⑤), 술을 마시다(搬火山子④), 점등하다(上亮子④), 차를 마시다(上淸泉子④), 재산이 적다(小水⑤), 가난하다(瘦⑤), 눈빛이 밝게 빛나다(亮子高挂①), 한담하다(二話④), 부유하다(壯⑤), 밥을 푸다(塡瓢子④), 잠을 자다(迭了④), 정지하다(跳足住④), 개가 짖다(皮子炸①·③)
姓氏類		郭氏(蓋口子④), 馬氏(高腿子④), 黃氏(槐花子④), 吳氏(口天子④), 孫氏(免輩子④), 劉氏(水順子④), 范氏(瓢子③), 于氏(頂浪子④), 陳氏(千金子④), 楊氏(爬山子④), 王氏(虎頭子④)
計量類		거리(線子④), 토비 1명(一線碼子④), 토비 10명(一線碼子④), 100명(百線④), 1리길(一尺線子④), 십리길(一丈線子④)
地理類		숙소(迭起來④), 장물매매소(架子樓⑤), 山(架子①·③), 산굴(鋼窯④), 인질을 가둬두는 곳(客棚子④), 票房③·⑤) 홍창회 관할 자구(硬地③), 토비 관할 자구(軟地③), 다리(孔子③), 大路(官條子③), 인질의 집(堂②), 黃龍洞(大鋼窯④), 大城鎭(大兜잡子④), 기생집(跳窯⑤), 廟(啞吧窯⑤), 토비소굴(窯口②), 房(窯堂④), 寨(圈子③·①), 소굴(槽兒⑤), 大當鋪⑤), 감옥(快窯⑤), 炮樓(土地廟子④), 橋·河(橫子④)

578

범주	黑話의 의미
4. 성씨	성이 무엇이냐?(什么蔓?), 이름을 말하다(報報蔓, 報報迎頭), 통성명하다(甩蔓), 丁氏(尖子蔓), 于氏(頂水蔓), 馬氏(壓脚蔓, 高頭大蔓), 龍氏(滑子蔓), 劉氏(順子蔓), 石氏(山根蔓), 白氏(雪花蔓), 馮氏(補丁蔓), 孫氏(斷子蔓), 朱氏(江子蔓, 二龍戱蔓), 郭氏(橫水蔓), 紀氏(疙瘩蔓), 陳氏(千斤蔓), 本氏(操水蔓), 張氏(跟頭蔓), 宋氏(白給蔓), 周氏(鍋爛蔓), 楊氏(山頭蔓), 犀角靈蔓), 趙氏(燈花蔓), 郝氏(單人蔓), 姜氏(兩角蔓), 高氏(梯子蔓), 胡氏(燒干鍋蔓), 王氏(虎頭丁蔓), 伊氏(兄弟寬蔓), 齊氏(空中飄蔓), 冷氏(西北風蔓), 關氏(崩子皆蔓), 何氏(九江八蔓), 李氏(一脚門蔓), 趙氏(雲山霧蔓), 謝氏(里倒歪蔓)
5. 인체기관	머리(靶子), 머리카락(苗), 여인의 딴머리(大絨), 얼굴(盤兒), 잘생긴 얼굴(盤亮), 곰보(花盤子), 눈동자(昭子), 코(訊頭), 입(瓢), 이(條子), 구레나룻(沙拉子), 손(鷄瓜子), 배(五腹子), 다리(踏水子)
6. 물건	총(噴子, 旗子, 花帽子, 鷄蹄子), 총알(柴火, 瓢子), 의복(葉子), 외투(通天), 가죽외투(毛葉子), 허리띠(盤條子), 신끈(刀龍), 양말(董筒子), 바지(邪叉子), 천막(瞞天子), 회중시계(月子), 우산(開花子), 반지(韭菜葉), 수건(汗條子), 펜(揷子), 칼(靑子), 전화(快鼻子), 성냥(崩星子, 噴晃子), 비누(水餠子), 빗(操子), 상자(板倉), 자물쇠(疙瘩), 열쇄(排子), 금을 훔치다(拿疙瘩), 하루를 보내다(磕了一天)
7. 동물	말(壓脚子, 連子), 소(尖角子), 양(爬山), 돼지(哼哼, 江子), 개(摟金子, 皮子), 물고기(頂水兒), 오리(扁嘴子), 거위(長脖), 원숭이(跳樹), 뱀(錢串子), 지네(草鞋), 조개(大花鞋), 늙은 호랑이(山神爺), 작은 곰(倉子), 고양이(芝花馬)
8. 일반용어	동(倒), 남(陽), 서(切), 북(裂), 태양(紅光子), 달(爐子), 별(定盤子), 바람(輪得急), 흐린 날(挿棚), 비오다(擺子), 여관(流水窯), 음식점(啃水窯), 찻집(蘭子窯), 목욕탕(混窯), 이발소(老秋家), 극장(藝窯), 寺廟(高樓子), 말타다(壓連子), 거주하다(爬窯), 대변(甩瓢子), 소변(甩漿子), 황혼에 소굴을 떠나다(招燈花), 행동하다(上托), 소굴에 문제가 생기다(支不開局子), 배반하다(反水了), 가축 도둑질(吃毛繩), 돼지 도둑질(赶小脚, 滾哼哼), 닭 도둑질(喘鳴), 도굴하다(吃臭), 묶다(碼上), 사창가(海台子, 苦窯), 銀元(老頭, 夢卜片), 죽이다(挿了), 아편(黑貨), 도박하다(蘭把子, 摸葉子, 玩張子, 打川子), 도박장 개설(放台子), 인질을 취하다(接財神, 養鷄生蛋, 接觀音), 현성(圈子), 농촌(鷄毛店), 줄(捆龍), 대오를 형성하다(拉杆子), 목을 치다(摘瓢), 첩자(眼線), 막대(旱烟管), 가위(啞巴), 등(寶連子), 아편굴(霧水窯子), 약방(苦水窯子), 거지 소굴(花子房), 배고프다(漂五腹子), 일(平頭), 이(空工), 삼(橫川), 사(側目), 오(缺丑), 육(斷大), 칠(皀底), 팔(分頭), 구(缺丸), 십(田心)
9. 방언	죽다(鼻呫), 나무랄 데 없다(沒冒), 사람과 말이 피로하다(丁瘦馬疲), 過去兩個人(過去兩個馬), 거주하다(壓着), 범법(犯了條), 당신을 보호하다(捧你), 그를 데리고 가다

범주	黑話의 의미
9. 방언	(扣他走), 나를 보내다(舉舉我), 야물지 못하다(不磕硬), 무기에 녹슬다(槍吃土), 가서 먹다(溜達着吃), 교제가 넓다(交的寬), 믿다(托底守輔), 배반하다(反晃子), 속이다(爰人家), 神氣(爺台), 심하다(歇虎), 방석(護屁子)
10. 『臨江縣志』	만나다(碰碼), 교제하다(碰), 교제가 없다(頂), 길을 가다(滑, 蹓), 관병(水), 돈(項), 술 마시다(板山), 휴식(押白), 결탁하다(活窯), 모자(頂天), 정탐(拉線), 밥먹다(嗜腹肯腹), 싸우다(開克), 부상당하다(踢筋), 순경(狗子), 개(皮子), 말(風子), 인질 감시(水櫃), 兵(跳子), 탄약(飛子柴火), 노상강도(別梁子), 방화(放亮子), 물만두(漂洋子), 장애물(壓水), 떡(鯗辰子), 멥쌀밥(珍珠散), 옥수수밥(馬牙散), 아편 흡연(晴海草), 장물 분배(拉篇子), 고삐(提手子), 채찍(捧手子), 무기를 숨기다(順旗子, 揷旗子), 총 쏘다(摔旗子, 摔條子), 무리에 들어가다(掛柱), 규합하다(拉住), 인질을 취하다(追秧子), 무기가 있는 집(響窯), 막다(打窯), 정탐(線頭子), 태양(樓子), 흐린 날(揷蓬), 해산(越邊), 무리를 해산하다(脫下), 쏴 죽이다(睡覺), 잠자다(蹬橋, 安根, 脫條), 밤(馬刺), 집에 들어가다(上窯, 攏窯), 산(梗子), 匪號(山頭), 우편물(黑項), 옷 갈아입다(換葉子)

표44 홍창회 주문

종류	주문	순서	출전
黑槍會	誓詞: 某某現願人會爲會員, 嗣後如有懷疑會綱或洩露秘密時, 天罰雷殛	주문 7	①③
	避刀符: 八大金剛在前, 四大天王在後, 祖師佑我, 不畏刀槍	주문 8	①③
	避砲符: 請菩薩五雷神仙保佑, 不畏砲火	주문 9	①③
불명	上法呪: 金護身, 無量佛, 五雷剛	주문 10	②
新蔡 紅槍會	護身呪: 崑崙山, 傳恩子, 師爺賜我金剛體, 金剛體, 獨練起, 能擋槍砲弓箭戟, 吾奉太上老君, 急急如律勅令	주문 11	②
	練氣呪: 鴻鈞老祖顯神機, 賜內功, 練成鐵人壯筋力, 急急如律勅令	주문 12	②
	臨戰訣: 日出東方紅似火, 鴻鈞神功賜給我, 打敗老搶保家鄉, 從此百姓得安樂, 急急如律勅令	주문 13	②
	避刀槍弓箭呪: 萬事莫如防盜急, 賜我神力, 賜我神力, 監視鐵成壯筋力, 能擋刀槍弓箭戟, 太上老君, 急急如律勅令	주문 14	②

종류	주문	순서	출전
불명	分槍子法呪: 大護身, 小護身, 白馬將軍護前身, 黑馬將軍護後身, 吾奉祖師老爺勅令, 分·分·分	주문 15	②
定陶 紅槍會	補傷口呪: 太陽出來往西遊, 祖師老爺在我頭, 下腰抓把五金土, 補着口子血不流	주문 16	②
天門會	護身法: 天進(經)地之(子)靈, 速請土地神, 天旗地旗以(玉)黃旗, 上神賜我以(奉)分(*)支(旨)旗, 上神傳法弟子衆(接), 頭帶(戴)金灰(盔), 身穿金甲, 脚(足)穿(蹬)鐵靴(鞋)(鐵)鞋(袜), 文飾(帝)老祖傳其(眞)法, 金衣金罩身上貼, 刀劈斧坎(砍)都不怕(過), 砲(炮)打槍打(扎)身上法, 旗是一(上)神旗, (上神)上法(旗), 避天法, 避地法, 弟子咤(踩)脚橫地法	주문 17	①④
	避刀槍呪文: 杏黃旗天上來, 文帝上神避槍來, 四大金剛分左右, 天兵天將兩邊排, 周公古佛來助陣, 諸(諸)位神仙下界來, 神仙詞(祠)中陳寶具, 陳(陣)前披法避槍來(이하 ①에는 생략) 天符地符, 上神賜我便符, 天也靈地也靈天今地之靈, 速請土地神, 玉皇考爺閉槍門	주문 18	①④
	避彈呪文: 天門開, 地門開, 上神賜我神定來, 玉皇老爺(祖)門(開)天門, 佛山老祖顯靈驗, 地(切)指(疊)文忙念呪, 欄住大砲(炮)不能行, 大砲(炮)小砲(炮)都閉(避)了, 快砲(炮)銅(鋼)砲(炮)閉個淸 (이하 ①에는 생략) 天也靈, 地也靈, 佛山老祖來顯靈	주문 19	①④
天門會	攻法: 天皇皇, 地皇皇, 原來無頭治, 定要把人傷. 天無爭, 地無爭, 一口氣顯出五營兵. 老祖有令箭, 老母廳俺言. 飛刀借與俺, 傷人萬萬千. 弓是彎弓, 弦是彎弦, 放了一弓, 傷人萬萬千. 天上法, 地上法, 上神賜俺開炮法	주문 20	④
	長生法: 天符地符, 口念眞符. 阿彌陀佛. 上神口符無空言. 請東海, 撇老仙, 龍杖草, 昌仙舟, 我是長生不老仙. 阿彌陀佛	주문 21	④
	歇息法: 法是錯地法, 上神賜與我. 衆神亡表齊, 大家都歇息	주문 22	④

표45 1925년 건국예군 확대 개편 상황

이름	지위	주둔지	籍貫	주요 경력
李山林	第1路司令	汝州	寶豊縣 大營鎭	1915년 陝西 華縣에서 번종수 부대 참가. 1923년 광동행
顔芝蘭	第2路司令	偃師		
趙振江	第3路司令	魯山	寶豊縣 大營鎭	1913년 任應岐 집단 참가. 1923년 광동행
孫世貴	第3路師長		寶豊縣 大營鎭	1921년 鄢陵, 淮陽, 太康 일대에서 토비 활동
趙天清	第4路司令	寶豊	寶豊縣 大營鎭	1917년 섬서 華縣에서 번종수 부대 참가, 1923년 광동행
徐文秀	第4路師長		寶豊縣 前營鄕	1913년 백랑 집단 참가. 1922년 河南自治軍 第2路司令 陳青雲部第4營 營長
任應岐	第1旅旅長	潢川, 光山, 固始	魯山縣 倉頭鄕	1918년 陝西靖國軍 第2路 團長. 1921년 宏威軍第5混成旅 團長. 1922년 노양인의 自治軍總司令. 같은 해 12월 번종수에 의해 游擊支隊로 개편. 1923년 광동행
李萬林	第2旅旅長	上蔡	寶豊縣 大營鎭	1917년 陝西 華縣에서 번종수 부대 참가. 1923년 樊鐘華와 함께 南陽에서 老洋人의 河南自治軍 참가. 寶豊, 魯山 일대에서 300명의 토비두목
李鎭亞	第3旅旅長	正陽, 羅山		
樊鍾華	衛隊司令	臨潁	寶豊縣 大營鎭	번종수 동생
王達山	警衛司令	襄城		湯陰, 淇縣 중심으로 활동

출전 『申報』, 1925. 11. 13; 「樊鍾秀實力之調査」, 『晨報』, 1925. 10. 25; 張顯明 「樊鍾秀的家庭和麾下 將領」, 『河南文史資料』 第40輯, 1991, 93~99면 참조.

표46 홍창회의 농민협회 참여비율

	농민협회 회원수	홍창회 회원	비율(%)
信陽	35,000	10,000	약 29
許昌	53,000	25,000	약 47
杞縣	50,000	30,000	약 60
睢縣	16,000	10,000	약 63
密縣	12,000	5,000	약 42
郾城	15,000	5,000	약 33

표47 호북 북부, 동부 각 현 홍창회

	황안(黃安)	효감(孝感)	응산(應山)	한천(漢川)
발생 원인	'토호열신'이 하남 광산(光山)으로 도주하여 '홍창회 타도'의 표어를 붙여 농민을 선동함	현 동북이 하남과 인접. 하남 홍창회 三里城, 大興店, 九里關 등에 만연	하남 신양(信陽)과 인접하여 일찍부터 홍창회가 조직됨	구축된 토호열신은 세력을 회복하기 위해 하남의 丁, 王, 張老師와 결합 홍창회 조직
조직 상황	黃安 '토호열신'이 비용을 부담하여 紅學을 성립하고 홍창회를 조직. 본부는 光山에 설치	孝感, 雲夢, 安陸 3현 교계 지역에 토호열신 徐淮川, 潘九督 등 무리 1만 명 집결	1만 이상 조직. 소수의 老師와 토호열신 결합. 信陽 홍창회가 應山 공격할 때 결합	開堂한 지 반개월 만에 1만명으로 증가. 홍창회, 白槍會, 綠槍會, 黑槍會, 大刀會, 硬肚會 등 조직
폭동 상황	1927년 4월: 토호열신은 소수의 홍창회를 이끌고 黃安 변경 공격. 5월말: 麻城紅槍會가 격퇴 당할 때 3만을 규합하여 黃安 공격	柳林事件에 호응하여 5월 9일 1천여 명 집결하여 당부와 농민협회를 훼손하고 당원, 직원 살해. 최근 雲夢, 安陸會匪와 연결	5월 11일 하남 '反動分子'가 토비와 결합 소요. 6월 28일 홍창회 회수 張某 1천여 명을 집결하여 현성 부근 공격	6월 초: 黨區分部, 향농회, 부녀협회 등 해산. 당원, 협회 직원 살해 주장. 15일: 현성 포위, 협회 탈퇴 및 조직 동요

	황안(黃安)	효감(孝感)	응산(應山)	한천(漢川)
당정부 대응	당부가 대적하지 못하자 정부는 麻城의 警團 王營과 魏益三軍 1營을 파견	무한정부 군사 위원회는 36군과 花園 주둔 군대 파견하여 토벌하도록 함	주둔군 30군은 공격 거부. 농민협회는 부근 농민 3천으로 守關委員會 조직, 魏益三 부대의 공격 거부로 홍창회 더욱 극성	현정부 공안국, 농민자위군, 국민혁명군 등이 연합 공격. 회수 丁, 王老師 살해. 나머지 해산
결과	1개월간의 소요, 40여 촌장(村莊) 파괴. 각부 당부 및 농협책임자 다수 피해. 현재 홍창회는 해산되었지만 '반동세력'은 여전히 창궐		농민이 하남 會匪를 격퇴하여 西關을 탈환	현정부는 위무에 노력하고 현당부는 「反會匪宣傳大綱」 작성 선전활동

출전「鄂北鄂東各縣紅槍會調査」,『漢口民國日報』 1927. 7. 15~16면. 이밖에도 신문에는 麻城, 安陸,
雲夢, 京山, 鍾祥, 隨縣 등지에서 발생한 홍창회와 무한정부 간의 대규모 충돌 사실을 소개하고 있다.

584

【찾아보기】

ㄱ

서남동양학술총서

근대 중국의 토비 세계

하남의 토비·홍창회·군벌을 중심으로

초판 1쇄 발행/2008년 2월 29일
초판 2쇄 발행/2009년 9월 25일

지은이/손승회
펴낸이/고세현
편집/강영규 신선희
펴낸곳/(주)창비
등록/1986년 8월 5일 제85호
주소/413-756 경기도 파주시 교하읍 문발리 513-11
전화/031-955-3333
팩시밀리/영업 031-955-3399 · 편집 031-955-3400
홈페이지/www.changbi.com
전자우편/human@changbi.com
인쇄/상지사P&B

ⓒ 손승회 2008
ISBN 978-89-364-1306-4 93910